PROCLUS

COMMENTAIRE
SUR LE *PARMÉNIDE* DE PLATON

INTRODUCTION GÉNÉRALE

COLLECTION DES UNIVERSITÉS DE FRANCE
publiée sous le patronage de l'ASSOCIATION GUILLAUME BUDÉ

PROCLUS

COMMENTAIRE
SUR LE *PARMÉNIDE* DE PLATON

TOME I
1re partie

INTRODUCTION GÉNÉRALE

PAR

Concetta LUNA   ET   Alain-Philippe SEGONDS

Scuola Normale Superiore, Pisa   *Directeur de recherche au CNRS, Paris*

PARIS
LES BELLES LETTRES
2007

*Conformément aux statuts de l'Association Guillaume Budé,
ce volume a été soumis à l'approbation de la commission technique, qui a chargé les deux auteurs de se réviser mutuellement.*

PA3641
.C61
P69
2007x
vol.1
pt.1
015268 l341

© 2007. Société d'édition Les Belles Lettres
95 boulevard Raspail, 75006 Paris
www.lesbelleslettres.com

ISBN : 978-2-251-00538-6
ISSN : 0184-7155

AVANT-PROPOS

Ce volume contient le premier livre du commentaire de Proclus sur le Parménide *de Platon. Il sera suivi de six autres volumes contenant les livres II à VII. A la différence des commentaires sur la* République *et sur le* Timée, *qui ont été publiés en 1534 à Bâle par Simon Grynée et Jean Oporinus chez Johannes Walder à la suite des* Opera Omnia *de Platon, et de même que les commentaires sur l'*Alcibiade *et sur le* Cratyle, *le commentaire sur le* Parménide *ne connut pas d'édition à la Renaissance. En effet, le projet d'édition formé par l'humaniste néerlandais Arnoldus Arlenius, dont nous sommes informés par la préface de Marcus Hopper à l'édition de Platon parue à Bâle chez Heinrich Petri en 1556, n'eut malheureusement pas de suite (voir ci-après, p.* CDXXIII-CDXXVI*).*

Malgré son importance capitale pour l'histoire du développement du néoplatonisme après Plotin, notamment comme préparation de la Théologie Platonicienne *ou comme source fondamentale du commentaire de Damascius, l'*In Parmenidem *de Proclus dut attendre le* XIXe *siècle, lorsque parurent les deux éditions successives de Victor Cousin (Paris 1821-1827 et 1864)[1], entre lesquelles se place l'édition de Gottfried Stall-*

---

1. *La présente édition garde le système de citation de la seconde édition Cousin, par colonne et ligne. Le numéro de la colonne, imprimé en gras dans la marge droite du texte grec, est celui de l'édition Cousin, le numéro de la ligne est celui de notre édition. L'écart entre la numérotation des lignes de Cousin et celle de notre édition est presque insignifiant ; le plus souvent, une colonne dans l'édition Cousin compte une ou deux lignes en plus par rapport à notre édition, sauf en trois*

baum (Leipzig 1839 — "émissions" en 1840 et 1848), qui n'est, en réalité, qu'une reprise de l'édition princeps. *La seconde édition de Cousin, méritoire pour l'époque, est désormais insuffisante, comme l'ont abondamment montré la découverte, essentielle, par Raymond Klibansky de la traduction latine de Guillaume de Moerbeke et surtout son édition (Londres 1953), en collaboration avec C. Labowsky, de la partie finale du livre VII, transmise seulement dans cette traduction*[1]. *L'édition critique intégrale de la traduction latine par C. Steel (Louvain 1982-1985) a enfin permis d'utiliser ce témoin fondamental pour la reconstitution du texte grec, pour lequel il représente une des deux branches de la tradition. Il était donc grand temps de donner une édition critique du commentaire de Proclus.*

Les travaux en vue d'une telle édition, entrepris, il y a déjà une vingtaine d'années, par C. Steel et moi-même, devaient aboutir à une publication commune dans la Collection Budé, dont la révision avait été confiée à C. Luna par Jean Irigoin.

---

cas : les colonnes 631 (37 lignes Cousin, 31 lignes dans notre édition à cause d'une transposition), 693 (26 lignes Cousin, 58 lignes dans notre édition à cause de la récupération d'un passage omis par Cousin à la suite du ms. A) et 696 (41 lignes Cousin, 58 lignes dans notre édition à cause de l'addition d'un passage transmis seulement par la traduction latine et inconnu de Cousin). La correspondance presque parfaite dans la numérotation des lignes rendra le repérage des anciennes citations dans notre édition pratiquement automatique. Signalons enfin que le Thesaurus Linguae Graecae, CD-Rom, *University of California, Irvine (version E), cite l'*In Parm. *de Proclus selon la seconde édition Cousin (colonne et ligne). Malheureusement, les dictionnaires LSJ et GI citent l'*In Parm. *selon les pages de l'"édition" Stallbaum, que nous n'avons pas indiquées dans la marge. Sur cette prétendue édition, voir ci-après, p.* CDLIV-CDLVI.

1. R. Klibansky, « Ein Proklos-Fund und seine Bedeutung », Sitzungsberichte der Heidelberger Akademie der Wissenschaften. Philosophisch-historische Klasse, *1929*; Parmenides usque ad finem primae hypothesis nec non Procli Commentarium in Parmenidem pars ultima adhuc inedita interprete Guillelmo de Moerbeka *(Plato Latinus, III), ediderunt, praefatione et adnotationibus instruxerunt R. Klibansky et C. Labowsky, Londinii 1953 (réimpr. Nendeln 1979).*

Après une longue collaboration, d'insurmontables divergences dans la reconstruction de la tradition manuscrite et, par conséquent, dans l'établissement du texte et la rédaction de l'apparat critique, ont amené à abandonner ce projet, et les deux éditeurs ont décidé, d'un commun accord, de réaliser deux éditions distinctes, où chacun serait libre d'utiliser les acquis du travail poursuivi ensemble. D'où la publication presque contemporaine de deux éditions du commentaire de Proclus sur le Parménide, *qui proposent deux reconstitutions différentes du texte : la présente, par moi-même et C. Luna, et celle qui est publiée par C. Steel, C. Macé et P. d'Hoine dans la prestigieuse collection* « Scriptorum Classicorum Bibliotheca Oxoniensis » [1]. *La genèse de ces deux éditions explique qu'elles ont en commun un certain nombre d'interventions critiques. Il faut noter ici que, parmi les interventions qui, dans les deux apparats critiques, sont signalées par "scripsimus, deleuimus, addidimus, etc.", celles qui sont communes aux deux éditions, doivent être attribuées aux deux premiers éditeurs, A.-Ph. Segonds et C. Steel (c'est-à-dire qu'elles remontent à la phase initiale du travail), tandis que toutes les autres doivent être rapportées aux éditeurs respectifs de chaque édition, c'est-à-dire A.-Ph. Segonds et C. Luna pour la présente [2], C. Steel et al. pour celle d'Oxford. Les interventions critiques propres à C. Luna, qu'elle avait proposées en*

1. *Procli* In Platonis Parmenidem Commentaria, *edidit C. Steel. Tomus I, Libros I-III continens, recognoverunt brevique adnotatione critica instruxerunt C. Steel, C. Macé, P. d'Hoine, Oxonii 2007, un volume de liv-300 p.*

2. *Il s'agit des cas relevés dans notre apparat critique ad 621.2, 625.24, 627.7, 628.11, 628.33, 630.18, 632.29-30, 637.24, 642.8-9, 643.11, 649.20, 660.27, 664.25, 667.3-4, 669.8, 670.18, 671.26, 677.39, 679.24, 682.11, 683.11, 685.28, 686.37, 690.2, 694.24, 695.41 (2e unité critique), 696.24-33 et 36-45 (ces suppléments, introduits dans le texte grec sur la base de la traduction latine, se trouvent aussi dans l'édition d'Oxford, mais les deux rétroversions sont différentes), 699.2, 701.8, 702.10, 709.31-32, 713.5, 716.8 (2 unités critiques), 716.15, 716.27, 717.10, 718.13, 721.7-8. En ces endroits, les mentions "scripsimus, etc." doivent être rapportées aux éditeurs du présent volume.*

tant que réviseur, lui sont explicitement attribuées dans l'appa-rat critique de notre volume. Dans les volumes à suivre de cette édition, toutes les interventions critiques seront dues aux deux éditeurs de la Collection Budé. Enfin, dans l'élaboration de l'Introduction, la présente édition a pris comme premier point de départ une partie du matériel autrefois rassemblé, après R. Klibansky et C. Labowsky, par C. Steel, qui concerne, en particulier, l'individuation des témoins primaires, la collation des témoins secondaires en vue de la définition de leurs rap-ports réciproques et une ébauche de description des manuscrits conservés en dehors de la France, de l'Italie, du Vatican et des Pays-Bas.

Ce premier volume du commentaire de Proclus sur le Par-ménide *s'efforce de reprendre et de continuer la tradition d'études qui a produit, d'une part, les traductions, par le Père A. J. Festugière, des commentaires de Proclus sur le* Ti-mée *(5 volumes, Paris 1966-1968) et sur la* République *(3 volumes, Paris 1970), et, d'autre part, les éditions de textes néoplatoniciens déjà publiées dans la Collection Budé : la* Théologie Platonicienne *par H. D. Saffrey et L. G. Westerink (6 volumes, 1968-1997), le commentaire sur l'*Alcibiade *par A.-Ph. Segonds (2 volumes, 1985-1986), les deux éditions de Damascius par L. G. Westerink et J. Combès, le* Traité des Pre-miers Principes *(3 volumes, 1986-1991) et le* Commentaire du Parménide *(4 volumes, 1997-2003), les* Prolégomènes à la philosophie de Platon *par L. G. Westerink et J. Trouillard (1990), et le* Proclus *de Marinus par H. D. Saffrey et A.-Ph. Segonds (2001). Malgré les caractères propres à chacun de ces ouvrages, les mêmes critères de critique textuelle et d'exégèse historique y sont partout suivis.*

Les savants éminents qu'ont été E. R. Dodds, A. J. Festugière, J. Trouillard, L. G. Westerink et J. Combès, ne sont malheureu-sement plus parmi nous pour évaluer notre travail. Mais ils sont tous représentés en la personne du Père Henri Dominique Saffrey, à qui je dédie ce premier volume, avec une gratitude immense et une joie profonde, dans le souvenir de notre maître, le Père Festugière, et de notre ami commun, L. G. Westerink. A

cet acte d'hommage, j'associe Concetta Luna qui, d'abord réviseur de l'édition, est ensuite devenue coéditeur du commentaire
de Proclus.

J'exprime ma profonde reconnaissance au CNRS (UMR
8630 CNRS-Observatoire de Paris) qui patronne et soutient
mon activité de recherche. Pour finir, j'adresse un remerciement
chaleureux à Yannis Haralambous (École Nationale Supérieure des Télécommunications de Bretagne, Brest) qui, comme
il l'a déjà fait pour l'édition du Proclus de Marinus, a réalisé
la mise en page avec une compétence parfaite et une patience
infinie.

ALAIN-PHILIPPE SEGONDS

La biographie de Proclus (412-485) a été retracée dans l'introduction au premier volume de la *Théologie platonicienne*[1] et a fait l'objet d'une analyse minutieuse dans l'édition du *Proclus* de Marinus publiée dans la même collection. La place que le commentaire de Proclus sur le *Parménide* occupe non seulement dans le développement de la pensée de Proclus, en tant que base et point de départ de toute la *Théologie platonicienne*, mais aussi dans l'histoire de l'exégèse du *Parménide* depuis Plotin jusqu'à Damascius, a été étudiée de manière exhaustive et détaillée par H. D. Saffrey et L. G. Westerink dans les six volumes de la *Théologie platonicienne*, auxquels il faut ajouter les quatre volumes de l'édition du commentaire de Damascius sur le *Parménide* par L. G. Westerink et J. Combès, source capitale pour reconstruire la partie perdue du commentaire de Proclus[2]. Nous

---

1. Cf. *Theol. plat.* I, Introduction, p. IX-XXVI.
2. Voir en particulier *Theol. plat.* I, p. LX-LXXV (contenu et plan de la *Theol. plat.* en parallèle avec l'*In Parm.*), p. LXXV-LXXXIX (histoire de l'exégèse du *Parménide*) ; III, p. IX-XCIV (doctrine des hénades et exégèse de la 2ᵉ hypothèse par Damascius [*Parm.* 142 B 1-143 A 3 : dieux intelligibles]) ; IV, p. XLVI-LXIII (exégèse de la 2ᵉ hypothèse par Damascius [*Parm.* 143 A 4-145 B 5 : dieux intelligibles-intellectifs]) ; V, p. IX-LVI (exégèse de la 2ᵉ hypothèse par Damascius [*Parm.* 145 B 6-147 B 8 : dieux intellectifs]) ; VI, p. XIV-XX (analyse de *In Parm.* IV 911.33-915.31, à propos des dieux hypercosmiques), p. XCI-XCVII (exégèse de la 2ᵉ hypothèse par Damascius [*Parm.* 147 C 1-148 D 4 : dieux hy-

ne reviendrons donc pas sur ces deux points, pour lesquels il suffit de renvoyer aux ouvrages que l'on vient de citer.

Le présent chapitre se propose de compléter le dossier de l'*In Parm.* Dans ce but, nous allons donc (I) rassembler les données relatives à la datation, (II) présenter le plan de tout le commentaire, (III) analyser sa structure et la méthode exégétique que Proclus y utilise, notamment la distinction entre explication générale (θεωρία) et explication du détail (λέξις), et (IV) examiner la question de la division du commentaire en sept livres. Quatre appendices complètent le chapitre : le premier examine le syntagme ὁ ἡμέτερος καθηγεμών par lequel Proclus désigne son maître Syrianus, le deuxième aborde le problème de la datation des *Tria opuscula*, en particulier le *De malorum subsistentia*, le troisième contient la liste des chapitres de la *Theol. plat.* fondés sur l'exégèse du *Parménide*, le quatrième étudie la locution ὁ τρόπος τῶν λόγων, très fréquente chez Proclus.

I. Datation de l'*In Parm.*

Le choix de dialogues de Platon que l'on lisait dans les écoles platoniciennes à partir de Jamblique comprenait dix dialogues (canon de Jamblique) : (1) *Alcibiade*, (2) *Gorgias*, (3) *Phédon*, (4) *Cratyle*, (5) *Théétète*, (6) *Sophiste*, (7) *Politique*, (8) *Phèdre*, (9) *Banquet*, (10) *Philèbe*, auxquels on ajoutait le *Timée* et le *Parménide*, censés résumer tous les

percosmiques) ; Damascius, *In Parm.* I, Introduction, p. ix-xx (« L'interprétation générale des hypothèses du *Parménide* dans la tradition néoplatonicienne »). — Sur l'histoire de l'exégèse du *Parménide*, voir aussi C. Steel, « Une histoire de l'interprétation du *Parménide* dans l'Antiquité », dans *Il Parmenide di Platone e la sua tradizione*. Atti del III Colloquio Internazionale del Centro di Ricerca sul Neoplatonismo (Università degli Studi di Catania, 31 maggio-2 giugno 2001), a cura di M. Barbanti e F. Romano (Symbolon. Studi e testi di filosofia antica e medievale, 24), Catania 2002, p. 11-40.

autres[1]. On sait par Marinus que Proclus a lu le *Phédon*
sous la direction de Plutarque d'Athènes[2] en 431-432, et
les autres dialogues jusqu'au *Parménide*, sous la direction
de Syrianus[3], entre 434 et 437[4]. Les cours platoniciens de
Plutarque d'Athènes et de Syrianus auxquels Proclus assista
et ceux qu'il donna lui-même en tant que successeur de
Syrianus à la tête de l'école d'Athènes ont produit douze
commentaires[5], dont cinq sont conservés (*In Alc.*, *In Crat.*,
In Tim., *In Parm.*, auxquels il faut ajouter l'*In Remp.*, qui

1. Sur le canon de Jamblique, cf. A. J. Festugière, « L'ordre
de lecture des dialogues de Platon aux Ve/VIe siècles », MH 26
(1969), p. 281-296 (repris dans *Études de philosophie grecque*, Paris 1971, p. 535-550) ; Proclus, *In Alc.* 11.14-21, et p. 9, n. 4 (p.
132-133 des *Notes complémentaires*) ; *Prol. ad Plat. phil.* § 26.16-
44, avec les notes 215-225 (p. 75-77 des *Notes complémentaires*)
et Introduction, p. LXVIII-LXXIII ; Reis, *Der Platoniker Albinos*, p.
122-124.
2. Cf. Marinus, *Proclus*, § 12.9-15, et p. 15, n. 5 (p. 105-106
des *Notes complémentaires*). — On trouvera dans l'*In Phaed.* I-II
de Damascius des allusions à un commentaire (ou à des leçons)
de Proclus sur ce dialogue (voir l'édition de L. G. Westerink,
Index I, *s.v.* Proclus, p. 383).
3. Cf. Marinus, *Proclus*, § 13.4-10. La lecture du *Parménide*
est désignée par l'expression : τὰς παρ' ἐκείνῳ θείας ὄντως τελε-
τὰς ἐποπτεύειν ἐποίει (« il [*scil.* Syrianus] lui fit obtenir l'époptie
dans les initiations réellement divines de ce philosophe [*scil.*
Platon] »), cf. p. 16, n. 6 (p. 110 des *Notes complémentaires*).
4. Cf. *Theol. plat.* I, Introduction, p. XV-XVI.
5. Les commentaires de Proclus trouvent très probablement leur origine dans les cours donnés par Proclus devant ses
élèves. Il faut toutefois être très prudent dans le repérage de
traces éventuelles d'une telle origine. En particulier, les verbes
ἀκούειν et ἀκροᾶσθαι ne peuvent aucunement être considérés
comme des indices d'oralité, comme l'a fait K. Praechter (dans
son compte rendu de l'éd. de l'*In Tim.*, t. I-II, par E. Diehl, Leipzig 1903-1904, GGA 167 [1905], p. 505-535, en part. p. 518-519),
qui cite trois passages de l'*In Tim.* à l'appui de son hypothèse de
l'origine orale de ce commentaire : (1) I, p. 177.25-27 : κατὰ βρα-
χὺ συνεθίζοντας τοὺς ἀκροωμένους τῶν τοιῶνδε θεαμάτων εἰς τὴν ὅλην
τῶν ἐγκοσμίων θεωρίαν ; (2) I, p. 209.9-11 : προσήκει δὲ ἡμᾶς ἐπὶ τὸ
συνηθέστερον τοῖς ἀκούουσι καὶ γνωριμώτερον τὸν λόγον μεταγαγόντας

n'est pas un commentaire au sens propre, mais une collection de seize dissertations[1]) et sept perdus (*In Gorg.*, *In Phaed.*, *In Theaet.*, *In Soph.*, *In Phaedr.*, *In Symp.* [discours de Diotime], *In Phil.*). Ces commentaires coïncident avec les dialogues du canon de Jamblique, n'était qu'il manque le *Politique* et que l'on a la *République*, absente du canon. Les leçons de Syrianus, résumées et mises au net par Proclus, constituent la source la plus importante des commentaires

κτλ.; (3) I, p. 288.10 : ὀλίγῳ πρότερον αὐτοῦ [*scil.* Platon] λέγοντος ἠκούσαμεν. En effet, une telle terminologie, qui repose sur l'idée selon laquelle lire un texte, en particulier celui de Platon ou des théologiens (*Oracles Chaldaïques*, *Poèmes orphiques* etc.), signifie écouter et mémoriser une parole qui est toujours vivante, est aussi employée dans des ouvrages qui, comme la *Theol. plat.*, n'ont sûrement pas leur origine dans un enseignement oral. Voir *Theol. plat.* I 2, chapitre consacré au mode de l'enseignement et à la préparation des auditeurs (οἱ ἀκροαταί, ἀκροασόμενοι); II 4, p. 32.12-13 : Οὐδὲν δὲ οἷον καὶ αὐτῶν ἀκοῦσαι τῶν Πλατωνικῶν ῥημάτων [suit la citation de *Resp.* VI 509 B 2-10]; III 1, p. 6.7-9 : Βούλομαι [...] δι' ἀποδείξεως ποιῆσαι τοῖς ἀκούουσι φανερόν (cf. p. 6, n. 5 [p. 107 des *Notes complémentaires*]); III 20, p. 68.18-19 : Βέλτιον δὲ καὶ αὐτῶν ἐπακοῦσαι τῶν τοῦ Πλάτωνος ῥημάτων [suit la cit. de *Soph.* 244 B 6-C 3]; III 23, p. 81.23-24 : βούλομαι πάλιν ὑπομνῆσαι τοὺς ἀκούοντας ὧν πρότερον ἐπεδείξαμεν; V 3, p. 17.22 : Καί μοι μηδεὶς θορυβείσθω τούτων ἀκούσας τῶν λόγων; V 22, p. 79.20-21 : αὐτοῦ τοῦ Σωκράτους ἀκούσωμεν λέγοντος [suit la cit. de *Crat.* 395 E 5-396 B 3]; V 23, p. 85.4-5 : Κάλλιον δὲ αὐτῶν ἐφεξῆς ἀκοῦσαι τῶν τοῦ Πλάτωνος ῥημάτων [suit la cit. de *Phil.* 30 C 3-7]; V 25, p. 94.4-5 : Κάλλιον δὲ αὐτοῦ τοῦ Πλάτωνος ἀκούειν ταῦτα διαταττομένου [suit la cit. de *Pol.* 270 A 2-7]. Il faut donc se garder de lire des formules telles que *In Parm.* I 706.17 : Ἀλλὰ τί τούτοις ἐπήνεγκεν ὁ Ζήνων, ἐπάκουσον (introduisant le lemme *Parm.* 128 B 7-8) comme un témoignage d'enseignement oral, où les lemmes auraient été lus devant l'auditoire.

1. Cf. A. D. R. Sheppard, *Studies on the 5th and 6th Essays of Proclus' Commentary on the Republic* (Hypomnemata, 61), Göttingen 1980, p. 34 : « we have no continuous commentary on the *Republic* by Proclus because the *Republic* was not one of the dialogues read in the regular Platonic school course as laid down by Iamblichus ».

de Proclus sur le *Timée*[1] et sur le *Parménide*[2]. Alors que le commentaire sur le *Timée* ou, plus probablement, une première rédaction, remonte au début de la carrière de Proclus, vers 439, lorsqu'il n'avait que vingt-sept ans, le commentaire sur le *Parménide* a été composé beaucoup plus tard, peu de temps avant la composition de la *Theol. plat.* qui est la dernière œuvre de Proclus. En effet, la synthèse théologique de la *Theol. plat.* présuppose toujours l'interprétation du *Parménide* : de nombreux chapitres de la *Theol. plat.* ne font que résumer l'argumentation de l'*In Parm.*[3], et Proclus renvoie souvent à ce qu'il avait déjà démontré dans le commentaire sur le *Parménide*[4]. D'autre part, plusieurs renvois de l'*In Parm.* montrent que ce commentaire a été composé

1. Pour l'*In Tim.*, cf. Marinus, *Proclus*, § 13.10-17 : Ὁ δὲ [...] τὰ λεγόμενα συνοπτικῶς καὶ μετ' ἐπικρίσεως ἀπογραφόμενος, τοσοῦτον ἐν οὐ πολλῷ χρόνῳ ἐπεδίδου, ὥστε ὄγδοον καὶ εἰκοστὸν ἔτος ἄγων ἄλλα τε πολλὰ συνέγραψε καὶ τὰ εἰς Τίμαιον γλαφυρὰ ὄντως καὶ ἐπιστήμης γέμοντα ὑπομνήματα (« Proclus [...] mettait au net sous forme résumée et en usant de critique les leçons qu'il avait entendues, et fit en peu de temps de si grands progrès qu'à l'âge de vingt-sept ans [*scil.* 439-440] il avait composé bon nombre d'ouvrages, et en particulier le *Commentaire sur le Timée*, qui est véritablement élégant et rempli de science »). On peut toutefois douter que Proclus eût déjà achevé à l'âge de 27 ans la composition de ce vaste commentaire : il s'agit probablement d'une première rédaction (cf. *ibid.*, p. 16, n. 12 [p. 113 des *Notes complémentaires*]). En revanche, pour l'*In Alc.*, la présence de Syrianus est très faible (une unique mention), cf. Introduction, p. XXXV. Pour l'*In Remp.* (6ᵉ dissertation), cf. A. D. R. Sheppard, *Studies on the 5ᵗʰ and 6ᵗʰ Essays*, cit., p. 39-103.

2. Proclus évoque souvent sa dette à l'égard de Syrianus dans notre commentaire, en employant l'expression ὁ ἡμέτερος καθηγεμών. Nous montrons (*infra*, Appendice I, p. LXVI-LXVIII) que ce syntagme est propre à l'École d'Athènes.

3. Voir la liste de tous les chapitres de la *Theol. plat.* qui développent l'interprétation du *Parménide*, *infra*, Appendice III, p. CII-CV. — Pour les renvois à Syrianus, cf. *Theol. plat.* VI, *Index nominum, s.v.* ἡγεμών et καθηγεμών.

4. Voir la liste des renvois de la *Theol. plat.* à l'*In Parm.*, *infra*, p. XXXII-XXXIV.

après d'autres commentaires à Platon (*In Tim.*, *In Phaedr.* [perdu], *In Soph.* [perdu]), après l'*El. theol.* et le *De mal. subs.*[1].

Proclus a dédié l'*In Parm.* à son disciple Asclépiodote d'Alexandrie : « Quant à toi, Asclépiodote, qui as un intel-

---

1. En l'absence de repères chronologiques sûrs, les renvois d'un ouvrage à l'autre sont un instrument de datation irremplaçable, qui doit toutefois être utilisé avec une certaine prudence, car ils peuvent avoir été ajoutés après coup (cf. E. R. Dodds, *Proclus, El. theol.*, Introduction, p. xv-xvi ; L. J. Rosán, *The philosophy of Proclus*, New York 1949, p. 58) ou se référer à des étapes différentes dans la composition d'un commentaire (leçon orale ou texte rédigé par écrit). C'est justement la possibilité de citer soit le cours oral, soit la rédaction écrite, qui explique l'existence de renvois croisés entre l'*In Tim.* et l'*In Remp.* (16ᵉ diss.). En effet, *In Remp.* II, p. 220.10-11 (εἴπομεν ἐν τοῖς εἰς Τίμαιον ἱκανῶς) renvoie à *In Tim.* III, p. 62.6 ss. (cf. éd. Kroll, *ad loc.* ; trad. Festugière, t. III, p. 172, n. 4) ; *In Remp.* II, p. 335.19-20 (εἴπομεν ἐν τοῖς εἰς τὸν Τίμαιον ἐκδεδομένοις) renvoie à la partie perdue de l'*In Tim.* (cf. éd. Kroll, *ad loc.* ; trad. Festugière, t. III, p. 294, n. 2). D'autre part, *In Tim.* I, p. 397.10-11 (ὁ ἐν Πολιτείᾳ Σωκράτης Ἀνάγκην αὐτὴν προσηγόρευσεν, ὡς δέδεικται ἐν ἐκείνοις) renvoie à *In Remp.* II, p. 207.14 ss. (cf. éd. Diehl *ad loc.* ; trad. Festugière, t. II, p. 267, n. 4) ; *In Tim.* III, p. 325.22 (ἐκεῖνα μὲν οὖν ἐν ἐκείνοις ἐξήτασται) renvoie à *In Remp.* II, p. 241 ss., 254.5 ss., 257.26 ss. (cf. éd. Diehl *ad loc.* ; trad. Festugière, t. V, p. 207, n. 2). La difficulté soulevée par de tels renvois est écartée en supposant que l'*In Remp.* se réfère à la rédaction déjà définitive et publiée de l'*In Tim.* (voir en part. le renvoi *In Remp.* II, p. 335.19-20), alors que l'*In Tim.* renvoie aux leçons orales sur la *République*. Voir K. Praechter, compte rendu de l'éd. Diehl de l'*In Tim.*, art. cit. (*supra*, p. xv, n. 5), p. 531-532. — Sur la difficulté de dater les commentaires de Proclus, cf. A. D. R. Sheppard, *Studies on the 5ᵗʰ and 6ᵗʰ Essays*, cit., p. 38 : « it is important to remember that when we are dealing with lectures which, like the *In Tim.* or the *Isagoge* to the *Republic* [*scil.* les dissertations 1-5, 7-8, 10-12, 14-15, cf. *ibid.*, p. 26-27], may have been given over and over again, it is not at all clear what "date of composition" means, whether the date of the first delivery of the lecture-course, or the date of its publication in written form, or the date after which no further alterations were made to the written text ».

lect vraiment digne de la philosophie et qui es le plus cher d'entre mes amis, reçois parfaitement les dons parfaits de cet homme éminent [*scil.* Syrianus] dans les replis les plus purs de ton âme » (I 618.16-20). On connaît Asclépiodote surtout par la *Vie d'Isidore* de Damascius, qui lui a rendu visite à Aphrodisias, où il s'était installé après ses études à Athènes. Asclépiodote n'était plus en vie lorsque Damascius a composé sa *Vie d'Isidore* (entre 517 et 526)[1]. Bien qu'il soit impossible de savoir quel âge il avait lorsque Proclus lui a dédié son commentaire, on peut supposer, étant donné que le *Parménide* était le sommet du canon de Jamblique, qu'il n'était plus un jeune étudiant. Si l'on admet qu'il avait entre 30 et 35 ans et qu'il mourut vers 510-515 à l'âge de 70-75 ans, la composition du commentaire de Proclus sur le *Parménide* pourrait se placer en 470-475 *ca.*

Nous donnons maintenant la liste des renvois (A) de l'*In Parm.* à d'autres ouvrages (*In Tim.*, *In Phaedr.*, *In Soph.*, *El. theol.*, *De mal. subs.*), (B) de la *Theol. plat.* à l'*In Parm.*, et (C) de l'*In Tim.* à l'*In Parm.* Ils montrent que l'*In Parm.*, postérieur à tous les ouvrages qu'il cite et antérieur seulement à la *Theol. plat.*, constitue l'aboutissement d'une longue réflexion et la préparation de la synthèse théologique finale.

---

1. Sur Asclépiodote, cf. aussi *infra*, p. 2, n. 14, et Damascius, *The Philosophical History*, by P. Athanassiadi, Athènes 1999, p. 348-349. Sur la datation de la *Vie d'Isidore* de Damascius (517-526), cf. L. G. Westerink, Damascius, *In Phaed.* I-II, Introduction, p. 8. — On a récemment découvert à Aphrodisias un considérable édifice, dans lequel les fouilleurs sont d'accord pour reconnaître une école de philosophie, celle même d'Asclépiodote, cf. R. R. R. Smith, « Late Roman philosophers », dans *Aphrodisias Papers 2*, ed. by R. R. R. Smith and †Kenan T. Erim (Journal of Roman Archaeology. Supplementary Series Number 2), Ann Arbor, MI, 1991, p. 144-158, en part. p. 157-158.

(A) *Renvois de l'*In Parm. *à des ouvrages antérieurs*[1]

In Parm. → *In Tim.*

In Parm. III 802.2-5 : Ὁ μὲν οὖν Τίμαιος ἐν τοῖς νοητοῖς ἀπέθετο τὴν μίαν πρωτουργὸν αἰτίαν πάντων τῶν εἰδῶν (ἐκεῖ γὰρ τὸ αὐτοζῷον, ὡς ἐν ἄλλοις ἀπεδείκνυμεν).

« Timée a donc déposé l'unique cause primordiale de toutes les formes dans les intelligibles, car c'est là que se trouve le Vivant-en-soi, comme nous l'avons démontré ailleurs ».

cf. *In Tim.* I, p. 418.27-29 : Οὕτω δὴ καὶ τὸ αὐτοζῷον τῶν ζῴων ἐστὶ μονὰς ἁπάντων, ἐν ᾧ καὶ τὰ ὁλικώτατα παραδείγματα τῶν ἐγκοσμίων ἐστὶ καὶ ἡ μία τοῦ κόσμου παντὸς αἰτία προϋφέστηκεν (« de même aussi le Vivant-en-soi est-il la monade de tous les Vivants, puisque préexistent dans ce Vivant les Modèles les plus universels des êtres encosmiques et la Cause unique de tout l'Univers », trad. Festugière, t. II, p. 294).

In Parm. III 812.22-28 : οὕτω δὲ καὶ τὸ ἐκεῖ πῦρ καὶ τὸ ὕδωρ καὶ ἡ γῆ καὶ ὁ ἀὴρ οὐκ εὐθὺς τὰ ἔνυλα ταῦτα ὑπέστησαν[(a)], ἀλλὰ πρὸ τούτων τὰ οὐράνια καὶ ἄϋλα στοιχεῖα· διὸ καὶ ἐν ἄλλοις ἐκ τῶν τεττάρων ἔφαμεν εἶναι τὸν οὐρανόν, οὐ τῶν ἐνυλοτάτων, ἀλλ' ἀϋλοτέρων στοιχείων καὶ πρώτως ἐκ τῶν εἰδῶν ἀναφανέντων.

(a) ὑπέστησαν A *instituunt* g : ὑπέστη[σ] FG ὑπέστησ(εν) R[p.cp.] ὑπέστησε W.

« C'est ainsi que le feu, l'eau, la terre et l'air de là-haut ont fait venir à l'existence non pas immédiatement les éléments

---

1. Tous les passages de l'*In Parm.* en dehors du livre I sont cités d'après la seconde édition Cousin (Paris 1864). Le texte de ces passages a été établi selon les règles d'édition énoncées *infra*, p. cccxcvi-cdii, et toutes les interventions critiques sont dues à C. Luna et A.-Ph. Segonds. Pour la structure de la tradition manuscrite, cf. *infra*, p. cxv-cccxcvi. Pour les sigles, cf. *infra*, t. I/2, p. vii*-x*.

matériels d'ici-bas, mais, avant ceux-ci, les éléments célestes et immatériels. C'est pourquoi nous avons dit ailleurs que les quatre éléments dont se compose le ciel ne sont pas des éléments absolument matériels, mais des éléments plutôt immatériels et qui sont apparus primordialement à partir des formes».

cf. *In Tim.* II, p. 44.24-28 : Ἵνα δὲ ἡμῖν πᾶσα γένηται σαφὴς ἡ πρόοδος τῶν στοιχείων ὅσας ἔσχεν ὑφέσεις, ἄνωθεν ἀρκτέον τῆς περὶ αὐτῶν θεωρίας. Τὰ δὴ στοιχεῖα ταῦτα τὰ τέσσαρα, πῦρ καὶ ἀὴρ καὶ ὕδωρ καὶ γῆ, πρώτως μέν ἐστιν ἐν τῷ δημιουργῷ τῶν ὅλων κατ' αἰτίαν καὶ ἑνοειδῶς («Maintenant, pour que nous devienne claire toute la procession des éléments quant au nombre de degrés qu'elle a comportés dans leur descente, il faut reprendre depuis le début notre considération à ce sujet. Ces quatre éléments donc, feu, air, eau, terre, existent primordialement dans le Démiurge universel à titre causal et de façon unitaire», trad. Festugière, t. III, p. 74).

In Parm. IV 925.9-20 : Τριττῶν γὰρ ὄντων τῶν πρὸ τῆς ὁμοιωτικῆς τάξεως ἰδεῶν[a], τῶν μὲν νοερῶν, τῶν δὲ νοητῶν ἅμα καὶ νοερῶν, τῶν δὲ νοητῶν, αἱ μὲν νοεραὶ προσεχεῖς εἰσι τοῖς δευτέροις καὶ διὰ τὴν ἐν αὐταῖς[b] διάκρισιν μᾶλλον ἡμῖν γνωσταί, καὶ διότι τὸ αἴτιον τῆς ἡμετέρας τάξεως συνῆπται πρὸς τὴν ἑνάδα τῶν τοιούτων ἰδεῶν· Μετὰ δὴ πατρικὰς διανοίας ψυχὴ ἐγὼ ναίω, φησὶ τὸ Λόγιον, τοῦ Πλάτωνος εἰδότος ταύτην τὴν τάξιν, ὡς δέδεικται ἐν ἄλλοις.

(a) ἰδεῶν scripsimus : εἰδῶν Σ *speciebus* g ‖ (b) αὐταῖς Σ Cous[1] *ipsis* g : αὐταῖς Cous[2].

«En effet, puisque les idées[1] qui précèdent la classe assimilatrice [*scil.* les dieux hypercosmiques] sont de trois types (c'est-à-dire intellectives, intelligibles et intellectives, intelligibles), les idées intellectives sont contiguës aux êtres

---

1. La correction de εἰδῶν Σ (*speciebus* g) en ἰδεῶν est inévitable à cause de ce qui suit : αἱ μὲν νοεραὶ [...] ἐν αὐταῖς [...] γνωσταί [...] τῶν τοιούτων ἰδεῶν.

inférieurs, et elles sont plus connaissables pour nous à cause
de la distinction qui se trouve en elles, et aussi parce que la
cause de notre classe est rattachée à l'hénade de ces idées :
Après les pensées du Père, je prends place, moi, l'Ame, dit
l'Oracle [*Or. Chald.*, fr. 53], et Platon connaît cette classe
[*scil.* notre classe = la classe des âmes incorporées = les vivants raisonnables mortels], comme il a été montré ailleurs ».

cf. *In Tim.* III, p. 242.8-323.13 : création des âmes par le
démiurge, lois fatales imposées aux âmes, création des corps
par les dieux récents (trad. Festugière, t. V, p. 109-204)[1].

In Parm. VII 1235.29-36 : καὶ γὰρ ὁ αἰών, ⌊ὡς⌋ [a] ἐν ἄλλοις
ἐδείξαμεν, τὴν μέσην τάξιν ἔχων ἐν τοῖς νοητοῖς, τελειοῖ μὲν
τὴν μεθ' ἑαυτὸν [b] τάξιν ἕνωσιν αὐτῇ χορηγῶν, ἐκφαίνει δὲ
τὴν πρὸ αὐτοῦ [c] τὴν ἄρρητον αὐτῆς ἕνωσιν προάγων εἰς πλῆθος, συνέχει δὲ τὸν μέσον τῶν νοητῶν σύνδεσμον, καὶ πάντα
φρουρεῖ διὰ τῆς ἑαυτοῦ δυνάμεως ἀμεταστάτως.

(a) ὡς A Cous *ut* g : om. s || (b) ἑαυτὸν M[b] Cous *ipsam*
(scil. *eternitatem*) g : ἑαυτῶν Σ || (c) αὐτοῦ Σ *ipsam* (scil.
eternitatem) g : αὐτοῦ Cous.

« En effet, <comme> nous l'avons montré ailleurs, puisqu'elle occupe le rang intermédiaire parmi les intelligibles[2],
l'éternité mène à perfection la classe qui vient après elle en
lui dispensant l'unité, manifeste la classe qui la précède en
faisant procéder l'unité indicible de celle-ci dans la multiplicité, maintient le lien intermédiaire des intelligibles, et
conserve sans changement toutes choses par sa puissance ».

cf. *In Tim.* III, p. 12.12-14.15, en part. p. 12.12-22, 13.29-
32, 14.2-3 : τί οὖν ἂν εἴη ὁ αἰών, εἰ μήτε ἕν τι τῶν γενῶν μήτε
τὸ ἐκ τῶν πέντε συνιστάμενον, ἐπειδὴ ταῦτα πάντα αἰώνια καὶ
αἰῶνος ἐπίταδε ; τί δὲ ἄλλο γε ἢ τῶν νοητῶν ἑνάδων (λέγω δὲ
ἑνάδας τὰς ἰδέας τῶν νοητῶν ζῴων καὶ τὰ γένη τῶν νοητῶν

---

1. Le renvoi de Cousin, col. 925-926, n. 2-3, à *In Tim.* II, p.
61.22-28, où Proclus cite le même texte des *Oracles Chaldaïques*,
ne porte pas.

2. L'éternité est la deuxième triade des intelligibles d'après
le *Timée* (un, éternité, Vivant-en-soi), cf. *Theol. plat.* III 15-18.

τούτων ἰδεῶν πασῶν) τούτων δ᾽ οὖν καὶ τῆς ἀκρότητος τοῦ
πλήθους αὐτῶν ἡ μία περιοχὴ καὶ αἰτία τῆς ἀνεξαλλάκτου
πάντων διαμονῆς, οὐκ ἐν αὐτοῖς οὖσα τοῖς πολλοῖς νοητοῖς
οὐδ᾽ ἐξ αὐτῶν ἀθροιζομένη, ἀλλ᾽ ἐξῃρημένως αὐτοῖς παροῦσα
καὶ καθ᾽ ἑαυτὴν αὐτὰ διατιθεῖσα καὶ οἱονεὶ μορφοῦσα καὶ αὐτὸ
τοῦτο <τῷ> ἅμα ὅλα εἶναι ποιοῦσα; [...] πέφηνεν ἄρα ἡ τάξις
τοῦ αἰῶνος ἡ πρὸς τὸ αὐτοζῷον, ὅτι τε ὑπερτέρα καὶ προσεχῶς ὑπερτέρα καὶ ὅτι τοῦ κατὰ τὰ αὐτὰ καὶ ὡσαύτως ἔχειν
ἐστὶν αἰτία τοῖς νοητοῖς [...] καὶ ὅτι περιοχή ἐστι τῶν πολλῶν
νοητῶν ἑνάδων καὶ ἕνωσις (« Mais alors, que peut bien être
l'Éternité, si elle n'est ni l'un des Genres ni ce qui est composé des cinq Genres, puisque ces Genres sont tous éternels,
et ainsi en-deçà de l'Éternité ? Que peut-elle être d'autre que
le principe compréhensif unique des Hénades Intelligibles
— par Hénades, j'entends les Idées des Vivants Intelligibles
et les Genres de toutes ces Idées intelligibles —, quoi qu'il
en soit du mot, le principe compréhensif, dis-je, de ces Hénades et de tous les sommets qu'il y a dans les pluralités
qu'elles constituent, et la cause de la permanence inchan-
geable de tous les Intelligibles, cause qui ne réside pas dans
la multiplicité des Intelligibles eux-mêmes, et qui ne résulte
pas non plus de leur rassemblement, mais qui leur est trans-
cendantalement présente, qui par elle-même les dispose et
pour ainsi dire leur donne forme, et cela, parce qu'elle les
fait exister tout entiers à la fois. [...] Le haut rang de l'Éternité eu égard au Vivant-en-soi nous est donc apparu, à savoir
qu'il est à la fois supérieur et immédiatement supérieur, et
que l'Éternité est cause, pour les Intelligibles, de leur permanence dans l'identité et l'uniformité [...] et qu'elle est le
principe compréhensif et unifiant de la multiplicité des Hénades Intelligibles », trad. Festugière, t. IV, p. 29-31).

In Parm. → In Phaedr. (perdu)[1]

In Parm. IV 944.6-18, en part. ll. 16-18 : καὶ δέδεικται κἀμοὶ καὶ τῷ ἐμῷ καθηγεμόνι ταῦτα, τὰς ἐν Φαίδρῳ τοῦ Σωκράτους ἐνθέους ἐπιβολὰς διερευνωμένοις.

« Voilà ce qui a été démontré par moi et par mon maître [*scil.* Syrianus] en interprétant les intuitions divinement inspirées de Socrate dans le *Phèdre* ».

In Parm. IV 949.31-950.2, en part. 949.38-950.2 : Δεδείχαμεν γοῦν πάλαι διὰ τῶν εἰς τὴν παλινῳδίαν γραφέντων, ὅτι πᾶσαι αἱ τάξεις ἐκεῖναι μέσαι τῶν νοερῶν εἰσι θεῶν καὶ τῶν πρώτων νοητῶν, ὡς οἶμαι, δι᾽ ἐναργεστάτων[(a)] ἐφόδων.

(a) ἐναργεστάτων FRG *euidentissimos* g : ἐνεργεστάτων AP.

« Et de fait, nous avons montré depuis longtemps par nos écrits sur la *Palinodie* [*Phaedr.* 245 A-256 B][2], au moyen d'arguments, à mon avis, parfaitement évidents, que toutes ces classes de Là-bas sont intermédiaires entre les dieux intellectifs et les Intelligibles Premiers ». Comme le remarquent Saffrey-Westerink, l'adverbe πάλαι « suppose que chronologiquement l'*In Phaedr.* était notablement antérieur à l'*In Parm.* »[3].

---

1. Sur le commentaire de Proclus sur le *Phèdre*, cf. *Theol. plat.* IV, Introduction, p. XXXVII-XLIV, où ces quatre passages de l'*In Parm.* sont traduits et analysés (nous reprenons la traduction de Saffrey-Westerink).

2. Le commentaire sur la *Palinodie de Socrate*, tout en faisant partie du commentaire sur le *Phèdre*, a dû avoir une existence séparée (cf. *Theol. plat.* IV, Introduction, p. XXXVIII-XXXIX). Il est aussi cité dans *In Remp.* II, p. 312.2-3 et 339.14-16 : ἐξητασμένου μοι τοῦ πράγματος ἱκανῶς ἐν τοῖς τῆς παλινῳδίας ὑπομνήμασιν [...] καὶ εἴρηται καὶ ἡμῖν περὶ αὐτῶν ἐν τοῖς τῆς παλινῳδίας ὑπομνήμασιν, ὅπως ἐστὶν ἐλεγκτέα, διὰ πλειόνων (« La matière, comme j'ai dit, a été suffisamment examinée par moi dans le *Commentaire sur la Palinodie* [...] Et nous avons montré plus longuement dans notre *Mémoire sur la Palinodie* comment on doit les réfuter », trad. Festugière, t. III, p. 270, 297).

3. Cf. *Theol. plat.* IV, Introduction, p. XL. L'*In Phaedr.* est aussi antérieur à l'*In Tim.*, comme le montre le renvoi dans *In*

In Parm. VI 1088.16-29, en part. ll. 26-27 : καθάπερ ὑπομέμνηται διὰ τῶν εἰς τὴν παλινῳδίαν ἡμῖν πεπραγματευμένων.

« comme nous l'avons rappelé dans notre traité sur la *Palinodie* ».

In Parm. VI 1127.28-1129.9, en part. 1128.36-37 : ὡς <ἐ>δείκνυμεν[(a)] ἐξηγούμενοι τὸν Φαῖδρον.

(a) ἐδείκνυμεν A : δείκνυμεν s ἐνδείκνυμεν Cous.

Tim. III, p. 295.3-5 : καὶ τοῦτο δέδεικται μὲν ἡμῖν ἐν ταῖς εἰς Φαῖδρον συνουσίαις διὰ πολλῶν λόγων (« Ceci nous l'avons longuement montré dans les *Leçons sur le Phèdre* »), et 13-14 : καὶ τοῦτο μέν, ὅπερ εἴρηται, ληπτέον ἀπὸ τῶν εἰς Φαῖδρον εἰρημένων (« Mais cela, comme je l'ai dit, il faut aller le chercher dans mon *Commentaire sur le Phèdre* », trad. Festugière, t. V, p. 172). Puisque l'*In Tim.* est antérieur à l'*In Remp.* (cf. *supra*, p. xviii, n. 1), on pourrait reconstituer la succession suivante : *In Phaedr.*, *In Tim.*, *In Remp.*, *In Parm.* Pour ce qui est de l'*In Alc.*, puisqu'il ne cite aucun autre ouvrage de Proclus et n'est cité dans aucun autre ouvrage, il est impossible d'en proposer une datation (cf. *In Alc.*, Introduction, p. xl-xlii). Pour l'*In Remp.*, il faut tenir compte du caractère non unitaire de cet ouvrage (la datation est discutée par A. D. R. Sheppard, *Studies on the 5th and 6th Essays*, cit., p. 35-38). La 16e dissertation sur le mythe d'Er, *In Remp.* II, p. 335.20, renvoie à l'*In Tim.* comme à un ouvrage déjà publié : ἐν τοῖς εἰς τὸν Τίμαιον ἐκδεδομένοις. La 4e dissertation, I, p. 40.21-22, renvoie au commentaire sur les *Oracles Chaldaïques* : εἴρηται διὰ πλειόνων ἐν τοῖς εἰς τὰ λόγια γεγραμμένοις. Or, puisque le commentaire sur les *Oracles Chaldaïques* fut composé après la mort de Syrianus en 437 pendant cinq ans, donc jusqu'à 442 *ca* (cf. Marinus, *Proclus*, § 26.15-28), la succession chronologique est probablement la suivante : mort de Syrianus (437), *In Tim.* (première version, 439-440), commentaire sur les *Oracles Chaldaïques* (437-442 *ca*), *In Remp.* 4e diss., *In Remp.* 16e diss.

« comme nous l'avons montré[1] en faisant l'exégèse du *Phèdre* »[2]. La phrase 1129.9-11 : καὶ ὅτι καὶ Πλάτων οἶδε καὶ ἐκεῖνα τὰ σχήματα, δι᾽ ἄλλων δεδείχαμεν λόγων (« et que Platon connaît, lui aussi, ces figures aussi [*scil.* les figures inconnaissables et les figures connaissables, cf. ll. 6-7], cela nous l'avons démontré par d'autres arguments »), semble se rapporter, elle aussi, au commentaire sur le *Phèdre*.

In Parm. → *In Soph.* (perdu)

In Parm. VII 1174.21-31 : Εἰ δὲ δεῖ καὶ διαιτῆσαι τοῖς λό-γοις τῶν οὕτω κλεινοτάτων καὶ θείων ἀνδρῶν, καὶ ταῦτα τῶν προκειμένων ἔξω τῆς τοιαύτης οὔσης ἐν τῷ παρόντι ζητήσεως καὶ ἐν ἄλλοις ἡμῖν διὰ πλειόνων ἐξετασθείσης ἀπὸ τῆς τοῦ καθηγεμόνος ἡμῶν ὑφηγήσεως, οἰστέον[a] καὶ τούτων[b] τὴν κρίσιν ἀξιοῦσαν ἀμφοτέρους λέγειν ὀρθῶς, καὶ τοὺς παντα-χοῦ τὰ γένη τιθεμένους, καὶ τοὺς μετὰ τὸ ἓν οὐ προσιεμένους τοῦτον τετάχθαι τὸν ἀριθμόν.

1. Nous accueillons ἐδείκνυμεν, correction du ms. A, car le présent δείκνυμεν ne fait pas de sens dans une formule de renvoi. La traduction latine *ostendimus* ne peut être utilisée parce que Moerbeke aurait pu traduire l'imparfait ἐδείκνυμεν par le parfait *ostendimus*, comme il l'a fait en II 726.17 et VII 1210.38 (sur la traduction de l'imparfait grec par le parfait latin, cf. *infra*, p. CCCXIV-CCCXV) ; or, cette forme étant homographe de la 1re pers. plur. du présent, il est impossible de savoir si Moerbeke lisait le présent δείκνυμεν (= *ostendimus*) ou ἐδείκνυμεν (= *ostendimus* au lieu de *ostendebamus*). Si δείκνυμεν est une faute de l'archétype Ω, on peut l'expliquer par une haplographie due à la confusion entre le sigma lunaire de ὡς et l'épsilon initial arrondi de ἐδεί-κνυμεν (pour une faute analogue, cf. *infra*, p. CCLXXII, n. 1).

2. A propos de ce passage, E. Lamberz, « Proklos und die Form des philosophischen Kommentars », dans *Proclus lecteur*, p. 1-20, en part. p. 4, affirme que le verbe ἐξηγούμενοι implique que Proclus se réfère plutôt à ses leçons orales qu'à la rédaction écrite de son commentaire. Quoi qu'il en soit, les autres renvois à l'*In Phaedr.* ne souffrent d'aucune ambiguïté : il est hors de doute que Proclus renvoie à un commentaire écrit.

(a) οἰστέον Σ *ferendum* g : ἰστέον M Cous   ‖   (b) τούτων Σ Cous[1] *horum* g : τούτου Cous[2].

« Mais s'il faut juger en arbitre les discours d'hommes aussi célèbres et divins, et cela bien qu'une telle recherche soit à présent étrangère au sujet que nous nous sommes proposé et qu'elle ait été longuement examinée par nous ailleurs à partir de l'enseignement de notre maître [*scil.* Syrianus], il faut porter sur ce discours aussi un jugement qui donne raison aux tenants des deux thèses, aussi bien ceux qui posent que les genres [de l'être] sont partout, que ceux qui n'admettent pas que ce nombre [*scil.* la pempade des cinq genres de l'être] se trouve après l'un ».

Ce passage est tiré du commentaire à *Parm.* 139 B 4-5, où Parménide nie de l'un l'identique et le différent, après avoir nié le mouvement et le repos (138 B 7-139 B 3), c'est-à-dire les genres de l'être d'après le *Sophiste*, 250 A 8-251 C 7 (excepté l'essence qui, elle, sera niée à la fin de la première hypothèse, 141 E 7-142 A 1). Le mouvement et le repos caractérisent la 2e triade des dieux intellectifs (1152.15-1172.26 : *Parm.* 138 B 7-139 B 3), l'identique et le différent, la 7e divinité de l'hebdomade intellective, c'est-à-dire le démiurge (1172.27-1191.9 : *Parm.* 139 B 4-E 6). Proclus rapporte deux opinions à propos du classement des genres de l'être. Selon la première (1173.7-1174.3), les genres de l'être sont contenus dans l'être à titre premier. En tant que celui-ci a procédé à partir de ce qui est au-delà de l'être, il est essence ; en tant qu'il s'est rendu semblable à son producteur, il a reçu l'identité ; en tant qu'il s'est éloigné de l'un et qu'il est devenu non-un, il a reçu l'altérité ; en tant qu'il procède, il est en mouvement ; en tant qu'il est établi dans l'un et qu'il a procédé, il est en repos. Il est donc évident que l'essence, l'identité, l'altérité, le mouvement et le repos sont les genres de l'être à titre premier. Or, puisque l'être à titre premier, constitué du limitant et de l'illimité, fait partie des dieux intelligibles (1re triade : limitant, illimité, être intelligible), il s'ensuit que les genres de l'être se placent au niveau des dieux intelligibles. Selon la seconde opinion

(1174.3-21), il est absurde de placer les genres de l'être au niveau des intelligibles, c'est-à-dire aussitôt après l'un, parce que cela revient à poser que la première multiplicité après l'un est déjà une pempade, alors qu'il faut passer d'abord par une monade (l'un-qui-est), et ensuite par une triade (les trois triades des dieux intelligibles). Il s'ensuit que les genres de l'être doivent être placés au niveau des dieux intellectifs, et non pas intelligibles. Le jugement que Proclus porte sur ces deux opinions (1174.21-1175.29) consiste à les accorder, en reconnaissant que chacune d'entre elles saisit une partie de la vérité. En effet, les genres de l'être se trouvent au niveau aussi bien des intelligibles que des intellectifs, mais de deux manières différentes : de manière intelligible, c'est-à-dire uniforme et indifférenciée, au niveau des intelligibles, de manière intellective, c'est-à-dire différenciée, au niveau des intellectifs[1].

Le passage que l'on vient de citer est le seul témoignage certain d'un commentaire de Proclus sur le *Sophiste*[2]. Il per-

---

1. Dans *Theol. plat.* III 19, p. 64.17-65.13, Proclus soutient la même opinion que dans l'*In Parm.*, sans toutefois renvoyer à ses commentaires (*In Soph.* ou *In Parm.*).

2. Qu'il s'agisse d'un renvoi au commentaire de Proclus sur le *Sophiste*, cela est déjà signalé par Saffrey-Westerink, *Theol. plat.* III, p. 67, n. 3 (p. 137 des *Notes complémentaires*). Ce renvoi est ignoré dans les deux articles consacrés à l'exégèse du *Sophiste* par Proclus : A. Charles-Saget, « Lire Proclus, lecteur du *Sophiste* » avec un appendice de Chr. Guérard, « Les citations du *Sophiste* dans les œuvres de Proclus », dans *Études sur le Sophiste de Platon*, publiées sous la dir. de P. Aubenque (Elenchos, XXI), Napoli 1991, p. 475-508 (la liste des citations du *Sophiste* dans l'*In Parm.*, p. 503-505, ne comprend même pas *In Parm.* VII 1172.31-1175.29, passage qui s'ouvre pourtant par une citation explicite : Πᾶσιν ἐπέρχεται τοῖς ἐν Σοφιστῇ μὲν καλουμένοις τοῦ ὄντος γένεσιν, et qui, on vient de le voir, constitue un témoignage capital pour reconstruire l'exégèse du *Sophiste* par Proclus) ; C. Steel, « Le *Sophiste* comme texte théologique dans l'interprétation de Proclus », dans *Proclus and Medieval Philosophy*, p. 51-64, en part. p. 53, où l'auteur met en doute l'existence du commentaire de Proclus : « on n'a pas gardé de commentaire sur

met d'affirmer que ce commentaire a effectivement existé et qu'il est antérieur à l'*In Parm.* En revanche, le passage *In Parm.* II 774.21-28, qui a été considéré comme le seul témoignage de l'existence d'un commentaire de Proclus sur le *Sophiste*[1], ne semble, en réalité, faire allusion ni à un ouvrage rédigé ni à un cours oral de Proclus lui-même :

Ταῦτα μὲν οὖν εἰρήσθω περὶ τῶν εἰδῶν ἁπλῶς τῆς τε πρὸς ἄλληλα καὶ τῆς ἑκάστου καθ' αὐτὸ κατὰ τὴν ἕνωσιν καὶ τὴν διαίρεσιν κοινωνίας· ὅπως δὲ χρὴ τὴν ἀμιξίαν αὐτῶν καὶ τὴν μίξιν ἐκλαμβάνειν, ἴσως[a] εὐκαιρότερον ἐν ταῖς τοῦ Σοφιστοῦ διελθεῖν ἐξηγήσεσιν, ὅπου προηγουμένως ὁ Πλάτων διαλέγεται περὶ τοῦ μετέχειν ἀλλήλων ἢ μὴ μετέχειν τὰ γένη τοῦ ὄντος.

(a) post ἴσως add. καὶ F Cous[2] (ex Paris. gr. 1837).

« Assez parlé des formes considérées en elles-mêmes et de la communion, c'est-à-dire de l'unité et de

le *Sophiste*, et il est même probable que Proclus n'en a jamais composé ».

1. Cf. R. Beutler, art. « Proklos [4] », RE XXIII 1 (1957), col. 186-247, en part. col. 197.53-55 : « Kommentar zum Sophistes. Nicht erhalten und nur beiläufig als Schrift erwähnt von P. in Parm. p. 774 Cous.[2] » ; Proclus, *Theol. plat.* III, p. 67, n. 3 (p. 137 des *Notes complémentaires*), où l'on trouve toutefois l'indication de *In Parm.* VII 1174.25-27 (cf. note précédente) ; *Prol. ad Plat. phil.*, Introduction, p. LXIX, n. 31. Selon C. Steel, « Le *Sophiste* comme texte théologique », art. cit., p. 53, n. 11, *In Parm.* II 774.24-26 est « le seul texte qu'on pourrait invoquer pour prétendre que Proclus a composé un commentaire sur le *Sophiste* [...] Cependant ce texte ne prouve pas que Proclus a réellement écrit un tel commentaire ; tout au plus montre-t-il que Proclus a eu l'intention de le faire ». En réalité, ce passage de l'*In Parm.* n'est un renvoi ni à un commentaire écrit ni à un commentaire à écrire. Proclus veut tout simplement dire qu'il est plus opportun de traiter la question du mélange des genres lorsque l'on fait l'exégèse du *Sophiste*. C'est une allusion à une pratique d'enseignement, et non pas une remarque sur sa propre activité de commentateur (méprise analogue à propos d'une phrase du *De mal. subs.*, cf. *infra*, p. LXX-LXXV).

la distinction, qu'elles entretiennent l'une par rapport à l'autre, et chacune en elle-même ; maintenant, comment entendre leur absence de mélange et leur mélange, il est peut-être plus opportun d'en traiter dans l'exégèse du *Sophiste*, où Platon traite spécialement de la participation ou de la non-participation réciproque des genres de l'être ».

En effet, Proclus affirme ici simplement que la question du mélange et de la distinction des formes relève plutôt de l'exégèse du *Sophiste*, car c'est dans ce dialogue, et non pas dans le *Parménide*, que Platon aborde spécialement ce problème. C'est une affirmation, pour ainsi dire, méthodologique qui concerne la pertinence de la discussion sur le mélange des formes dans le cadre de l'exégèse du *Parménide* et qui peut donc difficilement passer pour un renvoi à un commentaire de Proclus lui-même.

In Parm. → El. theol.

In Parm. VII 1147.36-40 : οὐ γὰρ ἄλλο μέν τι τὸ κινοῦν[a] ἐν τοῖς αὐτοκινήτοις, ἄλλο δὲ τὸ κινούμενον, ἀλλ' ὅλον ἅμα κινοῦν τέ ἐστι καὶ κινούμενον, ὡς ἐν ἄλλοις ἡμῖν τοῦτο διὰ πολλῶν ἀποδέδεικται.

(a) κινοῦν A^{p.corr.} *mouens* g : κοινωνοῦν Σ.

« En effet, dans les êtres mus par soi, ce qui meut n'est pas autre chose que ce qui est mû, mais ce qui meut et ce qui est mû constituent un tout, comme nous l'avons démontré longuement ailleurs ».

cf. *El. theol.* § 17, p. 18.25-27 : ἀλλ' εἰ μέρος μὲν ἄλλο ἐστὶ τὸ κινοῦν, μέρος δὲ ἄλλο τὸ κινούμενον, οὐκ ἔσται καθ' ἑαυτὸ αὐτοκίνητον, ἐκ μὴ αὐτοκινήτων ὑφεστός (« Supposons donc que ce qui meut soit une partie distincte de la partie mue, l'être ne sera pas en lui-même automoteur, puisque formé de parties non automotrices », trad. Trouillard, p. 72). Puisque l'*El. theol.* date du début de l'activité de Proclus[1], ce renvoi n'est pas très significatif du point de vue chronologique.

---

1. Cf. Proclus, *El. theol.*, Introduction, p. xiv-xvii.

In Parm. → De mal. subs.

In Parm. III 829.22-27 : Τοσαῦτα καὶ περὶ τούτων [a] [νοε-
ρῶν εἰδῶν] [b] ἡμῖν θεωρητέον· ὑπόλοιπον δέ ἐστι περὶ {τοῦ} [c]
τῶν κακῶν εἰπεῖν συντόμως ὅτι καὶ ταῦτα χωρὶς παραδειγ-
μάτων ὑπέστη θείων, διὰ δή τινας ἄλλας αἰτίας, ὡς ἐν ἑτέροις
εἴπομεν, παρυφιστάμενα.

(a) τούτων scripsimus ex g (*hiis*) : τοῦ τῶν RGW τῶν AF
Cous ‖ (b) νοερῶν εἰδῶν Σ (*intellectualibus speciebus* g) deleuimus ut glossema ad τούτων ‖ (c) τοῦ Σ deleuimus ex
g (*de malis*).

« Voilà ce qu'il nous fallait examiner à propos de ces
choses-là [*scil.* les produits des arts et les arts]. Il nous reste
à parler brièvement des maux[1], pour dire qu'ils sont venus à l'existence, eux aussi, sans avoir de modèles divins,
puisqu'ils n'ont qu'un être adventice[2] dû à d'autres causes,
comme nous l'avons dit ailleurs ».

cf. *De mal. subs.* § 43-44, 47-50[3].

---

1. Pour l'explication de nos interventions critiques, cf. *infra*, Appendice II, p. xcviii-cii.
2. Le participe παρυφιστάμενα s'explique par la théorie du
mal comme παρυπόστασις, que Proclus développe notamment
dans le *De mal. subs.* Sur ce terme, cf. Proclus, *In Alc.*, p.
98, n. 1 (p. 191-192 des *Notes complémentaires*) ; A. C. Lloyd,
« Parhypostasis in Proclus », dans *Proclus et son influence*, p. 145-
157 ; Porphyre, *Sentences*, Travaux édités sous la responsabilité
de L. Brisson (Histoire des doctrines de l'Antiquité classique,
XXXIII), Paris 2005, note à *Sent.* 44.45-47, t. II, p. 777-782 [J.
Pépin]. La traduction de παρυπόστασις par "pseudo-existence",
adoptée dans *Theol. plat.* I cap., p. 3.6, I 18, p. 84.22 et 85.7, et
In Alc. 118.18 et 21, a été à juste titre critiquée par A. C. Lloyd,
art. cit., p. 156-157. Nous revenons donc à la traduction de παρυπόστασις par "être adventice" employée par le P. Festugière, *In
Tim.* III, p. 303.19 (t. V, p. 181) (traduction que A. C. Lloyd, art.
cit., p. 157, attribue à tort à I. Hadot).
3. Sur la datation du *De mal. subs.*, cf. *infra*, Appendice II,
p. LXIX-CII.

(B) Renvois de la Theol. plat. à l'In Parm.

Alors que l'*In Parm.* renvoie à *In Tim.*, *In Phaedr.*, *In Soph.*, *El. theol.* et *De mal. subs.*, seule la *Theol. plat.* renvoie à l'*In Parm.* comme à un ouvrage déjà écrit, ce qui confirme la datation tardive de ce commentaire en même temps que sa proximité chronologique avec la *Theol. plat.* Voici la liste des huit renvois de la *Theol. plat.* à l'*In Parm.*, tirés de l'*Index locorum* de la *Theol. plat.*

(1) *Theol. plat.* I 10, p. 41.7-9 : Ἐννέα τοίνυν ὑποθέσεων ὑπὸ τοῦ Παρμενίδου γεγυμνασμένων ἐν τῷ διαλόγῳ τούτῳ, καθάπερ ἡμῖν ἐν τοῖς εἰς αὐτὸν εἰρημένοις ὑπέμνησται (« Puis donc qu'il y a neuf hypothèses pratiquées par Parménide dans ce dialogue, comme nous l'avons rappelé dans notre commentaire »).
cf. *In Parm.* VI 1052.31-1064.12 [1].

(2) *Theol. plat.* I 10, p. 41.22-23 : ὡς καὶ τοῦτο διαίτης ἐν τοῖς εἰς τὸν διάλογον τοῦτον γεγραμμένοις ἠξίωται (« si bien que nous avons jugé bon de trancher ce point aussi [*scil.* le fait que les conclusions qui découlent de la non-existence de l'Un sont impossibles] dans notre commentaire [2] sur ce dialogue »).

(3) *Theol. plat.* I 13, p. 59.2-5 : Ἀλλὰ περὶ μὲν τῶν ὑποθέσεων τοῦ Παρμενίδου καὶ τῆς ἐν αὐτῷ διαιρέσεως καὶ τῆς καθ' ἕκαστα θεωρίας ἐν τοῖς εἰς αὐτὸν γεγραμμένοις ἡμῖν ἱκανῶς ἐξείργασται καὶ οὐδὲν ἐν τῷ παρόντι μηκύνειν προσήκει περὶ τούτων (« Mais il a été suffisamment question des hypothèses du *Parménide* et de la classification qu'il contient, et l'on en a suffisamment examiné le détail

---

1. Texte commenté dans *Theol. plat.* I, Introduction, p. LXXX-LXXXIX.
2. Le participe γεγραμμένοις (voir aussi les renvois nᵒˢ 3 et 4) atteste que, lors de la composition de la *Theol. plat.*, le commentaire sur le *Parménide* était rédigé dans sa forme définitive.

dans notre commentaire sur ce dialogue, de sorte qu'il ne convient pas dans le présent traité de s'étendre là-dessus »).

(4) *Theol. plat.* II 10, p. 61.13-18 : τὸ δὲ μετὰ ταῦτα φέρε τὴν περὶ τοῦ πρώτου θεοῦ πραγματείαν ἐπαναπαύσωμεν τῇ τοῦ Παρμενίδου θεωρίᾳ, καὶ τῆς πρώτης ὑποθέσεως ἀναφήνωμεν τὰ μυστικὰ νοήματα, καθόσον τῇ παρούσῃ προθέσει διαφέρει· τὴν γὰρ τελεωτάτην αὐτῶν ἐξήγησιν ἐν τοῖς εἰς τὸν διάλογον ἡμῖν γεγραμμένοις καταβεβλήμεθα (« mais ensuite, allons, achevons le traité relatif au premier dieu par l'examen du *Parménide*, et révélons les pensées pleines de mystère de la première hypothèse, dans la mesure où cela importe à notre propos actuel; car nous avons donné l'explication très complète de ces pensées dans notre commentaire sur ce dialogue »).

cf. *In Parm.* VI-VII.

(5) *Theol. plat.* III 23, p. 83.6-10 (à propos des intelligibles) : Δεῖ δὲ ἡμᾶς τὴν πραγματειώδη καὶ συνοπτικὴν περὶ ἑκάστης τάξεως συνάγειν εἰς ἓν θεωρίαν, ἐπειδὴ καὶ τὴν τῶν λέξεων ἔφοδον ἐν τοῖς ὑπομνήμασι ποιησαμένους τὰ αὐτὰ καὶ νῦν ἀνακυκλεῖν οὐκ ἂν ἔχοι λόγον (« Or, il nous faut, pour chaque classe, unifier l'étude relative aux réalités fondamentales pour pouvoir l'embrasser d'un seul regard, car, puisque nous avons examiné dans notre commentaire la lettre du texte, il est inutile de répéter ici la même chose »).

cf. *In Parm.*, partie perdue (commentaire de la 2ᵉ hypothèse). Proclus affirme ici avoir déjà fait l'exégèse littérale de la partie du *Parm.* concernant la première triade intelligible, c'est-à-dire 142 B 5-C 7[1].

(6) *Theol. plat.* VI 24, p. 110.13-15 : Τὸ μὲν γὰρ ἅπτεσθαι τῆς πρὸς ἡμᾶς συγγενείας ἦν καὶ τῆς συντεταγμένης προνοίας

---

1. Cf. *Theol. plat.* III 23, p. 85.9-16, où Proclus fixe clairement le début et la fin du passage du *Parménide* concernant cette triade : on est au début de la 2ᵉ hypothèse, qui commence en 142 B 1.

(« Car le fait d'être en contact, on le sait [ἦν], implique la parenté avec nous et la providence coordonnée à nous »).

cf. *In Parm.*, partie perdue (commentaire de la 2ᵉ hypothèse, 148 D 5-149 D 7).

(7) *Theol. plat.* VI 24, p. 113.4-6 : Κἀκεῖ μὲν τὸ ἐν αὐτῷ πρώτως ἐκφανὲν τὴν ἀφὴν κατ᾽ αἰτίαν περιείληφεν, ὥσπερ δέδεικται διὰ τῆς πρώτης ἡμῖν ὑποθέσεως (« Là-bas, le fait d'être en soi-même qui apparaît à titre premier contient causalement le contact, comme nous l'avons démontré au moyen de la première hypothèse »).

cf. *In Parm.* VI 1133.16-1147.4.

(8) *Theol. plat.* VI 24, p. 114.19-22 : Τοσαῦτα καὶ περὶ τούτων τῶν θεῶν ἐκ τοῦ Παρμενίδου παραληπτέον· τὴν δὲ τῶν καθ᾽ ἕκαστα διηκριβωμένην ἐξήγησιν ἐν ἄλλοις πεποιήμεθα καὶ οὐδὲν δεῖ τὰ αὐτὰ κἀν τούτοις ἀναγράφειν (« Voilà tout ce que l'on peut tirer du *Parménide* au sujet de ces dieux [*scil.* les dieux séparés du monde], nous avons fait ailleurs l'exégèse détaillée de ce texte, et il ne faut pas répéter les mêmes choses ici encore »).

cf. *In Parm.*, partie perdue (commentaire de la 2ᵉ hypothèse, 148 D 5-149 D 7).

(C) *Deux renvois de l'*In Tim. *à l'*In Parm.

(1) *In Tim.* I, p. 130.9-131.7. Après avoir énuméré les classes divines, depuis le limitant et l'illimité jusqu'aux dieux encosmiques, Proclus écrit : ταῦτα μὲν οὖν ὡς ἐν ἄλλοις τέτακται, καὶ νῦν παρ᾽ ἡμῶν οἷον ἱστορήσθω (« Tout cet arrangement a été décrit ailleurs : que ce semblant d'exposé suffise pour l'instant », trad. Festugière, t. I, p. 177). Comme l'explique le P. Saffrey, « Il est évident que cet "ailleurs" ne pouvait être alors que le *Commentaire sur le Parménide* que Proclus devait enseigner en même temps que le *Timée* »[1].

---

1. Cf. *Theol. plat.* VI, Introduction, p. xxxviii.

Or, puisque les renvois de l'*In Parm.* à l'*In Tim.* témoignent de manière indiscutable de l'antériorité de l'*In Tim.*, il faut en conclure que Proclus renvoie ici à son cours oral sur le *Parménide*, et non pas à son commentaire rédigé.

(2) *In Tim.* III, p. 12.22-30 : οὐ γὰρ εὐθέως μετὰ τἀγαθὸν τὸ πάντη πλήθους ἐνέμφατον ἡ παντοδαπὴ τῶν νοητῶν ἰδέα παράγεται, ἀλλ᾽ εἰσί τινες μεταξὺ φύσεις ἡνωμέναι μὲν μᾶλλον τοῦ πλήθους τοῦ παντελοῦς, ὠδῖνα δὲ καὶ ἔμφασιν τῆς ἀπογεννήσεως τῶν ὅλων καὶ τῆς συνοχῆς ἐν ἑαυταῖς ἐπιδεικνύμεναι. πόσαι δὲ αὗται καὶ οἷαι, θείως μὲν οἱ θεοὶ γιγνώσκουσιν, ἀνθρωπίνως δὲ καὶ φιλοσόφως ἡ τοῦ Παρμενίδου διδάσκει μυστικὴ παράδοσις, εἰς ἣν καὶ ἡμεῖς τὴν ἀκριβῆ περὶ τούτων ἐξεργασίαν ἀναβαλλόμεθα (« Car il n'est pas vrai que l'ensemble multiforme des Idées intelligibles vienne aussitôt après le Bien qui ne comporte absolument aucune trace de multiplicité, mais il y a dans l'entre-deux des entités qui d'une part sont plus unifiées que la multiplicité du Vivant Complet, et qui d'autre part manifestent en elles-mêmes un travail d'enfantement et comme les linéaments de la génération de tout l'ensemble et du lien qui unifie. Combien sont ces entités et quelles, les dieux le savent d'une science divine ; de science humaine et sous le mode philosophique, on le trouve enseigné dans la doctrine mystique du *Parménide*, à laquelle nous renvoyons le traitement plus élaboré de ce sujet », trad. Festugière, t. IV, p. 29-30). Ce renvoi implique que l'*In Parm.* est encore à écrire.

Pour résumer, il est impossible de proposer une chronologie générale cohérente ; tout au plus, peut-on établir des chronologies partielles pour un texte déterminé. En ce qui concerne l'*In Parm.*, en supposant acquises les conclusions que nous nous efforcerons d'établir plus bas (Appendice II, p. LXIX-CII) à propos de la datation des *Tria opuscula*, l'on peut affirmer que les ouvrages suivants lui sont antérieurs, sans pourtant pouvoir établir leur chronologie relative : *El. theol.*, *In Phaedr.*, *De mal. subs.*, *In Tim.* (439 ca), *In Remp.* (4ᵉ et 16ᵉ diss.), *In Soph.*, *In Parm.*, *Theol. plat.* Ajoutons qu'il est raisonnable de dater le *De prov.* de 450 ca et de placer, sans craindre de se tromper, l'*In Parm.* et la *Theol. plat.* dans la décennie 470/480.

II. Plan général de l'*In Parm.*

Dans son état actuel, le commentaire de Proclus ne concerne que la première partie du *Parménide* jusqu'à la fin de la première hypothèse (126 A 1-142 A 8)[1]. Le commentaire des hypothèses 2 à 9 (142 B 1 ss.) manque complètement. Il est toutefois certain qu'il a existé, puisque le commentaire de Damascius, qui, mutilé du début, ne concerne que les hypothèses 2 à 9[2], se présente comme une discussion des apories soulevées par Proclus dans son propre commentaire[3]. Proclus avait sans aucun doute consacré un

---

1. Le texte grec, mutilé, s'arrête à 141 E 10 (φαίνεται), alors que la traduction latine arrive jusqu'à la fin de la première hypothèse (142 A 8).

2. Les deux commentaires sont donc en quelque sorte complémentaires. En effet, alors que le commentaire de Proclus, ayant perdu la partie consacrée aux hypothèses 2 à 9, ne concerne que la première partie du dialogue et la première hypothèse, le commentaire de Damascius, mutilé du début (apories sur les idées, première hypothèse, début de la deuxième), concerne les hypothèses 2 à 9.

3. A propos du renvoi à l'*In Parm.* contenu dans *Theol. plat.* I 13, p. 59.2-5 (cf. *supra*, p. XXXII-XXXIII, renvoi n° 3), Saffrey-Westerink, p. 59, n. 1 [suite p. 145], notent : « Ce que Proclus dit ici, ainsi que les autres allusions à l'*In Parm.*, *supra*, p. 41.8-9 et 41.22-23 [cf. *supra*, p. XXXII, renvois n°s 1 et 2], démontre que le commentaire est antérieur à la *Théol. plat.*, et suppose qu'il s'étendait sur toutes les hypothèses du *Parménide*; nous avons donc aujourd'hui cet ouvrage dans un état mutilé. On peut rapprocher de cette remarque la souscription de l'*In Parm.* de Damascius (II, p. 322.12-14 Ruelle [= IV, p. 135.16-18 Westerink-Combès]) : Δαμασκίου διαδόχου εἰς τὸν Πλάτωνος Παρμενίδην ἀπορίαι καὶ ἐπιλύσεις ἀντιπαρατεινόμεναι τοῖς εἰς αὐτὸν ὑπομνήμασιν τοῦ φιλοσόφου, où ἀντιπαρατεινόμεναι signifie "recouvrant la même étendue que" ; donc, encore une fois, le

commentaire détaillé à la 2ᵉ hypothèse, comme le montrent
les renvois nᵒˢ (5) et (8) de la *Theol. plat.* au commentaire
de la 2ᵉ hypothèse, où Proclus parle explicitement d'exégèse
littérale du texte de cette hypothèse[1]. Pour les hypothèses
3 à 9, on peut penser que le commentaire était beaucoup
moins développé, d'une manière analogue à l'*In Parm.* de
Damascius, dans lequel le commentaire des hypothèses 3 à 9
équivaut à environ 1/3 du commentaire de la 2ᵉ hypothèse[2].
Il est naturellement impossible d'expliquer la perte de toute
la partie consacrée aux hypothèses 2 à 9, bien que l'on puisse
envisager la perte du dernier tome de l'ouvrage[3]. Quoi qu'il

commentaire de Proclus, comme celui de Damascius, s'étendait
aux neuf hypothèses ». — Dans son commentaire, Damascius
désigne Proclus par αὐτός (91 fois), ὁ ἐξηγητής (3 fois), ὁ φιλόσοφος (2 fois), ἐκεῖνος (une fois), par un verbe sans sujet (132
fois). Voir Damascius, *In Parm.* IV, *Index nominum, s.v.* Πρόκλος
(p. 238-239).

1. Cf. *supra,* p. XXXIII, XXXIV.

2. L'*In Parm.* de Damascius compte 653 531 signes, dont
496 058 pour la 2ᵉ hypothèse et 157 473 pour les hypothèses
3 à 9. Si l'on applique les mêmes proportions (hyp. 3 à 9 = 1/3
de la 2ᵉ hyp.) au commentaire de Proclus et que l'on suppose
que le commentaire de la 2ᵉ hypothèse était aussi étendu que
celui de la première, on peut se faire une idée approximative de
l'étendue de la partie perdue. Puisque, dans sa forme actuelle,
l'*In Parm.* de Proclus compte 1 053 237 signes, dont 336 285
pour les livres VI-VII (= 1ʳᵉ hypothèse), on obtient les résultats
suivants : le commentaire de la 2ᵉ hypothèse compterait env.
340 000 signes, et celui des hypothèses 3 à 9 env. 113 000, ce qui
donnerait un total de 453 000 signes (= 270 colonnes Cousin)
pour la partie perdue.

3. L'hypothèse de la perte d'un second tome a été émise
pour expliquer la disparition de la fin de l'*In Alc.* (cf. *In Alc.,*
Introduction, p. XL). Puisque l'*In Parm.* est deux fois et demie
plus étendu que l'*In Alc.* (qui compte 431 561 signes), on pourrait imaginer qu'il comportait, à l'origine, trois ou plusieurs
tomes. A une époque non précisée (après Damascius et avant
l'archétype Ω, c'est-à-dire entre le VIᵉ et le IXᵉ siècle), le dernier
tome aurait été perdu et seuls les premiers auraient été recopiés
lors de la translittération ; ce manuscrit translittéré, qui doit

en soit, on constate que l'*In Parm.* a subi le même sort que l'*In Tim.*, qui couvrait sûrement l'ensemble du texte de Platon[1], l'*In Alc.*, dont il manque un peu moins de la moitié[2], et l'*In Crat.*, qui couvre un peu moins que la moitié du texte de Platon[3].

Le plan général de l'*In Parm.* tel qu'il nous a été transmis, c'est-à-dire jusqu'à la fin de la première hypothèse, est le suivant :

Livre I (617.1-722.21) : Prologue général (617.1-659.22) et exégèse de *Parm.* 126 A 1-127 D 5 (= prologue du *Parm.* : 659.23-693.55) + 127 D 6-128 E 6 (= début de la discussion entre Zénon et Socrate : 693.56-722.21).

Livre II (721.25-782.38) : Exégèse de *Parm.* 128 E 6-130 B 1 = Apories de Socrate contre les arguments de Zénon.

Livre III (783.1-838.3) : Exégèse de *Parm.* 130 B 1-E 4 = Apories sur les idées.

Livre IV (837.4-978.3) : Exégèse de *Parm.* 130 E 4-135 B 2 = Suite et fin des apories sur les idées.

Livre V (977.5-1038.38) : Exégèse de *Parm.* 135 B 3-137 C 3 = La méthode de Parménide.

Livre VI (1039.1-1134.12) : Exégèse de *Parm.* 137 C 4-138 A 1 = Première hypothèse : Si l'un est, quelles conséquences résulteront pour lui ? Conclusions négatives.

— 1039.1-1064.17 : Préambule à l'exégèse des hypothèses : Nombre et objet des hypothèses. Histoire de l'interprétation des hypothèses.

— 1064.18-1089.16 : Huit questions préliminaires à l'exégèse de la première hypothèse.

---

probablement être identifié à l'archétype Ω, présentait déjà la division en sept livres, division qui présuppose la perte de la partie finale du commentaire (cf. *infra*, p. LXV).

1. Cf. trad. Festugière, t. I, p. 10-11.
2. Cf. *In Alc.*, Introduction, p. XXXIX-XL.
3. Cf. éd. Pasquali, p. 113, app. crit. Le texte s'arrête *ex abrupto*, au milieu d'une phrase, dans le commentaire de *Crat.* 407 C 2. Il est évidemment impossible de savoir si, à l'origine, il arrivait jusqu'à la fin du texte de Platon (440 E 7).

1° 1064.18-1071.8 : Objet (σκοπός) de la première hypothèse.

2° 1071.9-1072.18 : Quel est le mode des discours (ὁ τρόπος τῶν λόγων)[1] adapté à l'exégèse des hypothèses ? Réponse : logique, intellectif, divinement inspiré.

3° 1072.19-1074.21 : Les négations de la première hypothèse sont-elles supérieures ou inférieures aux affirmations ?

4° 1074.22-1077.18 : En quoi les négations de la première hypothèse sont-elles appropriées à la cause première ?

5° 1077.19-1079.26 : Pourquoi Parménide a-t-il commencé son argumentation à partir des négations, alors que, dans son *Poème*, il fait des affirmations au sujet de l'un, et non pas des négations ?

6° 1079.27-1082.9 : Les hommes ont-ils recours aux négations à cause de la faiblesse de la nature humaine, qui ne peut saisir la simplicité de l'un, ou bien les êtres supérieurs à l'âme humaine connaissent-ils, eux aussi, l'un sous le mode négatif ?

7° 1083.1-1088.3 : Pourquoi les négations de la première hypothèse sont celles qu'a énumérées Parménide, et non pas d'autres ?

8° 1088.4-1089.16 : Dans quel ordre les négations se suivent-elles ? Si elles commencent par le terme le plus élevé, pourquoi les plusieurs précèdent-ils l'être ? Si elles commencent du terme le moins élevé, pourquoi les genres de l'être (repos, mouvement, identique, différent) précèdent-ils les couples semblable-dissemblable, égal-inégal, plus grand-plus petit ?

— 1089.17-1097.20 : *Parm.* 137 C 4-5 (plusieurs)[2] = 1re triade des dieux intelligibles-intellectifs.

---

1. Σκοπός du traité et τρόπος τῶν λόγων font l'objet des deux premiers chapitres de la *Theol. plat.* (I 1-2). — Sur la locution ὁ τρόπος τῶν λόγων, cf. *infra*, Appendice IV, p. cv-cxiv.

2. Nous indiquons entre parenthèses l'attribut qui est nié de l'un et qui caractérise une classe divine. Par exemple, si l'un est, il n'est pas plusieurs, et l'attribut "plusieurs", nié de

— 1097.21-1110.15 : *Parm.* 137 C 5-D 3 (tout, parties) :
2ᵉ triade des dieux intelligibles-intellectifs.

— 1110.16-1134.12 : *Parm.* 137 D 4-138 A 1 (figure) : 3ᵉ
triade des dieux intelligibles-intellectifs.

Livre VII (1133.13-1242.33 + Moerbeke, *In Parm.*, p.
497.67 [*est le unum*]-503.23) : Exégèse de *Parm.* 138 A 2-
142 A 8 = Première hypothèse (suite et fin). Le commentaire
de 141 E 10-142 A 8, perdu dans la tradition grecque, n'est
transmis que dans la traduction latine.

— 1133.13-1152.14 : *Parm.* 138 A 2-B 6 (en lui-même,
en un autre) : 1ʳᵉ triade des dieux intellectifs.

— 1152.15-1172.26 : *Parm.* 138 B 7-139 B 3 (immobile,
en mouvement) : 2ᵉ triade des dieux intellectifs.

— 1172.27-1191.9 : *Parm.* 139 B 4-E 6 (identique, différent) : 7ᵉ divinité de l'hebdomade intellective.

— 1191.10-1201.21 : *Parm.* 139 E 7-140 B 5 (semblable,
dissemblable) : dieux hypercosmiques (ou assimilateurs).

— 1201.22-1212.4 : *Parm.* 140 B 6-D 8 (égal, inégal) :
dieux encosmiques.

— 1212.5-1233.19 : *Parm.* 140 E 1-141 D 6 (temps) :
âmes universelles.

— 1233.20-1239.21 : *Parm.* 141 D 7-E 7 (parties du
temps) : êtres supérieurs (anges, démons, héros).

— 1239.22-1242.33 + Moerbeke, *In Parm.*, p. 497.67 (*est
le unum*)-503.23 : *Parm.* 141 E 7-142 A 1 (être) : dieux intelligibles. Les dieux intelligibles sont placés à la fin de la
première hypothèse, et non pas au début comme on pourrait s'y attendre, parce que, l'hypothèse étant "si l'un est",
si le premier attribut nié était l'être, on aboutirait à une
conditionelle absurde, c'est-à-dire "si l'un est, l'un n'est

l'un, est propre à la 1ʳᵉ triade des dieux intelligibles-intellectifs ;
ou encore, si l'un est, il n'est ni tout ni parties, et l'attribut
"tout, parties" est propre à la 2ᵉ triade des dieux intelligibles-
intellectifs, et ainsi de suite pour tous les attributs niés de l'un
au cours de la première hypothèse.

pas" ; c'est pourquoi Platon a jugé préférable de commencer la série des négations par "plusieurs" (cf. *In Parm.* VII 1241.15-33).

— Moerbeke, *In Parm.*, p. 503.24-521.69 : *Parm.* 142 A 1-8 : L'un est ineffable et inconnaissable.

Partie perdue
Parm. 142 B 1-166 C 5 : Hypothèses 2 à 9

142 B 1-155 E 3 = 2ᵉ hypothèse : Si l'un est, quelles conséquences résulteront pour lui ? Conclusions affirmatives[1].

155 E 4-157 B 5 = 3ᵉ hypothèse : Si l'un est et n'est pas à la fois, quelles conséquences résulteront pour lui ? Conclusions à la fois affirmatives et négatives.

157 B 6-159 B 1 = 4ᵉ hypothèse : Si l'un est, quelles conséquences résulteront pour les autres que l'un ? Conclusions affirmatives.

159 B 2-160 B 4 = 5ᵉ hypothèse : Si l'un est, quelles conséquences résulteront pour les autres ? Conclusions négatives.

160 B 5-163 B 6 = 6ᵉ hypothèse : Si l'un n'est pas, quelles conséquences résulteront pour lui ? Conclusions à la fois affirmatives et négatives.

163 B 7-164 B 4 = 7ᵉ hypothèse : Si l'un n'est pas, quelles conséquences résulteront pour lui ? Conclusions négatives.

164 B 5-165 E 1 = 8ᵉ hypothèse : Si l'un n'est pas, quelles conséquences résulteront pour les autres ? Conclusions à la fois affirmatives et négatives.

165 E 2-166 C 5 = 9ᵉ hypothèse : Si l'un n'est pas, quelles conséquences résulteront pour les autres ? Conclusions négatives.

---

1. Nous reprenons la formulation des hypothèses proposée par J. Combès dans Damascius, *In Parm.* I, p. XXVII-XVIII.

III. Composition de l'*In Parm.*

L'*In Parm.* se compose d'un prologue et d'une série de lemmes[1]. Dans les prologues de ses commentaires, Proclus aborde, d'une part, certaines questions préliminaires communes à toute préface exégétique, d'autre part, des thèmes qui sont propres à chaque dialogue en tant que dictés par

---

1. La même structure caractérise l'*In Tim.* et l'*In Alc.* En revanche, l'*In Remp.* ne suit pas le texte de Platon phrase à phrase et présente une structure très particulière, car il se compose de 17 dissertations ; voir aussi *infra*, p. LIX, n. 2. — Le prologue est justement caractérisé par le fait de précéder l'exégèse du texte en *In Parm.* V 991.29-30 : καθάπερ εἰπὼν οἶδα καὶ πρὸ τῶν ἐξηγήσεων (« comme j'ai conscience de l'avoir aussi dit avant l'exégèse du texte (*scil.* I 656.15-27) ». On remarquera que, comme tout terme abstrait, ἐξήγησις s'emploie souvent au pluriel avec une valeur itérative, l'activité d'interprétation étant répétée à plusieurs reprises, soit pour chaque partie du texte, soit pour de différents textes (cf. Kühner-Gerth, II 1, § 348, p. 16). Cf. *In Remp.* I, p. 5.10-11 : τὸν αὐτὸν καὶ ἐπὶ τῶν ἄλλων τρόπον μετιόντες τὰς ἐξηγήσεις (« si vous poursuivez de la même façon l'interprétation dans les autres cas aussi », trad. Festugière, t. I, p. 21) ; II, p. 341.5 : Ἀλλὰ τοῦτο μὲν καὶ ἐν ἀρχῇ τῶν ἐξηγήσεων τῆς ῥήσεως ταύτης (« au début même de notre interprétation de ce passage », trad. cit., t. III, p. 299) ; *In Tim.* I, p. 15.24-25 : καὶ χρὴ τὸν προσήκοντα τρόπον ἐκείνοις ποιεῖσθαι τὰς ἐξηγήσεις (« il faut [...] composer notre exégèse en la façon qui s'accorde avec les Pythagoriciens », trad. Festugière, t. I, p. 43) ; Damascius, *In Parm.* IV, p. 81.1-2 : ὡς ἔσται δῆλον ἐν ταῖς ἐξηγήσεσι τῶν λεγομένων (« comme cela sera évident dans l'explication des termes employés ») ; id., *V. Isid.* fr. 245, p. 201.4-5 Zintzen : ἐκοινώσατο πρὸς αὐτὸν τὴν ἑαυτοῦ δόξαν τῶν εἰς Παρμενίδην ὑποθέσεών τε καὶ ἐξηγήσεων (« Marinus lui [*scil.* Isidore] avait communiqué son opinion sur les hypothèses du *Parménide* et leur exégèse », cf. Marinus, *Proclus*, Introduction, p. XVIII) ; Ammonius, *In De interpr.*, éd. A. Busse (CAG IV 5), p. 1.7-8 : ἀπομνημονεύσαντες τῶν ἐξηγήσεων τοῦ θείου ἡμῶν διδασκάλου Πρόκλου τοῦ Πλατωνικοῦ διαδόχου (sur ce dernier texte, cf. *infra*, p. LXVIII ; p. 1, n. 1 [p. 163-164 des *Notes complémentaires*]).

le sujet du dialogue lui-même. Toutes les questions préliminaires ne sont pas traitées par Proclus dans tous ses prologues. Les questions préliminaires qu'il discute dans le prologue de l'*In Parm.* sont au nombre de quatre : disposition dramatique (δραματικὴ διασκευή, I 618.21-625.35), personnages (πρόσωπα, I 627.37-630.13), but (σκοπός) du dialogue (I 630.14-645.8), style (εἶδος, χαρακτήρ, I 645.9-647.24)[1]. Parmi ces quatre questions préliminaires, le but, qui est de loin le thème le plus important, est discuté dans

---

1. Dans l'*In Tim.*, le prologue de Proclus (t. I, p. 1.4-9.24 ; trad. Festugière, t. I, p. 23-35) examine le but (σκοπός), le plan ou composition (οἰκονομία), la forme littéraire (χαρακτήρ), les circonstances (ὑπόθεσις) de l'entretien, les personnages (πρόσωπα). Dans l'*In Remp.*, c'est la première dissertation (t. I, p. 5.3-19.25, mutilée ; trad. Festugière, t. I, p. 21-34), qui joue, en quelque sorte, le rôle de prologue par rapport non seulement à toutes les autres dissertations de l'*In Remp.*, mais aussi, en général, à tout commentaire sur les dialogues de Platon (cf. p. 5.6-12). En effet, elle ne porte pas sur tel ou tel passage du texte de Platon, mais énumère sept points préliminaires à traiter avant d'aborder l'exégèse du texte de la *République* : but (σκοπός), genre littéraire (εἶδος), circonstances extérieures (ὕλη = lieu, temps, personnages), distinction des types de constitutions politiques selon Platon, examen de la constitution politique conforme à la raison, qui fait l'objet de la *République*, manière dont cette constitution doit être analysée, cohérence des doctrines à travers tout le dialogue. De ces sept points, les trois premiers sont communs à tout prologue, tandis que les quatre derniers concernent spécifiquement la *République*. Dans l'*In Alc.*, « le prologue (1.1-18.12) est constitué par la lecture inaugurale du cours de philosophie platonicienne (1.1-6.14), suivie de trois des points classiques des préfaces exégétiques : *scopus* du dialogue (6.15-10.23), place de l'*Alcibiade* dans la lecture des dialogues de Platon (11.1-17) et division du dialogue dans ses grandes parties (11.22-18.12) » (cf. *In Alc.*, Introduction, p. XLVII). Dans l'*In Crat.*, le prologue occupe les chapitres I-XVII, p. 1.1-8.14, et aborde les points suivants : σκοπός (I, p. 1.1-9), genre littéraire (λογικός et διαλεκτικός) suivi d'une distinction entre la dialectique de Platon et celle d'Aristote (II-VIII, p. 1.10-3.6), en quel sens Platon s'occupe des noms (non pas en tant qu'ils sont prononcés, mais en tant qu'ils sont des images

les prologues de tous les commentaires (*In Tim.*, *In Remp.*, *In Alc.*, *In Crat.*) ; les personnages et le style sont traités dans tous les prologues sauf celui de l'*In Alc.* ; la disposition dramatique, c'est-à-dire un résumé détaillé du dialogue, correspond en partie à ce que, dans l'*In Remp.*, Proclus appelle « la matière » (ὕλη) et qui comprend le lieu et le temps, et, dans l'*In Tim.*, « l'occasion » (ὑπόθεσις). Les thèmes propres au prologue de l'*In Parm.* sont l'interprétation analogique des quatre entretiens emboîtés (I 625.36-627.36)[1] et la comparaison entre la méthode du *Parménide* et la dialectique (I 648.2-658.30). A la différence de tous les autres commentaires de Proclus, l'*In Parm.* est ouvert par une prière (I 617.1-618.16), qui présente des analogies avec la prière initiale de la *Theol. plat.*, ce qui souligne l'affinité et la proximité des deux ouvrages :

In Parm. I 617.1-7	*Theol. plat.* I 1, p. 7.17-21
Εὔχομαι τοῖς θεοῖς πᾶσι καὶ πάσαις <u>ποδηγῆσαί μου τὸν νοῦν</u> εἰς τὴν προκειμένην <u>θεωρίαν</u>, καὶ <u>φῶς</u> ἐν ἐμοὶ στιλπνὸν <u>τῆς ἀληθείας ἀνάψαντας</u> ἀναπλῶσαι τὴν ἐμὴν διάνοιαν ἐπ' αὐτὴν τὴν τῶν ὄντων ἐπιστήμην, ἀνοῖξαί τε τὰς τῆς ψυχῆς τῆς ἐμῆς πύλας εἰς ὑποδοχὴν τῆς ἐνθέου τοῦ Πλάτωνος ὑφηγήσεως.	τάχ' ἂν εἰκότως αὐτοὺς τοὺς θεοὺς παρακαλοῖμεν τὸ <u>τῆς ἀληθείας φῶς ἀνάπτειν</u> ἡμῶν ταῖς ψυχαῖς, καὶ τοὺς τῶν κρειττόνων ὀπαδοὺς καὶ θεραπευτὰς κατιθύνειν <u>τὸν ἡμέτερον νοῦν</u>, καὶ <u>ποδηγετεῖν</u> εἰς τὸ παντελὲς καὶ θεῖον καὶ ὑψηλὸν τέλος τῆς <u>Πλατωνικῆς θεωρίας</u>.

des réalités, IX, p. 3.7-4.5), personnages (X, p. 4.6-5.22), les deux opinions concernant l'origine des noms et leurs principaux tenants (φύσει [= Cratyle] : Pythagore, Épicure ; θέσει [= Hermogène] : Démocrite et Aristote). Voir aussi Hadot, *Simplicius, Cat. Introd.*, p. 30-34.

1. 1° Entretien de Parménide, Zénon et Socrate ; 2° récit de cet entretien fait par Pythodore à Antiphon ; 3° récit d'Antiphon à Céphale et aux philosophes de Clazomènes ; 4° récit de Céphale à un public indéterminé.

La dédicace à Asclépiodote, qui suit la prière (I 618.16-20), a un parallèle dans la dédicace à Périclès qui ouvre la *Theol. plat.* (I 1, p. 5.6-7)[1].

Le prologue est suivi de l'exégèse du texte. La méthode exégétique de Proclus a été étudiée par le P. Festugière[2].

---

1. Comme le remarquent Saffrey-Westerink, *Theol. plat.* I, p. 5, n. 2 et 3 (p. 130 des *Notes complémentaires*), Périclès, élève de Proclus, est le dédicataire de la *Theol. plat.* parce qu'il avait apporté une contribution de valeur à l'exégèse du *Parm.* (IV 872.18-32). En outre, la même formule est utilisée pour Asclépiodote (*In Parm.* I 618.17-18 ἐμοὶ φίλων φίλτατε) et pour Périclès (p. 5.6-7 φίλων ἐμοὶ φίλτατε). On peut aussi rappeler que la 16ᵉ dissertation de l'*In Remp.* est dédiée à Marinus. Les autres commentaires de Proclus ne présentent pas de dédicace.

2. « Modes de composition des Commentaires de Proclus », MH 20 (1963), p. 77-100 (repris dans *Études de philosophie grecque*, Paris 1971, p. 551-574). L'analyse du P. Festugière porte sur l'*In Alc.* et sur les deux premiers livres de l'*In Tim.* Pour l'*In Alc.*, elle a été reprise et complétée par A.-Ph. Segonds dans *In Alc.*, Introduction, p. XLIII-XLVII. — Selon E. Lamberz, « Proklos und die Form des philosophischen Kommentars », art. cit., p. 17, l'application regulière du schéma θεωρία / λέξις dans l'*In Alc.* atteste que ce commentaire reflète assez fidèlement le cours oral, alors que l'*In Tim.* et l'*In Parm.* seraient plus indépendants de l'enseignement oral. Quant à la 16ᵉ dissertation de l'*In Remp.* (mythe d'Er), elle aurait été conçue dès le début comme un ouvrage écrit, car les traces du schéma θεωρία / λέξις y seraient trop faibles pour postuler un cours oral (le terme λέξις y serait complètement absent, cf. art. cit., p. 17). Cette conclusion serait confirmée par la dédicace personnelle (à Marinus, II, p. 96.2), élément absent dans les autres commentaires, et par le fait que la *République* n'appartenait pas au canon des dialogues lus dans les écoles. Une telle conclusion ne peut, à notre avis, être acceptée. En effet, en *In Remp.* II, p. 199.22-202.2, on trouve une explication de la lettre du texte (λέξις), avec une formule typique d'introduction : Ἀλλὰ περὶ μὲν τῆς τοῦ τόπου φύσεως καὶ ἰδίᾳ πεπραγματεύμεθα· νῦν δὲ ἐπὶ τὴν τοῦ μύθου λέξιν ἀναδράμωμεν ; et la dédicace de l'*In Parm.* à Asclépiodote montre que la présence / absence d'une dédicace ne peut être considérée comme un critère pour prouver l'origine écrite / orale d'un commentaire. D'une manière générale, il faut remarquer que le fait de considé-

Le texte est divisé en lemmes qui, dans le cas de l'*In Parm.*, étaient cités intégralement[1], l'exégèse du texte est fondée sur la distinction entre explication générale (θεωρία) et explication du détail (λέξις)[2], distinction encore très souple chez Proclus, souvent absente[3], et qui deviendra rigide et formelle dans les commentaires alexandrins, en particulier chez Olympiodore. Les endroits dans lesquels une telle distinction est nette et, le plus souvent, marquée par des formules de transition sont les suivants[4] :

rer le schéma θεωρία / λέξις comme preuve exclusive de l'origine orale d'un commentaire naît d'une erreur de perspective, qui consiste à lire les commentaires de Proclus à la lumière des commentaires alexandrins, dans lesquels ce schéma est appliqué de manière rigide et mécanique (la λέξις est souvent superflue car elle ne fait que répéter la θεωρία). En outre, l'*In Tim.* et l'*In Parm.* concernant les dialogues "suprêmes" de Platon, on comprend que les étudiants qui assistaient à ces cours de Proclus, étant très avancés dans les études, n'avaient plus besoin qu'on leur explique des questions concernant la lettre du texte platonicien.

1. Cf. *infra*, p. CCCLXIV-CCCLXV.

2. La formule τὰ καθ' ἕκαστα (-ον) pour désigner le détail de l'expression manque complètement dans l'*In Parm.*, alors qu'elle est fréquente dans l'*In Alc.* et dans l'*In Tim.*

3. Dans le livre I, l'explication du détail manque dans les lemmes suivants : 126 B 4-7, 126 B 8-C 3, 126 C 4-10, 127 A 5-7, 127 A 7-B 1, 127 B 1-3, 127 B 4-6, 127 C 1-6, 127 C 6-D 5, 127 D 6-E 1, 127 E 8-128 A 3, 128 A 4-8, 128 B 7-8, 128 C 2-6, 128 C 6-D 2, 128 D 2-6, 128 D 6-E 1, 128 E 1-4 (remarquer la formule 720.17-18 Καὶ ὁ μὲν ὅλος νοῦς τῶν ἐκκειμένων γραμμάτων τοιοῦτος, « Voilà donc le sens général du présent texte », mais ce qui suit n'est pas l'explication du détail), 128 E 5-6.

4. Les lettres (A) et (B) désignent, comme chez le P. Festugière, respectivement l'explication générale et l'explication du détail. — E. Lamberz, « Proklos und die Form des philosophischen Kommentars », art. cit., p. 17, n. 66, signale, pour la distinction entre explication générale et explication du détail, les passages suivants : II 767.1-3, 776.1-3 ; IV 848.21-23, 863.26 ss., 926.6 ss., 931.31-33, 939.12, 972.4 ss. ; V 989.30 ; VII 1146.29, 1163.1. Pour l'inversion explication du détail / explication générale, il signale I 666.21, 670.4 et 720.17-18.

Parm. 126 A 1-2. (A) I 659.26-665.10. (B) 665.11 (Ταῦτα περὶ τῆς τῶν πραγμάτων τούτων ἀναλογίας εἰρήσθω. Τὸν δέ γε χαρακτῆρα τοῦ διαλόγου δηλοῖ καὶ ἡ πρώτη λέξις)-665.39. Proclus passe de l'exégèse analogique des personnages à des considérations sur le style.

Parm. 126 A 2-4. (A) I 666.5-667.30. (B) manque, sauf une brève allusion : Καὶ ὅλως πολλὰ ἄν τις εἴποι τοιαῦτα προσκαθεζόμενος τῇ λέξει (666.20-21), avant d'aborder l'exégèse théologique : Τὰ δὲ εἰς τὴν τῶν πραγμάτων ἡμᾶς ἀνάγοντα τῶν ὅλων θεωρίαν (666.22-23).

Parm. 126 A 5-7. (A) I 667.34-668.19. (B) 668.19-26. Aucune formule de transition.

Parm. 127 A 1-5. (B) I 676.38-677.12. (A) 677.13 (Καὶ τοῦτο μὲν ἀπὸ τῆς λεκτικῆς δυνάμεως ἂν θεωρήσειας· ἀπὸ δὲ τῆς ἠθικῆς λάβοις ἂν κτλ. [...] 678.11 Ἔτι τοίνυν φυσικῶς ἐπισκεψώμεθα [...] 678.23 Εἰ δὲ δεῖ τούτων ἀποστάντας ἅψασθαι τῶν βαθυτέρων ἐννοιῶν, πάλιν ἡμῖν ἐπὶ τὰς προειρημένας ἀναλογίας ἰτέον)-679.36. L'explication générale se déroule en trois étapes : morale, physique et analogique. Remarquer l'ordre (B), (A).

Parm. 127 B 6-C 1. (A) I 685.8-18. (B) 685.19 (Ταῦτα περὶ τῶν πραγμάτων· τῆς δὲ λέξεως κτλ.)-36. En 685.36, reprise de l'exégèse symbolique : Εἰ δὲ καὶ σύμβολον εἴη τὸ τοὺς μὲν ἐξ Ἐλέας ἔξω τείχους εἶναι κτλ., jusqu'à la fin du commentaire de ce lemme (686.8).

Parm. 127 E 1-8. (B) I 696.8-20 (analyse syllogistique du premier argument de Zénon). (A) 696.21-697.20. Aucune formule de transition. Remarquer l'ordre (B), (A).

Parm. 128 B 8-C 2. (B) I 712.17-30. (A) 712.31 (Καὶ ὁρᾷς πάλιν καὶ ταῦτα πῶς οἰκείως ἔχει πρὸς τὰ παραδείγματα αὐτῶν : l'adverbe πάλιν marque non pas une reprise, mais le

passage à un autre type d'explication[1])-713.5. Remarquer
l'ordre (B), (A).

Parm. 129 A 6-B 4. (A) II 748.9-758.20. L'explication
générale est complexe : une première section analogique
(748.9-749.20) est suivie de l'exégèse du sens général du
lemme (749.21-23 : Ταῦτα μὲν οὖν τῆς ἀναλογίας ἕνεκεν
λελέχθω· πάλιν δὲ ἐπὶ τὴν τοῦ Σωκράτους ἀναδράμωμεν
διάνοιαν), à laquelle se rattache une longue digression
(749.39-757.12) dont la fin est marquée en 757.13-15 :
Τούτων δὴ οὖν προδιατεταγμένων, ἐπανελθόντες εἰς τὴν τῶν
προκειμένων θεωρίαν, εἴπωμεν [...]. (B) 758.21 (Τὰ μὲν οὖν
ἄλλα εἰσαῦθις ἐπισκεψόμεθα· νῦν δὲ περὶ τῶν ἐκκειμένων εἴπωμεν ῥημάτων)-760.18.

Parm. 129 C 1-D 6. (A) II 766.9-767.1. (B) 767.1 ('Αλλ'
ἐπὶ τὴν λέξιν ἐπανιτέον, καὶ θεατέον ἕκαστον τῶν ἐκκειμένων
ῥημάτων)-768.24.

Parm. 129 D 6-E 4. (A) II 768.34-775.36 se divise en
deux parties : (A₁) 768.34-770.38 donne le sens général du
lemme et se clôt par la formule : Ταῦτα μὲν οὖν εἰρήσθω περὶ
τοῦ τρόπου τῶν λόγων τούτων καὶ τῆς ὅλης προθέσεως ; (A₂)
770.38-775.36 contient l'explication générale introduite par
πάλιν δὲ ἡμῖν αὐτὰ τὰ πράγματα σκεπτέον (770.38-39). (B)
776.1 ('Αλλ' ἐπειδὴ περὶ τῆς τῶν πραγμάτων τάξεως εἴρηται,
φέρε καὶ τὴν λέξιν θεωρήσωμεν αὐτήν)-777.30.

Parm. 129 E 4-130 A 2. (A) II 777.39-779.12. (B) 779.12
(Καὶ οὗτος μὲν ὁ σύμπας τῶν λέξεων νοῦς· περὶ δὲ τῆς παν-
τοδαποῦς διαπλοκῆς κτλ.)-25 : explication de l'expression
παντοδαπῶς πλεκομένην (130 A 1).

Parm. 130 B 1-6. (B) III 783.10-784.13. (A) 784.14 ('Αλ-
λὰ περὶ μὲν τῶν λέξεων τοσαῦτα εἰρήσθω· μεταβατέον δὲ οὖν
ἡμῖν ἐπὶ τὴν τῶν πραγμάτων θεωρίαν)-807.23. Remarquer

---

1. Comme l'a remarqué le P. Festugière, « Modes de composition », art. cit., p. 556 et 561, à propos de *In Alc.* 111.8-9 :
Πάλιν δὲ ἄνωθεν ἀρξάμενοι λέγωμεν. Autres exemples de πάλιν de
transition, *In Parm.* I 670.4, 704.25 ; IV 839.6-7 et 863.25-26
(cf. *infra*, p. XLIX).

l'ordre (B), (A), ainsi que la longue digression constituée par
la démonstration de la théorie des idées (784.16-804.37) ; la
reprise de l'exégèse du texte de Platon est marquée par la
phrase : Ἀλλὰ ταῦτα μὲν ἐκ τῆς ἐμῆς πάλιν ἐμηκύνθη περὶ
ταῦτα συμπαθείας, ἐπὶ δὲ τὴν τοῦ Πλάτωνος λέξιν τρεπτέον
καὶ ἀναμνηστέον τῶν περὶ τῆς ὁμοιότητος δογμάτων (805.1-
3), et se poursuit jusqu'à la fin du commentaire de ce lemme.

Parm. 130 E 4-6. (A) IV 837.8-848.20 se divise en deux
parties : (A$_1$) 837.8-838.33 donne le sens général du lemme
(le genre des discours) ; (A$_2$) 838.34 (Ὁ μὲν οὖν τρόπος,
ὥσπερ εἴρηται, τῶν λόγων τοιοῦτος προκλητικὸς τῶν αὐτοφυῶν ἐννοιῶν, διαρθρωτικὸς τῶν ἀτελῶν, ἀναγωγὸς τῶν
συνέπεσθαι δυναμένων ὄντως [...] 839.6-10 Πάλιν δὲ ἡμῖν ἐπὶ
τὴν τῶν πραγμάτων θεωρίαν ἐπιτρεπτέον [...] ἔπειτα οὕτω
τὰ τοῦ Πλάτωνος ἐπισκεψόμεθα ῥήματα)-848.20. (B) 848.21
(Τοσαῦτα καὶ περὶ τούτων εἰρήσθω μοι συντόμως· ἐπὶ δὲ τὴν
λέξιν μετὰ ταῦτα χωρητέον καὶ πειραστέον ἕκαστα προβιβά-
ζειν εἰρημένοις)-853.12.

Parm. 131 B 3-6. (A) IV 862.4-863.25. (B) 863.25 (Ἀλλὰ
τοῦτο μὲν τοιοῦτον· πάλιν δὲ τὴν λέξιν θεωρητέον ἔχουσάν τι
δυσδιάθετον)-864.3.

Parm. 133 B 4-C 1. (A) IV 919.36-926.3. (B) 926.4 (Ταῦτα
μὲν οὖν, ὅπερ εἶπον, εἰρήσθω μοι τῆς ὅλης ἕνεκα τῶν προκειμένων θεωρίας· αὐτὴν δὲ τὴν λέξιν ἐπισκοπούμενοί φαμεν ὅτι
κτλ.)-928.27.

Parm. 133 C 2-7. (A) IV 928.37-931.31. (B) 931.31 (Ταῦτα μὲν περὶ τῶν πραγμάτων εἰρήσθω· κατὰ δὲ τὴν λέξιν, τὸ
μὲν πῆ δή, ὦ Παρμενίδη [133 C 2], πάνυ σφόδρα θαυμάσαντός ἐστιν ἐρώτημα τοῦ Σωκράτους κτλ.)-932.34.

Parm. 133 C 8-D 6. (A) IV 933.7-939.10. (B) 939.11 (Καὶ
ταῦτα μὲν περὶ αὐτῶν εἰρήσθω τῶν δογμάτων· κατὰ δὲ τὴν
λέξιν, τὸ μὲν καὶ ὅσαι τῶν ἰδεῶν πρὸς ἀλλήλας εἰσὶν αἴ εἰσιν
[133 C 8] ἐνδείκνυται ὅτι κτλ.)-940.4.

Parm. 134 E 9-135 A 3. (A) IV 971.16-972.3. (B) 972.4
(Ἀλλὰ περὶ μὲν τούτων τοσαῦτα ἀπόχρη· κατὰ δὲ τὴν λέξιν
ἐνδείκνυται ὁ Παρμενίδης ὅπως καὶ ἄλλας ἀπορίας εὑρίσκειν
δυνατὸν ἀπὸ τῶν εἰρημένων ὁρμωμένας)-974.14.

Parm. 135 A 7-B 2. (A) IV 976.4-34. (B) 976.34 (Ταῦ-τα καὶ περὶ τούτων· τῶν δὲ λέξεων, τὸ μὲν διευκρινησάμενον [135 B 2] δηλοῖ τὴν ἀσύγχυτον καὶ καθαρὰν ἐκείνων ἑκάστου νοερὰν ἐπιβολήν)-978.3.

Parm. 135 D 2-6. (A) V 988.6-40 (Καὶ ταῦτα μὲν εἰρή-σθω περὶ αὐτῶν ἡμῖν τῶν πραγμάτων, 988.40-989.1). Avant de passer à l'exégèse littérale proprement dite, le verbe γύ-μνασαι (135 D 4) amène Proclus à revenir (989.1-29) sur la distinction entre la méthode du *Parménide* et la dialec-tique, déjà abordée très longuement dans le prologue (I 648.2-658.30). En particulier, il reprend ici la réfutation de l'argument qui prétend démontrer la distinction entre les deux sur la base du fait que la méthode du *Parménide* est appelée γυμνασία, appellation qui ne convient pas à la dialectique[1], pour démontrer, encore une fois, que le terme γυμνασία ne suffit pas pour distinguer la méthode du *Parmé-nide* de la dialectique. (B) 989.29 (Καὶ τοῦτο μὲν τοιοῦτον· δοκεῖ δέ μοι καὶ τῆς λέξεως τὸ μὲν εὖ ἴσθι [135 D 3] προσκεί-μενον βεβαιοῦν αὐτῷ τὸν ἔπαινον κτλ.)-991.5. Tout ce qui suit jusqu'à la fin du commentaire de ce lemme (991.5-992.28) ne saurait être considéré comme faisant partie de l'exégèse littérale, car Proclus reprend encore une fois la question de la distinction entre la methode du *Parménide* et la dialectique, pour réfuter les deux arguments invoqués par les tenants de la distinction[2].

Parm. 136 D 6-E 4. (A) V 1023.20-1026.26. (B) 1026.26 (Εἰ δὲ καὶ πρὸς τὸ σχῆμα τῆς λέξεως ἀπίδης ὅπως εἴρηται περὶ

---

1. Il s'agit de la deuxième différence invoquée par les te-nants de la distinction entre la méthode du *Parménide* et la dialectique, cf. I 648.18-649.8 et 652.29-656.13. Voir l'analyse de l'argument, *infra*, p. CDLXXXVII, CDLXXXVIII-CDXC.

2. Il s'agit des première et troisième différences invoquées par les tenants de la distinction entre la méthode du *Parménide* et la dialectique, cf. I 648.9-18 et 651.16-652.28 (première dif-férence), 649.8-16 et 656.14-658.30 (troisième différence). Voir l'analyse de l'argument, *infra*, p. CDLXXXVI-CDLXXXVIII, CDXC.

τοῦ Ζήνωνος, ἐγὼ μέν, ὦ Παρμενίδη, Σωκράτει συνδέομαι
[136 E 3])-1026.39.

Parm. 136 E 8-137 A 4. (A) V 1028.1-1029.20 : interprétation analogique du fragment d'Ibycus [fr. 2 Page] auquel
Parménide fait allusion [136 E 9-137 A 4]. (B) 1029.20
(Ταῦτα μὲν περὶ αὐτῶν εἰρήσθω τῶν πραγμάτων, οἷς τὰ
προκείμενα τέτακται κατὰ τὸ ἀνάλογον. Ὁ δὲ Ἴβυκος ὅτι
μελοποιὸς [...] οὐκ ἄδηλον τοῖς τῶν ἐκείνου διακηκοόσιν)-27.
L'exégèse du détail consiste à expliquer très brièvement qui
est Ibycus.

Parm. 137 C 4-5. (A) VI 1064.21-1092.15. Au début de
son commentaire de la première hypothèse, Proclus discute huit questions préliminaires[1] ; la huitième, consistant
à établir quel est le premier attribut nié de l'un, introduit
l'exégèse littérale : (B) 1092.16 (Καὶ ταῦτα μὲν περὶ τούτων·
αὐτὴν δὲ τὴν λέξιν λοιπὸν ἐπισκεπτέον, ἵνα καὶ ταύτην ἐπὶ
τὴν τῶν πραγμάτων θεωρίαν ἐπαναγάγωμεν)-1096.16, avec
un retour à l'exégèse du fond qui porte sur la signification
de τὸ ἕν : (A) 1096.16 (Ἀπὸ δὴ τούτων ἐπὶ τὰ πράγματα
μεταβάντες λέγωμεν[(a)] κτλ.)-1097.20.

(a) λέγωμεν scripsimus ex g (*dicamus*) : λέγομεν Σ.

Parm. 137 C 9-D 3. (A) VI 1104.23-1109.20. (B) 1109.20
(Ταῦτα μὲν οὖν περὶ τούτων· προσεκτέον[(a)] δὲ καὶ τῇ λέξει)-
1110.15.

(a) προσεκτέον Cous[(2)] *attendendum* g : προσακτέον Σ Cous.

Parm. 137 D 8-E 1. (B) VI 1125.1-1127.27 (1126.6-7 :
Καὶ μὴν καὶ τὴν ἄλλην ἀκρίβειαν τῆς λέξεως θαυμάζειν ἄξιον).
(A) 1127.27 (Ταῦτα μὲν οὖν εἰρήσθω περὶ τῶν λέξεων ἡμῖν)-
1129.16. Remarquer l'ordre (B), (A).

Parm. 138 A 3-7. (B) VII 1140.4-19 (formalisation syllogistique du lemme). (A) 1140.19 (Καὶ τοιοῦτοι μὲν οἱ τοῦ
προκειμένου ἀποδεικτικοὶ συλλογισμοί, γεωμετρικῶς ἀπὸ
τῶν προωμολογημένων τὸ ζητούμενον ἐπιδεικνύντες ἡμῖν· ἐπὶ

1. Cf. *supra*, p. xxxviii-xxxix.

δὲ τὴν τῶν πραγμάτων ἐξέτασιν μετέλθωμεν καὶ θεωρήσωμεν κτλ.)-1144.40. Remarquer l'ordre (B), (A).

Parm. 138 A 7-B 2. (A) VII 1145.6-1146.27. (B) 1146.27 (Ταῦτα μὲν οὖν εἰρήσθω περὶ τῆς πραγματειώδους τῶν προκειμένων θεωρίας· περὶ δὲ τὴν λέξιν ἐπισημαντέον ὅτι κτλ.)-1147.3.

Parm. 138 C 6-D 2. (A) VII 1162.16-28. (B) 1162.29 (Ταῦτα μὲν οὖν οὕτω συλλελόγισται διὰ τῶν προειρημένων, κατὰ τὰς γεωμετρικάς, φασίν, ἀνάγκας· περὶ δὲ τὴν λέξιν ἐκείνοις ἐπισημαντέον ὅτι κτλ.)-1164.1 (Ταῦτα καὶ ἐπὶ τῶν λέξεων).

Les passages que l'on vient de citer ne constituent toutefois pas la règle dans l'*In Parm.*, où l'on observe tout particulièrement ce caractère mélangé de l'exégèse qui ne distingue pas rigoureusement entre fond et forme, explication générale et explication du détail[1]. Les lemmes *Parm.* 126 B 1-4 et 128 A 8-B 6 en fournissent deux exemples très éloquents, car exégèse générale et exégèse littérale y sont mélangées d'une manière presque inextricable.

Parm. 126 B 1-4. (B) I 668.32-669.26 : rappel des données historiques concernant la famille de Platon (668.32-669.15), remarque sur le style de ce passage de Platon (669.16-26). (A) 669.26-34 : analogie avec les réalités. (B) 669.34-670.3 : explication du passage à la lumière du principe établi dans l'analogie (puisque la connaissance précède l'approche, Céphale veut connaître le nom d'Antiphon avant de s'approcher de lui). (A) 670.4 (Ἵν᾽ οὖν ἐπὶ τὰ πράγματα πάλιν ἀναδράμωμεν : πάλιν de passage, qui marque le retour à l'exégèse du fond)-13 : analogie avec la remontée des âmes. (B) 670.13-26 : exégèse mot-à-mot.

---

1. Caractère mis en évidence par le P. Festugière, « Modes de composition », art. cit., p. 559 : « Il lui arrive souvent de mêler si étroitement la *lexis* à la *théôria* qu'il n'a plus besoin de reprendre le détail, tout ayant été dit déjà dans l'explication générale [à propos de l'*In Alc.*] [...] le plus souvent fond et forme sont mêlés dans l'exégèse d'un même lemme, Proclus suivant le fil de son raisonnement sans se plier à aucun schème scolaire [à propos de l'*In Tim.*] ».

Parm. 128 A 8-B 6. (A) I 703.6-704.24 : démonstration de la thèse selon laquelle l'être est un et plusieurs. (B) 704.25 (Πάλιν οὖν σχεδὸν τὰ αὐτὰ λέγουσι κτλ. : Πάλιν de transition)-705.26. (A) 705.27-706.16 : interprétation analogique de l'accord caché de Parménide et de Zénon.

IV. LA DIVISION EN LIVRES DE L'*IN PARM.*

La division en livres de l'*In Parm.* n'est attestée que par les titres que les mss. présentent au début et à la fin de chaque livre, car le texte de Proclus ne fournit aucun indice interne à ce propos. Voici donc, pour commencer, un tableau récapitulatif des titres signalant l'*incipit* et l'*explicit* de chaque livre[1] dans les mss. grecs et latins[2].

Livre I
Prologue

Incipit mss. grecs :
AFRGW : Πρόκλου Πλατωνικοῦ διαδόχου τῶν εἰς τὸν Παρμενίδην τοῦ Πλάτωνος ἑπτὰ βιβλίων τὸ πρῶτον.
Incipit mss. latins[3] :

---

1. Nous utilisons les termes *incipit* et *explicit* au sens respectivement de "intitulé" et "intitulé final" (cf. D. Muzerelle, *Vocabulaire codicologique. Répertoire méthodique des termes français relatifs aux manuscrits* [Rubricae, 1], Paris 1985, n°s 432.04, 432.09, 432.18).

2. Pour les sigles des mss. grecs, cf. *infra*, p. CXVIII-CXIX. Pour les mss. latins de la traduction de Guillaume de Moerbeke, cf. *infra*, p. CCLXI, n. 1. — Parmi les mss. grecs, W est un témoin de Σ jusqu'à IV 911.34, où il change de modèle en passant de Σ au *Marc. gr.* 191. Nous ne citerons que les titres de W[a.corr.] (attestés par le *Neapol.* III. E. 22, copie de W[a.corr.]), parce que les titres de W[p.corr.] ont été empruntés au *Marc. gr.* 191, copie de l'*Ambros.* B 165 sup. (M), qui est à son tour une copie de A. Le ms. P est un témoin direct de Σ à partir du début du livre IV.

3. Sur les titres des mss. latins, cf. *infra*, p. 1, n. 2 (p. 164 des *Notes complémentaires*).

A : Expositio Procli in Parmenidem Platonis primi libri (*sic*).

V : Procli Expositio in Parmenidem platonis.

OR : pas de titre.

Exégèse du texte

Incipit mss. grecs (F^{mg}R^{mg}G^{mg})[1] : ἀρχὴ τοῦ διαλόγου.

Incipit mss. latins : pas de titre.

Explicit mss. grecs :

ARGW : Le passage du livre I au livre II n'est marqué nulle part.

F : La phrase Ἄρχεται — ἐντεῦθεν (I 722.20-21) est écrite en rouge comme le lemme qui suit[2]. Titres courants : βιϐλίον α^{ον} (jusqu'au f. 35^r, ζωτικῷ διακόσμῳ ὁ δὲ = 699.33) || βιϐλίον (sans numéro) (ff. 36^r-60^r) || βιϐλίον β^{ον} (ff. 61^r [= II 757.8 ἀδιακρίτως]-72^r).

Explicit mss. latins :

AVR : Le passage du livre I au livre II n'est pas marqué.

O : Le titre courant passe de *1* à *2* et la numérotation des lemmes reprend de *1* avec le premier lemme de l'actuel livre II[3].

1. Le titre Παρμενίδης ἢ περὶ ἰδεῶν présent dans les mss. A (f. 105^r, mg. sup.) et W$^{p.corr.}$ (f. 22^r, s.l.) n'a aucune autorité, car il provient du ms. D de Platon (voir l'apparat critique de l'éd. Moreschini), source directe des lemmes du ms. A (cf. *infra*, p. CCCLXVIII-CCCLXXIV). Quant au ms. W$^{p.corr.}$, il tire ce titre du *Marc. gr.* 191, descendant du ms. A (cf. note précédente), comme en témoigne le *Neapol.* III. E. 22, copie de W$^{a.corr.}$, qui ne porte aucun titre au début de l'exégèse (f. 22^r).

2. Cette mise en page du ms. F a inspiré la note du copiste du *Paris. gr.* 1837 (copie de F) : Μέχρι τῆδε νομίζω τὸ πρῶτον βιϐλίον λαβεῖν πέρας, note qui est l'unique élément sur lequel se fonde V. Cousin dans sa seconde édition (Paris 1864) pour placer le début du livre II aussitôt après I 722.21 Ἄρχεται — ἐντεῦθεν (cf. *infra*, p. 142, n. 6 [p. 320-321 des *Notes complémentaires*]).

3. De même que le copiste du ms. *Paris. gr.* 1837 (cf. note précédente), le copiste du ms. latin O (Oxford, Bodleian Library, *Digby* 236) a considéré la phrase *Incipit igitur Socrates dubitationes hinc* [I 722.21] comme annonçant le début du livre II.

Livre II

Incipit mss. grecs et latins : voir *Explicit* du livre I.

Explicit mss. grecs :

FR : pas de souscription.

W$^{a.corr.}$: τέλος τοῦ βιβλίου.

A^{mg} : τέλος τοῦ δευτέρου βιβλίου τοῦ πρόκλου.

Explicit mss. latins : pas de souscription.

Livre III

Incipit mss. grecs :

F : Πρόκλου Πλατωνικοῦ διαδόχου τῶν εἰς τὸν Παρμενίδην τοῦ Πλάτωνος βιβλίον τρίτον. Titre courant : Γ⁰ᵛ.

R : pas de titre.

G : ἀρχὴ τοῦ τρίτου βιβλίου.

W$^{a.corr.}$: Ἀρχὴ τοῦ τρίτου.

A^{mg} : Ἀρχὴ τοῦ τρίτου βιβλίου τοῦ πρόκλου.

Incipit mss. latins :

A (mg. sup.) : INCIPIT LIBER TERTIVS.

OVR : pas de titre.

Explicit mss. grecs :

F : τέλος τοῦ τρίτου βιβλίου.

RGWA : pas de souscription.

Explicit mss. latins : pas de souscription.

Livre IV

Incipit mss. grecs :

F : Πρόκλου Πλατωνικοῦ διαδόχου εἰς τὸν Παρμενίδην τοῦ
Πλάτωνος βιβλίον τέταρτον. Titre courant : βιβλίον Δ⁰ᵛ.

R^{mg} : ἀρχὴ τοῦ δ⁰ᵘ.

G : ἀρχὴ τοῦ τετάρτου βιβλίου.

W$^{a.corr.}$: Ἀρχὴ τοῦ τετάρτου βιβλίου.

P : ἀρχὴ τοῦ δ⁰ᵘ βιβλίου.

A^{mg} : Ἀρχὴ τοῦ τετάρτου βιβλίου τοῦ πρόκλου.

Incipit mss. latins :

A (mg. sup.) : INCIPIT LIBER QUARTVS.

OVR : pas de titre.

Explicit mss. grecs :

F : τέλος τοῦ τετάρτου βιβλίου.

R^{mg} : τέλος τοῦ δ^{ου}.

G : Τέλος τοῦ τετάρτου βιβλίου.

PA : pas de souscription.

Explicit mss. latins : pas de souscription.

Livre V

Incipit mss. grecs :

F : Πρόκλου Πλατωνικοῦ διαδόχου τῶν εἰς τὸν Παρμενίδην τοῦ Πλάτωνος βιβλίον πέμπτον. Titre courant : βιβλίον
Ε^{ον}.

R^{mg} : ἀρχὴ τοῦ ε^{ου}.

G : ἀρχὴ τοῦ πέμπτου βιβλίου.

P : ἀρχὴ τοῦ ε^{ου} βιβλίου.

A^{mg} : Ἀρχὴ τοῦ πέμπτου βιβλίου τοῦ πρόκλου.

Incipit mss. latins :

A (mg. sup.) : INCIPIT LIBER QUINTVS.

OV : pas de titre.

R^{mg} : liber 5.

Explicit mss. grecs :

F : τέλος τοῦ πέμπτου βιβλίου.

R^{mg} : τέλος τοῦ ε^{ου}.

G : Τέλος τοῦ ε′ βιβλίου.

PA : pas de souscription.

Explicit mss. latins : pas de souscription.

Livre VI

Incipit mss. grecs :

F : Πρόκλου Πλατωνικοῦ διαδόχου τῶν εἰς τὸν Παρμενί-
δην τοῦ Πλάτωνος βιβλίον ς^{ον}. Titre courant : βιβλίον ς^{ον}.

R^{mg} : ἀρχὴ τοῦ ἔκτου.

G : ἀρχὴ τοῦ ἔκτου βιβλίου.

P : ἀρχὴ τοῦ ἔκτου βιβλίου.

A^{mg} : Ἀρχὴ τοῦ ἔκτου βιβλίου τοῦ πρόκλου.

Incipit mss. latins :

A : INCIPIT LIBER SEXTVS.

OV : pas de titre.

R^{mg} : liber 6.

Explicit mss. grecs :

FG : Τέλος τοῦ ἕκτου βιβλίου.

ARP : pas de souscription.

Explicit mss. latins : pas de souscription.

Livre VII

Incipit mss. grecs :

F : Πρόκλου Πλατωνικοῦ διαδόχου τῶν εἰς τὸν Παρμενί-δην τοῦ Πλάτωνος βιβλίον ἕβδομον. Titre courant : βιβλίον ζ^{ον}.

R^{mg} : ἀρχὴ εβδόμου (sic).

GP : Ἀρχὴ τοῦ ἑβδόμου βιβλίου.

A^{mg} : Ἀρχὴ τοῦ ἑβδόμου βιβλίου τοῦ πρόκλου.

Incipit mss. latins :

A : INCIPIT LIBER SEPTIMVS.

OV : pas de titre.

R^{mg} : L(iber) 7us.

Explicit mss. grecs (mutilé, 1242.33 οὐδ' ἄρα) :

F : οὕτως εὗρον καὶ ἐνταῦθα ἐν τῷ πρωτοτύπῳ βιβλίῳ ἕως ὧδε μόνον (note du copiste Jean Rhosos). Titre courant au dernier folio (f. 268^r) : βιβλίον ζ^{ον} καὶ ἀτελές.

RGPA : pas de souscription (AP ajoutent la continuation de Pachymère[1]).

Explicit mss. latins :

A : Deo laus. Explicit septimus expositionis Procli in Parmenidem Platonis.

O : Explicit 7us liber Expositionis procli in parmenidem platonis.

V : Explicit septimus.

R : pas de souscription.

Le témoignage des mss. permet de restituer les titres du ms. Σ, hyparchétype de la branche grecque, de la façon suivante[2] :

---

1. Sur la continuation de l'*In Parm.* de Proclus par Georges Pachymère, cf. *infra*, p. cxvi, n. 2.

2. Les titres des livres de l'*In Parm.* sont disposés hiérarchi-quement en ce sens que seul le titre du premier livre (Πρόκλου

Livre I : Πρόκλου Πλατωνικοῦ διαδόχου τῶν εἰς τὸν Παρμενίδην τοῦ Πλάτωνος ἑπτὰ βιϐλίων τὸ πρῶτον.

Début de l'exégèse du texte : ἀρχὴ τοῦ διαλόγου.

Livre III : ἀρχὴ τοῦ τρίτου βιϐλίου || *explicit* manque.

Livre IV : ἀρχὴ τοῦ τετάρτου βιϐλίου || τέλος τοῦ τετάρτου βιϐλίου.

Livre V : ἀρχὴ τοῦ πέμπτου βιϐλίου || τέλος τοῦ πέμπτου βιϐλίου.

Livre VI : ἀρχὴ τοῦ ἕκτου βιϐλίου || τέλος τοῦ ἕκτου βιϐλίου.

Livre VII : ἀρχὴ τοῦ ἑϐδόμου βιϐλίου || *explicit* perdu.

Il est impossible de reconstituer les titres de Γ, exemplaire grec de Moerbeke et hyparchétype de la branche latine, parce que la traduction latine ne les a pas repris. Il est toutefois certain que Γ présentait la même division en sept livres, sans aucune coupure entre le livre I et l'actuel livre II, dont le début est tout à fait arbitraire. En effet, ce dernier n'est marqué nulle part dans les mss. aussi bien grecs que latins qui, tous, passent du livre I au livre III, et n'est fondé que sur une note du copiste du *Paris. gr.* 1837 reprise par V. Cousin dans sa seconde édition[1]. On peut imaginer que le titre ἀρχὴ τοῦ διαλόγου, introduisant l'exégèse du texte, a été interprété comme le début du livre II (ἀρχὴ τοῦ δευτέρου), ce

Πλατωνικοῦ διαδόχου τῶν εἰς τὸν Παρμενίδην τοῦ Πλάτωνος ἑπτὰ βιϐλίων τὸ πρῶτον) contient l'attribution (Πρόκλου Πλατωνικοῦ διαδόχου), le titre de l'ouvrage (εἰς τὸν Παρμενίδην τοῦ Πλάτωνος) et son étendue (ἑπτὰ βιϐλίων), alors que les titres des livres suivants se bornent à donner le numéro du livre : ἀρχὴ τοῦ τρίτου (τετάρτου, πέμπτου, ἕκτου, ἑϐδόμου). Le fait que le ms. F répète, au début de chaque livre, la formule du titre du premier livre, toujours en capitales et avec riche ornementation, s'explique par le caractère luxueux de ce ms. destiné à la bibliothèque de Laurent de Médicis (cf. *infra*, p. cxxiii-cxxvii). A la différence de l'*In Parm.*, les cinq livres de l'*In Tim.* présentent le même titre dans lequel le numéro du livre est la variable unique, sans aucune hiérarchie : Πρόκλου διαδόχου εἰς τὸν Τίμαιον Πλάτωνος βιϐλίον πρῶτον (δεύτερον, τρίτον, τέταρτον, πέμπτον).

   1. Cf. *supra*, p. LIV, n. 2.

qui aurait amené à numéroter le livre suivant τρίτον au lieu de δεύτερον.

Le caractère arbitraire du début de l'actuel livre II est aussi démontré par l'analyse du contenu et de la structure du texte, notamment la division du dialogue de Platon en prologue et dialogue proprement dit. En effet, les exégètes avaient accoutumé de distinguer, à l'intérieur de chaque dialogue de Platon, un prologue introduisant le dialogue et le dialogue à proprement parler, et discutaient de l'interprétation des prologues et du rôle qu'ils jouaient dans l'économie générale du dialogue[1]. Dans l'*In Parm.*, Proclus ne fixe nulle part la fin du prologue du *Parménide*, à la différence de ce que l'on observe dans l'*In Tim.* et dans l'*In Alc.*[2]. En effet, dans l'*In Tim.*, il dit explicitement où s'achève le prologue du *Timée* et fait coïncider la fin de son livre I avec la fin du prologue de Platon[3]. Dans l'*In Alc.*, il discute de la division du dialogue

---

1. Proclus témoigne de ces discussions et des diverses opinions des exégètes dans *In Tim.* I, p. 204.16-29, et *In Parm.* I 658.32-659.22 (cf. *infra*, p. 54, n. 1 et 3 [p. 237-238 des *Notes complémentaires*, et p. 325-326 des *Notes supplémentaires*]).

2. En ce qui concerne l'*In Remp.*, dans la première dissertation, qui joue le rôle de prologue général à la lecture de la *République* (cf. *supra*, p. XLIII, n. 1), Proclus ne parle pas de la division du texte. Il parle en revanche explicitement d'un prologue du livre VII, dans la 12ᵉ dissertation consacrée à l'allégorie de la caverne (*Resp.* VII 514 A 1-518 B 5), cf. I, p. 292.24-25 : ταύτης δὲ ἀρχόμενος ἐν προοιμίοις τοῦ ἑβδόμου σκόπει τί φησιν· ἀπείκασον τὴν ἡμετέραν φύσιν [514 A 1-2] (« Au début de cette comparaison, dans le préambule du VIIᵉ livre, examine ce que dit Platon : "Compare notre nature" », trad. Festugière, t. II, p. 101).

3. Cf. *In Tim.* I, p. 204.16-17 et 27-29 : Μέχρι δὴ τούτων συμπεπλήρωται τὸ τοῦ Τιμαίου προοίμιον [...] ὥστε εἰ καὶ ἡμεῖς ἐνταῦθα τὸ βιβλίον περιγράψαιμεν, σύμφωνον τῷ τε Πλάτωνι καὶ τούτοις παρεξόμεθα τὴν ἑαυτῶν τάξιν (« C'est ici que s'achève le prélude du *Timée* [*Tim.* 27 B 9]. [...] Si donc, nous aussi, nous terminons ici le premier livre, nous mettrons notre arrangement en accord et avec Platon et avec ces philosophes [*scil.* Porphyre et Jamblique] », trad. Festugière, t. I, p. 264). C'est là l'unique endroit dans tout

dans ses grandes parties (11.22-18.12) et souscrit à l'opinion de Jamblique qui divisait l'*Alcibiade* en trois κεφάλαια
(13.20-14.19), dont le premier commence en 106 C 4, ce qui
permet de placer la fin du prologue en 106 C 3[1]. Dans l'*In
Parm.*, l'unique indice de la fin du prologue de Platon, c'est
le résumé de I 693.21-55, qui suit immédiatement le commentaire du lemme 127 C 6-D 5. Dans ce passage, Proclus
résume l'interprétation analogique de tout ce qui précède
(126 A 1-127 D 5) et clôt son résumé par une formule de
récapitulation (693.51-53) qui annonce le passage du prologue au dialogue proprement dit : Ταῦτα μὲν ἐκ προοιμίων
ὡς συλλήβδην εἰπεῖν ἐκ τούτων ληπτέα (« Voilà donc en résumé ce que, *dès le prologue*, il fallait tirer de ce texte »)[2]. Il
est d'ailleurs tout à fait compréhensible que l'on fasse terminer le prologue en 127 D 5, car c'est bien ici que s'achèvent
les préliminaires du dialogue et que commence le discours

son œuvre où Proclus utilise le terme βιβλίον pour désigner une
partie de son écrit.

    1. Cf. *In Alc.*, Introduction, p. XLVII-XLIX ; p. 12, n. 1-3 (p.
135 des *Notes complémentaires*).

    2. Un cas en quelque sorte analogue est représenté par
l'*In Crat.*, bien que l'état dans lequel ce commentaire nous est
parvenu (extraits de notes de cours prises par un auditeur de
Proclus) ait effacé presque complètement la structure originaire du commentaire. Le *Cratyle* se caractérise par une entrée
en matière immédiate, introduite seulement par les deux premières répliques (383 A 1-3 : Ἑρμογένης· Βούλει οὖν καὶ Σωκράτει
τῷδε ἀνακοινωσώμεθα τὸν λόγον ; — Κράτυλος· Εἴ σοι δοκεῖ), après
lesquelles Hermogène expose les deux thèses sur l'origine des
noms. C'est probablement à ce très bref prologue que Proclus
fait allusion, *In Crat.* XIV, p. 5.16-17 (exégèse du verbe Βούλει par
lequel Hermogène s'adresse à Cratyle : les disciples d'Héraclite
veulent saisir d'avance les réalités [προλαμβάνειν αὐτὰ βουλομένων,
p. 5.14], qui sont sujettes à un changement perpétuel à cause
de leur nature instable) : διὸ καὶ τὸ βούλει (383 A 1) ἐκ προοιμίων
εὐθὺς τούτῳ ἀνέθηκεν ὁ μιμητικώτατος Πλάτων, où l'on retrouve la
locution ἐκ προοιμίων qui, dans le résumé de l'*In Parm.*, signale
la fin du prologue du *Parménide* (cf. *infra*, p. 102, n. 5 [p. 287
des *Notes complémentaires*]).

direct entre Zénon et Socrate (127 D 6 ss.). Il est en effet certain que Proclus considérait la lecture de l'écrit de Zénon (127 C 5-D 5) comme faisant partie du prologue, comme le montre un renvoi du livre V 1022.20-22 : διὸ καὶ ὅτε τὸ σύγ-γραμμα ἀνεγίνωσκε, μὴ παρόντος ἐποίει τοῦτο Παρμενίδου, καθάπερ εἴρηται ἐν προοιμίοις (« C'est pourquoi, lorsqu'il li-sait son écrit, [Zénon] faisait cela en l'absence de Parménide, comme il a été dit dans le prologue [127 C 5-6] »). Cela si-gnifie que, dans l'exégèse de Proclus, 127 D 5 (= fin de la lecture de Zénon) fait encore partie du prologue de Platon. Or, puisque le résumé, avec sa formule de récapitulation, se trouve justement à la fin du lemme 127 C 6-D 5, on peut raisonnablement en conclure que, pour Proclus, 127 D 5 marque la fin du prologue du *Parménide*, et que le dialogue proprement dit commence avec la discussion entre Zénon et Socrate (127 D 6-130 A 2).

Cette discussion comprend d'abord une partie dans la-quelle Zénon explique à Socrate en quel sens sa thèse (l'être n'est pas plusieurs) coïncide avec celle de Parménide (l'être est un) et en quel sens elle en diffère (127 D 6-128 E 7), en-suite les apories de Socrate contre Zénon (128 E 7-130 A 2). Or, il n'y a aucun indice permettant d'affirmer que Proclus considère le début des apories de Socrate contre Zénon (= début de l'actuel livre II) comme le début du dialogue pro-prement dit. Au contraire, non seulement la dernière phrase de l'actuel livre I (Ἄρχεται δ' οὖν ὁ Σωκράτης τῶν ἀπο-ριῶν ἐντεῦθεν) marque la parfaite continuité avec ce que l'on est convenu d'appeler le livre II[1], mais au début du livre II (721.29-729.28), avant de commenter les apories, Proclus reprend tout ce qu'il a écrit dans le livre I à propos de la thèse de Parménide (l'être est un), de la thèse de Zénon (l'être n'est pas plusieurs) et de la thèse du vulgaire (les plusieurs sont = la multiplicité-en-soi existe) et à propos de la théorie des deux hénades (transcendante et coordonnée). Les deux

---

1. Cf. *infra*, p. 142, n. 6 (p. 320-321 des *Notes complémen-taires*).

parties de la discussion entre Zénon et Socrate sont donc étroitement liées l'une à l'autre, et il n'y a aucune raison de penser que le début des apories de Socrate contre Zénon (128 E 6 Τόδε δέ μοι εἰπέ κτλ.) constituerait un début (début du dialogue après le prologue ou début d'une nouvelle section du dialogue). Au contraire, la logique de l'argumentation et la syntaxe du texte contredisent une telle hypothèse.

Si l'actuel livre II n'est qu'une pure et simple convention, qui ne remonte pas plus haut que la seconde édition Cousin (1864), il en va autrement pour la division des livres III à VII, et cela pour deux raisons. Premièrement, étant attestée par l'ensemble de la tradition manuscrite, cette division est au moins aussi ancienne que l'archétype Ω qui, antérieur au troisième quart du IXe siècle, doit probablement être identifié avec l'exemplaire de translittération[1]. Deuxièmement, le début des livres III, V, VI et VII correspond sans aucun doute à des articulations réelles du texte de Platon ou du commentaire de Proclus. En effet, le début du livre III correspond au début des apories sur les idées (*Parm.* 130 B 1) ; le livre V est entièrement consacré à la méthode de Parménide (*Parm.* 135 B 3-137 C 3) ; le début du livre VI correspond au début des hypothèses (*Parm.* 137 C 4) et son grand préambule sur les hypothèses (1039.1-1064.17) marque de toute évidence une étape capitale dans le déroulement du commentaire ; le début du livre VII correspond au passage des dieux intelligibles-intellectifs aux dieux intellectifs, passage clairement annoncé au début du commentaire du premier lemme : Μέτεισιν ἐφ' ἑτέραν τάξιν ὁ λόγος τὴν ἀκρότητα τῶν ἰδίως καλουμένων νοερῶν θεῶν (1133.16-17).

Or, que le début de ces livres ait un appui réel dans le texte, cela ne prouve aucunement que la division des livres III, V, VI et VII remonte à Proclus, car c'est justement l'évidence de ces articulations majeures du texte qui peut avoir amené un éditeur ancien à fixer le début de ces quatre livres là où il est transmis par la tradition manuscrite. Une telle

1. Cf. *infra*, p. CXV-CXVI.

hypothèse pourrait être corroborée par le fait que le début du livre IV semble revêtir un caractère purement matériel. En effet, au début du livre III (784.16-25) Proclus énumère quatre problèmes concernant les idées : 1° εἰ ἔστι τὰ εἴδη, 2° τίνων ἔστι καὶ τίνων οὐκ ἔστι τὰ εἴδη, 3° ὁποῖα δή τινά ἐστι τὰ εἴδη καὶ τίς ἡ ἰδιότης αὐτῶν, 4° πῶς μετέχεται ὑπὸ τῶν τῇδε καὶ τίς ὁ τρόπος τῆς μεθέξεως. Les premier et deuxième problèmes sont traités dans le livre III, les troisième et quatrième (dans l'ordre inverse), dans le livre IV. Les livres III et IV sont donc étroitement liés l'un à l'autre et la coupure entre les deux n'est justifiée ni par le contenu ni par la structure du texte[1].

Il faut aussi souligner qu'aucun livre ne présente ni de prologue introduisant la citation du premier lemme[2], ni de formule marquant clairement le début d'un livre ou, du moins, d'une nouvelle partie de l'ouvrage. Une telle absence

1. Dans le livre IV, 891.4-6, Proclus se réfère à la quadripartition des problèmes concernant les idées en disant simplement : Ὅτι μὲν τὰ περὶ τῶν ἰδεῶν προβλήματα τέτταρα τὸν ἀριθμόν ἐστιν, εἴπομεν ἀρχόμενοι τῆς περὶ αὐτῶν θεωρίας (« Que les problèmes concernant les idées soient au nombre de quatre, nous l'avons dit au début de notre étude sur ce sujet »).

2. L'*In Tim.* présente un prologue au début des livres I, II, III et V. « Le livre IV ne comporte pas de prologue, puisqu'il continue simplement la série des dix dons du Démiurge au Monde » (voir la Préface du P. Festugière, t. IV, p. 7). Dans l'*In Remp.*, les dissertations 6e (*Défense d'Homère contre Platon*, t. I, p. 69.20-205.23) et 16e (*Le mythe d'Er*, t. II, p. 96-359) sont très étendues. La 6e se divise en deux livres, dont le premier contient dix-huit chapitres, le second, six, « et elle peut très bien avoir formé un ouvrage séparé, avec son Introduction majestueuse et sa Conclusion non moins empreinte de solennité ». La 16e, adressée à Marinus, « est divisée en quatre chapitres, et elle comporte, elle aussi, Introduction, Conclusion, et même un Explicit particulier » (voir la Préface du P. Festugière, t. I, p. 7-8). En ce qui concerne l'*In Alc.*, ce commentaire, gravement mutilé de la fin, ne présente aucune trace de division en livres ou en parties, ce qui est très probablement dû à la perte de la seconde moitié du texte (cf. *supra*, p. XXXVII, n. 3).

de prologues intermédiaires est particulièrement étonnante au début du livre VI, où le préambule à l'exégèse de toutes les hypothèses, qui pourrait très bien jouer le rôle de prologue intermédiaire car il ouvre la partie la plus importante du dialogue, suit la citation du premier lemme de ce livre (137 C 4-6). Cela oblige Proclus, une fois le préambule achevé (1064.12), à citer à nouveau le lemme (1064.18-20), car la première citation (1039.1-4) est désormais trop loin à cause de la longueur du préambule. Que cette étrange disposition du texte remonte à Proclus lui-même, cela est montré par la phrase qui clôt le préambule sur les hypothèses et introduit la seconde citation du lemme (1064.12-17) :

> Ταῦτα μὲν οὖν κοινῇ προειρήσθω μοι περὶ τῶν ὑποθέσεων· δεῖ δὲ καὶ περὶ ἑκάστης χωρὶς ἀποδοῦναι τοὺς οἰκείους λόγους. Ἀρκτέον οὖν ἡμῖν πάλιν ἀπὸ τῆς ἀρχῆς τῶν λέξεων τῆς πρώτης ὑποθέσεως, καὶ θεωρητέον τὸν ἴδιον περὶ αὐτῆς λόγον.

> « Voilà ce que je devais dire au préalable sur les hypothèses dans leur ensemble ; il est toutefois nécessaire d'expliquer de façon particulière chaque hypothèse séparément. Il nous faut donc commencer à nouveau à partir du début du texte de la première hypothèse et examiner l'exposé [de Platon] qui la concerne en propre ».

L'expression ἀπὸ τῆς ἀρχῆς τῶν λέξεων τῆς πρώτης ὑποθέσεως s'explique par le fait que la seconde citation du lemme ne reprend que la première partie du lemme qui précède le préambule. En effet, ce lemme est 137 C 4-6 (Εἶεν δή, εἰ ἕν ἐστιν, ἄλλο τι οὐκ ἂν εἴη πολλὰ τὸ ἕν ; — Πῶς γὰρ ἄν ; — Οὔτε ἄρα μέρος αὐτοῦ οὔτε ὅλον αὐτὸ δεῖ εἶναι. — Τί δή ;), c'est-à-dire l'énoncé de la première hypothèse (Εἶεν δή, εἰ ἕν ἐστιν), la première négation (plusieurs) et l'énoncé de la deuxième négation (tout, parties, 137 C 5-6), sans la démonstration qui s'y rapporte (137 C 6-D 3). Or, ce découpage du texte ne convient manifestement pas à l'exégèse de Proclus, parce qu'il réunit les deux premières négations et sépare l'énoncé de la deuxième de sa démonstration. C'est pourquoi, après le préambule général sur les hypothèses, la nouvelle citation du lemme s'arrête à la fin de la première négation (137 C 4-5 = 1064.18-20 Εἶεν δή, εἰ ἕν ἐστιν, ἄλλο τι οὐκ ἂν εἴη πολλὰ τὸ ἕν; — Πῶς γὰρ ἄν;). Le reste du lemme initial, c'est-à-dire l'énoncé de la deuxième négation (137 C 5-6 Οὔτε ἄρα μέρος αὐτοῦ οὔτε ὅλον αὐτὸ δεῖ εἶναι. — Τί δή;), suivi de la première partie de la démonstration (137 C 6-9 Τὸ μέρος — Ἀνάγκη), constitue un nouveau lemme (1097.21-27). Il est donc évident que le lemme initial, qui ouvre le livre VI et précède le préambule sur les hypothèses, ne joue aucun rôle si ce n'est celui d'annoncer le début des hypothèses. Tel qu'il est, il n'est pas commenté, car il faudra le citer à nouveau et le découper autrement. On pourrait envisager l'hypothèse selon laquelle Proclus reprendrait ici un découpage du texte traditionnel mais inadéquat à la nouvelle lecture du *Parménide* qui, faisant correspondre chaque négation de la première hypothèse à une classe divine, nécessitait l'exégèse analytique de chaque négation ; cet élément hérité de la tradition côtoie le magnifique préambule sur les hypothèses qui reflète les grandes nouveautés de l'exégèse de Syrianus-Proclus. Ces deux composantes n'arrivent pas à fusionner complètement, d'où l'étrange disposition du texte dont on vient de parler. Tout en étant accordé avec la structure profonde du texte, le début du livre VI porte donc les traces d'une rédaction imparfaite ou inachevée.

L'ensemble de ces éléments permet, pensons-nous, d'affirmer que la division de l'*In Parm.* en livres ne remonte pas à Proclus lui-même, mais est le fruit d'un travail d'édition postérieur, effectué lorsque le commentaire sur les hypothèses 2 à 9 avait déjà été perdu, comme le suggère le titre initial qui annonce sept livres (= jusqu'à la fin de la première hypothèse) et reflète ainsi l'état actuel du texte.

APPENDICES

I. *Le syntagme* ὁ ἡμέτερος καθηγεμών

L'importance du rôle de Syrianus pour l'exégèse du *Parménide* se manifeste dès le début du commentaire, I 618.1-13[1] ; dans la suite, les références à Syrianus sont nombreuses et toujours placées à des endroits cruciaux du commentaire, attestant ainsi l'importance de l'enseignement reçu de Syrianus : I 640.18-19 (σκοπός du dialogue) ; les références se multiplient aux livres V-VII, puisque c'est là que Proclus développe la division du *Parménide* en hypothèses, où il affirme explicitement suivre son maître : V 1033.20-22, VI 1061.25-27 (ὁ τούτων ἡμῖν τῶν λόγων καθηγεμὼν γενόμενος Ἀθήνησι καὶ φῶς ἀνάψας νοερὸν τῆς περὶ ταῦτα πραγματείας), 1085.12-15, 1114.36-38, 1118.35-38 ; VII 1217.13-14, 1226.26-29, 1227.30-31 ; Moerbeke, *In Parm.*, p. 517.49 (*Dicendum autem et ut noster magister*). Dans deux autres passages, la référence vise l'exégèse du *Phèdre* (*In Parm.* IV 944.16-18) ou celle du *Sophiste* (VII 1174.24-27)[2].

Proclus désigne son maître par le syntagme ὁ ἡμέτερος (ἡμῶν, deux fois ἐμός [*In Parm.* IV 944.17 ; *De prov.* § 66.6]) καθηγεμών, dont il fournit la plus ancienne attestation (52 occurrences, dont 19 dans l'*In Tim.*, 11 dans l'*In Parm.*, 10 dans la *Theol. plat.*, 8 dans l'*In Remp.*, 2 dans l'*In Alc.*, une dans l'*In Eucl.*, une dans le *De prov.*)[3]. On retrouve ce syn-

---

1. Cf. *infra*, p. 2, n. 11 (p. 170-175 des *Notes complémentaires*).

2. Cf. *supra*, p. XXIV et XXVI-XXVII.

3. Aux onze références de l'*In Parm.* citées ci-dessus, ajouter *In Tim.* I, p. 20.27, 77.26, 310.5, 315.1, 322.18, 324.20 ; II, p. 35.15-16, 96.5-6, 105.28, 221.27-28, 273.24 ; III, p. 15.16, 38.13, 108.7-8, 154.24, 174.14-15, 204.2, 247.26-27, 248.24-25 ; *Theol. plat.* I cap., p. 2.14-15 ; I 10, p. 42.9 ; I 11, p. 49.19 ; III 15, p. 52.19-20 (cf. p. 52, n. 4 [p. 131 des *Notes complémentaires*]) ; III 23, p. 83.13 (cf. p. 83, n. 7 [p. 143]) ; IV cap., p. 3.23 ; IV 16, p. 48.19-20 (cf. p. 48, n. 3 [p. 152-153]) ; IV 23, p. 69.8-9 et 70.6 (cf.

tagme chez Ammonius, Damascius et Simplicius, qui l'ont
probablement emprunté à Proclus : cf. Ammonius, *In De interpr.*, éd. A. Busse (CAG IV 5), p. 181.30-31 [= Proclus] ;
Damascius, *De princ.* III, p. 111.12 [= Isidore, cf. note *ad
loc.*] ; id., *In Parm.* III, p. 4.22-23 et 128.19-20 [= Ammonius ou Isidore, cf. notes *ad loc.*] ; Simplicius, *In De caelo*,
éd. J. L. Heiberg (CAG VII), p. 271.19, 462.20 ; *In Phys.*,
p. 59.23, 183.18, 192.14, 193.22, 198.17, 642.17, 774.28-
29, 1363.8-9 [= Ammonius ou Damascius]. Notons que dans
une *reportatio*, le syntagme ὁ ἡμέτερος καθηγεμών désigne
le professeur qui tient le cours. Par exemple, chez Damascius, *In Phaed.* I § 207.1-2 ; II § 128.4, § 132.4, il désigne
Damascius lui-même, par opposition à Proclus, appelé ὁ ἐξηγητής[1], ce qui montre que ce syntagme faisait partie du
langage employé dans les écoles. En dehors de ce contexte
scolaire et avec une nuance religieuse, Proclus appelle son
maître ἡγεμών en *In Parm.* I 618.6-7 : τῆς δὲ θεωρίας ἡμῖν
γενόμενος ταύτης ἡγεμών, texte parallèle à *Theol. plat.* I 1,
p. 7.3-4 : ὁ μετὰ θεοὺς ἡμῖν τῶν καλῶν πάντων καὶ ἀγαθῶν
ἡγεμών, et I 8, p. 33.22-23 : τῷ τῆς παναγεστάτης ἡμῖν καὶ
μυστικωτάτης ἀληθείας ἡγεμόνι.

On remarquera que c'est seulement dans l'*In Tim.* que
Proclus désigne Syrianus par le syntagme ὁ ἡμέτερος (ἡμῶν)
διδάσκαλος (12 occurrences)[2]. A la différence de ὁ ἡμέτερος καθηγεμών, le syntagme ὁ ἡμέτερος διδάσκαλος était
traditionnel, car il est attesté déjà chez Galien (10 occurrences)[3]. Sa présence dans l'*In Tim.* pourrait s'expliquer

---

p. 69, n. 4 [p. 166-167] ; p. 70, n. 2 [p. 168]) ; V 37, p. 135.26 ;
In Remp. I, p. 71.3, 95.28-29, 115.27-28, 133.5, 152.7-8, 153.3,
205.22 ; II, p. 64.7 ; *In Alc.* 19.2-3 (τοῖς ἡμετέροις ... καθηγεμόσι,
cf. p. 15, n. 5 [p. 137 des *Notes complémentaires*]), 88.14 ; *In Eucl.*,
p. 123.19-20 ; *De prov.* § 66.6.

1. Cf. éd. Westerink, *Index* I, *s.v.* Proclus, p. 383.

2. Cf. *In Tim.* I, p. 51.13-14, 153.28, 218.13-14, 241.3-4,
358.13, 374.4, 441.15-16 ; II, p. 163.10-11, 218.21 ; III, p. 233.14,
236.32, 278.10.

3. Cf., par ex., *De ordine librorum suorum*, III 9, éd. V. Bou-
don-Millot (CUF), t. I, Paris 2007, p. 98.20 [t. XIX, p. 57 K.].

par l'ancienneté de ce commentaire qui se place au début de la production de Proclus. Le syntagme ὁ ἡμέτερος διδάσκαλος aurait donc été ensuite remplacé par le nouveau syntagme forgé par Proclus lui-même. Bien que l'innovation proclienne ait été accueillie par Ammonius, Damascius et Simplicius, le syntagme traditionnel a toujours été en vigueur à Alexandrie, puisqu'il est attesté chez des commentateurs alexandrins qui n'utilisent jamais ὁ ἡμέτερος καθηγεμών, syntagme propre à l'École d'Athènes : Philopon, Asclépius, Olympiodore, Élias et Étienne d'Alexandrie[1]. Chez Ammonius et Simplicius, les deux syntagmes coexistent ; aux occurrences de ὁ ἡμέτερος καθηγεμών citées ci-dessus, on ajoutera celles de ὁ ἡμέτερος (ἡμῶν) διδάσκαλος : Ammonius, In De interpr., p. 1.8[2] ; Simplicius, In Cat., p. 13.17-18 (οἱ ἡμέτεροι διδάσκαλοι [= Ammonius ou Damascius]) ; id., In Phys., p. 611.11-12 (Πρόκλος ὁ ἐκ τῆς Λυκίας φιλόσοφος διδάσκαλος τῶν ἡμετέρων διδασκάλων [= Ammonius] γενόμενος), p. 795.4-5 (Πρόκλος ὁ ἐκ τῆς Λυκίας φιλόσοφος ὁ τῶν ἡμετέρων διδασκάλων [= Ammonius] καθηγεμών).

Chez les auteurs chrétiens, on ne rencontre jamais le syntagme ὁ ἡμέτερος καθηγεμών, tandis que le syntagme ὁ ἡμέτερος διδάσκαλος désigne le plus souvent Jésus-Christ[3].

---

1. Cf. Philopon, In An. Pr., éd. M. Wallies (CAG XIII 2), p. 21.10 ; id., In An. Post., éd. M. Wallies (CAG XIII 3), p. 112.30 ; id., In Meteor., éd. M. Hayduck (CAG XIV 1), p. 91.3, 106.9 ; id., De usu astrolabii, éd. H. Hase, RhM 6 (1839), p. 127-156, en part. p. 129.9 ; Asclépius, In Met., éd. M. Hayduck (CAG VI 2), p. 416.22 ; id., In Nic. Arithm. Introd., éd. L. Tarán (Transactions of the American Philosophical Society, N. S. 59, 4), I ς.4 (p. 26) ; Olympiodore, In Cat., éd. A. Busse (CAG XII 1), p. 101.17-18 ; Élias, In Cat., éd. A. Busse (CAG XVIII 1), p. 133.24 ; Étienne d'Alexandrie, In De interpr., éd. M. Hayduck (CAG XVIII 3), p. 5.13.

2. Sur ce texte, cf. infra, p. LXXIII, n. 1 ; p. 1, n. 1 (p. 163-164 des Notes complémentaires).

3. Cf. par exemple Justin, Apologia Maior, éd. M. Marcovich (PTS 38), Berlin-New York 1994, 12, 9 (p. 49.29-30) ; 15, 5 (p.

II. *A propos de la datation des* Tria opuscula

Comme on l'a vu, *In Parm.* III 829.22-27 contient un renvoi à un exposé plus détaillé concernant la nature du mal en tant que παρυπόστασις. Ce renvoi se rapporte de toute évidence au *De malorum subsistentia*, la monographie que Proclus a consacrée à cette question. A partir de l'édition de H. Boese (1960), le *De mal. subs.* est daté de la dernière période de la production de Proclus. S'il en était ainsi, la citation du *De mal. subs.* dans *In Parm.* III constituerait une confirmation importante de la datation tardive de l'*In Parm.* lui-même, qui se trouverait être postérieur à un ouvrage tardif. En réalité, comme on va le montrer, la datation tardive du *De mal. subs.* repose sur l'interprétation erronée d'une phrase de la traduction latine qui a été lue, contre toute vraisemblance, comme un renvoi aux commentaires *In Tim.*, *In Remp.* et *In Theaet.*

Au début du *De mal. subs.*, avant d'entamer sa recherche, Proclus affirme que certains de ses prédécesseurs se sont occupés de la nature et de l'origine du mal (§ 1.1-5) ; puisqu'il en a le loisir, il a lui-même transcrit ce qu'ils ont affirmé à ce sujet, en particulier « les méditations du divin Platon à propos de la nature du mal » (*et ante hos que divino Platoni de malorum essentia speculata sunt* = ἃ ... τῷ θείῳ Πλάτωνι περὶ τῆς τοῦ κακοῦ φύσεως τεθεώρηται, § 1.7-8). En effet, on pourra mieux comprendre les affirmations des autres philosophes et approcher de la solution, si l'on saisit correctement la doctrine de Platon (*nam illorum dicta intelligemus facilius et comprehensioni quesitorum propinquius semper erimus, Platonis invenientes intelligentiam et velut lumen accendentes nobis hiis que inde questionibus* = καὶ τῆς τῶν ζητουμένων καταλήψεως ἐγγυτέρω πάντως ἐσόμεθα, τὴν τοῦ Πλάτωνος

54.11) ; 19, 6 (p. 61.23) ; 32, 2 (p. 78.7) ; Clément d'Alexandrie, *Strom.* VI, xviii, 167, 3, p. 518.4 Stählin ; Origène, *Contra Celsum*, éd. M. Borret (SC 132), Paris 1967, I 45.7 (p. 194).

εὑρόντες ἔννοιαν, κἀκεῖθεν οἷον φῶς ταῖς ἡμῶν ζητήσεσιν ἀν-
άψαντες, § 1.8-10). La compréhension de la pensée de Platon
est donc la condition nécessaire pour bien aborder la question, comprendre exactement les positions des philosophes
antérieurs et parvenir à la solution correcte. C'est donc de
Platon qu'il faut partir. Cette prémisse méthodologique une
fois posée, Proclus énumère les questions qui se posent au
sujet du mal : le mal existe-t-il ou n'existe-t-il pas ? S'il existe,
existe-t-il dans les intelligibles ? S'il existe non pas dans les
intelligibles, mais dans les sensibles, existe-t-il grâce à une
cause primordiale ou non ? S'il n'existe pas grâce à une
cause primordiale, faut-il lui donner une essence, ou bien
est-il complètement dépourvu d'essence ? S'il est dépourvu
d'essence, comment peut-il exister ? A quel degré de la hiérarchie des êtres fait-il sa première apparition et jusqu'où
procède-t-il ? En outre, si la providence existe, comment le
mal existe-t-il et d'où vient-il ? (§ 1.11-12). Cette énumération est close par une phrase de récapitulation : *et totaliter
quecumque de ipso querere in commentis consuevimus* (§ 1.17-
18).

La rétroversion de cette phrase, qui n'est transmise que
par la traduction latine de Guillaume de Moerbeke, ne pose
pas de problèmes particuliers, sauf pour l'expression *in
commentis* : καὶ ὅλως ὅσα περὶ αὐτοῦ ζητεῖν [*in commentis*]
εἰώθαμεν. En effet, puisque le substantif *commentum* est un
hapax chez Moerbeke[1], il est impossible de reconstruire de

---

1. Le terme *commentum* n'a jamais été utilisé par Moerbeke dans ses traductions. Il n'est attesté que dans la traduction
d'une scholie à la *Métaphysique* de Théophraste, où il ne traduit
toutefois pas un terme grec, mais figure dans une remarque
ajoutée par Moerbeke à la fin de sa traduction de la scholie :
« Et stilus eius [*scil.* le livre A de la *Métaphysique* d'Aristote] in
greco non assimilatur stilo Aristotilis. Quia tamen uulgus habet
eum pro libro Aristotilis et Olimpiodorus in commento super
Gorgiam Platonis inducit quedam uerba ipsius tamquam sint
Aristotilis, nolumus eum methaphisice Aristotilis hic deesse ».
Dans la citation d'Olympiodore, « super Gorgiam » est une

manière certaine le mot grec qu'il lisait dans son exemplaire des *Tria opuscula*. La rétroversion ne peut donc être que conjecturale et sémantique, sans aucun appui lexical. Deux rétroversions sont envisageables : (1) ἐν ταῖς ἐξηγήσεσιν, (2) ἐν τοῖς ὑπομνήμασιν. Moerbeke traduit ἐξήγησις par *expositio*[1], et ὑπόμνημα / ὑπομνηματικός par *hypomnema* (4 fois) /

faute pour « super Alcibiadem », car c'est bien le commentaire d'Olympiodore sur l'*Alc.* (1.3-5) qui s'ouvre par une citation de l'*incipit* de la *Métaphysique* d'Aristote. Sur cette scholie (tradition grecque et traduction latine), cf. Théophraste, *Métaphysique*, par A. Laks et G. W. Most (CUF), Paris 1993, Introduction, p. XI-XVIII ; *Metaphysica. Recensio et translatio Guillelmi de Moerbeka*, ed. G. Vuillemin-Diem (AL XXV 3.1), Leiden-New York-Köln 1995, p. 308-325.

1. Cf. Simplicius, *In Cat.*, p. 360.27 ταῖς ἐξηγήσεσι = *expositionibus* (éd. A. Pattin, 2 vol. [CLCAG V 1-2], Louvain-Paris 1971, 1975, t. II, p. 493.36) ; p. 406.21 ἐν ταῖς ἐξηγήσεσιν = *in expositionibus* (t. II, p. 557.90). Ammonius, *In De interpr.*, p. 1.7-8 τῶν ἐξηγήσεων = *expositiones* (éd. G. Verbeke [CLCAG II], Louvain-Paris 1961, p. 1.7) ; p. 76.25 ἐν ταῖς ἐξηγήσεσι = *in expositione* (p. 146.12). Simplicius, *In De caelo*, éd. J. L. Heiberg (CAG VII), p. 189.6 ἐν ταῖς ἐξηγήσεσι = *in expositionibus* (éd. F. Bossier [CLCAG VIII 1], t. I, Leuven 2004, p. 253.69-70). Les 10 occurrences de ἐξήγησις dans l'*In Parm.* sont toutes traduites par *expositio* (I 647.14, 697.12, 697.34 ; IV 856.11, 875.18 ; V 991.29-30 ; VI 1061.28, 1068.34, 1071.12 ; VII 1215.23). Rappelons la chronologie des traductions de Moerbeke : 1260 Alexandre d'Aphrodise, *In Meteor.* ; 1266 Simplicius, *In Cat.* ; 1268 Ammonius, *In De interpr.* ; 1271 Simplicius, *In De caelo* ; 1280 Proclus, *Tria opuscula*. La trad. de l'*In Parm.* date de la dernière période de l'activité de Moerbeke (cf. *infra*, p. CCLXII-CCLXV). La date de la trad. du *De fato* d'Alexandre d'Aphrodise est inconnue. — La traduction de ἐξηγεῖσθαι, ἐξήγησις, ἐξηγητής par *commentari*, *commentatio*, *commentator* est bien attestée dans la traduction du *De locis affectis* de Galien par Burgundio de Pise (1110 ca-1193), cf. *Burgundio of Pisa's Translation of Galen's* ΠΕΡΙ ΤΩΝ ΠΕΠΟΝΘΟΤΩΝ ΤΟΠΩΝ « *De interioribus* », ed. by R. J. Durling, 2 vol. (Galenus Latinus, II), Stuttgart 1992, t. 6/2B, *Index graeco-latinus*, p. 301, *s.v.* ἐξηγεῖσθαι, ἐξήγησις, ἐξηγητής (nous remercions Mme G. Vuillemin-Diem qui a bien voulu nous fournir ce renseignement).

hypomnematicus (5 fois, dont 3 avec glose explicative) [1], *expositio* (3 fois) [2], et *liber* (une fois) [3]. La différence entre les deux

1. Cf. Simplicius, *In Cat.*, p. 4.14-15 ὑπομνηματικά = *hypomnematici (quasi submemorabiles)* (éd. cit., t. I, p. 5.1-2) ; p. 4.17 τὰ ὑπομνηματικά = *hypomnematici (quasi submemorabiles)* (t. I, p. 5.5-6) ; p. 4.19 τὰ ὑπομνηματικά = *hypomnematicos* (t. I, p. 6.8) ; p. 18.26 κατὰ τὸν ὑπομνηματικὸν τρόπον = *secundum modum hypomnematicum (hoc est ubi scribuntur aliqua ad rememorationem)* (t. I, p. 25.97-98) ; p. 44.3-4 διὸ καὶ ὑπομνηματικὸν ἔδοξεν τὸ σύγγραμμα = *propter quod et librum hypomnematicum docuerunt* (t. I, p. 58.98-59.99, la traduction *docuerunt* semble refléter ἔδοξαν dans l'exemplaire grec de Moerbeke qui l'aurait interprété comme ἐδίδαξαν) ; p. 65.4 ἐν τοῖς ὑπομνήμασιν = *in hypomnematibus* (t. I, p. 87.74) ; p. 65.5 ἐν ἑτέρῳ ὑπομνήματι = *in alio hypomnemate* (t. I, p. 87.75). Ammonius, *In De interpr.*, p. 168.18 ἐν τῷ τῶν Κατηγοριῶν ὑπομνήματι = *in ypomnemate Praedicamentorum* (éd. cit., p. 225.83) ; p. 169.3 ἐν τῷ εἰς τὰς Κατηγορίας ὑπομνήματι = *in ypomnemate in Praedicamenta* (p. 226.99-00).
2. Cf. Simplicius, *In Cat.*, p. 1.15-16 ἐν δὲ τῷ εἰς τὰς Κατηγορίας ὑπομνήματι = *in expositione praedicamentorum* (éd. cit., t. I, p. 2.15). Simplicius, *In De caelo*, p. 26.16 τὸ τοῖς ὑπομνήμασι τῆς πραγματείας συντετάχθαι = *coordinare cum expositionibus negotii* (éd. cit., p. 35.68). Ammonius, *In De interpr.*, p. 297.8 διὰ τῶν ὑπομνημάτων = *per expositiones* (éd. cit., p. 414.61).
3. Cf. Simplicius, *In Cat.*, p. 407.18-19 τι τοῖς ὑπομνήμασιν ἐνέταξεν = *aliquid ... suis libris inseruit* (éd. cit., t. II, p. 559.25). La traduction aberrante d'Ammonius, *In De interpr.*, p. 213.31-32 ὑπομνηματικώτερον εἶναι τὸ βιβλίον = *detruncatum esse librum* (éd. cit., p. 386.37) est difficilement explicable : peut-être Moerbeke a-t-il lu ou cru lire ἀποτετμημένον, bien que dans sa traduction de Simplicius, *In Cat.*, p. 344.22, il ait traduit μέρος ... ἀποτετμημένον par *pars ... abscisa* (cf. éd. cit., t. II, p. 470.22), en modifiant légèrement la traduction traditionnelle de ce participe, attestée dans *Physica. Translatio Vetus*, ed. F. Bossier et J. Brams (AL VII 1, fasc. 2), III 3, 202 b 7-8, p. 107.5 *actus ... decisus* (= ἐνέργεια ... ἀποτετμημένη). Chez Aristote, *Rhet.* III 10, 1411 b 10 τὸ ὑπόμνημα τῶν τῆς πόλεως ἔργων, le terme ὑπόμνημα n'a pas le sens technique de "commentaire" et Moerbeke l'a traduit par *memoratio civitatis operum* (cf. *Rhetorica. Translatio Anonyma sive Vetus et Translatio Guillelmi de Moerbeke*, ed. B. Schneider [AL XXXI 1-2], Leiden 1978, p. 300-301).

rétroversions consiste en ce que ἐν ταῖς ἐξηγήσεσιν est une expression plus générale, car elle signifie simplement « dans l'explication d'un texte », « lorsque l'on fait l'exégèse d'un texte »[1], alors que ἐν τοῖς ὑπομνήμασιν, « dans les commentaires », implique la rédaction d'un texte écrit et équivaut à « lorsque l'on écrit des commentaires »[2].

1. Cf. Proclus, *In Parm.* II 774.25-26 : ἐν ταῖς τοῦ Σοφιστοῦ [...] ἐξηγήσεσιν (« dans l'exégèse du *Sophiste* », cf. *supra*, p. xxix-xxx) ; *Theol. plat.* I 1, p. 7.24 : ἐν ταῖς περὶ τῶν θεῶν ἐξηγήσεσιν (« lorsqu'il s'agit d'exégèses concernant les dieux ») ; Damascius, *V. Isid.* § 246, p. 302.4-5 Zintzen = fr. 37 D Athanassiadi (ll. 1-2) : καὶ μὴν καὶ ἐν ταῖς ἐξηγήσεσιν ἐνδεέστερος τῷ λόγῳ ἢ ὥστε ἑρμηνεύειν τὰ δοκοῦντα ἀποχρώντως (« D'ailleurs, lorsqu'il faisait l'exégèse d'un texte, [Isidore] était trop médiocre orateur pour expliquer à suffisance ses opinions »). Voir aussi Marc Aurèle, I 8, 5 : καὶ τὸ ἐν ταῖς ἐξηγήσεσι μὴ δυσχεραντικόν (« dans les explications de texte, ne pas s'impatienter »), avec la note de P. Hadot (CUF), Paris 1998, p. 4, n. 5 (p. 25 des *Notes complémentaires*). Le terme ἐξηγήσεις désigne sans équivoque l'explication orale d'un texte aussi chez Ammonius, *In De interpr.*, p. 1.7-8 : ἀπομνημονεύσαντες τῶν ἐξηγήσεων τοῦ θείου ἡμῶν διδασκάλου Πρόκλου τοῦ Πλατωνικοῦ διαδόχου, où il mentionne le cours de son maître Proclus sur le *De interpr.*, source principale de son propre commentaire. — Sur l'emploi de ἐξήγησις au pluriel, cf. *supra*, p. XLII, n. 1.

2. Le terme ὑπόμνημα est toujours utilisé au pluriel par Proclus : cf. *In Remp.* II, p. 312.3 et 339.15-16 : ἐν τοῖς τῆς παλινῳδίας ὑπομνήμασιν ; *Theol. plat.* III 23, p. 83.9 : ἐν τοῖς ὑπομνήμασιν (« dans notre commentaire [= *In Parm.*] ») ; IV 23, p. 68.22-23 : ἐν τοῖς τοῦ Φαίδρου [...] ὑπομνήμασιν (« dans son [*scil.* de Jamblique] Commentaire sur le *Phèdre* ») ; *In Tim.* I, p. 1.13-14 : ὃ καὶ προὐτάξαμεν τῶν ὑπομνημάτων (« mon [*scil.* de Proclus] Commentaire »), p. 307.19-20 : λέγει γοῦν ἐν τοῖς ὑπομνήμασιν οὕτω (« en ses [*scil.* de Jamblique] Commentaires ») ; II, p. 76.25 : τοῖς ὑπομνήμασιν (« en cet ouvrage [= l'*In Tim.* lui-même] ») ; *In Eucl.*, p. 432.15-16 : τά γε φερόμενα νῦν ὑπομνήματα. Sur ce terme, cf. E. Lamberz, « Proklos und die Form des philosophischen Kommentars », art. cit., p. 2-6 (utilisation de ce terme chez Proclus) ; T. Dorandi, « Le commentaire dans la tradition papyrologique : quelques cas controversés », et H. Maehler, « L'évolution matérielle de l'*hypomnèma* jusqu' à la basse époque », dans *Le*

Que l'on choisisse l'une ou l'autre rétroversion, le sens de la phrase ne change pas : « et, en général, toutes les recherches que, d'ordinaire, nous faisons dans les explications de texte (dans les commentaires) », c'est-à-dire « toutes les questions que nous [*scil.* les philosophes] avons accoutumé de discuter lorsque nous faisons l'exégèse des dialogues de Platon », « toutes les questions que d'ordinaire, dans les écoles, on discute lorsque l'on fait l'exégèse des dialogues de Platon concernant le problème du mal ».

En effet, *consuevimus* traduit εἰώθαμεν[1] et, de même que εἰώθαμεν, est un parfait qui désigne l'action achevée et donc le résultat de l'action elle-même[2]. L'unique traduction possible est "nous avons accoutumé (coutume)", "d'ordinaire, nous …". En outre, dans aucune des 34 occurrences de εἰώθαμεν chez Proclus[3], cette forme verbale n'est un pluriel de modestie se rapportant à Proclus lui-même ; il s'agit toujours d'un pluriel générique ou collectif dont le sujet est ou bien,

---

commentaire entre tradition et innovation. Actes du Colloque international de l'Institut des traditions textuelles, Paris et Villejuif, 22-25 septembre 1999, publiés sous la dir. de M.-O. Goulet-Cazé (Bibliothèque d'histoire de la philosophie), Paris 2000, p. 15-27, 29-36 ; T. Dorandi, *Le stylet et la tablette. Dans le secret des auteurs antiques* (L'âne d'or), Paris 2000, p. 83-99.

1. La rétroversion *consuevimus* = εἰώθαμεν est assurée par les 20 occurrences de cette forme verbale dans l'*In Parm.*, que Moerbeke a toutes traduites par *consuevimus* (I 670.1, 674.22 ; II 752.28, 755.3, 756.6, 766.26 ; III 825.34, 832.8 ; IV 854.20, 922.2-3, 933.41-42, 935.27 ; VI 1049.33-34, 1051.15, 1080.37, 1117.25 ; VII 1138.9, 1145.38, 1189.12, 1236.16). Les autres occurrences de εἰώθαμεν chez Proclus, au nombre de 14, sont les suivantes : *In Remp.* II, p. 278.2 ; *Theol. plat.* II 7, p. 46.18 ; III 24, p. 85.23 ; III 28, p. 100.24 ; *In Alc.* 242.7 ; *In Tim.* I, p. 77.28, 226.21, 227.14 ; III, p. 55.16, 69.5, 90.4, 329.19 ; *In Crat.* XLV, p. 14.29-30 ; *In Eucl.*, p. 293.3.

2. Cf. E. Schwyzer, *Griechische Grammatik*, t. II, München 1950, p. 263-264 : « Perfekt des erreichten Zustandes » ; A. Ernout et F. Thomas, *Syntaxe Latine*, 2e édition, 7e tirage, Paris 1989, p. 222-223, § 243.

3. Cf. *supra*, n. 1.

le plus souvent, "nous les philosophes / nous les philosophes platoniciens"[1], ou bien "nous les hommes"[2]. Il s'ensuit que l'expression ζητεῖν εἰώθαμεν, ne se référant pas à Proclus lui-même, mais aux philosophes platoniciens, désigne une activité habituelle commune à tous ces philosophes (soulever telle ou telle question à propos de certains passages de Platon), et non pas une activité ponctuelle propre à Proclus (avoir écrit, dans le passé, tel ou tel commentaire).

Proclus fait manifestement allusion à ces textes platoniciens, bien connus dans toutes les écoles, qui traitent du problème du mal, et à propos desquels les exégètes soulèvent d'ordinaire un certain nombre de questions. Les textes de Platon qui suscitaient la discussion sur l'origine et la nature du mal et que Proclus vise ici, sont essentiellement au nombre de trois : (1) *Theaet.* 176 A 5-177 A 8 (les maux ne peuvent pas être abolis, car il faut qu'il y ait un contraire du bien), en particulier 176 A 5-8 (nécessité de l'existence du mal en tant que contraire du bien et son existence dans le monde sublunaire) ; (2) *Tim.* 30 A 1-2 : Βουληθεὶς γὰρ ὁ θεὸς ἀγαθὰ μὲν πάντα, φλαῦρον δὲ μηδὲν εἶναι κατὰ δύναμιν (si Dieu veut que tout soit bon, comment peut-on expliquer l'existence du mal ?) ; (3) *Resp.* II 379 B 1-C 8 (si le dieu est cause seulement des biens et n'est pas cause des maux, comme le démontre Platon, d'où viennent les maux ?).

Le rôle capital que le passage du *Théétète* jouait dans la discussion sur la nature et l'origine du mal dans les écoles platoniciennes, est prouvé par *Enn.* I 8 (51), traité intitulé

---

1. Cf. par exemple *Theol. plat.* III 24, p. 85.23-24 : οὐχ οὕτως νοῦς ὢν ὡς εἰώθαμεν λέγειν τὸν τῆς οὐσίας νοῦν (« mais un intellect non pas au sens où d'ordinaire nous parlons d'intellect de l'être »).

2. Cf. par exemple *In Parm.* I 670.1-2 : εἰώθαμεν γὰρ τὰ ὀνόματα διαμνημονεύειν τῶν ἐμφανῶν (« d'ordinaire, en effet, nous nous rappelons le nom des personnes remarquables ») ; *In Tim.* III, p. 90.3-4 : νυχθήμερον οὖν [γοῦν Festugière] λέγειν εἰώθαμεν (« Il est sûr en tout cas que nous avons coutume de dire "l'espace d'une nuit et d'un jour" », trad. Festugière, t. IV, p. 117-118).

Περὶ τοῦ τίνα καὶ πόθεν τὰ κακά, dont les chapitres 6 et 7 sont spécialement consacrés à l'exégèse de ce texte platonicien[1].

Que le dossier constitué par ces trois textes fût traditionnel, cela est aussi confirmé par le fait que, lorsqu'il commente le passage du *Timée* (*In Tim.* I, p. 375.6-378.22), Proclus cite et commente, l'un à la suite de l'autre, les deux autres passages, c'est-à-dire *Resp.* II 379 C 5-7 (p. 375.20-376.5) et *Theaet.* 176 A 5-8 (p. 376.5-15). Voilà donc rassemblés les trois textes platoniciens sur l'origine du mal, ces textes à propos desquels les exégètes de Platon, dans leurs commentaires, avaient accoutumé de discuter un certain nombre de questions. C'est justement à cet ensemble de questions que Proclus fait allusion dans *De mal. subs.* § 1.17-18, questions qui étaient traditionnellement soulevées, lorsque l'on abordait l'exégèse de ces textes platoniciens.

Il est donc impossible de considérer la phrase *et totaliter quecumque de ipso querere in commentis consuevimus* (§ 1.17-18) comme un renvoi de Proclus à ses propres commentaires, comme l'ont fait H. Boese[2] et, à sa suite, D. Isaac[3] et J.

---

1. Cf. Plotin, *Traité 51*, par D. O'Meara (Les écrits de Plotin), Paris 1999, p. 67-71 (trad. des ch. 6-7), p. 122-133 (commentaire).

2. Selon H. Boese, Praefatio, p. x, cette phrase implique une longue activité de commentateur : « sequitur igitur, ut hic ad longius iam commentandi negotium respexerit ». Lorsqu'il écrit les *Opuscula*, Proclus aurait déjà commenté le *Timée*, le *Phèdre*, le *Théétète*, la *République*, qu'il maîtrise déjà parfaitement : « Veri simillimum est Proclum ante opuscula iam Platonis Timaeum, Phaedrum, Theaetetum, Rempublicam, quorum valde peritum in opusculis se ostendit, explicavisse » (*ibid.*). — Pour un probable renvoi du *De decem dub.* à l'*In Phaedr.*, cf. *infra*, p. xcv-xcvii.

3. La traduction de Isaac, p. 29 : « et, d'une façon générale, il nous faut considérer toutes les questions relatives au mal qui ont fait souvent l'objet de recherches dans nos Commentaires » est erronée. On remarquera que Isaac traduit correctement les trois autres occurrences de *consuevimus* dans le *De mal. subs.*, cf.

Opsomer-C. Steel[1]. Cette phrase ne fait, en effet, que résumer les problèmes que les exégètes platoniciens avaient l'habitude de discuter à propos du mal. Par conséquent, elle n'est d'aucune utilité pour dater le *De mal. subs.*

L'impossibilité d'interpréter *De mal. subs.* § 1.17-18 comme un renvoi à des commentaires que Proclus aurait déjà écrits, est aussi démontrée par l'analyse d'autres textes de Proclus. Si l'on acceptait l'hypothèse qui fait de ce passage du *De mal. subs.* un renvoi à des commentaires de Proclus, il faudrait se demander quels sont ces commentaires. Dans son apparat *ad loc.*, H. Boese cite *In Parm.* III, *In Remp.* I-II, *In*

---

§ 4.6 *consuevimus appellare* = « nous avons coutume d'appeler » (p. 32) ; § 7.20-21 *inferre consuevimus* = « nous avons coutume de conférer » (p. 37) ; § 28.18-19 *vocare consuevimus* = « nous avons coutume de désigner » (p. 66) ; voir aussi § 49.11 *dicere consueverunt* = « on a coutume de dire » (p. 93).

1. La traduction de J. Opsomer - C. Steel, *Proclus, On the Existence of Evils*, London 2003, p. 57 : « In short, we have to consider all the questions we usually raise in our commentaries », si elle traduit correctement le temps du verbe *consuevimus*, est fausse en ce qui concerne la personne (*we ... our commentaries* = le sujet qui écrit = Proclus ... les commentaires de Proclus). Cette erreur assure que la phrase est toujours regardée comme un renvoi de Proclus à ses propres commentaires, conformément à l'interprétation fautive de H. Boese. Voir aussi Opsomer-Steel, *Proclus, On the Existence of Evils*, cit., p. 3-4 : « This [*scil.* le *De mal. subs.*] was not Proclus' first attempt to articulate his views on evil. In the preface of the treatise, he explicitly refers to the discussions of evil in his commentaries (1, 17-18). [...] The fact that Proclus in his preface refers to his 'commentaries' is again an argument for dating the composition of the *Tria opuscula* in his later career. This will have been after the commentaries on the *Theaetetus*, *Timaeus* and *Republic* and after the commentary on the *Enneads*, but probably before the *Commentary on the Parmenides* ». Il est évident, par ailleurs, qu'une phrase exprimant une action habituelle (« we usually raise ») peut fort difficilement être considérée comme un renvoi à des ouvrages déjà écrits.

Tim. I[1] ; son apparat est repris par D. Isaac, qui y ajoute *De decem dub.* § 26[2], et par Opsomer-Steel, qui y ajoutent l'*In Theaet.* et le commentaire sur *Enn.* I 8 (51)[3]. Le *De mal. subs.* citerait donc *In Tim.*, *In Remp.* et *In Theaet.*, qui seraient par conséquent antérieurs. En réalité, c'est le contraire qui est vrai, comme on peut le constater en lisant les textes parallèles au *De mal. subs.*

En plus du *De mal. subs.*, dans ses ouvrages conservés, Proclus discute la question de l'existence et de la nature du mal dans quatre textes, dont les deux premiers commentent deux des trois textes platoniciens concernant le mal[4] : (1) *In Tim.* I, p. 373.22-381.21 (à propos de *Tim.* 30 A 1-2) ; (2) *In Remp.* I, p. 37.4-8 et 37.23-39.1 (4e dissertation, à propos de *Resp.* II 379 B 1-10) ; (3) *In Parm.* III 829.23-831.24 (à propos de *Parm.* 130 C 5-D 2 : y a-t-il une idée des choses ridicules et de nulle valeur, telles que les cheveux, la boue et la crasse ?) ; (4) *Theol. plat.* I 18, p. 83.12-88.10 (attributs divins tirés de la *République* : les dieux causes de tout bien et d'aucun mal)[5]. Les trois commentaires renvoient tous trois

---

1. Cf. apparat des sources *ad loc.*, p. 172 : « in commentis : cf. e. gr. Parm. l. III (829, 23-831, 24) Rp. I 37-38 ; 97-100 ; II 89 sqq. Tim. I 373-381 ».

2. Cf. éd. Isaac, p. 29, n. 3 (p. 111 des *Notes complémentaires*). L'addition de *De decem dub.* § 26, où Proclus discute la cinquième question "si la providence existe, comment le mal est-il possible ?" n'a guère de sens, car le *De decem dub.* ne peut être considéré comme un commentaire.

3. Cf. Opsomer-Steel, *Proclus, On the Existence of Evils*, cit., p. 3-4, et p. 57, n. 6 [p. 105]. Les commentaires sur le *Théétète* et sur *Enn.* I 8 (51) sont ajoutés sur la base de la scholie à *In Remp.* I, p. 37.23, citée ci-dessous, p. LXXXI.

4. Cf. *supra*, p. LXXV.

5. A ces quatre textes principaux, il faut ajouter *In Remp.* I, p. 96.1-100.18 et II, p. 89.6-91.18 (trad. Festugière, t. I, p. 114-117 ; t. III, p. 29-31) qui revêtent une moindre importance pour la doctrine du mal : le premier est consacré à défendre Homère contre l'accusation de rendre les dieux responsables des maux (à propos de *Il.* XXIV 527-528 : « Car, sur le seuil de

à un autre ouvrage où Proclus avait traité le sujet de manière plus développée :

(1) *In Tim.* I, p. 381.12-15 : περὶ μὲν οὖν τῶν κακῶν, ὅπως τε ὑφέστηκε καὶ ὁποίας ἐκ θεῶν καὶ ταῦτα τυγχάνει προνοίας, πρὸς μὲν τὸ παρὸν ἱκανὰ καὶ ταῦτα· εἴρηται δὲ ἐν ἑτέροις περὶ αὐτῶν ἐπὶ πλέον (« Sur le mal donc, sur la manière dont il est né, sur la sorte de providence dont il est lui aussi l'objet de la part du Divin, voici qui suffit pour l'instant : on en a d'ailleurs traité plus longuement en d'autres écrits », trad. Festugière, t. II, p. 243, avec la n. 2 [renvoi au *De mal. subs.*]) [1].

(2) *In Remp.* I, p. 37.23 : Εἴρηται μὲν οὖν διὰ πλειόνων ἐν ἄλλοις περὶ τούτων (« On a traité longuement de tout cela ailleurs », trad. Festugière, t. I, p. 54, avec les n. 1 et 4 [renvoi à *De mal. subs.* § 36], et p. 55, n. 1 [renvoi à *De mal. subs.* § 47]).

(3) *In Parm.* III 829.22-27 (passage cité et traduit ci-dessus, p. XXXI).

Il est donc évident, comme le P. Festugière l'avait déjà vu, que les deux passages de l'*In Tim.* et de l'*In Remp.* consacrés à la nature et à l'origine du mal renvoient à un exposé plus

Zeus, deux grands vases sont posés à terre, et l'un est rempli des bonnes destinées, l'autre, des sorts misérables ») ; le second traite du mal en tant que cause de destruction, dans le cadre de la démonstration de l'immortalité de l'âme en *Resp.* X 608 C 1-611 A 9.

1. Un autre renvoi probable de l'*In Tim.* au *De mal. subs.* est signalé par E. Diehl, *Index auctorum*, *s.v.* Proclus, t. III, p. 378. Il s'agit de *In Tim.* I, p. 384.13-14 (αὐτὸ μὲν οὖν τὸ πρᾶγμα τῶν σφόδρα ζητουμένων ἐστί, καὶ εἴρηται ἡμῖν ἐν ἄλλοις) qui fait probablement allusion à *De mal. subs.* § 30, 34, 35, à propos de la question de savoir si la matière et Dieu constituent deux principes indépendants, ni Dieu ne produisant la matière, ni la matière, Dieu. Voir trad. Festugière, t. II, p. 247 et n. 3.

détaillé et plus systématique qui ne peut être que le *De mal. subs.*[1].

Une scholie à *In Remp.* I, p. 37.23, permet d'ajouter trois autres textes (perdus) à ceux que l'on vient de citer. En effet, elle explique le renvoi ἐν ἄλλοις comme visant quatre ouvrages de Proclus : (1) *De mal. subs.*, (2) commentaire sur le discours de Diotime [= *Symp.* 201 D 1-212 C 3][2], (3) commentaire sur le *Théétète* (perdu), (4) commentaire sur *Enn.*

---

1. Si la citation du *De mal. subs.* dans l'*In Remp.* a échappé à H. Boese, cela est probablement dû au fait que, son édition (1960) étant antérieure à la traduction de l'*In Remp.* par le P. Festugière (1970), il n'a pas pu bénéficier des notes du P. Festugière, qui a identifié un certain nombre des citations ἐν ἄλλοις (ces citations sont répertoriées dans l'*Index auctorum* de W. Kroll, *s.v.* Proclus [t. II, p. 423], mais elles ne sont pas identifiées *ad loc.*, sauf *In Remp.* II, p. 112.7). En ce qui concerne la citation dans l'*In Tim.*, elle est déjà identifiée par E. Diehl, *Index auctorum*, *s.v.* Proclus, t. III, p. 378. Il faut aussi remarquer que l'existence de citations du *De mal. subs.* dans les trois commentaires *In Tim.*, *In Remp.* et *In Parm.* est déjà signalée (bien que sans les références exactes) par R. Beutler, art. « Proklos [4] », RE XXIII 1 (1957), art. cit., col. 200.60-62. Il est plus étonnant que les deux notes du P. Festugière aient échappé à Opsomer-Steel, *Proclus, On the Existence of Evils*, cit., p. 4, n. 10 [p. 48], qui expliquent le renvoi de l'*In Tim.* I, p. 381.12-15, comme se rapportant ou bien au commentaire sur le *Théétète* ou bien à celui sur la *République* « which in the Neoplatonic curriculum preceded the *Timaeus* ». Cette dernière remarque, fausse en ce qui concerne la *République*, qui n'appartenait pas au canon de Jamblique (cf. *supra*, p. XIV-XV), confond l'ordre de lecture des dialogues avec l'ordre chronologique de rédaction des commentaires. Le second n'a évidemment rien à voir avec le premier.

2. Le passage du discours de Diotime qui peut avoir amené Proclus à discuter de l'origine et de la nature du mal, est probablement 205 E 5-206 A 1 : οὐ γὰρ τὸ ἑαυτῶν οἶμαι ἕκαστοι ἀσπάζονται, εἰ μὴ εἴ τις τὸ μὲν ἀγαθὸν οἰκεῖον καλεῖ καὶ ἑαυτοῦ, τὸ δὲ κακὸν ἀλλότριον· ὡς οὐδέν γε ἄλλο ἐστὶν οὗ ἐρῶσιν ἄνθρωποι ἢ τοῦ ἀγαθοῦ.

I 8 (51) Περὶ τοῦ τίνα καὶ πόθεν τὰ κακά (perdu). Voici le texte de la scholie[1] :

> τὸ μὲν ἐν τῷ περὶ τῆς τῶν κακῶν ὑποστάσεως μονοβίβλῳ· τὸ δὲ ἐν τοῖς εἰς τὸν λόγον τῆς Διοτίμας. περὶ τῆς τῶν κακῶν ὑποστάσεως εἴρηται ἐν τοῖς εἰς Θεαίτητον, ᾿Αλλ᾽ οὔτε ἀπολέσθαι τὰ κακὰ δυνατόν [*Theaet.* 176 A 5]· καὶ ἐν τοῖς εἰς τὴν τρίτην ἐννεάδα, πόθεν τὰ κακά[2].

Si le commentaire de Proclus sur le discours de Diotime n'est connu, semble-t-il, que par cette scholie, le commentaire sur le *Théétète* et celui sur les *Ennéades* sont bien attestés. En ce qui concerne le premier, il faut remarquer que le *De mal. subs.* contient six citations du *Théétète*, toutes tirées du passage 176 A 5-177 A 8 concernant le problème de l'existence du mal : § 6.29-35 et § 10.3-4 (176 A 5-6), § 40.12-14 (176 E 3-4), § 43.4-5 (176 A 7-8), § 48.5-8 (176 A 7-8 et E 3-4), § 54.12-22 (176 A 6). Or, si le commentaire sur le *Théétète* était antérieur au *De mal. subs.* et qu'il fût visé par le prétendu renvoi de § 1.17-18 (*et totaliter quecumque de ipso querere in commentis consuevimus*), on comprendrait mal que Proclus n'ait jamais renvoyé à son commentaire, d'autant plus que, comme le rapporte Marinus, Proclus avait une prédilection particulière pour ce commentaire[3]. La même

---

1. Cette scholie, qui est transmise par le *Laur.* 80, 9, et remonte sûrement au v-vi[e] siècle, est éditée par Kroll, t. II, p. 371.10-18, et citée par le P. Festugière, trad. *In Remp.*, t. I, p. 54, n. 1.

2. L'adjectif numéral τρίτην ne correspond pas au traité Πόθεν τὰ κακά, I 8 (51), car ce traité appartient à la première *Ennéade*. C'est pourquoi P. Henry, *Les états du texte de Plotin*, Paris-Bruxelles 1938, p. 8, note au titre de I 8 propose de corriger τρίτην en πρώτην. Voir aussi R. Beutler « Proklos [4] », RE XXIII 1 (1957), art. cit., col. 198.9-22 ; Plotin, *Traité 51*, par D. O'Meara, cit., p. 30, n. 16-17.

3. Cf. Marinus, *Proclus*, § 38.12-15 : « il mettait au-dessus de tous les autres [écrits] le *Commentaire sur le Timée*, bien qu'il fût très satisfait aussi de son *Commentaire sur le Théétète* ». L'*In Theaet.* est aussi cité dans *In Tim.* I, p. 255.25-26 : εἴρηται γὰρ ἡμῖν

considération vaut pour le commentaire sur les *Ennéades*[1]. En effet, *Enn.* I 8 (51) constitue une des sources primaires du *De mal. subs.*, bien que Plotin ne soit jamais cité nommément. En particulier, le § 30 résume la thèse de Plotin selon laquelle le mal absolu est la matière, thèse qui est réfutée dans les § 31-33[2]. En outre, en § 38.1-7, Proclus expose la thèse selon laquelle le mal serait la privation, thèse que Plotin analyse dans le chapitre 11 d'*Enn.* I 8 (51). Ici aussi, l'absence de tout renvoi dans le *De mal. subs.* autorise le soupçon que le commentaire sur *Enn.* I 8 n'existait pas encore lorsque Proclus écrivait le *De mal. subs.*[3].

L'absence de renvois à ces deux ouvrages (*In Theaet.* et *In Enn.*), qui étaient pourtant rigoureusement parallèles au *De mal. subs.*, ne peut d'ailleurs s'expliquer par le genre littéraire du *De mal. subs.* En effet, une telle hypothèse est exclue par le fait que le *De mal. subs.* contient trois renvois, dont la présence est d'autant plus significative qu'ils se rapportent à des ouvrages qui, à la différence des commentaires sur le *Théétète* et sur *Enn.* I 8 (51), ne concernent pas le problème

---

ἐν τοῖς εἰς Θεαίτητον περὶ τούτων διὰ πλειόνων σαφέστερον (à propos des organes du jugement, κριτήρια).

1. On ne conserve que quelques extraits de ce commentaire, cf. L. G. Westerink, « Exzerpte aus Proclos' Enneaden-Kommentar bei Psellos », BZ 52 (1959), p. 1-10 (repris dans *Texts and Studies in Neoplatonism and Byzantine Literature.* Collected papers by L. G. Westerink, Amsterdam 1980, p. 21-30).

2. Sur la critique de la thèse de Plotin par Proclus, cf. Plotin, *Traité 51*, par D. O'Meara, cit., p. 30-36.

3. Considération analogue pour la citation de *Resp.* II 379 C 6-7 (τῶν δὲ κακῶν ἄλλ' ἄττα δεῖ ζητεῖν τὰ αἴτια, ἀλλ' οὐ τὸν θεόν) en *De mal. subs.* § 47.11-14, citation tirée du passage de *Resp.* qui fait l'objet de la 4e dissertation de l'*In Remp.* Mais dans le cas de l'*In Remp.*, la postériorité de ce commentaire par rapport au *De mal. subs.* n'est pas une simple hypothèse comme c'est le cas des commentaires sur le *Théétète* et sur les *Ennéades*, car elle est démontrée par la citation du *De mal. subs.* dans l'*In Remp.* (cf. *supra*, p. LXXIX).

du mal. Parmi ces trois renvois, l'un (§ 51.8-10 : *Bonum qui-dem igitur quatenus et qualiter subsistit et quos habet ordines, in aliis dictum est*) se réfère, comme l'a montré L. G. Wes-terink, au commentaire sur le *Philèbe*, parce que les thèmes mentionnés aux lignes 8-14 (les degrés du Bien, le limitant et l'illimité, la triade vérité, beauté et proportion) proviennent tous de ce dialogue[1]. Quant aux deux autres renvois, leur identification n'est pas assurée. Le premier (§ 7.3-12 : *Sicut enim et in aliis diximus, et species omnes et quod ultra species neque post se ipsas contingenter ipsis partecipantem generare nate sunt substantiam*, etc.) se réfère, semble-t-il, à *El. theol.* § 63[2]. Le second (§ 49.13 ἀλλὰ ταῦτα μὲν ἐν ἄλλοις), à pro-pos du caractère involontaire et non-voulu du mal, se réfère probablement au § 54, où Proclus revient sur le même sujet[3].

---

1. Cf. L. G. Westerink, « Notes on the *Tria opuscula* of Pro-clus », *Mnemosyne*, s. IV, 15 (1962), p. 159-168 (repris dans *Textes and Studies in Neoplatonism and Byzantine Literature*, cit., p. 73-82), en part. p. 167-168 [p. 81-82]. Sur le commentaire de Proclus In Phil. (perdu), cf. Marinus, *Proclus*, Introduction, p. XVII. La source unique pour reconstruire le commentaire de Pro-clus est le commentaire de Damascius (cf. Damascius, *In Phil.*, p. XX-XXI).

2. L'identification est due à V. Cousin, premier éditeur des *Tria opuscula* (cf. *infra*, p. CDXLVIII, n. 2), cité par H. Boese *ad loc.* et repris par D. Isaac *ad loc.*, p. 36, n. 4. Elle est considé-rée comme probable, mais non pas certaine, par E. R. Dodds, Proclus, *El. theol.*, Introduction, p. XV et n. 5.

3. Cf. éd. Boese, apparat *ad* § 49.12 de la trad. latine (suivi par Isaac, p. 93, n. 2). Il faut toutefois remarquer que l'expres-sion ἀλλὰ ταῦτα μὲν ἐν ἄλλοις (sans verbe) est ambiguë, car elle peut se rapporter aussi bien au passé qu'au futur. Pour le passé, cf. *In Tim.* I, p. 262.28-29 : ταῦτα μὲν οὖν καὶ ἐν ἄλλοις (« Mais j'ai déjà expliqué cela en d'autres lieux », trad. Festugière, t. II, p. 103) ; *In Tim.* I, p. 451.8 : ταῦτα μὲν οὖν καὶ ἐν ἄλλοις (« Mais j'ai traité de cela en d'autres écrits », trad. Festugière, t. II, p. 332). Pour le futur, cf. *In Remp.* II, p. 155.11-12 : ἀλλὰ ταῦτα καὶ ἐν ἄλ-λοις (« Mais nous verrons cela ailleurs », trad. Festugière, t. III, p. 100 et n. 3 avec renvoi à p. 159.29 ss.) ; *In Eucl.*, p. 423.6 : ἀλλὰ ταῦτα ἐν ἄλλοις (« But of this elsewhere », trad. G. R. Mor-

Si le prétendu renvoi de *De mal. subs.* § 1.17-18 constitue l'argument principal de H. Boese à l'appui de la datation tardive des *Tria opuscula*, argument qui, comme on vient de le voir, est dépourvu de tout bien-fondé, il faut aussi examiner les deux autres arguments avancés par H. Boese.

Le premier consiste à affirmer que dans les écoles philosophiques de l'antiquité, des écrits tels que les *Tria opuscula*, c'est-à-dire des monographies spéciales, n'étaient composés que par des philosophes déjà âgés et experimentés[1]. Pareille assertion est dépourvue de tout fondement. Il suffit, en effet, de mentionner les trois traités Περὶ τῶν τριῶν μονάδων (*Sur les trois monades* [*Phil.* 64 A 7-65 A 5 : Vérité, Beauté, Proportion]), Περὶ τῶν μυθικῶν συμϐόλων et Περὶ τόπου, que

---

row, *Proclus, A Commentary on the First Book of Euclid's Elements*, Princeton 1970, p. 335 ; cf. p. xxxi, où G. R. Morrow explique qu'il s'agit, comme ailleurs dans le même ouvrage [p. 272.14, 279.12, 398.18, 427.10, 432.9], d'un renvoi aux livres suivants des *Éléments* que Proclus aurait eu l'intention de commenter). Il faut ajouter que le renvoi de *De mal. subs.* § 49.13 pourrait aussi viser (au futur) *In Remp.* II, p. 274.22-277.7 (nécessité et libre arbitre dans le choix des vies par les âmes, trad. Festugière, t. III, p. 233-236) et p. 355.11-365.2 (le libre arbitre et le "de notre gré" [τὸ ἑκούσιον], trad. Festugière, t. III, p. 312).

1. Cf. éd. Boese, Praefatio, p. ix-x : « Quamquam scripta eiusmodi secundum morem scholarum philosophicarum illis temporibus nisi a viro provectae aetatis non componi potuisse constat, tamen philologi, qui ordinem librorum Procli exquirere studuerunt, illa opuscula, quod nullo loco ad alia Procli opera respiciunt, iuvenili aetate scripta et initio scribendi attribuenda esse iudicaverunt ». Les philologues auxquels H. Boese fait allusion sont A. Berger, *Proclus, exposition de sa doctrine*, Thèse en Sorbonne, Paris 1840, p. 121 : « L'un des premiers écrits de Proclus doit avoir été son petit ouvrage sur l'*Existence du Mal* » ; J. Freudenthal, « Zu Proklus und dem jüngeren Olympiodor », *Hermes*, 16 (1881), p. 201-224, en part. p. 214-217 (dans la liste des ouvrages de Proclus disposés selon l'ordre chronologique, les *Tria opuscula* sont placés après *In Phaed.*, *In Theaet.*, *In Phaedr.*, *In Phil.*, *El. phys.*, *El. theol.*, et avant tous les autres).

Proclus cite dans l'*In Remp.*[1] (12ᵉ et 16ᵉ dissertations) et qui sont par conséquent tous trois antérieurs à ce commentaire. Il est donc impossible d'assigner une chronologie sur la base du genre littéraire de l'ouvrage (commentaire ou monographie) en considérant les monographies comme appartenant, par leur nature même, à une période plus tardive. Il s'agit simplement de deux types d'ouvrages différents.

Le second argument est fourni par *De prov.* § 45.4-11, où Proclus se présenterait à Théodore, destinataire de cet opuscule, comme un homme déjà âgé, qui ne peut accepter la thèse selon laquelle le bien serait ce qui est agréable à chacun, thèse qui ne peut être accueillie que par les jeunes gens, toujours prêts à suivre les opinions du vulgaire. Voici le texte latin de ce passage, qui n'est pas transmis parmi les extraits grecs d'Isaac Sébastocrator :

> *verecundarer utique in me ipso, si non manifeste ad virum amicum scriberem quod videtur, tanquam utique et electioni mee indignum sit, ut estimo, opinio de hiis et etati quam habens existo. Iuveni quidem enim viro talem fieri opinionem nichil michi videtur mirum, ad opiniones hominum ut in pluribus iuventute aspiciente; intellectum autem senilem presidem statuenti intellectualis* [lege *intellectuales*][2]

1. Cf. *In Remp.* I, p. 295.24-26 : καὶ εἴπομεν ἡμεῖς ἐν τῷ περὶ τῶν τριῶν τούτων μονάδων βιβλίῳ κτλ. ; II, p. 109.1-2 : τῶν μὲν μύθων τὰς αἰτίας καὶ ἐν τοῖς Περὶ τῶν μυθικῶν συμβόλων ἐξειργάσμεθα ; II, p. 199.22-23 : Ἀλλὰ περὶ μὲν τῆς τοῦ τόπου φύσεως καὶ ἰδίᾳ πεπραγματεύμεθα. — Sur le traité *Sur les trois monades*, cf. J. Combès, « Les trois monades du *Philèbe* selon Proclus », dans *Proclus lecteur*, p. 177-190.

2. Pour cette correction, cf. C. Steel, « The philosophical views of an engineer. Theodorus' arguments against free choice and Proclus' refutation », dans *L'eredità platonica. Studi sul platonismo da Arcesilao a Proclo*, a cura di M. Bonazzi e V. Celluprica, Napoli 2005, p. 277-310, en part. p. 299, n. 56, qui pense que « *intellectualis* (νοερᾶς) duplicates *prudentis* » et suit la suggestion de B. Strobel de reconstruire νοερὰς et de le relier à *conceptus*. Il est toutefois plus probable que la faute s'est produite dans la transmission du texte latin (*intellectualis* au lieu de *intellectuales*,

> *prudentis iudicii conceptus convenire existimo, et non quos-*
> *cumque multorum fame et illibrate lationes perstrepunt.*

Dans ce passage, deux phrases ont été considérées comme témoignant de l'âge avancé de Proclus : (1) *et electioni mee indignum sit, ut estimo, opinio de hiis et etati quam habens existo* ; (2) *intellectum autem senilem presidem statuenti intellectuales prudentis iudicii conceptus convenire existimo.*

Dans la première, Proclus affirmerait, selon l'interprétation courante, que l'opinion soutenue par Théodore (le bien est ce qui est agréable à chacun) lui paraît indigne et de son école philosophique et de son âge[1]. Une telle interprétation suscite quelque perplexité, car elle ne tient pas compte de l'incohérence syntaxique du texte latin[2]. Quoi qu'il en soit,

attiré par *prudentis*), d'autant plus que, en grec, il faut supposer une double faute (τῆς νοερᾶς au lieu de τὰς νοερὰς). Quoi qu'il en soit, la raison fondamentale pour laquelle il faut corriger *intellectualis* en *intellectuales*, c'est la nécessité de rétablir τῆς ἔμφρονος κρίσεως, qui, étant une locution toute faite (cf. *infra*, p. xc, n. 1), ne tolère pas l'addition d'un second attribut.

1. Voir la traduction de D. Isaac, p. 67 : « pareille opinion me paraît indigne et de ma préférence et de mon âge », et celle de C. Steel, « The philosophical views of an engineer », art. cit., p. 299 : « for this opinion is unworthy of my philosophical conviction and of my age ».

2. L'incohérence provient de l'accord du sujet *opinio* avec le prédicat *indignum*, construction aberrante en latin et inexpliquable sur la base d'un texte grec que Moerbeke aurait mal traduit (ἀνάξιον ... δόξα étant évidemment impossible). D'ailleurs, corriger *indignum* en *indigna* ne résout pas le problème, parce que l'expression *opinio de hiis* = (ἡ) δόξα περὶ τούτων peut difficilement signifier "cette opinion, pareille opinion, *scil.* l'opinion de Théodore" (voir les traductions citées à la note précédente). Nous pensons que la solution la plus simple consiste à supprimer *opinio de hiis* (glose marginale qui se serait introduite dans le texte ?). Le sens de la phrase deviendrait clair et naturel : Proclus affirmerait alors qu'il aurait honte de ne pas dire ouvertement à Théodore ce qu'il pense, car une telle réticence serait indigne de son école philosophique et de son âge. Il est impossible de préciser à quel niveau de la transmis-

il est évident que cette phrase signifie que Proclus est dans son âge mûr, elle n'implique nullement qu'il soit un vieil homme.

La seconde phrase est plus complexe. Pour en tenter une rétroversion correcte, il est nécessaire de respecter l'ordre des mots, car Moerbeke ne s'écarte de l'ordre des mots du texte grec que pour des exigences de style propres au latin[1]. La traduction *intellectum autem senilem presidem statuenti intellectuales prudentis iudicii conceptus convenire existimo* reflète, à notre avis, le texte grec suivant : τῷ δὲ τὸν νοῦν πρεσβυτικὸν προστάτην τάξαντι τὰς νοερὰς τῆς ἔμφρονος κρίσεως ἐπιβολὰς προσήκειν ἡγοῦμαι. S'il en est ainsi, l'adjectif *senilem* (πρεσβυτικὸν) se réfère non pas à *intellectum* (τὸν νοῦν), mais à *presidem* (προστάτην). Proclus ne veut donc pas

sion du texte la glose δόξα περὶ τούτων (*opinio de hiis*) se serait introduite dans le texte. On peut formuler deux hypothèses : (a) la faute s'est produite dans la tradition grecque, Moerbeke a trouvé la glose à l'intérieur du texte de son exemplaire grec et l'a traduite comme faisant partie du texte (dans ce cas-là, elle doit être supprimée dans la rétroversion grecque, mais non pas dans la traduction latine, dont elle fait partie) ; (b) la glose, lue par Moerbeke dans la marge de son exemplaire grec et traduite dans la marge de son autographe latin, s'est introduite dans le texte au cours de la transmission du texte latin (dans ce cas-là, la glose doit être supprimée dans la rétroversion grecque et extraite de la traduction latine comme faisant partie de l'original de Moerbeke, mais non pas du texte primaire). Sur la possibilité que *opinio de hiis* soit la traduction, dans la marge de l'autographe latin, d'une glose marginale de l'exemplaire grec de Moerbeke, cf. *infra*, p. CLXV, n. 2 (*Amelii opinio, Porphyrii opinio de ypothesibus*, gloses *ad In Parm.* VI 1052.31 ss. et 1053.38 ss., dans la marge des mss. grecs et de la traduction latine). — Quant au datif (*electioni mee ... etati*) au lieu de l'ablatif (*electione mea ... etate*), il ne faut pas s'en étonner, car Moerbeke construit *indignus* avec le datif aussi en *In Parm.* VII 1204.23-26 : πάντα γὰρ ταῦτα [...] ἔστιν ἀνάξια τῆς περὶ τοῦ ἑνὸς ὑποθέσεως = *Omnia enim hec* [...] *sunt indigna ei que de uno ypothesi* (p. 466.87-88).

1. Cf. *infra*, p. CCXCI-CCXCII.

dire que son intellect est celui d'un vieillard[1], mais qu'il a
fait de l'intellect (et non pas de l'opinion) son chef (προστάτην)[2], un chef qui est aussi expérimenté et doué d'autorité
qu'un vieillard. Quant à la seconde partie de cette phrase,
c'est-à-dire *intellectuales prudentis iudicii conceptus convenire
existimo*, ici aussi il faut respecter l'enclavement de *prudentis iudicii* entre *intellectuales* et *conceptus*. Cela signifie
que *prudentis iudicii* dépend de *intellectuales conceptus* : « les
intuitions (*conceptus*) intellectuelles (*intellectuales*) du jugement prudent (*prudentis iudicii*) », et qu'il est impossible de
le relier à *presidem*[3].

On peut, en conclusion, proposer, à titre purement
conjectural, la rétroversion et la traduction suivantes :

1. C'est ainsi que la phrase a été interprétée par D. Isaac,
p. 67 : « mais pour qui admet que l'âge confère à l'intelligence
une autorité supérieure ... », et par C. Steel, « The philosophical views of an engineer », art. cit., p. 299 : « But for someone
who has set the older mind to preside ... ». En réalité, ces deux
traductions correspondent non pas à *intellectum autem senilem
presidem statuenti* (= τῷ δὲ τὸν νοῦν πρεσβυτικὸν προστάτην τάξαντι), mais à *senilem autem intellectum presidem statuenti* (= τῷ δὲ τὸν
πρεσβυτικὸν νοῦν προστάτην τάξαντι).

2. L'image du νοῦς προστάτης s'inspire probablement de
Phaedr. 241 A 2-4 : μεταβαλὼν ἄλλον ἄρχοντα ἐν αὑτῷ καὶ προστάτην,
νοῦν καὶ σωφροσύνην ἀντ' ἔρωτος καὶ μανίας. Voir aussi Plotin, *Enn.*
V 1 (10), 4.8 : καὶ τούτων τὸν ἀκήρατον νοῦν προστάτην.

3. La traduction de C. Steel, « The philosophical views of
an engineer », art. cit., p. 299 : « But for someone who has set
the older mind to preside over prudent judgement ... » est donc
erronée. La traduction de D. Isaac (p. 67) reflète naturellement
intellectualis : « les seules conceptions convenables sont celles
qui naissent d'un jugement intellectuel réfléchi ».

αἰσχυνθείην ἂν ἐμαυτόν[1], εἰ μὴ διαρρήδην εἰς ἄνδρα φίλον
γράψαιμι τὸ δοκοῦν[2], ὡς ἂν[3] καὶ τῆς αἱρέσεώς μου ἀνάξιον
εἴη, ὡς οἶμαι, [δόξα περὶ τούτων][a] καὶ τῆς ἡλικίας ἣν ἔχων
τυγχάνω. Τῷ μὲν γὰρ νέῳ ἀνδρὶ τοιαύτην γενέσθαι δόξαν οὐδέν μοι δοκεῖ θαυμαστόν, πρὸς τὰς δόξας τῶν ἀνθρώπων ὡς
ἐπὶ τὸ πολύ[4] τῆς νεότητος ἀποβλεπούσης[5]· τῷ δὲ τὸν νοῦν
πρεσβυτικὸν προστάτην τάξαντι[6] τὰς νοερὰς τῆς ἔμφρονος

1. Pour la locution αἰσχυνθείην ἂν ἐμαυτόν, cf. *In Alc.* 7.18.
Voir aussi *In Tim.* I, p. 333.14 : ἐγὼ δ' αἰσχυναίμην ἂν ἐμαυτόν.

2. Pour la locution διαρρήδην γράφειν τὸ δοκοῦν, cf. *In Parm.*
III 817.28-29 : Εἰ τοίνυν δεῖ τὸ δοκοῦν διαρρήδην εἰπεῖν κτλ. ; *In Tim.*
II, p. 295.2-3 : καὶ εἰ δεῖ τὸ δοκοῦν διαρρήδην λέγειν κτλ.

3. Pour la rétroversion *tamquam utique* = ὡς ἄν, cf. *In Parm.*
I 685.25, IV 848.4, V 1033.1, VI 1086.20 (Moerbeke, *In Parm.*, p.
54.80, 182.56, 334.27, 374.71). La combinaison de particules ὡς
ἄν, avec valeur causale subjective plus ou moins prononcée (car,
en tant que, comme si, dans la pensée que) est le plus souvent
utilisée par Proclus avec le participe ou le génitif absolu. Une
construction analogue à celle que nous reconstruisons ici est *In
Tim.* I, p. 109.4-6 : ταῦτα μὲν οὖν τῆς ὅλης ἕνεκα θεωρίας εἰρήσθω παρ'
ἡμῶν, ὡς ἂν μὴ ἀπᾴδοντα καὶ ταῦτα φανείη τῶν προκειμένων (« Voilà
donc les explications que nous voulions donner en vue de la
doctrine générale, dans la pensée qu'elles ne paraîtraient pas
non plus faire digression par rapport au présent sujet », trad.
Festugière, t. I, p. 152).

4. Pour la rétroversion *ut in pluribus* = ὡς ἐπὶ (τὸ) πολύ, cf.
In Parm. III 790.8 et 791.35 (Moerbeke, *In Parm.*, p. 138.51 et
139.98).

5. Cf. *Parm.* 130 E 4 πρὸς ἀνθρώπων ἀποβλέπεις δόξας διὰ τὴν
ἡλικίαν (source signalée par C. Steel, « The philosophical views
of an engineer », art. cit., p. 299, n. 55).

6. Puisque la phrase grecque requiert un participe aoriste
exprimant une action déjà achevée, nous proposons la rétroversion *statuenti* = τάξαντι (sur la traduction du participe aoriste
actif grec par le participe présent actif latin, cf. *infra*, p. CCCXXI).

κρίσεως¹ ἐπιβολὰς² προσήκειν ἡγοῦμαι³, καὶ οὐχ ὅσας τῶν πολλῶν αἱ φῆμαι⁴ καὶ ἀστάθμητοι φοραὶ⁵ διηχοῦσιν.

(a) δόξα περὶ τούτων (*opinio de hiis* g) deleuimus.

« J'aurais honte de moi, si je n'écrivais pas franchement à un ami mon avis, dans la pensée que

1. Pour la rétroversion *prudentis iudicii* = τῆς ἔμφρονος κρίσεως, cf. Proclus, *In Tim.* I, p. 369.13-14 : τῆς ἔμφρονος τῶν ἀκουόντων κρίσεως (« [il est besoin que] les auditeurs soient doués d'un jugement prudent », trad. Festugière, t. II, p. 229) ; Hiéroclès, *In aur. carm.*, X 9, p. 36.27 Koehler : τί οὖν ἡ ἔμφρων κρίσις λέγει ;

2. Pour la rétroversion *conceptus* = ἐπιβολάς, cf. C. Steel, « The philosophical views of an engineer », art. cit., p. 299, n. 56 (Chr. Helmig).

3. Pour la rétroversion *existimo* = ἡγοῦμαι, cf. *In Parm.* I 640.34 ἡγούμενος = *existimans*, 650.4 ἡγήσασθαι = *existimare* (Moerbeke, *In Parm.*, p. 21.69 et 27.37).

4. Le mot *fama* traduit toujours φήμη, cf. *In Parm.* I 658.27, IV 914.21, V 991.24, VII 1190.8 (Moerbeke, *In Parm.*, p. 33.40, 237.21, 300.65, 455.27). Pour la locution τῶν πολλῶν αἱ φῆμαι, cf. *In Parm.* V 991.23-24 : ἀπὸ τῆς τῶν πολλῶν φήμης.

5. Pour la rétroversion *illibrate lationes* = αἱ ἀστάθμητοι φοραί, cf. *In Parm.* IV 958.19-21 : Οὔτ' οὖν τὸ ἀστάθμητον τῶν φαινομένων ἀσταθμήτως ὑπ' αὐτοῦ γιγνώσκεται = *Neque igitur quod instabile (uel illibratum) apparentium instabiliter (uel illibrate) ab ipso cognoscitur* (Moerbeke, *In Parm.*, p. 272.82-84) ; *In Parm.* IV 954.33 φορὰ = *latio*, VII 1155.36 τὴν φορὰν = *latione*, 1156.38 τῆς φορᾶς = *lationem*, etc. (Moerbeke, *In Parm.*, p. 269.88, 428.55, 429.83 etc.). La rétroversion est confirmée par *In Remp.* II, p. 348.15-16 : τὴν ἀστάθμητον φορὰν τῶν τῇδε γιγνομένων ποταμῷ καὶ αὐτὸς εἰκάζων (« comparant lui aussi [scil. le *Timée*] à un fleuve la course précipitée et instable des êtres qui naissent ici-bas », trad. Festugière, t. III, p. 306). Voir aussi Plutarque, *Brutus*, 21, 2 : ἐν πλήθεσι φορᾶς ἀσταθμήτους καὶ ταχείας φερομένοις (« dans les masses populaires qui se laissent emporter par des mouvements précipités et rapides ») ; Thémistius, *Or.* 24, 308 A, t. II, p. 109.16-17 Downey-Norman : στέγειν δὲ δύναται [scil. ἡ παιδεία] καὶ τύχης φορὰς ἀσταθμήτους (« [la philosophie] peut aussi protéger des coups inattendus de la fortune »).

cela serait, je crois, indigne et de mon école philosophique[1] et de mon âge. Que pareille opinion soit professée par un jeune homme, je n'y vois rien de surprenant, puisque la jeunesse prête attention, la plupart du temps, aux opinions des hommes; mais celui qui a établi l'intellect au rang d'un chef expérimenté comme un vieillard, j'estime que ce sont les intuitions intellectuelles du jugement prudent qui lui conviennent, et non pas celles que font retentir les rumeurs du vulgaire et ses mouvements précipités et instables »[2].

Trois considérations s'imposent. Premièrement, ce passage ne contient aucun élément de datation sûre, car Proclus ne fait qu'affirmer qu'il n'est plus tout jeune, affirmation qui peut désigner tout âge à partir d'une trentaine d'années[3].

Deuxièmement, le *De prov.* contient un indice de datation bien plus important que celui que l'on vient de citer, qui, à l'examen, s'évanouit. En effet, comme il a été établi par le P. Saffrey, *De prov.* § 22.6-15 fait allusion à la transformation de l'Asclépiéion d'Athènes en église chrétienne, événement que l'on peut dater de peu après 450[4]. Or, puisque Proclus

1. Pour αἵρεσις au sens de "école philosophique", cf. *In Tim.* I, p. 2.15-16 : οἱ δὲ μετὰ Πλάτωνα προστάντες τῆς αἱρέσεως («les chefs de l'École philosophique après Platon», trad. Festugière, t. I, p. 24).

2. Nous reprenons quelques éléments de la traduction Isaac, p. 67.

3. En *In Parm.* I 719.30-720.16, Zénon, qui a 40 ans, parle de lui-même comme étant depuis longtemps sorti de la jeunesse. La conclusion que H. Boese, Praefatio, p. x, tire de cette phrase est donc franchement étrange : « Etsi ex his verbis Proclum se ipsum iam senem putasse conicere non licet, diu tamen ex iuventute excesserat, cum hunc librum scripsit. Pro certo ergo habendum est opuscula illa Proclum provecta aetate scripsisse ».

4. Cf. H. D. Saffrey, « Allusions antichrétiennes chez Proclus, le diadoque platonicien », RSPT 59 (1975), p. 553-563 (repris dans *Recherches*, p. 201-211), en part. p. 555-557 [p. 203-205]. La traduction de ce passage du *De prov.* est citée *infra*, p.

présente cet événement comme s'étant produit récemment :
ἐπεὶ καὶ ὅσα πρώην ἡμῖν ἔξωθεν ἀκούσια συμπεσεῖν ἔφησθα
(§ 22.9)[1] = *Quoniam et quecumque extrinsecus attingentia
concidere nobis <... >* (§ 22.8-9), on peut calculer que Proclus, né en 412, avait environ 40 ans lorsqu'il écrivait le *De
prov.*, ce qui est parfaitement en accord avec § 45.4-11, où
il affirme être dans son âge mûr[2].

Troisièmement, quoi qu'il en soit de l'interprétation de ce
passage du *De prov.*, puisqu'aucun indice ne permet d'établir
la chronologie relative des trois opuscules[3], il est illégitime

2, n. 11 (p. 174 des *Notes complémentaires*). Il nous semble peu
probable que ce passage du *De prov.* § 22.6-15 se réfère à l'exil
de Proclus en Lydie (cf. Marinus, *Proclus*, § 15.14-35), comme
le supposent Opsomer-Steel, *Proclus, On the Existence of Evils*,
cit., p. 3, qui se fondent sur une telle hypothèse pour soutenir
la datation tardive des *Tria opuscula*. En effet, dans ce passage, Proclus mentionne explicitement destructions, incendies
et pillages, ce qui est parfaitement en accord avec la transformation de l'Asclépiéion en église chrétienne, et non pas avec
l'exil de Proclus en Asie. De toute façon, puisque l'on ne dispose d'aucun indice chronologique sur l'exil de Proclus (sinon
qu'il est antérieur à la composition de l'*Hypotypose*, cf. Marinus,
Proclus, p. 18, n. 14 [p. 119-120 des *Notes complémentaires*]), une
allusion éventuelle à l'exil ne saurait être d'aucune utilité pour
la datation des *Tria opuscula*.

1. Avec les conjectures de L. G. Westerink, « Notes on the
Tria Opuscula », art. cit., p. 162 [p. 76], qui avait, le premier,
reconnu dans ce passage du *De prov.* une allusion à la transformation de l'Asclépiéion en église chrétienne.

2. Il nous semble donc que l'on peut difficilement accepter
la chronologie proposée par C. Steel, « The philosophical views
of an engineer », art. cit., p. 279, établie exclusivement sur la
base de § 45.4-11, selon laquelle Proclus, comme Théodore, destinataire du *De prov.*, aurait eu environ 60 ans lorsqu'il écrivait
le *De prov.*

3. Cf. aussi éd. Boese, Praefatio, p. x : « In incerto denique
relinquitur, quo ordine singula opuscula confecta sint ». L'affirmation de R. Beutler, art. « Proklos [4] », RE XXIII 1 (1957),
cit., col. 200.25-27, 46-47, selon laquelle le *De decem dub.* et le *De
prov.* seraient cités dans le *De mal. subs.* est erronée. La source de

de dater le *De mal. subs.* sur la base du *De prov.* En effet, aucun des trois opuscules ne renvoie à l'autre, même pas là où l'identité du sujet traité rendrait un renvoi tout à fait naturel. Par exemple, *De mal. subs.* § 58 soulève le problème "comment le mal peut-il exister alors qu'il y a la providence?" :

l'erreur est probablement J. Freudenthal, « Zu Proklus und dem jüngeren Olympiodor », art. cit., p. 215, selon qui *De mal. subs.* § 34.13-14 : « malorum alias quasdam ait oportere querere causam et nullam [οὐθέν *loco* οὐ θεόν], ut in aliis dictum est [= *Resp.* II 379 C 6-7] » serait un renvoi à *De decem dub.* § 26-27, et *De mal. subs.* § 45.20-21 : « neque hanc [*scil.* malitiam] semper permanentem, sed quod aliquando dictum est a me » serait un renvoi à *De prov.* § 17, alors qu'il s'agit d'un renvoi interne à *De mal. subs.* § 25.8-12. En *De mal. subs.* § 45.21, *sed quod* est de toute évidence une faute de la tradition latine pour *secundum quod* (les abréviations de *secundum* et *sed* sont pratiquement identiques dans l'écriture gothique), ce qui donne la rétroversion suivante : καθό ποτ' εἴρηταί μοι (pour la locution καθὸ [καθὰ] εἴρηται chez Proclus, cf. *In Crat.* CLI, p. 86.12-13 ; CLXIX, p. 92.13 ; *In Eucl.*, p. 365.3-4). L'hypothèse de Opsomer-Steel, *Proclus, On the Existence of Evils*, cit., p. 142, selon laquelle la phrase latine *sed quod aliquando dictum est a me* serait corrompue parce que « Proclus almost always uses the first person plural to refer to his own work and person, and never the expression ὑπ' ἐμοῦ » est contredite par la grammaire (le parfait passif grec requiert le datif d'agent que Moerbeke a correctement traduit par *a* + ablatif) et par les onze occurrences de l'expression εἴρηταί μοι (*In Parm.* I 676.29 [= *dictum est a me* g], V 1031.38 [= *dictum est a me* g], VII 1167.11 [*hec quidem dicta sunt michi* g], 1175.34-35 [= *dicta est … a me … causa* g] ; *In Remp.* I, p. 215.23 ; II, p. 104.5, 298.15 ; *In Tim.* I, p. 418.31 ; II, p. 308.12-13 ; III, p. 40.30, 218.24). Quant à la reconstruction du texte grec qui se cacherait derrière la traduction latine : « *Sed quod aliquando dictum est a me* could correspond to a corrupted version of ἀλλ' ἄλλοτε ἄλλως γενομένην (for λεγομένην) λεκτέον » (*ibid.* ; cf. trad. p. 92 : « we must say that […] but is now in this, then in that state »), elle est simplement invraisemblable. — L'affirmation de Opsomer-Steel, *Proclus, On the Existence of Evils*, cit., p. 1 : « Proclus probably composed the three treatises in the same order as they have been transmitted in the manuscripts » ne repose sur aucun argument.

Ἀπορήσειε δ' ἄν τις πῶς καὶ πόθεν ὅλως ἐστὶ τὰ κακά, προνοίας οὔσης = *Dubitabit autem utique aliquis qualiter et unde
mala, providentia ente* (§ 58.1-2). C'est exactement le cinquième des dix problèmes que Proclus discute dans *De decem
dub.* § 26-31 : τί δήποτε, προνοίας οὔσης, τὸ κακὸν χώραν
ὅλως εἰς τὰ ὄντα ἔσχεν ; (§ 26.1-2) = *cur utique malum totaliter habet intra entia locum, providentia ente ?* (§ 26.2-3).
Aucun des deux opuscules ne renvoie à l'autre. Il est donc
impossible de savoir lequel d'entre eux est antérieur.

Si l'on examine les autres renvois contenus dans les trois
opuscules — en plus des trois renvois du *De mal. subs.* que
l'on a déjà mentionnés[1] —, les résultats sont maigres : deux
renvois dans le *De decem dub.*, un seul dans le *De prov.*

— *De decem dub.* § 15.1-3 (3ᵉ question). Proclus affirme
qu'il a été démontré ailleurs que les êtres supérieurs ont
connaissance de ce qui est indéterminé, car, s'il n'en était
pas ainsi, l'indéterminé ne serait pas inséré dans l'ordre universel :

> Ὅτι δὲ εἶναι δεῖ καὶ τοῦ ἀορίστου γνῶσιν ἐν τοῖς κρείττοσι
> ἡμῶν, εἰ μέλλει καὶ τοῦτο τάξεως μεταλαγχάνειν καὶ μὴ εἶ-
> ναι οἷον ἐπεισοδιῶδες τῷ παντί, κεῖται μὲν καλῶς ἀλλαχοῦ
> δεδειγμένον (= *Quod autem oportet esse et indeterminati
> cognitionem in melioribus nobis, si debeat et hoc ordine sor-
> tiri et non velut superadventitium esse universo, supponatur
> quidem tanquam alibi ostensum*).

Les passages parallèles dans lesquels Proclus démontre le
principe selon lequel ce qui est déterminé connaît l'indéterminé de manière déterminée (en général, le connaissant
connaît l'objet selon sa propre nature, et non pas selon
la nature de l'objet connu), sont les suivants : *De decem
dub.* § 8 (2ᵉ question), passage entièrement consacré à la
connaissance des contingents par la providence, de ce qui
est indéterminé par ce qui est déterminé ; *De prov.* § 63-64 ;

---

1. Cf. *supra*, p. LXXXII-LXXXIII.

In Alc. 87.2-88.11 ; *El. theol.* § 124[1]. Bien qu'il soit impossible de choisir parmi ces quatre passages, il est plus probable que, par ce renvoi du § 15 (3ᵉ question), Proclus se réfère à ce qu'il vient d'écrire dans le § 8 (2ᵉ question)[2].

— *De decem dub.* § 61.18. A la fin de la 9ᵉ question, qui discute du châtiment infligé aux descendants pour les fautes de leurs ancêtres, on lit le renvoi suivant : *et novi etiam a me ipso in aliis elaboratum.* Ce renvoi, que H. Boese n'identifie pas, pourrait se référer ou bien à l'*In Crat.* ou bien à l'*In Phaedr.* (perdu). En effet, *In Crat.* XCIII, p. 46.16-23, traite du même sujet et renvoie à *Phaedr.* 244 D 5-245 A 1 :

> καὶ ὅτι τῶν προγονικῶν ἁμαρτημάτων κοινωνοῦσιν οἱ παῖδες τῆς δίκης. Καὶ γὰρ αἱ ψυχαὶ διὰ τῆς πρὸς τοὺς ἀδίκους συντά-ξεως μέτοχοι γίνονται τῆς ἀδικίας, καὶ τὰ σώματα αὐτῶν ἀπὸ σπερμάτων ὑπέστη πονηρῶν, καὶ τὰ ἐκτὸς ἐξημαρτημένως ἔλαβε τὴν ἀρχήν. τούτων δέ, φησὶν ὁ ἐν Φαίδρῳ Σωκράτης, ἡ τελεστικὴ δύναται καθαίρειν λύουσα τῶν παρόντων κακῶν διὰ τῆς περὶ τὸ θεῖον λατρείας.

« Les descendants partagent le châtiment pour les crimes de leurs ancêtres. En effet, les âmes participent de l'injustice par leur coordination aux ancêtres injustes, leurs corps viennent à l'existence à partir d'une semence perverse, et leurs biens extérieurs ont leur origine dans une faute[3]. C'est de ces choses-là, dit Socrate dans le *Phèdre*, que la télestique peut purifier les

---

1. Cf. Proclus, *In Alc.*, p. 71, n. 4 (p. 171 des *Notes complémentaires*). Dans *In Tim.* I, p. 352.5-27, Proclus réaffirme le même principe, mais sans donner l'exemple de la connaissance déterminée de l'indéterminé.

2. Selon H. Boese, *ad loc.*, on ne peut préciser à quel ouvrage se réfère ce renvoi, car en *In Tim.* I, p. 262.1-29, où il est question d'un argument semblable, Proclus renvoie (l. 29) à un autre ouvrage : ταῦτα μὲν οὖν καὶ ἐν ἄλλοις. En réalité, ce passage de l'*In Tim.* traite de la nécessité d'un principe unique et n'a donc aucune affinité thématique avec notre passage du *De decem dub.*

3. L'adverbe ἐξημαρτημένως est platonicien, *Leg.* X 891 D 3 (aucune autre occurrence en dehors de ce passage de Proclus et des citations du passage de Platon).

âmes, en les délivrant des maux présents par le culte
rendu à la divinité[1] ».

On peut donc penser que dans son commentaire sur
Phaedr. 244 D 5-245 A 1, en particulier 244 D 5-E 1 (ἀλλὰ μὴν νόσων γε καὶ πόνων τῶν μεγίστων, ἃ δὴ παλαιῶν
ἐκ μηνιμάτων ποθὲν ἔν τισι τῶν γενῶν ἡ μανία ἐγγενομένη

---

1. La locution ἡ περὶ τὸ θεῖον λατρεία se lit aussi dans *In
Parm.* IV 954.5 : πᾶσαι αἱ περὶ τὸ θεῖον λατρεῖαι. Il est intéressant de souligner la rareté de cette locution, qui n'est attestée
que dans un fragment de Philon d'Alexandrie, éd. H. Lewy,
« Neue Philontexte in der Überarbeitung des Ambrosius. Mit einem Anhang : Neu gefundene griechische Philonfragmente »,
*Sitzungsberichte der Preussischen Akademie der Wissenschaften,
philosoph.-hist. Klasse*, 1932, p. 23-84, fr. 28.2-3 (p. 83) : τοῖς διὰ
τέλους τὸν ἑαυτῶν βίον τῇ περὶ τὸ θεῖον ἀνατεθεικόσι λατρείᾳ, et dans
deux documents de l'empereur Constantin conservés par Eusèbe de Césarée : une lettre adressée à Eusèbe lui-même, citée
dans *Vita Constantini*, IV 35, 2, éd. F. Winkelmann (GCS. Eusebius Werke, Bd. I 1), Berlin 1975, p. 133.15 : οἵ γε τῇ περὶ τὸ
θεῖον λατρείᾳ γνησίως προσανέχουσι ; une constitution impériale
du 31 octobre 313, concernant l'exemption de toute charge pu-
blique en faveur du clergé, citée dans *Hist. eccl.* X, vii, 2, éd.
G. Bardy (SC 55), Paris 1958, p. 112-113 : ὧνπερ μεγίστην περὶ τὸ θεῖον λατρείαν ποιουμένων πλεῖστον ὅσον τοῖς κοινοῖς πράγμασι
συνοίσειν δοκεῖ (« S'ils [*scil.* les membres du clergé catholique]
rendent avec la plus grande ferveur un culte à la divinité, il
semble qu'il en découlera le plus grand bien pour l'État »). Cette
constitution impériale citée par Eusèbe correspond à la loi sur
l'exemption des charges publiques transmise par le *Code Théodosien*, XVI 2.2 (cf. *Code Théodosien. Livre XVI*, texte latin par Th.
Mommsen, traduction par J. Rougé, Introduction et notes par
R. Delmaire [SC 497], Paris 2005, p. 122-125) ; or, puisque le
syntagme *diuinus cultus* qui, dans cette loi, correspond à ἡ περὶ
τὸ θεῖον λατρεία, est bien attesté et se trouve déjà chez Tite-Live,
V 51, 4 (cf. *Thesaurus Linguae Latinae*, t. IV, Lipsiae 1909, *s.v.
cultus*, col. 1331.54-65), alors que le syntagme grec est très rare,
il est probable que le texte grec transmis par Eusèbe est la traduction d'un original en latin. Quoi qu'il en soit, il vaut la peine
de noter que Proclus emploie la même locution que la chancel-
lerie impériale.

καὶ προφητεύσασα, οἷς ἔδει ἀπαλλαγὴν εὕρετο), Proclus avait déjà abordé le même problème. Il est évidemment impossible de choisir entre les deux ouvrages. Comme on l'a vu, l'*In Phaedr.* date très probablement de la première période de la production de Proclus[1], alors que l'*In Crat.*, assez proche de la *Theol. plat.* du point de vue stylistique, est, semble-t-il, un ouvrage tardif[2]. La question est destinée à rester ouverte.

— *De prov.* § 50.11-14 : *Hanc* [scil. *dialecticam*] *autem ergo et qui Epinomida composuit — olim enim nobis hec pigritie* [= νωθρείας pro νοθείας] *coegit et iudicium et sententiam — colligationem vocavit mathematum* [*Epin.* 992 E 5-A 1], *tanquam unientem illorum omnium principia et remittentem in unum omnium principium* (= § 50.10-12 σύνδεσμον κέκληκεν τῶν μαθημάτων, ὡς τὰς ἐκείνων ἁπάντων ἀρχὰς ἑνίζουσαν καὶ εἰς τὴν μίαν τῶν ὅλων ἀρχὴν ἀναπέμπουσαν). Proclus renvoie à ses *Prolegomena* où il avait, entre autres, démontré l'inauthenticité de l'*Épinomis*[3].

1. Cf. *supra*, p. XXIV et n. 3.
2. C'est l'opinion de E. R. Dodds (cf. Proclus, *El. theol.*, p. XV, n. 4).
3. Cf. *Prol. ad Plat. phil.* § 25.4-12, et n. 208 (p. 73-74 des *Notes complémentaires*). Cet ouvrage de Proclus, une introduction à la philosophie platonicienne analogue à celle qui sert de source aux *Prol. ad Plat. phil.*, est aussi cité par Proclus dans l'*In Alc.* 10.4-5 (cf. p. 8, n. 2 [p. 131 des *Notes complémentaires*]) et 19.3. Sur cet ouvrage, voir l'Introduction de L. G. Westerink aux *Prol. ad Plat. phil.*, p. LVIII-LIX. L'affirmation de Opsomer-Steel, *Proclus, On the Existence of Evils*, cit., p. 4, n. 10 [p. 48], selon laquelle ce renvoi du *De prov.* § 50.11-14 se réfère à *In Remp.* II, p. 133.27-134.7, est donc fausse, d'autant plus que ce passage de l'*In Remp.* ne démontre pas l'inauthenticité de l'*Épinomis*, mais se borne à l'affirmer (cf. p. 134.5-7 : ἀλλ' ἡ μὲν Ἐπινομὶς νοθείας ὑπάρχουσα μεστὴ καὶ νοῦ μυστηριώδους τὸν νηπιόφρονα καὶ νῷ ἀρχαῖον ἀπατᾷ, « Cependant l'*Épinomis*, pleine comme elle est d'inauthenticité et de signification énigmatique, trompe le naïf et le simple d'esprit », trad. Festugière, t. III, p. 78), alors que *Prol. ad Plat. phil.* § 25.4-12 rapporte exactement les deux arguments par lesquels Proclus avait démontré l'inauthenticité de l'*Épinomis* dans ses *Prolégomènes*.

En conclusion, le *De mal. subs.* est sûrement antérieur à *In Tim.*, *In Remp.* et *In Parm.*, probablement antérieur à *In Theaet.* et *In Enn.* *I 8 (51)*, sûrement postérieur à *In Phil.* Aucun indice ne permet d'établir la chronologie relative des trois *Opuscula* l'un par rapport à l'autre. Le renvoi de l'*In Parm.* à *De mal. subs.* n'est donc pas significatif, car le *De mal. subs.*, déjà cité dans l'*In Tim.* et l'*In Remp.*, est à plus forte raison antérieur à l'*In Parm.* La datation tardive des *Tria opuscula* doit donc être définitivement rejetée.

Sur le texte de In Parm. *III 829.22-27*

Comme on l'a vu, le passage *In Parm.* III 829.22-27 a été transmis dans une forme corrompue. Pour comprendre la situation textuelle et les interventions critiques qu'elle requiert, il faut citer le texte qui précède immédiatement ce passage (ll. 17-21)[1] :

καὶ ὑφαν[18]τικῆς ὡσαύτως Ἀθηναϊκή τις δαιμονὶς ἔφορος, [19]αὐτῆς τῆς Ἀθηνᾶς ἄλλως καὶ δημιουργικῶς [20]ὑφαίνειν τὸν διάκοσμον τῶν νοερῶν εἰδῶν ὑμ[21]νουμένης.

[22]Τοσαῦτα καὶ περὶ τούτων(a) [νοερῶν εἰδῶν](b) ἡμῖν [23]θεωρητέον· ὑπόλοιπον δέ ἐστι περὶ {τοῦ}(c) τῶν [24]κακῶν εἰπεῖν κτλ.

(a) τούτων scripsimus ex g (*hiis*) : τοῦ τῶν RGW τῶν AF Cous ‖ (b) νοερῶν εἰδῶν Σ (*intellectualibus speciebus* g) deleuimus ut glossema ad τούτων ‖ (c) τοῦ Σ deleuimus ex g (*de malis*).

Ce passage fait partie de la discussion de la question « de quelles choses y a-t-il des formes ? ». Proclus soulève cette question dans le commentaire du lemme 130 C 5-D 2, où Zénon demande à Socrate s'il faut poser une forme séparée

---

1. Les chiffres entre [ ] en exposant se réfèrent aux lignes de la col. 829 Cousin[2].

pour les objets qui n'ont aucune valeur[1]. Avant d'entamer la discussion, Proclus en donne le plan détaillé, qui consiste en une énumération de toutes les entités à propos desquelles la question se pose (III 815.21-36). Chacune d'elles va ensuite faire l'objet d'un exposé, dont le but est de répondre à la question initiale (816.11-831.24). Voici les entités que Proclus énumère au début de son commentaire de ce lemme et qu'il examine ensuite, en suivant l'ordre établi dans le plan de l'exposé[2] :

1° essence intellectuelle (ἡ νοερὰ οὐσία, 815.21-23 ; 816.11-817.3).

2° essence psychique (ἡ ψυχικὴ οὐσία, 815.23-24 ; 817.4-819.29).

3° vie irrationnelle (ἡ ἄλογος ζωή, 815.24-25 ; 819.30-820.37).

4° êtres naturels (αἱ φύσεις, 815.25 ; 820.38-821.33).

5° corps (τὰ σώματα, 815.25-27 ; 821.34-822.28).

6° matière (ἡ ὕλη, 815.27-29 ; 822.29-823.15).

7° animaux et plantes (τὰ ζῷα καὶ φυτά, 815.29-31 ; 823.16-824.12).

8° individus (τὰ καθ' ἕκαστα, 815.31-32 ; 824.12-825.35).

9° parties (τὰ μόρια, 815.32-33 ; 825.36-826.26).

10° accidents (τὰ συμβεβηκότα, 815.34-35 ; 826.27-827.25).

11° produits des arts et arts (τὰ τεχνητά, αὐταὶ αἱ τέχναι, 815.35-36 ; 827.26-829.21).

12° maux (τὰ κακά, 815.36 ; 829.22-831.24).

1. « Et d'objets comme ceux-ci, Socrate, qui pourraient sembler plutôt ridicules, cheveu, boue, crasse, ou tout autre objet de nulle importance et de nulle valeur, te demandes-tu aussi s'il faut ou non poser, pour chacun, une forme séparée, elle-même distincte de l'objet que touchent nos mains ? » (trad. A. Diès).

2. Nous donnons, entre parenthèses, d'abord la référence au plan de l'exposé, ensuite celle à l'exposé lui-même.

Notre passage se trouve entre la fin de la 11ᵉ section (produits des arts et arts) et le début de la 12ᵉ (maux). La plupart de ces douze sections est ouverte par une formule qui clôt la section précédente et ouvre la section qui suit. Que l'on considère en particulier les formules suivantes :

2ᵉ / 3ᵉ (819.30-31) Ταῦτα ῥητέα καὶ περὶ τούτων· περὶ δὲ τῶν ἀλόγων ψυχῶν κτλ.

8ᵉ / 9ᵉ (825.36-37) Τοσαῦτα καὶ περὶ τούτων ἀρκέσει· τῶν δὲ μορίων ἄρα καὶ αὐτῶν εἴδη φήσομεν κτλ.

9ᵉ / 10ᵉ (826.27-29) Ταῦτα καὶ περὶ τῶν μορίων εἰρήσθω μοι συντόμως· ἐπὶ δε αὖ τούτοις τὰ συμβεβηκότα σκεπτέον.

10ᵉ / 11ᵉ (827.26-28) Τοσαῦτα καὶ περὶ τῶν συμβεβηκότων λεκτέον· περὶ δὲ τῶν τεχνητῶν ἄρα καὶ τούτων εἴδη ῥητέον ;

Il est donc évident que la phrase qui nous intéresse ici, c'est-à-dire 829.22-24 : Τοσαῦτα καὶ περὶ τούτων [νοερῶν εἰδῶν] ἡμῖν θεωρητέον· ὑπόλοιπον δέ ἐστι περὶ {τοῦ} τῶν κακῶν εἰπεῖν κτλ., est justement une de ces formules. Elle clôt la section consacrée aux produits des arts et aux arts, et ouvre la section consacrée aux maux. Dans la première partie de cette phrase, qui clôt la section consacrée aux produits des arts et aux arts (Τοσαῦτα καὶ περὶ τούτων [νοερῶν εἰδῶν] ἡμῖν θεωρητέον), le pronom démonstratif τούτων se réfère donc, de manière tout à fait naturelle, à l'objet de la section précédente, c'est-à-dire les produits des arts et les arts. Elle est en effet identique aux formules qui closent la 2ᵉ et la 8ᵉ section : 819.30 Ταῦτα ῥητέα καὶ περὶ τούτων ... 825.36 Τοσαῦτα καὶ περὶ τούτων ἀρκέσει.

Or, le démonstratif τούτων (scil. τῶν τεχνητῶν καὶ τεχνῶν) a, semble-t-il, posé problème à un lecteur ancien qui, trompé par la mention de τῶν νοερῶν εἰδῶν à la ligne précédente (829.19-21 αὐτῆς τῆς Ἀθηνᾶς ἄλλως καὶ δημιουργικῶς ὑφαίνειν τὸν διάκοσμον τῶν νοερῶν εἰδῶν ὑμνουμένης), a pensé que le démonstratif τούτων reprenait τῶν νοερῶν εἰδῶν. En réalité, la mention des νοερὰ εἴδη à la fin de la 11ᵉ section est purement occasionnelle. Proclus vient, en effet, d'affirmer que même s'il n'y a de formes ni des arts artisanaux ni de leurs produits, rien n'empêche de penser que les causes de ces arts se trouvent dans les démons, qui en sont les surveillants, et, sous un mode symbolique, dans les dieux. Par exemple, un démon Héphaïstos préside sur l'art de la forge dont il contient en lui-même la forme, tandis que l'on peut dire, symboliquement, que le dieu Héphaïstos forge le ciel. Également, c'est un démon femelle appartenant à la classe Athénaïque qui préside sur l'art du tissage, tandis que l'on célèbre la déesse Athéna en tant qu'elle tisse, sous un mode démiurgique, le monde des formes intellectuelles (τὸν διάκοσμον τῶν νοερῶν εἰδῶν). L'interprétation fautive du démonstratif τούτων a engendré la glose νοερῶν εἰδῶν, qui s'est ensuite introduite dans le texte de l'archétype de toute la tradition (Ω) : περὶ τούτων νοερῶν εἰδῶν. Ce texte fautif a été transmis à l'hyparchétype de la branche latine (Γ), exemplaire grec de Moerbeke (d'où la traduction *de hiis intellectualibus speciebus*), alors que le copiste de l'hyparchétype de la branche grecque (Σ), modèle des mss. AFRGW, a commis une faute supplémentaire : περὶ τοῦ τῶν νοερῶν εἰδῶν. Ce texte fautif a, à son tour, engendré une nouvelle faute, probablement par saut du même au même : περὶ τοῦ τῶν κακῶν (ll. 23-24) au lieu de περὶ τῶν κακῶν, sous l'influence de περὶ τοῦ τῶν νοερῶν εἰδῶν (l. 22). La première faute περὶ τοῦ τῶν νοερῶν εἰδῶν a été recopiée fidèlement par les copistes de RGW, alors que les copistes de AF ont essayé de la corriger en supprimant τοῦ et en écrivant ainsi περὶ τῶν νοερῶν εἰδῶν (= éd. Cousin). La seconde faute περὶ τοῦ τῶν κακῶν (ll. 23-24) est restée dans tous les mss. (et dans l'éd. Cousin) malgré l'absurdité évidente du texte. La traduction latine de ce passage, *de malis dicere*, présuppose, pensons-nous, le texte correct περὶ τῶν κακῶν εἰπεῖν (d'autant plus que la faute περὶ τοῦ τῶν κακῶν εἰπεῖν semble être, comme on vient de le dire, propre à l'hyparchétype Σ) ; c'est pourquoi, bien que la traduction latine puisse difficilement être utilisée lorsqu'il s'agit de la présence ou de l'absence de l'article[1], nous la citons à l'appui de notre suppression de τοῦ.

III. *Chapitres de la* Theol. plat. *fondés sur l'exégèse du* Parménide

Livre I : Méthodologie théologique et traité des attributs divins

I 7 : Réponse à l'objection précédente[2] : elle consiste à ramener au seul *Parménide* l'entière vérité au sujet des dieux de Platon.

I 8 : Exposé des diverses opinions relatives au *Parménide* et classement des objections que l'on peut faire à ces opinions.

I 9 : Réfutation de ceux qui affirment que le *Parménide* est un exercice de logique et qui soutiennent que la matière qu'il contient est traitée par des raisonnements qui relèvent de l'opinion.

I 10 : Qu'y a-t-il de correct dans l'opinion de ceux qui soutiennent que les hypothèses du *Parménide* sont relatives aux principes premiers immanents à ce qui existe, et que faut-il ajouter à ce qu'ils affirment, en le tirant de l'enseignement transmis par notre maître lui-même ?

I 11 : Plusieurs démonstrations relatives aux conclusions de la deuxième hypothèse et à sa division conformément aux degrés de la hiérarchie divine.

I 12 : Portée de chacune des hypothèses montrant leur enchaînement mutuel et leur accord avec les réalités.

---

1. Cf. *infra*, p. CCXCIV-CCC.
2. Cette objection est formulée dans le chapitre 6 : on ne peut pas constituer une science théologique unitaire en rassemblant des morceaux disséminés en divers dialogues de Platon.

Livre II : Le premier principe

II 4 : Réponse à ceux qui disent que, selon Platon, le premier principe n'est pas au-delà de l'intellect, et démonstrations de l'hypothèse de l'Un qui est au-delà de l'être, tirées de la *République*, du *Sophiste*, du *Philèbe*, du *Parménide*.

II 10 : Comment, dans la première hypothèse du *Parménide*, Platon traite-t-il la doctrine de l'Un en se servant des négations, pour quelle raison ces négations et ce nombre de négations.

II 12 : Célébration de l'Un par les conclusions négatives, démontrant qu'il transcende tous les mondes d'êtres en suivant l'ordre transmis dans le *Parménide*.

Livre III : Les dieux intelligibles

III 23 : Comment Parménide enseigne-t-il la multiplicité des dieux dans la deuxième hypothèse, et comment nous traiterons de chaque classe en n'utilisant que les conclusions de cette hypothèse.

III 24 : Quelle est la première triade selon Parménide, à partir d'où commence-t-il à nous enseigner cette triade et jusqu'où va-t-il.

III 25 : Quelle est la deuxième triade, et comment Parménide l'expose-t-il juste après la précédente ; jusqu'où poursuit-il son exposé à ce sujet.

III 26 : Quelle est la troisième triade, et comment Parménide la manifeste-t-il au moyen de la troisième conclusion.

Livre IV : Les dieux intelligibles-intellectifs

IV 27 : Comment Platon, dans le *Parménide*, révèle-t-il les classes intelligibles-intellectives à partir des intelligibles et qu'est-ce qu'il y a de commun et de différent dans l'enseignement théologique qui les concerne.

IV 28 : Comment le nombre intelligible-intellectif procède-t-il à partir des intelligibles, et en quoi diffère-t-il de la multiplicité intelligible.

IV 30 : Comment Parménide a-t-il enseigné le caractère propre du nombre intelligible-intellectif, qui est d'être féminin et générateur, dans ses raisonnements sur le nombre.

VI 24 : Comment Parménide a traité à fond, immédiatement après les dieux assimilateurs, le sujet des dieux séparés
du monde ; comment il a caractérisé la propriété de leur
classe au moyen du *être en contact* et du *être séparé.*

IV. *La locution* ὁ τρόπος τῶν λόγων
(mode / genre des discours)

Comme on l'a vu[1], le commentaire des lemmes *Parm.* 129
D 6-E 4 et 130 E 4-6 présente une structure particulière en ce
sens que l'explication générale (A) se déroule en deux étapes,
dont la première (A₁) recherche le sens général du lemme
par l'examen de ce que Proclus appelle ὁ τρόπος τῶν λόγων
(mode ou genre des discours) et vise à donner la clé de lecture
du lemme, la seconde (A₂) est consacrée à l'exégèse au sens
propre. On obtient ainsi une tripartition du commentaire en
(A₁) ὁ τρόπος τῶν λόγων, (A₂) explication des πράγματα (=
explication générale, philosophique au sens propre) et (B)
explication du détail.

Si, dans le commentaire de ces deux lemmes de l'*In
Parm.*, la définition du τρόπος τῶν λόγων est préliminaire
à l'explication générale, car elle établit, pour ainsi dire, le
niveau de discours auquel l'exégète doit se placer pour parvenir à une interprétation correcte du texte, ailleurs une
telle définition s'identifie à l'explication générale, ou plutôt c'est l'explication générale qui peut s'identifier à la
définition du τρόπος τῶν λόγων, car elle peut consister à
définir le genre d'argumentation, la manière de traiter le
sujet. Tel est le cas de *In Alc.* 229.16-17 : Ταῦτα καὶ περὶ τοῦ τρόπου τῶν λόγων· τῶν δὲ καθ᾽ ἕκαστον ῥημάτων
κτλ. (« Assez sur le mode des discours ; voyons maintenant
les expressions de détail »). Dans ce passage, la phrase :
Ταῦτα καὶ περὶ τοῦ τρόπου τῶν λόγων se réfère à 228.25-
229.15, où Proclus examine le caractère des questions de

---

1. Cf. *supra*, p. xlviii-xlix.

Socrate, examen qui épuise l'explication générale, ce qui permet de passer directement à l'explication du détail.

Proclus est l'auteur qui, dans toute la littérature grecque, a fait l'utilisation la plus massive de la locution ὁ τρόπος τῶν λόγων (31 occurrences : *In Tim.* 10, *In Parm.* 9, *In Alc.* 5, *Theol. plat.* 5, *In Remp.* 2). Cette locution n'est pas propre au langage de l'exégèse et son champ sémantique est vaste. Elle peut, en effet, désigner (a) le contenu d'un argument, (b) le style ou la technique du discours, (c) le genre ou la méthode d'argumentation.

(a) *Contenu d'un argument.* Dans sa première attestation, Aristote, *Phys.* I 3, 186 a 22-23 : καὶ πρὸς Παρμενίδην δὲ ὁ αὐτὸς τρόπος τῶν λόγων (« Contre Parménide, on peut utiliser le même type d'arguments [*scil.* que contre Mélissos] », trad. A. Stevens, Paris 1999, p. 74), la locution ὁ τρόπος τῶν λόγων désigne le contenu d'un discours ou d'une argumentation. C'est dans cette acception qu'on la retrouve chez Plotin, III 7 (45), 13.52-53 : Ἀλλὰ πρὸς τοὺς τοιούτους ἄλλος τρόπος λόγων (« Il faut d'ailleurs un autre développement pour répondre à cette thèse », trad. É. Bréhier) ; Jamblique, *V. Pyth.* § 219, p. 119.3-4 : ταῦτα μὲν οὖν ἄλλος ἂν εἴη τρόπος λόγων (« Mais ces sujets constitueraient un tout autre genre de discours », trad. Brisson-Segonds, p. 118) ; id., *De myst.* IV 2, 183.1 : Καὶ οὗτος μὲν ἄλλος τρόπος λόγων (« C'est là, d'ailleurs, un autre sujet », trad. É. des Places)[1] ; VI 7, 249.1-2 : καὶ διὰ τοῦτο ἔχει τινὰ πρὸς αὐ-

---

1. Si l'on compare les deux passages de Jamblique que l'on vient de citer (*V. Pyth.* § 219, p. 119.3-4, et *De myst.* IV 2, 183.1) avec Simplicius, *In Cat.*, p. 130.6 : οὗτος μὲν οὖν ἄλλος λόγων τρόπος, ὡς ὁ θεῖος Ἰάμβλιχός φησιν (« C'est là un autre genre de discours, comme le dit le divin Jamblique »), on pourrait en déduire que la formule ταῦτα (οὗτος) μὲν (οὖν) ἄλλος (ἂν εἴη) τρόπος λόγων était typique de Jamblique et sentie comme telle par ses lecteurs. S'il en est ainsi, les passages de Proclus, *In Remp.* I, p. 81.11 : Ταῦτα μὲν οὖν ἄλλος ἂν εἴη τρόπος λόγων, et de Damascius, *De princ.* III, p. 28.20-21 : ταῦτα μὲν οὖν ἄλλος τρόπος λόγων, pourraient être regardés comme le résultat d'une imitation délibérée de Jamblique.

τοὺς ὁ τοιοῦτος τρόπος τῶν λόγων (« et voilà pourquoi une telle manière de s'adresser à eux [*scil.* les démons] n'est pas sans force », trad. cit.) ; Julien l'Empereur, *Or.* III, § 4, 54 c 3-5 : δῆλον δὲ ἔσται χρωμένοις ἡμῖν τῷ τρόπῳ τῶν λόγων, ᾧπερ ἐξ ἀρχῆς προὐθέμεθα (« Pour montrer qu'il me la [*scil.* la trompette d'Homère] faudrait, je n'ai qu'à continuer mon discours comme je l'ai commencé », trad. J. Bidez [CUF], *L'Empereur Julien, Œuvres complètes*, t. I, 1re partie, Paris 1932, p. 122).

Proclus, *In Tim.* II, p. 218.20-21 : Ἐπὶ δὲ τούτοις κατίδωμεν ἄλλον τρόπον λόγων, ὃν ὁ ἡμέτερος διδάσκαλος ἐνέκρινε (« Après cela, considérons une autre méthode d'explication, celle qu'a adoptée notre maître », trad. Festugière, t. III, p. 265) ; *In Remp.* I, p. 148.13-14 : εἰ δὴ μηδὲ οὗτος ὁ τρόπος τῶν λόγων ἀζήμιος τῷ Ἀχιλλεῖ γέγονεν κτλ. (« Si d'autre part cette façon de parler n'est pas même restée sans punition pour Achille », trad. Festugière, t. I, p. 167 ; Proclus commente les paroles qu'Achille adresse à Apollon en *Il.* XXII 15 = *Resp.* III 391 A 6 : « Tu m'as fait tort, Hékaergos, toi le plus malfaisant de tous les dieux ») ; *Theol. plat.* II 8, p. 53.5-8 : Ὁ δὴ τοιοῦτος τῶν λόγων τρόπος οὔτε συναριθμεῖ τοῖς ἄλλοις αὐτὸν οὔτε ὡς τριάδος ἡγούμενον συντάττει δευτέρᾳ καὶ τρίτῃ δυνάμει (« Donc, une telle façon de parler [*scil. Ep.* II 312 E 1-3] ni ne compte le *Roi de toutes choses* au nombre des autres rois ni ne le place comme chef de triade sur le même rang qu'une puissance de deuxième ou de troisième rang »).

(b) *Style ou technique du discours*. La locution ὁ τρόπος τῶν λόγων prend le sens rhétorique de "style ou technique du discours" chez Aelius Théon, *Progymnasmata*, 115.7 : Ἔστι δὲ καὶ ὁ τρόπος τῶν λόγων διττός (« Il y a aussi deux façons de composer ces discours [*scil.* le parallèle] », trad. M. Patillon [CUF], Paris 1997, p. 82) ; Lucien, *Bis accusatus*, § 29, éd. A. M. Harmon (Coll. Loeb), London-Cambridge (Mass.) 1960, t. III, p. 140 : ἢν εἰς τὸν ἐμὸν τρόπον τῶν λόγων ἀπολογεῖσθαι θέλῃ (l'expression désigne deux genres littéraires, c'est-à-dire le dialogue, pratiqué par les philosophes, et le discours continu, propre à la rhétorique).

Proclus, *In Alc.* 169.12-170.1 et 170.6-7 : Περὶ τοῦ τρόπου τῶν λόγων ἐν τούτοις ὁ Σωκράτης διορίζεται, ὁποῖόν τινα
αὐτὸν εἶναι προσήκει, πότερον ῥητορικὸν καὶ δημηγορικὸν καὶ
πιθανουργικὸν ἢ διαλεκτικὸν καὶ ἀκριβῆ καὶ ἐξεταστικόν. [...]
Οὗτος γὰρ ὁ τρόπος τῶν λόγων, ὁ διαλεκτικός, ἐρωτήσεσι καὶ
ἀποκρίσεσι τελειούμενος («Dans ce passage, Socrate détermine quel doit être le genre des discours : est-ce le genre
rhétorique, qui s'étale dans les assemblées et vise à pro-
duire une persuasion, ou bien le genre dialectique, exact et
adapté à l'examen ? [...] Car ce genre de discours, le genre
dialectique, qui consiste en interrogations et réponses... » :
ici, comme dans le passage de Lucien, ὁ τρόπος τῶν λόγων
désigne le genre littéraire, en particulier le dialogue et le
discours continu[1]) ; 229.16-17 (passage cité *supra*, p. cv).

(c) *Genre ou méthode d'argumentation.* C'est probablement
par un développement et une extension de son acception
rhétorique que τρόπος τῶν λόγων a pris la signification
de "méthode d'argumentation", "caractère de l'exposé",
"sens général d'un passage", signification bien adaptée au
contexte exégétique pour donner une première description
de la nature du texte, avant de passer à l'exégèse proprement
dite. La première attestation de l'expression en contexte exégétique est probablement Galien, *In Hippocratis librum III
Epidemiarum*, éd. Kühn, t. XVII 1, p. 583.12-13 (= éd. E.
Wenkebach [CMG V 10, 2.1], Leipzig 1936, 583.10-11), où
elle introduit la citation du début du *Prorrheticon* d'Hippo-
crate que Galien est en train de commenter : ἔσται γὰρ ὁ
τρόπος τῶν λόγων τοιόσδε· οἱ κωματώδεες ἐν ἀρχῆσι γινόμε-
νοι κτλ.

C'est dans cette signification que l'expression ὁ τρόπος
τῶν λόγων a été utilisée le plus souvent par Proclus, comme
le montrent les passages suivants :

---

1. Cf. *In Alc.*, p. 232, n. 4 (p. 386-387 des *Notes complémentaires*).

In Tim. I, p. 337.24-25 : εἴπωμεν, ὁποῖος ὁ τρόπος ἔσται τῶν φυσικῶν λόγων (« disons quel sera le caractère des
exposés physiques », trad. Festugière, t. II, p. 197) ; I, p.
339.18-19 : ἔνιοι μὲν οὖν φασιν, ὅτι λογογραφικόν ἐστι τὸ προ-
διορίζεσθαι, τίς ὁ τρόπος τῶν λόγων (« Certains disent que
cette façon de déterminer à l'avance quel est le caractère des
raisonnements [*scil. Tim.* 29 B 3-4 : ˥Ὧδ᾽ οὖν περί τε εἰκόνος
καὶ περὶ τοῦ παραδείγματος διοριστέον, lemme que Proclus
commente ici] [...] est un emprunt à l'art de composer les discours », trad. cit., t. II, p. 199) ; I, p. 339.26-28 : οὕτω δὴ καὶ
ὁ Τίμαιος ἔχεται μὲν τῆς τῶν πραγμάτων θεωρίας, ποιεῖται
δὲ καὶ τὸ εἶδος τῶν λόγων οἰκεῖον τοῖς πράγμασι, προείληφε
δὲ καὶ προδιορίζεται τῆς ὅλης θεωρίας τὸν τρόπον τῶν λόγων
(« de même aussi Timée s'applique d'abord à la considération des réalités et adapte ensuite aux réalités le caractère
du discours, mais avant tout l'ensemble du traité il conçoit
et définit le mode des différents exposés », trad. cit., t. II,
p. 199) ; I, p. 341.22-24 : τὰ δὲ ἑξῆς συνδιαιρεῖ τῇ ποιότητι
τῶν πραγμάτων τοὺς διαφόρους τρόπους τῶν λόγων (« Dans
la suite, Platon divise les divers modes des raisonnements en
accord avec la qualité propre des réalités », trad. cit., t. II, p.
201) ; I, p. 348.15-16 : δεύτερον τὸν τρόπον ἀφωρίσατο τῶν
λόγων (« Deuxièmement, il [*scil.* Platon] a défini le caractère
des raisonnements », trad. cit., t. II, p. 208) ; I, p. 355.25-28 :
καὶ γὰρ τὰ περὶ τοῦ τρόπου τῶν λόγων ἐν τοῖς δεικνυμένοις ἄν
τις θεῖτο· τῷ γὰρ γενητὸν ἀποδεδεῖχθαι τὸν κόσμον ἀκολουθεῖ
τὸ εἰκοτολογίαν εἶναι τὴν περὶ τοῦ κόσμου πραγματείαν (« Et
en effet on peut bien mettre au nombre des choses démontrées ce qui concerne le caractère des discours : car, une fois
qu'il a été prouvé que le Monde est devenu, il s'ensuit que
le traité du Monde ne peut être qu'un discours probable »,
trad. cit., t. II, p. 215) ; III, p. 201.32-202.1 : Πλάτων δὲ
διὰ τῆς μιᾶς ταύτης δημηγορίας τοὺς διττοὺς τρόπους ἐκεί-
νους τῶν λόγων ὁμοῦ συνείληφε (« Mais Platon, lui, a réuni
ensemble en cette seule harangue-ci [*scil.* le discours du démiurge aux jeunes dieux] les deux modes de discours dont
nous parlions », trad. cit., t. V, p. 60 ; cf. p. 199.29-200.3 :

ὁ δὲ χαρακτὴρ τῶν λόγων ἐστὶν ἐνθουσιαστικὸς κτλ.) ; III, p. 356.17-19 et 22-23 : περὶ ὧν μὲν οὖν ὁ λόγος, εἴρηται. τίς δ' ὁ τρόπος τῶν λόγων, ἀναμιμνήσκει πάλιν, ὅτι συμμιγὴς τῷ εἰκότι [...] ἐπὶ τέλει δὲ καὶ συνέπλεξε τόν τε τρόπον καὶ τὸ τέλος τῶν λόγων («Voilà donc expliqué le sujet même du discours. Quant au mode du discours, Platon rappelle à nouveau qu'il est associé au vraisemblable [...] Au terme enfin, Platon a étroitement uni et le mode et le but du discours», trad. cit., t. V, p. 238).

In Alc. 101.9-10 et 16-17 : Τοῦ δὲ τοιούτου τρόπου δεδέηται τῶν λόγων [...] Μεμίμηται γοῦν ὁ τῶν λόγων τρόπος τὴν ἰδιότητα τῆς φυσικῆς ἀρετῆς («Et Socrate a besoin de ce genre de discours [*scil.* l'éloge à l'égard d'Alcibiade] [...] En tout cas, le genre des présents discours imite le caractère propre de la vertu naturelle»).

In Parm. II 761.20 : Ὁ μὲν δὴ τρόπος τῶν λόγων τοιοῦτος («Tel est donc le genre des discours» ; cette formule clôt la première partie du commentaire du lemme 129 B 5-C 1, en donnant le sens général de l'argument de Socrate et son attitude face au problème de la communion des formes) ; II 770.36-38 : Ταῦτα μὲν οὖν εἰρήσθω περὶ τοῦ τρόπου τῶν λόγων τούτων καὶ τῆς ὅλης προθέσεως («Voilà ce qu'il fallait dire sur le mode de ces discours et sur le dessein dans son ensemble», exégèse de *Parm.* 129 D 6-E 4)[1] ; II 779.37-38 : οὐ συνῆκε τὸν τρόπον τῶν Σωκρατικῶν λόγων («[Pythodore] n'a pas compris le mode des discours de Socrate» en ce sens qu'il n'a pas compris que c'était une invitation à la science, et a pensé que Socrate parlait pour réfuter et avec une attitude polémique) ; IV 838.26-839.2 : πανταχοῦ μὲν γάρ ἐστι μαιευτικὸς ὁ τρόπος τῶν λόγων, ἀλλ' οὐκ ἐλεγκτικός, καὶ πατρικός, ἀλλ' οὐκ ἀμυντικός [...] Ὁ μὲν οὖν τρόπος, ὥσπερ εἴρηται, τῶν λόγων τοιοῦτος προκλητικὸς τῶν αὐτοφυῶν ἐννοιῶν[2],

1. Cf. *supra*, p. xlviii.
2. La locution αὐτοφυὴς ἔννοια n'est pas attestée avant Proclus (cf. *In Parm.* IV 864.29 et 38, 865.3, 907.8-9 ; *In Alc.* 112.6, 135.8 ; *Theol. plat.* I 7, p. 32.5-6). C'est de Proclus que l'hérite

διαρθρωτικὸς¹ τῶν ἀτελῶν, ἀναγωγὸς τῶν συνέπεσθαι δυναμένων ὄντως (« En effet, le mode des discours [*scil.* les apories
de Parménide contre la théorie des idées] est partout maïeutique, et non pas visant à réfuter, il est paternel, et non pas
défensif [...] Tel est donc, comme on vient de le dire, le mode
des discours : il produit au jour les notions innées, articule
nettement les notions imparfaites, élève ceux qui sont réellement capables de comprendre », exégèse du lemme *Parm.*
130 E 4-6, cité *supra*, p. XLIX) ; IV 907.9-11 et 22-24 : δῆλός
ἐστι μαιευτικὸς ὢν ὁ τρόπος τῶνδε τῶν λόγων [πρὸς τόνδε
τὸν λόγον]², ἀλλ' οὐχὶ ἀγωνιστικός³ [...] Ἀλλ' ὁ μὲν τρόπος

Ammonius, *In De interpr.*, p. 147.28-29 : ταῖς τε αὐτοφυέσιν ἐννοίαις
τῶν ψυχῶν ἀποχρώμενος [*scil.* Aristote] ; p. 253.14-15 : ὁ μέντοι μέγας Συριανὸς [...] τὰς κοινὰς ἡμῶν καὶ αὐτοφυεῖς ἐννοίας συμφώνους
τοῖς λεγομένοις ἀποφαίνων ; p. 256.11-12 : διασῴζομεν τὸν ἀνθρώπινον
βίον κατὰ τὰς αὐτοφυεῖς καὶ ἀδιδάκτους ἐννοίας. On la trouve ensuite
chez Damascius, *In Phil.*, § 225.25-26 : τῶν ἐκμαιευομένων τὰς αὐτοφυεῖς ἐννοίας τῶν γενναίων τε καὶ ἀδιαστρόφων νέων ; Simplicius,
In De caelo, p. 372.26-27 : ταῖς ἀναποδείκτοις καὶ αὐτοφυέσιν ἐκείνων [*scil.* les Anciens] ἐννοίαις τὴν ἀποδεικτικὴν ἀκρίβειαν προστιθεὶς
[*scil.* le présent discours] ; id., *In Cat.*, p. 5.22-23 : τὰ ἠθικὰ παρα-
λαμβανόντων ἡμῶν κατὰ τὰς αὐτοφυεῖς περὶ τῶν ὄντων ἐννοίας.

   1. L'adjectif διαρθρωτικός, qui revient aussi *In Parm.* V
985.6-7 : διαρθρωτικοὺς [*scil.* ἡμᾶς] μὲν τῶν ὑποσυγκεχυμένων ἐννοιῶν γενομένους, est très rare, car les seules occurrences sont
Épictète, *Ench.* 52, 1.4 Boter : τρίτος [*scil.* τόπος ἐν φιλοσοφίᾳ] ὁ
αὐτῶν τούτων [*scil.* les principes et les démonstrations] βεβαιωτι-
κὸς καὶ διαρθρωτικός ; et Sextus Empiricus, *Adv. mathem.* I 300, t.
III, p. 77.6-8 Mau : εἴπερ ἔχει [*scil.* ὁ γραμματικός] τέχνην διαρθρω-
τικὴν τῶν παρὰ συγγραφεῦσι καὶ ποιηταῖς λεγομένων.
   2. Le texte imprimé par Cousin à la ligne 10 : ὁ τρόπος τῶνδε
τῶν λόγων, est une correction du ms. A, car le texte transmis par
l'ensemble de la tradition est fautif : ὁ τρόπος τῶνδε τῶν λόγων
πρὸς τόνδε τὸν λόγον (*modus horum sermonum ad hanc rationem* g),
faute due probablement à un dédoublement de -πος τῶνδε τῶν
λόγων suivi d'une tentative maladroite pour donner un sens au
texte fautif.
   3. En IV 907.11, il faut lire ἀγωνιστικός au lieu de καταγωνιστικός, leçon fautive de l'ensemble de la tradition grecque. La
correction est assurée par *In Alc.* 283.24-26, où Proclus propose

τῶν λόγων, ὡς πολλάκις ὑπομέμνηται, τοιοῦτός τίς ἐστι (« Il est évident que le mode de ces discours [*scil.* les apories de Parménide contre la théorie des idées] est maïeutique, et non pas propre à l'affrontement [...] Tel est donc le mode des discours, comme nous l'avons souvent rappelé ») ; VI 1071.9-11 et 1072.15-16 : Δεύτερον δὲ ἐπὶ τούτων κατίδωμεν ποῖος τρόπος ἁρμόσει τῶν λόγων πρὸς τὴν τοιαύτην θεωρίαν [...] Ὁ μὲν οὖν τρόπος τῶν λόγων τοιοῦτος ἡμῖν ἔστω, λογικός, νοερός, ἐνθεαστικός (« Deuxièmement, considérons à ce propos quel mode de discours sera adapté à une telle étude [...] Tel sera donc le mode de nos discours : logique, intellectuel, inspiré »). Voir aussi IV 928.12-16 : ὅθεν καὶ λάβοις ἂν τὸν τρόπον καθ᾽ ὃν ποιήσεται τοὺς λόγους, ὡς δι᾽ ὀλίγων πολλὰ διδάξει, καὶ ὡς ἄνωθεν πραγματεύσεται, καὶ ὡς ἐνδείξεται μόνον περὶ τῶν θείων (« L'on pourrait aussi déduire de cela le mode dont [Parménide] fera ses discours : il donnera plusieurs enseignements en peu de mots, fera son exposé à partir d'en haut, et donnera seulement des indications concernant les réalités divines »).

Theol. plat. I cap., p. 1.8 : Τίς ὁ τρόπος τῶν λόγων ἐν τῇ προκειμένῃ πραγματείᾳ (« Quel est le mode des discours dans le présent traité ») ; I 3, p. 12.2-3 : Ἡ μὲν οὖν ὑπόθεσις οὕτω μεγάλη καὶ ὁ τρόπος τῶν περὶ αὐτῆς λόγων τοιοῦτος (« Tel est donc l'importance de notre propos, tel le mode des discours qu'il faut tenir à son sujet » : Proclus se réfère à ce qu'il vient

une classification tripartite des interrogations dialectiques : Πάλιν ἐπειδὴ τῶν διαλεκτικῶν ἐρωτήσεων αἱ μέν εἰσι μαιευτικαί, αἱ δὲ ἀγωνιστικαί, αἱ δὲ ἀπορητικαί (cf. p. 323, n. 1 [p. 438-439 des *Notes complémentaires*]). Le faux *hapax* καταγωνιστικός doit donc être éliminé des lexiques. Il est difficile de dire si la traduction latine *concertatiuus* correspond à ἀγωνιστικός ou à καταγωνιστικός, car les quatre occurrences de ἀγωνιστικός qui précèdent celle de IV 907.11 (I 657.29-30, 37, 694.26) ont été traduites par *agonisticus*. Toutefois, puisque, dans ce même passage (907.15), Moerbeke traduit ἀγών par *concertatio*, il est légitime d'en déduire que *concertatiuus* traduit ἀγωνιστικός (les deux autres occurrences de ἀγών sont traduites par *agon*, I 633.4 et V 1028.28).

de dire en I 2, p. 9.20-10.10, où il a décrit la méthode qu'il va suivre et qui consiste à préférer l'évident, le distinct et le simple à leurs contraires, à éclaircir ce qui est transmis par des symboles, à faire remonter à l'original ce qui est transmis par des images, à démontrer ce qui est affirmé d'une manière trop catégorique, à découvrir la signification claire de ce qui est proposé en énigmes, à examiner l'accord de ce qui tombe sous les sens avec la réalité. L'expression ὁ τρόπος τῶν περὶ αὐτῆς λόγων au début de I 3 reprend donc τὰ εἴδη τῶν λόγων en I 2, p. 8.23-9.1) ; I 9, p. 36.13-15 : παντελῶς ἀλλότριος ὁ τρόπος οὗτός ἐστι τῶν λόγων τῆς τοῦ Παρμενίδου πραγματείας (« ce mode de discours [scil. la méthode des raisonnements dialectiques] est tout à fait étranger à l'œuvre philosophique de Parménide ») ; II 5, p. 38.13-15 : Καί μοι μηδεὶς [...] ἀτιμαζέτω τὸν τοιοῦτον τῶν λόγων τρόπον (« Et que personne n'aille [...] discréditer un tel mode de discours [scil. la méthode des négations pratiquée par Platon dans le Parménide pour enseigner la remontée vers l'Un] »).

Après Proclus, qui en a fait un usage aussi considérable, la locution ὁ τρόπος τῶν λόγων tombe en désuétude, car elle n'est attestée que chez Damascius, De princ. I, p. 35.24-25 : οὐ μέντοι, ἀλλὰ καὶ κατὰ τὸν παρόντα τρόπον τῶν λόγων, τὸ ἡνωμένον ἐνδείκνυται ἐν ἑαυτῷ ἔχον κτλ. (« Il n'en reste pas moins que le tour actuel de nos arguments nous montre que l'unifié a en lui-même etc. ») ; III, p. 62.14-15 : Ἡμεῖς δὲ ἄλλον προχειρισώμεθα τρόπον λόγων περὶ τῶν αὐτῶν (« Quant à nous, traitons auparavant d'une autre façon le même sujet ») ; id., In Phaed. I, § 54.1 : τὸν καθαρτικὸν ἀφορίζεται τρόπον τῶν λόγων (« [Socrate] définit le caractère purificateur des discours »).

Ajoutons, pour finir, que, à côté de ὁ τρόπος τῶν λόγων, Proclus a aussi utilisé, dans le même sens, la locution ὁ τύπος τῶν λόγων, cf. In Parm. IV 873.39-41 : Προκλητικός ἐστιν ὅλος ὁ τύπος οὗτος τῶν λόγων, καὶ μαιευτικὸς τῶν τοῦ Σωκράτους ἐννοιῶν (remarquer les adjectifs προκλητικός et μαιευτικός qui, en IV 838.26-27 et 34-35, se réfèrent à τρόπος τῶν λόγων, cit. supra, p. cx) ; In Tim. I, p. 223.5-6 :

Πυθαγόρειος ὁ Τίμαιος καὶ σῴζων τὸν τύπον τῶν Πυθαγορείων λόγων εὐθὺς ἐκ προοιμίων ἐπιδείκνυται («Timée est Pythagoricien et on nous le montre qui, dès le début même, conserve fidèlement la manière de dire des Pythagoriciens», trad. Festugière, t. II, p. 47); III, p. 200.9-10 : διὰ τοῦ τοιοῦδε τύπου τῶν λόγων τὰς θείας νοήσεις ἀπεικονιζόμενος («[Platon] reproduisant directement, par un tel mode de discours, les intellections des dieux», trad. cit., t. V, p. 59). Cette locution, moins ancienne et plus rare que ὁ τρόπος τῶν λόγων, n'est attestée que chez Aelius Aristide, *Contre Platon, pour la défense des quatre*, Or. 3, § 525, p. 470.18-19 Lenz-Behr : τίνι μὴν καὶ τὸ λοιπὸν ἐχρῶντο τῷ τύπῳ τῶν λόγων; Libanius, *Epist*. 754, § 2, t. X, p. 678.16-17 Foerster : ὥστ' ἔδοξεν οὐ μᾶλλον τῇ μορφῇ τὴν συγγένειαν μηνύειν ἢ τῷ τύπῳ τῶν λόγων; Grégoire de Nazianze, *Or*. 28 (*De theologia*), éd. P. Gallay (SC 250), Paris 1978, § 11.1-2 : κατὰ τὸν νῦν κεκρατηκότα τύπον τῶν λόγων («type des discussions qui triomphe actuellement»).

I. Aperçu général de la tradition. Liste des manuscrits

Le commentaire de Proclus sur le *Parménide* a été transmis par trente-sept mss. grecs (dont huit incomplets) et par la traduction latine faite par Guillaume de Moerbeke entre 1280 et 1286[1]. Les mss. grecs, d'une part, et la traduction latine, d'autre part, constituent les deux branches indépendantes de la tradition (hyparchétype Σ, ancêtre commun de la branche grecque, et hyparchétype Γ, exemplaire grec utilisé par Guillaume de Moerbeke), comme il ressort de leurs fautes respectives[2]. A leur tour, les deux hyparchétypes Σ et Γ sont issus, directement ou indirectement, d'une source unique, archétype de toute la tradition (Ω), qu'il faut postuler à cause des fautes communes à Σ et à Γ[3] et qui est sûrement antérieur au troisième quart du IXe siècle, car le scholiaste de la Collection philosophique qui utilise le

---

1. Le point de départ de toute recherche sur la tradition manuscrite est l'édition par R. Klibansky et L. Labowky de la traduction latine du *Parménide*, p. xxix-xxxix (cf. *infra*, p. cdlx-cdlxiii). Les conclusions des éditeurs sont fondées seulement sur une analyse des lemmes de Platon et des dernières pages du commentaire de Proclus. Une étude complète de la tradition nous amène à des conclusions fort différentes. Mentionnons que H. Boese avait commencé à préparer une édition dans les années 1954-58 à Berlin. Voir Boese, « Proclusübersetzungen ».

2. Cf. *infra*, p. cclxviii-cclxxi.

3. Cf. *infra*, p. cclxxi-cclxxiii.

commentaire de Proclus, le cite déjà selon le texte de l'hyparchétype Σ[1]. L'archétype Ω est probablement l'exemplaire de translittération.

Au sein de la branche grecque, le ms. conservé le plus ancien, le *Paris. gr.* 1810 (A), de la fin du XIIIe siècle, copié sur Σ par Georges Pachymère, et sa nombreuse descendance, présente le texte dans une forme remaniée qui constitue une recension révisée due à Pachymère lui-même : des lacunes ont été comblées par conjecture ; des phrases entières ont été supprimées ou adaptées ; les lemmes de Platon ont été remplacés selon une autre tradition ; dans le livre I, tout le passage 661.9-27 a été reformulé ; le passage 693.21-55 a été supprimé. Pachymère a aussi complété le texte de Proclus, qui s'arrête *ex abrupto* sur les mots ἐπήνεγκεν οὐδ᾽ ἄρα (VII 1242.33 [lemme 141 E 7-10]), par un supplément qui va jusqu'à la fin du *Parménide* (166 C 5)[2]. En revanche, les cinq mss. copiés directement sur Σ en Italie entre 1489 et 1569 par des copistes professionnels, ont transmis le texte de Σ

---

1. Cf. *infra*, p. CDXVII-CDXVIII.

2. Notons cependant que la présence de la continuation de Pachymère n'implique pas nécessairement que le ms. en question descende de A (cf. *infra*, p. CLXIII, n. 1). — La continuation de Pachymère a été publiée par V. Cousin dans ses deux éditions de l'*In Parm.* : 1re éd., t. VI, Paris 1827, p. 255-322 ; 2e éd., Paris 1864, col. 1257-1314 (cf. *infra*, p. CDL, n. 1). Édition critique : George Pachymeres, *Commentary on Plato's Parmenides [Anonymous Sequel to Proclus' Commentary]*, edited and translated by Th. A. Gadra *et al.*, introduction by L. G. Westerink (Corpus Philosophorum Medii Aevi. Philosophi Byzantini, 4), Athens-Paris-Bruxelles 1989. C'est à L. G. Westerink qu'est due l'attribution définitive de ce texte à Georges Pachymère, attribué aussi à Damascius (cf. *infra*, p. CLXXIX et n. 3]) ou même à un élève de Jean Philopon (cf. M. Roueché, « Notes on a Commentary on Plato's *Parmenides* », GRBS 12 [1971], p. 553-556). L'interprétation du *Parménide* que Pachymère propose dans cette continuation a fait l'objet d'une étude récente de L. Couloubaritsis, « Georges Pachymère et le *Parménide* de Platon », dans *Il Parmenide di Platone*, cit. (*supra*, p. XIII, n. 2), p. 355-370. Voir aussi *infra*, p. CLXII-CLXIII.

avec plus de fidélité, tout en commettant, çà et là, des fautes matérielles grossières ; la situation est donc un exemple tout à fait typique du célèbre adage de Giorgio Pasquali : *recentiores, non deteriores*[1]. La branche grecque de la tradition du commentaire de Proclus sur le *Parménide* se caractérise donc par l'opposition entre une transmission savante, avec des interventions rédactionnelles délibérées, et une transmission par des copistes professionnels, qui reproduisent leur modèle de façon mécanique, le plus souvent sans le comprendre et, par conséquent, sans l'altérer volontairement[2].

Quant à la branche latine, elle transmet le texte sous une forme plus complète et plus correcte que la branche grecque. En effet, la traduction latine est la seule à avoir conservé la dernière partie du livre VII, perdue dans la branche grecque. En outre, dans le livre I, une digression sur un problème de logique stoïcienne (696.21-45) est transmise par les mss.

1. Cf. G. Pasquali, *Storia della tradizione e critica del testo*, Firenze 1952 (rééd. Milano 1974), chapitre IV, p. 41-108 : « Recentiores, non deteriores. Collazioni umanistiche ed editiones principes ».

2.   La description la plus claire de ce type de tradition textuelle est fournie par R.-A. Gauthier dans la préface de son édition de la *Sentencia libri De anima* de Thomas d'Aquin, ed. leonina, t. XLV 1, Roma-Paris 1984, en part. p. 62*-65* et 128*. Nous lui empruntons l'expression « recension révisée » (p. 62*).
— Le caractère réélaboré et corrigé du texte de A, par opposition au texte authentique transmis par les *recentiores*, avait déjà été reconnu par Boese, « Proclusübersetzungen », p. 401 : « Aber da wir hier in der lateinischen Übersetzung eine Kontrollinstanz haben, können wir auf die Bedeutung dieser Gruppe [*scil.* les *recentiores* considérés comme *deteriores*] aufmerksam werden und erkennen, daß wir es in dem vorliegenden Falle [*scil.* 623.20 ὥστε loco δώδεκα, corrigé par A en κδ', voir app. critique et note *ad loc.*] im Grunde mit einer doppelten Überlieferung zu tun haben, einer — wenn man so sagen darf — "authentischen" und einer "besseren", wobei die authentische mit mancherlei Mängeln und Fehlern behaftet ist, die bessere aber wiederum ihre Güte nur späterer, vielleicht sogar vielfacher Überarbeitung und Korrektur verdankt ».

grecs dans une forme abrégée, alors que la traduction latine restitue le texte intégral. Des omissions (souvent par saut du même au même) et des passages corrompus dans la branche grecque peuvent être restaurés grâce au témoignage de la traduction latine. Elle représente donc un état du texte meilleur que Σ et revêt, par conséquent, une importance capitale pour l'établissement du texte.

Voici, pour commencer, la liste des mss. grecs du commentaire de Proclus[1] :

XIIIe s.

A (1) Paris, Bibliothèque Nationale de France, gr. 1810

XIVe s.

(2) Firenze, Biblioteca Medicea-Laurenziana, Conv. Soppr. 78 (livre I, incomplet)

Y (3) Firenze, Biblioteca Medicea-Laurenziana, Conv. Soppr. 103 [a. 1358]

M (4) Milano, Biblioteca Ambrosiana, B 165 sup. (gr. 159) [1340 *ca*]

(5) Venezia, Biblioteca Nazionale Marciana, gr. Z. 228 (livres I-III, incomplet)

XVe s.

F (6) Firenze, Biblioteca Medicea-Laurenziana, Plut. 85, 8 [a. 1489]

(7) Venezia, Biblioteca Nazionale Marciana, gr. Z. 191

XVIe s.

(8) Basel, Universitätsbibliothek, F. I. 8 (gr. 53)

(9) Berlin, Staatsbibliothek - Preussischer Kulturbesitz, Phillipps 1506 (gr. 102) [a. 1542]

(10) Città del Vaticano, Biblioteca Apostolica Vaticana, Barber. gr. 68 [a. 1573]

---

1. Nous n'attribuons de sigles qu'aux témoins primaires (AFRGWP) et à deux mss. secondaires d'où nous tirons quelques conjectures (MY).

(11) Città del Vaticano, Biblioteca Apostolica Vaticana, Regin. gr. Pii II 14 (livres I-VI, incomplet)

R (12) Città del Vaticano, Biblioteca Apostolica Vaticana, Ross. 962

(13) Città del Vaticano, Biblioteca Apostolica Vaticana, Vat. gr. 231

(14) Città del Vaticano, Biblioteca Apostolica Vaticana, Vat. gr. 232

(15) Città del Vaticano, Biblioteca Apostolica Vaticana, Vat. gr. 1799

(16) Città del Vaticano, Biblioteca Apostolica Vaticana, Vat. gr. 2234 (livre I, incomplet)

(17) El Escorial, Real Biblioteca, T. I. 13 (gr. 133)

G (18) El Escorial, Real Biblioteca, T. II. 8 (gr. 147)

(19) London, British Library, Harleian 5671

(20) Madrid, Biblioteca Nacional, gr. 4751 [a. 1550]

(21) Madrid, Biblioteca Nacional, gr. 4770 [a. 1561]

(22) Milano, Biblioteca Ambrosiana, H 252 inf. (gr. 1040)

(23) München, Bayerische Staatsbibliothek, gr. 11

P (24) München, Bayerische Staatsbibliothek, gr. 425

(25) Napoli, Biblioteca Nazionale, III. E. 22 [a. 1561]

(26) Oxford, Bodleian Library, gr. miscell. 97 (livres I-IV)

(27) Paris, Bibliothèque Nationale de France, gr. 1835 [a. 1561]

(28) Paris, Bibliothèque Nationale de France, gr. 1836 [a. 1536]

(29) Paris, Bibliothèque Nationale de France, gr. 1837

(30) Provo (Utah, USA), Brigham Young University, Harold B. Lee Library, Phillipps 8296

(31) Roma, Pontificia Università Gregoriana, Archivio 106

W (32) Wien, Österreichische Nationalbibliothek, philos.-philol. gr. 7 [a. 1561]

XVIIe s.

(33) Cambridge, Trinity College Library, O. 5. 10 (1291) (livres I-IV) [a. 1695]

(34) Cambridge, Trinity College Library, O. 5. 11 (1292) (livres V-VII) [a. 1697]

(35) Roma, Biblioteca Vallicelliana, Allacci XLVII

XVII-XVIIIe s.

(36) Firenze, Biblioteca Marucelliana, A 155 (livre I, incomplet)

XVIIIe s.

(37) Glasgow, University Library, MS. Gen. 1235-1237

Deux mss. contiennent des extraits :

— Città del Vaticano, Biblioteca Apostolica Vaticana, Barber. gr. 168 (xvie s.)
— Leiden, Bibliotheek der Rijksuniversiteit, Ruhnkenianus 57 (xviiie s.).

Il faut aussi signaler neuf manuscrits disparus : sept perdus dans des incendies, deux disparus dans des circonstances inconnues. Sur les sept perdus dans des incendies, six étaient conservés à l'Escorial et furent détruits dans l'incendie de 1671, un à la Bibliothèque Universitaire de Turin et fut détruit dans l'incendie de 1904.

Taurinensis gr. 131 (C. V. 23). Selon la description de Pasini[1], il s'agissait d'un ms. de papier, du xvie siècle, contenant les textes suivants : f. 1 : Procli *Elementa physica* ; f. 20 : Hermiae *In Phaedrum* ; f. 78 : Procli *In Parm.* ; f. 123 : excerpta ex Sexti Empirici *Adv. math.*

Pour les six mss. de l'Escorial, nous reprenons les informations données par G. de Andrés[2].

287 (E. II. 2) « Recens (?), chartaceus (?), in folio. Procli

---

1. Cf. J. Pasini, *Codices manuscripti Bibliothecae Regii Taurinensis Athenaei*, t. I, Taurini 1749, p. 229-230.
2. Cf. G. de Andrés, *Catálogo de los Códices griegos desaparecidos de la Real Biblioteca de El Escorial*, El Escorial 1968, p. 128-130 (les informations concernant les possesseurs sont tirées elles aussi de ce catalogue).

Diadochi in Parmenidem Platonis libri septem » (poss. : D. Hurtado de Mendoza ?[1]).

288 (E. II. 3) « Recens, chartaceus, in folio, ff. 163. Procli Diadochi in Parmenidem Platonis liber septimus sine principio ; (f. 163) explicatio vocum et dictionum evangeliorum et epistolarum » (poss. : Petrus de Toledo, Marchio de Villafranca ?).

289 (E. II. 5) « Recens, chartaceus, in folio. Procli Diadochi in Parmenidem Platonis libri septem » (poss. : Franciscus Patrizi[2]).

290 (E. II. 7) « Recens, chartaceus, in folio. Platonis Parmenides cum expositione Procli, libri duo » (poss. : « Emptus est a B. Arias Montano in Flandria ex A. Darmario ? »).

291 (E. II. 10) « Recens, chartaceus, in folio, ff. 131. (f. 1) Platonis Alcibiades cum expositione Procli ; (f. 108) Heronis Ctesibii belopoiecae seu de telorum fabrica ; (f. 131) Procli in Parmenidem Platonis libri septem, sed male tractati nec possunt esse integri » (poss. : Andreas Darmarios)[3].

1. Diego Hurtado de Mendoza a été le commanditaire du ms. *Scorial.* T. I. 13, cf. *infra*, p. ccviii.

2. Ce ms. figure dans la liste des 75 mss. que Francesco Patrizi vendit au roi d'Espagne Philippe II en 1575 : « Procli eiusdem commentaria in Parmenidem libri septem integri. Rarus » (cf. M. Muccillo, « La biblioteca greca di Francesco Patrizi », dans *Bibliothecae selectae. Da Cusano a Leopardi*, a cura di E. Canone [Lessico Intellettuale Europeo, LVIII], Firenze 1993, p. 73-118, en part. p. 84, n° 14). L'adjectif « integri » laisse entendre que ce ms. perdu contenait la continuation de Pachymère. Après avoir vendu ses mss. grecs à Philippe II (1575) et être rentré en Italie (1578), Patrizi fut obligé de se constituer une nouvelle bibliothèque grecque (cf. M. Muccillo, art. cit., p. 104 ss.). On comprend donc qu'après s'être défait de son premier exemplaire de l'*In Parm.* de Proclus, le *Scorial.* E. II. 5, Patrizi s'en soit procuré un nouvel exemplaire, l'*Ambros.* H 252 inf. (cf. *infra*, p. cxcviii-cci), d'où il tira les extraits de l'*In Parm.* contenus dans le *Barber. gr.* 168 (cf. *infra*, p. ccxxv-ccxxvii).

3. Ce ms. figure dans un catalogue des mss. grecs de la bibliothèque de l'Escorial, antérieur à l'incendie de 1671. Ce

293 (E. II. 13) « Recens, chartaceus, in folio. Procli Diadochi in Parmenidem Platonis libri septem » (poss. : Antonius Eparco[1]).

Quant aux deux mss. disparus dans des circonstances inconnues, l'un (probablement l'hyparchétype Γ, modèle de Guillaume de Moerbeke) est recensé dans l'inventaire de la bibliothèque de Boniface VIII (daté de 1295) et dans l'inven-

catalogue, contenu dans le *Scorial.* X. I. 16, a été publié (en traduction française) par E. Miller, *Catalogue des manuscrits grecs de la Bibliothèque de l'Escurial*, Paris 1848, p. 332-386, voir en part. p. 350, n° 263 : « Commentaire de Proclus sur l'*Alcibiade* et sur le *Parménide*. — Des machines à lancer des traits, par Héron d'Alexandrie » ; deux autres mss. de l'*In Parm.* de Proclus sont cités *ibid.*, p. 350, n°s 257 et 260, mais la description de leur contenu est trop succincte (« Commentaire de Proclus sur le *Parménide* ») pour qu'il soit possible de les identifier. — Sur les mss. de l'*In Parm.* copiés par Andreas Darmarios ou produits dans son atelier, cf. *infra*, p. cxlv, n. 3.

1. Ce ms. pourrait être identifié avec un exemplaire de l'*In Parm.* de Proclus qui figure dans une liste de vente de mss. grecs ayant appartenu à Antoine Éparque († 1571), cf. L. Dorez, « Antoine Éparque. Recherches sur le commerce des mss. grecs en Italie au xvie siècle », MEFR 13 (1893), p. 281-364, en part. p. 363, n° 17 : « Procli platonici in Parmenidem Platonis libri septem, folio, papyro, carte 265 ». Une autre liste de vente de quatre-vingt-huit mss. d'Antoine Éparque a été publiée par H. Omont, « Catalogue des manuscrits grecs d'Antoine Éparque (1538) », BEC 53 (1892), p. 95-110 (la plupart des mss. qui figurent dans cette liste furent offerts par Antoine Éparque à François Ier et passèrent dans la bibliothèque de Fontainebleau). Sur Antoine Éparque, voir aussi K. A. de Meyier, « Un nouveau catalogue des manuscrits grecs d'Antoine Éparque », *Scriptorium*, 9 (1955), p. 99-104 ; DBI 43 (1993), p. 13-17 [M. Ceresa] ; B. Mondrain, « Les Éparques, une famille de médecins collectionneurs de manuscrits aux xv-xvie siècles », dans ʽΗ ἑλληνικὴ γραφὴ κατὰ τοὺς 15ο καὶ 16ο αἰῶνες (*The Greek Script in the 15th and 16th Centuries*) (National Hellenic Research Foundation. Institute for Byzantine Research. International symposium, 7), Athens 2000, p. 145-163.

taire de la bibliothèque pontificale à Pérouse (daté de 1311)[1], tandis que l'autre (probablement l'hyparchétype Σ, ancêtre commun de la branche grecque) est recensé dans les inventaires de la Bibliothèque Vaticane rédigés en 1475, 1481, 1484 et 1518[2].

II. La branche grecque de la tradition (Σ)

1. *Les manuscrits* recentiores *témoins du texte* Σ

Comme on l'a dit plus haut, ce sont les mss. plus récents qui ont transmis le texte de l'hyparchétype Σ, ancêtre commun de la branche grecque, avec le plus de fidélité. C'est donc par ces mss. (FRGWP, dont l'accord est indiqué par le sigle s), copies directes tardives de Σ, et par leurs descendants, que nous commençons notre analyse de la branche grecque, pour passer ensuite à la recension révisée de Georges Pachymère transmise par le *Paris. gr.* 1810 et sa descendance.

1.1. *Le* Laurentianus Plut. 85, 8

F   Firenze, Biblioteca Medicea-Laurenziana, Plut. 85, 8. Anno 1489, membr., 326 × 218 mm., ff. I-435-II. Procli *In Parm.* : ff. 1ʳ-268ʳ (lib. I : ff. 1ʳ-45ʳ; lib. II : ff. 45ʳ-72ᵛ; lib. III : ff. 73ʳ-94ʳ; lib. IV : ff. 94ᵛ-155ʳ; lib. V : ff. 155ʳ-183ʳ; lib. VI : ff. 183ʳ-221ʳ; lib. VII : ff. 221ᵛ-268ʳ), cum continuatione Pachymeris : ff. 268ᵛ-288ᵛ; eiusdem *In Alc.* : ff. 289ʳ-414ʳ; vac. ff. 361ᵛ-367ᵛ, 414ᵛ-416ᵛ; eiusdem *Theol. plat.*, excerpta (« grand fragment ») : ff. 417ʳ-435ʳ; vac. f. 435ᵛ[3].

---

1. Cf. *infra*, p. cclxv-cclxvi.

2. Cf. *infra*, p. cclvi-cclx.

3. Cf. A. M. Bandini, *Catalogus codicum graecorum Bibliothecae Mediceae Laurentianae*, t. III, Florentiae 1770, col. 254-257 ; Klibansky-Labowsky, p. xxxiv ; Proclus, *In Alc.*, Introduction, p. cxix-cxx ; Steel-Van Riel, « Grand Fragment », p. 536-537.

Cet élégant ms. de parchemin a été copié à Rome en 1489 par Jean Rhosos[1] à la demande de Laurent de Médicis, comme en témoigne le colophon (f. 435^r) : ἡ βίβλος αὕτη μετεγράφη ἐν ῥώμῃ ἀναλώμασι μὲν τοῦ μεγίστου κυρίου κυρίου ἡμετέρου λαυρεντίου διμέδιτζε· χειρὶ δὲ ἰωάννου πρεσβυτέρου ῥώσου τοῦ κρητός· ἔτει ἀπὸ τῆς Χριστοῦ γεννήσεως χιλιοστῷ τετρακοσιοστῷ ὀγδοηκοστῷ ἐννάτῳ μηνὸς δεκεβρίου δεκάτῃ (= 10 décembre 1489). En plus de Jean Rhosos qui a copié les trois textes principaux (*In Parm.* = ff. 1^r-268^r, *In Alc.* 1-72.8 = ff. 289^r-310^v, *Theol. plat.* [« grand fragment »] = ff. 417^r-435^r), on distingue deux autres copistes, dont l'un, Camillo Zanetti[2], a copié la continuation de Pachymère (ff. 268^v-288^v), et l'autre, non identifié, a complété le texte de l'*In Alc.* (ff. 311^r-414^r).

L'*In Parm.* occupe les 27 premiers cahiers (tous des quinions, sauf le 7e, qui est un sénion [ff. 61-72]) signés par le copiste au recto du premier folio dans la marge inf. en chiffres grecs et arabes : α^{ον}-κζ^{ον} et *1-27*. L'*In Parm.* se termine au f. 268^r ; au verso de ce folio commence, de la main de Camillo Veneto, la continuation de Pachymère, qui occupe la fin du 27e cahier (ff. 268^v-272^v) et les 28e et 29e cahiers, deux quaternions (ff. 273-280 et 281-288) qui ont été ajoutés et ne sont donc pas signés. Le texte incomplet de l'*In Alc.* (1-72.8 = ff. 289^r-310^v), copié, lui aussi, par Rhosos, occupe les 30e, 31e et 32e cahiers, un quinion (ff. 289-298), un quaternion (ff. 299-306) et un binion (ff. 307-310), signés, eux aussi, au recto du premier folio dans la marge inf. en chiffres grecs et arabes : α^{ον}-γ^{ον} et *1-3*. Pour compléter l'*In Alc.*, le troisième copiste a ajouté les cahiers 33-46 (ff. 311-416),

---

1. Sur Jean Rhosos, prêtre d'origine crétoise, cf. RgK I 178, II 237, III 298 ; E. Mioni, « Bessarione scriba e alcuni suoi collaboratori », dans *Miscellanea Marciana di studi bessarionei* (Medioevo e Umanesimo, 24), Padova 1976, p. 263-318, en part. p. 302-304.

2. Sur Camillo Zanetti (Veneto), cf. RgK I 212, II 299, III 351. Il a aussi copié l'*Ambros.* H 252 inf. (cf. *infra*, p. cxcviii).

tous des quaternions, sauf le 39ᵉ, qui est un ternion (ff. 359-364), et le 46ᵉ, qui est un binion (ff. 413-416). Le « grand fragment » de la *Theol. plat.*, copié par Rhosos et introduit par le titre : ἐκ τῶν τοῦ Πρόκλου τοῦ διαδόχου, occupe les trois derniers cahiers (47ᵉ-49ᵉ) non signés, deux quaternions (ff. 417-424 et 425-432) et un binion dont le 3ᵉ feuillet a été coupé (ff. 433-435). Tous les cahiers sont munis de réclame, sauf les 7ᵉ, 29ᵉ, 32ᵉ, 39ᵉ et 46ᵉ (ff. 72ᵛ, 288ᵛ, 310ᵛ, 364ᵛ et 416ᵛ). Les réclames de la main de Rhosos sont horizontales, celles de la main de Camillo Zanetti et du troisième copiste sont verticales (ce dernier les a écrites à l'extrêmité de la marge intérieure en sorte qu'elles sont presque cachées dans la pliure des cahiers). Le ms. a reçu vers 1571 (date de l'ouverture de la Bibliothèque Laurentienne au public) une reliure de cuir rouge sur ais de bois, avec chaîne. Il porte sur le plat supérieur un titre bilingue : Πρόκλου Πλατωνικοῦ ἐξήγησις εἰς τὸν Παρμενίδην τοῦ Πλάτωνος. *Procli Platonici expositio in Parmenidem Platonis.*

Jean Rhosos a manifestement voulu fournir à Laurent le Magnifique un ms. de luxe : parchemin, grand format, riche décoration des titres, titres courants, lemmes de Platon et annotations marginales à l'encre rouge. Dans l'*In Parm.*, le copiste a répété au début de chaque livre (sauf le livre II) le titre développé qui, dans les autres mss., ne se lit qu'au début du commentaire[1]. Il a indiqué dans la marge, au début et à la fin des livres III à VI, le nombre de feuillets occupés par chacun de ces livres : Φύλλα ΚΑʹ (livre III, ff. 73ʳ et 94ʳ) ; Φύλλα ξᵅ (livre IV, f. 94ᵛ), Φύλλα ἑξήκοντα (livre IV, f. 155ʳ) ; Φύλλα ΚΗʷ (livre V, f. 155ʳ), φύλλα εἴκοσι καὶ ὀκτώ (livre V, f. 183ʳ) ; Φύλλα ΛΗʷ (livre VI, ff. 183ʳ et 221ʳ). Jean Rhosos a remarqué que le livre VII était incomplet dans son modèle, car il a noté au début de ce livre (f. 221ᵛ) : φύλλα ΜΥʹ ἥμισυ καὶ ἀτελές ; et dans la marge inf. du f. 268ʳ, où le commentaire s'interrompt brusquement, il a noté en rouge : οὕτως

---

1. Sur la division en livres de l'*In Parm.* et les titres présents dans chacun des témoins primaires, cf. *supra*, p. LIII-LXV.

εὗρον καὶ ἐνταῦθα (καὶ ἐνταῦθα s.l.) ἐν τῷ πρωτοτύπῳ βιβλίῳ, ἕως ὧδε μόνον. εἰσὶ δὲ τοῦ παρόντος ἑβδόμου βιβλίου φύλλα τεσσαράκοντα ἐξ ἥμισυ· καὶ ἀτελές, ὥσπερ ὁρᾷς. Il a aussi remarqué l'état incomplet de l'*In Alc.* et a noté en marge du titre (f. 289ʳ) : φύλλα ΚΒ' καὶ ἀτελές. En revanche, il considère le « grand fragment » de la *Theol. plat.* comme un texte « complet » : φύλλα ΙΗ' καὶ τέλειος (f. 417ʳ). Au f. 72ᵛ, à la fin du livre II de l'*In Parm.*, Rhosos a écrit, en rouge, la note suivante : ὁ λαβὼν εἰς χεῖρας τὴν βίβλον ταύτην τοῦ ἀναγνῶναι, γινωσκέτω ὅτι ἀκεραίως κατὰ τὸ πρωτότυπον ἀντεγράφη, ὃ καὶ ὁ θειότατος καρδινάλις ὁ νικαίας διῆλθε, καὶ πολλὰ τούτου διώρθωσε. Rhosos avertit donc le lecteur qu'il a copié ce livre sur un modèle qui avait été lu et en plusieurs endroits corrigé par le cardinal Bessarion. Nous reviendrons plus loin sur ce témoignage concernant le ms. Σ[1]. Le ms. F est de loin la meilleure parmi les copies de Σ, avec très peu de fautes individuelles[2]. Rhosos semble, en effet, avoir reproduit scrupuleusement le texte de son modèle respectant l'état des passages corrompus. Au f. 54ᵛ (ll. 1-2), par exemple, il a reproduit le texte de son modèle en écrivant le passage II 742.38 de la manière suivante : ταῦτα συνῆγεν (suit une ligne au bout de laquelle il y a cinq points) εἰς ταὐτόν, ἃ καὶ ; dans la marge sup., il a noté : οὕτως εὗρον, οὐκ οἶδα διὰ τί. De même, au f. 231ᵛ, il a ajouté, en marge du passage VII 1158.12, un signe diacritique avec cette explication : Ση(μείωσαι) εἰς τὰ φύλλα τοῦ πρωτοτύπου ἤ(γουν) τοῦ ἀντιβολαίου· ὅπερ ἧτταν (sic) ὅθεν κἀκεῖθεν τὰ τέτραδα· ἐνταῦθα

---

1. Cf. *infra*, p. CCL-CCLIV.
2. Rhosos a parfois mal résolu les désinences abrégées et a fait quelques omissions mineures. Dans le livre I, cf. 640.13 δὲ om. ‖ 648.13 τῶν om. ‖ 652.36-37 εἰς ταὐτὸν om. ‖ 656.14-15 διὰ τῆς om. ‖ 678.6 δὲ om. ‖ 678.31 οὐ (Σ) om. ‖ 683.2 Ζήνων om. ‖ 689.31 ἐκείνην om. ‖ 691.23 καὶ om. ‖ 708.5 ἐν om. ‖ 710.24 ὁ δέ om. On remarque quelques omissions majeures par saut du même au même dans les autres livres (cf. II 726.3 καὶ γὰρ — ἐστι om. ‖ II 753.14-16 ἕτερα — μόνον om. ‖ VI 1117.34 εἰ μὲν — ἔχον om.).

δὲ κεῖνται καλῶς (dans le texte on remarque un point rouge entre κινήσεις et εὕρωμεν). Rhosos a donc poussé le scrupule jusqu'à reproduire un signe marginal qui dans son modèle, où les cahiers étaient en désordre, permettait de retrouver facilement la suite du texte, mais qui, dans le nouveau ms. qu'il était en train de confectionner, n'avait plus aucun sens. A la dernière ligne des ff. 263^r et 263^v, il a noté : οὐ λείπει ἐνταῦθα τί et οὐδὲ ἐνταῦθα λείπει τί. Il a aussi transcrit en marge, en rouge, les annotations et les corrections de son modèle.

On connaît deux copies de F, dont l'une, le *Paris. gr.* 1837, est complète et date du xvie siècle, l'autre, le *Marucellianus* A 155, est incomplète et date du xvii-xviiie siècle.

Paris, Bibliothèque Nationale de France, gr. 1837. Saec. XVI, chart., 330 × 225 mm., ff. IV-429 (bis 202)-III. I. Procli *In Parm.* : ff. 1^r-340^v; vac. f. 341^{r-v}; eiusdem *Theol. plat.*, excerpta (« grand fragment ») : ff. 342^r-363^v; vac. ff. 364^r-365^v; eiusdem *In Alc.* 1-72.8 : ff. 366^r-393^r; vac. ff. 393^v-397^v. II. Alcinoi *Didasc.* : ff. 398^r-418^r; Maximi Tyri *Dissertationes* 30-34 : ff. 418^v-428^{v1}.

Ce ms. (sigle D dans l'éd. Cousin) est la réunion de deux parties. La première (ff. 1-397), qui contient les trois textes de Proclus que l'on trouve aussi en F et en R, est une copie de F, comme le montre l'omission (comblée dans la marge, f. 328^r) de VII 1219.1-2 (χρονικῶς — δεησόμεθα) qui correspond à une ligne de F (f. 257^v, l. 6). Le copiste a aussi essayé d'imiter l'ornementation des titres et des initiales de F. Cette copie a été exécutée avant que l'on ait ajouté en

---

1. Cf. H. Omont, *Inventaire sommaire des manuscrits grecs de la Bibliothèque Nationale*, t. II, Paris 1888, p. 151 ; Proclus, *In Alc.*, Introduction, p. cviii ; Alcinoos, *Didasc.*, Introduction, p. xlvi (descendant du *Vat. gr.* 1390) ; Maximus Tyrius, *Dissertationes*, ed. M. B. Trapp (BT), Stutgardiae et Lipsiae 1994, p. xxvii ; Steel-Van Riel, « Grand Fragment », p. 537-538.

F la continuation de Pachymère et la suite de l'*In Alc*. A
la fin du f. 56ʳ, après les mots Ἄρχεται δ' οὖν ὁ Σωκράτης τῶν ἀποριῶν ἐντεῦθεν (I 722.20-21), le copiste a noté à
l'encre rouge : μέχρι τῆδε νομίζω τὸ πρῶτον βιβλίον λαβεῖν
πέρας¹ ; le f. 56ᵛ commence par le lemme 128 E 6-129 A
2. Les trois ouvrages de Proclus, copiés par un seul copiste,
constituent trois blocs indépendants séparés l'un de l'autre
par des feuillets blancs : l'*In Parm.* (ff. 1-341) occupe 43 cahiers (tous des quaternions, sauf le 23ᵉ [ff. 177-182], qui est
un ternion), signés au verso du dernier folio dans la marge
inf. gauche α'-<μγ'> ; le « grand fragment » de la *Theol. plat.*
(ff. 342-365), trois quaternions signés au verso du dernier
folio dans la marge inf. gauche α'-β' (le troisième quaternion
[ff. 358-365] n'est pas signé) ; l'*In Alc*. (ff. 366-397), quatre
quaternions signés α'-γ' (le quatrième quaternion [ff. 390-
397] n'est pas signé). La seconde partie du ms. (ff. 398-428
= Alcinoos et Maxime de Tyr) compte quatre quaternions (le
dernier folio, blanc, n'est pas numéroté) signés au recto du
premier folio dans le centre de la marge inf. α'-δ' ; l'identification du copiste avec Aristobule Apostolis (= Arsène de
Monembasie) est possible, sans toutefois être certaine². Tous
les cahiers sont munis de réclame verticale, sauf les 43ᵉ (ff.
334-341 = fin de l'*In Parm.*), 46ᵉ (ff. 358-365 = fin du « grand

1. Cf. *supra*, p. LIV, n. 2.
2. L'attribution de cette partie à Aristobule Apostolis est
due à M. B. Trapp (cf. *supra*, p. CXXVII, n. 1), mais elle n'a pas été
reprise par les auteurs du RgK III, paru en 1997 (cf. le compte
rendu de l'édition de M. B. Trapp par Chr. Förstel, *Scriptorium*,
49 [1995], Bull. codicologique n° 582, p. 168*). Sur Aristobule
Apostolis, fils de Michel Apostolis, né en Crète en 1468/69,
nommé évêque de Monembasie sous le nom d'Arsène en 1506,
et mort à Venise en 1535, cf. RgK I 27, II 38, III 46 (notre ms.
n'est pas mentionné) ; DBI 3 (1961), p. 611-613 [A. Pratesi] ;
D. J. Geanakoplos, *Byzantium and the Renaissance. Greek Scholars
in Venice*, Cambridge (Mass.) 1962 (réimpr. Hamden [Connec-
ticut] 1973), p. 167-200.

fragment »), 50ᵉ (ff. 390-397 = fin de l'*In Alc.*) et dernier cahiers.

Ce ms. a appartenu au cardinal Niccolò Ridolfi (1501-
1550), neveau du pape Léon X (1475-1521) et petit-fils de
Laurent de Médicis[1]. Il est probable qu'il est entré dans la
collection Ridolfi par l'intermédiaire d'Aristobule Apostolis,
copiste de la seconde partie du ms. et protégé du cardinal.
Il figure dans les deux inventaires de la bibliothèque Ridolfi
sous le n° 29[2]. Après la mort du cardinal en 1550, ses livres

---

1. Pour l'histoire de la collection Ridolfi, cf. L. Delisle, *Le
Cabinet des manuscrits de la Bibliothèque Impériale*, t. I, Paris 1868,
p. 207-212 ; R. Ridolfi, « La biblioteca del cardinale Niccolò Ridolfi (1501-1550). Nuovo contributo di notizie e di documenti »,
La Bibliofilia, 31 (1929), p. 173-193 ; Proclus, *Theol. plat.* I, Introduction, p. CIV-CVI ; R. Baladié, « Contribution à l'histoire de
la collection Ridolfi : la date de son arrivée en France », *Scriptorium*, 29 (1975), p. 76-83.

2. Il existe deux inventaires de la collection Ridolfi : le
premier, incomplet, conservé dans le *Vallicellianus* C 46, a été
publié par H. Omont, « Un premier catalogue des manuscrits
grecs du cardinal Ridolfi », BEC 49 (1888), p. 309-324 ; notre
ms. est mentionné p. 315, n° 28 : « Proclus in Parmenidem et
Alcibiadem. Μαξίμου Τυρίου τῶν ἐν τῇ Ῥώμῃ διαλέξεων. 29 ». Le second inventaire, dont l'auteur est Matthieu Devaris (cf. RgK II
364, III 440), encore inédit, est conservé dans deux mss. : *Paris.
gr.* 3074 (XVIIᵉ siècle) et *Vat. gr.* 1567 (cf. G. Mercati, « Indice di
manoscritti greci del cardinale N. Ridolfi », MEFR 30 [1910], p.
51-55 [repris dans *Opere minori*, t. III, Città del Vaticano 1937,
p. 126-129]). Notre ms. est répertorié aussi dans ce second inventaire, voir *Paris. gr.* 3074, f. 4ᵛ, n° 29 : Πρόκλου διαδόχου εἰς
τὸν Παρμενίδην τοῦ Πλάτωνος βιβλία ζ· τοῦ αὐτοῦ σύνταγμα ἀνεπίγραφον οὗ ἡ ἀρχὴ οἱ περὶ τῶν θείων λόγοι· τοῦ αὐτοῦ εἰς τὸν Πλάτωνος
πρῶτον Ἀλκιβιάδην· Ἀλκινόου φιλοσόφου διδασκαλικὸς τῶν Πλάτωνος δογμάτων· Μαξίμου Τυρίου τῶν ἐν Ῥώμῃ διαλέξεων λόγοι πέντε.
La même notice du contenu, légèrement développée et suivie
de la cote 29, se lit aussi sur un petit feuillet, en partie dé-
chiré, collé au f. Iʳ de notre ms. : <Ἔνεστ>ιν ἐν τῇδε τῇ βίβλῳ
<Προκλου Πλατων>ικοῦ διαδόχου εἰς τὸν Παρμενίδην τοῦ Πλάτωνος
βιβλία ἑπτά. <τοῦ αὐτοῦ σύνταγμα> ἀνεπίγραφον οὗ ἡ ἀρχὴ Οἱ περὶ
τῶν θείων λόγοι συνήρηνται μὲν ἐν τοῖς ἀρχηγικωτέροις αἰτίοις καὶ τὰ

furent achetés par le maréchal Pierre Strozzi, et après la mort
de ce dernier au siège de Thionville en 1558, ils passèrent
en France, probablement entre 1560 et 1567, dans la bibliothèque de Catherine de Médicis (1519-1589), parente de
Pierre Strozzi. En 1599, ils entrèrent dans la Bibliothèque du
Roi, où notre ms. a été relié aux armes d'Henri IV.

Firenze, Biblioteca Marucelliana, A 155. Saec. XVII-XVIII,
chart., 385 × 240 mm. (ff. 1-120), 320 × 220 mm. (ff. 121-
134, 140-145), 300 × 205 mm. (ff. 135-139), ff. V-145-IV (ff.
140-145 etiam numerantur I-VI et *a-f*). Variorum auctorum
Epistulae graecae : ff. 1^r-16^v; Procli *In Alc.* : ff. 17^r-109^v
(in fine legitur : « Reliqua desiderantur etiam in Cod. Me-
diceo [= ms. F]») ; Damascii *In Philebum* : ff. 109^v-116^v;
Ps.-Gregorii Thaumaturgi *Ad Tatianum de anima* [= Ps.-
Maximi Confessoris *De anima*] : ff. 117^r-118^r; Ps.-Iohannis
Damasceni *De virtutibus et vitiis* : ff. 118^r-120^r; vac. f. 120^v;
Procli *In Parm.* I 617.1-638.4 (αὐτοῖς) : ff. 121^r-128^v; Ni-
cephori Chumni *Antitheticus adversus Plotinum* (in *Plotini
Opera Omnia*, ed. F. Creuzer, t. II, Oxonii 1835, p. 1413-
1430; des. mut. : μεῖζον γὰρ εἶναι καὶ ἔλαττον εἶναι = ed.
cit., p. 1428.8) : ff. 129^r-134^v; Procli *In Parm.* I 617.1-
624.23 (δια-) : ff. 135^r-136^v; Georgii Gemisti Plethonis

λοιπά. <Πρόκλου εἰς τὸν Πλά>τωνος πρῶτον Ἀλκιβιάδην λόγος εἷς.
<Ἀλκινόου διδασκα>λικὸς τῶν Πλάτωνος δογμάτων ἤγουν (?) εἰς τὴν
Πλάτωνος φιλοσοφίαν λόγος εἷς. <Μαξίμου Τυρίου Πλατ>ωνικοῦ φιλοσόφου τῶν ἐν τῇ Ῥώμῃ διαλέξεων τῆς πρώτης ἐπιδημίας λόγοι πέντε
δηλονότι περὶ ἡδονῆς ὅτι <εἰ καὶ ἀγαθὸν ἀλλ' οὐ> βέβαιον λόγοι τρεῖς.
ὁ τέταρτος τί τὸ τέλος τῆς φιλοσοφίας. ὁ πέμπτος ὅτι ἔστι καὶ ἐκ <τῶν
περιστάσεων ὠ>φελεῖσθαι. ἐν οἷς καὶ ἡ βίβλος τελευτᾷ. — En plus
de l'inventaire de la collection Ridolfi (ff. 1^r-72^r), le *Paris. gr.*
3074 contient aussi un inventaire des mss. latins et hébreux de
Gilles de Viterbe (ff. 74^v-79^v, éd. par Ch. Astruc et J. Monfrin,
« Livres latins et hébreux du cardinal Gilles de Viterbe », *Bibliothèque d'Humanisme et Renaissance*, 23 [1961], p. 551-554) et un
inventaire des mss. latins du cardinal Ridolfi (ff. 79^v-88^v : *Libri
latini Promiscue Domini Cardinalis Rodulphi*) ; les ff. 72^v-74^r sont
blancs.

Contra Scholarii pro Aristotele obiectiones : ff. 137^r-138^v (cap. 4, 5-8, 1, p. 3.26 [ἀτεχνῶς] - 8.12 [γὰρ] Maltese) ; vac. f. 139^{r-v} ; Marini *Proclus* (§ 22-38) : ff. 140^r-145^v [= I^r-VI^v] [1].

Ce ms. a été copié par Antonio Maria Salvini, érudit et lettré florentin (1653-1729) [2]. Sa structure, très irrégulière, trahit le caractère composite de ce recueil de pièces diverses, parfois fragmentaires. Les deux copies de l'*In Parm.* dérivent toutes les deux indépendamment du ms. F, comme le montrent leurs fautes séparatives. La seconde copie (ff. 135^r-136^v) est probablement antérieure à la première (ff. 121^r-128^v). En effet, la seconde copie omet le passage I 617.17-620.15 (ἡγεμόνας — ἕν ἐστι), qui correspond exactement aux ff. 1^v-2^r du ms. F. On pourrait donc penser que Salvini a copié à nouveau le texte (ff. 121^r-128^v) parce qu'il s'était aperçu de la faute. Les deux copies sont probablement ce qui reste de deux morceaux de transcription plus étendus, car elles s'achèvent au verso avec une réclame. La première copie (ff. 121^r-128^v) occupe deux binions (ff. 121-124 et 125-128), suivis d'un ternion (ff. 129-134 = Nicéphore Choumnos, texte incomplet à cause de la perte de quelques feuillets, comme le suggère la réclame au f. 134^v). La seconde copie de l'*In Parm.* (ff. 135^r-136^v) fait partie d'un

---

1. Cf. G. Vitelli, « Indice de' codici greci Riccardiani, Magliabechiani e Marucelliani », SIFC 2 (1894), p. 558-561 ; Damascius, *In Phil.*, Introduction, p. xiv, n° 27 ; Proclus, *In Alc.*, Introduction, p. cix (dans la n. 2, au lieu de : « *Parisinus gr.* 1817 », lire : « *Parisinus suppl. gr.* 194 ») ; Marinus, *Proclus*, Introduction, p. cxxvii-cxxviii (nous reprenons cette description, en la complétant par quelques précisions codicologiques).

2. Antonio Maria Salvini (Florence 1653-1729), après avoir achevé ses études de droit à l'université de Pise, enseigna le grec dans le *Studium* florentin et participa à la rédaction du dictionnaire de la Crusca. Il a laissé un très grand nombre de traductions du grec (Homère, Hésiode, Anacréon, Théocrite, Nonnos etc.), du latin (Ovide, Horace etc.) et de l'hebreu (*Lamentations*), ainsi que des discours sur des sujets sacrés et profanes et des ouvrages poétiques de médiocre qualité (cf. *Enciclopedia Italiana*, t. XXX, Roma 1936, p. 588 [G. Mazzoni]).

cahier qui est actuellement un ternion dont le dernier feuillet
a été coupé (ff. 135-139). Il est suivi d'un binion (ff. 140-
143) et d'un bifeuillet (ff. 144-145) qui contiennent Marinus.
Cette partie (ff. 121-145 : Proclus, Nicéphore Choumnos,
Pléthon, Marinus) a été insérée à l'intérieur du ms. d'une
manière assez complexe. Le premier cahier (ff. I-V, 1-9) se
compose d'un binion (ff. II-V) et d'un quaternion (ff. 1-8) reliés à l'intérieur d'un bifeuillet (ff. I/9) ; suivent dix quinions
(ff. 10-109) et un feuillet isolé (f. 110) ; les ff. 111-112 + les
3e et 4e folios de garde constituent un binion, à l'intérieur
duquel on a relié un binion (ff. 113-116), un bifeuillet (ff.
117-118), deux feuillets isolés (ff. 119-120), les ff. 121-145
et, à nouveau, deux feuillets isolés (1er et 2e folios de garde).
Salvini a écrit des conjectures dans les marges ou au-dessus
de la ligne, précédées soit de ἴσ(ως), soit de γρ(άφεται)[1].

1.2. *Le* Rossianus 962, *manuscrit de Gilles de Viterbe*

R Città del Vaticano, Biblioteca Apostolica Vaticana, Ross. 962
(olim XI, 112). Saec. XVI in. (ante 1521), chart., 315×225
mm., ff. V-408-V. Procli *In Parm.* : pp. 1-714 (109 bis) (lib.
I : pp. 1-117; lib. II : pp. 117-187; lib. III : pp. 187-245;
lib. IV : pp. 245-412; lib. V : pp. 412-488; lib. VI : pp. 489-
590; lib. VII : pp. 591-714) ; vac. p. 715 ; eiusdem *In Alc.*
1-72.8 : pp. 716-770 ; vac. p. 771 ; eiusdem *Theol. plat.*, excerpta (« grand fragment ») : pp. 772-814[2].

1. La correction κατελυέτην (619.13), que nous accueillons
dans le texte (cf. *infra*, *Notes supplémentaires*, p. 323-324), se lit
dans la marge, précédée de γρ(άφεται). Salvini a fait d'autres
conjectures exactes, parfois *in scribendo* (f^1 = *Marucel.* ff. 121^r-
128^v; f^2 = *Marucel.* ff. 135^r-136^v) : 620.25 πολλὰ A *multa* **g** ἴσως
πολλὰ f^{2sl} : πολλοὺς sf^1f^2 || 623.18 καθ' ἑκατέραν Cous² $f^{1\gamma pmg}$
secundum utramque **g** : καθ' ἑκατ( )ρ( ) F καθ' ἑκάτερον f^1f^2 ||
623.26 ἀνυπόθετον $M^{p.corr.}$ ἴσως ἀνυπόθετον f^{2sl} : ἀνύποπτον Σ f^1f^2
|| 628.27 ἄλλο Af^1 *aliud* **g** : ἄλλω s || 629.8 ἐκφαίνων Af^1 :
-φαῖνον s || 631.28 γραφέντος Cous $f^{1\gamma pmg}$ *conscriptum* **g** : γρά-
φοντες sf^1 γράφοντος A.
2. Cf. C. Van de Vorst, « Verzeichnis der griechischen
Handschriften der Bibliotheca Rossiana », *Zentralblatt für Biblio-*

Ce ms. a été copié par Constantin Mésobotès[1] avant le
mois d'octobre 1521, car il a été utilisé par Nicolas Scutelli
pour sa traduction latine de l'*In Parm.*, achevée à la fin d'octobre 1521[2]. La première partie (35 quinions [pp. 1-699] et
un quaternion [pp. 700-715], signés au recto du premier fo-
lio dans la marge inf. α^{ov}-λς^{ov}) contient l'*In Parm.*, dont la fin
abrupte (p. 714) n'est pas signalée ; le reste de la p. 714 et
la p. 715 sont blancs. Suivent cinq quinions (pp. 716-815)
signés α^{ov}-ε^{ov}, qui contiennent l'*In Alc.* 1-72.8 et le « grand
fragment » de la *Theol. plat.*, intitulé ἐκ τῶν τοῦ Πρόκλου
τοῦ διαδόχου comme dans le ms. F (dans la marge sup. des
pp. 773-774, Nicolas Scutelli a écrit : ἐκ τῆς θεολογίας Πρόκλου, en reconnaissant ainsi l'origine de ce texte[3]). Le *Ross.*

thekswesen, 23 (1906), p. 492-508, 537-550, en part. p. 538, n°
18 ; E. Gollob, « Die griechische Literatur in den Handschriften
der Rossiana in Wien, I », *Sitzungsberichte der Kais. Akademie der
Wissenschaften in Wien, Philosophisch-Historische Klasse*, 164. Bd.,
3. Abh., Wien 1910, p. 66-67, n° 18 ; G. Mercati, *Note per la storia di alcune biblioteche romane nei secoli XVI-XIX* (Studi e testi,
164), Città del Vaticano 1952, p. 36-37 ; Whittaker, « Greek Manuscripts », p. 234-235 ; Proclus, *In Alc.*, Introduction, p. cix ;
Steel-Van Riel, « Grand Fragment », p. 537.
    1. Cf. RgK III 363 (ms. cité p. 139). Constantin Mésobotès
a d'abord travaillé à Padoue dans le cercle de Zacharias Kal-
lierges et ensuite à Venise et Bologne (en collaboration avec
Valeriano Albini) ; ses mss. datent d'entre 1508 et 1533 (cf. RgK
I 224, II 315). L'attribution du *Ross.* 962, ainsi que d'autres
mss. ayant appartenu à Gilles de Viterbe, à Valeriano Albini,
proposée par G. Mercati, *Note per la storia di alcune biblioteche
romane*, cit., p. 37, 165-173, et reprise par Whittaker, « Greek
Manuscripts », p. 221 et 234, ne peut plus être retenue (cf. J.
Whittaker, « Giles of Viterbo as classical scholar », dans *Egidio
da Viterbo, O. S. A. e il suo tempo*. Atti del V Convegno dell'Istituto
Storico Agostiniano, Roma-Viterbo, 20-23 ottobre 1982 [Studia
augustiniana historica, 9], Roma 1983, p. 85-105, en part. p.
102-104 ; RgK III 363).
    2. Cf. *infra*, p. cdxxxii-cdxxxv.
    3. Dans le *Riccardianus* 155, qui contient la traduction la-
tine, par Scutelli, des trois textes contenus dans le *Ross.* 962,
Gilles de Viterbe considère le « grand fragment » comme la

962 contient donc les mêmes textes que F, dans la même recension et le même ordre. Puisque les deux mss. ont chacun
leurs fautes propres — particulièrement fréquentes en R [1] —
il faut les considérer comme deux copies indépendantes de
Σ.

Ce ms. a appartenu au cardinal Gilles de Viterbe (Viterbe
1469 - Rome 1532), humaniste et théologien, prieur général
de l'ordre des Augustins de 1507 à 1518 [2]. En effet, on reconnaît sa main dans les nombreuses annotations marginales
grecques à l'encre rouge ou violette aux pp. 1-153. Aux pp.
62, 78, 120 et 150, on lit des notes en hébreu ; dans celle de
la p. 120, la τελειοτέρα ... καὶ κυριωτέρα ἐπιστήμη (*In Parm.*
II 725.13-14) est comparée à la cabale, conformément aux
intérêts de Gilles qui a été un des promoteurs de la cabale
chrétienne, comme en témoigne son traité *Scechina* [3]. A la p.
348 (marge intérieure), Gilles a esquissé trois collines sur-
montées chacune d'une croix, armes qu'il avait choisies lors
de son élévation au cardinalat en 1517. Ce même dessin se
trouve dans plusieurs mss. et livres qui lui ont appartenu,
toujours en marge de passages dont il voulait souligner l'im-

partie perdue du commentaire sur le *Parménide* (cf. *infra*, p.
CDXXVIII). Sur cette hypothèse, envisagée aussi par Francesco
Patrizi, cf. *infra*, p. CXCIX-CC.

1. Exemples de fautes propres à R (surtout des omissions),
infra, p. CDXXXIII.

2. Sur Gilles de Viterbe, cf. F. Secret, *Les kabbalistes chrétiens de la Renaissance* (Collection Sigma, 5), Paris 1964, p.
106-126; *Egidio da Viterbo, O. S. A. e il suo tempo*, cit. (*supra*, p.
CXXXIII, n. 1) ; DBI 42 (1993), p. 341-353 [S. Foà].

3. Cf. Egidio da Viterbo, *Scechina e Libellus de litteris he-
braicis*, a cura di F. Secret (Edizione nazionale dei classici del
pensiero Italiano. Serie II, 10-11), 2 vol., Roma 1959. On lit
dans ce traité un renvoi au commentaire de Proclus sur le
Parménide : « Dixi de uno hactenus : cantato alto poemate a
Parmenide : altiore ab Achademia : a Proclo longissimis commentariis commendato » (t. I, p. 87 ; cf. p. 132, 219 et t. II, p.
74).

portance[1]. A partir de la page 154 jusqu'à la fin du ms., ainsi qu'aux pp. 2, 4-7, 10-11, 13, 27, 30-32, 88, 125 et 127, les annotations marginales grecques, à l'encre brune, sont de la main de Nicolas Scutelli, qui a aussi écrit des gloses interlinéaires grecques ou latines (voir, par exemple, pp. 154, 163, 167, 172, 290, 291, 294, 295, 716 ss.), numéroté les pages du ms.[2], et écrit la numérotation des paragraphes en lettres

1. Un dessin analogue s'observe à la p. 132 (marge extérieure) et dans le *Riccardianus* 155 qui contient la traduction latine par Nicolas Scutelli des trois textes contenus dans le *Ross.* 962 (cf. *infra*, p. CDXXVII-CDXXXV). Ce dessin, qui symbolise les trois collines de Lecceto (près de Sienne), reproduisait les armes du monastère augustinien de l'Observance de Lecceto auquel Gilles de Viterbe avait été associé depuis le mois d'avril 1503 (cf. Whittaker, « Greek Manuscripts », p. 214-215). Sur la prédilection de Gilles de Viterbe pour ce monastère qui, selon la tradition, aurait été visité par Saint Augustin et qui avait été le point de départ de la réforme de l'ordre Augustinien depuis le milieu du XIVe siècle, cf. F. X. Martin, « Giles of Viterbo and the Monastery of Lecceto : the Making of a Reformer », *Analecta Augustiniana*, 25 (1962), p. 225-253 ; sur son activité de réforme religieuse, cf. J. W. O'Malley, *Giles of Viterbo on Church and Reform. A Study in Renaissance Thought* (Studies in Medieval and Reformation Thought, V), Leiden 1968.

2. Notre identification de la main grecque de Nicolas Scutelli se fonde principalement sur le *Neapol.* II. F. 7, autographe gréco-latin de Scutelli, en particulier les ff. 5[v], 9[r]-14[v], qui contiennent le texte grec et la traduction latine de plusieurs fragments orphiques (sur ce ms., cf. *infra*, p. CDXXXIX-CDXLI). Voir aussi la souscription autographe gréco-latine de Scutelli à la fin de sa traduction de l'*In Parm.* dans l'autographe, *Riccardianus* 155, f. 426[r] (cf. *infra*, p. CDXXVIII), et la note gréco-latine dans ce même ms., f. 398[v] : ἐκθεούμενα *recte* ἐκθεούμενα, *non* θεούμενα, *sed* ἐκθεοῦ. (ad *In Parm.* VII 1212.20), dans laquelle les mots latins sont indubitablement de la main de Scutelli, copiste du ms. (cf. *infra*, p. CDXXXII). Déjà Whittaker, « Greek Manuscripts », p. 235, avait affirmé que les notes marginales à partir de la p. 154 pouvaient difficilement être attribuées à Gilles de Viterbe : « However, in addition to the above-mentioned annotations which are obviously Giles' [...] there are throughout the manuscript, but particularly from p. 154 onwards annotations,

grecques dans les marges intérieures des pp. 4-13 (α-ω), 14-29 (β-ω), 29-33 (α-σ).

Le *Ross.* 962 fait partie d'un groupe de onze mss. qui ont été écrits, entièrement ou partiellement, par le même copiste, Constantin Mésobotès[1]. Ces mss. présentent des caractérisques communes : ils ont, plus ou moins, les mêmes dimensions (320 × 235 mm.), sont copiés sur un papier portant des filigranes du type « ancre inscrite dans un cercle surmonté d'une étoile » (cf. Briquet 477 ss. ; notre ms. présente un filigrane du type Briquet 492 [Lucques 1522]), et présentent de larges marges permettant au lecteur d'ajouter ses propres notes. Il est donc probable qu'ils ont tous été produits à la même époque sur commande de Gilles de Viterbe.

Ces mss. furent donnés par Gilles à la bibliothèque du couvent de Sant'Agostino de Rome qui fut ensuite incorporée dans la Biblioteca Angelica (fondée en 1614 par l'augustin Angelo Rocca). Le *Ross.* 962 se trouvait encore à la Biblioteca Angelica au début du XVIIIe siècle, comme il

---

mostly in Greek, in a somewhat crude hand using a dark brown ink (Giles markings are in red or, less frequently, purple). It is perhaps possible that some of these later annotations are the work of Giles, but the almost total absence of underscoring in the brown ink and of other characteristics of Giles militates against such a view ». — En ce qui concerne la pagination, comparer ces chiffres (en particulier le 5) avec ceux qui accompagnent les notes marginales de Scutelli aux pp. 173, 179-180, 232, 269, 391, 403, 504, 534 du *Ross.* Voir aussi Reis, *Der Platoniker Albinos*, p. 235 et Abb. 16 (reproduction de la page 153 du *Vallicellianus* E 36, ms. grec utilisé par Scutelli pour sa traduction du *Prologus* d'Albinus et dont il a numéroté les pages : remarquer, ici aussi, la forme du chiffre 5). Sur cette traduction de Scutelli, cf. *infra*, p. CDXXVI-CDXLVII.

1. Il s'agit des mss. *Angel. gr.* 85 (ff. 37-261), 101 (ff. 161-466), 103, 104, 105, 118, 119, *Ross.* 558 (ff. 129-358), 962, 983, 1023 (cf. Whittaker, « Greek Manuscripts », p. 221-222 ; RgK I 224, III 363). Pour la fausse attribution de ces mss. à Valeriano Albini, cf. *supra*, p. CXXXIII, n. 1.

ressort du catalogue du Père Basile Rassegnier[1]. Entre 1833 et 1836, il fut volé avec d'autres mss. de la bibliothèque, et ensuite acheté par le Chevalier Gian Francesco de' Rossi. A la mort de celui-ci en 1855, les mss. de sa collection furent donnés par sa veuve aux Jésuites de Lainz, qui, en 1877, les déposèrent dans leur collège de Vienne. Finalement, en 1922, la collection fut mise en dépôt au Vatican, et c'est ainsi que notre ms. revint à Rome[2].

Vers le milieu du XVIe siècle, le *Ross.* 962 fut utilisé comme modèle pour un ms. de la bibliothèque pontificale, l'actuel *Vat. gr.* 232.

Città del Vaticano, Biblioteca Apostolica Vaticana, Vat. gr. 232. Annis 1535-1549, chart., 328 × 227 mm., ff. II-166. Procli *In Parm.* : pp. 1-314 ; vac. pp. 315-332[3].

Ce ms. se compose de 24 cahiers non signés : après trois sénions (pp. 1-72) et un sénion dont les deux derniers feuillets ont été coupés (pp. 73-92), les cahiers 5-24 sont alternativement des binions (cahiers impairs : 5e, 7e, 9e etc. jusqu'au 23e) et des quaternions (cahiers pairs : 6e, 8e, 10e etc. jusqu'au 24e). Le texte de Proclus se termine à la page

1. Le catalogue manuscrit du Père B. Rassegnier (Toulouse 1677-Rome 1734) (Biblioteca Angelica, ms. 1078) a été rédigé en 1731 et porte le titre : *Index Manuscriptorum Bibliothecae Angelicae auctorum et materiarum ordine alphabetico dispositus* (cf. Whittaker, « Greek Manuscripts », p. 212, n. 2). La notice du *Ross.* 962 dans le catalogue du Père Rassegnier se lit à la page 99 : « Procli Diadochi Lycii in Platonis Parmenidem, et Alcibiadem Comment. graece » (cf. Ae. Piccolomini, *praefatio* à G. Muccio - P. Franchi de' Cavalieri, « Index codicum graecorum Bibliothecae Angelicae », SIFC 4 [1896], p. 1-32, en part. p. 9 ; id., « Index codicum graecorum Bibliothecae Angelicae : ad Praefationem additamenta », SIFC 6 [1898], p. 167-184, en part. p. 181).

2. Sur l'histoire de la bibliothèque *Rossiana* et sur le vol des mss., cf. Mercati, *Note per la storia*, cit., p. 41-47 ; Whittaker, « Greek Manuscripts », p. 212-213.

3. Cf. Ioh. Mercati et P. Franchi de' Cavalieri, *Codices Vaticani Graeci*, t. I : *Cod. 1-329*, Romae 1923, p. 301.

314, le dernier feuillet du 23ᵉ cahier (pp. 315-316) et le 24ᵉ et dernier cahier sont blancs (la pagination s'arrête à 330, le dernier feuillet [= pp. 331-332] n'est pas numéroté). Le ms. a été copié par Jean Honorius de Maglie (en Terre d'Otrante), *scriptor graecus* à la bibliothèque du Vatican entre 1535 et 1563[1], sur commande du pape Paul III (1534-1549) dont les armes, portées par deux génies ailés, sont peintes dans la marge inf. de la page 1, avec la formule de vœux : ΟΛΒΙΟΣ ΑΕΙ et l'inscription : LIBERALITATE PAVLI III. PONT. MAX.[2]. Les lemmes sont écrits au centre de la page[3]. Le même scribe a également copié les deux autres textes de Proclus (*In Alc.* 1-72.8 et « grand fragment » de la *Theol. plat.*) que contient le ms. de Gilles de Viterbe, conservé alors à la bibliothèque de Sant'Agostino à Rome, mais ces deux textes ont été reliés avec le *De mysteriis* de Jamblique, copié lui aussi par Jean Honorius, pour former le *Vat. gr.* 323[4].

Le ms. de l'*In Parm.* est mentionné pour la première fois dans l'inventaire de la "petite secrète" de la Bibliothèque Vaticane, postérieur à celui de 1548 : « In 2° ord(ine) 4ⁱ Arma(rii) : 11. Proclus Diadochus in Parmenidem Platonis libri septem ; septimus est imperfectus »[5]. En effet, comme

1. Sur Jean Honorius de Maglie, cf. M. L. Agati, *Giovanni Onorio da Maglie, copista greco (1535-1563)* (Supplemento n. 20 al « Bollettino dei classici ». Accademia Nazionale dei Lincei), Roma 2001, en part. p. 288, n° 65 (description de notre ms.) ; RgK I 174, II 232, III 286 (ms. cité p. 110).

2. Sur cette décoration, typique des mss. copiés par Jean Honorius, cf. M. L. Agati, *Giovanni Onorio da Maglie*, cit., p. 106-107 (notre ms. est cité p. 107).

3. Voir le schéma de la mise en page de notre ms. reproduit dans M. L. Agati, *Giovanni Onorio da Maglie*, cit., p. 101, fig. 1.

4. Cf. Sicherl, *De mysteriis*, p. 67-70 ; Steel-Van Riel, « Grand Fragment », p. 538 ; M. L. Agati, *Giovanni Onorio da Maglie*, cit., p. 290-291, n° 69.

5. Cf. R. Devreesse, *Le fonds grec de la Bibliothèque Vaticane des origines à Paul V* (Studi e testi, 244), Città del Vaticano 1965, p. 447, n° 221.

dans son modèle R, le commentaire s'arrête après les mots οὐδ' ἄρα, sans aucun supplément.

On connaît deux copies du *Vat. gr.* 232, dont l'une, Roma, Pontificia Università Gregoriana, Archivio 106, date de la fin du xvie siècle, l'autre, le *Vallicellianus* Allacci XLVII, du xviie siècle.

Roma, Pontificia Università Gregoriana, Archivio 106. Saec. XVI ex., chart., 334 × 230 mm., ff. IV-280-V. Procli *In Parm.* : pp. 1-562[1].

Ce ms. a été copié par un seul copiste et se compose de 35 quaternions signés, ainsi que les bifeuillets qui les composent, au recto dans la marge inf. : *A, Aɪɪ, Aɪɪɪ, Aɪɪɪɪ, B, Bɪɪ, Bɪɪɪ, Bɪɪɪɪ*, jusqu'à *Z, Zɪɪ, Zɪɪɪ, Zɪɪɪɪ* (1er-21e cahiers = pp. 1-336), αα, ααɪɪ, ααɪɪɪ, ααɪɪɪɪ, ββ, ββɪɪ, ββɪɪɪ, ββɪɪɪɪ, jusqu'à ξξ, ξξɪɪ, ξξɪɪɪ, ξξɪɪɪɪ (22e-35e cahiers = pp. 337-562) ; le dernier feuillet, blanc, n'est pas numéroté ; réclames au verso de tous les feuillets. Le texte s'arrête abruptement sur les mots οὐδ' ἄρα au milieu de la page 562. Le ms. a appartenu au Collegio Romano de la Compagnie de Jésus (ex-libris à la p. 1 : « Collegii Romani Societatis Jesu »). Qu'il s'agisse d'une copie du *Vat. gr.* 232, et non pas de R, cela ressort des nombreuses fautes particulières qu'il partage avec le *Vat. gr.* 232, dont il reproduit aussi la mise en page (lemmes au centre de la page).

Roma, Biblioteca Vallicelliana, Allacci XLVII. Saec. XVII, chart., 275 × 200 mm., ff. I-704 (263bis, 625bis)[2]. Ce ms. se compose de quatre parties :

XLVII.1 (ff. 1-678). Procli *In Parm.* : ff. 1[r]-607[v] (vac. ff.

---

1. Ms. signalé par P. O. Kristeller.
2. Cf. E. Martini, *Catalogo di Manoscritti Greci esistenti nelle biblioteche Italiane*, t. II (Indici e cataloghi, XIX), Milano 1902 (réimpr. Roma 1967), p. 208, n° 157.

52^v-54^v, 149^v-154^v, $495^{r\text{-}v}$), cum continuatione Pachymeris : ff. 608^r-678^v.

Cette partie se compose de 59 cahiers : un sénion (ff. 1-12), un quaternion (ff. 13-20), un quinion (ff. 21-30), deux sénions (ff. 31-54), dix quinions (ff. 55-154), trente-sept sénions (ff. 155-597), un quinion (ff. 598-607), six sénions (ff. 608-678). Le f. 679 est un petit feuillet (217×157 mm.) qui sépare la première partie du reste du ms. Les cahiers 2-6 sont signés au recto du premier folio dans la marge sup. : *2°-6°*. Les cahiers 6-15 sont signés au recto du premier folio dans l'extrême marge inf. gauche : *1-10* (le 6e cahier est donc signé deux fois). Les cahiers 16-59 sont signés au même endroit, avec une double faute de numérotation : α 1, β 2, γ 3, δ 4, ε, ζ 5 (*sic*), 6-9, 8 (*sic*) - 41. Cette partie a été copiée par deux copistes : 1re main = ff. 1^r-52^r, $678^{r\text{-}v}$; 2e main = ff. 55^r-677^v. Les deux copistes ont probablement travaillé en même temps, comme le suggère le fait que le premier arrête sa copie au f. 52^r avec le début du lemme 127 A 5-7 (I 680.1) accompagné d'un renvoi au 6e cahier : « Καὶ δεομένων quinterno 6° », en laissant blancs les derniers folios du 5e cahier (ff. 52^v-54^v), et que le second copiste commence sa copie au f. 55^r, début du 6e cahier. Pour le commentaire de Proclus, ce ms. est une copie du *Vat. gr.* 232. En effet, au f. 607^v, à la fin du texte, le copiste a écrit la note suivante : « Hactenus Codex mss. Pauli III num. 232 ». Pour la continuation de Pachymère, il est une copie du *Vat. gr.* 231. En effet, au f. 608^v, à la fin du lemme 141 E 10-142 B 5 [= col. 1242.34-1244.4 et 1257.8-14 Cousin], le copiste a transcrit la note de Bessarion qu'on lit dans le *Vat. gr.* 231 ainsi que dans tous les descendants du *Marc. gr.* 191[1] : « In Codice mss. 231 ad marginem haec leguntur : Μέχρι ὧδε τὰ τοῦ Πρόκλου ἢ μέχρι τῆς α^ης ὑποθέσεως ὅλης· ἐλλείπει δὲ ἡ ἐξήγησις τοῦ τελευταίου τοῦ τεμαχίου. postea sic sequitur » (suit la continuation de Pachymère). Le *Vat. gr.* 231 a aussi été utilisé pour corriger le

---

1. Sur le *Marc. gr.* 191 et la note de Bessarion, cf. *infra*, p. CXCVI-CXCVIII. Sur le *Vat. gr.* 231, cf. *infra*, p. CCVII-CCVIII.

texte du *Vat. gr.* 232 : ses variantes (introduites par *al.* [= *aliter*]) sont en effet enregistrées dans les marges du texte de Proclus (voir, par exemple, f. 55ʳ : « al(iter) Vat. 231 ἐξ-έχονται », correction pour ἐξέρχονται [I 680.9]), ainsi qu'un certain nombre de conjectures (introduites par *forte*). Ce travail de collation du texte, entamé probablement en vue d'une édition, s'arrête à la fin du livre II (f. 149ʳ).

XLVII.2 (ff. 680-691). Procli *Eclogae de philosophia Chaldaica* I-V : ff. 680ʳ-687ᵛ ; Anonymi *Epistula* : f. 688ʳ⁻ᵛ ; Procli *Ecloga V de philosophia Chaldaica* : f. 689ʳ⁻ᵛ ; vac. f. 690ʳ⁻ᵛ ; eiusdem *Ecloga V de philosophia Chaldaica* (fragm.), p. 212.6-16 des Places (τῶν ψυχῶν ἐστι — ἄλλο ἄλλην. Τέλος) : f. 691ʳ ; vac. f. 691ᵛ.

Cette partie se compose d'un quaternion (ff. 680-687) et d'un binion (ff. 688-691). Elle a été copiée par un seul copiste, différent des deux qui ont copié la première partie. La lettre contenue au f. 688ʳ⁻ᵛ est un brouillon en italien (*inc.* : « È partito costì il Signor Posi architetto per affari del Signor [*spat. vac.*]. Si pensa [stima *s.l. add.*] che per mezzo suo ed altre persone d'autorità ottenga letera comendatizia presso sua Beatitudine, ed Eccellentissimo Signor Ambasciatore, per ottenere la grazia di far esso la Fabrica del Governo. Questa Fabrica è destinata per il Signor Nicola Giansimoni »).

XLVII.3 (ff. 692-697). Procli *Eclogae de philosophia Chaldaica* I-V : ff. 692ʳ-697ᵛ, expl. mut. p. 212.1 des Places (ὑφέστησεν οὕτω καὶ πάν-).

Cette partie, qui contient les mêmes textes que la deuxième et a été copiée par le même copiste, est constituée par un ternion, mais la fin mutilée du texte implique la perte d'un ou plusieurs feuillets. Au début du texte on lit le titre suivant : « Excerpta quaedam ex Procli Lycii Chaldaica Philosophia. Ex Manuscripto Vatic. 1206 [*pro* 1026 ?][1] ».

_____

1. Les *Eclogae de philosophia Chaldaica* de Proclus sont contenues, en effet, dans le *Vat. gr.* 1026, ff. 231ᵛ-233ʳ (cf. Si-

XLVII.4 (ff. 698-703). Leonis Allacci *Translatio latina Procli Eclogarum de philosophia Chaldaica* I-IV : ff. 698^r-703^r ; vac. f. 703^v.

Cette partie est constituée par un ternion. Le texte présente de nombreuses corrections d'auteur.

Le fonds Allacci de la Biblioteca Vallicelliana rassemble une grande partie des autographes de Leone Allacci (Chios 1586/7 - Rome 1669), *scriptor graecus* à la Bibliothèque Vaticane de 1619 à 1661, Premier Custode en 1661, des notes et des extraits, soit de sa main soit de celles de ses copistes, ainsi que des notes diverses de Raffaele Vernazza et d'Agostino Mariotti qui, à la fin du xviiie siècle, entrèrent en possession des papiers Allacci avant de les déposer à la bibliothèque de l'Oratoire (actuelle Biblioteca Vallicelliana)[1]. Au f. 1^r on lit la note suivante d'Agostino Mariotti qui conseille la vente du ms. : « Adv(ocatus) August. Mariottus. da vendere. Hoc

cherl, *De mysteriis*, p. 134-137 ; éd. des Places, p. 202).

1. Sur Leone Allacci, cf. DBI 2 (1960), p. 467-471 [D. Musti] ; C. Jacono, *Bibliografia di Leone Allacci (1588-1669)* (Quaderni dell'Istituto di filologia greca della Università di Palermo, 2), Palermo 1962 ; Th. Cerbu, *Leone Allacci (1587-1669). The Fortunes of an Early Byzantinist*, PhD Harvard 1986 (thèse inédite, exemplaire déposé à la Biblioteca Vallicelliana) ; Leone Allacci, *Apes Urbanae*. Ristampa anastatica dell'edizione Roma 1633, a cura di M.-P. Lerner, Lecce 1998. Sur l'activité philologique d'Allacci, cf. A. Severyns, « Allatius et la *Vita Homeri* de Proclos », *Acme*, 8 (1955), p. 131-135 (à propos de l'édition par Allacci, Lyon 1640, de la *Vita Homeri* attribuée à Proclus [édition moderne par A. Severyns, *Recherches sur la Chrestomathie de Proclus*, Paris 1963, t. IV, p. 67-74]) ; R. Maisano, « Manoscritti e libri stampati nell'opera filologica di Leone Allacci », JÖB 32/6 (1982) (XVI. Internationaler Byzantinistenkongress, Wien, 4.-9. Oktober 1981. Akten, II. Teil, 6. Teilband), p. 197-206. Sur le fonds Allacci, cf. E. Martini, *Catalogo di Manoscritti Greci esistenti nelle biblioteche Italiane*, cit. (*supra*, p. cxxxix, n. 2), p. 201 ; Th. Cerbu, *op. cit.*, p. 22, n. 11. Une partie des papiers Allacci est conservée dans le fonds *Barberinianus* de la Bibliothèque Vaticane, parce que Allacci avait été bibliothécaire du card. Francesco Barberini.

Procli Lycii Opus in Parmenidem Platonis ineditum est, ut
Fabricius Bibl. Gr. To. 8, ineditum, inquam, graece, ut pag.
530. Ex variis Codd. Vaticanis exscriptum est, ut patet ex
Fol. quod signavi * [= f. 55ʳ], et potissimum ex Ms. Pauli
III [= *Vat. gr.* 232], quod item signavi ω [= f. 607ᵛ]. Aliqua in fine VI Libri deesse videntur [le livre VI est complet].
VII Liber deest, sed non Procli, illum supplevit Damascius.
Adv(ocatus) Aug. Mariottus opere lecto, et evoluto, haec
omnia adnotavi »[1]. Le ms. a été restauré en 2003 avec une
nouvelle reliure en parchemin et deux folios de garde antérieurs et postérieurs.

1.3. *Copies tardives de Σ*

Dans leur édition de la traduction latine de la section finale de l'*In Parm.* de Proclus, R. Klibansky et L. Labowsky
ont considéré F et R comme les seuls témoins directs du ms.
Σ. Selon eux, les autres mss. appartenant à la même famille
dépendraient de ces deux témoins, ce qui permettrait de les
éliminer pour l'établissement du texte[2]. Cependant, de nouvelles recherches montrent qu'il existe trois autres témoins
(un complet et deux partiels) du ms. perdu Σ, qui ne dépendent ni de F ni de R ni de leurs copies, car ils ne partagent
pas leurs leçons propres. Par ailleurs, ils présentent toutes
les fautes de Σ. Il faut donc supposer qu'ils dépendent, malgré leur date récente, du même ms. Σ, qui avait déjà servi de

---

1. D'autres mss. du fonds Allacci de la Biblioteca Vallicelliana portent une note analogue d'Agostino Mariotti, dans
laquelle il conseille la vente du ms. En effet, un certain nombre
de mss. Allacci furent vendus et se trouvent actuellement à la
BNF de Paris, à Léningrad et dans d'autres bibliothèques. —
Pour les folios marqués par Mariotti (f. 55ʳ et 607ᵛ), voir la
description de la première partie de ce ms. (XLVII.1), *supra*, p.
cxl-cxli. — Pour l'attribution de la continuation de Pachymère
à Damascius, cf. *infra*, p. clxxix et n. 3.
2. Pour les divergences entre notre stemma et celui de
Klibansky-Labowsky, cf. *infra*, p. cdlxi, n. 1.

modèle à F et à R. Nous décrivons ci-dessous ces trois mss. et leur descendance.

1.3.1. *Le* Scorialensis T. II. 8 (gr. 147), *manuscrit d'Antonio Agustín*

G   El Escorial, Real Biblioteca, T. II. 8 (gr. 147). Saec. XVI (ante 1573), chart., 300 × 205 mm., ff. I-430. Procli *In Parm.* : ff. 1^r-354^r (lib. I : ff. 1^r-69^r; lib. II : ff. 69^r-108^v; lib. III : ff. 108^v-141^v; lib. IV : ff. 142^r-218^v; lib. V : ff. 219^r-252^v; lib. VI : ff. 253^r-292^v; lib. VII : ff. 292^v-354^r) ; vac. f. 354^v, cum continuatione Pachymeris : ff. 355^r-430^r[1].

Ce ms. a été copié par quatre copistes[2] : 1re main = ff. 1^r-70^v, 74^r-140^v; 2e main = ff. 71^r-73^v, 142^r-354^r : Nicolas de la Torre[3]; 3e main = f. 141^{r-v}; 4e main = ff. 355^r-430^r. Le texte du commentaire de Proclus s'arrête au f. 354^r, et la 3e main a ajouté οὐσίας μετέχει ; le reste du folio et le verso sont restés blancs. Aux ff. 355^r-430^r le quatrième copiste a copié la continuation de Pachymère. Le ms. est certainement antérieur à 1573, année où il servit de modèle pour le *Vat. Barber. gr.* 68. Il a appartenu à Antonio Agustín (1517-1586), professeur de droit à Padoue et à Florence, évêque de Lérida en 1559 et archevêque de Tarragone en 1576, comme

---

1. Cf. A. Revilla, *Catálogo de los Códices Griegos de la Biblioteca de El Escorial*, t. I, Madrid 1936, p. 473-474 (pour l'identification erronée des copistes, cf. note suivante).

2. L'identification du deuxième copiste comme étant Andreas Darmarios et du quatrième comme étant Antonios Calosynas, proposée par A. Revilla (cf. note précédente ; il s'agit des copistes (b) et (c) de Revilla, qui ne distingue pas la 3e main = f. 141^{r-v}), ne peut pas être retenue. En effet, le deuxième copiste doit être identifié à Nicolas de la Torre, comme le montre la comparaison avec la planche du RgK I 319 [= *Cantabrigensis, Univ. Libr.*, Kk 5. 11 (2053)]. Pour Antonios Calosynas, cf. RgK I 25 [= *Matritensis gr.* 4857] : remarquer, en particulier, le γ oncial propre à Calosynas et complètement absent dans les folios copiés par le quatrième copiste de notre ms.

3. Sur Nicolas de la Torre, qui a aussi collaboré à la copie de l'*Oxon. Bodl. gr. miscell.* 97, cf. *infra*, p. CCXXII-CCXXIII.

le montre le chiffre *190* tracé à l'encre noire dans la marge inf. gauche du f. 1[r], qui correspond au numéro d'ordre du ms. dans le catalogue imprimé des livres d'Antonio Agustín[1].

Città del Vaticano, Biblioteca Apostolica Vaticana, Barber. gr. 68. Anno 1573, chart., 205 × 145 mm., ff. I-1220. Procli *In Parm.* : ff. 1[r]-1106[v], cum continuatione Pachymeris : ff. 1106[v]-1220[v][2].

Ce ms. est un produit de l'atelier d'Andreas Darmarios[3].

1. Sur Antonio Agustín, cf. Marinus, *Proclus*, Introduction, p. CXIII, n. 3. Sur le catalogue de ses livres, *Antonii Augustini archiepiscopi Tarracon. bibliotheca graeca manuscripta, latina manuscripta, mixta ex libris editis variarum linguarum*, Tarracone 1586 (année de la mort d'Agustín), cf. Ch. Graux, *Essai sur les origines du fonds grec de l'Escurial* (Bibliothèque de l'École des Hautes Études. Sciences philologiques et historiques, 46), Paris 1880, p. 284-286 ; sur le numéro d'ordre que les mss. d'Agustín portent dans la marge inf. gauche de la première page, cf. *ibid.*, p. 299 ; sur notre ms., identifié par le n° 190, cf. *ibid.*, p. 460, 495.

2. Cf. V. Capocci, *Codices Barberiniani Graeci*, t. I : *Codices 1-163*, In Bybliotheca Vaticana 1958, p. 70-71 ; O. Kresten, « Statistische Methoden der Kodikologie bei der Datierung von griechischen Handschriften der Spätrenaissance », *Römische Historische Mitteilungen*, 14 (1972), p. 23-63, en part. p. 42-44.

3. Sur Andreas Darmarios, cf. RgK I 13, II 21, III 22. Pas moins de six mss. de l'*In Parm.* ont été copiés par Andreas Darmarios ou produits dans son atelier : *Barber. gr.* 68 (daté de 1573), *Paris. gr.* 1835 (daté de 1561), *Matrit. gr.* 4770 (copie du précédent), *Vat. gr.* 231, *Monac. gr.* 425, *Phillipps* 8296 (copie du précédent), cf. *infra*, p. CLII-CLIV, CCI-CCIII, CCVII-CCVIII, CCXIX-CCXX ; à ces six mss. on ajoutera deux mss. perdus : *Scorial.* E. II. 7 et E. II. 10, cf. *supra*, p. CXXI. Même abondance de production (6 mss.) pour l'*In Alc.* (cf. *In Alc.*, Introduction, p. CVI-CVIII, CX). Darmarios a aussi copié trois mss. de la *Theol. plat.* : *Scorial.* Σ. II. 4, *Hamburg. gr.* 24 (cf. Proclus, *Theol. plat.* I, Introduction, p. CXL, CL) et *Vindob. phil. gr.* 71 (voir la planche du RgK I 13, qui reproduit le f. 206[v] de ce ms. [= *Theol. plat.* V 39-40, p. 147.8-148.12] ; le *Vindob. phil. gr.* 71, contenant les livres I, IV et V, est seulement mentionné dans *Theol. plat.* I, In-

Pour la plus grande partie, la copie est due à un collaborateur : Darmarios n'a copié que les ff. 1106ᵛ-1220ᵛ[1] tout en signant le travail (f. 1220ᵛ) : ὑπὸ ἀνδρέ(ου) δαρμαρί(ου) σὺν θ(ε)ῷ εἴληφε τέρμ(α) : ͵αφπγ´· νοεμβρίῳ ιζ´. Cependant, la date 1583 est en contradiction avec les données numériques relatives à la production de Darmarios. En effet, le ms. se compose de 71 cahiers non signés, mais munis de réclame : 64 cahiers de 20 feuillets (ff. 1-1100), un sénion (ff. 1101-1112), cinq cahiers de 20 feuillets (ff. 1113-1212), un quaternion (ff. 1213-1220) ; chaque page ne contient que 13 lignes, ce qui explique le nombre impressionnant de folios (les numéros 919 et 1044 ont été sautés). La composition matérielle place ce ms. vers la fin de la période 1571-1574[2]. Ayant examiné la souscription, O. Kresten a pu constater que la date originale était 1573, ensuite corrigée par Darmarios en 1583 (ο [= 70] corr. in π [= 80]). La raison d'une telle correction reste incertaine[3].

Ce ms. est une copie de G, qui, à cette époque, faisait partie de la collection d'Antonio Agustín. Si la copie date effectivement de 1573, elle a été faite pendant le séjour de Darmarios en Espagne.

Le texte de Proclus s'achève au f. 1106ᵛ, l. 3 *ab imo*, à la moitié du 65ᵉ cahier, qui est un sénion, et non pas un cahier de 20 feuillets comme tous les autres, probablement parce que Darmarios avait calculé qu'un sénion suffirait pour finir sa copie. Ensuite, il a copié, sans aucune césure apparente (les mots οὐσίας μετέχει. Οὐδ' ἄρα, VII 1242.33-34, sont omis), la continuation qu'il avait trouvée — mais là dûment séparée — dans son modèle.

---

traduction, p. xcix) ; et trois mss. du *Proclus* de Marinus : *Taurin.* B. II. 19, *Vat. Pal. gr.* 404, et *Messanensis, Bibl. Univ. gr.* 75 (cf. Marinus, *Proclus*, Introduction, p. cxiii, cxv, cxvii-cxviii).

1. Cf. O. Kresten, « Statistische Methoden », art. cit., p. 44, n. 47.

2. Cf. *ibid.*, p. 42-43.

3. Cf. *ibid.*, p. 43-44.

Avant de passer dans la collection Barberini, le ms. a appartenu d'abord à Nicolas-Claude Fabri de Peiresc (on trouve ses armes aux ff. 1^r, 288^v, 289^r, 383^v, 637^r, 752^v, 913^v, 1220^v), conseiller au parlement d'Aix (1580-1636), et ensuite à Lucas Holstenius (Hambourg 1596 - Rome 1661), ami de Peiresc, bibliothécaire du cardinal Francesco Barberini et *custos* de la Bibliothèque Vaticane[1]. On remarque, en ef-

1. Dans une lettre datée de Rome, le 25 février 1629, Holstenius demande à Peiresc de lui procurer un certain nombre de textes grecs, parmi lesquels l'*In Parm.* de Proclus (cf. *Lucae Holstenii Epistolae ad diversos quas ex editis et ineditis codicibus collegit atque illustravit Jo. Franc. Boissonade*, Parisiis 1817, lettre xix, p. 131). Le 9 juillet 1631, Holstenius annonce à Peiresc l'arrivée des mss. grecs qu'il lui avait demandés. Dans l'*Index Platonicorum Philosophorum quos manuscriptos penes me habeo* publié en appendice de cette lettre, le *Barber. gr.* 68 est mentionné dans les termes suivants : « Procli commentarius in Parmenidem in 4° manu Darmarii : habui a domino Peirescio » (éd. cit., lettre xxxviii, p. 234, n° 6). Dans cette même lettre, Holstenius affirme avoir déjà parcouru l'*In Parm.* de Proclus en consultant deux mss. conservés à Rome, que l'on peut, semble-t-il, identifier avec le *Ross.* 962 et le ms. de l'Université Grégorienne : « Sequentur Hermias in Phaedrum et Proclus in Parmenidem, quorum ego utrumque jam leviter degustavi, illum quidem in Oxoniensi bibliotheca, hunc in Urbe apud Augustinianos [= *Ross.* 962, cf. *supra*, p. cxxxvi], et Jesuitas in bibliotheca M. A. Mureti [= Roma, Pont. Univ. Gregor. Archivio 106, cf. *supra*, p. cxxxix] » (éd. cit., p. 229-230). — Sur Lucas Holstenius et ses études néoplatoniciennes, cf. Marinus, *Proclus*, Introduction, p. cxvi-cxvii, clx, Appendice « L'horoscope de Proclus », p. 185-201 ; A. Serrai, *La biblioteca di Lucas Holstenius* (Scienze bibliografiche, 2), Udine 2000 (édition du catalogue des livres imprimés légués par Holstenius à la Biblioteca Angelica de Rome, conservé à Nancy, Bibliothèque Municipale, ms. 1059 [284]), voir en part. p. 36-39 (intérêt pour la philosophie néoplatonicienne), p. 75-76 (legs des 80 mss. grecs et latins ayant appartenu à Holstenius : 31 à la ville de Hambourg, 24 à la Bibliothèque Vaticane, 16 au card. Barberini, 3 à la reine Christine de Suède, 3 au pape Alexandre VII, 2 au card. Flavio Chigi, 1 au collectionneur Émeric Bigot [Rouen 1626-1689]). Trois autres mss. de Proclus ont appartenu à Holstenius : *Hamburgensis Phi-*

fet, quelques corrections, conjectures et notes marginales de Holstenius. En particulier, il faut signaler quelques corrections tirées d'un manuscrit vatican (désigné par « ms. Vat. ») qui dépend sans aucun doute du ms. A, comme le montrent la correction κδ′ au lieu de ὥστε (I 623.20) au f. 11ᵛ où Holstenius a barré ὥστε, a ajouté κδ′ au-dessus de la ligne, et a noté dans la marge : « ex ms. Vat. », et l'exponctuation de τῷ εἶναι λόγους (I 631.9) au f. 25ʳ où Holstenius a noté dans la marge : « Ms. Vat. delet »[1]. Les autres corrections tirées du ms. vatican se lisent aux ff. 8ʳ, 12ʳ, 20ʳ, 24ʳ, 24ᵛ et 26ᵛ. Les conjectures, introduites par « leg(endum) », « forte leg(endum) », « fort. add(endum) », « fort. suppl(endum) », se lisent aux ff. 12ʳ, 43ʳ, 94ʳ, 167ʳ, 202ʳ, 206ᵛ, 208ᵛ.

1.3.2. *Quatre manuscrits confectionnés à Venise en 1561* (Vindob. phil. gr. 7, Neapol. III. E. 22, Paris. gr. 1835, Matrit. gr. 4770)

W Wien, Österreichische Nationalbibliothek, philos.-philol. gr. 7. Anno 1561, chart., 350/356 × 248 mm., ff. III-540 (+ 359/1). Procli *In Parm.* : ff. 1ʳ-322ᵛ (lib. I : ff. 1ʳ-55ʳ; lib. II : ff. 55ʳ-87ʳ; lib. III : ff. 87ᵛ-114ʳ; lib. IV : ff. 114ᵛ-187ʳ; lib. V : ff. 187ᵛ-220ʳ; lib. VI :

lol. gr. 24 (*Theol. plat.*, cf. t. I, Introduction, p. CL), *Hamburgensis Philol. gr.* 30 (*In Alc.*, copié par Holstenius lui-même, cf. Introduction, p. CIX), *Vat. Regin. lat.* 1246 (*Tria opuscula*, traduction de Guillaume de Moerbeke, copié par Holstenius lui-même, cf. éd. Boese, p. XIV).

1. Parmi les mss. qui sont actuellement conservés à la Bibliothèque Vaticane, il faut par conséquent exclure le *Vat. gr.* 232 qui, étant une copie du *Ross.* 962 (cf. *supra*, p. CXXXVII-CXXXIX), ne dépend pas du ms. A. Il reste donc les trois descendants du *Marc. gr.* 191 (copie de A, cf. *infra*, p. CXCVI-CXCVIII), c'est-à-dire les *Vat. gr.* 231, *Vat. gr.* 1799, et *Regin. gr. Pii II* 14 (cf. *infra*, p. CCVII-CCVIII, CCX-CCXIV). Puisqu'aucun de ces trois mss. ne présente de traces de lecture de la part de Holstenius, il est impossible de savoir si c'est bien l'un d'entre eux que Holstenius aurait collationné avec le *Barber. gr.* 68.

ff. 220^v-266^v; lib. VII : ff. 266^v-322^v), cum continuatione Pachymeris : ff. 322^v-359^v; vac. f. 359/1$^{r\text{-}v}$; Hermiae *In Phaedrum* : ff. 360^r-538^r; vac. ff. 538^v, 539^v-540^{v1}.

Ce ms. a été copié en 1561 à Venise par Cornelius Murmuris de Nauplie[2], comme l'indique la souscription au f. 359^v : ἡ βίβλος αὕτη ὑπ' ἐμοῦ κορνηλίου τοῦ ναυπλιέως τῶν μουρμουρέων, υἱοῦ ἀνδρέου, μετὰ τὴν τῆς πατρίδος ὑπὸ τούρκων ἅλωσιν ἐνετίησι διατρίβοντος ἐξεγράφη· ἔτει τῷ ἀπὸ τῆς θεογονίας α^{ω}φ^{ω}ξ^{ω}α^ω. L'*In Parm.* et la continuation de Pachymère occupent les 36 premiers cahiers (tous des quinions [ff. 1-359], le premier cahier [ff. 1-9] compte neuf feuillets), l'*In Phaedrum* d'Hermias occupe un quaternion (ff. 359/1-366), 17 quinions (ff. 367-536) et un binion (ff. 537-540). Tous les cahiers sont munis de réclame, sauf le 36e (ff. 350-359) dont la fin coïncide avec la fin de la continuation de Pachymère.

Le premier possesseur du ms. fut Sebastiano Erizzo (exlibris au f. III^v : « Liber Sebastiani Eritij A. F. »). Ce sénateur vénitien (1525-1585), qui s'intéressait vivement au platonisme et a traduit en italien quelques dialogues de Platon, avait acquis une collection de textes néoplatoniciens ; plusieurs de ses mss., achetés à Venise en 1672 pour la bibliothèque impériale, sont conservés actuellement à la bibliothèque de Vienne (note au f. III^v : « Codex hic manuscriptus Graecus pro Augustissima Bibliotheca Caesarea Vindobonensi emptus est Venetijs A. 1672 florenis 150 »)[3].

---

1. Cf. H. Hunger, *Katalog der griechischen Handschriften der Österreichischen Nationalbibliothek*, Teil 1 : *Codices historici. Codices philosophici et philologici*, Wien 1961, p. 141-142 ; Hermias, *In Phaedr.*, Proleg., p. xiv.

2. Sur Cornelius Murmuris de Nauplie, cf. M. Vogel - V. Gardthausen, *Die griechischen Schreiber des Mittelalters und der Renaissance* (Zentralblatt für Bibliothekswesen. Beihefte, 33), Leipzig 1909, p. 233-234 ; RgK III 354e.

3. Sur Sebastiano Erizzo, cf. Sicherl, *De mysteriis*, p. 103, n. 4 ; Proclus, *Theol. plat.* I, Introduction, p. cxxviii-cxxix (à propos du *Vindob. phil. gr.* 38 dans lequel Erizzo a copié la *Theol. plat.* et l'*El. theol.*) ; DBI 43 (1993), p. 198-204 [G. Benzoni], en part.

Au f. 539^r, une main du xviie siècle a écrit la note suivante :
« Socratis obitus vigesimo quarto anno aetatis Platonis fol.
27 pag. 1 [= f. 27^r, ll. 22-23], secundum Laertium autem
< et > Eusebium anno aetatis Platonis vigesimo octavo ». La
note se réfère à I 669.11-12, passage mis en évidence par
la scholie de Bessarion : κδ΄ ἔτος ἄγοντος Πλάτωνος τέθνηκε
Σωκράτης, tirée du *Marc. gr.* 191, modèle du ms. W à partir
de IV 911.34[1].

Napoli, Biblioteca Nazionale, III. E. 22. Anno 1561, chart.,
360 × 253 mm., ff. III-360-III. Procli *In Parm.* : ff. 1^r-322^v,
cum continuatione Pachymeris : ff. 322^v-359^{v2}.

Ce ms., qui n'est ni signé ni daté, peut être attribué au
même copiste qui a copié le *Paris. gr.* 1826 (Hermias, *In
Phaedr.*)[3]. On peut le dater aisément de 1561, puisque son

p. 200 sur les traductions de Platon (*Tim.*, *Euthyph.*, *Apol.*, *Crit.*,
Phaed.) publiées à Venise en 1557 et 1574.

1. Sur les deux modèles du ms. W, cf. *infra*, p. CLV-CLVI. Sur
la scholie de Bessarion, écrite dans le ms. M et passée dans sa
copie, le *Marc. gr.* 191, cf. *infra*, p. 154. Sur la question de l'âge
de Platon à la mort de Socrate, cf. *infra*, p. 67, n. 4 (p. 255 des
Notes complémentaires). Le passage d'Eusèbe de Césarée auquel
la note fait allusion se trouve dans le *Chronicon* : cf. *Hieronymi
Chronicon*, éd. R. Helm (GCS. Eusebius Werke, Bd. VII), Berlin
1956, p. 115.13, qui, comme Diogène Laërce, III 2-3, place la
naissance de Platon au cours de la 88e Olympiade (428-425 av.
J.-C.).

2. Cf. S. Cirillo, *Codices graeci mss. Regiae Bibliothecae Bor-
bonicae descripti, atque illustrati*, t. II, Neapoli 1832, p. 457.

3. Cette identification est basée sur une comparaison avec
le fac-similé du ms. *Paris. gr.* 1826 publié dans H. Omont,
Fac-similés de manuscrits grecs des xve et xvie siècles, Paris 1887
(réimpr. Hildesheim-New York 1974), pl. 25. H. Omont attribue
le *Paris. gr.* 1826 à Jean Murmuris de Nauplie, frère du Cornelius
qui a copié le *Vindob. phil. gr.* 7 (W), sur la base d'une note du
possesseur Jean Hurault de Boistaillé (cf. H. Omont, *op. cit.*, p.
12, n° 25). Or, comme l'ont établi les auteurs du RgK, la main
qui a copié le *Paris. gr.* 1826 n'est pas la même que celle des mss.
signés par Jean Murmuris, à moins que ce copiste n'ait pratiqué

modèle est le ms. W, copié en 1561, et qu'il a été, à son tour, le modèle du *Paris. gr.* 1835, qui est aussi daté de 1561 (14 septembre). Il se compose de 36 quinions (le premier [ff. IV, 1-9] comprend le folio de garde numéroté IV), tous munis de réclame verticale. Les cahiers 2-5 sont signés au recto du premier folio, au centre de la marge inf. : β-ε (les cahiers 7, 9, 13, 17, 19, 20 et 24 portent des traces de cette numérotation) ; les cahiers 1-14 sont signés, eux aussi, au recto du premier folio, dans la marge sup. droite en chiffres arabes. Avant son entrée dans la collection des rois de Naples (1736), le ms. a appartenu à la bibliothèque Farnèse. Il est mentionné, en effet, dans le premier inventaire de cette bibliothèque, rédigé par Fulvio Orsini en 1567, lorsqu'il entra en charge comme bibliothécaire du cardinal Alessandro Farnèse (1520-1589)[1]. Il conserve aussi la reliure de veau brun

deux styles d'écriture différents (cf. RgK I 172, II 230).

1. Cf. L. Pernot, « La collection de manuscrits grecs de la maison Farnèse », MEFRM 91 (1979), p. 457-506, en part. p. 504, n° 124 : « Proclus in Platonis Parmenidem ». Le ms. figure ensuite dans l'inventaire de Bartolomeo Faini rédigé à Rome en 1641 avant le transfert de la bibliothèque Farnèse à Parme, dans le catalogue de Pietro Rutinelli (Naples 1747) et dans celui de Pasquale Baffi (Naples 1792) (cf. L. Pernot, art. cit., p. 496). Il ne figure pas dans l'inventaire de 1584 publié par F. Benoît, « La bibliothèque grecque du cardinal Farnèse (*Farnesiana* I) », MEFR 40 (1923), p. 165-206, en part. p. 176-183, parce que cet inventaire n'est qu'une copie incomplète de l'inventaire de 1567 (cf. L. Pernot, art. cit., p. 460). — Sur l'histoire de la bibliothèque Farnèse, voir aussi F. Fossier, *Le palais Farnèse*, III, 2. *La bibliothèque Farnèse. Étude des manuscrits latins et en langue vernaculaire*, École Française de Rome, Palais Farnèse 1982, p. 7-13. La collection Farnèse, constituée à Rome au milieu du XVIᵉ siècle par le cardinal Alessandro Farnèse, futur pape Paul III (1534-1549), dont la bibliothèque se composait principalement de copies humanistes de textes grecs, fut enrichie d'abord par son petit-fils, le cardinal Alessandro (1520-1589), ensuite par le petit-neveu de ce dernier, le cardinal Odoardo (1573-1626). Aux alentours de 1649, elle passa à Parme, capitale du duché farnésien de Parme et de Plaisance, où elle resta

foncé moucheté de noir, avec des fleurs de lys dorées sur le dos, typique de la collection Farnèse[1].

Paris, Bibliothèque Nationale de France, gr. 1835. Anno 1561, chart., 355 × 250 mm., ff. III-418-I. Procli *In Parm.* : ff. 1ʳ-369ʳ, cum continuatione Pachymeris : ff. 369ʳ-415ʳ ; vac. f. 415ᵛ[2].

Ce ms. (sigle C dans l'éd. Cousin) a été copié en 1561 à Venise par Andreas Darmarios[3] qui a signé son travail au f. 415ʳ : ἐν ἔτει (sic) παρὰ ᾽Ανδρέου δαρμαρίου τοῦ ᾽Επιδαυριό-του ,αφξα´ σεπτευρίῳ ιδ´. Il se compose de 53 cahiers, tous des quaternions, sauf le 30ᵉ, qui est un ternion (ff. 232-237), et le dernier, qui est un binion (ff. 414-415 + deux feuillets blancs non numérotés). Tous les cahiers sont munis de réclame verticale. Le premier folio, blanc, n'est pas numéroté. Dans la marge sup. du folio blanc qui suit f. 415, Darmarios a noté le nombre des folios : « φύλλα 418 ». Le ms. a été vendu par le copiste à Jean Hurault, ambassadeur de France à Venise, dont on lit l'ex-libris au f. IVʳ : « Ex Bibliotheca Jo. Huralti Boistallerij. Emi ab Andrea graeco aureis 14 ». Les mss. de la collection Hurault sont entrés dans la Bibliothèque du Roi en 1622[4]. Le ms. présente de grandes marges

jusqu'à 1736, lorsqu'elle fut transférée à Naples. En effet, à la mort du dernier duc Farnèse, Antonio (1731), le duché échut au fils de Philippe V et d'Élisabeth Farnèse, Don Carlos, qui, devenu roi de Naples, transporta la capitale et, par conséquent, la bibliothèque dans cette ville.

1. Sur cette reliure, réalisée à Parme vers 1690 alors que le bibliothécaire était le Père Bernardo Lusignano, et caractéristique des mss. de la collection Farnèse, cf. F. Fossier, *La bibliothèque Farnèse*, cit., p. 15 et n. 1 ; L. Pernot, « La collection de manuscrits grecs de la maison Farnèse », art. cit., p. 470.

2. Cf. H. Omont, *Inventaire sommaire des manuscrits grecs de la Bibliothèque Nationale*, t. II, Paris 1888, p. 150.

3. Sur les mss. de l'*In Parm.* copiés par Darmarios ou produits dans son atelier, cf. *supra*, p. cxlv, n. 3.

4. Pour l'histoire de la collection Hurault, cf. L. Delisle, *Le Cabinet des manuscrits de la Bibliothèque Impériale*, t. I, Paris

dans lesquelles on lit des notes et des scholies rubriquées de la main de Darmarios. Au f. 23ᵛ, au début de l'exégèse du texte (I 659.23), une main du xviiiᵉ siècle a noté : « Initium credo Libri II. Vide Cod. 2090 [= *Paris. gr.* 1810] f. 105 et Cod. 2099 [= *Paris. gr.* 1836] f. 15 ». C'est sur la base de cette note que V. Cousin, dans sa première édition, a placé le début du livre II au début de l'exégèse du texte de Platon[1]. En effet, ce ms. a été utilisé par Cousin comme texte de base de sa première édition, ce qui explique plusieurs fautes de cette édition, corrigées dans la seconde où l'éditeur ne suit plus d'aussi près le texte de ce ms.[2].

Madrid, Biblioteca Nacional, gr. 4770 (olim Arch. nat. 164, 17). Anno 1561 (?), chart., 320 × 220 mm., ff. II-394. Procli *In Parm.* cum continuatione Pachymeris : ff. 2ʳ-394ʳ ; vac. f. 394ᵛ[3].

Ce ms., copie du *Paris. gr.* 1835, a été produit, lui aussi, dans l'atelier de Darmarios à Venise[4]. Il a été copié par quatre copistes : 1ʳᵉ main = ff. 2ʳ-97ʳ l. 7, 225ʳ-229ᵛ l. 7, 282ʳ-283ʳ, 346ᵛ l. 8-394ʳ : Andreas Darmarios ; 2ᵉ main = ff. 97ʳ l. 8-224ᵛ : Sophianos Mélissénos[5] ; 3ᵉ main = ff. 229ᵛ l. 8-281ᵛ ; 4ᵉ main = ff. 283ᵛ-346ᵛ l. 7. Le ms. a été acheté par Martín Pérez de Ayala (1504-1566), évêque de Ségovie et archevêque de Valence, qui a joué un rôle actif

1868, p. 213-214 ; Proclus, *Theol. plat.* I, Introduction, p. cxxx-cxxxi (sur le *Paris. gr.* 1828, qui contient la *Theol. plat.* et l'*El. theol.* : autre ms. copié pour Hurault, en 1562).

1. Cf. *infra*, p. 142, n. 6 (p. 320-321 des *Notes complémentaires*). Les cotes 2090 et 2099 sous lesquelles l'auteur de la note cite les *Paris. gr.* 1810 et 1836, sont celles de la Bibliothèque du Roi (catalogue de 1682).

2. Cf. *infra*, p. cdxlix-cdl.

3. Cf. G. de Andrés, *Catálogo de los códices griegos de la Biblioteca Nacional*, Madrid 1987, p. 363-364.

4. Sur les mss. de l'*In Parm.* copiés par Darmarios ou produits dans son atelier, cf. *supra*, p. cxlv, n. 3.

5. Sur Sophianos Mélissénos, cf. *infra*, p. ccii.

pendant le concile de Trente. Pendant son séjour en Italie en 1562-63, ce prélat a rassemblé une collection de 31 mss. grecs qui ont apparemment tous été copiés dans l'atelier de Darmarios et de ses collaborateurs, entre 1560 et 1566. Pérez de Ayala s'est surtout intéressé à des textes patristiques et ecclésiastiques ; notre ms. est le seul texte philosophique de sa collection. Après sa mort, ses livres furent donnés au couvent d'Uclés, où il était entré comme religieux en 1525, comme en témoigne la note au f. 1[r] : « Hunc librum D. Martinus de Ayala archiepiscopus Valentinus et huius conventus filius, moriens reliquit bibliothecae huic Uclesiensi, anno 1566 ». En 1872, les mss. grecs furent transportés d'Uclés à l'Archivo Histórico Nacional, et en 1896, ils passèrent à la Biblioteca Nacional de Madrid[1].

Les quatre mss. que nous venons de décrire ont tous été produits à Venise par un groupe de copistes qui ont procédé de la manière suivante : le *Neapol.* III. E. 22 a été copié sur le *Vindob. phil. gr.* 7 (daté de 1561), le *Paris. gr.* 1835 (daté de 1561) sur le *Neapol.* III. E. 22, et finalement, le *Matrit. gr.* 4770 sur le *Paris. gr.* 1835. Nous avons donc une lignée de mss. dont le *Vindob.* est le premier modèle, et le *Matrit.* la dernière copie. On remarque aussi des filigranes semblables : par exemple, « ancre dans un cercle surmonté d'une étoile » (Harlfinger, Ancre 31) dans le *Vindob.*, le *Neapol.* et le *Paris.* ; ancre (Briquet 496) dans le *Vindob.* et le *Matrit.* Le *Neapol.* est l'exemple même de la copie à l'identique : son copiste a reproduit le *Vindob.* tel quel, page pour page et ligne pour ligne, jusqu'à raccourcir ou rallonger les dernières syllabes d'une ligne pour ne pas se démarquer de son modèle.

Ce groupe de mss., dans lequel le *Vindob.* et le *Paris.* sont datés de 1561, le *Neapol.* peut être daté de la même année

---

1. Sur Martín Pérez et sa bibliothèque grecque, cf. G. de Andrés, « La biblioteca griega de Martín Pérez de Ayala », *Helmantica*, 26 (1975), p. 29-44 (pour notre ms., cf. p. 40, n° 17).

(car il est une copie du *Vindob.* et le modèle du *Paris.*), et le *Matrit.* est sans doute de très peu postérieur, illustre donc clairement la production des ateliers de copistes à Venise à cette époque. Il nous suffira d'étudier de plus près le texte du *Vindob. phil. gr.* 7 (W) : les mêmes observations valent pour les trois mss. qui en dépendent.

A première vue, W semble être une copie du ms. de Bessarion *Marc. gr.* 191. Comme nous allons le voir[1], ce ms. a eu de nombreux descendants, et W partage toutes les caractéristiques de ce groupe de mss. Tout d'abord, il donne la continuation de Pachymère à la suite du commentaire de Proclus, sans aucune interruption. En marge de la fin du texte de Proclus, on lit la note que Bessarion a écrite au f. 163[r] du *Marc. gr.* 191 : Μέχρι ὧδε τὰ τοῦ Πρόκλου ἢ μέχρι τῆς πρώτης ὑποθέσεως ὅλης. ἐλλείπει δὲ ἡ ἐξήγησις τοῦ τελευταίου τούτου τεμμαχίου[2]. On trouve d'ailleurs les autres notes marginales qui remontent à Bessarion, telles qu'elles se lisent dans le *Marc. gr.* 191. Comme dans ce dernier ms., le texte de Proclus est suivi du commentaire d'Hermias. Il faut toutefois remarquer que les trois mss. qui dépendent de W ne contiennent pas ce texte, probablement parce que, en W, le commentaire d'Hermias a été ajouté après coup, comme le suggère le fait qu'il commence avec un nouveau cahier dont le premier feuillet est resté blanc (= f. 359/1[r-v]). Cette hypothèse est confirmée par le fait que la souscription se trouve à la fin de la première partie du ms. (f. 359[v]). Enfin, des sondages dans les derniers livres du commentaire de Proclus montrent à l'évidence que W partage toutes les fautes propres du *Marc. gr.* 191. C'est en se fondant sur de tels sondages que Klibansky-Labowsky avaient classé W parmi les copies du *Marc. gr.* 191[3]. Cependant, une étude

---

1. Cf. *infra*, p. cciv-ccxviii.
2. Cf. *infra*, p. cxcvii.
3. Sur le classement des mss. dans l'édition Klibansky-Labowsky, cf. *infra*, p. cdlxi, n. 1.

plus complète du texte de W montre que sa dépendance à l'égard du *Marc. gr.* 191 ne se vérifie que dans la deuxième partie du commentaire, alors que dans la première partie (I-IV 911.34), W est une copie de Σ (copie peu soignée, avec de nombreuses fautes d'iotacisme). En effet, dans cette partie, le texte de W présente toutes les caractéristiques communes à FRG, sans pour autant dépendre d'aucun de ces mss. Il faut donc en conclure qu'il constitue, pour cette section du texte, un témoin indépendant de Σ, à côté de FRG. Le changement de modèle (de Σ au *Marc. gr.* 191) a lieu au début du f. 152^v sans qu'on puisse remarquer une césure ou un changement d'écriture. Jusqu'à IV 911.34, W donne les leçons de Σ, à partir de 911.40 il suit certainement le *Marc. gr.* 191[1]. Pour expliquer ce changement de modèle, on peut imaginer que le copiste de W (ou son commanditaire) n'a eu connaissance du *Marc. gr.* 191 qu'au milieu du travail de copie. Il a dû considérer ce ms. de la collection de Bessarion comme supérieur au modèle qu'il avait utilisé jusque-là et l'a dès lors pris comme modèle pour la dernière partie du texte. En outre, il a soigneusement corrigé le texte de la première partie à l'aide de ce nouveau modèle (même en des endroits où le texte de son premier modèle est manifestement meilleur) et il a ajouté les notes de Bessarion dans les marges. Ces corrections et ces notes ont été ajoutées après que W a été utilisé comme modèle du *Neapol.* III. E. 22, car celui-ci reproduit le texte de W *ante correctionem*. Dans le *Neapol.*, les annotations marginales de Bessarion ne se lisent qu'à partir du changement de modèle de W, alors que, dans la première partie, on ne lit que les notes provenant de Σ.

---

1. En IV 911.34, W (f. 152^v, l. 3) a encore omis τὰ[2] (ajouté *post corr.* au-dessus de la ligne), omission propre à FRG (donc à Σ), tandis qu'en 911.40 (f. 152^v, l. 8), il suit déjà le *Marc. gr.* 191 avec εἰσίν contre ἐστίν.

1.3.3. *Le* Monacensis gr. 425 : *ultime copie de* Σ

Nous allons présenter ce ms. et ceux qui en dépendent, lorsqu'il sera question des copies de l'*Ambros.* B 165 sup. (M)[1], car pour les livres I-III, le *Monac. gr.* 425 (P) est une copie de M. En revanche, à partir du livre IV et jusqu'à la fin du commentaire de Proclus (la continuation de Pachymère a été ajoutée par une autre main), il est une copie directe de Σ, parce qu'il présente les fautes communes à FRGW sans jamais partager les fautes propres à l'un ou à l'autre de ces quatre mss. Comme nous allons le voir, le ms. P a probablement été copié à Padoue entre 1558 et 1569. Il représente la dernière trace de Σ avant sa disparition.

2. *Le manuscrit de Georges Pachymère et sa descendance*

2.1. *Le* Paris. gr. 1810, *recension révisée du texte* Σ

A Paris, Bibliothèque Nationale de France, gr. 1810. Saec. XIII ex., bombyc., 345 × 245 mm., ff. III-302-III. Platonis *Euthyphro* : ff. 1ʳ-5ʳ, *Crito* : ff. 5ʳ-8ᵛ, *Apologia Socratis* : ff. 9ʳ-16ʳ; vac. f. 16ᵛ; Hermiae *In Phaedrum* : ff. 17ʳ-93ʳ (vac. f. 47ʳ); Ps.-Timaei Locri *De natura mundi et animae* : ff. 93ᵛ-96ᵛ (§ 22-23 de numeris in fine textus, f. 96ᵛ); Procli *In Parm.* : ff. 97ʳ-214ʳ (lib. I : ff. 97ʳ-116ʳ; lib. II : ff. 116ʳ-126ᵛ; lib. III : ff. 126ᵛ-135ᵛ; lib. IV : ff. 135ᵛ-163ᵛ; lib. V : ff. 163ᵛ-175ᵛ; lib. VI : ff. 175ᵛ-192ᵛ; lib. VII : ff. 192ᵛ-214ʳ), cum continuatione Pachymeris : ff. 214ʳ-224ᵛ; Platonis *Respublica* : ff. 225ʳᵃ-286ᵛᵇ, *Symposium* : ff. 287ʳᵃ-300ʳᵃ; Ps.-Lysidis *Epistula ad Hipparchum* : f. 301ʳ; *Paschalion* (incompl.) : ff. 301ᵛ-302ʳ[2].

1. Cf. *infra*, p. CCI-CCIII.
2. Cf. H. Omont, *Inventaire sommaire des manuscrits grecs de la Bibliothèque Nationale*, t. II, Paris 1888, p. 146-147; M. Schanz, « Zu Hermeias », *Hermes*, 18 (1883), p. 129-136; Hermias, *In Phaedr.*, Proleg., p. x-xi, xxi-xxiii; van Bilsen, « Le texte de l'*In Parmenidem* », p. 54, 57-59; Klibansky-Labowsky,

Ce ms. se compose de 38 quaternions dont le 32e (ff. 249-253) a perdu les trois premiers feuillets (avec perte de texte entre f. 248^v et f. 249^r : *Resp.* IV 429 E 3-442 D 3 [τὸ ἄν-θος — καὶ ἰδιώτου], la lacune est signalée dans la marge inf. du f. 248^v : ἐνθένδε λείπει). Dans le dernier quaternion (ff. 294-300), le dernier feuillet a été coupé (sans perte de texte). Dans le 2e quaternion (ff. 9-16), le 2e bifeuillet (ff. 10/15) ayant été mal plié, il faut lire dans l'ordre : ff. 9, 15, 11-14, 10, 16 (la suite du texte a été rétablie par des notes d'une main ancienne). Le même accident a troublé la structure du 37e quaternion (ff. 286-293) où, à cause du mauvais pliage du 3e bifeuillet (ff. 288/291), il faut lire dans l'ordre : ff. 286, 287, 291, 289, 290, 288, 292 ss. (la suite du texte a été rétablie par une main plus récente). Les ff. 301-302, en papier italien (filigrane : demi-griffon, type Briquet 7448 [Sienne 1359-60]) ont été ajoutés plus tard. Les 38 cahiers sont signés au recto du premier folio et au verso du dernier au centre de la marge inf. : α'-λζ' (1 à 37 : le décalage est dû au fait que le 2e quaternion [ff. 9-16] présentait une signature antérieure α' [f. 9^r, mg. inf.] en sorte qu'aussi bien le premier que le 2e cahier sont signés α'). Les signatures α'-λζ' sont antérieures à la copie de la continuation de Pachymère, comme le prouve le fait que la signature κζ' dans la marge inf. du f. 217^r [= début du 28e cahier] est contournée par l'écriture (dernière ligne) : τῶν ὅρων καὶ τῶν προτάσεων· τὰ γὰρ δύο [κζ'] πρῶτα τὸ ἓν πρὸς τὴν μίαν κτλ. (col. 1274.15 Cousin = p. 20.13 Westerink). A l'origine, les différentes parties du ms. actuel étaient indépendantes l'une de l'autre, comme en témoignent des séries partielles d'anciennes signatures

p. xxxiii-xxxiv ; W. Marg, *Timaeus Locrus. De natura mundi et animae* (Philosophia Antiqua, 24), Leiden 1972, p. 30-34 ; Westerink, *Pachymeres*, p. x-xi ; Proclus, *Theol. plat.* V, Introduction, p. lxi-lxix ; G. Boter, *The Textual Tradition of Plato's Republic* (Mnemosyne, Suppl. 107), Leiden-New York-København-Köln 1989, p. 48-49, 169, 174-183, 222-225, 239-240 (sigle : **Par.**) ; A. Cataldi Palau, *Gian Francesco d'Asola e la tipografia aldina. La vita, le edizioni, la biblioteca dell'Asolano*, Genova 1998, p. 488-489.

dont on observe encore quelques traces, le plus souvent effacées par la numérotation continue et qui permettent de
reconnaître six parties : (1) ff. 1-8 (= 1er cahier : *Euthyph.*
et *Crit.*), (2) ff. 9-16 (= 2^e cahier : *Apol.*), (3) ff. 17-96 (=
3e-12e cahiers : Hermias et Ps.-Timée), (4) ff. 97-104 (= 13^e
cahier : prologue de l'*In Parm.*), (5) ff. 105-224 (= 14^e-28^e
cahiers : *In Parm.*), (6) ff. 225-300 (= 29^e-38e cahiers : *Resp.*
et *Symp.*). Le ms. dans son état actuel (y compris les ff. 301-
302, signés Pp_8 et Pp_9) a reçu des signatures latines de *A*
à *Z* (ff. 1-184 = 1er-23e cahiers), puis de *Aa* à *Pp* (ff. 185-
302 = 24^e-38e cahiers) ; dans cette numérotation latine, les
feuillets aussi sont signés : *A*, A_{2-8} ; *B*, B_{2-8} ; *C*, C_{2-8} etc. Les
ff. 225-300 (*Resp.* et *Symp.*) sont écrits sur deux colonnes, à
la différence de tout le reste du ms. Dans le *De natura mundi
et animae* du Ps.-Timée, les § 22-23 (composition mathématique de l'âme, seulement les chiffres, sans les explications)
ont été transposés à la fin du texte (f. 96^v)[1].

Le f. 302^v n'est occupé que par des essais de plume et des
notes diverses, parmi lesquelles on lit les noms des Muses
et la note suivante : Προέβην ὁ Μανουὴλ ὁ Συμεωνάκης εἰς
τὰ λατινικὰ γράμματα κατὰ τὴν ϛ' ἰνδικτιῶνα μηνὶ ἰουλλίω
ιβ', dont l'auteur est probablement originaire de Crète[2]. Il
est difficile de dire à quel moment les ff. 301-302 ont été
ajoutés au ms., ni de quand date l'annotation de Manuel, ni

---

1. Ces deux paragraphes du *De natura mundi et animae*,
contenant les rapports numériques selon lesquels le démiurge
a mélangé les composantes de l'âme, sont transmis par les mss.
tantôt au sein du texte, tantôt à la fin (cf. W. Marg, *Timaeus
Locrus*, cit., p. 60-75). Dans le *Paris. gr.* 1810 (f. 94^r, l. 16), le
texte passe donc de μυριάδες ͵ιαδ (209.9 Marg) à τὰν μὲν (213.19).
Pour le Ps.-Timée, le *Paris. gr.* 1810 est une copie du *Marc. gr.*
185 (ms. D de Platon) que Pachymère a aussi utilisé pour corriger les lemmes du commentaire de Proclus sur le *Parménide* (cf.
infra, p. CCCLXVIII-CCCLXXIV).

2. Westerink, *Pachymeres*, p. XI, n. 11, mentionne un certain Jean Symeonakes, protopapas de Chandax (Crète) au
XVe siècle.

s'il a possédé le ms. entier. A un certain moment, le f. 300^v a donc été le dernier. On y lit diverses notes, en grec et en latin, parmi lesquelles ce distique élégiaque : « Disce, puer, dum tempus habes, dum sufficit etas, / Tempora pretereunt modo labentis aque » (main du xiv-xve s.)[1]. Une main récente (xve s. ?) a ajouté, dans la marge inf. du f. 96^r, une scholie concernant les différents triangles rectangles, par un certain Nicolaos[2].

Comme l'ont établi H. D. Saffrey et L. G. Westerink[3], le

1. Cf. H. Walther, *Lateinische Sprichwörter und Sentenzen des Mittelalters*, Göttingen 1963, p. 722, n° 5874.

2. Attribution dans la marge intérieure : νικολάου. L. G. Westerink suppose qu'il s'agit de Nicolaos Rhabdas (cf. Westerink, *Pachymeres*, p. xi). Le texte a été publié par P. Couvreur, *Hermias, In Phaedr.*, Appendix, p. xxi-xxii.

3. Cf. Proclus, *Theol. plat.* V, Introduction, chap. III « Un chaînon méconnu de la tradition proclienne : Georges Pachymère », p. lvii-lxix, en part. p. lxi-lxii. L'attribution du *Paris. gr.* 1810 à Pachymère est reprise dans Westerink, *Pachymeres*, p. ix et xi, et dans RgK II 89. A la bibliographie citée par Saffrey-Westerink, on peut ajouter : *Prosopographisches Lexikon der Paläologenzeit*, fasc. 9, Wien 1989, n° 22186, p. 177-178 ; Georgios Pachymeres, *Philosophia, Buch 10. Kommentar zur Metaphysik des Aristoteles*. Editio princeps, Einleitung, Text, Indices von E. Pappa (Corpus Philosophorum Medii Aevi. Commentaria in Aristotelem Byzantina, 2), Athènes 2002 (édition de la *Paraphrase* de Pachymère sur la *Métaphysique*). Pachymère est aussi probablement l'auteur du commentaire sur la *Métaphysique* attribué à Philopon, traduit en latin par Francesco Patrizi (*Ioannis Philoponi breves sed apprime doctae et utiles expositiones in omnes XIV Aristotelis libros eos qui vocantur Metaphysici*, Ferrara 1583 [réimpr. Stuttgart-Bad Cannstatt 1991, avec une introduction de Ch. Lohr]). Le texte grec de ce commentaire, inédit, est attribué à Pachymère dans l'*Ambrosianus* F 113 sup. (cf. S. Alexandru, « Reflections regarding Milan manuscripts of the commentary on Aristotle's *Metaphysics* ascribed to Georgios Pachymeres », RHT 31 [2001], p. 117-127). — Autres mss. autographes de Pachymère : *Berolin. Hamilton* 512 (Pachymère, *Philosophia*, cf. Georgios Pachymeres, *Philosophia, Buch 10. Kommentar zur Metaphysik des Aristoteles*, cit., p. 41*-45*) ; *Laur. Plut.* 87, 5 (Aristote,

copiste du *Paris. gr.* 1810 (sauf les ff. 301-302) est Georges
Pachymère (1242-1310 *ca*), qui a aussi copié le *Neapol.*
III. E. 17, ms. qui est à l'origine de toute la tradition ma-
nuscrite du commentaire de Proclus *In Alc.*[1].

Pachymère n'a pas seulement copié le commentaire de
Proclus *In Parm.*, il est aussi l'auteur de la brève continuation anonyme qui va jusqu'à la fin du *Parménide*[2]. Comme

---

Phys., cf. D. Harlfinger, « Autographa aus der Palaiologenzeit »,
dans *Geschichte und Kultur der Palaiologenzeit*, hrsg. v. W. Seibt
[Österreichische Akademie der Wissenschaften, Philos.-histor.
Klasse Denkschriften, 241. Veröffentlichungen der Kommission für Byzantinistik, VIII], Wien 1996, p. 43-50, en part. p. 48
et pl. 15-18) ; *Paris. gr.* 1930, ff. 221^r-236^v (Pachymère, *Philosophia*, livre XII, cf. RgK II 89 ; Georgios Pachymeres, *Philosophia*,
Buch 10. Kommentar zur Metaphysik des Aristoteles, cit., p. 45*-
48*) ; Rome, *Angel.* 38, ff. 1^r-214^v (traités de mathématiques,
cf. RgK III 115) ; *Vat. gr.* 261 (Aristote, corpus biologique et
Parva naturalia, cf. RgK III 115). Sur les mss. *Berolin. Hamilton*
512 et *Paris. gr.* 1930, cf. *infra*, p. CLXIII, n. 3 ; sur le *Vat. gr.* 261,
cf. *infra*, p. CCXLI-CCXLIV.

1. Cf. Proclus, *In Alc.*, Introduction, p. CXV-CXVIII. Pour
le commentaire d'Hermias sur le *Phèdre*, le *Paris. gr.* 1810 est
également la source unique de toute la tradition. Il est aussi intéressant de remarquer que Pachymère a eu entre les mains le
Paris. gr. 1813 [= ms. P de la *Theol. plat.*], du moins la partie
platonicienne (ff. 1-113 : *Phaed., Crat., Alc.* II, *Hipp., Phaedr.,
Def., Charm., Laches*), comme le soupçonnaient déjà Saffrey-
Westerink, *Theol. plat.* V, Introduction, p. LXVII-LXIX (voir la
description du *Paris. gr.* 1813 dans *Theol. plat.* I, Introduction, p.
CII-CVI). En effet, Pachymère a utilisé le *Paris. gr.* 1813 pour copier le *Charmide* et le *Lachès* dans le *Neapol.* III. E. 17 [= ms. N de
l'*In Alc.*]. Voir D. J. Murphy, « The manuscripts of Plato's *Char-
mides* », *Mnemosyne*, 43 (1990), p. 316-340, en part. p. 338 ; id.,
« *Parisinus gr.* 1813 and its apographa in Plato's *Laches* », *ibid.*
47 (1994), p. 1-11, en part. p. 10-11 ; A. Carlini, « Da Bisanzio
a Firenze. Platone letto, trascritto, commentato e tradotto nei
secoli XIV e XV », *Atti e memorie dell'Accademia Toscana di Scienze e
Lettere La Colombaria*, 62 (1997), p. 131-143, en part. p. 136-137,
n. 13.

2. Pour les éditions de ce texte, cf. *supra*, p. CXVI, n. 2.
— Une précision s'impose à propos du terme "continuation".

nous l'avons dit, dans tous les mss. grecs, à la différence de la traduction latine de Moerbeke, le texte du commentaire s'arrête *ex abrupto* sur les mots ἐπήνεγκεν οὐδ' ἄρα (VII 1242.33 [lemme 141 E 7-10]). Or, dans le *Paris. gr.* 1810 (f. 214ʳ, l. 5), Pachymère a ajouté οὐσίας μετέχει (= *Parm.* 141 E 9) — à tort, car le verbe ἐπήνεγκεν introduit la citation : οὐδ' ἄρα ἔστι τὸ ἕν (= *Parm.* 141 E 10), comme le montre la traduction latine (« intulit *neque ergo est le unum* », p. 497.67) — ; puis, il a copié, au centre des pages, en rouge, la suite du texte platonicien, depuis 141 D 10 (Οὐδ' ἄρα οὕτως ἔστιν) jusqu'à la fin, et dans les trois marges extérieures, sous forme de scholies, un commentaire qui est rattaché au texte central par des guidons de renvoi[1]. Bien qu'aucun titre ne marque le

En effet, les scholies de Pachymère peuvent être considérées comme une continuation du commentaire de Proclus seulement au sens où elles commencent où s'arrête le commentaire de Proclus. Il est évident, en effet, que Pachymère a voulu non pas écrire un faux commentaire, mais disposer d'une exégèse complète du *Parménide* : la mise en page de ses scholies est si différente de celle du commentaire de Proclus que la coupure entre les deux textes saute aux yeux. Le *Paris. gr.* 1810 étant un ms. à l'usage personnel de Pachymère, on comprend qu'il n'ait pas marqué son nom au début de ses scholies pour les distinguer du commentaire de Proclus. Ce n'est qu'à partir du ms. *Ambros.* B 165 sup. et de ses copies (et des éditions modernes) que les scholies de Pachymère ont semblé prétendre suppléer la partie manquante du commentaire de Proclus.

1. Comme le remarque L. G. Westerink, *Pachymeres*, p. XVIII, la formule Τοιγαροῦν ἐπιφέρει (p. 48.29) qui introduit le lemme 160 D 3-E 1, présuppose une mise en page dans laquelle lemmes et commentaires alternent. On peut penser que c'est dans cette mise en page que la continuation avait été écrite par Pachymère, ce qui confirme l'existence d'un exemplaire de travail dont le *Paris. gr.* 1810 est la copie (cf. *infra*, p. CLXIII-CLXIV). — Il faut remarquer que puisque le dernier lemme du commentaire de Proclus est 141 E 7-10 (Ἔστιν οὖν — Οὐ φαίνεται) et que le premier lemme de la continuation commence en 142 B 5 (Ὅρα δὴ ἐξ ἀρχῆς), le passage 141 E 10-142 B 5 (Οὐδ' ἄρα οὕτως ἔστιν — διομολογητέα ταῦτα· οὐχ οὕτω; Ναί), qui a pourtant été copié par Pachymère, n'est pas commenté. Au début de son exégèse (p.

début de la continuation, la mise en page montre que l'on est en présence d'un texte entièrement différent du précédent. Le *Paris. gr.* 1810 est la source, par l'intermédiaire du ms. *Ambros.* B 165 sup. (M), de toute la tradition manuscrite de la continuation de Pachymère[1].

Pachymère a non seulement copié et complété le commentaire de Proclus, il l'a aussi remanié et corrigé. Le remaniement apparaît surtout dans le premier livre où un certain nombre de passages ont été supprimés[2]. Or, puisque l'on ne remarque pas dans le *Paris. gr.* 1810 la moindre trace visible de correction rédactionnelle de la main de Pachymère (sauf pour les lemmes), il faut en déduire que le travail matériel de remaniement a été exécuté sur un ms. perdu (α), copie directe de Σ et modèle du *Paris. gr.* 1810[3].

1.11-13), Pachymère se réfère à 141 E 10-142 A 1 (Οὐδ' ἄρα οὕτως ἔστιν — Κινδυνεύει), qui constitue la conclusion de l'argument sur la participation à l'être. C'est donc le passage 142 A 1-8 (il n'y a ni nom ni discours ni science ni sensation ni opinion de l'un = Moerbeke, *In Parm.*, p. 503.24-521.69), fin de la première hypothèse, qui a été complètement omis par Pachymère. Il est difficile d'expliquer cette omission.

1. La continuation de Pachymère est transmise par 13 mss. qui descendent de A pour le commentaire de Proclus (*Ambros.* B 165 sup. et H 252 inf., *Marc. gr.* 191, *Paris. gr.* 1836, *Berolin. Phill.* 1506, *Vat. gr.* 231 et 1799, *Scorial.* T. I. 13, *Monac. gr.* 11 et 425, *Matrit. gr.* 4751, *Basileensis Bibl. Univ.* F. I. 8, *Cantabr. Trin.* O. 5. 11) et par 7 mss. qui ne descendent pas de A (*Laur. Plut.* 85, 8 [F], *Scorial.* T. II. 8 [G], *Vindob. phil. gr.* 7 [W], *Barber. gr.* 68, *Neapol.* III. E. 22, *Paris. gr.* 1835, *Matrit. gr.* 4770). Pour la continuation de Pachymère, la source de tous ces mss. (sauf le *Berolin. Phill.* 1506, copie directe de A) est le ms. *Ambros.* B 165 sup. (cf. Westerink, *Pachymeres*, p. XII).

2. Cf. *infra*, p. CCXXXV-CCXXXIX.

3. Le même procédé a été suivi par Pachymère dans sa Φιλοσοφία, une paraphrase du *Corpus aristotelicum*, en douze livres, en particulier dans la paraphrase du traité pseudo-aristotélicien *De lineis insecabilibus* (qui, avec le *De coloribus* et les *Mechanica*, constitue le livre XII) et dans celle de la *Métaphysique* [= livre X]. En effet, il existe deux mss. de ce texte copiés par Pachy-

Ce ms. intermédiaire peut aussi expliquer, au moins en partie, les nombreuses fautes individuelles de A. Par exemple, en I 663.12, A porte ἱππικὸς γὰρ ὑπόκειται au lieu de ἱππικὸς γὰρ ἀνήρ de tout le reste de la tradition ; on peut imaginer que dans son exemplaire de travail α, Pachymère avait ajouté ὑπόκειται pour éviter l'ellipse du verbe et aboutir à la phrase ἱππικὸς γὰρ ἀνὴρ ὑπόκειται ; ensuite, au moment de mettre au net son texte en le recopiant dans le *Paris. gr.* 1810, au lieu d'ajouter ὑπόκειται à ἀνήρ, il aurait remplacé ἀνήρ par ὑπόκειται. C'est justement la présence de fautes de copie qui a amené L. G. Westerink à formuler la même conclusion à propos de la continuation : pour ce texte aussi, le *Paris. gr.* 1810 constitue la copie mise au net d'un exemplaire de travail[1].

mère : *Berolin. Hamilton* 512 et *Paris. gr.* 1930 ; or, le ms. de Berlin présente de nombreuses corrections qui ont été intégrées dans le ms. de Paris, qui, par rapport à son modèle, ajoute non seulement d'autres corrections, mais aussi un certain nombre de fautes (cf. Harlfinger, *Textgeschichte*, p. 357-360, et pl. 24-26 ; Georgios Pachymeres, *Philosophia, Buch 10. Kommentar zur Metaphysik des Aristoteles*, cit., p. 98*-105*, et pl. 1-4). — On pourrait voir un témoignage de l'amour de Pachymère pour les livres dans un passage d'une Μελέτη (discours fictif pour défendre Périclès de l'accusation d'aspirer à la tyrannie) publiée par J.-F. Boissonade, *Anecdota Graeca e codicibus regiis*, t. V, Parisiis 1833, p. 351-372, en part. p. 364, ll. 2-14, où le défenseur réplique à l'accusateur : ῥήτωρ εἶ πάντως καὶ βίβλοις σχολάζεις […] κέκτησαι καὶ πέρα τῆς χρείας πολλάκις βίβλους ἐκ περισσοῦ ; ἢ συμμετρεῖς τῇ χρείᾳ τὴν κτῆσιν ; κἂν διδῷ τις ἕτερος, οὐ λαμβάνεις ; κἂν εὐώνῳ περιτύχῃς, οὐκ ἐξωνῇ ; (ll. 2-6).

1. Cf. Westerink, *Pachymeres*, p. XVIII : « The text as we have it in the Paris manuscript is evidently a clean copy of an earlier draft, transcribed more or less mechanically, with more attention to the layout than to the substance ; some errors are typical of a copyist rather than of an author in the process of composition » (cf. p. 54.4 Τὸ ἀπὸ τοῦδε] τοαπτοῦδε A ‖ p. 57.9 †ὀντάσεως†] uoluit ὄντος ὑποστάσεως ?). Voir aussi les omissions dépistées et comblées par les éditeurs aux pages 2.15, 15.33, 53.5 et 8, et qui sont tout à fait analogues à la faute du *Paris. gr.* 1810 dans le passage en question de l'*In Parm.* La nécessité de postuler un exemplaire de travail dont le *Paris. gr.* 1810 est

Pachymère a aussi modifié les lemmes du texte platonicien
en les adaptant à une autre tradition. Nous y reviendrons[1].

Dans les marges du commentaire de Proclus, Pachymère
a copié quelques scholies, dont un petit nombre remontent
à Σ puisqu'on les retrouve dans les *recentiores*[2], alors que la
plupart semblent dues à Pachymère lui-même et témoignent
de son intérêt pour Proclus. Ces dernières sont en général de peu d'importance. Par exemple, au f. 141ᵛ, dans la
marge de IV 866.25 ss., on lit une longue scholie (*inc.* :
Ἐκ τούτων τῶν ἐξ ἀποριῶν συνάγει ὁ Πρόκλος τὸν ὅρον τῆς
ἀληθινῆς ἰδέας τῆς κατὰ Παρμενίδην, ὃς καὶ θεοὺς τὰς ἰδέας
ἔλεγε. *des.* : Ὅρα οὖν ἐκ ταύτης τῆς πρώτης ἀπορίας τὰς
ἐφεξῆς) qui résume la théorie des idées de Proclus en pa-
raphrasant le résumé que Proclus a lui-même donné de la
discussion sur les idées en IV 934.17-935.3 (dans la marge
de IV 934.38-40, au f. 154ᵛ, Pachymère a noté : ση(μείωσαι)
ὅρος ἰδέας). La scholie est aujourd'hui difficile à lire car les
marges ont été rognées, mais on la retrouve intacte dans

la copie, est aussi confirmée par un cas d'incohérence entre la
mise en page du *Paris. gr.* 1810 et la formule d'introduction d'un
lemme (cf. *supra*, p. CLXII, n. 1).

1. Cf. *infra*, p. CCCLXVIII-CCCLXXIV.
2. Cf. f. 116ᵛ (*ad* II 727.25 ss.) : ση· τοῦτο ἀληθὲς ἀπ' αὐτῶν
τῶν τοῦ Σωκράτους λόγων παρίσταται τοῖς μὴ θέλουσιν ὀνειρώττειν ;
f. 178ᵛ (*ad* VI 1054.37 ss.) : Ἰαμβλίχου δόξα (division des hypothèses selon Jamblique) ; f. 179ʳ (*ad* VI 1058.21 ss.) : Πλουτάρχου
δόξα (division des hypothèses selon Plutarque). Ces scholies,
que Pachymère tire de Σ, se trouvaient déjà dans l'archétype de
toute la tradition (Ω). En effet, les deux scholies qui, dans les
recentiores (et donc dans l'hyparchétype de la branche grecque
Σ), attribuent respectivement à Amélius et à Porphyre les deux
divisions des hypothèses rapportées par Proclus en VI 1052.31-
1053.35 et VI 1053.38-1054.37, sont aussi transmises par la
traduction latine : τίς ἡ Ἀμελίου δόξα περὶ τῶν ὑποθέσεων = *Amelii
opinio* (cf. Moerbeke, *In Parm.*, p. 350.20, app. crit. ; Proclus,
Theol. plat. I, Introduction, p. LXXX, n. 2) ; τίς ἡ Πορφυρίου δόξα
περὶ τῶν ὑποθέσεων = *Porphyrii opinio de ypothesibus* (cf. Moerbeke,
In Parm., p. 351.66 ss., app. crit. ; Proclus, *Theol. plat.* I, Introduction, p. LXXXI, n. 1).

l'*Ambros.* B 165 sup. (f. 57ʳ) et dans le *Laur. Conv. Soppr.*
103 (f. 296ʳ), deux copies de A. Vers la fin du xvıᵉ siècle, un
érudit, lisant cette note dans la marge du *Laur. Conv. Soppr.*
103, l'a recopiée à la suite d'un texte de Psellus sur les idées
qu'il avait trouvé dans ce même ms. (f. 465ʳ⁻ᵛ). Cette copie
tardive est l'actuel *Upsaliensis* 47 (f. 194ʳ⁻ᵛ)[1].

En trois endroits du livre VI, Pachymère a noté dans la
marge des renvois au Ps.-Denys pour identifier un φησί τις
dans le texte de Proclus. Au f. 177ᵛ, dans la marge de VI
1049.36-37 (ὑπερούσιοι γὰρ αἱ ἑνάδες αὖται, καί, ὥς φησί
τις, ἄνθη καὶ ἀκρότητες), on lit : ση. τοῦ μεγάλου Διονυσίου ;
le renvoi de Proclus vise les *Oracles Chaldaïques* (fr. 76.2),
mais Pachymère y voit une allusion à Denys l'Aréopagite (cf.
De div. nom. II 7, p. 132.2-3 Suchla), convaincu qu'il était
que Proclus avait été influencé par Denys[2]. Au f. 182ᵛ, dans
la marge de VI 1080.10-11 (μεθύων, φησί τις, καὶ αὐτὸν ἐν-
θεάζων τῷ νέκταρι), on lit : Διονυσίου τοῦ μεγάλου ἐκ τοῦ
προφήτου ; ici, le renvoi de Proclus vise Plotin, *Enn.* VI 7
[38], 35.25, mais Pachymère y reconnaît une allusion à Denys (cf. *Ep.* IX, 1112 B-C). Le troisième renvoi au Ps.-Denys
concerne le même texte dionysien et se réfère à VI 1047.21-
22 (μεθύουσα δέ, ὥς τίς φησι, τῷ νέκταρι) ; il a disparu dans
la marge de A (f. 177ᵛ, à la hauteur de la ligne 6), mais on
peut le lire dans le ms. M (f. 103ʳ) : Διονύσιος ὁ μέγας ἐκ
τοῦ προφήτου παρειληφώς. Ces trois scholies témoignent de

---

1. C'est donc à tort que cette scholie de Pachymère a été
éditée par L. Benakis sous le nom de Psellus, cf. L. Benakis,
« Neues zur Proklos-Tradition in Byzanz », dans *Proclus et son
influence*, p. 247-259. L'édition elle-même (p. 258-259) est dé-
parée par quelques fautes, dues en partie à la date tardive de
l'*Upsaliensis* 47.

2. C'est la position classique chez les Byzantins, cf. H. D.
Saffrey, « Le lien le plus objectif entre le Pseudo-Denys et Proclus », dans *Roma magistra mundi. Itineraria culturae medievalis.*
Mélanges offerts au Père L. E. Boyle, Louvain-la-Neuve 1998, p.
791-810 (repris dans Saffrey, *Néoplatonisme*, p. 239-252).

l'influence que Proclus a exercée sur Pachymère dans son interprétation du Ps.-Denys[1].

Vers le milieu du xive siècle, le ms. A passa dans les mains d'un autre savant, qui a intensivement annoté le commentaire de Proclus : écrites d'une encre brunâtre et en menus caractères, ses notes sont plus lisibles que celles de Pachymère. Toutefois, les marges de A ayant été rognées, elles se lisent plus aisément dans le *Laur. Conv. Soppr.* 103 et sont donc antérieures à la confection de ce ms. en 1358. En revanche, on ne les lit pas dans l'*Ambros.* B 165 sup. (M), copié vers 1340-50, qui reproduit pourtant toutes les scholies écrites de la main de Pachymère. Ce savant anonyme possédait une connaissance approfondie de l'œuvre de Proclus, comme il ressort des renvois qu'il fait à d'autres textes de Proclus. Par exemple, au f. 127^r (mg. sup.) on lit deux renvois à l'*El. theol.* : ση. ζήτει τὴν ἀπόδειξιν τοῦ θεωρήματος τούτου καὶ ἐν τῷ μζ΄ κεφαλαίῳ τῆς τοῦ Πρόκλου θεολογικῆς στοιχειώσεως (III 785.10) || τὴν δὲ τούτου ἀπόδειξιν ζήτει ἐν τῷ πω΄ κεφαλαίῳ τῆς αὐτῆς στοιχειώσεως (III 785.12)[2]. Au f. 131^v en marge de III 812.25-26 (ἐν ἄλλοις [...] ἔφαμεν), on lit : <ἄλλοις· ἐν τοῖς εἰς> τὸν Τίμαιόν φησιν ἐξηγῆσθαι τοῦτο (les mots entre soufflets ont été suppléés à l'aide du *Laur. Conv. Soppr.* 103). Au f. 136^v, en marge du passage où Proclus critique Aristote parce que celui-ci considère l'intellect divin seulement comme cause finale, ce lecteur a noté : <Ἀρι>στοτέλους τοῦτό φησί (φησί add. s. l.) ἐστιν δὲ ὁ λόγος <καὶ ἀή>θης καὶ παντάπασιν <ἀσε>6ής (A complété par le *Laur. Conv. Soppr.* 103).

Peu de temps après que ces scholies ont été écrites, le ms. A a souffert gravement de l'humidité qui a estompé et parfois totalement effacé le texte dans le haut des feuillets et du

_____

1. Sur la présence de Proclus dans le commentaire de Pachymère sur le Corpus dionysien, cf. Proclus, *Theol. plat.* V, Introduction, p. LXII-LXVII.

2. On trouve d'autres renvois à l'*El. theol.* aux ff. 128^v (*ad* III 787.19), 186^v (*ad* VI 1101.21), 194^v (*ad* VII 1144.6).

côté de la marge extérieure. C'est peut-être le même lecteur dont on vient de parler (on l'appellera A^2 pour distinguer ses interventions de celles de Pachymère [= A^1]) qui a essayé de réparer les dégâts en retraçant les lettres devenues illisibles (parfois sur plusieurs lignes), mais, comme le dit van Bilsen, « pas plus pour le texte de Proclus que pour celui d'Hermias, aux ff. 17 à 93 du manuscrit, le restaurateur n'a utilisé de modèle pour exécuter ce travail ; il s'est borné à retracer les lettres encore visibles et il a récrit le reste comme bon lui semblait. C'est donc bel et bien une main différente de A et, qui plus est, une main qui ne représente aucune tradition »[1]. Contrairement à ce que supposait encore van Bilsen, cette restauration du ms. a été exécutée très peu de temps après l'accident, certainement avant 1358, date de la confection du *Laur. Conv. Soppr.* 103. En effet, toutes les interventions de A^2 (= A^4 chez van Bilsen) se retrouvent dans le *Laur. Conv. Soppr.* 103, tandis que M (copié vers 1340-50) permet encore de connaître l'état original de A.

En plus des interventions de A^2, on reconnaît une autre main (A^3), très différente de A^2 et qui utilise une encre noire pour retracer les caractères qui étaient devenus difficiles à lire. On observe ces réécritures surtout dans les marges des livres IV-VII, par exemple aux ff. 140^r-152^v, 156^v-160^v, 173^v-180^r, 193^r-196^v. Puisque toutes les corrections de A^3 se retrouvent dans le *Laur. Conv. Soppr.* 103, elles aussi ont été écrites avant 1358. Comme le texte n'a pas cessé de se détériorer par la suite, surtout dans les derniers livres, une autre main plus récente (A^4) est encore intervenue pour réparer le texte dans les marges endommagées. Ses interventions, assez maladroites, sont visibles aux ff. 180^v-182^v (où il est parfois difficile de le distinguer de A^2) et 199^r-200^v. Cette nouvelle réécriture date probablement du début du XVIe siècle, alors que le ms. A se trouvait à Venise. Par endroits, on observe d'autres corrections encore plus récentes, dues à des lecteurs qui ont peiné à déchiffrer ce ms.

---

1. Cf. van Bilsen, « Le texte de l'*In Parmenidem* », p. 57.

Pour illustrer les interventions des correcteurs de A, voici une liste d'exemples tirés des ff. 176-200 (s = FRGP ; L = *Laur. Conv. Soppr.* 103 ; M = *Ambros.* B 165 sup.) :

(f. 176ʳ) VI 1039.13 πλεῖσται sM : πλείους A³L || 1039.23 ὅροις sM : λόγοις A³L || 1039.34 λόγος τῶν δύο sM : λόγος, ο [spat. uac.] A³L || (f. 177ʳ) 1044.21 οὐ μέντοι sA : ἀλλ' οὐ A³L || (f. 178ʳ) 1050.4 ἢ ἐν sM : ἢ A³L || (f. 178ᵛ) 1053.3 αὐτὴν s.l. add. A³ in textu add. L deest in sM || (f. 179ᵛ) 1059.27-28 ἔσται μόνον sM : μόνον ἔσται A³L || 1059.32 τὸ ἓν ὡς sM : τοῦτο ἀλλ' ὡς τὸ A³L || (f. 180ʳ) 1063.19 ἀκοῦσαι sM : ἀθρῆσαι A³L || (f. 180ᵛ) 1066.22-23 ἑνάς ἐστι τοῦτο γὰρ sM : legi nequit A² spat. uac. L || (f. 181ʳ) 1069.21-23 ἀλλ' ἁπλῶς ἕν — νοητῶν καὶ sM : legi nequit A² spat. uac. L || 1069.25-26 αὐτῶν — εἴδους sM : legi nequit A² spat. uac. L || 1069.27 οὕτω sM : εἰ δέ A²L || 1069.29 χωριστὴ sM : ζωτικὴ A⁴ spat. uac. L || 1070.8 ἄμικτον sM : ἀμέριστον A²L || 1070.14 εἴρηται sM : χρῆ A⁴ spat. uac. L || (f. 181ᵛ) 1072.30 οἰκειοτέρα τῆς sM : κρείττων τῆς A⁴ spat. uac. L || 1073.19 ἀληθὴς sM : ἐστι A⁴ spat. uac. L || (f. 182ʳ) 1075.15 δὲ sM : γε μὴν A⁴ μὲν L || (f. 184ʳ) 1089.32 ἀποφάσκειν τοῦ ἑνός sMA⁴ : spat. uac. L || (f. 186ʳ) 1098.8 ἡγούμενον sM : ζητούμενον A²L || (f. 187ʳ) 1103.1 τοῦτο ἐν τούτοις sM : legi nequit A² spat. uac. L || 1103.6 ἐκείνοις sM : ἐκεῖ A²L || 1104.39 ἢ ἐνοειδὲς sM : ἐκείνου A²L || 1105.1 αὐτὸς sM : αὐτὸ ὃ A²L || (f. 189ᵛ) 1116.11 μένειν sM : μὲν A²L || 1116.13-14 δηλοῦμεν ἀνάτασιν sM : καλοῦμεν ἀνάπαυσιν A²L || 1116.18 ἐστι τὰ sM : πάντα A²L || (f. 196ᵛ) VII 1154.18 αὖθις sLM : ἄλλοθι A⁴ || (f. 200ʳ) 1172.8-9 ὥστε οὐδέ, εἴ τις sM : αὐτὸ λέγει A⁴ spat. uac. L || 1172.11 λόγον sMA⁴ : spat. uac. L || 1172.13 μήδ' ὅλως ἔστηκεν sMA⁴ : spat. uac. L || 1175.1-2 ὅπου δὲ διακεκριμένως ἰδίᾳ κατὰ τὸν οἰκεῖον ἀριθμόν sMA⁴ : spat. uac. L.

Le *Laur. Conv. Soppr.* 103 prouve que le ms. A était encore à Byzance en 1358. On perd ensuite sa trace pendant près de deux siècles. A un certain moment, comme tant d'autres mss., il passa à Venise, entre les mains de Gian Francesco Torresani d'Asola (1498 *ca*-1557/1558), fils du célèbre imprimeur vénitien Andrea d'Asola et beau-frère d'Alde Manuce (son nom se lit dans la marge inf. du f. 1ʳ :

« Francisco Asulano ») [1]. Dans l'*editio princeps* de Platon, qui parut chez Manuce en septembre 1513, l'éditeur Marc Musurus a établi le texte de la *République* en utilisant le ms. A (ou une copie perdue) comme source complémentaire [2]. C'est encore à Venise que, en 1542, Jean Catelos l'utilisa comme modèle de l'*In Parm.* pour le *Berolin. Phillipps* 1506 (gr. 102) ; les nombreux blancs laissés dans cette copie montrent combien, déjà alors, A était difficile à déchiffrer.

Quelques années plus tard, notre ms. devait entrer, avec un lot de quelque 80 autres mss. grecs, dans la Bibliothèque Royale de Fontainebleau (cote 2090 au f. 1ʳ, mg. sup.), où il fut relié aux armes de Henri II. Au f. Iʳ on lit la table des matières de la main d'Ange Vergèce, *scriptor* à la Bibliothèque Royale : Τάδ' ἔνεστι ἐνθάδε· Πλάτωνος Εὐθύφρων ἢ περὶ ὁσίου. Τοῦ αὐτοῦ Κρίτων ἢ περὶ πρακτοῦ· Ἀπολογία Σωκράτους. Ἑρμείου φιλοσόφου εἰς τὸν Πλάτωνος Φαῖδρον σχόλια ἐν βιβλίοις γ'. Πρόκλου διαδόχου ἐξήγησις εἰς τὸν Παρμενίδην ἐν βιβλίοις ζ'. Πλάτωνος Πολιτεία βιβλία δέκα. Τοῦ αὐτοῦ Συμπόσιον ἢ περὶ ἔρωτος. Le ms. figure dans les deux catalogues (alphabétique et méthodique) de la bibliothèque de Fontainebleau rédigés entre 1549 et 1552 par Vergèce, Constantin Palaeocappa et Jacques Diassorinos [3].

---

1. Cf. A. Cataldi Palau, *Gian Francesco d'Asola*, cit., p. 405, n. 1 ; p. 419, 425, 445, 469.

2. Cf. G. Boter, *The Textual Tradition of Plato's Republic*, cit., p. 243-244. En général, sur le travail d'éditeur de Musurus, cf. M. Sicherl, « Musuros-Handschriften », dans *Serta Turyniana. Studies in Greek Literature and Palaeography in Honor of A. Turyn*, ed. by J. L. Heller, Urbana-Chicago-London 1974, p. 564-608.

3. Cf. Omont, *Catalogues de Fontainebleau*, p. 143, n° 428 : ΠΛΑΤΩΝ Β. Βιβλίον α' μήκους πάνυ μεγάλου, ἐνδεδυμένον δέρματι κυανῷ, εἰσὶ δ' ἐν αὐτῷ Πλάτωνος Εὐθύφρων ἢ περὶ ὁσίου. Τοῦ αὐτοῦ Κρίτων ἢ περὶ πρακτοῦ. Ἀπολογία Σωκράτους. Ἑρμείου εἰς τὸν Πλάτωνος Φαῖδρον σχόλια, βιβλία γ'. Πρόκλου Διαδόχου ἐξήγησις εἰς τὸν Παρμενίδην, βιβλία ζ'. Πλάτωνος Πολιτεία, βιβλία δέκα. Τοῦ αὐτοῦ Συμπόσιον ἢ περὶ ἔρωτος. Ἔστι δὲ πάνυ παλαιόν, ἐν χάρτη δαμασκηνῷ (catalogue alphabétique) ; p. 255-256, n° 310 : Πλάτωνος Εὐθύφρων, ἢ περὶ ὁσίου. Τοῦ αὐτοῦ Κρίτων, ἢ περὶ πρακτοῦ. Ἀπολογία

2.2. Les copies directes du Parisinus gr. 1810

2.2.1. Le manuscrit de travail de Bessarion (Ambrosianus B 165 sup. [gr. 159])

M Milano, Biblioteca Ambrosiana, B 165 sup. (gr. 159). Saec. XIV, chart., 290 × 218 mm., ff. III-156. Procli *In Parm.* : ff. 1ʳ-140ᵛ, cum continuatione Pachymeris : ff. 140ᵛ-155ᵛ ; vac. f. 156ʳ ; Pachymeris continuatio, p. 52.23 (οὕτω γάρ) - 53.3 (οὐσίας μέ-) Westerink : f. 156ᵛ[1].

Ce ms. et quatre autres mss. conservés, eux aussi, à l'Ambrosienne, formaient à l'origine un volume unique appartenant à la collection de Bessarion : A 168 sup. (gr. 62)

Σωκράτους. Ἑρμείου εἰς τὸν Πλάτωνος Φαῖδρον σχόλια, βιϐλία τρία. Πρόκλου Διαδόχου ἐξήγησις εἰς τὸν Παρμενίδην, βιϐλία ἑπτά. Πλάτωνος Πολιτεία, βιϐλία ι'. Τοῦ αὐτοῦ Συμπόσιον, ἢ περὶ ἔρωτος. Ἔστι δὲ πάνυ παλαιὰ ἡ βίϐλος, ἐν χάρτῃ δαμασκηνῷ, πρώτου μήκους, δέρματι κυανῷ κεκαλυμμένη, ἧς ἡ ἐπιγραφή· ΠΛΑΤΩΝ Β (catalogue méthodique). Le titre ΠΛΑΤΩΝ Β est estampé en haut du plat supérieur. La lettre Β qui suit le titre sert à distinguer ce ms. des trois autres exemplaires de Platon conservés dans la bibliothèque de Fontainebleau : Πλάτων Α [= *Paris. gr.* 1811, cf. Omont, *Catalogues de Fontainebleau*, p. 143, n° 427 (cat. alphabétique) ; p. 255, n° 309 (cat. méthodique)], Πλάτων Γ [= *Paris. gr.* 1814, cf. *ibid.*, p. 144, n° 429 (cat. alph.) ; p. 256, n° 311 (cat. méth.)], Πλάτων Δ [= *Paris. gr.* 2110, cf. *ibid.*, p. 144, n° 430 (cat. alph.) ; p. 256, n° 312 (cat. méth.)]. Sur ce système de titres abrégés, utilisé pour le catalogage de la bibliothèque de Fontainebleau, cf. Omont, *Catalogues de Fontainebleau*, Introduction, p. XXI. Notre ms. ne figure pas dans le premier catalogue, très sommaire, des mss. grecs de la bibliothèque de Fontainebleau rédigé par Ange Vergèce en 1545 (publié par Omont, *Catalogues de Fontainebleau*, p. 355-369). — Lorsque le ms. A entre à la bibliothèque de Fontainebleau, Ange Vergèce avait déjà copié à Venise le *Paris. gr.* 1836, en utilisant comme modèle le *Marc. gr.* 191 (cf. *infra*, p. CCV-CCVI).

1. Cf. E. Martini - D. Bassi, *Catalogus codicum graecorum Bibliothecae Ambrosianae*, Milano 1906, t. I, p. 175 ; Klibansky-Labowsky, p. XXXIV ; Westerink, *Pachymeres*, p. XI-XII.

(Ps.-Philopon, *In De anima* III ; Ps.-Aristote, *De plantis* ; extraits mathématiques) ; D 166 inf. (gr. 938) (Hermias, *In Phaedr.*) ; P 206 sup. (gr. 648) et R 125 sup. (gr. 727) (Proclus, *El. theol.*, avec la réfutation de Nicolas de Méthone)[1].

Le volume n'était pas encore divisé quand il appartenait au cardinal Bessarion. Il figure en effet dans l'inventaire de la donation à S. Marc (1468) sous le n° 403 : « Item expositio super tertium de anima Aristotelis et de plantis Aristotelis, expositio Hermei in Phaedrum Platonis cum textu, et Parmenides Platonis cum expositione Procli, et Procli capitula elementalis theologiae, in papyro ». Le même volume est recensé dans l'inventaire de 1474 sous le n° 526 : « Expositio Hermiae in Phaedrum, et Proculi in Parmenidem, et eiusdem theologia elementalis, et a principio super tertium de anima Aristotelis, et eiusdem de plantis, in papiro »[2]. On trouve d'ailleurs, dans tous ces textes, des corrections et des annotations marginales de la main de Bessarion (M[b]), particulièrement nombreuses dans l'*In Parm.*

Cependant, on ne saurait considérer le volume originaire de Bessarion comme un simple recueil de textes collectionnés au hasard. En effet, tous les textes qu'il contenait ont été copiés sur un papier italien de même format, qui présente une série de filigranes caractéristiques de la première moitié

---

1. Tous ces mss. ont fait l'objet d'une étude détaillée de L. Labowsky, « Manuscripts from Bessarion's Library found in Milan », *Medieval and Renaissance Studies*, 5 (1961), p. 108-131, dont nous reprenons ici les conclusions. Pour le ms. B 165 sup. en particulier, cf. H. D. Saffrey, c. r. de *Plato latinus* III, DLZ 81, 7/8 (Juli/Aug. 1960), col. 621-629, en part. col. 623-625. Voir aussi E. Mioni, « Bessarione scriba e alcuni suoi collaboratori », art. cit. (*supra*, p. CXXIV, n. 1), p. 289. — Pour une présentation générale du cardinal Bessarion et de son intérêt pour le platonisme, cf. Hankins, *Plato in the Italian Renaissance*, p. 217-263 ; *Bessarione e l'Umanesimo*. Catalogo della mostra, Venezia, Biblioteca Nazionale Marciana, 27 aprile-31 maggio 1994, a cura di G. Fiaccadori, Napoli 1994.

2. Cf. Labowsky, *Bessarion's Library*, p. 174, 219.

du xıvᵉ siècle (le *De plantis* seul, plus tardif, fait exception)[1].
En outre, l'ensemble des textes a été écrit par une dizaine de
copistes, qui sont intervenus dans les différents textes de ce
volume : la main qui a transcrit la plus grande partie de l'*In
Phaedrum* (= D 166 inf.) a aussi copié les extraits mathématiques dans le ms. A 168 sup. ; celle qui a copié l'*El. theol.*,
§ 78, 116-120, a écrit aussi quelques feuillets du ms. A 168
sup. ; elle a également corrigé et comblé quelques omissions
dans l'*In Parm.* dans le ms. B 165 sup. Dans sa forme originaire, le volume de Bessarion semble donc être le produit
d'un centre de culture[2] et témoigner d'un vif intérêt pour le
néoplatonisme dans un cercle d'intellectuels, probablement
à Constantinople, vers le milieu du xıvᵉ siècle.

Grâce aux recherches de H. D. Saffrey et de Mme L. Labowsky, nous savons comment le volume de Bessarion est
arrivé à la Bibliothèque Ambrosienne[3]. Tout en haut de la
marge sup. du f. 156ʳ de notre ms., on lit la note suivante :
͵αυϟγʹ δεκεμβρίου γιʹ τὴν εἰς τὸν Παρμενίδην τοῦ Πρόκλου ἐξήγησιν πᾶσαν ἀνέγνω λεόνικος ὁ Θωμαῖος (« Le 13 décembre
1493, Leonico Tomeo a lu tout le commentaire de Proclus
sur le *Parménide* »). Niccolò Leonico Tomeo (Venise 1456 -
Padoue 1531), professeur de rhétorique et de philosophie à
Padoue, adversaire résolu des averroïstes et auteur de dialogues philosophiques, a traduit l'*In Tim.* de Proclus[4]. Il est
probable qu'il a emprunté le ms. de Bessarion sans le rendre,

1. Pour les filigranes de l'*Ambros.* B 165 sup., cf. H. D. Saffrey, c. r. de *Plato latinus* III, DLZ 81, 7/8 (Juli/Aug. 1960), art.
cit., col. 623-624.

2. Cf. Labowsky, « Manuscripts from Bessarion's Library », p. 121.

3. Cf. H. D. Saffrey, c. r. de *Plato latinus* III, DLZ 81, 7/8
(Juli/Aug. 1960), art. cit., col. 624 ; Labowsky, « Manuscripts
from Bessarion's Library », p. 122-127.

4. Sur Niccolò Leonico Tomeo, cf. D. De Bellis, « La vita e
l'ambiente di Niccolò Leonico Tomeo », *Quaderni per la storia
dell'Università di Padova*, 13 (1980), p. 37-75 ; D. J. Geanakoplos, « The Career of the Little-Known Renaissance Greek
Scholar Nicolaus Leonicus Tomaeus and the Ascendancy of

Greco-Byzantine Aristotelianism at Padua University (1497) »,
Byzantina, 13 (1985), p. 355-371 (repris dans D. J. Geanakoplos, *Constantinople and the West. Essays on the Late Byzantine
(Palaeologan) and Italian Renaissances and the Byzantine and Roman Churches*, Madison (Wisconsin) 1989, p. 114-129 ; DBI 64
(2005), p. 617-621 [E. Russo]. Ses ouvrages les plus importants
sont les suivants : traduction et commentaire des *Parva naturalia*
(Venise 1523 ; cf. D. De Bellis, « Niccolò Leonico Tomeo interprete di Aristotele naturalista », *Physis. Rivista internazionale di
storia della scienza*, 17 [1975], p. 71-93) ; *Dialogi* (Venise 1524,
2ᵉ éd. Paris 1530), parmi lesquels les trois dialogues *Bembus
sive de animorum immortalitate*, *Bembus sive de animorum essentia*
(ajouté dans la 2ᵉ éd.), *Alverotus sive de tribus animorum vehicu-
lis*, fortement influencés par la philosophie néoplatonicienne,
revêtent une importance considérable dans le cadre des discussions concernant le problème de la nature et de l'immortalité
de l'âme (cf. D. De Bellis, « 'Autokineton' e 'entelechia'. Niccolò
Leonico Tomeo : l'anima nei dialoghi intitolati al Bembo », *An-
nali dell'Istituto di Filosofia dell'Università di Firenze*, 1 [1979], p.
47-68 ; id., « I veicoli dell'anima nell'analisi di Niccolò Leonico
Tomeo », *ibid.* 3 [1981], p. 1-21) ; *Opuscula* (Venise 1525) ; *De
varia historia libri tres* (Venise et Bâle 1531, Lyon 1532 et 1555).
Pour une description détaillée des éditions des *Dialogi* et des
Opuscula (Venise 1524 et 1525), cf. *Manoscritti e stampe venete
dell'aristotelismo e averroismo (secoli x-xvi)*, Catalogo di mostra
presso la Biblioteca Nazionale Marciana in occasione del XII
Congresso Internazionale di Filosofia (Padova e Venezia, Settembre 1958), Venezia 1958, p. 141-143, nᵒ 212 et 213. — La
traduction de l'*In Tim.*, parue à Venise en 1525 parmi les *Opuscula*, est partielle car elle ne comprend que les sections t. II, p.
119.25-274.14 et p. 278.27-292.29 [= *Tim.* 35 A 1-36 E 5]. Cette
portion de l'*In Tim.* traite de la composition, de l'harmonie,
de la forme, des puissances et des activités de l'âme ; le bref
passage intermédiaire que Leonico n'a pas traduit (p. 274.14
[ἵνα οὖν]-278.27 [τὴν ἐξήγησιν]) contient l'exposé des opinions
de Théodore d'Asiné et de Jamblique à propos des puissances de
l'âme. Il est donc évident que le choix de traduire cette partie
de l'*In Tim.* a été dicté par l'intérêt de Leonico pour la question
de l'immortalité de l'âme. Puisque le modèle grec utilisé par
Leonico Tomeo n'est pas conservé et que la traduction présuppose un texte meilleur que celui de la *recensio uulgata* [= neuf
mss. parmi lesquels l'*Oxoniensis Corporis Christi* 98, utilisé par
Simon Grynaeus pour l'éd. Basileae 1534, et le *Monac. gr.* 382,

en sorte que le ms. suivit la destinée de sa bibliothèque[1].

utilisé par Chr. Schneider pour l'éd. Vratislaviae 1847], la traduction de Leonico Tomeo (sigle : th) est souvent citée dans
l'apparat critique de l'édition Diehl (cf. éd. Diehl, t. I, p. xiv-
xvi, xx-xxii ; t. II, p. iv-v ; voir en part. le jugement de Diehl sur
les bonnes conjectures de Leonico Tomeo, p. v : « nihilo minus
haud raro praecipue in illis commentariorum partibus quibus
M uel MP [= *Marc. gr.* 195, *Paris. gr.* 1840] defecerunt, Thomaei
lectionem in apparatum recepimus, cum percrebro Venetus ille
doctissimus suo ingenio ueram in interpretatione latina resti-
tuerit contextus formam »). En 1493, l'année même où il lut
l'*In Parm.* de Proclus dans l'*Ambros.* B 165 sup., Leonico Tomeo
emprunta aussi un autre ms. conservé à la Marciana, le *Marc.
gr.* 228, contenant Simplicius, *In De anima* ; Thémistius, *In De
anima* ; Proclus, *In Tim.* I (mut.) ; Aristote, *De anima* I-II ; Hermias, *In Phaedr.* ; Proclus, *In Parm.* I-III (cf. *infra*, p. clxxxviii).
Ce n'est donc sûrement pas sur ce ms., qui ne contient que le
livre I, que Leonico Tomeo a fait sa traduction de l'*In Tim.*, qui
ne concerne qu'une partie du livre II.

1. Leonico Tomeo avait tendance à oublier de rendre les
livres qu'il empruntait, comme il résulte d'une note que Pietro
Bembo, en tant que bibliothécaire de la Marciana (1530-1543),
écrivit au f. I[v] du *Marc. gr.* 225 (Ammonius, *In Isag.* ; Simplicius, *In Cat.* ; Philopon, *In An. Pr.* et *In An. Post.*) que Leonico
avait gardé chez lui pendant trente ans : « Ammonii et Simplicii
et Philoponi super logicam Aristotelis liber cardinalis Niceni,
redditus mihi a Nicolao Leonico Patavii ante diem tertium no-
narum Martii MDXXXI, apud quem triginta totos annos fuerat.
Petrus Bembus » (cf. C. Castellani, « Pietro Bembo biblioteca-
rio della Libreria di S. Marco in Venezia (1530-1543) », *Atti del
R. Istituto Veneto di Scienze, Lettere ed Arti*, serie VII, 7 [1895-
96], p. 862-898, en part. p. 865 et 880 ; *Manoscritti e stampe
venete dell'aristotelismo e averroismo (secoli x-xvi)*, cit. [*supra*, p.
clxxiv], p. 25-26, n° 46 ; H. D. Saffrey, c. r. de *Plato latinus*
III, DLZ 81, 7/8 (Juli/Aug. 1960), art. cit., col. 624 ; Labowsky,
« Manuscripts from Bessarion's Library », p. 123-124 [au lieu
de : *Marc. gr.* 229, lire : *Marc. gr.* 225] ; M. Zorzi, *La libreria di
San Marco. Libri, lettori, società nella Venezia dei Dogi* [Collana di
studi. Ateneo Veneto, 1], Milano 1987, p. 107 [au lieu de : *Marc.
gr.* 229, lire : *Marc. gr.* 225]). — Un autre ms. ayant appartenu à
Leonico Tomeo, le *Vat. gr.* 1298, contenant les discours d'Aelius
Aristide, fit d'abord partie de la bibliothèque de Pietro Bembo

Après sa mort à Padoue, en 1531, sa collection fut dispersée et le volume fut finalement acquis par Gian Vincenzo Pinelli (Naples 1535 - Padoue 1601), qui s'était établi en cette même ville en 1558. La bibliothèque de Pinelli fut achetée en 1609 à Naples par le cardinal Federico Borromeo pour la Bibliothèque Ambrosienne[1].

L'actuel *Ambros.* B 165 sup. contient donc le seul *In Parm.* avec la continuation. Il se compose de 19 quaternions (ff. 1-

et ensuite, par l'entremise de Gian Vincenzo Pinelli, de celle de Fulvio Orsini qui le légua à la Bibliothèque Vaticane avec le reste de sa collection (cf. P. de Nolhac, *La bibliothèque de Fulvio Orsini* [Bibliothèque de l'École des Hautes Études. Sciences philologiques et historiques, 74], Paris 1887, p. 171 et 184 ; P. Aelii Aristidis *Opera quae extant omnia*, éd. F. W. Lenz - C. A. Behr, vol. I, fasc. 1, Leiden 1976, p. XXXV-XXXVII [sigle : R]).

1. Sur la bibliothèque de Gian Vincenzo Pinelli, cf. A. Rivolta, *Catalogo dei codici Pinelliani dell'Ambrosiana*, Milano 1933 (l'introduction, consacrée à la vie, l'activité et la bibliothèque de Pinelli, est suivie du catalogue des mss. latins [p. 1-242] et de la liste des mss. grecs [p. 243-246], tous décrits dans le catalogue de Martini-Bassi) ; M. Grendler, « A Greek Collection in Padua : The Library of Gian Vincenzo Pinelli (1535-1601) », *Renaissance Quarterly*, 33 (1980), p. 386-416 (excellente reconstruction des vicissitudes de la bibliothèque Pinelli et identification de 74 autres mss. de la Bibliothèque Ambrosienne ayant appartenu à Pinelli et qui sont à ajouter aux 264 mss. déjà identifiés dans le catalogue de Martini-Bassi) ; A. Paredi - M. Rodella, « Le raccolte manoscritte e i primi fondi librari », dans *Storia dell'Ambrosiana. Il Seicento*, Milano 1992, p. 45-88, en part. p. 64-74. Voir aussi Gian Vincenzo Pinelli et Claude Dupuy, *Une correspondance entre deux humanistes*, éditée avec Introduction, Notes et Index par A. M. Raugei (Le corrispondenze letterarie, scientifiche ed erudite dal Rinascimento all'età moderna, 8), 2 vol., Firenze 2001, t. I, p. XIII-XXX. La vente de la collection Pinelli aux agents du card. Borromeo eut lieu à Naples (le 14 juin 1608) parce que Pinelli avait légué sa bibliothèque à son neveu Cosimo Pinelli (1569-1602) qui vivait à Naples. Puisque Cosimo mourut un an après Gian Vincenzo, la collection fut vendue aux enchères (sur cette vente de livres, la plus ancienne en Italie dont il reste une documentation, cf. A. Hobson, « A Sale by Candle in 1608 », *The Bibliographical Society*, 1971, p. 215-233).

152) et d'un binion (ff. 153-156), signés au verso du dernier folio dans la marge inf. : β'-κ', et au recto du premier folio dans la marge inf. : *1-20*. Il a été copié par deux copistes : 1re main = ff. 1^r-93^r ; 2e main = ff. 93^v-156^v. Une troisième main, celle qui a copié *El. theol.*, § 78, 116-120 dans les mss. P 206 sup. et R 125 sup., a corrigé et suppléé les omissions. Le fragment de la continuation de Pachymère (p. 52.23-53.3 [οὕτω γὰρ — οὐσίας μέ-]) copié au f. 156^v est identique au texte contenu au f. 153^r, ll. 1-8 : au moment d'entamer le dernier cahier (ff. 153-156), le copiste s'est trompé et a commencé sa copie au verso du dernier feuillet (f. 156^v) au lieu du recto du premier feuillet (f. 153^r) ; lorsqu'il s'est aperçu de sa faute, il a interrompu sa copie (f. 156^v) et a répété au bon endroit (f. 153^r) le passage déjà copié. Au f. II^v on lit la note qui signale la provenance du ms. de la collection Pinelli : « J. V. Pinelli. Proculi commentariorum in Parmenidem libri septem ». Reliure en bois recouvert de cuir avec titre en or sur le plat supérieur : ΠΡΟΚΛΟΥ ΕΙΣ ΠΑΡΜΕΝΙΔΗΝ.

Le ms. est une copie directe du *Paris. gr.* 1810 (A), exécutée avant que celui-ci n'ait été endommagé par l'humidité. La copie présente, en effet, toutes les caractéristiques du ms. de Pachymère, y compris la mise en page des lemmes, les annotations marginales, et la continuation du commentaire. En outre, plusieurs fautes de M s'expliquent par la mise en page de A[1]. En particulier, M présente quelques omissions qui correspondent exactement à une ligne de texte de A, par exemple IV 900.1-4 πρὸ τῶν — ἐν τοῖς (= A, f. 147^v, l. 26)

---

1. Klibansky-Labowsky hésitent encore sur ce point (probablement parce qu'ils avaient collationné seulement la fin du texte) : « [...] codex *m*, qui quamvis artissime cum *a* coniunctus, tamen non ex *a* exscriptus esse videtur, cum nonnullis veris lectionibus ab eo distinguatur. Sed res difficilior diiudicatu. Nam *m* tot exhibet correctiones manibus diversis saeculorum XV et XVI ipsi contextui superpositas, ut saepius primam manum dinoscere non liceat » (p. XXXIV). En fait, les « verae lectiones » de M ne sont que des corrections ou des conjectures.

om. M (add. M^b, f. 65^r) ; V 980.3-6 καὶ περὶ — Παρμενίδης
(= A, f. 164^r, l. 19) om. M. (add. M^b, f. 87^v).

Comme nous l'avons dit, Pachymère avait écrit sa continuation du commentaire sous forme de scholies au texte de Platon, qui occupe le milieu de la page (avec des guidons de renvoi). Le copiste de M n'a pas reproduit cette mise en page, trop difficile à reproduire. Il a d'abord transcrit de longs extraits du texte de Platon sous forme de lemmes, et ensuite le commentaire qui y correspond. Ce faisant, il s'est parfois trompé, car, n'ayant pas vu les guidons de renvoi, il a fusionné deux sections du texte de Platon et, par conséquent, deux scholies[1].

Le ms. M a servi d'exemplaire de travail à Bessarion, comme en témoignent les nombreuses annotations de sa main ainsi que les corrections dans le texte. Pour ce travail de correction, Bessarion avait à sa disposition le ms. Σ, ancêtre commun de toute la tradition grecque. A l'aide de ce ms., Bessarion a pu remédier à quelques omissions graves de AM (ou de M seul). Par exemple, III 788.26-30 καὶ οὐ μόνον — λόγον om. AM mg. add. M^b (f. 39^r, mg. inf.) || V 995.40-996.2 πλάνας — εἰώθασι om. AM mg. add. M^b (f. 91^v) || VI 1222.6-8 πρὸ — φησι om. AM mg. add. M^b (f. 136^r, mg. inf.). En I 661.9-27 (Εἰ δὲ μὴ ταύτῃ — προῆλθεν) et 662.5-12 ('Εν ἑκάστῃ — εὐπορίαν), où AM présentent un texte très différent de celui de Σ, Bessarion a copié la version de Σ dans les marges inf. et externe du f. 10^r (la version Σ de 661.9-27, dans la marge inf., est introduite par la note : ἐν ἄλλῳ γράφεται οὕτως)[2]. C'est également grâce à Σ que Bessarion a pu reconnaître la fin du commentaire de Proclus, mais la note dans laquelle

---

1. Cf. Westerink, *Pachymeres*, p. XII. Voir aussi *infra*, p. CDL, n. 1.

2. Dans ces deux cas, M^b est évidemment un témoin primaire de Σ. Cependant, puisqu'il confirme toutes les leçons des quatre témoins primaires (FRGW), nous n'avons pas jugé utile de le mentionner dans l'apparat critique.

il a signalé l'endroit où celui-ci se termine, ne se trouve pas dans le ms. M, mais dans sa copie, le *Marc. gr.* 191[1].

Pour corriger la continuation du commentaire due à Pachymère, Bessarion ne pouvait évidemment utiliser aucun autre témoin du texte, car tous dépendent de A. Il a cependant ajouté quelques notes marginales inspirées du commentaire de Damascius sur le *Parménide* (dont il possédait trois mss.)[2]. Il a donc noté dans les marges la division des hypothèses (de la 3e à la 9e) selon l'exégèse de Damascius : Ἀρχὴ τῆς γ^ης (δ^ης, ε^ης... θ^ης καὶ τελευταίας) ὑποθέσεως κατὰ Δαμάσκιον (ff. 149ʳ, 150ʳ, 151ʳ, 152ʳ, 153ᵛ, 154ʳ, 155ʳ). Les titres des hypothèses 3 à 9 ont été repris dans la copie de M, le *Marc. gr.* 191, mais la formule κατὰ Δαμάσκιον, omise dans les titres des hypothèses 3 à 7, n'est restée que dans les titres des 8e et 9e hypothèses (*Marc. gr.* 191, ff. 181ʳ et 182ʳ). Ces deux derniers titres (Ἀρχὴ τῆς ὀγδόης ὑποθέσεως κατὰ Δαμάσκιον, Ἀρχὴ τῆς ἐννάτης καὶ τελευταίας ὑποθέσεως κατὰ Δαμάσκιον) ont été transmis aux descendants du *Marc. gr* 191, notamment aux mss. *Paris. gr.* 1836 (copie directe du *Marc. gr.* 191 ; sigle B dans l'éd. Cousin ; ff. 249ʳ et 250ᵛ) et 1835 (copie indirecte du *Marc. gr.* 191 par l'intermédiaire des mss. *Neapol.* III. E. 22 et *Vindob. phil. gr.* 7 [W] ; sigle C dans l'éd. Cousin ; ff. 410ᵛ et 413ᵛ). Ils sont ainsi arrivés dans les éditions de Cousin (1ʳᵉ éd.) et de Stallbaum. D'où l'hypothèse de Cousin (1ʳᵉ éd.), reprise par Stallbaum et rejetée par Cousin dans sa seconde édition, selon laquelle cette continuation serait une œuvre de Damascius[3].

---

1. Cf. *infra*, p. cxcvii. Sur l'utilisation du ms. Σ par Bessarion, cf. *infra*, p. ccxlix-ccliv.

2. Il s'agit du *Marc. gr.* 246 et de ses deux copies, *Marc. gr.* 245 et 247 (cf. Damascius, *De princ.* I, Introduction, p. lxxxi-xciii).

3. Dans la première édition Cousin, la continuation est appelée « supplementum Damascianum » sur la page de titre (cf. *infra*, p. cdxlviii, n. 2) et, à la fin du commentaire de Proclus, elle est introduite par le titre suivant (t. VI, p. 255 = éd. Stallbaum, p. 968) : « Finis libri septimi ab altero [alio *Stall-*

baum], forte [fortasse *Stallbaum*] Damascio, suppletus ». Dans
la n. 1, Cousin (repris par Stallbaum, n. 1) écrit : « Deest quidem
Damascii nomen in Coddss. At infra B [= *Paris. gr.* 1836] C [= *Paris. gr.* 1835] habent : ὑπόθεσις ὀγδόη κατὰ Δαμάσκιον, it. ὑπόθεσις
ἐννάτη κατὰ Δαμάσκιον » ; dans la suite, on lit en effet les titres suivants qui reproduisent les notes de Bessarion : Ἀρχὴ τῆς ὀγδόης
ὑποθέσεως κατὰ Δαμάσκιον (Cousin, p. 315 = Stallbaum, p. 1006),
Ἀρχὴ τῆς ἐννάτης καὶ τελευταίας ὑποθέσεως κατὰ Δαμάσκιον (Cousin, p. 320 = Stallbaum, p. 1009). L'attribution hypothétique
de la continuation à Damascius est rejetée par Cousin dans sa
seconde édition (p. 616) : « Hic desinit Procli commentarius.
Sed ad calcem nostrorum codicum scholia reperiuntur prorsus indigna quae adscribantur Damascio, viro scilicet magnam
inter Alexandrinos philosophos famam adepto, et qui librum
insignem *De Principiis*, nondum integre editum, reliquit, dum
scholia ista parvi nobis aestimanda videntur, et vix ac ne vix
quidem excerpta e libro Damascii a quodam discipulo aut ab
auctore incerto, in modum glossarum quas Scholastici dicunt.
Haec tamen scholia infra in lucem proferemus ne dialogi Platonici pars ultima omni interpretatione careat ». Dans la seconde
édition Cousin, la continuation (col. 1257-1314) porte donc le
titre : Σχόλια εἰς τὸν Πλάτωνος Παρμενίδην. C'est probablement
pour montrer la différence entre les gloses anonymes pour lesquelles il avait si peu d'estime, et le commentaire de Damascius
que Cousin cite, au début des hypothèses 3 à 9, des extraits
du commentaire de Damascius sur le *Parménide* tirés du *Paris.
gr.* 1989. Il est intéressant de remarquer que l'attribution de la
continuation de Pachymère à Damascius sur la base des notes de
Bessarion transmises au *Marc. gr.* 191 et à tous ses descendants,
est aussi reprise par I. Hardt dans son catalogue des mss. grecs
de la Staatsbibliothek de Munich (1806 et 1810) à propos des
Monac. gr. 11 et 425, et malheureusement par H. Hunger dans
son catalogue des mss. grecs de la Nationalbibliothek de Vienne
(1961) à propos du *Vindob. philos.-philol. gr.* 7, cf. I. Hardt, *Catalogus codicum manuscriptorum Bibliothecae Regiae Bavaricae*, t. I,
Monachii 1806, p. 86 (*Monac. gr.* 11) : « Ex quibus apparet, reliquas octo hypotheses non esse Procli, sed Damascii, Marini,
successoris Procli in schola Atheniensi, discipuli » ; *ibid.*, t. IV,
Monachii 1810, p. 314 (*Monac. gr.* 425) : « Liber VII [us] et ultimus
non a Proclo, sed a Damascio suppletus fuit, licet hic non notetur. At in cod. XI bibl. Monac. id clare dicitur, ibique liber VII [us]
in novem hypotheses dividitur. Id quod hic non fit » ; H. Hunger,
Katalog der griechischen Handschriften der Österreichischen Natio-

Bessarion ne s'est pas limité à un simple travail de collation. Quand il n'a pas pu corriger le texte à l'aide de Σ, il a introduit des conjectures, souvent exactes, parfois confirmées, du moins partiellement, par la traduction latine[1]. Bessarion n'était d'ailleurs pas le premier à corriger le texte. En effet, le ms. M présente, comme on l'a vu, des corrections d'une main antérieure (M^(p.corr.))[2].

Signalons enfin que le ms. M a été utilisé, avant que Bessarion n'y ait introduit ses corrections, par l'auteur de la compilation qui circule sous le nom d'Herennius : Ἐρεννίου φιλοσόφου ἐξήγησις εἰς τὰ Μετὰ τὰ φυσικά[3]. Ce "commentaire" de la *Métaphysique* d'Aristote est en réalité composé d'extraits d'œuvres de Pachymère, Saint Augustin, Philon,

nalbibliothek, Teil 1, Wien 1961, p. 141-142 (*Vindob. philos.-philol. gr.* 7, ff. 322^v-359^v) : « <Damaskios>, Kommentar zu den Hypotheseis 2-9 ». — Sur le *Marc. gr.* 191, cf. *infra*, p. cxcvi-cxcviii ; sur ses descendants directs ou indirects, cf. *supra*, p. cxlviii-cl, clv-clvi (*Vindob. philos.-philol. gr.* 7), p. clii-cliii (*Paris. gr.* 1835) ; *infra*, p. ccv-ccvi (*Paris. gr.* 1836), p. ccviii-ccix (*Monac. gr.* 11).

1. Pour le livre I, voir l'apparat critique *ad* 617.7, 623.7, 632.40-41, 634.6-7, 642.5, 668.12, 698.5, 709.21, 709.31-32. Pour le passage II 725.33-36, cf. *infra*, p. ccxxxiv-ccxxxv.

2. Pour le livre I, voir l'apparat critique *ad* 623.26, 641.22, 648.8, 657.20, 658.23, 678.19, 683.31, 689.31, 714.17.

3. Sur cette compilation (éditée par A. Mai dans *Classicorum Auctorum e Vaticanis codicibus editorum*, t. IX, Romae 1837, p. 513-593), cf. Damascius, *De princ.* I, Introduction, p. cxi-cxiv, où l'on trouvera aussi la liste des emprunts à l'*In Parm.* de Proclus (p. cxi ; à l'avant-dernière ligne, au lieu de : 706.22-708.41, lire : 706.22-708.4). Depuis, L. P. Schrenk, « Byzantine evidence for Galen's *On Medical Experience* », BZ 82 (1989), p. 251-257, a découvert une citation du *De experientia medica* de Galien, mais la datation qu'il propose (début du xive siècle à Byzance) et la genèse qu'il suppose pour cette compilation ont été efficacement réfutées par B. Bydén, « To Every Argument there is a Counter-Argument : Theodore Metochites' Defence of Scepticism (*Semeiosis* 61) », dans *Byzantine Philosophy and its Ancient Sources*, ed. by K. Ierodiakonou, Oxford 2002, p. 183-217, en part. p. 198-201.

Alexandre d'Aphrodise, Galien, et surtout Damascius, *De princ.* et *In Parm.*, et Proclus, *In Parm.* Les extraits de l'*In Parm.* de Proclus, qui forment le chapitre V, sont tirés des livres VI et VII, auxquels s'ajoutent un extrait du livre I (706.21-708.5 Οὔτε τὸ πλῆθος — τῆς οἰκείας ἑνάδος) et un extrait du livre II (745.41-746.20). L'hypothèse selon laquelle la compilation du Ps.-Herennius aurait été composée à partir de mss. de la bibliothèque de Bessarion avant le transfert de cette dernière à Venise (1468), est confirmée par la comparaison du texte du Ps.-Herennius (au moins tel que nous le connaissons par l'édition d'A. Mai) avec la tradition de Proclus. Le fait que le Ps.-Herennius partage des fautes propres à M[a.corr.] démontre, en effet, que le compilateur a utilisé le ms. M avant la révision de Bessarion (cf. VI 1066.31 ἄν om. M[a.corr.] Her. || 1068.32 πράττειν M Her. : ταράττειν cett. || 1069.15 τοὺς om. M[a.corr.] Her. || 1072.20 πότερον M Her. : πρότερον cett.)[1].

2.2.2. *Le* Laurentianus Conv. Soppr. 103, *manuscrit de Jean Contostéphanos*

Firenze, Biblioteca Medicea-Laurenziana, Conv. Soppr. 103. Anno 1358, bombyc., 250 × 170 mm., ff. V-465-III. Platonis *Euthyphro* : ff. 1[r]-8[r], *Crito* : ff. 8[v]-15[r], *Apologia Socratis* : ff. 15[r]-29[r] ; vac. f. 29[v] ; Hermiae *In Phaedrum* : ff. 30[r]-187[v] (vac. f. 91[r.v]) ; Ps.-Timaei Locri *De natura mundi et animae* : ff. 188[r]-194[r] ; Procli *In Parm.* : ff. 194[v]-464[v] ; <Pselli> *De ideis Platonicis* (*Philos. minora* II, *opusc.* 33, p. 111-114, uersio altera) : f. 465[r-v][2].

---

1. L. G. Westerink a pu faire des constatations analogues pour les emprunts à Damascius, qui sont, eux aussi, tirés du *Marc. gr.* 246 de Bessarion avant qu'il n'ait été corrigé (cf. Damascius, *De princ.* I, Introduction, p. CXII-CXIII).
2. Cf. E. Rostagno - N. Festa, « Indice dei codici greci Laurenziani non compresi nel catalogo del Bandini », SIFC 1 (1893), p. 129-232, en part. p. 152-153 ; Hermias, *In Phaedr.*, Proleg., p. XIII ; Klibansky-Labowsky, p. XXXIV ; Proclus, *Theol. plat.* I, Introduction, p. CXIII ; A. Turyn, *Dated Greek Manuscripts*

Mis à part le dernier folio (f. 465), qui contient un petit traité de Psellus, le *Laur. Conv. Soppr.* 103 est une copie directe du *Paris. gr.* 1810 pour tous les textes qu'il contient[1]. Le dernier feuillet, en papier occidental, ne faisait pas partie du ms. original et a été ajouté au xve siècle. Ce ms. se compose de 58 quaternions, signés au verso du dernier folio dans la marge inf. : α′-λς′ (ff. 1-288 = 1er-36e cahiers, le chiffre est parfois répété au recto du premier folio dans la marge inf.), α^{ον}-θ^{ον}, ι′-ις′ et ιθ′ au recto du premier folio dans la marge inf. (ff. 289-416, 433-440 = 37[e]-52e, 55e cahiers), νγ′, νδ′, νδ′ (sic), νε′, νς′ au verso du dernier folio dans la marge inf. (ff. 424^v, 432^v, 440^v, 448^v, 454^v = fin des 53e-57e cahiers). A cause d'une faute dans le pliage du 57e cahier lors de la copie, il faut lire dans l'ordre : ff. 448, 455, 456, 449-454, 457 ss. (la faute a été corrigée par la note suivante dans la marge inf. du f. 448^v : ζήτει τοῦτο τὸ σημεῖον μετὰ φύλλα ἕξ * ; l'astérisque est repris dans la marge sup. du f. 455^r). A. Turyn distingue quatre copistes : (A) ff. 1^r-286^v, (B) ff. 287^r-408^v, (C) ff. 409^r-433^r, l. 2 et 433^v-464^v, (D) f. 433^r, l. 2 jusqu'à la fin du folio. Le copiste C est le moine Longinos, comme il ressort de la souscription en monocondyle au f.

of the Thirteenth and Fourteenth Centuries in the Libraries of Italy, t. I, Chicago-London 1972, p. 219-222, t. II, pl. 177-180, 257d (avec abondante bibliographie) ; W. Marg, *Timaeus Locrus*, cit., p. 32 ; *Marsilio Ficino e il ritorno di Platone. Mostra di manoscritti, stampe e documenti*, Catalogo, a cura di S. Gentile, S. Niccoli e P. Viti, Firenze 1984, p. 34-35, n° 25 ; Psellus, *Philos. minora* II, Praefatio, p. xix-xx (sigle : f³).

1. Pour le *Criton*, cf. M. Schanz, « Zu Hermeias », art. cit. (*supra*, p. clvii, n. 2), p. 136 ; E. Berti, « I manoscritti del *Critone* di Platone. La prima famiglia dei mss. », *Hermes*, 104 (1976), p. 129-140, en part. p. 138-139. Pour le *Phèdre* et le *Parménide*, cf. C. Moreschini, « Studi sulla tradizione manoscritta del *Parménide* e del *Fedro* di Platone », ASNP 34 (1965), p. 169-185, en part. p. 175 (la même conclusion est aussi valable pour le *Laur. Conv. Soppr.* 78, cf. *infra*, p. cxci-cxcii). Pour le commentaire d'Hermias et pour le Ps.-Timée de Locres, cf. note précédente.

464^v : ἐτελειώθη ἡ παροῦσα βίβλος τοῦ φιλοσοφωτάτου Πλάτωνος διὰ χειρὸς ἐμοῦ τοῦ εὐτελοῦς ἱερομονάχου Λογγίνου, ἐν
ἔτει ἑξακισχιλιοστῷ ὀκτακοσιοστῷ ἑξηκοστῷ ἑβδόμῳ, μηνὶ
νοεμβρίῳ τρίτῃ, ἰνδικτιῶνος τρισκαιδεκάτης, διὰ συνδρομῆς
καὶ ἐξόδου τοῦ πανευγενεστάτου διδασκάλου, κυροῦ Ἰωάννου
τοῦ Κοντοστεφάνου τοῦ ἀρίστου καὶ ἀπαραμίλλου φίλου (« Le
présent livre du très grand philosophe Platon a été achevé
par mes soins, moi l'humble hiéromoine Longinos, en l'an
6867 (= 1358), le 3 novembre, en la 13e indiction[1], par le
concours et aux frais du très illustre professeur, le seigneur
Jean Contostéphanos, ami excellent et incomparable »). On
peut identifier le copiste B à Stèlianos Choumnos, qui a exécuté la même année, pour le même commanditaire, le *Bodl.
Laud. gr.* 18, contenant la *Theol. plat.* et l'*El. theol.*[2]. Ces
deux commandes montrent que Jean Contostéphanos, professeur impérial à Constantinople, était vivement intéressé
par le néoplatonisme et a dû jouer un rôle important dans la
transmission des textes néoplatoniciens[3]. Ensuite, le ms. ap-

---

1. L'année du monde 6867 [= 1358] correspond à la 12^e
indiction, et non pas à la 13e. Si, en revanche, l'indiction est correcte et que Longinos s'est trompé dans l'indication de l'année
du monde, il faut dater le ms. du 3 novembre 1359 (cf. Turyn,
*Dated Greek Manuscripts of the Thirteenth and Fourteenth Centuries
in the Libraries of Italy*, cit., t. I, p. 220).

2. Pour l'identification du copiste B à Stèlianos Choumnos
(RgK I 367), comparer la planche 178 (*Laur. Conv. Soppr.* 103,
f. 292^r), publiée par A. Turyn (cf. *supra*, p. CLXXXII, n. 2), avec
la planche du RgK I 367 (*Bodl. Laud. gr.* 18, f. 70^v). Sur le *Bodl.
Laud. gr.* 18, cf. Proclus, *Theol. plat.* I, Introduction, p. CXI-CXVI ;
A. Turyn, *Dated Greek Manuscripts of the Thirteenth and Fourteenth
Centuries in the Libraries of Great Britain*, Washington 1980, p.
122-125.

3. Selon M. Cacouros, « Deux épisodes inconnus dans la réception de Proclus à Byzance aux XIIIe-XIVe siècles », dans *Proclus
et la Théologie platonicienne*, p. 589-627, Contostéphanos aurait
été maître au Xénon du Kralj, une dépendance du monastère de
Prodromou à Pétra (Constantinople), qui, au XIVe siècle, a dé-
ployé une intense activité en matière de philosophie, médecine
et sciences.

partint au noble vénitien Giovanni Querini-Stampalia (note de possession aux ff. 187[v], 194[v] et 440[r] : « Johannes Quirino Stinphalidos »), ayant vécu à la fin du XIVe et dans la première moitié du XVe siècle, premier comte d'Astypalée (une île des Cyclades) à partir de 1413, mort avant le mois d'avril 1421[1]. Après 1413 et jusqu'à 1425, le ms. appartint à l'humaniste Antonio Corbinelli (1370/5-1425), qui légua sa collection au monastère florentin de la Badia. L'ancienne cote de la Badia, avec l'indication de la provenance du legs Corbinelli et l'indication du prix en florins, se lisent dans la marge inf. des ff. 1[r] : « Hic liber est Abbatie florentie s(ignatus) XXXVII fl(orinis) 6. A. C. » et 465[v] : « Abbatie florentie s(ignatus) 37 A. C. fl(orinis) 6 ». Après la sécularisation en 1809, la bibliothèque de la Badia fut transférée à la Laurentienne[2].

Comme nous l'avons dit, le *Laur. Conv. Soppr.* 103 a été copié après que son modèle, le *Paris. gr.* 1810 (A), a été endommagé et corrigé. On y retrouve, en effet, les nombreuses fautes commises par les correcteurs A[2] et A[3] lors de la réécriture du texte dans la partie supérieure des folios du *Paris. gr.* 1810[3]. En plusieurs endroits, notamment dans les livres VI-VII, le copiste n'a pas pu déchiffrer son modèle et a laissé des espaces blancs. Il a aussi recopié dans les marges les annotations de Pachymère et celles de A[2], qui, dans le ms. A, sont souvent difficiles à déchiffrer ou mutilées par le rognage.

Le texte du *Laur. Conv. Soppr.* 103 est de médiocre qualité : les copistes professionnels ont travaillé vite et introduit

---

1. Sur Giovanni Querini-Stampalia, cf. R.-J. Loenertz, « Les Querini », *Orientalia Christiana Periodica*, 30 (1964), p. 385-397 ; 32 (1966), p. 372-393 (repris dans R.-J. Loenertz, *Byzantina et Franco-graeca* [Storia e letteratura. Raccolta di studi e testi, 118], Roma 1970, p. 503-536).

2. Cf. R. Blum, *La biblioteca della Badia Fiorentina e i codici di Antonio Corbinelli* (Studi e testi, 155), Città del Vaticano 1951, p. 117, n° 88 : « Platonis opera in papyro volumine mediocri corio viridi. s(ignatus) 37 A. C. » (catalogue du XVIe siècle) ; p. 183, n° 88 (indication du prix).

3. Cf. les exemples donnés *supra*, p. CLXIX.

beaucoup de nouvelles fautes dans la transcription. Cependant, ce ms. reste un témoin de l'état du ms. A au milieu du xive siècle et il permet d'en dater les corrections et les annotations.

2.2.3. *Deux copies partielles de A* ante correctionem (Marcianus gr. Z. 228 *et* Laurentianus Conv. Soppr. 78)

Venezia, Biblioteca Nazionale Marciana, gr. Z. 228. Saec. XIV, chart., 220×140 mm., ff. II-540-II. I. Simplicii *In De caelo* II-IV : ff. 1[r]-106[v] ; Themistii *In De anima* : ff. 107[r]-188[v] ; Procli *In Timaeum* (expl. mut. I, p. 376.13 πρόνοιαν) : ff. 189[r]-297[r] ; vac. ff. 297[v]-303[v] ; Aristotelis *De anima* I-II (expl. mut. II 7, 419 a 27 ψόφου τὸ) : ff. 304[r]-333[v], cum scholiis ex Ps.-Simplicii *In De anima*, p. 6.19-7.10 Hayduck (f. 304[r-v]), Sophoniae *In De anima*, p. 5.10-16 Hayduck (f. 304[v], mg. inf.), p. 5.17-20 (f. 304[v], mg. dextr.), p. 5.25-29 (f. 305[r], mg. dextr. et inf.), p. 6.17-29 (f. 305[v], mg. sup. et sin.), p. 7.24-33 (f. 305[v], mg. inf., et f. 306[r], mg. sup.), Ps.-Alexandri *Quaest.* I 11b, p. 23.4-20 Bruns (f. 305[r], mg. sup. et dextr.). II. Hermiae *In Phaedrum* I-II : ff. 334[r]-453[r] (vac. ff. 394[v]-395[r]) ; Procli *In Parm.* I-III (expl. mut. III 786.5) : ff. 453[r]-540[v] (vac. ff. 457[v]-458[r])[1].

Ce ms. est la réunion de deux parties qui ont été reliées ensemble dès le xive siècle. La première (ff. 1-333), copiée par plusieurs copistes, contient Simplicius, Thémistius, Proclus, *In Tim.* I, et Aristote, *De anima*. Elle se compose de 41 cahiers, tous des quaternions, sauf les 13e (ff. 97-106 = un quaternion + un bifeuillet), 24e (ff. 189-195 = un ternion +

---

1. Cf. E. Mioni, *Bibliothecae Divi Marci Venetiarum Codices Graeci manuscripti*, t. I : *Thesaurus Antiquus. Codices 1-299* (Indici e cataloghi, Nuova Serie, VI), Roma 1981, p. 341-343 ; Simplicius, *In De caelo*, éd. I. L. Heiberg (CAG VII), Berolini 1894, p. VII ; Thémistius, *In De anima*, éd. R. Heinze (CAG V 3), Berolini 1899, p. X ; Hermias, *In Phaedr.*, Proleg., p. XVI ; Proclus, *In Tim.* I, Praefatio, p. XXII ; *Manoscritti e stampe venete dell'aristotelismo e averroismo (secoli X-XVI)*, cit. (*supra*, p. CLXXIV), p. 14, n° 18.

un feuillet), 37ᵉ (ff. 292-303 = sénion), 38ᵉ (ff. 304-309 = ternion). Les cahiers sont signés au verso du dernier folio dans la marge inf. : α'-μβ' (le chiffre ιε' se lit aussi au recto du premier folio [f. 115ʳ] ; le chiffre λη' est omis). La seconde partie (ff. 334-540), qui contient le commentaire d'Hermias et l'*In Parm.* de Proclus, a été copiée par une seule main (filigranes : « arc » [cf. Mošin 198 : a. 1324] et « deux épées en sautoir » [Mošin 3362 : a. 1330]). Elle se compose de 26 quaternions signés au verso du dernier folio dans la marge inf. (au centre) : α'-κϛ'. Dans le 9ᵉ cahier (= ff. 398-404), le dernier feuillet (entre f. 404 et f. 405) a été coupé (avec perte de la signature θ') probablement à cause de la lacune dans le commentaire d'Hermias (p. 108.1-3 Couvreur) : le texte s'interrompt au milieu du f. 404ᵛ (χρήσιμον καὶ) et reprend au f. 405ʳ (διότι οὐ γάρ), le feuillet coupé avait donc probablement été laissé blanc. Le ms. ainsi composé provient de la collection de Bessarion, comme en témoignent la cote au f. 1ʳ (mg. sup.) : « Locus 69. τόπος ξθ' » et l'ex-libris gréco-latin au f. 1ʳ (mg. inf.) : « Σιμπλικίου εἰς τὸ β' καὶ γ' καὶ δ' τῶν περὶ οὐρανοῦ. Θεμιστίου εἰς τὸ περὶ ψυχῆς. Πρόκλου εἰς τὸν Τίμαιον ἀτελές. Περὶ ψυχῆς Ἀριστοτέλους [...] Ἑρμίου εἰς τὸν Φαῖδρον. Πρόκλου εἰς Παρμενίδην [...] βιβλία [...] Βησσαρίωνος καρδηνάλεως τοῦ τῶν τούσκλων. Simplicius Themistius Proculus et Hermias super aliqua Aristotelis et Platonis. Liber B(essarionis) cardinalis tusculorum »[1]. Il figure dans l'inventaire de la donation de Bessarion (1468) sous le n° 379 : « Item Simplicius, Themistius, Proclus et Hermias super aliqua Aristotelis et Platonis », et dans les trois inventaires de la collection de Bessarion à Venise : (1) inv. de 1474 sous le n° 29 : « Simplicii in tres libros de caelo et mundo, et Themistii in libros de anima, et Proculi et Hermiae in quosdam dialogos Platonis, in papiris » ; (2) inv. de 1524 sous le n° 86 : « Simplicius, Themistius, Proclus et Hermias in quaedam Aristotelis et Platonis, in papyro » ; (3) inv. de 1543 sous le

---

1. Sur les cotes et l'ex-libris de Bessarion, cf. Labowsky, *Bessarion's Library*, p. 19-23.

n° 59 : « Simplicius et Proclius (*sic*) in papiro »[1]. En 1493, le ms. fut emprunté par Niccolò Leonico Tomeo[2], qui, en cette même année, lut l'*In Parm.* de Proclus dans un autre ms. de la Marciana, l'actuel *Ambros.* B 165 sup.[3]. On sait aussi, par le registre des prêts de la Marciana, que le copiste Georges Tryphon de Monembasie l'a emprunté le 28 octobre 1546 et rendu le 25 février 1547[4]. Il a aussi été utilisé comme modèle par le copiste du *Basileensis* dont il sera question plus loin[5].

Le copiste de la seconde partie n'a copié que les deux premiers livres du commentaire d'Hermias. Arrivé à la fin du

1. Cf. Labowsky, *Bessarion's Library*, p. 172, 193, 250, 293.

2. Cf. Labowsky, « Manuscripts from Bessarion's Library », p. 124-127.

3. Cf. *supra*, p. CLXXIII-CLXXVI. A la différence du *Marc. gr.* 228, l'*Ambros.* B 165 sup. ne fut pas rendu par Leonico Tomeo ; c'est pourquoi il ne fait plus partie de la Marciana.

4. Cf. H. Omont, « Deux registres de prêts de manuscrits de la Bibliothèque de Saint-Marc à Venise (1545-1559) », BEC 48 (1887), p. 651-686, en part. p. 662. Les mêmes documents ont été publiés par C. Castellani, « Il prestito dei codici manoscritti della Biblioteca di San Marco in Venezia ne' suoi primi tempi e le conseguenti perdite de' codici stessi. Ricerche e notizie », *Atti del Reale Istituto Veneto di Scienze, Lettere ed Arti*, s. VII, 8 (1896-97), p. 311-377, en part. p. 336 : « 1546, adi 28 ottobrio. A Ms. Zorzi Triphon da Malvasia sono sta imprestati li doi infrascritti libri d'ordine del Cl.^mo Venier, come per suo scritto appar, signato n.° 22. Simplitii, Themistii et alia, signato n.° 806. || 1546 [= 1547, car l'année commençait le 1er mars à Venise], adi 25 febraro. El contrascritto libro fo restituito e posto al loco suo » (« Le 28 octobre 1546. Les deux livres indiqués ci-dessous ont été prêtés à M. Georges Tryphon de Malvasie avec l'autorisation du très Illustre Venier [= Marcoantonio Venier qui, en tant que *Riformatore dello Studio* de Padoue, était chargé de l'administration de la bibliothèque de Saint-Marc], comme en témoigne la note de sa main, marquée n° 22. || Le 25 février 1547. Le livre indiqué en face a été rendu et remis en place ») ; M. Zorzi, *La libreria di San Marco*, cit. (*supra*, p. CLXXV, n. 1), p. 118-119 et p. 448, n. 22 (sur Georges Tryphon de Monembasie). Sur Georges Tryphon de Monembasie, voir aussi RgK I 74, III 125.

5. Cf. *infra*, p. CCXV.

livre II (f. 453ʳ), il a laissé quelques lignes libres, puis a conti-
nué avec le commentaire de Proclus (sans perte de texte entre
f. 457ʳ et f. 458ᵛ, bien que les ff. 457ᵛ-458ʳ soient blancs).
Au f. 540ᵛ, la copie s'arrête abruptement au livre III sur les
mots κατὰ τὴν ἄλλην πᾶσαν κίνησιν ὅλως (III 786.5), à cause
de la perte de quelques cahiers. Le copiste n'a pas transcrit
les lemmes du *Parménide* et a laissé à leur place un espace
vide.

Le texte de l'*In Parm.* est une copie directe de A (avant
l'accident survenu à ce dernier), comme le montrent les
fautes suivantes. (1) En I 627.8 (f. 459ᵛ, l. 15), après ἐστιν le copiste du *Marc. gr.* 228 a copié le passage déjà copié
ἐνταῦθα — εἴδη (627.3-5 = f. 459ᵛ, ll. 10-12), ce qui s'explique par un retour en arrière de deux lignes en A (f. 98ᵛ, la
ligne 27 commence par ἐστιν ἐνταῦθα, la ligne 29 par ἐστιν
καὶ οὐδὲν). (2) Une longue omission par saut du même au
même (I 678.33-38 μέτρον — χαλινὸν) correspond exactement à deux lignes en A (f. 108ᵛ, ll. 6-7). (3) En II 780.10 (f.
538ᵛ, l. 5), le copiste a d'abord écrit ὑπὸ πάσχειν, puis il a
biffé πάσχειν et écrit φιλοτιμίας, faute de distraction due au
fait que, en A, πάσχειν (780.7) et φιλοτιμίας (780.10) sont
chacun le premier mot de deux lignes qui se suivent (f. 126ʳ,
ll. 17 et 18). Le copiste n'a pas repris les scholies de son
modèle (sauf celle *ad* I 653.6 ss. ὅτι τριττὴ ἡ διαλεκτική, f.
473ʳ).

Firenze, Biblioteca Medicea-Laurenziana, Conv. Soppr. 78.
Saec. XIV, bombyc., 302 × 222 mm., ff. V-134-II. I. *Tituli
dialogorum Platonis* : f. 1ʳᵃ ; Platonis *Eutyphro* : ff. 1ʳᵇ-7ᵛᵇ,
Apologia Socratis : ff. 8ʳᵃ-17ʳᵇ, *Crito* : ff. 17ᵛᵃ-18ʳᵇ (expl.
mut. 45 C 1 ἀγαπή-[σουσι]) ; vac. ff. 18ᵛ-20ᵛ. II. Ps.-Platonis
Axiochus : ff. 21ʳᵃ-23ʳᵇ, *De iusto* : ff. 23ʳᵇ-24ʳᵇ, *De virtute* :
ff. 24ᵛᵃ-25ᵛᵃ, *Demodocus* : ff. 25ᵛᵇ-27ᵛᵇ, *Sisyphus* : ff. 27ᵛᵇ-
29ʳᵃ ; Ps.-Luciani *Alcyon* : f. 29ʳᵃ⁻ᵛᵇ. III. Procli *In Parm.* I :
ff. 30ʳ-39ᵛ (expl. mut. I 692.20 παρείληπται) ; vac. ff. 34ᵛ-

35^v, 40^r-41^v ; Hermiae *In Phaedrum* : ff. 42^r-134^v (vac. ff. 93^v-94^v)[1].

Ce ms. se compose de trois parties, reliées ensemble dès le xive siècle.

I. La première (ff. 1-20) aurait dû contenir la première tétralogie de Platon, mais la copie s'arrête au f. 18^r, au milieu du *Criton*. Au f. 1ra on lit une liste de 29 dialogues de Platon numérotés Α′- Λ′ (le chiffre ΚΑ′ a été omis) et introduits par la phrase : Τάδε ἔνεστιν ἐν τῆδε τῇ βίβλῳ ; les titres des dialogues des trois premières tétralogies sont suivis des titres de 17 autres dialogues qui ne sont pas disposés selon l'ordre des tétralogies : *Alc.*, *Charm.*, *Prot.*, *Gorg.*, *Meno*, *Ippias maior*, *Ippias minor*, *Ion*, *Euthyd.*, *Lysis*, *Laches*, *Theages*, *Amatores*, *Hipparchus*, *Menex.*, *Resp.* (Αἱ δέκα πολιτεῖαι)[2], *Tim.* Selon L. A. Post, cette partie du *Laur. Conv. Soppr.* 78 est une copie du *Vindob. Suppl. gr.* 7 (ms. W de Platon)[3].

II. La deuxième partie (ff. 21^r-29^v), copiée par une autre main, contient cinq dialogues inauthentiques de Platon et l'*Alcyon* du Ps.-Lucien. Selon L. A. Post, le texte se rapprocherait de celui du *Vat. gr.* 1031 (1300 *ca*)[4]. Ces deux premières parties se composent de cinq cahiers : un quaternion qui a perdu ses deux premiers feuillets, probablement blancs (ff. 1-6), signé α (f. 6^v, au centre de la marge inf.) ; un

1. Cf. E. Rostagno - N. Festa, « Indice dei codici greci Laurenziani non compresi nel catalogo del Bandini », SIFC 1 (1893), p. 129-232, en part. p. 149 ; Hermias, *In Phaedr.*, Proleg., p. xiii-xiv.

2. Sur le titre de la *République* au pluriel, cf. *infra*, p. 7, n. 6 (p. 181-182 des *Notes complémentaires*).

3. Cf. L. A. Post, *The Vatican Plato and its relations*, Middletown 1934, p. 59, 67. Puisque le ms. W de Platon a été entre les mains de Pachymère (cf. *infra*, p. ccclxxvi-ccclxxviii), il s'ensuit que le copiste du *Laur. Conv. Soppr.* 78 a utilisé deux mss. ayant appartenu à Pachymère : le ms. W de Platon pour la première partie, le *Paris. gr.* 1810 pour la troisième.

4. Cf. L. A. Post, *The Vatican Plato and its relations*, cit., p. 59.

quaternion (ff. 7-14) non signé ; un quaternion qui a perdu ses deux derniers feuillets (ff. 15-20), signé γ (f. 15^r, marge inf. droite) ; un quaternion (ff. 21-28) signé δ (f. 28^v, au centre de la marge inf.) ; un cahier dont il ne reste que le premier feuillet (f. 29) signé ε dans la marge inf. droite du recto. Les ff. 1*bis*, 1*ter*, 20*bis*, 20*ter* et 29*bis* ont été ajoutés lors de la restauration effectuée en 1990 pour suppléer les feuillets perdus (le f. 29*bis* ne fait que reconstituer le bifeuillet dont le f. 29 était le premier feuillet).

III. La troisième partie (ff. 30-134), contenant le *Parménide* et le *Phèdre* avec les commentaires de Proclus et d'Hermias, a été copiée par deux copistes : 1re main = ff. 30^r-39^v, 104^r-134^v ; 2e main = ff. 42^r-103^v. Elle se compose de 14 cahiers (= 6^e-19e cahiers du ms. dans son état actuel), tous des quaternions, sauf le 2e (= 7^e), qui est un binion (ff. 38-41), et le 3e (= 8^e), qui est un ternion (ff. 42-47). Le dernier feuillet du dernier cahier a été coupé (et remplacé par le f. 134*bis* ajouté lors de la restauration). Les cahiers sont signés au recto du premier folio dans la marge inf. droite : β (f. 38^r, 2e [= 7^e] cahier), ζ (f. 48^r, 4e [= 9^e] cahier), η (f. 56^r, 5e [= 10^e] cahier), θ (f. 64^r, 6e [= 11^e] cahier), ι (f. 72^r, 7e [= 12^e] cahier), ια (f. 80^r, 8e [= 13^e] cahier), ι<γ> (f. 96^r, 10e [= 15^e] cahier), ι<δ> (f. 104^r, 11e [= 16^e] cahier), ιε (f. 112^r, 12e [= 17^e] cahier), ι<η> (f. 128^r, 14e [= 19^e cahier]). Il est donc évident que trois cahiers (signés γ, δ, ε) ont été perdus entre le f. 41 (= fin du 2e cahier, signé β) et le f. 42 (début du 3e cahier, dont la signature ζ n'est plus visible). Dans les deux ouvrages, le commentaire est copié autour du texte de Platon qui se lit au centre de la page en caractères plus grands. Les copistes ont, semble-t-il, voulu étendre au commentaire sur le *Parm.* la mise en page déjà adoptée dans le *Paris. gr.* 1810 pour le commentaire d'Hermias sur le *Phèdre* et pour la continuation de Pachymère. Dans l'*In Parm.*, la division du texte en lemmes n'est pas toujours respectée et plusieurs lemmes ont été fusionnés pour constituer un bloc de texte continu. Cependant, pour éviter toute confusion, le copiste répète, au début de chaque section du commentaire, les pre-

miers mots du lemme correspondant. Dans le commentaire
d'Hermias, les ff. 93ᵛ-94ᵛ sont restés blancs pour signaler
la lacune après χρήσιμον καί (p. 108.1-3 Couvreur), qui est
aussi signalée dans le *Paris. gr.* 1810, où les dernières lignes
du f. 46ᵛ et le f. 47ʳ ont été laissés en blanc.

Dans cette troisième partie, le *Laur. Conv. Soppr.* 78 est
une copie fidèle de A avant l'accident survenu à ce dernier. Son *terminus ante quem* est donc 1358, date du *Laur.
Conv. Soppr.* 103, qui, lui, reflète l'état de A après l'accident.
Dans l'*In Parm.*, les fautes individuelles sont rares et l'on remarque quelques bonnes conjectures (Y = *Laur. Conv. Soppr.*
78 ; s = FRGW) :

I 623.3 πράγματος sY : -ματα A || 629.21 ⌊δοκοῦσιν
ἐοικ⌋έναι scripsimus ex g (*uidentur assimilari*) ἰέναι Σ ἐοίκα-
σι Y || 631.30 καταβαλεῖν Y : καταλαβεῖν Σ || 638.20 τῇ
sY : τοῦ A || 639.24 τὸ sY : om. A || 641.18 πάντα sY :
ταῦτα A || 646.20-21 ἐμπρεπόντων Y Cous : ἐμπρέποντος Σ.

De même que le *Laur. Conv. Soppr.* 103, le *Laur. Conv.
Soppr.* 78 a appartenu à Antonio Corbinelli (1370/5-1425),
qui légua sa bibliothèque à la Badia de Florence. L'ancienne
cote de la Badia, avec l'indication de la provenance du
legs Corbinelli, se lit aux ff. 1ʳ : « Abbatie florentine A. C.
s(ignatus) 36 » et 134ᵛ : « Abbatie florentine s(ignatus) 36.
A. C. ». Après la sécularisation en 1809, la bibliothèque de la
Badia fut transférée à la Laurentienne. A l'origine, le *Laur.
Conv. Soppr.* 78 était relié avec un autre ms. contenant les
œuvres d'Aelius Aristide (l'actuel *Conv. Soppr.* 185). Ils formaient encore un seul volume lors de la rédaction du premier
inventaire de la Badia (avant 1437)[1].

---

1. Dans le ms. *Conv. Soppr.* 185 (f. 1ʳ), on peut lire, d'une
main du xvᵉ siècle, le titre suivant : « Aristidis opera quaedam
et Platonis dialogi XXXVIII ». Quand les deux volumes furent
séparés, on a exponctué la mention des dialogues de Platon ;
dans le catalogue de la bibliothèque de la Badia du xviᵉ siècle,
les deux volumes figurent déjà sous deux numéros distincts :
« 87. Platonis dialogi in papyro volumine magno corio nigro »,

Comme l'*Ambros.* B 165 sup. (M), les deux copies partielles du *Paris. gr.* 1810 (A) que nous venons de décrire, le *Marc. gr.* 228 et le *Laur. Conv. Soppr.* 78, peuvent aider à déchiffrer l'autographe de Pachymère, souvent peu lisible. Il est difficile d'établir si ces deux copies partielles ont été exécutées avant ou après M. Dans certains cas, M semble être antérieur, parce qu'il reflète le texte de A *ante corr.*, alors que le *Marc.* et le *Laur.* reproduisent le texte de A *post corr.* Par exemple, en 637.17, A porte ἐπιῶσι (leçon de toute la branche grecque, corruption de γνῶσιν conservé par le latin *notitiam*) ; ensuite, ce mot a été exponctué ; le *Marc. gr.* 228 et le *Laur. Conv. Soppr.* 78 ont laissé un espace blanc, tandis que M a copié ἐπιῶσι. Il est impossible de dire si les signes d'exponctuation ne se trouvaient pas encore en A ou bien si le copiste de M ne les a pas remarqués. D'autres passages, en revanche, semblent suggérer que M est postérieur au *Marc.* et au *Laur.* (par exemple, 684.22 ἀγγύλως A *Marc. Laur.* : ἀγκύλως A¹M). Quoi qu'il en soit, ces trois mss., à peu près contemporains, ainsi que le ms. de Contostéphanos (*Laur. Conv. Soppr.* 103), témoignent de l'intérêt d'un groupe de savants, actifs à Constantinople vers 1330-1360, pour les textes néoplatoniciens rassemblés par Pachymère.

2.2.4. *Le* Berolinensis Phillipps 1506, *copie tardive de A*

Berlin, Staatsbibliothek - Preussischer Kulturbesitz, Phillipps 1506 (gr. 102). Anno 1542, chart., 320 × 240 mm., ff. II-363. Procli *In Parm.* cum continuatione Pachymeris : ff. 1ʳ-319ʳ ; Procli *In Cratylum* : ff. 320ʳ-363ʳ¹.

---

et « 96. Aristidis opera in papyro volumine magno corio nigro » (cf. R. Blum, *La biblioteca della Badia*, cit., p. 84-85 ; p. 117, n° 87 ; p. 118, n° 96).

   1. Cf. W. Studemund und L. Cohn, *Verzeichniss der griechischen Handschriften der Königlichen Bibliothek zu Berlin*, I (Die Handschriften-Verzeichnisse der Königlichen Bibliothek zu Berlin, t. XI), Berlin 1890, p. 43 ; G. Pasquali, « Prolegomena ad Procli commentarium in Cratylum », SIFC 14 (1906), p. 127-152, en part. p. 137.

Le commentaire sur le *Parménide* a été copié à Venise en 1542 (cf. f. 319^r : « In Venetia adì 29 mazo 1542 ») par Jean Catelos de Nauplie, tandis que le commentaire sur le *Cratyle* est de la main du "scribe de Bruxelles"[1]. Les deux copistes ont travaillé pour Guillaume Pellicier (1490-1567), évêque de Montpellier et ambassadeur de François Ier auprès de la République de Venise de 1539 à 1542[2]. Pellicier avait rassemblé une collection de 180 mss. grecs, qui passa, après sa mort, entre les mains de Claude Naulot, notaire à Autun, qui fut chargé d'en faire l'inventaire (on lit au f. I^r : Ναυλὼτ ἀνέγνωκε βίβλον ταύτην ἔτει Χριστοῦ 1573). Ensuite, sûrement avant 1651, la collection a été acquise par les Jésuites

---

1. Sur Jean Catelos de Nauplie et le "scribe de Bruxelles", cf. A. Cataldi Palau, « Les copistes de Guillaume Pellicier, évêque de Montpellier (1490-1567) », *Scrittura e Civiltà*, 10 (1986), p. 199-237, en part. p. 205-207, 222 (souscription de notre ms. — au lieu de : "majo", lire : "mazo" [= "maggio" en venitien], cf. G. Pasquali, « Prolegomena », art. cit. à la note précédente, p. 137, n. 1), 226 [tableau III] (Jean Catelos) ; p. 218, 232 [tableau XIV] ("scribe de Bruxelles"). Sur Jean Catelos de Nauplie, voir aussi RgK II 220, III 278. — L'attribution des ff. 320^r-363^r à Jean Mauromate par W. Studemund et L. Cohn (cf. note précédente) ne peut pas être retenue (cf. A. Cataldi Palau, « Il copista Ioannes Mauromates », dans *I manoscritti greci tra riflessione e dibattito*. Atti del V Colloquio Internazionale di Paleografia Greca [Cremona, 4-10 ottobre 1998], a cura di G. Prato [Papyrologica Florentina, XXXI], Firenze 2000, t. I, p. 335-399, et pl. 1-14, en part. p. 366-367, n. 99).

2. Le ms. figure dans le catalogue des mss. grecs de Guillaume Pellicier publié par H. Omont, « Catalogue des manuscrits grecs de Guillaume Pelicier », BEC 46 (1885), p. 54-83, 594-624, en part. p. 74, n° 103 : « Πρόκλου Πλατωνικοῦ Διαδόχου εἰς Παρμενίδην Πλάτωνος βιβλία ἑπτά. Ἐκ τῶν τοῦ φιλοσόφου Πρόκλου σχολίων εἰς τὸν Κράτυλον Πλάτωνος ἐκλογαὶ χρήσιμοι ». Pellicier possédait aussi un ms. contenant la *Theol. plat.* et l'*El. theol.*, le *Berolin. Phillipps.* 1505 (gr. 101) (cf. H. Omont, art. cit., p. 74, n° 102 ; Proclus, *Theol. plat.* I, Introduction, p. cxxix-cxxx), copié par Nicolas Cocolos (cf. A. Cataldi Palau, « Les copistes de Guillaume Pellicier », art. cit. à la note précédente, p. 208-209, 227 [tableau V]).

du Collège de Clermont à Paris et, à la suppression de l'ordre (1764), notre ms., par le jeu des ventes publiques, est passé successivement entre les mains de Gérard Meerman (1764) et Thomas Phillipps (1824) pour finir à la Staatsbibliothek de Berlin (1887)[1].

En ce qui concerne l'*In Parm.*, le *Berolin. Phillipps.* 1506 est une copie directe du ms. de Pachymère (A), qui, en 1542, se trouvait à Venise dans la collection d'Asola. Jean Catelos a éprouvé une certaine difficulté à déchiffrer les passages devenus peu lisibles dans son modèle, comme le montrent les espaces blancs qu'il a laissés ici et là. Une comparaison de ce ms. avec le *Laur. Conv. Soppr.* 103 montre à quel point le ms. A s'était détérioré entre 1358 et 1542.

2.3. *La descendance du manuscrit de Bessarion (M)*

Comme on l'a vu, l'*Ambros.* B 165 sup. (M) était l'exemplaire de travail de Bessarion qui l'a étudié et annoté, l'a collationné avec Σ et a tenté de corriger son texte par des conjectures. Après ce travail de révision, Bessarion a fait transcrire le texte ainsi révisé dans l'actuel *Marc. gr.* 191[2]. On a vu aussi qu'après avoir disparu de la Marciana, le ms. M a fait partie de la bibliothèque de Gian Vincenzo Pinelli à Pa-

---

1. Sur l'histoire de la collection Pellicier, cf. H. Omont, art. cit. à la note précédente ; A. Cataldi Palau, « Les vicissitudes de la collection de manuscrits grecs de Guillaume Pellicier », *Scriptorium*, 40 (1986), p. 32-53.
2. C'était la manière habituelle de travailler de Bessarion. Ainsi, pour la *Theol. plat.*, il a travaillé d'abord sur le *Monac. gr.* 547, puis il en a fait faire une copie au net, le *Marc. gr.* 192 : cf. *Theol. plat.* I, Introduction, p. cxx et cxxvii-cxxviii ; H. D. Saffrey, « Recherches sur quelques autographes du cardinal Bessarion et leur caractère autobiographique », dans *Mélanges E. Tisserant*, t. III (Studi e testi, 233), Città del Vaticano 1964, p. 263-297, en part. p. 265-266 (repris dans Saffrey, *Héritage*, p. 95-131, en part. p. 97-98).

doue[1]. C'est vraisemblablement dans cette ville que les deux autres copies de M ont été produites : l'*Ambros.* H 252 inf., copié sur commande de Francesco Patrizi, et le *Monac. gr.* 425. Parmi ces trois descendants directs de M, alors que l'*Ambros.* H 252 inf. est demeuré sans descendance, le *Marc. gr.* 191 et le *Monac. gr.* 425 sont à l'origine d'une grande partie de la tradition manuscrite (seize mss., dont onze descendent du *Marc. gr.* 191, et cinq, du *Monac. gr.* 425).

2.3.1. *Les copies directes de M*

Venezia, Biblioteca Nazionale Marciana, gr. Z. 191. Saec. XV, membr., 320 × 235 mm., ff. II-285. Procli *In Parm.* : ff. 1^r-163^r, cum continuatione Pachymeris : ff. 163^r-183^r; vac. f. 183^v; Hermiae *In Phaedrum* : ff. 184^r-282^r [2].

Ce ms. a été copié par l'un des copistes de Bessarion, Georges Trivizias[3], qui a signé son travail par deux vers au f. 282^r : Κρητὸς ἱρῆος [= ἱερέως] ὅδε πλήρωται (sic) Γεωργίου ἄθλος ‖ Βησσαρίων' ἀγλαῷ καρδηνάλ' ἐμοῖο κυρίῳ (« Du prêtre crétois Georges voici achevée la tâche ‖ pour Bessarion éminent cardinal, mon seigneur »). Il se compose de 29 cahiers, tous des quinions, sauf les 8e (ff. 71-78) et 29e (ff. 279-285) qui sont des quaternions (dans le 29e cahier, le 6e feuillet a été coupé, entre f. 283 et f. 284). Les cahiers sont signés au recto du premier folio et au verso du dernier dans

---

1. Cf. *supra*, p. CLXXVI.

2. Cf. E. Mioni, *Bibliothecae Divi Marci Venetiarum Codices Graeci manuscripti*, cit., t. I, p. 303 ; Hermias, *In Phaedr.*, Proleg., p. XVI ; Klibansky-Labowsky, p. XXXV.

3. Sur ce copiste, cf. RgK I 73, II 94, III 123 ; A. Diller, « Three Greek Scribes Working for Bessarion : Trivizias, Callistus, Hermonymus », IMU 10 (1967), p. 403-410, en part. p. 403-406 ; Proclus, *Theol. plat.* I, Introduction, p. CXXVII et n. 3 ; E. Mioni, « Bessarione scriba e alcuni suoi collaboratori », art. cit. (*supra*, p. CXXIV, n. 1), p. 309-312. Sur la souscription de notre ms., cf. K. A. de Meyier, « More manuscripts copied by George Tribizius », *Scriptorium*, 13 (1959), p. 86-88, en part. p. 86.

la marge inf. (au centre) : α^{ον}-κθ^{ον}. Les bifeuillets sont signés au recto tout en haut de la marge inf. : α^{ον}, β^{ον}, γ^{ον}, δ^{ον}, ε^{ον} τοῦ α^{ου} (β^{ου}, γ^{ου}, δ^{ου} etc.). Dans les marges du texte, Trivizias a copié les nombreuses remarques que Bessarion avait notées dans son exemplaire, ainsi que les titres rubriqués qu'il avait ajoutés dans les marges de la continuation de Pachymère : Ἀρχὴ τῆς δευτέρας ὑποθέσεως jusqu'à Ἀρχὴ τῆς ἐννάτης καὶ τελευταίας ὑποθέσεως, la formule κατὰ Δαμάσκιον étant omise partout sauf dans les deux derniers titres (Ἀρχὴ τῆς η^{ης} ὑποθέσεως κατὰ Δαμάσκιον [f. 181^r], Ἀρχὴ τῆς ἐννάτης καὶ τελευταίας ὑποθέσεως κατὰ Δαμάσκιον [f. 182^r])[1]. A la fin du commentaire de Proclus (f. 135^v, le livre VII porte le titre ἀρχὴ τοῦ δευτέρου βιβλίου Πρόκλου, mauvaise lecture de ζ^{ου} du ms. M), on lit dans la marge du f. 163^r une note de la main de Bessarion qui ne se trouve pas dans le ms. M : μέχρι ὧδε τὰ τοῦ Πρόκλου ἢ μέχρι τῆς πρώτης ὑποθέσεως ὅλης. ἐλλείπει δὲ ἡ ἐξήγησις τοῦ τελευταίου τούτου τεμμαχίου[2]. En comparant son exemplaire avec le ms. Σ, Bessarion a donc remarqué que le commentaire de Proclus s'arrête avec la première hypothèse, et que, même pour cette hypothèse, l'exégèse n'est pas complète, car il manque le commentaire du dernier lemme (141 E 8-142 A 6). Dans le texte (f. 163^r, l. 23), Bessarion a inséré un petit ὀβελός entre les mots ἄρα et οὐσίας pour bien indiquer la fin du texte de Proclus. Le texte du *Marc. gr.* 191 est très fautif, surtout à cause du grand nombre d'omissions (par exemple, I 645.25-27 εἴ τι — ἐμπρέπον et 648.20-22 ἐφ' ἑκάτερα — ῆς). Au f. II^v on lit la cote et la note de possession gréco-latine de Bessarion : « τόπος οε′ Πρόκλου Πλατωνικοῦ ἐξήγησις εἰς τὸν Παρμενίδην (καὶ Φαῖδρον add. s.l.) Πλάτωνος. Βιβλίον Βησσαρίωνος καρδηνάλεως τοῦ τῶν τούσκλων. Locus 75. Proculi Platonici expositio in Parmenidem (et Phedrum *add. s.l.*) Platonis L(iber) Cardinalis Tusculani ». Le ms. figure dans l'inventaire de la donation

<hr>

1. Cf. *supra*, p. CLXXIX.
2. Cf. Klibansky-Labowsky, p. XXXV ; H. D. Saffrey, c. r. DLZ 81, 7/8 (Juli/Aug. 1960), art. cit., p. 624.

de Bessarion (1468) sous le n° 414 : « Item Procli Platonici expositio in Parmenidem Platonis, et Hermias in Phaedrum, in pergameno, novus, pulcherrimus », et dans les trois inventaires de la collection de Bessarion à Venise : (1) inv. de 1474 sous le n° 52 : « Proculi in Parmenidem Platonis, in pergamenis » ; (2) inv. de 1524 sous le n° 140 : « Procli expositio in Parmenidem et Phaedrum in pergameno » ; (3) inv. de 1543 sous le n° 78 : « Proculus in Parmenide et Phedron Platonis, in pergameno »[1].

Milano, Biblioteca Ambrosiana, H 252 inf. (gr. 1040). Saec. XVI, chart., 326 × 230 mm., ff. II-336-I. Procli *In Parm.* : ff. 2^r-299^v, cum continuatione Pachymeris : ff. 299^v-336^v[2].

Ce ms. a été copié par le copiste favori de Gian Vincenzo Pinelli, Camillo Veneto (ou Zanetti)[3], à l'intention de Francesco Patrizi (1529-1597)[4]. Il se compose de 33 quinions (ff. 2-331) et d'un ternion (ff. 332-336, I), tous munis de réclame, sauf le 2e (ff. 12-21 ; l'absence de réclame est due

1. Cf. Labowsky, *Bessarion's Library*, p. 174, 194, 253, 294.
2. Cf. E. Martini - D. Bassi, *Catalogus codicum graecorum Bibliothecae Ambrosianae*, t. II, Milano 1906, p. 1107 ; Klibansky-Labowsky, p. xxxv (sigle : *q*).
3. Sur Camillo Zanetti, qui a aussi copié la continuation de Pachymère dans le ms. F, cf. *supra*, p. CXXIV, n. 2. Sur son activité au service de Gian Vincenzo Pinelli et de Francesco Patrizi, cf. M. Grendler, « A Greek Collection in Padua », art. cit. (*supra*, p. CLXXVI, n. 1), p. 408-410. Camillo Zanetti a aussi copié l'*Ambros.* I 86 inf. (gr. 1052), contenant la *Theol. plat.* et ayant lui aussi appartenu à Patrizi (cf. Proclus, *Theol. plat.* I, Introduction, p. CXXXIX).
4. Sur la bibliothèque grecque de Francesco Patrizi, cf. M. Muccillo, « La biblioteca greca di Francesco Patrizi », art. cit. (*supra*, p. CXXI, n. 2). Avant de se procurer l'*Ambros.* H 252 inf. par l'entremise de Gian Vincenzo Pinelli, Patrizi avait déjà possédé un exemplaire de l'*In Parm.* de Proclus, qu'il avait vendu, avec le reste de sa bibliothèque grecque, au roi d'Espagne Philippe II en 1575, et qui fut détruit dans l'incendie de l'Escorial en 1671 (cf. *supra*, p. CXXI et n. 2).

au fait que le prologue se termine au f. 21ᵛ). Le second folio de garde antérieur est numéroté 1, le dernier feuillet, blanc, est numéroté I. Dans les marges, on lit des annotations et des mots-clé de la main de Patrizi, le plus souvent en grec, parfois en latin. Ils se font très rares à partir du f. 112ʳ et reprennent avec le début du livre VI, au f. 205ʳ, où l'on lit la note suivante dans la marge sup. : « cepi 20 (?) Julii 1590 Albareae »[1]. Les annotations sont complètement absentes dans la continuation de Pachymère. A la fin du livre VII (f. 299ᵛ), là où commence la continuation de Pachymère, Patrizi a marqué, dans le lemme, le début de la deuxième hypothèse en *Parm.* 142 B 1 (βούλει οὖν ἐπὶ τὴν ὑπόθεσιν πάλιν ἐξ ἀρχῆς ἐπανέλθωμεν) et écrit dans la marge la note suivante : « 2ᵃ ὑπόθεσις. sed comentaria non sunt Procli. neque enim secundam hypothesim exponit ut promiserat, et nihil sapiunt excelsi, et quia septimus liber Procli deest, quae forte est seorsum transcripta in codice meo alio post vitam Procli a Marino scriptam, confer eam cum antecedentibus ». Le « codex alius » auquel Patrizi fait allusion est l'*Ambros.* A 171 inf. (gr. 812), copié lui aussi par Camillo Veneto, qui contient le *Proclus* de Marinus, suivi du « grand fragment » de la *Theol. plat.*[2]. Dans ce ms., à la fin du « grand

1. Il est difficile de dire à quoi se réfère ce nom de "Albarea" (probablement un nom de lieu).

2. Sur l'*Ambros.* A 171 inf. (gr. 812), cf. Marinus, *Proclus*, Introduction, p. cxxxvii-cxxxviii ; Steel-Van Riel, « Grand Fragment », p. 542-543. Pour le « grand fragment », l'*Ambros.* A 171 inf. est une copie de l'*Ambros.* C 258 inf. (gr. 898), qui a également appartenu à Pinelli. L'article de M. Muccillo - S. Lilla, « *Excerpta* della *Theologia platonica* di Proclo (identificati in un Manoscritto della Biblioteca Ambrosiana di Milano) », *Bollettino dei classici*, Serie 3ᵃ, 19 (1998), p. 9-15, n'est d'aucune utilité, parce que les auteurs n'ont pas reconnu dans les *excerpta* le « grand fragment » de la *Theol. plat.* et que le ms. était déjà répertorié dans *Theol. plat.* I, Introduction, p. xcix (contrairement à ce que les auteurs affirment, p. 11). — A propos des deux mss. de Marinus ayant appartenu à Patrizi, l'*Ambros.* A 171 inf. (a) et le *Scorial.* Φ. II. 12 (s), nous rectifions ce que nous avons

fragment » (f. 30^r), Patrizi avait d'abord noté : « Haec pars
uidentur esse libri Theologiae » ; ensuite, après avoir étudié
l'*In Parm.*, il l'a biffée et a noté : « Videtur comentariorum
in Parmenidem liber VII qui in vulgatis deest fol. 594 [= f.
299^v de l'*Ambros.* H 252 inf.] ». Il a donc reconnu l'inauthenticité de la continuation de Pachymère, mais il considère le
« grand fragment » comme la partie perdue du commentaire
de Proclus[1]. Patrizi a aussi numéroté les pages du ms. dans la

écrit dans notre édition de Marinus, Introduction, p. cxii, n. 3 :
« On peut penser que Patrizi s'est procuré le ms. s parce que le
ms. a est incomplet ». En effet, le ms. s, comme tous les mss.
de Patrizi conservés à l'Escorial, a appartenu à Patrizi avant
les mss. conservés à l'Ambrosienne, car les mss. de l'Escorial,
vendus par Patrizi au roi d'Espagne en 1575, constituaient la
totalité de sa première bibliothèque grecque, alors que les mss.
de l'Ambrosienne proviennent de sa seconde bibliothèque, qu'il
se procura après son retour en Italie (cf. *supra*, p. cxxi, n. 2). Patrizi a donc possédé d'abord le *Scorial.* Φ. II. 12 (texte complet),
et ensuite l'*Ambros.* A 171 inf. (texte incomplet, copié sur l'éd.
princeps Zürich 1559).

1. L'idée selon laquelle la partie perdue du commentaire de
Proclus sur le *Parménide* (2e hypothèse) serait à identifier avec le
« grand fragment » de la *Theol. plat.* s'explique par le fait que le
début du « grand fragment » traite des hypothèses du *Parménide*
(*Theol. plat.* I 11-12, p. 54.26-58.22) et mentionne explicitement
la deuxième : Τοῦτο μὲν οὖν ἐνταῦθα κείσθω διὰ πλειόνων ἡμῖν ἀπο-
πεφασμένον, ὡς ἀνάγκη τὴν δευτέραν ὑπόθεσιν ἁπάσας μὲν τὰς θείας
ἐκφαίνειν διακοσμήσεις (I 12, p. 55.11-13). En effet, dans l'*Ambros.*
A 171 inf. (f. 11^r, l. 11), Patrizi a souligné les mots δευτέραν ὑπόθεσιν (on remarquera aussi que parmi les textes contenus dans
ce ms., le « grand fragment » est le seul qui porte des notes et
des traces de lecture de Patrizi). On comprend donc que le cardinal Gilles de Viterbe ait, lui aussi, vu dans le « grand fragment »
la partie perdue de l'*In Parm.*, comme le montre une note à la
fin de la traduction latine de l'*In Parm.* contenue dans le *Riccardianus* 155 (cf. *infra*, p. cdxxviii). En revanche, dans le ms.
grec de Gilles de Viterbe, le *Ross.* 962, c'est Nicolas Scutelli qui
a reconnu l'origine du « grand fragment » en notant : ἐκ τῆς θεολογίας Πρόκλου (cf. *supra*, p. cxxxiii). Pour la liste complète des
extraits de la *Theol. plat.* I 11-II 4 qui composent le « grand fragment », cf. Steel-Van Riel, « Grand Fragment », p. 534.

marge sup. : *1-668* [= ff. 2^r-336^v]. Puisque les extraits de l'*In Parm.* copiés par Patrizi dans le *Barber. gr.* 168 renvoient à ces numéros de page, il s'ensuit que l'*Ambros.* H 252 inf. est la source des extraits[1]. Au f. 2^r (mg. inf.) on lit la note de possession de Patrizi : « EST FRANCISCI PATRICIJ », et au f. 1^r la notice signée par Antonio Olgiati, premier bibliothécaire de l'Ambrosienne (1609-1647)[2], dans laquelle on rappelle aussi la provenance du ms. et son achat au neveu de Patrizi[3] à Rome en 1600 : « Procli Platonici In Platonis Parmenidem Libri septem. Nota inscriptionem esse quidem septem librorum ; hic tamen esse tantum sex libros. Fuit Francisci Patritii eruditissimi uiri. a cuius filio emptus est Romae 1600. Observa notam appositam in margine ad pag. 594 [= f. 299^v]. Felicibus auspiciis Illustrissimi Card. Federici Borrhomaei. Olgiatus uidit anno 1603 ».

P München, Bayerische Staatsbibliothek, gr. 425. Saec. XVI, chart., 310 × 224 mm., ff. III-326. Procli *In Parm.* : ff. 1^r-299^r (lib. I : ff. 1^r-54^v ; lib. II : ff. 54^v-85^r ; lib. III : ff. 85^r-111^r ; vac. f. 111^v ; lib. IV : ff. 112^r-182^v ; lib. V : ff. 183^r-212^r ; lib. VI : ff. 212^r-251^v ; lib. VII : ff. 251^v-299^r), cum continuatione Pachymeris : ff. 299^r-326^r[4].

Ce ms. a été copié par deux copistes : 1re main = ff. 1^r-299^r, l. 2 *ab imo* (Proclus, *In Parm.*) ; 2e main : ff. 299^r, l. 2

1. Cf. *infra*, p. CCXXV-CCXXVII.
2. Sur Antonio Olgiati, cf. E. Martini - D. Bassi, *Catalogus codicum graecorum Bibliothecae Ambrosianae*, cit., t. I, Praefatio, p. XX-XXII ; A. Paredi - M. Rodella, « Le raccolte manoscritte e i primi fondi librari », art. cit. (*supra*, p. CLXXVI, n. 1), p. 74-76.
3. Bien que la notice fasse mention du "fils" de Patrizi (« Fuit Francisci Patritii eruditissimi uiri. a cuius filio emptus est »), il s'agit en réalité de son neuveu Francesco (cf. M. Muccillo, « La biblioteca greca di Francesco Patrizi », art. cit. [*supra*, p. CXXI, n. 2], p. 73, n. 1).
4. Cf. I. Hardt, *Catalogus codicum manuscriptorum graecorum Bibliothecae Regiae Bavaricae*, t. IV : *Cod.* CCCXLVIII-CCCCLXXII, Monachii 1810, p. 314.

ab imo - 326ʳ (continuation de Pachymère). Au f. 299ʳ (mg. inf.), à la fin du texte de Proclus, le premier copiste a noté : ἀτελές ἐστι τὸ παρόν, le second a biffé cette note et ajouté la continuation de Pachymère. Cette addition a été faite entre la copie du ms. *Phillipps* 8296 et celle du *Harleianus* 5671, qui sont tous deux des copies du *Monac. gr.* 425[1]. On peut identifier le premier copiste à Sophianos Mélissénos, originaire de Crète, collaborateur de Darmarios et de Nicolas de la Torre, et qui a travaillé à Padoue entre 1566 et 1571 et a collaboré à la confection d'une copie partielle de P, le *Bodl. gr. miscell.* 97 (*In Parm.* I-IV)[2]. On peut dater la copie de P entre 1558 et 1569. En effet, puisque Sophianos, copiste de P, a travaillé à Padoue, et que M, premier modèle de P, appartenait à Gian Vincenzo Pinelli, qui s'était établi à Padoue en 1558, P doit être postérieur à 1558. D'autre part, puisque le *Bodl. gr. miscell.* 97, copie de P, a été copié au plus tard en 1569, P doit être antérieur à 1569. Il a ensuite appartenu à la bibliothèque de la ville d'Augsbourg dont les armes

1. Cf. *infra*, p. CCXX.
2. Sur Sophianos Mélissénos, cf. RgK I 362. L'identification de la première main du *Monac. gr.* 425 se fonde sur une comparaison avec la planche du RgK I 362, qui reproduit le *Monac. gr.* 426, f. 159ʳ (Damascius, *In Phil.*, § 256.2-fin, avec le colophon : ἐκ τῶν νέων ἀντιγράφων τουτὶ ἐγράφθη, χειρὶ δὲ σοφιανοῦ μελησσινοῦ κρητός· ἐν παταβίῳ· αφξθ′ ὀκτωμβρίῳ ι′ ἐκ τῆς σωτηριώδους τοῦ χριστοῦ γεννήσεως [= Padoue, 10 octobre 1569]). Le *Monac. gr.* 426 contient les commentaires d'Olympiodore et de Damascius sur le *Phédon* (ff. 1ʳ-123ᵛ) et celui de Damascius sur le *Philèbe* (ff. 124ʳ-159ʳ). Il est répertorié dans l'édition Norvin des commentaires d'Olympiodore et de Damascius sur le *Phédon* (tous édités sous le nom d'Olympiodore) : *Olympiodori Philosophi In Platonis Phaedonem commentaria*, éd. W. Norvin, Lipsiae 1913, p. x ; il ne figure pas, en revanche, dans les éditions de ces trois commentaires par L. G. Westerink (Damascius, *Lectures on the Philebus*, Amsterdam 1959, 1982[2] ; *The Greek Commentaries on Plato's Phaedo*, t. I : *Olympiodorus*, Amsterdam 1976 ; t. II : *Damascius, ibid.* 1977). Sophianos Mélissénos a aussi copié une partie du *Matrit. gr.* 4770 (cf. *supra*, p. CLIII).

figurent au verso du plat supérieur. En 1806, lorsqu'Augsbourg a perdu son statut de ville d'Empire, sa bibliothèque a été intégrée à la bibliothèque de Munich, capitale du nouveau royaume.

Pour les trois premiers livres, P est une copie directe de M, ce qui explique certaines caractéristiques de son texte. Comme nous l'avons dit[1], Bessarion avait corrigé le texte de son ms. M en utilisant le ms. Σ. La preuve la plus évidente de cette collation est fournie par le commentaire du premier lemme. En I 661.9-27, A donne une version remaniée de Σ ; le ms. M (f. 10^r) transmet évidemment le texte de son modèle A, mais Bessarion a transcrit le texte de Σ jusqu'à προῆλθεν (661.27) dans la marge inf. avec un signe de renvoi et la note : ἐν ἄλλῳ γράφεται οὕτως. Or, le copiste de P n'a pas compris la note marginale de Bessarion et a intégré la version alternative dans le texte. Il donne d'abord (f. 23^r, ll. 8-24) la version de Σ qu'il lisait dans la marge de M, puis, après προῆλθεν (661.27), il continue (f. 23^r, l. 24 - 23^v, l. 5) en copiant la version originale de M. Le ms. P présente donc, l'une après l'autre, les deux versions du passage 661.9-27. En revanche, en III 816.9-13, où M avait commis une omission importante (δεῖ περὶ — παρά[δειγμα]) qui avait ensuite été récupérée dans la marge par un correcteur, le scribe de P a recopié ce supplément dans la marge (f. 100^v) sans l'intégrer dans son texte.

Si, pour les livres I-III, P n'est qu'une copie médiocre de M, la situation est tout à fait différente pour les livres IV-VII. En effet, pour cette partie du commentaire, le modèle de P n'est plus M, mais Σ, dont P est donc un témoin direct[2]. Le changement de modèle se reflète dans la composition du ms. : le livre IV commence à la première page d'un nouveau cahier (f. 112^r), tandis que la dernière ligne du livre III se trouve en haut du f. 111^r (le reste de la page et le verso sont restés blancs).

---

1. Cf. *supra*, p. CLXXVIII-CLXXIX.
2. Cf. *supra*, p. CLVII.

2.3.2. *Les descendants indirects de M*

Le *Marc. gr.* 191 a eu six copies intégrales (*Paris. gr.* 1836, *Vat. gr.* 231, *Scorial.* T. I. 13, *Monac. gr.* 11, *Matrit. gr.* 4751, *Vat. gr.* 1799) et quatre partielles (*Vat. Regin. gr. Pii* II 14, *Vindob. phil. gr.* 7 [W], *Basileensis* F. I. 8, *Vat. gr.* 2234), qui se caractérisent, entre autres, par la note de Bessarion à la fin du texte de Proclus et par la faute dans le titre du livre VII (δευτέρου au lieu de ἑβδόμου). Une descendance aussi nombreuse, à laquelle il faut ajouter une copie partielle du *Paris. gr.* 1836, le *Cantabr. Trin.* 1292, s'explique par le fait que le *Marc. gr.* 191 se trouvait à Venise, grand centre de production et de vente de mss. grecs, où l'on pouvait l'emprunter à la Marciana ou le copier sur place[1]. Voici les six copies intégrales.

---

1. Selon les registres de prêt de la Marciana, qui couvrent la période de 1545 à 1559, il a été emprunté deux fois : le 4 avril 1547 par Lorenzo Morosini, et le 10 mars 1553 par son frère Zaccaria, qui l'a rendu le 28 juillet de la même année. Cf. H. Omont, « Deux registres de prêts de manuscrits de la Bibliothèque de Saint-Marc à Venise (1545-1559) », art. cit. (*supra*, p. CLXXXVIII, n. 4), p. 663 et 685-686 ; C. Castellani, « Il prestito dei codici manoscritti della Biblioteca di San Marco », art. cit. (*ibid.*), p. 338 : « 1547, adi 4 april. Al Mag.ᶜᵒ Ms. Lorenzo Morexini, quondam Ser Barbon, fo imprestato, d'ordine de Cl.ᵐⁱ S(ignori) Reformatori, un libro intitulato Proclo sopra el Parmenide, signato n.° 716, come per el mandato apar. Proclo sopra el Parmenide, n.° 716. Nota che per signal del ditto libro fo lassato per pegno filze sei di perle, a perle tredese per filza. Nota che li fu restituite le perle e lassò in cambio desse una taza d'arzento biancha con un arma rossa in fondo » (« Le 4 avril 1547. Au Magnifique Seigneur Lorenzo Morosini, fils du feu Seigneur Barbon, a été prêté avec l'autorisation des très illustres Seigneurs Reformatori, un livre intitulé Proclus sur le Parménide, cote n° 716, comme il résulte de l'instruction. Proclus sur le Parménide n° 716. Notez qu'à la place dudit livre a été laissé en gage six rangs de perles à raison de treize par rang. Notez que les perles lui ont été restituées et qu'il a laissé en échange une tasse d'argent blanc avec des armes rouges sur le fond » — il n'y a pas de trace de la restitution du ms. ; comme le re-

Paris, Bibliothèque Nationale de France, gr. 1836. Anno 1536, chart., 323 × 230 mm., ff. III-254. Procli *In Parm.* : ff. 1^r-224^r, cum continuatione Pachymeris : ff. 224^r-251^{v1}.

Ce ms. (sigle B dans l'éd. Cousin) a été copié à Venise en 1536 par Ange Vergèce, comme l'indique la souscription au f. 251^v : Ἐν<ε>τίῃσι παρ' Ἀγγέλῳ Βεργικίῳ τῷ Κρητί, α^{ω}φ^{ω}λς^ω σεπτεβρίου ια^η. Il se compose de 31 quaternions (ff. 1-248) et d'un ternion final (ff. 249-251 + 2 feuillets blancs non numérotés et un feuillet collé au plat inférieur). Les cahiers 1-31 sont signés au recto du premier folio dans la marge inf. droite : α'-λα'. Le travail de Vergèce est très soigné, mais le copiste n'a pas recopié les notes marginales de Bessarion sauf la note μέχρι ὧδε...[2] et les titres des hypothèses 3 à 9 dans la continuation de Pachymère (avec la formule κατὰ Δαμάσκιον pour les 8e et 9e hypothèses, ff. 249^r et 250^v)[3]. Chaque fois que Trivizias a laissé un espace blanc dans le

marque C. Castellani, art. cit., p. 338, n. 3, c'est alors que l'on commence à noter les objets ou les sommes d'argent laissés en gage pour les livres empruntés), et p. 366 : « 1553, die 10 martii. N(obilis) Vir Ser Zacharias Maurocenus, quondam Ser Barbon, habuit ex mandato D(ominorum) Reformatorum duos libros grecos, unum appellatum Olimpiodorum in Phedonem, Gorgiam, Phedrum et Alcibiadem, alterum Ammonium Hermiam in Phedrum annexum Proclo, qui signati sunt, Olimpiodorus 4. Δ, n.° 660, et Proclus Hermiasque 4. B, n.° 716. Accepit autem eos D(ominus) Dominicus Maurocenus eques frater, et pro cautione fecit fieri unam partitam banchi Delphinorum de ducatis quinquaginta sub die 18 februarii proxime preteriti. Die 28 Julii (1553). M(agnifi)cus D(ominus) Dominicus Maurocenus, eques, restituit librum Proclo annexum Hermiam in Phedrum, et loco eius habuit librum continentem plura opera, et inter cetera Musicam Ptolomei firma manente suprascripta partita pro duobus libris, ut supra ». Voir aussi M. Zorzi, *La libreria di San Marco*, cit. (*supra*, p. CLXXV, n. 1), p. 119.

    1. Cf. H. Omont, *Inventaire sommaire des manuscrits grecs de la Bibliothèque Nationale*, t. II, Paris 1888, p. 150 ; van Bilsen, « *Parisinus gr. 1836* ».

    2. Cf. *supra*, p. CXCVII.

    3. Cf. *supra*, p. CXCVII.

Marc. gr. 191, parce qu'il ne pouvait pas déchiffrer M, Vergèce l'imite et note λείπει dans la marge, par exemple ff. 7ʳ (I 635.7 συνελὼν), 16ʳ (I 662.6 -σιλεία), 21ʳ (I 676.24 αὐτὸν), 27ᵛ (I 695.34 ἀγκύλως), 37ʳ (II 722.32 κάκης), 43ᵛ (II 740.15 -τι- dans le mot ἀντιπεριφοραὶ), etc.

Le *Paris. gr.* 1836 appartient à un groupe de cinq mss., *Paris. gr.* 1654, 1822, 1829, 1836 et 1943, tous réalisés à Venise dans les années 1535-1536 pour Georges de Selve (1508-1542), évêque de Lavaur, qui y était alors ambassadeur de France (1534-1537), et pourvus d'une reliure vénitienne "alla greca" presque identique. Après la mort de Georges de Selve, ces mss. entrèrent dans la Bibliothèque Royale de Fontainebleau[1]. Il figure dans les deux catalogues (alphabétique et méthodique) de la bibliothèque de Fontainebleau rédigés entre 1549 et 1552 par Vergèce, Constantin Palaeocappa et Jacques Diassorinos[2].

En 1697, il a été fait une copie partielle du *Paris. gr.* 1836 (contenant les livres V-VII) pour Thomas Gale, l'actuel Cam-

---

1. Cf. Ph. Hoffmann, « Sur quelques manuscrits vénitiens de Georges de Selve, leurs reliures et leur histoire », dans *Paleografia e codicologia greca*. Atti del II Colloquio internazionale (Berlino-Wolfenbüttel, 17-21 ottobre 1983), a cura di D. Harlfinger e G. Prato, Alessandria 1991, p. 441-462, et pl. 1-10 (p. 223-230).

2. Cf. Omont, *Catalogues de Fontainebleau*, p. 146, nᵒ 439 : Βιβλίον α' μήκους, ἐνδεδυμένον δέρματι κυανῷ, ἔστι δὲ Πρόκλου Πλατωνικοῦ Διαδόχου τῶν εἰς τὸν Παρμενίδην τοῦ Πλάτωνος ἑπτὰ βιβλίων (catalogue alphabétique) ; p. 256, nᵒ 313 : Πρόκλου Πλατωνικοῦ Διαδόχου τῶν εἰς τὸν Παρμενίδην τοῦ Πλάτωνος ἑπτὰ βιβλίων. Βίβλος πρώτου μήκους, δέρματι κυανῷ κεκαλυμμένη, ἧς ἡ ἐπιγραφή· ΠΡΟΚΛΟΥ εἰς Παρμενίδην (catalogue méthodique). Le titre ΠΡΟΚΛΟΥ ΕΙΣ ΠΑΡΜΕΝΙΔΗΝ est estampé en haut du plat supérieur. Le ms. ne figure pas dans le premier catalogue, très sommaire, des mss. grecs de la bibliothèque de Fontainebleau rédigé par Ange Vergèce en 1545 (publié par Omont, *Catalogues de Fontainebleau*, p. 355-369). — Sur Ange Vergèce, né en Crète, actif à Venise dans les annés 1535-1537, et nommé par François Iᵉʳ *scriptor* de la Bibliothèque Royale de Fontainebleau en 1539, cf. RgK I 3, II 3, III 3 ; voir aussi *supra*, p. CLXX et n. 3.

bridge, Trinity College, O. 5. 11 (1292), dont il sera question plus loin[1].

Città del Vaticano, Biblioteca Apostolica Vaticana, Vat. gr. 231. Saec. XVI, chart., 357 × 246 mm., ff. I-486 (+ 461a). Procli *In Parm.* : ff. 1ʳ-372ʳ (vac. f. 198ᵛ), cum continuatione Pachymeris : ff. 372ʳ-416ᵛ ; Ps.-Alexandri Aphrodisiensis *In An. Pr. II* : ff. 417ʳ-486ᵛ[2].

Ce ms. a été copié par trois copistes : 1ʳᵉ main = ff. 1ʳ-6ʳ, 8ʳ, 63ʳ⁻ᵛ, 65ʳ, 80ʳ-107ᵛ, 116ʳ⁻ᵛ, 120ʳ-126ʳ l. 5, 198ᵛ, 302ʳ-310ʳ l. 8, 350ʳ ll. 1-6, 366ᵛ-486ᵛ : Andreas Darmarios[3] ; 2ᵉ main = ff. 6ᵛ-7ᵛ, 8ᵛ-62ᵛ, 64ʳ⁻ᵛ, 65ᵛ-79ᵛ, 108ʳ-115ᵛ, 117ʳ-119ᵛ, 126ʳ l. 6-198ʳ, 199ʳ-301ᵛ ; 3ᵉ main = ff. 310ʳ l. 9-349ᵛ, 350ʳ l. 6-366ʳ. Il se compose de 62 cahiers munis de réclame, tous des quaternions, sauf les 16ᵉ (ff. 120-125) et 50ᵉ (ff. 390-395), qui sont des ternions, et le 53ᵉ (ff. 412-415), qui est un binion. Le 39ᵉ cahier (ff. 302-309) se compose d'un ternion (ff. 302-307) avec réclame au f. 307ᵛ, et d'un bifeuillet (ff. 308-309) qui a été relié par erreur après le 40ᵉ cahier (ff. 310-317). Puisque le papier porte le filigrane « ancre dans un cercle » (type Briquet 496 [Reggio d'Émilie 1560-1565]) et que le ms. a été copié en partie par Andreas Darmarios, actif à Venise (où se trouvait le *Marc. gr.* 191, modèle de ce ms.) à partir de 1560, le *Vat. gr.* 231 doit dater de la deuxième moitié du xviᵉ siècle. Il est par conséquent impossible de l'identifier au ms. de l'*In Parm.* mentionné dans l'inventaire des mss. grecs

---

1. Cf. *infra*, p. ccxxiv.

2. Cf. Ioh. Mercati et P. Franchi de' Cavalieri, *Codices Vaticani Graeci*, t. I : *Cod. 1-329*, Romae 1923, p. 300-301 ; Alexandre d'Aphrodise, *In Analyticorum Priorum librum I* (CAG II 1), éd. M. Wallies, Berlin 1883, p. v, n. 3.

3. Pour l'identification de la main de Darmarios, cf. RgK I 13 (ms. cité p. 31), III 22 (ms. cité p. 32). — Sur les mss. de l'*In Parm.* copiés par Darmarios ou produits dans son atelier, cf. *supra*, p. cxlv, n. 3.

du Vatican rédigé sous Paul III, probablement en 1539[1].

El Escorial, Real Biblioteca, T. I. 13 (gr. 133). Saec. XVI, chart., 331 × 217 mm., ff. 445. Procli *In Parm.* : ff. 1ʳ-397ᵛ, cum continuatione Pachymeris : ff. 397ᵛ-445ʳ[2].

Ce ms. a été copié à Venise par Andronicus Nuccius pour Diego Hurtado de Mendoza, ambassadeur de Charles V auprès de la République de Venise de 1539 à 1547[3] (ex-libris au f. 1ʳ). La copie a été réalisée au plus tard en 1545, date à laquelle Andronicus quitta Venise pour suivre Hurtado de Mendoza à Constantinople et en Europe occidentale.

München, Bayerische Staatsbibliothek, gr. 11. Anno 1549, chart., 355 × 235 mm., ff. 468. Procli *In Parm.* cum conti-

1. Cf. R. Devreesse, *Le fonds grec de la Bibliothèque Vaticane des origines à Paul V*, cit. (*supra*, p. cxxxviii, n. 5), p. 357, n° 673 : Πρόχλου Πλατωνικοῦ διαδόχου τῶν εἰς τὸν Παρμενίδην τοῦ Πλάτωνος ἑπτὰ βιβλίων τὸ αʹ σὺν ἐξηγήσει. L'identification du ms. ainsi décrit dans l'inventaire rédigé sous Paul III avec le *Vat. gr.* 231 est proposée par R. Devreesse, *ibid.* On remarquera toutefois que le *Vat. gr.* 231 est cité par R. Devreesse, *op. cit.*, p. 470, n. 4, parmi les mss. copiés vers 1550-1580, ce qui correspond à la datation de ce ms. sur la base des filigranes.

2. Cf. A. Revilla, *Catálogo de los Códices Griegos de la Biblioteca de El Escorial*, t. I, Madrid 1936, p. 431-432.

3. Sur Andronicus Nuccius, qui a aussi copié en partie le *Vat. gr.* 1799 (cf. *infra*, p. ccx), cf. RgK I 20, II 27, III 32. Sur Diego Hurtado de Mendoza, cf. Ch. Graux, *Essai sur les origines du fonds grec de l'Escurial*, cit., p. 190, 262, 370, 495 ; A. Hobson, *Renaissance book collecting : Jean Grolier and Diego Hurtado de Mendoza : their books and bindings*, Cambridge 1999, p. 70-91.

nuatione Pachymeris : ff. 1ʳ-309ᵛ ; Hermiae *In Phaedrum* : ff. 310ʳ-468ᵛ[1].

Ce ms. a été copié par Pierre Carneades de Monembasie sur commande de Johann Jakob Fugger (1516-1575)[2]. La copie a été achevée à Venise le 4 mai 1549, comme l'indique la souscription au f. 468ᵛ : ἐγράφη ὑπ' ἐμοῦ Πέτρου Καρνεάδου τοῦ Ἐπιδαυρίου ἐν οὐεναιτίοις ,αφμθ′ μαίῳ δ′. La révision du texte a été effectuée par le principal correcteur des mss. appartenant à la collection Fugger, le correcteur A, qui a signé son travail par sa formule caractéristique : καὶ τοῦτο ἐξισώθη τῷ ἑαυτοῦ πρωτοτύπῳ (écrite à la suite de la souscription)[3]. En 1571, la collection fut offerte par Fugger au duc de Bavière Albert V, puis incorporée à la bibliothèque ducale de Munich en 1806.

Madrid, Biblioteca Nacional, gr. 4751 (olim O-20). Anno 1550, chart., 335 × 240 mm., ff. V-337. Procli *In Parm.* :

1. Cf. I. Hardt, *Catalogus codicum manuscriptorum Bibliothecae Regiae Bavaricae [...] voluminis primi Codices graecos [...] complexi* tom. I, Monachii 1806, p. 85-87 ; M. Schanz, « Zu Hermeias », art. cit. (*supra*, p. cLVII, n. 2), p. 132-133 ; Hermias, *In Phaedr.*, Proleg., p. xiv.

2. Sur Pierre Carneades de Monembasie, qu'il faut identifier à Pierre Karnabakas, cf. RgK I 346-347, II 474-475, III 551. En plus du *Monac. gr.* 11, ce copiste a copié, intégralement ou en partie, seize autres mss. pour Johann Jakob Fugger, tous conservés à la Bayerische Staatsbibliothek de Munich (cf. B. Mondrain, « Copistes et collectionneurs de manuscrits grecs au milieu du xviᵉ siècle : le cas de Johann Jakob Fugger d'Augsbourg », BZ 84/85 [1991/1992], p. 354-390, en part. p. 364-366 [tableau], 374, 376-377, 381). Sur la collection Fugger, voir aussi O. Hartig, *Die Gründung der Münchener Hofbibliothek durch Albrecht V. und Johann Jakob Fugger*, München 1917.

3. Cf. B. Mondrain, « Copistes et collectionneurs de manuscrits grecs au milieu du xviᵉ siècle », art. cit. à la note précédente, p. 373.

ff. 1^r-298^r, cum continuatione Pachymeris : ff. 298^r-337^r; vac. f. 337^v[1].

Ce ms. a été copié par Jean Mauromate, qui a achevé son travail le 26 janvier 1550, comme l'indique la souscription au f. 337^r : Τέλος εἴληφε τὸ παρὸν βιβλίον διὰ χειρὸς ἐμοῦ Ἰωάννου Μαυρομάτου τοῦ ἐκ Κερκύρων κατὰ μῆνα ἰανουάριον κς τοῦ ͵αφν´ ἔτους τῆς κατὰ σάρκα γεννήσεως τοῦ Κυρίου καὶ Σωτῆρος ἡμῶν Ἰησοῦ Χριστοῦ, pour le compte du cardinal de Burgos, Francisco de Mendoza (1508-1566), dont il conserve la reliure[2].

Città del Vaticano, Biblioteca Apostolica Vaticana, Vat. gr. 1799. Saec. XVI, chart., 338 × 235 mm., ff. III-304. Procli *In Parm.* : ff. 1^r-269^v, cum continuatione Pachymeris : ff. 269^v-303^r; vac. ff. 303^v-304^v[3].

Ce ms. a été copié par trois copistes : 1re main = ff. 1^r-93^r l. 4 (τὸ γιγνόμενον), 97^r-144^v : Andronicus Nuccius[4]; 2e main

---

1. Cf. G. de Andrés, *Catálogo de los códices griegos de la Biblioteca Nacional*, Madrid 1987, p. 344-345.

2. Sur Jean Mauromate, cf. RgK I 171, II 229, III 283; A. Cataldi Palau, « Il copista Ioannes Mauromates », art. cit. (*supra*, p. CXCIV, n. 1), en part. p. 348 n. 49 et 51, p. 375 (la localisation du *Matrit. gr.* 4751 à Rome suscite quelques perplexités parce que le modèle de ce ms., le *Marc. gr.* 191, se trouvait à Venise, dans la bibliothèque de Saint-Marc), p. 383 (reliure du cardinal de Burgos). Pour Francisco de Mendoza, Jean Mauromate a aussi copié le *Matrit. gr.* 4744 de la *Theol. plat.* (cf. Proclus, *Theol. plat.* I, Introduction, p. CXLIX; A. Cataldi Palau, « Il copista Ioannes Mauromates », art. cit., p. 348, n. 51-52, p. 350, 376, 383).

3. Cf. P. Canart, *Codices Vaticani Graeci. Cod. 1745-1962*, t. I : *Codicum enarrationes*, In Bibliotheca Vaticana 1970, p. 154-155.

4. Pour l'identification de ce copiste, cf. RgK III 32 (notre ms. est cité). Andronicus Nuccius a aussi copié le *Scorial.* T. I. 13 (cf. *supra*, p. CCVIII).

= ff. 93ʳ l. 4 (τὰ δὲ θεῖα)-96ᵛ, 145ʳ-174ᵛ ; 3ᵉ main = ff. 175ʳ-303ʳ : Bartolomeo Zanetti[1]. Il se compose de 46 cahiers, tous munis de réclame : 29 sénions (ff. 1-174), 5 quaternions (ff. 175-214), un ternion (ff. 215-220), 10 quaternions (ff. 221-300), un binion (ff. 301-304). Les cahiers 5-24 sont signés au recto du premier folio dans la marge sup. droite : ε'-ιϛ' (cahiers 5-16), *18-25* (cahiers 17-24 : la numérotation est erronée et aucun cahier n'a été perdu).

Le texte a été corrigé par un lecteur érudit à l'aide d'un ms. qu'il qualifie de « peruetus » (f. 140ᵛ) et « antiquissimus » (f. 191ʳ) et qui n'appartenait pas à la famille du ms. A, comme le montre la note au f. 140ᵛ. En cet endroit du texte (IV 938.37-39), le lecteur a souligné deux mots pour lesquels sa source supplémentaire présentait deux variantes : ἀνέφηνεν ἐκ δὲ τούτων κἀκεῖνα συνορᾶν ἄξιον ὅσα διοριζόμεθα πρός τι, et a noté dans la marge : « alius textus habet ἂν ἔφην, πρόσθεν ». Or, la variante marginale πρόσθεν est la leçon de l'ensemble de la tradition (sg), alors que πρός τι est la leçon du ms. A et de ses descendants. Dans ce même passage (IV 938.39-40 ὅταν κατὰ νοῦν τὸν τοῦ Παρμενίδου διῃρημένως ἄρα κτλ.), le lecteur a ajouté une croix après Παρμενίδου et a noté dans la marge que le même texte, probablement fautif, se lisait aussi dans un autre ms. « très ancien » : « hunc locum contuli cum textu perueteri qui similiter se habet, inde quidpiam uidetur deesse unde apposui signum crucis ». En

---

1. Pour l'identification de ce copiste, cf. RgK III 56 (notre ms. est cité). Sur Bartolomeo Zanetti, qui a dirigé un atelier de copistes à Venise dans la première moitié du xvіᵉ siècle, cf. RgK I 31, II 45, III 56 ; Harlfinger, *Textgeschichte*, p. 291-294 ; A. Cataldi Palau, « Les copistes de Guillaume Pellicier », art. cit. (*supra*, p. cxcιv, n. 1), p. 215-217, 230-231 [tableaux XII et XIII] ; id., « Bartolomeo Zanetti stampatore e copista di manoscritti greci », dans Ἡ ἑλληνικὴ γραφὴ κατὰ τοὺς 15ο καὶ 16ο αἰῶνες, cit. (*supra*, p. cxxιι, n. 1), p. 83-144. — Camillo Zanetti, fils de Bartolomeo, a copié la continuation de Pachymère dans le ms. F ainsi que l'*Ambros.* H 252 inf. dans son ensemble (cf. *supra*, p. cxxιv et cxcvιιι).

effet, l'ensemble de la tradition (Σg) transmet ici le même
texte. Une note analogue se lit au f. 191ʳ (VI 1055.1-2 ποιεῖσθαι τὸν λόγον νοητῶν· τὴν δὲ τρίτην) où le lecteur constate
que le ms. « très ancien » présente le même texte que le *Vat.
gr.* 1799 et propose d'ajouter τὴν δὲ δευτέραν περὶ après τὸν
λόγον : « forte desunt hec uerba que neque etiam in antiquis-
simo libro legi τὴν δὲ δευτέραν περὶ ». En effet, l'ensemble de
la tradition (Σg) est unanime et la même difficulté est soulignée par Cousin [1]. D'autres conjectures se lisent aux ff. 200ᵛ
(VI 1080.19-20 νοητικὰς [leçon de l'ensemble de la tradi-
tion] : « forte emendandus locus et legendum διανοητικὰς »),
201ᵛ (VI 1083.24 εἰ μὲν : « forte legendum εἰ μὴ », même
correction par Cous[2] sur εἰ μὲν de l'ensemble de la tradition), 221ʳ (« forte hoc loco deficit aliquod uerbum »), 233ᵛ
(VII 1159.28 διὰ τὸ μὴ μετασχεῖν [leçon de l'ensemble de
la tradition] : « forte melius legitur sine negatione », même
correction par Cous[2]). Le ms. supplémentaire est aussi mentionné aux ff. 176ʳ (« alius textus habet ἐχρῆν »), et 190ʳ
(VI 1052.25 αὐτὸν : « alius textus habet ταυτὸν »). De nombreuses omissions ont été comblées par des suppléments
marginaux, parfois accompagnés d'une brève note latine :
cf. ff. 56ᵛ, 60ᵛ, 68ʳ (« hec uerba desunt »), 70ᵛ (« hec desunt et ponenda ubi iacet uirgula »), 72ʳ, 73ᵛ, 74ᵛ, 78ᵛ, 94ʳ,
98ʳ (« deficiunt hec uerba »), 118ᵛ, 120ᵛ, 121ᵛ, 136ʳ, 139ᵛ,
174ʳ, 187ʳ⁻ᵛ, 188ʳ, 194ᵛ, 201ʳ, 202ᵛ (« deficit linea »), 208ᵛ,
211ᵛ, 215ᵛ, 226ᵛ, 245ʳ, 252ᵛ, 266ʳ.

---

1. Cf. éd. Cousin [2], col. 1055, n. 1 : « Sic codices, secunda
hypothesi plane omissa. Supple ex iis quae sequuntur, l. 21 :
τὴν δὲ δευτέραν περὶ παντὸς τοῦ νοεροῦ πλάτους ». La division des
hypothèses du *Parménide* dont il est question dans ce passage
est celle de Jamblique (cf. *Theol. plat.* I, Introduction, p. LXXXII-
LXXXIII). Le texte parallèle sur lequel s'appuie le supplément de
Cousin est 1055.20-21 : ἔχομεν ἐν τῇ δευτέρᾳ ὑποθέσει περὶ παντὸς
τοῦ νοεροῦ πλάτους λόγον. Nous pensons qu'il faut plutôt suppléer
τὴν δὲ δευτέραν περὶ νοερῶν καὶ νοητῶν, car l'omission de ces mots
s'explique par un saut du même au même.

Ce ms. provient de la bibliothèque d'Alvise Lollino, évêque de Belluno (1547-1626). Né en Crète, Lollino fit ses études à Padoue et vint ensuite s'installer à Venise où il se consacra à l'étude des auteurs grecs. Il rassembla une riche collection de mss. grecs qui furent légués à la Bibliothèque Vaticane en 1625. Notre ms. est cité dans l'inventaire rédigé par Lollino lui-même avant l'entrée de sa collection à la Bibliothèque Vaticane[1]. En plus de l'*In Parm.*, Lollino possédait aussi un ms. de la *Theol. plat.*, le *Vat. gr.* 1739[2].

Après les six copies intégrales du *Marc. gr.* 191, voici ses quatre copies partielles.

Città del Vaticano, Biblioteca Apostolica Vaticana, Regin. gr. Pii II 14. Saec. XVI, chart., 225 × 320 mm., ff. II-206. Procli *In Parm.* I-VI : ff. 1ʳ-176ᵛ ; vac. ff. 177-206 (non num.)[3].

Ce ms. a été copié par un seul copiste et se compose de 27 cahiers : les cahiers 1-22 (ff. 1-176), tous des quaternions munis de réclame, contiennent le texte, les cahiers 23-27 (un quaternion, trois ternions et un binion) sont blancs et leurs feuillets ne sont pas numérotés. Le texte de Proclus s'arrête abruptement sur les mots συνεχὲς ἀποφάσκεσθαι [et la réclame τοῦ ἑνὸς εἰρήκασιν] (VI 1083.30-31), mais le copiste avait probablement l'intention d'achever sa copie, car il a laissé 30 feuillets blancs à la fin. Ce ms. provient du monas-

---

1. Cf. P. Canart, *Les Vaticani graeci 1487-1962. Notes et documents pour l'histoire d'un fonds de manuscrits de la Bibliothèque Vaticane* (Studi e testi, 284), Città del Vaticano 1979, p. 219 : « 37. Procli in Parmenidem commentaria ». Sur Alvise Lollino, voir aussi P. Canart, « Alvise Lollino et ses amis grecs », *Studi Veneziani*, 12 (1970), p. 553-587.

2. Cf. Proclus, *Theol. plat.* I, Introduction, p. cxix.

3. Cf. H. Stevenson sen., *Codices Reginae Suecorum et Pii PP. II Graeci*, Romae 1888, p. 141 (la datation : xvᵉ siècle, proposée par Stevenson, ne peut être retenue pour des raisons paléographiques).

tère de S. Silvestre sur le Quirinal (armes dans la marge inf. du f. 1ʳ).

Wien, Österreichische Nationalbibliothek, philos.-philol. gr. 7.

Comme nous l'avons vu[1], ce ms. (W) est un témoin indépendant de Σ jusqu'à IV 911.34 ; à partir de 911.40, il est une copie du *Marc. gr.* 191.

Basel, Universitätsbibliothek, F. I. 8 (gr. 53). Saec. XVI, chart., 350 × 250 mm., ff. V-315. Procli *In Parm.* : ff. 1ʳ-264ʳ, cum continuatione Pachymeris : ff. 264ʳ-298ᵛ ; Procli *El. phys.* : ff. 301ʳ-312ʳ ; Ps.-Athanasii *De corpore et anima* (PG 28, col. 1432-1433) : ff. 313ᵛ-314ᵛ[2].

Ce ms. se compose de trois parties :

I. ff. 1-56 : Proclus, *In Parm.* I-II.

Le papier porte le filigrane « ancre dans un cercle surmonté d'une étoile » (type Briquet 478 [Bergame 1502] ou 493 [Udine 1524-1530]). Le copiste a décoré la fin du livre II, comme s'il s'agissait de la fin de sa copie. Le livre II se termine au f. 56ʳ par les mots : τέλος τοῦ δευτέρου βιβλίου. δόξα τῷ ἁγίῳ θεῷ.

II. ff. 57-298 : Proclus, *In Parm.* III-VII (suivi de la continuation de Pachymère).

Le papier porte le filigrane « lettres assemblées P et B » (type Briquet 9616 [Udine 1565]). Les ff. 299 et 300, blancs, présentent des filigranes différents : f. 299 « fleur en forme de tulipe » (type Briquet 664) (même filigrane pour les folios de garde I-V) ; f. 300 « armoirie à la bande chargée d'un

---

1. Cf. *supra*, p. CLV-CLVI.
2. Cf. H. Omont, « Catalogue des Manuscrits Grecs des Bibliothèques de Suisse. Bâle, Berne, Einsiedeln, Genève, St. Gall, Schaffhouse et Zürich », *Centralblatt für Bibliothekswesen*, 3 (1886), p. 385-452, en part. p. 410, n° 53 ; Proclus, *El. phys.*, éd. Ritzenfeld, Praefatio, p. IX, XI-XII.

ours » (type Briquet 1061 [Lausanne 1600] : ce folio a été
probablement ajouté après l'arrivée du ms. en Suisse). La
copie a été réalisée par Petros Karnabakas, actif à Venise
entre 1540 et 1550, qu'il faut identifier à Pierre Carneades
de Monembasie, copiste, en 1549, du *Monac. gr.* 11[1].

III. ff. 301-314 : Proclus, *El. phys.*, suivi du Ps.-Athanase,
De corpore et anima. Dans cette troisième partie, on trouve
les mêmes filigranes que dans la deuxième, mais la copie est
due à une troisième main.

La différence (de papier et de copiste) entre les deux parties qui contiennent le commentaire de Proclus est confirmée
par la collation du texte. En effet, pour les livres I-II, ce ms.
est une copie du *Marc. gr.* 228 qui, on l'a vu, est une copie du
ms. A[2] ; en revanche, pour les livres III-VII, il est une copie
directe du *Marc. gr.* 191. Dans les livres I-II, on observe, en
effet, toutes les fautes caractéristiques du *Marc. gr.* 228 (par
exemple, l'omission de I 678.33-38 μέτρον — χαλινὸν). En I
646.14-15, le copiste a omis [ἐκ]λογήν — οὐχ ὡς, qui correspond exactement à une ligne du *Marc. gr.* 228 (f. 469[v], l. 11).
Le fait qu'il n'a pas copié les lemmes s'explique également
par leur absence dans le *Marc. gr.* 228.

L'*In Parm.* a été corrigé et annoté à l'encre rouge par
Arnoldus Arlenius[3]. Cet humaniste néerlandais (Arndt van

---

1. Cf. *supra*, p. CCIX et n. 2.
2. Cf. *supra*, p. CLXXXVI-CLXXXIX.
3. Cf. B. R. Jenny, « Arlenius in Basel », *Basler Zeitschrift
für Geschichte und Altertumskunde*, 64 (1964), p. 5-45, en part.
p. 25-28 (identification des notes marginales d'Arlenius, p. 27,
n. 59). Sur Arnoldus Arlenius, cf. RgK I 28, II 39, III 48 ; F.
Slits, *Laurentius Torrentinus. Drukker van Cosimo hertog van Florence ± 1500-1563* (Bijdragen tot de geschiedenis van Gemert,
19), Gemert 1995, en part. p. 21-44 « Laurentius en Arnoldus
in Bologna », et p. 124-125 « De laatste jaren van Arlenius » ; A.
Cataldi Palau, « Il copista Ioannes Mauromates », art. cit. (*supra*, p. CXCIV, n. 1), p. 340-347 (et la bibliographie citée p. 340,
n. 22).

Eyndhouts, né vers 1510 à Aarle, en Brabant, mort probablement à Turin en 1581 ou 1582) s'établit à Venise vers la fin
de 1542, où il fut bibliothécaire de Diego Hurtado de Mendoza, ambassadeur de Charles V auprès de la République de
Venise de 1539 à 1547, et collabora avec plusieurs copistes
vénitiens, surtout pour la révision de leurs textes. Arlenius
a collationné la première partie du *Basil.* (livres I-II) sur le
Laur. Conv. Soppr. 103, dont il a noté les variantes dans les
marges du *Basil.*[1]. Il a aussi ajouté les lemmes du *Parm.* qui,
on vient de le dire, sont omis dans cette partie du *Basil.* Une
preuve évidente de l'utilisation du *Laur. Conv. Soppr.* 103
par Arlenius est fournie par le passage I 660.12-16 (οἱ δὲ —
δογμάτων) qui a été omis par le copiste du *Laur.* par saut
du même au même, puis récupéré dans la marge (f. 188ᵛ);
or, ce supplément du *Laur.* a été copié par Arlenius dans la
marge du *Basil.*, bien que ces lignes n'aient pas été omises
par le copiste du *Basil.*

Ce ms. fait partie d'un groupe de onze mss. contenant
principalement des commentaires néoplatoniciens à Platon,
qu'Arlenius souhaitait faire imprimer et qu'il a confiés à
l'imprimeur Heinrich Petri lors d'un séjour à Bâle entre décembre 1555 et avril 1556[2]. Il a été ensuite acheté par le

---

1. Arlenius a pu collationner le *Laur. Conv. Soppr.* 103 pendant un de ses séjours à Florence. Après deux courts séjours en
octobre 1544 et en avril 1545 (cf. A. Cataldi Palau, « Il copista
Ioannes Mauromates », art. cit., p. 345), Arlenius s'installa à
Florence après le mois d'avril 1547, pour y rejoindre Torrentinus, son associé à Bologne, qui avait été appelé par Cosme de
Médicis en qualité d'imprimeur ducal (cf. *ibid.*, p. 347). La présence d'Arlenius à Florence est à nouveau attestée en novembre
1554 (cf. *ibid.*, p. 350) et en septembre 1555 (cf. *ibid.*, p. 355, n.
70).

2. Voir la liste de dix mss. publiée par B. R. Jenny,
« Arlenius in Basel », art. cit., p. 26, à laquelle il faut ajouter le
Basileensis F. I. 7 (cf. C. Gilly, *Spanien und der Basler Buchdruck bis
1600* [Basler Beiträge zur Geschichtswissenschaft, 151], Basel-
Frankfurt am Main 1985, p. 206, n. 304). Puisque, parmi ces
onze mss., le *Basileensis* F. II. 1b [gr. 51] (Olympiodore, *In Phaed.*

collectionneur de Bâle, Remigius Faesch (1595-1667), dont le célèbre Musée fut légué à l'Université en 1823[1].

Città del Vaticano, Biblioteca Apostolica Vaticana, Vat. gr. 2234. Saec. XVI (ante 1546), chart., 210 × 154 mm., ff. 177 (+ 1[a], 96[a-f], 137[a-c]). Michaelis Apostolii *Epistulae et scripta varia* : ff. 1[ar]-62[r], 97[r]-137[v] (vac. ff. 60[v]-61[r], 62[v]) ; Procli *In Parm.* I (usque ad 657.17 ἀδολέσχους [sic] τούτους) : ff. 63[r]-96[v] ; vac. ff. 96[ar]-96[fv], 137[ar]-137[cv] ; Iohannis Characis *De orthographia* : ff. 138[r]-149[v] ; Aelii Herodiani *Epitome ex libro De declinatione nominum* : ff. 149[v]-172[v] ; Anonymi *De barbarismo et soloecismo excerpta duo* : ff. 173[r]-174[r] ; vac. ff. 174[v]-177[v][2].

Ce ms. a été copié par quatre copistes : 1re main = ff. 1[ar]-137[v] ; 2e main = f. 45[r] et 45[v], ll. 1-5 ; 3e main = ff. 138[r]-174[r] ; 4e main = ff. 61[v]-62[r] et marges des ff. 29[v]-30[r] : Georges Balsamon. Le texte de Proclus occupe cinq quaternions (ff.

et *In Phil.* ; Jamblique, *De myst.* ; Plutarque, *De def. oraculorum*) a appartenu à Diego Hurtado de Mendoza (cf. Sicherl, *De mysteriis*, p. 60-62), il est légitime de penser que notre ms. aussi, ainsi que d'autres mss. parmi ceux qu'Arlenius avait confiés à Heinrich Petri, avaient appartenu à Mendoza (cf. C. Gilly, *op. cit.*, p. 206-207). Les autres textes néoplatoniciens qu'Arlenius avait projeté d'éditer sont contenus dans les mss. *Basileenses* F. I. 7 [gr. 55] (Asclépius, *In Met.*), F. I. 8b [gr. 50] (Olympiodore, *In Gorg., In Alc., In Phil.* ; Albinus, *Prologus* [ce dernier texte a été copié par Arlenius lui-même, cf. Reis, *Der Platoniker Albinos*, p. 168-170, et Abb. 4]), F. II. 1a [gr. 58] (Damascius, *De princ.*), O. II. 17d [gr. 88] (3 feuillets contenant des scholies marginales à l'*In Remp.* de Proclus), O. II. 25 [gr. 28] (Hermias, *In Phaedr.* — la cote O. II. 125 donnée par P. Couvreur, Proleg., p. xv, est erronée). Sur le projet d'édition de ces commentaires par Arlenius, cf. *infra*, p. CDXXIII-CDXXVI.

1. Sur Remigius Faesch, professeur de droit à l'Université de Bâle et collectionneur de livres et d'objets d'art, cf. F. Gröbli, « Remigius Faesch (1595-1667) », *Librarium*. Revue de la Société Suisse des Bibliophiles, 20 (1977), p. 42-49.

2. Cf. S. Lilla, *Codices Vaticani Graeci. Codices 2162-2254 (Codices Columnenses)*, In Bibliotheca Vaticana 1985, p. 337-342.

63-70, 71-78, 79-86, 87-94, 95-96[e]) tous munis de réclame, sauf le dernier dont les six derniers feuillets sont restés blancs (ff. 96[a]-96[f]) car la copie s'interrompt *ex abrupto* au f. 96[v]. Ce ms. a d'abord appartenu à Georges Balsamon (note de possession au f. 1[v] : Γεωργίου τοῦ Βαλσαμῶνος μᾶλλον δὲ τῶν χρωμένων) ; il est entré ensuite dans la bibliothèque du card. Giovanni Salviati (Florence 1490 - Ravenne 1553), fils de Jacopo Salviati et de Lucrezia de Médicis, fille de Laurent le Magnifique. Georges Balsamon était copiste et bibliothécaire du card. Salviati dès avant 1546, lorsque Jean Matal (Poligny 1520 - Augsbourg 1600) dressa un inventaire de la bibliothèque Salviati, dans lequel notre ms. est mentionné : « Michaelis Byzantii epistolae ». Au début du xviiie siècle, la bibliothèque Salviati fut héritée par la famille Colonna et en 1820 elle fut mise en dépôt dans la bibliothèque Barberini, où elle resta jusqu'à la fin de 1821 ; en cette date, elle fut acquise par la Bibliothèque Vaticane, où les mss. grecs de Salviati (appelés *Columnenses*) reçurent les cotes 2162-2254 du fonds *Vaticanus graecus*[1].

---

1. Pour l'histoire de la bibliothèque Salviati, voir les *Prolegomena* de S. Lilla à son catalogue des *Codices Columnenses* (cité à la note précédente) ; A. Cataldi Palau, « La biblioteca del cardinale Giovanni Salviati. Alcuni nuovi manoscritti greci in biblioteche diverse dalla Vaticana », *Scriptorium*, 49 (1995), p. 60-95. Pour Georges Balsamon, cf. S. Lilla, *op. cit.*, p. xiii-xiv et n. 18 ; A. Cataldi Palau, *art. cit.*, p. 87 et n. 133. En ce qui concerne l'inventaire de Jean Matal, S. Lilla, *op. cit.*, p. xxxiii-xxxvi, en fournit une édition partielle (seulement les mss. conservés à la Bibliothèque Vaticane) : son identification de notre ms. avec le n° 1 de l'inventaire (p. xxxiii) est erronée et a été rectifiée par A. Cataldi Palau, *art. cit.*, qui publie l'édition intégrale de l'inventaire (p. 64-77) et identifie notre ms. avec le n° 112 (cf. p. 65, n. 15 ; p. 73, n° 112 et n. 56). Les différentes étapes de l'histoire de la bibliothèque Salviati sont marquées par trois autres inventaires dans lesquels notre ms. est toujours mentionné : inv. de Raffaele Vernazza, deuxième moitié du xviiie siècle (cf. S. Lilla, *op. cit.*, p. xxxix, n° 91) ; inv. de Guglielmo Manzi, bibliothécaire de la famille Barberini, en 1820 (cf. *ibid.*, p. lxii-lxiii, n° 28) ;

Après les descendants du *Marc. gr.* 191, nous allons présenter ceux du *Monac. gr.* 425. Ce ms. a été le modèle de trois mss., dont deux sont des copies intégrales, le *Phillipps* 8296 (modèle du ms. Glasgow, University Library, MS. Gen. 1235-1237) et le *Harleianus* 5671, l'un est une copie partielle, le *Bodl. gr. miscell.* 97 (livres I-IV), modèle, à son tour, du *Cantabr. Trin.* O. 5. 10 (1291). Voici les deux copies intégrales.

Provo (Utah, USA), Brigham Young University, Harold B. Lee Library, Phillipps 8296. Saec. XVI, chart., 284 × 185 mm., ff. 403. Procli *In Parm.*[1].

On avait depuis longtemps perdu toute trace de ce ms. de la collection Phillipps quand il fut acheté chez un libraire de New York, P. Kraus, par l'université Brigham Young à Provo (Utah, USA). Avant d'entrer dans la collection de sir Phillipps, il a appartenu successivement à Anthony Askew (vente de 1785), à Mr. Leather (vente de 1796) et à Richard Heber (vente de 1836)[2]. C'est probablement Askew qui a fait relier le ms. en veau russe doré. Les filigranes permettent de reconnaître un papier italien des années 1560-70 (Briquet 3467 [Venise 1570]; Briquet 3468 [Ferrare 1561]). Selon O. Kresten, le ms. est un produit de l'atelier de Darmarios : Michael Myroképhalitès est responsable de la copie[3], tandis que Darmarios s'est limité à rubriquer le texte[4].

inv. de Luigi Maria Rezzi, bibliothécaire de la famille Barberini, en 1821, lors de la vente des *codices Columnenses* (cf. *ibid.*, p. XLI, n° 17).

1. Pour une description détaillée, cf. B. L. Merrill, *A Descriptive catalogue of four of the Phillipps Greek manuscripts housed in the Harold B. Lee Library*, s. l. n. d.

2. Sur les vicissitudes de la collection Phillipps, cf. A. Munby, *Phillipps Studies*, 5 vol., Cambridge 1951-1960.

3. Sur ce copiste, cf. RgK I 284, II 389, III 466 ; O. Kresten, « Die Handschriftenproduktion des Andreas Darmarios in Jahre 1564 », JÖB 24 (1975), p. 147-193, en part. p. 179-181.

4. L'expertise de O. Kresten est citée par B. L. Merrill, *A Descriptive catalogue*, cit. — Sur les mss. de l'*In Parm.* copiés par

Ce ms. est une copie du *Monac. gr.* 425 qui se trouvait alors peut-être dans l'atelier de Darmarios à Venise. Il présente, en effet, toutes les fautes du *Monac. gr.* 425, en particulier la double version du passage I 661.9-27. En outre, l'omission de IV 911.23-25 (= lemme 132 D 5-6) : ἔοικε τῷ [εἴδει — αὐτῷ om.] ἀφωμοιώθη a été facilitée par la mise en page du *Monac.* (f. 149ᵛ, ll. 4-3 *ab imo*) où l'article τῷ se trouve exactement au-dessus de αὐτῷ.

La copie s'arrête au f. 402ᵛ avec la fin du texte de Proclus, sans la continuation de Pachymère. Comme nous l'avons vu, cette dernière a été ajoutée dans le *Monac. gr.* 425 par une autre main. Le ms. *Phillipps* 8296 a donc été copié avant que la continuation ne soit ajoutée dans son modèle. En revanche, dans le *Harleianus* 5671, copie plus récente du *Monac. gr.* 425, cette addition a déjà été intégrée dans le texte, ce qui montre qu'elle se trouvait déjà dans le *Monac.*

Une copie directe et très récente du ms. *Phillipps* 8296 est ce ms. de Glasgow :

Glasgow, University Library, MS. Gen. 1235-1237. Saec. XVIII, chart., 370 × 240 mm., ff. 112 + 144 + 176. Procli *In Parm.* [1].

Ces trois mss. contenant l'*In Parm.* font partie d'un ensemble de six mss. (*MS. Gen.* 1233-1238), copiés au XVIIIᵉ siècle sur des modèles différents. Dans le premier ms. (1233), contenant le commentaire d'Olympiodore sur le *Phédon* et celui de Damascius sur le *Philèbe*, le copiste a reproduit la souscription de son modèle, dont la copie a été achevée par Sophianos Mélissenos le 14 décembre 1568 à Padoue. Cette souscription ne concerne que le modèle du ms. 1233. En effet, le texte de Proclus est une copie directe du

Darmarios ou produits dans son atelier, cf. *supra*, p. CXLV, n. 3.

1. Cf. I. C. Cunningham, *Greek Manuscripts in Scotland. Summary Catalogue*, Edinburgh 1982, p. 16, n° 65.

ms. *Phillipps* 8296, dont il reproduit les fautes propres (notamment l'omission de IV 911.23-25) et, dans les marges, les numéros des feuillets.

London, British Library, Harleian 5671. Saec. XVI, chart., 300 × 210 mm., ff. II-272-I. Procli *In Parm.* cum continuatione Pachymeris[1].

Ce ms. est indubitablement une copie directe du *Monac. gr.* 425, dont il présente toutes les caractéristiques (y compris deux pages blanches [f. 79ʳᵛ] pour séparer le livre III du livre IV). Parmi ses fautes propres, on peut signaler l'omission de I 626.21-22 (εἰκότως — καὶ) et l'insertion erronée de la conjecture de Bessarion en I 709.31-32 (ἴσως· κοινωνῆσαν· πρὸ δὲ τῶν μετεχομένων καὶ μεμιγμένων ἱδρύεσθαι δεῖ τὰ ἄμικτα, cf. app. critique *ad loc.*) : alors que le *Monac. gr.* 425, comme son modèle M, présente ce supplément dans la marge, le copiste du *Harleianus* l'a maladroitement inséré (sans ἴσως) entre κοινωνησαμένων et ἱδρύεσθαι.

On est bien informé sur la constitution du fonds Harley (qui fut acquis par le British Museum en 1753) grâce au journal de Humfrey Wanley (1672-1726), bibliothécaire de Robert Harley, Earl of Oxford, et de son fils Edward[2]. Dans son journal, Wanley rapporte les négociations qu'il a menées pour acquérir des mss. et des éditions anciennes. A la date du 10 septembre 1722, on lit que J. Gibson, un noble écossais qui cherchait des mss. en Italie en tant qu'intermédiaire, vint pour discuter les conditions d'achat d'une série de mss. parmi lesquels figure le ms. suivant : « Proclus, In Parmenidem Platonis, Libris VII. Graece, manu festinante Nic. Turriani Cretensis. fol. min. chart. Opus ineditum »[3]. Les éditeurs du journal supposent qu'il s'agit du *Harleianus*

---

1. Cf. R. Nares, *A Catalogue of the Harleian Manuscripts in the British Museum*, t. III, London 1808, p. 286.
2. Cf. C. E. Wright and R. C. Wright, *The Diary of Humfrey Wanley 1715-1726*, 2 vol., London 1966.
3. Cf. *ibid.*, t. I, p. 159 et n. 4.

5671, bien qu'il ne porte pas la date du 13 septembre 1722, comme c'est le cas pour les autres mss. de la liste. Il faut toutefois remarquer qu'une main du XVIIIᵉ siècle a noté au f. 1ᵛ : « Procli diadochi in Parmenidem Platonis lib. septem, fortasse sunt inediti (...) ». Dans la liste de Gibson, la copie est attribuée à Nicolas de la Torre, mais la comparaison du *Harleianus* 5671 avec d'autres mss. qui sont certainement de la main de Nicolas montre que cette attribution est erronée[1].

Le *Harleianus* 5671 a été utilisé par Th. Taylor dans son compte rendu de la première édition de V. Cousin. C'est probablement pour cette raison que Cousin s'est cru obligé d'y renvoyer souvent dans les notes de sa seconde édition[2].

Après les deux copies intégrales du *Monac. gr.* 425, voici son unique copie partielle :

Oxford, Bodleian Library, gr. miscell. 97 (Auct. F. 3. 23). Saec. XVI, chart., ff. 218. Procli *In Parm.* I-IV[3].

Ce ms. a été copié par Sophianos Mélissénos (ff. 1-122) et par Nicolas de la Torre (ff. 123-218)[4]. Nicolas qui, comme Sophianos, était d'origine crétoise, vint étudier à Padoue en

---

1. Nicolas de la Torre a collaboré à la copie de deux mss. de l'*In Parm.* de Proclus : *Scorial.* T. II. 8 et *Oxon. Bodl. gr. miscell.* 97 (cf. *supra*, p. CXLIV ; *infra*, p. CCXXII-CCXXIII).

2. Sur le compte rendu de Th. Taylor, cf. *infra*, p. CDLI-CDLIV. Dans le livre I, Cousin cite le *Harleianus* col. 645-646, n. 3, 5-8 ; col. 647, n. 4 ; col. 660, n. 6 ; col. 661-662, n. 1-2, 6 ; col. 663-664, n. 1-2, 9 ; col. 680, n. 3 ; col. 691, n. 3, 6 ; col. 693, n. 1-2. La source de ces citations du *Harleianus* n'est pas le compte rendu de Taylor, car elles ne s'y trouvent pas (sauf col. 645, n. 3, cf. *infra*, p. CDLXVI).

3. Cf. H. O. Coxe, *Catalogi codicum manuscriptorum Bibliothecae Bodleianae*, t. I, Oxonii 1853, col. 676.

4. Sur Sophianos Mélissénos, cf. *supra*, p. CCII ; sur Nicolas de la Torre, cf. RgK I 319 (notre ms. est cité p. 167), II 438, III 520 ; il a aussi collaboré à la copie du *Scorial.* T. II. 8 (cf. *supra*, p. CXLIV).

1559 et séjourna à Venise entre 1560 et 1563, puis à nouveau en 1568 ; en 1569, il partit pour l'Espagne, où il fut *scriptor* d'abord à l'université de Salamanque (1569-1573), ensuite à la bibliothèque de l'Escorial (à partir de 1573). Le ms. a donc été copié avant son départ en Espagne. Il a appartenu à Giovanni Morosini de Venise, dont on lit l'ex-libris à la dernière page : Ἰωάννου τοῦ Μορζήνου κτῆμα [...] τῶν φίλων[1]. Le texte de Proclus a été certainement copié sur le *Monac. gr.* 425 car on y trouve la double version du passage I 661.9-27[2].

Une copie récente du *Bodl. gr. miscell.* 97 est le *Cantabr. Trin.* O. 5. 10 (1291) :

Cambridge, Trinity College Library, O. 5. 10 (1291). Anno 1695, chart., 324 × 213 mm., ff. 312. Procli *In Parm.* I-IV[3].

Ce ms. a été copié en 1695 par Humfrey Wanley (1672-1726), bibliothécaire de Robert Harley, Earl of Oxford, et de son fils Edward, sur commande de Thomas Gale, le célèbre platonicien de Cambridge (1635/36-1702)[4]. Dans une

---

1. Sur la famille Morosini, cf. M. Zorzi, *La libreria di San Marco*, cit. (*supra*, p. clxxv, n. 1), p. 342 et p. 522, n. 225 (Giovanni Francesco Morosini était le propriétaire de la bibliothèque Morosini « del Giardino a San Canziano », l'une des trois bibliothèques des Morosini à Venise) ; voir aussi P. Canart, « Scribes grecs de la Renaissance », *Scriptorium*, 17 (1963), p. 56-82, en part. p. 65, n. 17.

2. Cf. *supra*, p. cciii.

3. Cf. M. R. James, *The Western Manuscripts in the Library of Trinity College, Cambridge*, t. III, Cambridge 1902, p. 314 (nous résumons les informations fournies par ce catalogue).

4. Sur Humfrey Wanley, cf. *supra*, p. ccxxi ; sur Thomas Gale, cf. *Dictionary of National Biography*, 7 (1908), p. 818-820 [G. Goodwin]. Rappelons que le travail le plus important de Th. Gale dans le domaine des études néoplatoniciennes est l'édition *princeps*, avec traduction latine et notes, du *De mysteriis* de Jamblique, Oxford 1678 (cf. Sicherl, *De mysteriis*, p. 195-198 ; la traduction latine a été réimprimée en bas de page dans l'édition

lettre datée d'Oxford, 7 nov. 1695, et actuellement attachée au ms., Wanley s'adresse à Thomas Gale pour l'informer de l'achèvement de sa copie et pour lui demander deux livres sterling de plus que le prix convenu (£ 4). Le reçu du paiement (conservé avec le ms.) montre que sa demande n'a pas été acceptée.

Pour compléter son exemplaire du commentaire de Proclus, dont il ne possédait que les livres I-IV, deux ans plus tard, Th. Gale s'est procuré une copie des livres V-VII. Cette copie, faite sur le *Paris. gr.* 1836 (ff. 131-251)[1], est conservée, elle aussi, à Trinity College :

Cambridge, Trinity College Library, O. 5. 11 (1292). Anno 1697, chart., 390 × 254 mm., ff. 114. Procli *In Parm.* V-VII, cum continuatione Pachymeris[2].

Au f. 1ᵛ commence le livre V : ἀρχὴ τοῦ πέμπτου βιβλίου ἐξηγήσεως Πρόκλου εἰς Παρμενίδην. Avec ces deux mss., Gale disposait d'un texte complet du commentaire de Proclus. La collection des mss. de Gale a été léguée à Trinity College en 1738.

Le ms. perdu *Taurinensis gr.* 131 (C. V. 23) était probablement, lui aussi, un descendant du ms. A, comme le suggère la présence du commentaire d'Hermias sur le *Phèdre*. Le texte de l'*In Parm.* était sans doute incomplet, ne comptant que 44 folios[3].

3. *Les extraits*

Deux mss. contiennent quelques extraits de l'*In Parm.* :

de G. Parthey, Berlin 1857 [réimpr. Amsterdam 1965]).
1. Cf. *supra*, p. CCV-CCVII.
2. Cf. M. R. James, *The Western Manuscripts in the Library of Trinity College*, cit., t. III, p. 314-315.
3. Cf. *supra*, p. CXX.

Città del Vaticano, Biblioteca Apostolica Vaticana, Barber. gr. 168. Saec. XVI ex., chart., 260 × 185 mm., ff. I-14. Francisci Patritii Τὰ τοῦ Ζωροάστρου λόγια : ff. 1ʳ-8ʳ ; *Excerpta ex Procli commentariis In Parm., In Tim. et In Remp.* : ff. 8ᵛ-9ʳ, 14ᵛ ; vac. ff. 9ᵛ-14ʳ[1].

Ce petit cahier (septenion) est un autographe de Francesco Patrizi (accents et esprits rares et souvent fautifs) qui a copié dix extraits de Proclus à la suite de ses notes sur les oracles de Zoroastre[2]. Puisqu'une partie de ces notes de Patrizi et de ces extraits ont été ensuite imprimés dans son opuscule *Zoroaster et eius CCCXX oracula chaldaica*, publié en appendice de la *Nova de Universis Philosophia*, Ferrariae 1591[3], les extraits de Proclus sont probablement antérieurs à cette date. Parmi les dix extraits, sept sont tirés de l'*In Parm.*, deux de l'*In Tim.* et un de l'*In Remp.* Les six premiers extraits contiennent des citations des *Oracles Chaldaïques*, conformément au contenu des notes de Patrizi, les quatre derniers, des citations du *Poème* de Parménide. Dans la marge des sept derniers extraits, Patrizi a noté le numéro de page de ses mss. de Proclus (pour les quatre

1. Cf. J. Mogenet, *Codices Barberiniani Graeci*, t. II : *Codices 164-281*, In Bibliotheca Vaticana 1989, p. 5. — Sur l'intérêt de Patrizi pour Proclus, cf. *infra*, p. CDXXIII.

2. Sur Francesco Patrizi en tant que copiste, cf. RgK III 604 (notre ms. est cité).

3. Sur les écrits de Francesco Patrizi publiés en appendice de la *Nova de Universis Philosophia*, cf. A. L. Puliafito Bleuel, *Francesco Patrizi da Cherso. Nova de Universis Philosophia. Materiali per un'edizione emendata* (Quaderni di « Rinascimento », 16), Firenze 1993, p. XIV-XVIII (ces parties ont été malheureusement omises dans la réimpression : Frane Petrić, *Nova Sveopća Filozofija*, texte latin et traduction croate, Zagreb 1979). Sur le recueil d'*Oracles Chaldaïques* publié par Patrizi, cf. *Catalogus Translationum et Commentariorum : Mediaeval and Renaissance Latin Translations and Commentaries*, t. I (éd. P. O. Kristeller), Washington 1960, *s.v. Oracula Chaldaica*, p. 157-164 [K. H. Dannenfeldt], en part. p. 160-162.

extraits de l'*In Parm.*, il s'agit de l'*Ambros.* H 252 inf.[1]).

f. 8[v] : Proc. Parm.

In Parm. II 768.37-769.13 [769.8-12 = *Or. Chald.*, fr. 42].

In Parm. III 821.3-11 [821.7 = *Or. Chald.*, fr. 54].

In Parm. IV 941.21-31 [941.27-28 = *Or. Chald.*, fr. 81 ; 941.31 = *Or. Chald.*, fr. 80].

f. 9[r] : Proclus.

In Tim. II, p. 129.22-31 [p. 129.28 = *Or. Chald.*, Test. fr. 52] (*179* add. mg.).

In Tim. II, p. 144.27-31 [p. 144.28-30 = *Or. Chald.*, fr. 193] (*184* add. mg.).

In Remp. I, p. 40.21-22 : εἴρηται διὰ πλειόνων ἐν τοῖς εἰς τὰ λόγια γεγραμένοις [sic] (*359* add. mg.).

f. 14[v] : Parmenides in Poesi. Procl. in Parm. περὶ τοῦ ἑνός.

In Parm. VI 1077.24-1078.5 [Parm., FVS 28 B 8.4, 2.3-6] (*439* add. mg. [= *Ambros.* H 252 inf., f. 222[r], ll. 10-16]).

In Parm. VI 1080.1-3 [Parm., FVS 28 B 8.25] (*441* add. mg. [= *Ambros.* H 252 inf., f. 223[r], ll. 2-3]).

In Parm. VII 1134.22-25 [Parm., FVS 28 B 8.29-32] (*491* add. mg. [= *Ambros.* H 252 inf., f. 248[r], ll. 10-13]).

---

1. Sur l'*Ambros.* H 252 inf., cf. *supra*, p. cxcviii-cci. On est donc assuré que les extraits de l'*In Parm.* contenus dans le *Barber. gr.* 168 sont tirés de l'*Ambros.* H 252 inf. et non pas du ms. perdu *Scorial.* E. II. 5, qui a appartenu lui aussi à Patrizi et a été détruit dans l'incendie de 1671 (cf. *supra*, p. cxxi). En ce qui concerne les mss. d'où Patrizi a tiré les extraits de l'*In Tim.* et de l'*In Remp.*, nous n'avons pas pu les identifier. En effet, les mss. grecs ayant appartenu à Patrizi sont conservés ou bien à l'Escorial (ceux qui furent détruits dans l'incendie de 1671 figurent dans la liste rédigée par Patrizi en 1575, cf. *supra*, p. cxxi, n. 2), ou bien à l'Ambrosienne, ou bien dans le fonds Barberini de la Bibliothèque Vaticane (cf. M. Muccillo, « La biblioteca greca di Francesco Patrizi », art. cit. [*supra*, p. cxxi, n. 2], p. 74) ; or, aucun ms. de l'*In Remp.* n'est conservé dans aucun de ces trois fonds, et l'unique ms. de l'*In Tim.* qui s'y trouve, c'est-à-dire l'*Ambros.* C 283 inf. (gr. 913), n'a pas appartenu à Patrizi et ne présente aucune note de sa main.

In Parm. VII 1152.24-37 (ll. 26, 28, 30 et 34 καὶ πάλιν om.) [Parm., FVS 28 B 8.4, 8.26, 8.29-30, 4.1] (*508* add. mg. [= *Ambros.* H 252 inf., ff. 256ᵛ, l. 3 *ab imo* - 257ʳ, l. 4]).

Leiden, Bibliotheek der Rijksuniversiteit, Ruhnkenianus 57. Saec. XVIII[1].

Il s'agit d'un petit cahier de 9 feuillets dans lequel David Ruhnken (1723-1798)[2] a copié 78 extraits tirés de Proclus (*In Parm.* et *In Alc.*), Olympiodore (*In Alc.* et *In Phaed.*) et Damascius (*In Phaed.* I-II et *In Phil.*). Comme dans toute la tradition manuscrite, les extraits de Damascius, *In Phaed.* I-II sont attribués à Olympiodore, et les extraits de Damascius, *In Phil.* sont anonymes[3]. Les extraits de Proclus sont tirés du *Paris. gr.* 1837, tous les autres extraits, du *Paris. gr.* 1822[4]. En voici la liste complète :

ff. 1ʳ-3ʳ : Procli *In Parm.* (21 excerpta). « Excerpta ex Procli Commentario in Platonis Parmenidem. Ex Cod. Reg. 1837 » (f. 1ʳ, mg. sup.). I 619.4-620.4 (Ταύτης οὖν — πλεμμελῇ). I 624.27-625.14 (Γενομένης — ἀφικομένοις). I

1. Cf. J. Geel, *Catalogus librorum manuscriptorum qui inde ab anno 1741 Bibliothecae Lugduno Batavae accesserunt*, Lugduni Batavorum 1852, p. 25, n° 81.

2. Sur David Ruhnken, célèbre surtout pour avoir adopté le terme *canon* pour désigner un choix d'auteurs anciens, cf. R. Pfeiffer, *History of Classical Scholarship from the Beginnings to the End of the Hellenistic Age*, Oxford 1968, p. 207 ; id., *History of Classical Scholarship from 1300 to 1850*, Oxford 1976, p. 163.

3. Pour l'attribution des trois commentaires sur le *Phédon* (Olympiodore, *In Phaed.*, et Damascius, *In Phaed.* I-II) et du commentaire sur le *Philèbe* (Damascius) contenus dans le *Marc. gr.* 196, archétype de toute la tradition manuscrite, voir l'Introduction de L. G. Westerink à Damascius, *In Phil.*, p. xv-xx.

4. Le *Paris. gr.* 1822, descendant du *Marc. gr.* 196 (voir note précédente), copié par Ange Vergèce à Venise en 1535, contient Olympiodore, *In Gorg.*, *In Alc.*, *In Phaed.*, et Damascius, *In Phaed.* I-II et *In Phil.* (voir l'Introduction de L. G. Westerink à Damascius, *In Phil.*, p. xii). — Pour le *Paris. gr.* 1837, cf. *supra*, p. cxxvii-cxxx.

631.17-28 [= 631.21-34 Cousin] (Καὶ γὰρ — ἀπειργασμένος). I 632.16-20 (ὥστε καὶ — Ζήνωνος). I 646.21-647.13 (Τὰ γὰρ θεῖα — ἀρχαῖς). I 656.15-657.21 (Ὅτι δὲ καὶ — τῆς διαλεκτικῆς). I 659.11-22 (Δεῖ γὰρ — ἀκοήν). I 665.16-31 (Καὶ οὐχ ὁ Πλάτων — ποιητικὸν λόγον). I 668.27-28 + 668.32-669.16 (τῷ ἀδελφῷ ὑμῶν τῷ ὁμομετρίῳ. Τὰ μὲν — ἀπόχρη ταῦτα). I 675.9-14 (Ἀλλὰ μὴν — ποιητής). I 685.19-25 (Τῆς δὲ λέξεως — προστιθείς). I 686.34-687.1 (ἐπεὶ καὶ — Ὀρφεύς). I 696.21-22 (Εἰς τὴν Στωϊκὴν τερθρείαν ἀπάγων τὸν λόγον). II 769.2-13 (Τοῦτον οὖν — ἐπισχών). II 799.24-801.4 (καὶ οὐχ οἱ μὲν ἄνδρες — πηγή). III 833.30-31 + 834.21-23 (In Platonis textu Ms. μήποτε εἰς βυθὸν — διαφθαρῶ. Proclus in Comm. ita : λοιπὸν — ἀμενηνόν). IV 959.18-23 (οὐκ ἂν — ἔμελλε). V 1027.34-41 + 1028.27-41 (In Platonis textu Ms. καίτοι δοκῶ — ἰέναι. Proclus in Comm. ita : ἀλλ᾽ ἵνα — ἔβα). V 1029.22-27 (ὁ δὲ Ἴβυκος — μελῶν). VI 1058.21-1059.8 (Ἐπὶ δὴ τούτοις — τοῦ ἑνός). VII 1225.3-10 (Κατὰ Πλάτωνα — Χρόνος).

f. 3ʳ : Procli In Alc. (2 excerpta). « Ex eiusdem Comm. in Alcibiadem I. Ex eodem Cod. Reg. ». 64.19-65.2 (Ὁ θεολόγος — ἔρωτα). 66.11-67.4 (Καί μοι δοκεῖ — ἀπάντων ; en 66.16-17, la leçon ἐπίσχνη [faute pour ἐπ᾽ ἴχνη] a été soulignée et Ruhnken a noté dans la marge : « sic et Voss. » [= Vossianus gr. F. 33][1]).

ff. 3ᵛ-4ᵛ : Olympiodori In Alc. (23 excerpta). « Excerpta ex Olympiodori Commentario in Alcibiadem. Cod. Reg. 1822 ». § 2.63-72 (Ὅτι δὲ — εὗρον Ἀριστοφάνους). § 15.16-18 (Καὶ Ὀρφεὺς — δαίμων). § 19.4-7 (Ἀλλὰ μὴν — ἀβύσσου). § 22.10-12 (Φησὶ καὶ ὁ Ὀρφεύς — ἀκούων). § 25.24-26.2 (τοσούτων ἐτῶν οὐδὲ προσεῖπον] Ἀττικὸν τὸ σχῆμα — προσεῖπον). § 43.10-14 (ἐντὸς ὀλίγων — Ἀθήνησι). § 48.16-18 (ὅμως δὲ τολμητέον] Καλῶς — μονάδος). § 105.17-106.4 (ἀλλὰ μέντοι εὖ λέγεις] Τὸ εὖ λέγεις — ἐλέγχει ἑαυτόν). § 138.12-13 (τηλικοῦτος ὢν — οὐδῷ). § 139.18-20 (Τὸ δὲ

_____

1. Cf. Proclus, In Alc., apparat critique ad loc. Pour le Vossianus gr. F. 33, cf. ibid., Introduction, p. CIX.

τέρπεαι — κακόν). § 140.3-4 (Καλλίαν — Καλλιάδου φησίν).
§ 140.5-7 ('Ελλόγιμον — σοφός). § 146.12-13 (εἶεν. τί οὖν
διανοῇ περὶ σεαυτοῦ;] καὶ τὸ εἶεν — τί ποιεῖς). § 151.4-5
(Συμπαραλαμβάνει — φησίν). § 152.7-153.7 (Φησὶν ὅτι —
κολάσεων). § 156.15-157.5 (Καὶ ἀπορεῖ — ἄρπη). § 157.9-
13 (ὧν αἱ γυναῖκες — γινομένην). § 164.7-19 (οὔτε τοὺς
Λακεδαιμονίους — πολιτείαν). § 166.17-167.2 (Φιλόπονοι
— νίκη). § 167.23-168.1 (ἀνδρὸς ἀξιοπίστου — Ξέρξην).
§ 175.2-6 (ἔχεις ἐξηγήσασθαι — αὐτὸν εἶπε). § 206.13-14
(οὐ ταὐτὸν σμίλη — κυκλικήν). § 227.1-8 ('Αντερᾷ — πτε-
ρόν).

ff. 4ᵛ-5ʳ : Olympiodori In Phaed. (11 excerpta). « Ex eiusdem Commentario in Phaedonem » (« Ex hoc Comm. multa
affert Fabric. Bibl. Gr. vol. XII p. 265 », add. mg.). 1, § 3.3-9
(Καὶ ἔστι — ἀνθρώπους). 1, § 8.28-32 (ἀλλὰ καὶ — ὄργα-
νον). 1, § 13.13-23 (συνεγένετο — θεωρία). 1, § 20.2-5 (τὸ
δὲ ἥττω — Σωκράτην). 4, § 13.1-4 (οἱ ποιηταὶ — τυφλά). 5,
§ 4.8-11 (Καὶ πυθαγόρειον — καθ' ὁμά). 6, § 7.1-4 (Φλυα-
ρίαν — ἐκάλεσε). 8, § 7.1-2 (Διόπερ — ᾄδου). 9, § 9.2-12
(Τί βούλεται — παρῳδῶν τοῦτο). 10, § 3.8-13 (Καὶ ὅτι τὸ
ζῶν — 'Ορφεύς). 13, § 18.1-6 (Πλανᾶται — κινήσει εἶναι).

ff. 5ᵛ-6ʳ : Damascii In Phaed. I (7 excerpta)[1]. § 11.1-7 ('Ο
Διόνυσος — οἴστρου). § 110.1-5 (Πῶς διὰ τὰ χρήματα — πο-
λεμοῦντες). § 203.1-3 (Ὅτι παλαιὸς — πολλάκις). § 285.1-7
(Ὅτι καὶ ὅσοι — προπαθείας). § 378.1-9 (Τί δὲ δὴ τὰ Κάδμου
— ἀθανάτων). § 495.1-2 (Ὅτι ὁ μὲν Αἰσχύλος — πορίαν).
§ 541.1-6 (Ὅτι οἱ παραδιδόμενοι — προσοικειοῖ).

f. 6ʳ : Damascii In Phil. (7 excerpta). « In Philebum ».
§ 3.1-3 (Ὅτι περὶ νοῦ — λόγος). § 127.10-12 (ἐν δέ γε
τῷ φανερῷ — βασιλήϊος). § 134.4-5 (Γενούστην — λέξις).
§ 159.4-5 (εἶτα (μνήμη) ἡ θεὸς αὐτὴ — τυγχάνει). § 201.1-
2 (Ὅτι ἐπιχαιρέκακος — λυπούμενος). § 243.4-5 (Καὶ μὲν
ἐν τοῖς 'Ορφικοῖς — φησιν). § 251.1-3 (Ὅτι ἀναδραμὼν —
ἀοιδῆς).

---

1. Aucune note de Ruhnken, qui continue de copier
comme s'il s'agissait du même ouvrage que le précédent.

f. 6ᵛ : Damascii *In Phaed.* I-II (7 excerpta). « ex Olym-
piodoro Ms. in Phaedonem ». I § 503.1-4 (Ὅτι τὴν γῆν —
Πλούταρχος). I § 536.1-2 (Ὅτι κατὰ μίμησιν — αἱ πόλεις). II
§ 131.4-6 (ἀλλ᾽ ὁ Ζεὺς — τὰς λοιπάς). II § 149.1-2 (Πρῶτος
μὲν γὰρ — τοῦ ζῴου). II § 150.1-6 (Τὰ περὶ τοὺς ἀποιχομέ-
νους πάτρια Ἀττικὰ τὸ καμμύειν τὸ ἐπὶ γῆς τιθέναι τὸ λούειν
τὸ μερίζειν τὸ καίειν τὸ ἐντιθέναι τῇ γῇ). II § 152.1-3 (Ὅτι
τὸ μὴ καλῶς λέγειν — τὸ τούτου σῶμα). II § 157.1-2 (Διὰ
τί ὀφείλειν — ἐπελάθετο). Les ff. 7ʳ-9ᵛ, non numérotés, sont
blancs.

4. *Relation entre Σ et A : la révision de Pachymère*

Le ms. A et ses descendants présentent, par rapport
à Σ, une série de divergences majeures : une continuation du commentaire par Pachymère, des passages abrégés,
d'autres passages supprimés. Cette constatation a amené
Klibansky-Labowsky, dans leur édition de la traduction latine du *Parménide* (limitée aux lemmes du commentaire de
Proclus) et de la partie perdue dans la tradition grecque, à
postuler deux branches distinctes dans la tradition grecque :
Σ et Φ (Φ étant le modèle commun des mss. A et M)[1]. Or,
une telle bipartition ne peut se justifier d'aucune manière
car, comme nous allons le montrer, les divergences de A par
rapport à Σ ne sont dues qu'à l'altération et à la dégradation volontaire du texte Σ par Pachymère. Autrement dit,
au lieu de présupposer une branche indépendante, ces divergences s'expliquent comme ou bien des fautes ou bien
des conjectures de A. Elles sont, pourrait-on dire, des divergences macroscopiques et apparentes, simple réaction au
texte Σ.

Tout d'abord, la bipartition A *vs* Σ impliquerait l'existence
de fautes séparatives respectives. Or, alors que A, en plus

---

1. Cf. *infra*, p. CDLXI-CDLXII.

de ses divergences rédactionnelles majeures, présente une masse impressionnante de fautes par rapport à Σ dont la leçon est confirmée par la traduction latine[1], les fautes de Σ, attestées par l'accord des *recentiores* (s), par rapport à A sont, en quantité et qualité, tout à fait négligeables et telles que Pachymère, copiste du ms. A, pouvait sans aucun doute les corriger par conjecture.

Les fautes les plus nombreuses des *recentiores* (s) par rapport à A apparaissent dans les désinences des verbes et des substantifs ou pronoms :

— Absence ou présence du ν final : I 622.3 φιλοσοφεῖ A] -φεῖν s || 628.4-5 αὐτὸ A] αὐτὸν s || 628.6 ὃ A] ὃν s || 648.17 προσήκειν A] -κει s || 651.19 οὐδέν A] οὐδέ s || 651.21 ἀποβλέπει A] -βλέπειν s || 672.8 ὑπάρχει A] -ειν s || 682.19 τετάρτην A] -τη s.

— Iotacisme : 619.19 δὴ A] δεῖ s || 633.21 et 640.12 ἔχει A] ἔχοι s || 658.17 λέγει A] λέγοι s || 714.22 ὑποπέσοι A] -πέση s.

— Confusion phonétique ou graphique : 620.25 πολλὰ A] πολλοὺς s || 622.4 δεδημευμένον A] -μένην s || 628.27 ἄλλο A] ἄλλω s || 629.8 ἐκφαίνων A] -φαῖνον s || 641.6 εἴπωμεν A] εἴπομεν s || 654.4 γέμοντας A] -τες s || 657.13 τούτου A] τοῦτο s || 666.37 ἢ A] ἢ s || 667.36 αὐταῖς A] αὐτοῖς s || 674.29 τούτους A] τούτου s || 676.17 νέοις A] νέοι s || 678.23 ἀποστάντας A] -τως s || 696.35 ἐξητασμένων A] -νον s || 698.23 ἀποφατικόν A] -φαντικόν s || 699.11 τέλειος A] τελείως s || 699.22 ἢ A] ἢ s || 707.6 δὲ A] δὴ s || 713.22 ἐκβεβηκὼς A] -κὸς s.

— Confusion entre τό, τῷ, τόν et τῶν, comme en 640.32, 672.27.

----

1. Cf. Appendice II, *infra*, p. CDIII-CDVIII.

— Confusion de prépositions et de préverbes, notamment πρό/πρός, παρά/περί et ἀφ᾽/ἐφ᾽, comme en 671.3, 678.7, 683.9, 691.10, 696.58, 710.14.

— Bourdes évidentes : 636.16 ἐναργῶς A] ἐνεργῶς s ‖ 637.9 σοφιστῇ A] σοφιστικῇ s ‖ 657.10 δεδογμένα A] δεδομένας s ‖ 668.11 ἀτελῆ A] τέλη s ‖ 673.26-27 συγκαταθέσεσι A²] -θήσειν s ‖ 684.6 μετέχοντα A] μετέχον, τὰ s ‖ 687.6 et 700.14 τρίτα A] τρία s.

Enfin, il faut signaler cinq omissions de καί (620.1, 639.33, 682.26, 690.2, 712.12), une omission de γάρ (662.22) et une omission de τό (713.2), qui toutes peuvent facilement être comblées par un copiste savant[1].

Deuxièmement, le caractère conjectural et, par conséquent, dérivé et secondaire, des interventions de A par rapport à Σ résulte incontestablement des passages suivants où A réagit au texte fautif de Σ par des conjectures (en général, de qualité médiocre), comme le montre de la manière la plus évidente la comparaison avec la traduction latine.

(1) I 627.26-28. Le texte transmis par les *recentiores* est le suivant :

---

1. Des corrections du même genre ont été faites par Pachymère dans les citations du *De lineis insecabilibus* insérées dans sa paraphrase de la philosophie d'Aristote. En effet, il a corrigé par conjecture des fautes banales de son modèle, notamment des fautes dans les désinences, cf. Harlfinger, *Textgeschichte*, p. 353 : « Der gelehrte Byzantiner hat sich im übrigen nicht sklavisch an die Lesarten seiner Vorlage η gehalten und in einigen Fällen fehlerhafte Abweichungen meist des Kopistes von η, aber auch etwa desjenigen von γ [= modèle de η par l'intermédiaire de ε] heilen können ». Les exemples donnés par D. Harlfinger sont tout à fait analogues à ceux que nous venons d'énumérer pour l'*In Parm.* : αἱ πρῶται] ἡ πρῶτον Pach. ‖ πεπερασμένα] -νας Pach. ‖ ἔχον] ἔχειν Pach. ‖ τῷ εἴδει] τὰ εἴδη Pach. ‖ λέγων] λόγων Pach. ‖ πᾶσα... μετρηθήσεται] πᾶσαι ... μετρηθήσονται Pach. ‖ ἢ uel ᾖ] ἡ Pach.

τῶν ἐν τῇ δευτέρᾳ καὶ τῶν ἐν τῇ τρίτῃ καὶ τῶν ἐν τῇ πρώτῃ πάντων προσόπων τε καὶ πραγμάτων ...

La traduction latine permet de déceler une omission par saut du même au même et de reconstituer le texte original de la manière suivante :

τῶν ἐν τῇ δευτέρᾳ· ⌊ὁ δὲ τὴν τετάρτην τῶν τε ἐν τῇ δευτέρᾳ⌋ καὶ τῶν ἐν τῇ τρίτῃ καὶ τῶν ἐν τῇ πρώτῃ πάντων προσόπων τε καὶ πραγμάτων ...

Dans le ms. A, en revanche, on lit le texte suivant :

τῶν ἐν τῇ δευτέρᾳ· <u>ὁ δὲ τὴν τετάρτην τῶν τε ἐν τῇ πρώτῃ καὶ τῶν ἐν τῇ δευτέρᾳ</u> καὶ τῶν ἐν τῇ τρίτῃ πάντων προσόπων τε καὶ πραγμάτων ...

Le ms. A a donc rétabli l'ordre logique avec la suite πρώτη ... δευτέρα ... τρίτη, tandis que le texte original de Proclus, tel qu'il est transmis par le latin et par s, était moins soigné. Ce remaniement du texte en A est évidemment dû au fait que Pachymère a essayé de remédier à l'omission de Σ (conjecture évidente et facile dans le contexte) en ajoutant le texte souligné ci-dessus et en supprimant les mots καὶ τῶν ἐν τῇ πρώτῃ à la fin.

(2) I 638.29-31 :

s <u>σῶμα</u>· τὸν μέν τινα δεῖξαι φύσιν, ὅτι διὰ τὸ ἕν, τρίτην δὲ ἀπὸ τοῦ ὡς ἀληθῶς ἑνός· εἶτ' ἐπὶ τὴν <u>τῶν</u> μεταβάσας τοῦ ἑνὸς ἐξέτασιν, δεῖξαι ...

A <u>πρῶτον</u> μέν τινα δεῖξαι φύσιν, ὅτι <u>ἐστὶ</u> διὰ τὸ ἕν, τρίτην δὲ ἀπὸ τοῦ ὡς ἀληθῶς ἑνός· εἶτα μεταβάσας ἐπὶ τὴν τοῦ ἑνὸς ἐξέτασιν, δεῖξαι ...

g <u>incorpoream</u> quidem quandam naturam ostendere, quia propter unum, tertiam autem ab eo quod ut uere uno; deinde ad inquisitionem <u>aliorum</u> transeuntes <u>ab</u> uno ostendere ...

A première vue le texte de A (repris par Cousin) paraît préférable à celui de s, qui est inintelligible (nous soulignons les variantes entre les textes) [1]. Mais si l'on compare les deux versions de ce passage avec la traduction latine, il en ressort que, malgré leur corruption, les *recentiores* (s) ont conservé la trace du texte original, tandis que A s'en est complètement écarté pour parvenir à un texte compréhensible. Il faut donc établir le texte comme suit :

⌊ἀ⌋σώματον μέν τινα δεῖξαι φύσιν, ὅτι διὰ τὸ ἕν, τρίτην δὲ ἀπὸ τοῦ ὡς ἀληθῶς ἑνός· εἶτ᾽ ἐπὶ τὴν τῶν ⌊ἄλλων⌋ μεταβάσας ⌊ἀπὸ⌋ τοῦ ἑνὸς ἐξέτασιν, δεῖξαι ...

Le sens du texte est maintenant parfaitement clair. Après avoir démontré, dans la troisième hypothèse, le troisième niveau de l'un, une nature incorporelle, c'est-à-dire l'âme, Parménide passe à l'examen des « autres » que l'un. En A, la forme corrompue σῶμα· τὸν a donc été corrigée en πρῶτον, sans doute à cause de l'εἶτα qui suit, et la dernière partie du texte, amputée de τῶν, incompréhensible après la chute de ἄλλων, a été réarrangée.

(3) II 725.33-36 :

s διότι μὲν γὰρ αὐτὸ τοῦτο κοινὸν αὐτοῖς τὸ μηδὲν ἔχειν κοινόν, ὅμοιά ἐστιν.

A διότι μὲν γὰρ αὐτὸ τοῦτο <u>πέπονθε</u> κοινὸν αὐτοῖς τὸ μηδὲν ἔχειν κοινόν, ὅμοιά ἐστιν.

g Quia quidem enim hoc ipsum patiuntur, scilicet uno non participare, dissimilia sunt — nichil enim habent sic

---

1. Le caractère apparemment plus lisible que les interventions de Pachymère donnent au texte est clairement souligné par Harlfinger, *Textgeschichte*, p. 349-350 : « Sodann findet man inmitten wörtlich wiedergegebener Passagen dennoch gelegentlich heterogene kleine Abänderungen, Zusätze und Einschiebsel in Form von einzelnen Wörtern, kurzen Relativsätzen oder ähnlichem. Diese des leichteren Verständnisses wegen eingefügten Erläuterungen geben sich nicht ohne weiteres als solche zu erkennen. Im Gegenteil, sie scheinen auf den ersten Blick einen glatteren Text, eine bessere Überlieferung zu bieten ». Voir aussi p. 350 où il est question de « pachymerische Fremdkörper » et de « paraphrastische Interpolationen ».

commune, quod enim non <unum> commune est — quia autem hoc ipsum commune ipsis, scilicet nichil habere commune, similia sunt.

Il est évident que Σ présentait une omission par saut du même au même (de αὐτὸ τοῦτο à αὐτὸ τοῦτο) et que, pour remédier à la faute, Pachymère a ajouté πέπονθε ; cela n'explique pas la faute ni ne restitue le texte, ce qui montre le caractère conjectural de l'addition et l'insuffisance de la correction. A l'aide de la traduction latine, elle-même corrigée [1], le texte doit être rétabli de la manière suivante :

II 725.33-36 διότι μὲν γὰρ αὐτὸ τοῦτο ⌊πέπονθε τὸ ἑνὸς μὴ μετέχειν, ἀνόμοιά ἐστιν — οὐδὲν γὰρ ἔχει οὕτω κοινόν, τὸ γὰρ οὐχ <ἓν> κοινόν ἐστιν — διότι δὲ αὐτὸ τοῦτο⌋ κοινὸν αὐτοῖς τὸ μηδὲν ἔχειν κοινόν, ὅμοιά ἐστιν.

On notera que, dans la marge de M, Bessarion a ajouté après πέπονθε les mots τὸ ἑνὸς μὴ μετέχειν, ἀνόμοιά ἐστι. διότι δέ, car il avait bien reconnu l'insuffisance de la correction de Pachymère. Le texte ainsi corrigé par Bessarion a été imprimé par Cousin (grâce au *Paris. gr.* 1836) :

διότι μὲν γὰρ αὐτὸ τοῦτο πέπονθε τὸ ἑνὸς μὴ μετέχειν, ἀνόμοιά ἐστι· διότι δὲ κοινὸν αὐτοῖς τὸ μηδὲν ἔχειν κοινόν, ὅμοιά ἐστιν.

Troisièmement, en plus de ces tentatives de correction de passages corrompus dans Σ, le ms. A présente des cas de remaniement qui naissent non pas de la nécessité de remédier à une corruption textuelle, comme c'était le cas dans les exemples que l'on vient d'examiner, mais du désir de simplifier ou d'éclaircir le texte.

(1) I 623.6-14. Pour chaque hypothèse, dit Proclus, il faut, à supposer que la chose existe, examiner (1) ce qui en résulte,

---

1. Pour aboutir à ce texte (p. 87.77), il faut en effet prendre une leçon composite *enim non* (où *enim* est attesté par le seul ms. V, et *non*, par les autres mss.) et ajouter *unum*, omis dans toute la tradition manuscrite.

(2) ce qui n'en résulte pas, et (3) ce qui à la fois en résulte et n'en résulte pas, et considérer ces trois conséquences (a) pour la chose par rapport à elle-même, (b) pour la chose par rapport aux autres, (c) pour les autres les uns par rapport aux autres, (d) pour les autres par rapport à la chose. Or, en s et **g**, la formule par laquelle Proclus exprime les points (c) et (d) est légèrement différente dans la conséquence (2) par rapport à la formule qui les exprime dans les conséquences (1) et (3) :

(1) καὶ τοῖς ἄλλοις πρὸς ἄλληλα καὶ τοῖς ἄλλοις πρὸς αὐτό (ll. 8-9)

(2) καὶ τοῖς ἄλλοις πρός τε <ἑ>αυτὰ καὶ πρὸς ἐκεῖνο (ll. 11-12) = *et aliis ad ipsa et ad illud* (g)

(3) καὶ τοῖς ἄλλοις πρός τε ἄλληλα καὶ πρὸς αὐτό (ll. 13-14)

En A, la formulation des points (c) et (d) pour la deuxième série a été explicitée comme la première et la troisième et est devenue : καὶ τοῖς ἄλλοις πρὸς ἄλληλα καὶ τοῖς ἄλλοις πρὸς ἐκεῖνο. Non seulement la correction, qui vise à rendre le texte plus fluide, n'est pas nécessaire, mais le parallélisme strict des trois séries donne au texte un aspect scolaire. Il n'y a aucun doute que le texte authentique est celui transmis par s et **g**.

(2) I 624.15-18 :

> τίνα τε αὐτῷ ἕπεται καὶ τίνα οὐχ ἕπεται, καὶ τίνα ἕπεται [τε καὶ οὐχ ἕπεται ἅμα] αὐτῷ τε πρὸς <ἑ>αυτὸ καὶ πρὸς τὰ ἄλλα, καὶ τοῖς ἄλλοις πρός τε ἄλληλα καὶ πρὸς αὐτό ;

Le texte entre crochets manque en s et **g**. Il s'agit d'une addition de A, visant à introduire la même division tripartite qu'en 622.37-623.2.

(3) I 661.9-26. Dans le commentaire du premier lemme : « Dès notre arrivée à Athènes ([nous venions] de notre maison, de Clazomènes), voilà que, sur l'agora, nous rencontrâmes Adimante et Glaucon » (126 A 1-2), après avoir développé une interprétation analogique de cette rencontre sur l'agora, Proclus en propose une autre interprétation : « Si tu ne veux pas seulement t'exprimer ainsi, mais

d'une manière en quelque façon encore plus universelle ... »
(661.9 ss.). Dans cette interprétation, les philosophes venus de Clazomènes signifient les dieux encosmiques, qui
guident et conservent tous les êtres matériels. Le fait qu'ils
quittent leur maison et qu'ils viennent à Athènes signifie que
ces dieux, illuminés par Athéna, s'arrachent à l'ensemble
du monde, puisque leurs activités restent transcendantes
par rapport aux principes naturels. Ces dieux se tournent
vers le lieu intellectif, où se trouve la multiplicité unifiée des êtres, qui est dominée par la dyade (signifiée par
Adimante et Glaucon). Enfin, c'est par cette dyade qu'ils
s'élèvent à la cause première, la monade de toute multiplicité (comme les philosophes de Clazomènes rencontrent
Antiphon par l'intermédiaire des deux frères). Cette interprétation allégorique assez complexe a été remplacée en A
par le texte suivant : « D'une manière encore plus universelle, les êtres naturels, dont les philosophes d'Ionie sont
l'image, dépendent de la cause toute première et ils vont
vers la monade de la multiplicité tout entière ; car la multiplicité des êtres individuels est inférieure aux formes naturelles.
Mais la multiplicité participe à l'un coordonné, celui qui est
dans les multiples. Avant cet un, il y a l'un transcendant, qui
est antérieur aux multiples ; ce qui est, chez Platon, l'idée.
En tout cas, les êtres individuels forment une multiplicité,
la forme naturelle et coordonnée constitue une dyade, et la
forme unitaire et transcendante, une monade »[1]. Pachymère
a supprimé toute référence à la théologie néoplatonicienne,
transformant ainsi la spéculation complexe de Proclus en
un résumé simple et scolaire. Il n'y est plus question des
« dieux qui guident la nature » et de leur rapport à la multiplicité intelligible et à la monade de la multiplicité totale, mais
simplement des formes naturelles, c'est-à-dire les formes im-
manentes aux choses matérielles qu'il faut distinguer des
formes transcendantes (c'est-à-dire les idées). Il distingue
ainsi trois niveaux : (1) la multiplicité des êtres individuels

---

1. Texte grec cité dans l'Appendice II, *infra*, p. CDVI.

qui sont inférieurs aux formes matérielles ; (2) l'unité coordonnée à cette multiplicité d'individus, c'est-à-dire la forme spécifique, commune à tous les individus d'une même espèce ; (3) la forme unique transcendante, c'est-à-dire l'idée platonicienne. Le souci de simplification a aussi entraîné la suppression de τῶν θεῶν (661.30), du résumé (662.5-9) et de la formule de transition qui conclut cette section (662.10-12). Une fois ces lignes supprimées, Pachymère a aussi corrigé καὶ (662.12) en ὅρα, et ajouté καὶ devant δῆλον (662.15). Dans la suite, il a effacé tout renvoi à cette interprétation. Ainsi, en 662.31-33 : Δύναιο δ' ἂν μὴ μόνον ὡς ἔμπροσθεν εἴρηται ταῦτα θεωρεῖν, ἀλλὰ καὶ ὅτι devient, dans le ms. A, simplement Δύναιο δὲ καὶ οὕτως θεωρεῖν ὅτι κτλ. ; et un peu plus loin (663.3), l'expression Εἰ δὲ ταῦτα συννοήσαις est remplacée par un simple καὶ.

(4) I 664.17-22 (καὶ κατάγων — οἰκεῖον) et 33-34 (καὶ οὐ — τελειωθῶσιν). Ces deux passages ont été supprimés par Pachymère pour une raison qui nous échappe.

(5) I 693.21-55 Συναγάγωμεν δὲ ἐν βραχυτάτοις τὴν τῶν προειρημένων θεωρίαν — θεατέον. Ce passage, dans lequel on lit un résumé de l'interprétation allégorique du prologue du *Parménide* avant de passer à l'exégèse du dialogue proprement dit, a été omis dans le ms. A et remplacé par une courte phrase de transition : ἤδη δὲ καὶ τὰ ἑξῆς θεωρήσωμεν. Il est évident que Pachymère n'a pas compris le rôle capital que ce passage joue dans la structure du commentaire de Proclus et l'a considéré comme une répétition inutile[1].

---

1. Sur le rôle que ce passage joue dans le commentaire de Proclus, cf. *supra*, p. LIX-LXI. Il faut rappeler que puisque Cousin (dans ses deux éditions) et Stallbaum impriment le texte du ms. A en reléguant en note celui des autres mss. grecs (confirmé par la traduction latine), c'est le texte du ms. A qui a toujours été considéré comme le texte authentique de Proclus, par rapport auquel le texte de l'ensemble de la tradition manuscrite faisait figure de texte "alternatif". En réalité, il faut renverser la perspective : c'est le texte sg, c'est-à-dire Ω, qui doit être imprimé,

(6) Quelques formules ont été supprimées ou abrégées : 659.26-27 ὡς πολλάκις εἴπομεν om. A || 661.9 Εἰ δὲ μὴ ταύτῃ μόνον ἐθέλοις λέγειν om. A || 661.28 ἡμᾶς om. A.

L'analyse de ces passages montre donc que les divergences majeures de A par rapport à Σ sont ou bien de simples conjectures de Pachymère réagissant au texte de Σ, ou bien des remaniements, graves et arbitraires, du texte de Proclus. Cette conclusion nous amène naturellement à considérer comme des conjectures aussi les divergences mineures, qu'il n'est pas toujours possible de contrôler par la traduction latine. Ces divergences mineures sont souvent des conjectures visant à retoucher la langue pour la normaliser. Tel est le cas, par exemple, de l'addition, assez fréquente, de l'article (18 cas dans le livre I, dont 9 devant des noms propres). En I 687.19-20, l'addition de τῶν devant Παναθηναίων dans la citation muette du discours *Panathénaïque* d'Aelius Aristide (ἀντὶ τοῦ πέπλου Παναθηναίων τῇ θεωρίᾳ), addition que la tradition directe d'Aelius Aristide ne confirme évidemment pas, révèle le caractère arbitraire et scolaire de ce genre d'interventions. Il en va de même de la correction de la forme proclienne ὑπεμνήσθω en ὑπομεμνήσθω[1], et de quelques conjectures qui trahissent parfois leur origine en introduisant dans le texte de Proclus des constructions qui ne sont attestées qu'à l'époque byzantine. Telle est, par exemple, la correction, en I 627.13, de ὥσπερ ἂν καί, sûrement fautif, en ὥσπερ οὖν καί, très mauvaise correction (pourtant acceptée par Cousin) car ὥσπερ οὖν καί en milieu de phrase n'est jamais attesté chez Proclus ni dans la langue classique, alors qu'il est employé à l'époque byzantine[2]. Toutes les autres divergences de A par rapport à Σ ne sont que des fautes isolées, probablement involontaires.

---

alors que le texte du ms. A n'est qu'une déviation par rapport au texte authentique.

1. Cf. *infra*, p. CCLI-CCLIII et n. 3 de la page CCLI.

2. Voir, par exemple, *Relatio motionis S. Maximi*, éd. P. Allen et B. Neil, Oxford 2004, § 1, p. 48.18 : τὸ γὰρ μῖσος ψυχῆς

Étant donné la médiocre qualité des conjectures de Pachymère, qui n'offre jamais une solution intéressante aux corruptions graves du texte de Σ, on comprend que seul un petit nombre de ses conjectures ont été accueillies dans le texte du livre I (36 au total)[1].

En conclusion, la contribution du ms. A à l'établissement du texte est modeste : beaucoup de fautes individuelles, un nombre très limité de conjectures banales acceptables, de graves altérations rédactionnelles qui ont déformé et appauvri le texte de Proclus[2]. Pour ces raisons, il ne doit être utilisé qu'en tant que témoin primaire de Σ, témoin dangereux parce qu'infidèle, dont les variantes par rapport à Σ, loin d'impliquer l'existence d'une branche indépendante, ne sont qu'une dégradation de Σ ou une restitution conjecturale rarement heureuse, généralement à la portée de n'importe quel érudit byzantin. L'importance que lui ont accordée

---

ἐστι κεκρυμμένη διάθεσις, ὥσπερ οὖν καὶ ἡ ἀγάπη, texte du début du VIIe siècle. C'est bien parce qu'il avait été choqué par ce οὖν que Cousin[1-2] a cru devoir placer un point en haut avant ὥσπερ οὖν, ce qui produit une incohérence logique, car la phrase introduite par ὥσπερ οὖν se rapporte à ce qui précède, et non pas à ce qui suit.

1.   Voir l'apparat critique *ad* 617.23, 619.19, 623.10, 624.17, 627.13, 628.4-5, 628.6, 628.36, 629.8, 631.9, 634.2, 634.7, 634.32, 639.31, 640.2, 640.12, 640.32, 641.5, 649.24, 651.25, 664.13, 665.28, 667.21, 667.36, 674.27, 675.2, 679.31, 681.17, 681.20, 687.6, 702.24, 705.35, 706.10, 713.15, 718.5, 719.11.

2.   Pour le *De natura mundi et animae* du Ps.-Timée de Locres, qui précède l'*In Parm.* de Proclus (cf. *supra*, p. CLVII), le *Paris. gr.* 1810 est une copie du *Marc. gr.* 185. De même que l'*In Parm.* de Proclus, le texte du Ps.-Timée a été, lui aussi, corrigé et remanié par Pachymère, cf. W. Marg, *Timaeus Locrus*, cit., p. 30-32 : « Par. 1810 ordnet sich im TL [= Timaeus Locrus] nicht leicht ein, stellt sich aber als ein überarbeiteter Text auf der Grundlage von Marc. 185 heraus. [...] Von den von V [= *Marc. gr.* 185] abweichenden Lesarten bei Par. 1810 sind ein Teil ohne Schwierigkeit von einem gelehrten Schreiber zu finden. [...] Zur Herstellung des Textes ist Par. 1810 nur insoweit heranzuziehen, als er gut konjiziert, das bedeutet so gut wie garnicht ».

Cousin[1] et Klibansky-Labowsky[2], ne découle, en dernière instance, que de son ancienneté, conformément à une technique d'édition, celle du *codex vetustissimus et optimus*, qui est désormais — et à juste titre — complètement révolue[3].

Appendice : *Une autre révision de Pachymère :* le De part. anim. *d'Aristote dans le* Vat. gr. 261

Un cas analogue de recension révisée due à Georges Pachymère est offert par le texte du *De partibus animalium* contenu dans le *Vaticanus gr.* 261 (sigle Y dans les éditions du corpus biologique d'Aristote). Ce ms. a été copié en partie par Pachymère lui-même (ff. 2^r-35^r, 55^v-63^v, 114^r-222^r), en partie par ses collaborateurs[4]. Il contient le corpus biologique (sauf l'*Hist. anim.*), en particulier le *De part. anim.* (ff. 1^r-84^v) et le *De motu anim.* (ff. 131^r-139^r), et quelques-uns des petits traités d'histoire naturelle (*De sensu*, *De mem. et rem.*, *De som. et vig.*, *De somniis*, *De vat. per som.*)[5]. Dans

---

1. Cf. éd. Cousin[2], p. 603 : « Textum constituimus e quatuor codicibus manuscriptis Bibliothecae Parisiensis, et imprimis e codice bombycino et antiquo, inscripto 1810, qui paucioribus mendis et lacunulis deformatur quam ceteri omnes quos novimus » (voir aussi la préface de la première édition Cousin, t. IV, 1821, p. viij, citée *infra*, p. CDXLIX).

2. Cf. *infra*, p. CDLXII et n. 1.

3. Parmi les « slogans à détruire » dans la critique textuelle, Alphonse Dain mentionne naturellement celui du ms. ancien, qu'il commente de la façon suivante : « les éditeurs modernes se laissent encore facilement séduire par l'antiquité des manuscrits [...] L'âge d'un ms. doit nous inciter à tenir compte des conditions dans lesquelles il a été écrit. Il ne saurait être de soi un critère pour le choix des leçons » (cf. *Les manuscrits*, 3e éd. revue et augmentée, Paris 1975, p. 170-171).

4. Cf. RgK III 115. Pour la datation aux alentours de 1300, cf. Harlfinger, *Textgeschichte*, p. 252.

5. Cf. Ioh. Mercati et P. Franchi de' Cavalieri, *Codices Vaticani Graeci*, t. I : *Cod. 1-329*, Romae 1923, p. 342-343. Comme il a été démontré par M. Rashed, *Die Überlieferungsgeschichte der*

la section *De part. anim.* IV 11-12, 691 b 28-695 a 27 (ἐπεὶ δὲ τὸ μεταξὺ κεφαλῆς — ἐν τοῖς περὶ τὰς γενέσεις λεχθήσε-ται τῶν ζῴων), Y présente un texte très différent de celui du reste de la tradition manuscrite. Cette version différente du texte transmis par le ms. Y a été considérée par certains édi-teurs comme une version alternative, qui pourrait remonter à Aristote lui-même[1]. En réalité, comme l'a montré I. Dü-ring, il s'agit d'une sorte d'exercice scolaire dû à un copiste savant qui a délibérément modifié le texte d'Aristote par des transpositions, de petites additions, des reformulations, toujours dans le but de simplifier ou de clarifier l'expres-sion d'Aristote[2]. La conclusion de l'analyse de Düring — qui ne connaissait pas l'origine du ms. Y (Pachymère) — s'accorde parfaitement avec les résultats de notre analyse du

---

aristotelischen Schrift De generatione et corruptione [Serta Graeca, 12], Wiesbaden 2001, p. 113-115, l'actuel *Vat. gr.* 261 est ce qui reste d'un ms. dont la première partie, contenant *De gen. et corr.*, *De caelo* et *Meteor.*, a été perdue.

1. Alors que I. Bekker (Berlin 1831) imprime un texte qui est un compromis entre Y et le reste de la tradition manuscrite, U. C. Bussemaker (éd. Didot, Paris 1854) préfère le texte Y, et B. Langkavel (éd. Teubner, Leipzig 1868) publie les deux versions en parallèle. Pour l'édition de P. Louis (CUF, Paris 1956), cf. *infra*, p. CCXLIII, n. 2.

2. Cf. I. Düring, *Aristotle's De partibus animalium. Critical and literary commentaries* (Göteborgs Kungl. Vetenskaps- och Vitterhets-samhälles Handlingar. Sjätte följden. ser. A. Band 2. No 1), Göteborg 1943, p. 67-80. La thèse selon laquelle le ms. Y transmettrait une rédaction différente due à Aristote lui-même, avait été formulée par A. Torstrik dans son édition du *De anima*, Berlin 1862, Epimetrum I : « De Aristotelis libris quibusdam plus semel editis », p. XXVII-XXXVIII, où les deux rédactions sont publiées en vis-à-vis (le texte de l'ensemble de la tradition ma-nuscrite, à gauche, est appelé « Editio prior », la récension du ms. Y, à droite, « Editio posterior »). La thèse de Torstrik avait déjà été contestée par Ch. Thurot, « Observations critiques sur le traité d'Aristote *De partibus animalium* », *Revue archéologique*, 16 (1867), p. 196-209, 233-242, 305-313 ; 17 (1868), p. 72-88, en part. 16 (1867), p. 202-205.

texte de l'*In Parm.* tel qu'il est transmis par le ms. A : « This inquiry into the nature of the Y-recension settles the question once and for all. As a consequence of the insight that the Y-recension is a device of an officious copyist it seems to me methodically right that the apparatus and the discussion of the text should for the future be relieved of the worst aberrations from tradition in Y. Thus the entire Y-recension and the frequent transpositions in other parts of this MS. should be entirely discarded and thrown to the Orcus »[1]. Il est évident, en effet, que Georges Pachymère, qui correspond parfaitement au copiste savant dont parle I. Düring, a accompli sur le texte du *De part. anim.* la même opération éditoriale que celle que nous avons observée pour le texte de l'*In Parm.* Dans les deux cas, en effet, le texte original a subi des altérations graves qui doivent être écartées complètement et définitivement non seulement du texte, mais aussi de l'apparat critique, car elles ne sont que le produit d'une intervention individuelle et arbitraire[2].

1. Cf. I. Düring, *Aristotle's De partibus animalium*, cit., p. 80. Voir aussi *ibid.*, p. 68 : « this version is nothing but a capricious attempt of a scholarly copyist » ; p. 75 : « Regularly the order of words is altered [...] unnecessary words are added » ; p. 78 : « trivial alterations [...] from 691 b 28 onwards, we must speak of a proper re-edition of the text ».

2. On comprend mal que P. Louis, dans son édition du *De part. anim.* (CUF, Paris 1956), tout en se déclarant convaincu par la démonstration de I. Düring, ait encombré son apparat critique des variantes de Y (cf. éd. cit., p. xxxviii). — La thèse de I. Düring a été, en revanche, rejetée par M. C. Nussbaum, « The Text of Aristotle's *De Motu Animalium* », *Harvard Studies in Classical Philology*, 80 (1976), p. 111-159, en part. p. 119-121 (les résultats de cette étude sont repris dans l'édition du *De motu animalium* : *Aristotle's De Motu Animalium. Text with Translation, Commentary, and Interpretive Essays*, Princeton 1985, en part. p. 13-17). Il faut remarquer que les arguments par lesquels M. C. Nussbaum croit pouvoir réfuter la démonstration d'I. Düring sont très faibles. Alors que Düring, *Aristotle's De partibus animalium*, cit., p. 78-79, a démontré que Y est une copie de E [= *Paris. gr.* 1853] contaminé sur P [= *Vat. gr.* 1339] — ce qui est tout à fait

en accord avec les habitudes de travail de Pachymère (cf. *infra*, p. CCCLXXV-CCCLXXVIII, à propos des lemmes de l'*In Parm.*) —, M. C. Nussbaum pense que la dépendance de Y par rapport à E, improbable dans le *De part. anim.*, est complètement invraisemblable dans le cas du *De motu anim.* (cf. art. cit., p. 120-121 ; ed. cit., p. 14-15). Pour démontrer l'indépendance de Y par rapport à E, M. C. Nussbaum énumère 28 "bonnes leçons" de Y par rapport à E (art. cit., p. 120-121). Or, l'examen de ces "bonnes leçons" de Y montre qu'elles peuvent toutes s'expliquer comme de banales corrections de la part de Pachymère, tout à fait analogues à celles par lesquelles Pachymère a, ici ou là, réussi à corriger les fautes de Σ dans l'*In Parm.* (cf. *supra*, p. CCXXXI-CCXXXII). En effet, les 28 (prétendues) fautes séparatives de E par rapport à Y dans le *De motu anim.* ne sont que de petites fautes que n'importe quel copiste tant soit peu savant pouvait corriger : 4 occurrences de la forme αὐτ- corrigée en αὐτ- (700 b 2, 702 a 33, 702 a 36, 703 b 1) ; 4 fautes d'iotacisme (698 b 17 πρόεισιν Y : πρόισιν E ‖ 699 b 7 ἥ Y : αἱ E ‖ 700 a 2 ἐξάπτεσθε Y : -σθαι E ‖ 702 a 14 ἀπολίπῃ Y : -λείπῃ E) ; 7 petites omissions (698 b 13 τι om. E ‖ 699 a 9 καὶ om. E ‖ 700 a 8 αὐτά om. E ‖ 701 b 30 ἐν om. E ‖ 702 a 22 τοῦ om. E ‖ 703 b 15 τε om. E ‖ 703 b 37 τὸ om. E) ; 2 prépositions et préverbes (699 b 25 ὑπερέχουσαι Y : περι- E ‖ 699 b 26 ὑπ' Y : ἀπ' E) ; 6 fautes dans les désinences (698 b 4 τὸ γόνυ Y : τοῦ γόνυ E ‖ 700 a 13 τῶν ἔξω τι Y : τὸν ἔξω τι E ‖ 701 b 13 τὸ αὐτό Y : τὸ αὐτῷ E ‖ 701 b 29 τοιοῦτον Y : τοιοῦτο E ‖ 703 b 8 ἑκουσίους Y : ἑκουσίως E ‖ 703 b 16 παρὰ τὸν λόγον Y : παρὰ τῶν λόγον E) ; 4 petites fautes (698 b 9 ἔξωθεν Y : ἔξω E ‖ 700 a 27 δεῖ τι μένειν Y : δὲ ἐπιμένειν E ‖ 701 a 32 ποτέον Y : ποντόν E ‖ 702 a 29 τι Y : τινα E). Une seule faute véritable de E, absente de Y, pourrait effectivement démontrer l'indépendance de Y par rapport à E : l'omission de 698 a 24-25 γ — εἶναι, signalée dans la liste de M. C. Nussbaum, art. cit., p. 120. Or, comme il résulte de l'apparat critique que M. C. Nussbaum publie aux p. 136-139 de son article (voir en part. p. 136), cette omission a été comblée par E[2], correcteur du ms. E, datable, comme le ms. E lui-même, du Xe siècle (cf. M. C. Nussbaum, art. cit., p. 119, qui reprend l'étude de P. Moraux, « Le *Parisinus Graecus* 1853 (Ms. E) d'Aristote », *Scriptorium*, 21 [1967], p. 17-41, en part. p. 29 ; voir ms. E, f. 221[r]). Il est donc évident que Pachymère n'a fait qu'intégrer dans son texte le supplément de E[2]. Il s'ensuit qu'aucune des "bonnes leçons" de Y par rapport à E citées par M. C. Nussbaum ne peut servir à prouver l'indépendance de Y par rapport à E. Au contraire, leur nature confirme leur origine

5. *Le manuscrit perdu Σ*

Comme on vient de le voir, les témoins primaires de Σ sont au nombre de six : A, copie de Σ par l'intermédiaire d'un ms. perdu (α)[1], et les cinq mss. *recentiores*, copies directes de Σ : F, R, G et, pour une partie du texte, W et P (W pour les livres I-IV 911.34, P pour les livres IV-VII). En effet, ces six mss. ont en commun des fautes séparatives par rapport à la branche latine[2], ce qui assure l'unité de la branche grecque, tandis que les leçons isolées du ms. A par rapport aux *recentiores* ne reflètent aucunement une tradition indépendante, mais s'expliquent comme une réaction au texte de Σ[3].

Jusqu'ici, nous avons pris en considération les cas où le ms. A s'oppose au témoignage unanime des *recentiores*. Il est évident que, dans ces cas, les *recentiores* restituent le texte de Σ dont le ms. A s'écarte ou bien par conjecture (plus ou moins heureuse) ou bien par faute. Or, l'opposition entre les *recentiores* et A n'est qu'un aspect de la question de la reconstitution du texte de Σ. En effet, les six mss. AFRGWP présentent souvent des hésitations de lecture (en particulier sur les désinences) qui nous amènent à penser que le ms. Σ était, par endroits, difficile à déchiffrer, soit par l'ambiguïté de ses abréviations ou corrections, soit par le caractère peu soigné de son écriture. Ces hésitations de lecture ont produit

conjecturale. La faiblesse de l'argumentation philologique est accentuée par le fait que l'édition de M. C. Nussbaum (1985) semble ignorer que le copiste du ms. Y est Pachymère (le RgK III A, où ce ms. est formellement attribué à Pachymère, est paru en 1981). L'identification de Pachymère comme copiste de Y explique, en effet, toutes les caractéristiques de ce ms. et confirme la thèse de I. Düring, sans qu'aucun doute ne puisse plus subsister sur le caractère dérivé et conjectural du texte de ce ms.

1. Sur la nécessité de postuler un intermédiaire entre A et Σ, cf. *supra*, p. CLXIII-CLXIV.

2. Cf. *infra*, p. CCLXVIII-CCLXIX.

3. Cf. Appendice II, *infra*, p. CDIII-CDVIII.

des phénomènes de dispersion des variantes, des cas où le témoignage des copies de Σ n'est pas unitaire. Le plus souvent,
c'est le ms. A qui transmet la bonne leçon : sur les 176 cas de
ce genre que nous avons relevés dans le livre I, A transmet
la bonne leçon 100 fois, F 45 fois, R 60 fois, G 49 fois, W 45
fois[1]. Pour expliquer cette situation, on pourrait être tenté
d'envisager l'hypothèse selon laquelle le texte de Σ se serait
détérioré entre la copie de A à la fin du XIIIe siècle et la copie
des *recentiores* entre 1489 (F) et 1561 (W). En réalité, une
telle hypothèse ne rend pas compte des données. En effet, si
la dispersion des variantes des témoins de Σ était due à la détérioration progressive du support matériel de Σ, il faudrait
s'attendre à ce que le ms. F, copié en 1489, fût plus proche
de A que les mss. GW, copiés près de 80 ans après F (respectivement en 1559 et 1561), d'autant plus que le ms. Σ a été
utilisé bien plus intensivement dans la période entre la copie
de F et la copie de GW que dans la période entre la copie de
A et la copie de F, pendant laquelle il n'a, semble-t-il, jamais
été copié. Autrement dit, si le ms. A reflétait un texte Σ plus
intègre et moins détérioré que les *recentiores*, le plus ancien
parmi des *recentiores*, à savoir F, devrait être plus proche de
A que ne le sont les *recentiores* les plus tardifs, à savoir G et
W. Il n'en est rien. En effet, les *recentiores* s'associent au ms.
A de façon plutôt indifférenciée : AF = 52 occurrences, AR
= 60, AG = 46, AW = 39. Ces chiffres montrent qu'il n'y a
pas d'affinité particulière entre A et F, car les plus tardifs des
recentiores (G et W) présentent quasiment le même nombre
de leçons communes avec A que le plus ancien (F). Cette
conclusion confirme les chiffres relatifs aux bonnes leçons
transmises par chacun des *recentiores* (F 45 fois, R 60 fois,
G 49 fois, W 45 fois) qui, eux aussi, montrent que la qualité
du texte Σ transmis par les *recentiores* demeure tout à fait
la même malgré le laps de temps qui s'est écoulé entre le

---

1. Notre calcul ne prend en considération que le texte de la
première main, et non pas les leçons *post correctionem*.

plus ancien et les plus récents d'entre eux[1]. Il faut donc en conclure que, en cas de dispersion des variantes, les bonnes leçons de A ne sont pas dues à un meilleur état du ms. Σ, qui se serait dégradé par la suite.

L'hypothèse de la dégradation du support matériel de Σ une fois exclue, les bonnes leçons du ms. A en cas de dispersion des variantes s'expliquent par deux considérations. Tout d'abord, Pachymère (ou le copiste du ms. α, intermédiaire entre Σ et A), plus habitué à lire des mss. en minuscule ancienne que les copistes des xve et xvie siècles, a eu moins de difficulté dans le déchiffrement de l'écriture de Σ. Dans certains cas, la lecture fautive, par les copistes des *recentiores*, du ms. Σ est probablement due au fait que, à la différence de Pachymère, ils ont été déroutés par quelques traits archaïques de l'écriture de Σ. Tels sont les α lus ω (comme en 678.23 ἀποστάντας A : ἀποστάντως FRGW), ou l'abréviation ἀνᾶ (= ἀνάγκη) que l'on ne trouverait certainement pas dans un ms. récent (par exemple, 692.21 Ἀνάγκης AF[mg] : ἀνᾶ FRGW || 699.5 ἀνάγκης A : ἀνάγης F ἀναγ( ) R ἀνά G ἀνῶ W). Un indice supplémentaire du caractère archaïque de l'écriture de Σ qui peut avoir embarrassé les copistes des *recentiores* est fourni par le passage 706.9 εἰ μὴ A *si non* g : '...κ F spat. uac. RGW. Les copistes des *recentiores* semblent avoir hésité sur le -η minuscule que F a lu κ avec une confusion typique de la minuscule. Deuxièmement, l'existence d'un ms. intermédiaire entre Σ et A (α) a permis à Pachymère de réfléchir sur les endroits du texte les plus problématiques et de déchiffrer ainsi correctement des mots mal écrits ou des abréviations peu claires, améliorant le texte de Σ sur α avant de produire A. Ce n'était certes pas le cas des copistes des *recentiores*, pressés par leurs commanditaires d'achever le travail et incapables de suivre le déroulement des arguments

---

1. Nous faisons naturellement abstraction des fautes isolées de chaque ms., qui sont un indice de la qualité de la copie, et non pas de la qualité du texte du modèle Σ.

dans le détail et, par conséquent, de faire des conjectures[1].

En quelques endroits, les divergences entre les copies de Σ pourraient s'expliquer par le fait que leur modèle avait été corrigé dans la marge ou entre les lignes et que les copistes ont hésité sur la leçon à suivre. En voici quelques exemples :

637.10 ποιήσῃ FW : διδάξῃ ARF^γρmg διδάξῃ ποιήσῃ G.

En copiant la phrase καθάπερ ἐν Σοφιστῇ τὴν διαιρετικήν, οὐχ ἵνα διαιρετικὸν ποιήσῃ τὸν ἀκροατήν (637.9-10), le copiste de Σ (ou de son modèle) a écrit διαιρετικὴν au lieu de διαιρετικὸν, probablement induit en erreur par le διαιρετικήν qui précède. Cette corruption a entraîné, par la suite, la correction, peut-être dans la marge, de ποιήσῃ en διδάξῃ (« pour enseigner à son disciple la méthode de la division ») ; cette correction, elle aussi fautive, a remplacé la bonne leçon en A et R, elle a été ignorée par W et enregistrée par F dans la marge comme leçon alternative, alors que le copiste de G l'a interprétée comme une addition à la leçon d'origine.

665.30 ὅτι W : ἄλλο ARG^p.corr. ὅτι ἄλλο F ἄλλοτι G^a.corr..

La leçon de Σ *in textu* était, semble-t-il, ἄλλο, attestée par tous les mss. sauf W, corrigée en ὅτι dans la marge, correction bien comprise par W, alors que F et G l'ont ajoutée à la leçon du texte, mais dans l'ordre inverse (ὅτι ἄλλο F ἄλλοτι G).

690.17 τῶν RW : τὴν FW^sl τὴν τῶν AG.

---

1. C'est pourquoi les cas où un seul des *recentiores* s'accorde avec la traduction latine dans la bonne leçon contre le témoignage (unanime ou dispersé) des quatre autres mss. sont très rares (12 dans le livre I, dont Wg 7 fois, Fg 3 fois, Gg et Rg une fois) : 669.4 (Gg), 682.23 (Rg), 686.21 (Fg), 693.34 (Wg), 696.46 (Wg), 700.29-30 (Fg), 702.4 (Wg), 703.28 (Fg), 710.27 (Wg), 710.28 (Wg), 713.4 (Wg), 716.18 (Wg).

La leçon fautive τὴν, restée dans F et dans l'interligne de W, a été bien corrigée par RW, qui l'ont remplacée par la correction τῶν, alors que A et G ont interprété la correction comme une addition et non pas comme une substitution, ce qui a engendré la leçon double τὴν τῶν.

692.31 τὸ FR : τὰ AWF^{sl}R^{sl} τὰ ὁ G.

L'article τὰ a été corrigé en τὸ, probablement par simple addition de la désinence -ὸ dans la marge ou dans l'interligne ; la correction a été bien exécutée par F et R (qui ont toutefois gardé la leçon *ante corr.* dans l'interligne), alors que G a interprété la désinence -ὸ comme étant l'article ὁ, qu'il a ajouté à la leçon de la première main, d'où sa leçon composite τὰ ὁ.

699.19 ζωῆς F^{γρmg}R^{sl}W^{sl} : ψυχῆς AFRW ψυχῆς ζωῆς G.

La correction ζωῆς n'a remplacé la leçon fautive ψυχῆς dans aucun ms., mais elle a été reprise dans la marge ou dans l'interligne par FRW, alors qu'elle a produit une leçon double dans le ms. G, de même que dans les exemples précédents.

701.12 νοῦς μόνος AF^{sl} : οὓς μόνους FR οὓς νοῦς μόνους G οὓς νοῦς μόνος W.

La fin du mot νοῦς a probablement été corrigée dans la marge par simple addition de la désinence -οῦς, que les copistes ont interprétée comme le relatif οὓς qu'ils ont ou bien placé devant νοῦς (GW) ou bien substitué à νοῦς (FR) ; les copistes de FRG ont dû penser que la correction portait aussi sur μόνος, ce qui les a amenés à écrire μόνους[1].

Si l'on soulevait la question de l'origine des corrections de Σ, on pourrait être tenté de les faire remonter à Bessarion.

---

1. A ces exemples ajouter I 679.24, discuté *infra*, p. 82, n. 4 (p. 269-270 des *Notes complémentaires*).

En effet, comme on l'a vu[1], une note de Jean Rhosos dans le ms. F (à la fin du livre II, f. 72ᵛ) informe que le cardinal Bessarion avait lu et beaucoup corrigé (πολλὰ [...] διώρθωσε) le modèle de F, c'est-à-dire Σ. D'autre part, Bessarion a collationné et abondamment corrigé l'*Ambros.* B 165 sup. (M), qui était son exemplaire d'étude, sur le ms. Σ[2]. En réalité, rien ne permet de penser que les interventions de Bessarion dans le ms. Σ aient été aussi importantes ou nombreuses que la note de Jean Rhosos pourrait le laisser croire. En effet, si Bessarion est intervenu dans le ms. Σ, il l'a fait ou bien par conjecture (là où le texte de Σ était identique à celui de M) ou bien à l'aide de M et donc, par voie indirecte, de A, modèle de M (là où le texte de Σ était différent de celui de M). Dans le premier cas, il est tout à fait improbable que Bessarion ait noté sa conjecture dans Σ, et non pas dans M. Il est évident, en effet, que Bessarion a pris M comme texte de base : c'est sur ce ms. qu'il a noté les variantes de Σ, c'est ce ms. qu'il a systématiquement corrigé, et c'est dans ses marges qu'il a écrit ses notes et ses scholies sur le commentaire de Proclus. Il est invraisemblable que Bessarion ait corrigé Σ par des conjectures qu'il n'aurait pas notées dans son exemplaire de travail. Par exemple, en 623.20, il est hors de doute que la correction δώδεκα n'est pas une conjecture que Bessarion aurait ajoutée dans la marge de Σ : le ms. M porte κδ′, qui est la leçon de A, et c'est bien cette leçon qui est reprise dans la note marginale de M : ἐκ μιᾶς ὑποθέσεως κδ′. Il en va de même pour la correction ζωῆς à la place de ψυχῆς en 699.19, car A et M portent ψυχῆς sans aucune correction. Dans le second cas (correction de Σ à l'aide de M), la comparaison des *recentiores* avec la traduction latine montre qu'ils ont transmis le texte bien plus fidèlement que A et M. Si donc Bessarion a corrigé Σ à l'aide de M, il ne l'a fait que de façon tout à fait sporadique et négligeable, car le nombre des leçons isolées de A(M) par rapport aux *recentiores* reste

---

1. Cf. *supra*, p. CXXVI.
2. Cf. *supra*, p. CLXXVIII-CLXXIX.

très élevé (288 dans le seul livre I)[1]. Il est d'ailleurs peu vraisemblable que Bessarion ne se soit pas rendu compte que les leçons de AM étaient inférieures à celles de Σ et qu'il était donc absurde de corriger Σ sur M après avoir corrigé M sur Σ ! Il est aussi très probable que la note de Rhosos, placée à la fin du livre II, ne se réfère qu'aux deux premiers livres[2].

Les seules interventions dans Σ (livre I) que nous pensons pouvoir attribuer à Bessarion avec une certaine probabilité sont une note et deux variantes tirées de AM que les *recentiores* transmettent dans la marge et que Bessarion pourrait, par conséquent, avoir notées dans les marges de Σ :

638.3   ὑπεμνήσθω FRGW : ὑπομεμνήσθω ΑΜ ὑπομεμνήσθω δεῖ γρά(φειν) F^{mg} ὑπομεμνήσθω δεῖ R^{mg} ὑπομεμνήσθω δεῖ γρ W^{mg}.

638.30-31   εἶτ' ἐπὶ τὴν τῶν μεταβάσας τοῦ ἑνὸς ἐξέτασιν FRGW : εἶτα μεταβάσας ἐπὶ τὴν τοῦ ἑνὸς ἐξέτασιν AMF^{γρmg}W^{mg}.

660.36-37   Παρμενίδου. Σαφῶς ἐν τούτοις δείκνυσιν ὁποῖον εἶναι χρὴ FRGW : Παρμενίδου δι' οὗ δείκνυται ὁποῖον δεῖ εἶναι ΑΜ Παρμενίδου δι' οὗ δείκνυται F^{mg}R^{mg}W^{mg}.

En 638.3, il ne s'agit pas d'une variante, mais d'une note dictée par la forme ὑπεμνήσθω, irrégulière et rare, mais courante chez Proclus[3], qui a amené Bessarion à suggérer la

---

1. Voir l'Appendice II, *infra*, p. CDIII-CDVIII.

2. Cf. Boese, « Proclusübersetzungen », p. 400.

3. La forme régulière de la 3e pers. du sing. de l'impératif parfait médio-passif de ὑπομιμνήσκειν est ὑπομεμνήσθω, avec redoublement ; la forme ὑπεμνήσθω, avec prothèse de ε, s'explique à partir de l'indicatif parfait médio-passif ὑπέμνησται (au lieu de ὑπομέμνηται), forme caractérisée par la prothèse de ε au lieu du redoublement (les verbes μιμνήσκειν et κτᾶσθαι hésitent entre la forme à redoublement et la forme à ε initial, cf. Kühner-Gerth, I 2, § 200, n. 4, p. 23-24) et par l'extension du -σ- (-σται), non étymologique, mais analogique à partir de l'aoriste passif ἐμνήσθην (cf. P. Chantraine, *Morphologie historique du grec*, 3e éd., Paris 1991, p. 323-325). L'indicatif ὑπέμνησται semble lui-même être une forme tardive, car il est attesté pour la première fois chez Syrianus, *In Met.*, p. 87.20 ; on le retrouve ensuite chez Proclus

correction, confirmée d'ailleurs par son ms. M. Il est important de remarquer que même dans ce cas, où la correction
était obvie (à ses yeux), facile et sans aucune conséquence
pour le sens du texte, Bessarion ne l'a pas introduite dans le
texte de Σ, mais il s'est borné à l'indiquer dans la marge sous

qui n'emploie que cette forme : cf. *In Remp.* I, p. 81.13, 163.27,
173.6 ; II, p. 281.5 ; *Hypot.*, p. 40.26 ; *Theol. plat.* I 10, p. 41.9 ;
IV 33, p. 98.3 ; V 2, p. 13.3 ; *In Alc.* 11.22, 19.3 ; *In Tim.* I, p.
191.12, 439.8 ; III, p. 77.14, 95.6, 97.14, 105.12, 177.20, 268.10,
310.7, 334.28 ; *De decem dub.* § 25.35 Boese [= § 25.33, p. 181
Isaac] (pour les formes ὑπομέμνησται et ὑπομέμνηται de l'édition
Cousin de l'*In Parm.* II 742.41-743.1 ; IV 846.13, 868.26, 907.23,
960.35 ; VI 1088.26 ; VII 1153.17-18, 1174.6, on trouvera une
note dans le tome II de notre édition) ; après Proclus, la forme
ὑπέμνησται est attestée chez Simplicius, *In De caelo*, p. 411.21 ; *In
Phys.*, p. 565.14, 819.14, 1076.30 ; Ps.-Simplicius, *In De anima*,
p. 34.33, 35.15, 53.19, 175.32, 222.24, 247.17, 316.23, 321.36,
328.26 ; voir aussi Damascius, *In Phaed.* II, § 21.1 et 3, § 22.3
(ἀνέμνησται). Le participe ὑπεμνησμένων est attesté chez Proclus,
In Remp. II, p. 243.28, et Damascius, *De princ.* III, p. 72.3 (déjà
ἀνεμνησμένων chez Hippolyte, *Refutatio omnium haeresium*, éd. M.
Marcovich [PTS 25], Berlin 1986, V 7, 30, p. 150, l. 162). Quant
à l'impératif ὑπεμνήσθω, il n'est attesté que chez Proclus et partout : cf. *In Remp.* I, p. 292.22 ; *In Tim.* I, p. 317.20, 332.9 ; III, p.
130.2 ; *Theol. plat.* III 21, p. 77.19 ; IV 3, p. 13.21 ; V 5, p. 20.23 ;
VI 4, p. 20.24 ; VI 20, p. 92.19 ; il y a deux exceptions : *In Parm.*
III 825.11 (les mss. AFRGW donnent la forme régulière ὑπομεμνήσθω) et *In Alc.* 327.22. Dans les deux cas, on peut soupçonner
une normalisation, de la part d'un copiste ou d'un lecteur, due à
la rareté de la forme ὑπεμνήσθω utilisée par Proclus. Ce soupçon
est surtout justifié dans le cas de l'*In Alc.* dont toute la tradition manuscrite dépend du *Neapol.* III. E. 17, ms. autographe
de Pachymère qui peut bien avoir corrigé ὑπεμνήσθω en ὑπομεμνήσθω, comme il l'a fait dans le présent passage. On ajoutera,
pour finir, que l'emploi de la 3e pers. du sing. de l'impératif parfait médio-passif comme formule de récapitulation constitue un
trait caractéristique du style de Proclus ; à côté de ὑπεμνήσθω,
on trouve εἰρήσθω (de loin la forme la plus utilisée), προειρήσθω,
ἀντειρήσθω, γεγράφθω, ἀναγεγράφθω, περιγεγράφθω, ἐξητάσθω, ἀπο-
κεκρίσθω, ἀφείσθω, ἱστορήσθω, παρακεκλήσθω, ἐζητήσθω, διωρίσθω,
διαπεπεράνθω.

forme de remarque conjecturale[1]. C'est ainsi que les copistes des *recentiores* ont pu transmettre la forme authentique ὑπε-μνήσθω. Il est donc évident que, s'il n'est pas intervenu dans un cas aussi simple et banal, à bien plus forte raison Bessarion n'a pas touché au texte de Σ dans des cas de corruption plus compliqués ou difficiles. Cette conclusion est confirmée par les deux autres variantes qui, elles aussi, ne sont pas des corrections introduites dans le texte de Σ, mais de simples leçons alternatives que Bessarion lisait dans son ms. M et qu'il a notées dans les marges de Σ. En particulier, en 638.30-31, où le texte de Σ est corrompu, on comprendrait que Bessarion l'ait remplacé par celui de A, apparemment plus compréhensible[2]; or, il ne l'a pas fait, ce qui confirme, encore une fois, son respect du texte de Σ.

L'affirmation de Rhosos selon laquelle Σ aurait été «beaucoup corrigé» par Bessarion doit donc être ramenée à sa juste valeur. Elle s'explique probablement par le fait que Rhosos, qui a copié de nombreux mss. pour Bessarion et qui connaît bien son écriture, a reconnu la main du cardinal dans les marges du ms. qui lui servait de modèle[3], et

1. Sur la différence entre γρ(άφεται), qui signale une variante transmise par un ms., et les formules δεῖ γράφειν ou οἶμαι δεῖν γράφειν, qui introduisent des conjectures, cf. J. Irigoin, *Introduction générale* à Plutarque, *Œuvres morales* (CUF), t. I, 1re partie, Paris 1987, p. CCLXXIX-CCLXXX, à propos de l'édition de Plutarque par Maxime Planude (début de la dernière décennie du XIIIe siècle).

2. Cf. *supra*, p. CCXXXIII-CCXXXIV.

3. Cf. H. D. Saffrey, c. r. de *Plato latinus* III, DLZ 81, 7/8 (Juli/Aug. 1960), art. cit., col. 625. Jean Rhosos n'a pas seulement copié plusieurs mss. sur commande de Bessarion, il a aussi collaboré avec Bessarion dans la confection d'un certain nombre de mss. (cf. E. Mioni, «Bessarione scriba e alcuni suoi collaboratori», art. cit. [*supra*, p. CXXIV, n. 1], p. 302-304 [liste des mss. copiés par Rhosos, nos 1, 3, 11, 12, 14, 18, 21, 32], où les mss. suivants sont signalés comme dus à la collaboration entre Bessarion et Rhosos : *Marc. gr.* 184, 192, 200, 248, 263, 322, 388, *Vindob. phil. gr.* 64); Rhosos devait donc connaître

en a déduit l'existence d'un véritable travail de correction
(peut-être aussi pour rehausser la valeur du ms. F, destiné à
Laurent de Médicis).

Le ms. Σ devait porter divers *marginalia* qui ont été transmis par ses copies[1]. Il s'agit surtout de petites notes qui
relèvent les thèmes discutés par Proclus : περὶ τῶν ἰδεῶν
|| τί σημαίνει τὸ αὐτὸ καθ' αὑτό || περὶ ἐναντίων ||
ση(μείωσαι) ἐντεῦθεν περὶ ἰδεῶν || περὶ φύσεως || πε-
ρὶ ὕλης etc., ou de brefs résumés qui reprennent les questions
traitées par Proclus, et sont destinés à faciliter la compréhension d'un long exposé : β' τίς τρόπος οἰκεῖός ἐστι τοῦ περὶ
τοῦ πρώτου λόγου (= VI 1071.9) || γ' τίνες αἱ τοῦ ἑνὸς
ἀποφάσεις κρείττους τῶν καταφάσεων ἢ χείρους ἢ σύζυγος
(sic) αὐταῖς (= VI 1072.19) || δ' ποῖον τὸ εἶδος τῶν ἀπο-
φάσεων ἐπὶ τοῦ ἑνός (= VI 1074.22). On trouve également
de petites remarques comme ση(μείωσαι), ζήτ(ει), ὡραῖον,
ou des chiffres indiquant les étapes successives d'un exposé.
Ce genre de *marginalia* est bien connu. D'autres remarques,
en revanche, sont plus originales et peuvent aider à carac-
tériser davantage le ms. Le scholiaste anonyme y exprime
son admiration pour Proclus et regrette même qu'il ne soit
pas chrétien : ἀληθέστατα πάνυ ταῦτά σοι πεφιλοσόφηται,
Πρόκλε θαυμάσιε (= V 956.35) || ἐβουλόμην σε Χριστια-
νὸν εἶναι (= V 958.28) || καὶ τῶν νοερῶν ἐπιβολῶν τοῦ
σοφωτάτου Πρόκλου ἐπάξια (= VI 1075.16). Quelquefois
pourtant, le scholiaste s'irrite que Proclus s'occupe de niaise-
ries : ση. καὶ ποῦ ἂν εἶεν οἱ τοιοῦτοι ἄνθρωποι, φλύαρε· ταῦτα
πάντα ματαιότης καὶ φλυαρία σαφής, en réaction à un passage du livre IV (874.18-22), où Proclus parle d'hommes
qui habiteraient dans d'autres régions de l'univers[2]. Ces
remarques, dues probablement à un érudit byzantin qui a

parfaitement l'écriture de Bessarion.

1. Édition des scholies de Σ relatives au livre I, *infra*, p.
143-144.

2. Autre exemple de ce type de remarque : ἑλληνικὸς ὕθλος
ταῦτα, Πρόκλε σοφώτατε (*ad* VI 1075.24 : ἀσώματος οὖσα ἡ ψυχὴ τὸ
σῶμα παρήγαγεν).

étudié les commentaires de Proclus, rappellent les réflexions qu'on lit dans les marges d'un ms. du commentaire sur le *Timée*, le *Coislinianus* 322 (début du xiie siècle)[1].

Bessarion a lui aussi copié quelques-uns des *marginalia* de Σ, lorsqu'il a annoté son manuscrit de travail, l'*Ambrosianus* B 165 sup. (M)[2]. En effet, dans la marge inf. du f. 26ʳ de M, Bessarion a copié une scholie qui se rapporte à II 728.31-38 : εἰ πολλὰ τὰ ὄντα, ἔσονται τὰ αὐτὰ ὅμοια καὶ ἀνόμοια· ἀλλὰ μὴν τὸ ἑπόμενον ἀδύνατον. καὶ τὸ ἡγούμενον ἄρα· καὶ ἔστιν ὁ β′ τῶν ὑποθετικῶν [scil. συλλογισμῶν]. Ἐπιλαμβάνεται γοῦν τῆς προσλήψεως ὁ Σωκράτης τῆς λεγούσης ἀδύνατον τὰ αὐτὰ ὅμοια εἶναι καὶ ἀνόμοια λέγων ὡς ἐπὶ τῶν αἰσθητῶν οὐκ ἀδύνατον τοῦτο ἀλλ' ἐνδέχεται τὰ αὐτὰ καὶ ὅμοια εἶναι καὶ ἀνόμοια. Or, puisque cette scholie est transmise par FRGW, elle se trouvait donc dans les marges de Σ. Dans les mss. F (f. 48ᵛ), G (f. 73ʳ) et W (f. 59ʳ), la scholie se lit dans la marge inf. comme dans le ms. M. Tel était donc son emplacement dans le ms. Σ. Dans les mss. FGW, elle se trouve plus bas que le passage auquel elle se rapporte, et même décalée d'une page à cause de la mise en page de ces mss., dont les pages contiennent moins de texte que Σ. Dans le ms. R (p. 126), la scholie, incomplète (εἰ πολλὰ τὰ ὄντα, τὸ ἑπόμενον ἀδύνατον), a été insérée en plein milieu du texte, en II 730.15, entre τοῦ et καθ' αὐτὸ, soit avec un écart de près de deux colonnes Cousin. On a là un indice précieux permettant de reconstituer la mise en page de Σ. Il est clair, en effet, que la scholie était en pied de page et écrite de la même façon que le corps du texte ; le copiste de R a donc pensé qu'elle faisait partie du texte et il l'a copiée à la suite du dernier mot de la page de Σ et avant le premier de la page

1. Cf. *In Tim.* I, p. 460.20 : μάλιστα νῦν, φίλε Πρόκλε ‖ p. 461.2-3 : τί ταῦτα, φίλε Πρόκλε ; πόθεν ἡμᾶς ἔχεις πείθειν περὶ τούτων ὡς <οὕτως> ἐχόντων ; ‖ p. 463.10-11 : ὑμεῖς ἀσεβέστατοι, ἡμεῖς δὲ τὸ τῶν χριστιανῶν γένος ἔνθεον καὶ εὐσεβέστατον.

2. Édition des scholies de Bessarion relatives au livre I, *infra*, p. 144-161.

suivante. Comme le passage auquel la scholie se rapportait figurait sur la même page, on a le moyen de déterminer la contenance minimale d'une page de Σ : elle contenait au moins *In Parm.* II 728.31-730.15, soit 62 lignes Cousin (environ 2700 signes)[1]. Il s'agissait donc d'un ms. dont les folios avaient une grande contenance.

Cette remarque nous amène à formuler une hypothèse concernant l'étendue, dans le ms. Σ, de la partie perdue à la fin du livre VII. En effet, la section qui nous a servi à reconstituer la contenance d'une page de Σ (II 728.31-730.15) correspond à 38 lignes dans l'édition de la traduction de Moerbeke ; on en déduit qu'un folio de Σ correspondait approximativement à 80 lignes dans l'édition de la traduction latine ; or, la fin perdue du livre VII occupe 703 lignes dans la traduction latine, ce qui correspond à un maximum de 9 folios dans Σ ; et puisque nous avons opéré avec la contenance minimale d'une page, il est probable que ces 9 folios correspondent à un quaternion (8 folios). C'est la perte de ce cahier qui a amené la disparition de la fin du livre VII dans la tradition grecque.

On ignore presque tout de l'origine du ms. Σ et des circonstances de sa disparition. Nous avons vu qu'il a été entre les mains de Bessarion, qui l'a collationné avec son ms. M. Il ne semble pas pour autant lui avoir appartenu. En effet, on ne trouve aucune mention de notre ms. dans l'inventaire établi

---

1. A la différence des *recentiores*, le ms. M présente la scholie sur la même page où l'on lit le passage auquel elle se rapporte. La scholie a été omise par Pachymère, copiste du ms. A, modèle de M. Notons aussi qu'elle a été publiée (avec un texte et une mise en page fautifs) par Cousin dans sa première édition, t. IV, p. 151, n. 1, sur la base du *Paris. gr.* 1835 (f. 64[v], mg. inf.), mais omise dans la seconde, sans explication. Puisque la dernière ligne de ce folio est II 730.33-34 (σημαντικόν. Τὸ δὲ καθ' αὐτὸ προσ-), la note de Cousin rattache la scholie au passage qui s'achève sur le mot σημαντικόν, désormais bien loin du passage auquel elle se rapportait à l'origine.

en 1468 en vue de la donation de la bibliothèque de Bessarion à la République de Venise. Les seuls mss. de l'*In Parm.*
qui figurent dans cet inventaire sont l'*Ambros.* B 165 sup.
(M), le *Marc. gr.* 228 et le *Marc. gr.* 191, que nous avons déjà
décrits [1]. Quoi qu'il en soit, en 1489, le ms. Σ devait se trouver à Rome, puisque c'est là que Jean Rhosos s'en est servi
pour copier les trois textes contenus dans le *Laur. Plut.* 85,
8 (F) : *In Parm.*, *In Alc.* 1-72.8 et le « grand fragment » de la
Theol. plat. Or, dans l'inventaire de la bibliothèque Vaticane
rédigé en 1518, on lit la description suivante : « quarti arma-
rii paruae secretae n° 53 : Procli Platonici commentaria in
Parmenidem et Alcybiadem Platonis, ex papyro in nigro » [2].
Cette description ne correspond à aucun ms. ayant appartenu
à l'ancien fonds du Vatican et actuellement conservé. En effet, les *Vat. gr.* 231 et 232 n'avaient pas encore été copiés en
1518 et, d'ailleurs, ils ne contiennent pas l'*In Alc.* [3]. Il s'agit
donc d'un ms. qui a disparu de la bibliothèque : dans l'inventaire de 1533, rédigé après le sac de Rome (1527), il n'est
déjà plus mentionné. Selon toute probabilité, ce ms. disparu
de la Vaticane doit être identifié avec le modèle perdu de F et
de R qui, eux, contiennent justement l'*In Parm.*, l'*In Alc.* 1-
72.8 et le « grand fragment » de la *Theol. plat.* Évidemment,
on ne peut exclure qu'on ait fait une autre copie de Σ, et que
ce soit cette copie qui est mentionnée dans l'inventaire de
1518. Mais une telle hypothèse est superflue. Le ms. décrit
dans l'inventaire de 1518 était déjà à la Vaticane en 1475,
comme en témoigne la mention dans l'inventaire dressé cette
année-là : « Commentum in Parmenidem Platonis, Ex papiro

---

1. Cf. *supra*, p. CLXXI-CLXXXII, CLXXXVI-CLXXXIX, CXCVI-CXCVIII.
2. Cf. R. Devreesse, *Le fonds grec de la Bibliothèque Vaticane
des origines à Paul V*, cit. (*supra*, p. CXXXVIII, n. 5), p. 213, n° 570.
3. Le *Vat. gr.* 231, copie du *Marc. gr.* 191, date de la seconde
moitié du XVIe siècle (cf. *supra*, p. CCVII-CCVIII) ; le *Vat. gr.* 232 est
une copie de R, exécutée entre 1535 et 1549 (cf. *supra*, p. CXXXVII-
CXXXIX). Quant au *Vat. gr.* 1799, il n'est entré à la Bibliothèque
Vaticane qu'en 1625 (cf. *supra*, p. CCXIII).

in nigro ». Il réapparaît sous cette description dans les inventaires de 1481 et de 1484[1]. Bien que l'on ne mentionne ni le nom de Proclus ni le commentaire sur l'*Alcibiade*, il est évident qu'il s'agit toujours du même ms. On le retrouve encore en 1487 lorsqu'il fut emprunté par Girolamo Scotti, de Sienne, comme en témoigne la notice dans le registre des prêts de la bibliothèque : « Ego Hieronymus Scoptius accepi commodato a domino Ioanne de Venetiis bibliothecario codicem grecum Procli supra Parmenidem Platonis et quedam alia opera supra eundem Platonem ex papyro in nigro, die 24 novembris 1487 — Restitu<i>t die 24 augusti 1489 »[2]. Bien que les « quedam alia opera » ne soient pas spécifiés, il ne fait guère de doute qu'il s'agit du ms. recensé dans l'inventaire de 1518. Ce Girolamo Scotti († 1492), nommé évêque de Sovana (ancienne Soana, dans la province de Grosseto, au sud de la Toscane, sous la domination de Sienne de 1410 à 1555) en 1489, a emprunté seize mss. grecs à la Vaticane entre le 10 février 1484 et le 3 septembre 1489[3]. Comme Scotti a

1. Cf. R. Devreesse, *Le fonds grec de la Bibliothèque Vaticane des origines à Paul V*, cit., p. 57, n° 289 (inv. 1475) ; p. 110, n° 643 (inv. 1481) ; p. 144, n° 631 (inv. 1484 ; Ex papiro in nigro *om.*).

2. Cf. M. Bertòla, *I due primi registri di prestito della Biblioteca Apostolica Vaticana. Codici Vaticani latini 3964, 3966* (Codices e Vaticanis selecti, 27), Città del Vaticano 1942, p. 74.

3. On ne sait pratiquement rien de Girolamo Scotti sauf qu'il a été nommé évêque de Sovana le 9 mars 1489 et qu'il est mort avant le 8 octobre 1492, car son successeur, Aldello Piccolomini, lui aussi de Sienne, est nommé à cette date (cf. C. Eubel, *Hierarchia Catholica Medii Aevi*, t. II, Monasterii 1901, p. 267). Son élection fut bien accueillie par les Siennois (cf. G. Moroni, *Dizionario di erudizione storico-ecclesiastica*, t. LXVII, Venezia 1854, *s.v.* Soana, p. 130-135, en part. p. 134) probablement parce qu'elle empêchait Niccolò Orsini, comte de Pitigliano (dans l'évêché de Sovana) et général de l'armée pontificale, de réaliser son projet de faire nommer évêque de Sovana un de ses frères. En effet, le prédécesseur de Girolamo Scotti, Andreoccio Ghinucci, lui aussi de Sienne, nommé évêque de Sovana en 1470, las des intrigues de Niccolò Orsini, sollicita, le 10 février

1489, le soutien de Laurent de Médicis auprès du pape Innocent VIII pour être transféré de Sovana à Grosseto, dont l'évêque, Giovanni de' Conti d'Elci, venait de mourir. La requête d'Andreoccio Ghinucci était probablement aussi dictée par le désir de quitter Sovana, ville pauvre et très éloignée de Sienne, pour s'établir à Grosseto, évêché lucratif et prestigieux, à peu de distance de Sienne. Quoi qu'il en soit, la requête de Ghinucci fut vite exaucée : le 8 mars 1489, moins d'un mois après avoir écrit à Laurent de Médicis, il était déjà évêque de Grosseto, et remplacé, à Sovana, par Girolamo Scotti (cf. F. Ughelli, *Italia Sacra sive de episcopis Italiae*, editio secunda, aucta et emendata cura et studio Nicolai Coleti, Venetiis, Apud Sebastianum Coleti, 1718, t. III, col. 757-758 ; A. Cappelli, « Una lettera del vescovo di Sovana Andreoccio Ghinucci a Lorenzo il Magnifico », *Bullettino senese di storia patria*, 13 [1906], p. 222-226). L'élection de Girolamo Scotti à l'évêché de Sovana, survenue le 8 mars 1489, n'était donc pas encore envisagée le 10 février. Elle a dû surprendre Scotti et l'obliger à renoncer à ses études littéraires dont témoigne la liste des mss. qu'il a empruntés à la bibliothèque Vaticane entre le 10 février 1484 et le 3 septembre 1489. Cf. M. Bertòla, *I due primi registri di prestito*, cit., p. 30, 31, 35, 74-75 : (1) Euripide, (2) Pindare, (3) Nicandre, *Theriaca*, et Porphyre, *Quaest. Hom.* [= *Vat. gr.* 305], (4) Plutarque, *Moralia*, (5-6) Élien et Pindare (2 mss.), (7) Isocrate et Thémistius [= *Vat. gr.* 936], (8-9) Aristote, *Physique* avec comm., et Simplicius, *In De caelo* [= *Vat. gr.* 254], (10) Proclus, *In Parm.*, *In Alc.* et *Theol. plat.* (« grand fragment ») [= ms. Σ ?] (24 nov. 1487, restitué le 24 août 1489), (11) Denys le Périégète, (12) Christodoule [= Jean VI Cantacuzène] *Contra Iudaeos* (ed. *princeps* de cet ouvrage : Ch. G. Soteropulos, Ἰωάννου ΣΤ΄ Κανταχουζηνοῦ Κατὰ Ἰουδαίων Λόγοι ἐννέα τὸ πρῶτον νῦν ἐκδιδόμενοι. Εἰσαγωγή, κείμενον, σχόλια, Athènes 1983), (13) Pindare, (14) Dion Cassius [= *Vat. gr.* 144], (15) Jean Damascène, (16) Grégoire de Nysse. Girolamo Scotti a aussi emprunté un exemplaire du *Lévitique* en hébreu [= *Vat. hebr.* 21]. Une fois nommé évêque, Girolamo Scotti n'a donc emprunté que deux mss. (n°s 15 et 16), tous deux au début de sa mission épiscopale, et tous deux de caractère théologique, alors que, avant sa nomination, il n'avait emprunté que des auteurs profanes, sauf Jean VI Cantacuzène (n° 12). On remarquera aussi que les deux seuls textes philosophiques, en plus de Proclus, sont Aristote, *Phys.* et Simplicius, *In De caelo* (n°s 8 et 9), et que Scotti étant mort en 1492 (avant le 8 oct.), quatre mss. (n°s 4, 7, 15 et 16) ont été restitués à la bibliothèque par restitué le ms. de Proclus à la bibliothèque le 24 août 1489, Rhosos a eu assez de temps pour copier le ms. F, achevé le 10 décembre de la même année.

Le ms. Σ fut utilisé comme modèle une deuxième fois avant octobre 1521 par le scribe de R, Constantin Mésobotès, à la demande de Gilles de Viterbe. Il est donc probable que R a été copié à Rome et que son modèle se trouvait encore à la Vaticane. Nous ne savons pas comment il est passé de la bibliothèque Vaticane à Venise, même si l'on peut imaginer qu'il a été volé lors du sac de Rome en 1527. En tout cas, il se trouvait à Venise aux alentours de 1561, lorsqu'on en a fait deux autres copies (G et W). Enfin, il fut probablement utilisé comme modèle à Padoue avant 1569, comme en témoigne son ultime copie P[1].

sa mère le 22 nov. de la même année. On ne sait toutefois rien, pour l'instant, ni de ses études, ni de sa carrière avant l'épiscopat, ni de ses travaux.

1. On ne peut identifier Σ avec aucun des mss. disparus parce qu'ils sont tous des copies récentes (cf. *supra*, p. CXX-CXXII).

III. La branche latine de la tradition (g)

1. *Le manuscrit grec de Moerbeke*

Comme nous l'avons dit, une des deux branches de la tradition manuscrite de l'*In Parm.* de Proclus est représentée par la traduction latine de Guillaume de Moerbeke[1]. En effet,

1. Édition critique : Proclus, *Commentaire sur le Parménide de Platon. Traduction de Guillaume de Moerbeke*, éd. C. Steel (Ancient and medieval philosophy. De Wulf-Mansion Centre, Series 1, III-IV), Leuven 1982-1985. — Le texte est transmis par six mss. qui se répartissent en trois branches. La première est constituée par les mss. *Vat. lat.* 3074 (V), première moitié du xve s.; *Vat. lat.* 11600 (R), dernier quart du xve s. ; Kues, Bibliothek des St. Nikolaus-Hospitals, 186 (C), milieu du xve s. (copie de V) ; Leipzig, Stadtbibliothek, 27 (L), fin du xve s. (copie de C). Les deux autres branches sont constituée chacune par un seul ms. : Oxford, Bodleian Library, *Digby* 236 (O), début du xive s.; et *Ambros.* A 167 sup. (A), copié à Ferrare en 1508. Bien qu'il soit le plus récent, l'*Ambrosianus* est le témoin du texte le plus proche de l'archétype, dont il a conservé, dans les marges, les mots grecs que Moerbeke n'avait pas traduits et pour lesquels il avait laissé un espace blanc dans son texte latin, ainsi que plusieurs notes marginales qui proviennent probablement du traducteur lui-même (traductions doubles ou remarques concernant l'état de l'exemplaire grec utilisé par Moerbeke), cf. éd. cit., p. 3*-33*, 49*-54*. — Aux *Addenda et corrigenda* au t. I (cf. t. II, p. 526-527), il faut ajouter, pour le livre I, les corrections suivantes : p. 5.62 quam (*codd.*) : *lege* quod; p. 15.66 efferet (O) : *lege* efferret (AVR) ; p. 23.28 mediantes (AVR : mediatates [*sic*] O) : *lege* mediationes (cf. p. 40.55 = 668.7) *uel* medietates; p. 24.58 suorum (*codd.*) : *lege* seruorum (cf. *infra*, p. cccLx, n. 2) ; p. 29.19-20 profectum (O : perfectum VR *om.* A) : *lege* proiectum (cf. *infra*, p. 46, n. 8 [p. 229 des *Notes complémentaires*]) ; p. 31.74 unumquamque : *lege* unamquamque (AVR : unamque O) ; p. 45.13 illic (*codd.*) : *lege* illinc; p. 48.10 meus : *lege* incus (*codd.*) ; p. 50.72 habet (*codd.*) : *lege* habebit; p. 57.73 perfectum (A) : *lege* profectum (VRO) ; p. 59.25 plurimum (A) : *lege* plurium (VRO) ; p. 60.58-59 philosophiam (ARO) : *lege* philosopham (V) ; p. 60.74 uita (AO) : *lege* uitam (VR) ; p. 62.20 congeriem (*codd.*) : *lege* congerie; p. 63.48 in (AVO *om.*

cette traduction a été faite sur un ms. grec qui n'appartenait
pas à la branche Σ, et elle constitue donc un témoin indépendant du texte. Bien qu'aucun des mss. n'indique le nom du
traducteur, l'attribution à Guillaume de Moerbeke est certaine car la traduction présente toutes les caractéristiques
de sa méthode. Il est aussi généralement admis qu'elle date
de la dernière période de son activité. Cela ressort du témoignage de son ami Henri Bate de Malines (1246-1317),
selon lequel la mort aurait empêché Moerbeke de lui en-
voyer sa traduction de l'*In Parm.* : « qui mihi promiserat
eum transmittere, sed morte preventus non transmisit »[1].
Or, la dernière traduction datée de Moerbeke est celle des
Tria opuscula de Proclus, achevée à Corinthe au mois de février 1280[2]. C'est avec elle que la traduction de l'*In Parm.*

R) : *lege* et ; p. 63.48-49 nominalibus (AVO *om.* R) : *lege* nominibus (cf. *infra*, p. 106, n. 3 [p. 291 des *Notes complémentaires*]) ; p.
64.97 laudet : *lege* laudat (*codd.*) ; p. 65.6 transquillam : *lege* tran-
quillam (*codd.*) ; p. 65.13 macherus (*codd.*) : *lege* †macherus† (cf.
infra, p. CCCLI-CCCLII) ; p. 66.65 opertet : *lege* oportet (*codd.*) ; p.
67.87 hoc (*codd.*) : *lege* hec ; p. 69.28 eungi : *lege* eiungi (ARO :
iungi V) ; p. 69.43-44 unumquodque, ab : *lege* unumquodque
ab ; p. 71.91 Pythum : *lege* Pythium (AVR : pitheum O) ; p. 78.13
hoc (ARO) : *lege* hec (V) ; p. 78.17 facile (*codd.*) : *lege* facilem ; p.
79.45 partione : *lege* partitione (*codd.*).

1. Cf. Henricus Bate, *Speculum divinorum et quorundam na-
turalium*, 11-12 : *On Platonic philosophy*, ed. H. Boese (Ancient
and medieval philosophy. De Wulf-Mansion Centre, Series 1,
XII), Leuven 1990, XI, 12.53-57 (p. 44).

2. En plus de l'*In Parm.*, Moerbeke a aussi traduit de Proclus : *El. theol.* (trad. achevée à Viterbe le 18 mai 1268 : *Proclus.
Elementatio theologica, translata a Guillelmo de Morbecca*, hrsg. von
H. Boese [Ancient and medieval philosophy. De Wulf-Mansion
Centre, Series 1, V), Leuven 1987), *Tria opuscula* (trad. ache-
vées à Corinthe les 4, 14 et 21 février 1280 : *Procli Tria Opuscula,
Latine Guilelmo de Moerbeka vertente, et Graece ex Isaaci Sebastocratoris aliorumque scriptis collecta*, ed. H. Boese, Berlin
1960), et des extraits de l'*In Tim.* (trad. antérieure à 1274 ; éd.
C. Steel, dans Moerbeke, *In Parm.*, t. II, p. 559-587). — En ce
qui concerne la tradition textuelle de ces trois traductions, on

a le plus d'affinité, comme le montre une étude compara-
tive du vocabulaire et des techniques de traduction. Les trois
souscriptions de la traduction des *Tria opuscula* prouvent que
Moerbeke séjourna effectivement à Corinthe après sa nomination comme archevêque (9 avril 1278)[1]. On a longtemps

peut remarquer que, pour l'*El. theol.* (22 mss. de la traduction latine qui se répartissent en trois familles), le ms. grec utilisé par
Moerbeke, perdu, appartenait à la deuxième famille. La traduction latine, plus ancienne que les mss. grecs conservés, est un
témoin indépendant du texte grec. Toutefois, les passages dans
lesquels elle est seule à transmettre la bonne leçon sont rares (cf.
éd. Dodds, p. xlii-xliii; éd. Boese, p. xxviii-xxix, avec quelques
suppléments à l'édition Dodds). Pour les *Tria opuscula*, la traduction latine (13 mss. qui se répartissent en deux familles) est
seule à avoir transmis le texte dans son intégralité, car le texte
grec n'est transmis que de façon fragmentaire et indirecte dans
les trois traités d'Isaac Comnène (cf. éd. Boese, p. xii-xxix). De
ce point de vue, la tradition textuelle des *Tria opuscula* est analogue à la partie finale de l'*In Parm.* Pour les extraits de l'*In Tim.*
(deux mss. et les citations de Henri Bate), Moerbeke a pu disposer d'un ms. grec d'excellente qualité (cf. éd. cit., p. 561-569). —
La traduction latine médiévale de l'*El. phys.* (*Die mittelalterliche
Übersetzung der* ΣΤΟΙΧΕΙΩΣΙΣ ΦΥΣΙΚΗ *des Proclus. Procli Diadochi Lycii
Elementatio Physica*, ed. H. Boese [Deutsche Akademie der Wissenschaften zu Berlin. Veröffentlichung Nr. 6], Berlin 1958) est
bien antérieure aux traductions de Moerbeke, car elle est due au
traducteur anonyme de l'*Almageste* de Ptolémée (trad. inédite)
et peut être datée de 1160 *ca* (cf. éd. cit., p. 16-20).

    1. Sur la nomination de Moerbeke à l'archevêché de Co-
rinthe, cf. A. Paravicini Bagliani, « Guillaume de Moerbeke et
la cour pontificale », dans *Guillaume de Moerbeke*, p. 23-52, en
part. p. 31-32. — Pour les souscriptions à la traduction des *Tria
opuscula*, voir l'édition Boese, p. 108 (*De decem dub.* : « Expleta
fuit translatio huius libri Corinthi a fratre Guilelmo de Morbeka, archiepiscopo Corinthiensi, anno Domini 1280, quarto
die februarii »), p. 170 (*De prov.* : « Expleta fuit translatio huius
Corinthi, quarta decima die mensis februarii, anno Domini
1280 »), p. 264 (*De mal. subs.* : « Expleta fuit translatio huius
libri Corinthi a fratre Guilelmo de Morbeka, archiepiscopo Corinthiensi, anno Domini 1280, 21 die februarii »). Ces trois
subscriptions sont les seules informations concernant le séjour

admis qu'il y avait résidé jusqu'à sa mort (avant le 26 octobre 1286), et l'on supposait que la traduction de l'*In Parm.* avait été faite dans cette ville. Mais A. Paravicini Bagliani a retrouvé des documents qui démontrent que, au début de l'année 1284, Guillaume était rentré en Italie pour s'acquitter d'une mission officielle comme légat pontifical à Pérouse, et que, très probablement, il est décédé en Italie, à la cour pontificale[1]. C'est donc pendant son dernier séjour en Italie, à la cour pontificale, que Moerbeke a travaillé à la traduction

de Moerbeke à Corinthe.

1. Cf. A. Paravicini Bagliani, « Nuovi documenti su Guglielmo da Moerbeke OP », *Archivum Fratrum Praedicatorum*, 52 (1982), p. 135-143 ; id., « Guillaume de Moerbeke et la cour pontificale », art. cit. à la note précédente, p. 32-36 ; W. Vanhamel, « Biobibliographie de Guillaume de Moerbeke », dans *Guillaume de Moerbeke*, p. 301-383, en part. p. 316-318. Les documents témoignant de la mission de Moerbeke à Pérouse sont deux lettres du pape Martin IV et trois actes notariés. La première lettre de Martin IV, datée du 30 déc. 1283, est adressée à Guillaume archevêque de Corinthe pour le nommer légat pontifical à Pérouse avec mission d'absoudre les habitants de cette ville de l'interdit qui leur avait été infligé à cause de la guerre menée contre Foligno ; la seconde lettre, datée du 11 mars 1284 et adressée à l'évêque de Bagnoregio, atteste que la mission de Guillaume était terminée. Les trois actes notariés, datés des 3, 4 et 11 janvier 1284, attestent que Guillaume, en sa qualité de légat pontifical, a exécuté les décisions du pape (éd. des trois actes dans A. Paravicini Bagliani, « Nuovi documenti su Guglielmo da Moerbeke OP », art. cit., p. 141-143). L'hypothèse que Guillaume serait mort à la cour pontificale est confirmée par la notice biographique du frère Barthélemy de Pérouse O. P. († 1330), vicaire *in spiritualibus* de Guillaume jusqu'à la mort de ce dernier, chargé ensuite de l'exécution de son testament. Puisque cette notice ne fait mention d'aucun voyage de Barthélemy en Orient, il faut en conclure que Guillaume est mort en Italie, *apud Sedem Apostolicam* (pour le texte de la notice biographique de Barthélemy de Pérouse, cf. A. Paravicini Bagliani, « Guillaume de Moerbeke et la cour pontificale », art. cit., p. 35, n. 56).

de l'*In Parm.*, à peu près dans les mêmes années où Georges Pachymère étudiait à Constantinople le commentaire de Proclus.

Comme nous allons le voir, le modèle de Moerbeke (Γ) transmettait un texte plus complet et meilleur que celui de Σ. On peut dès lors se demander où Guillaume a pu trouver un si bon ms. de l'*In Parm.* La question se pose d'ailleurs pour plusieurs autres de ses traductions. En effet, il a encore connu le texte grec des *Tria opuscula* de Proclus et du commentaire de Philopon sur le *De anima* III, qui est perdu depuis[1], et il a utilisé, pour sa traduction de la *Métaphysique* d'Aristote, le *Vindob. phil. gr.* 100 (J), qui est le témoin le plus ancien de ce texte et constitue, avec le *Paris. gr.* 1853 (E), une des deux branches de la tradition[2]. On sait que bien des textes grecs traduits par Moerbeke se retrouvent plus tard dans la bibliothèque pontificale, comme en témoignent les deux inventaires de 1295 et 1311, dont le premier (1295) fut dressé lorsque Boniface VIII, élu pape à Naples dans les derniers jours de 1294, ramena la curie et le trésor pontifical à Rome, le second (1311) à Pérouse où la bibliothèque de Boniface VIII avait été transférée lorsque le Saint-Siège s'était installé en Avignon. L'*In Parm.* de Proclus est mentionné dans les deux inventaires : « Item, expositio Procli

1. La traduction du commentaire de Philopon sur le *De anima*, achevée à Viterbe le 17 décembre 1268, est partielle, car elle ne comprend que les chapitres 4 à 8 du livre III [= *De intellectu*], ainsi que I 3 et le début de III 4, traduits en marge de la traduction de la paraphrase de Thémistius, achevée le 22 novembre 1267 (cf. Jean Philopon, *Commentaire sur le « De anima » d'Aristote. Traduction de Guillaume de Moerbeke*, éd. critique avec une introduction sur la psychologie de Philopon par G. Verbeke [CLCAG III], Louvain-Paris 1966).

2. Cf. G. Vuillemin-Diem, « La traduction de la *Métaphysique* d'Aristote par Guillaume de Moerbeke », dans *Aristoteles Werk und Wirkung*. Paul Moraux gewidmet, hrsg. von J. Wiesner, t. II, Berlin-New York 1987, p. 434-486 (édition de cette traduction citée *infra*, p. CCCXXVI, n. 3).

super Parmenidem » (inv. 1295), « Item libri, qui sequuntur, sunt scripti in greco : primo scripsimus comentum Procli
Permenidem (*sic*) Platonis, And., et est in papiro et habet ta-
bulas cohopertas de corio rubeo » (inv. 1311)[1]. Après 1311,
le ms. de l'*In Parm.* semble avoir disparu. L'abréviation *And.*
qui suit le titre de l'ouvrage et précède la description matérielle du ms. dans l'inventaire de 1311, demeure encore
inexpliquée. Selon l'hypothèse la plus probable, elle est à
mettre en rapport avec l'inventaire des biens de Moerbeke
à l'occasion de son décès auprès de la Curie en 1286, lorsqu'une partie de ses mss. seraient passés dans la bibliothèque
pontificale[2] sur la base du *ius spolii* selon lequel la Chambre

1. Cf. A. Pelzer, *Addenda et emendanda ad Francisci Ehrle
Historiae Bibliothecae Romanorum Pontificum tum Bonifatianae tum
Avenionensis tomum I*, In Bibliotheca Vaticana 1947, p. 24, n° 437
(inv. 1295) ; F. Ehrle, *Historia Bibliothecae Romanorum Pontificum
tum Bonifatianae tum Avenionensis*, t. I, Roma 1890, p. 95, n° 597
(inv. 1311). Les deux inventaires (seulement les mss. grecs) sont
publiés en vis-à-vis par A. Paravicini Bagliani, « La provenienza
"angioina" dei codici greci della biblioteca di Bonifacio VIII.
Una revisione critica », IMU 26 (1983), p. 27-69, en part. p. 51-
57 (pour le ms. de l'*In Parm.*, cf. p. 51 ; pour la liste des ouvrages
traduits par Moerbeke et conservés dans la bibliothèque papale,
cf. p. 32, n. 15 : Aristote, *Phys.*, *Rhet.* et *De anima* ; Thémistius,
In De anima ; Simplicius, *In De caelo* ; Proclus, *In Parm.* et *In Tim.*
(extraits) ; Alexandre d'Aphrodise, *De fato ad imperatores* ; Archimède ; Ptolémée, *De analemmate*).

2. L'abréviation *And.* se trouve dans la description de 19
mss. de l'inventaire de 1311 (qui en mentionne 33) et se lit dans
3 mss. conservés : *Laur.* 28, 18 [= ms. n° 429 de l'inventaire de
1295 = n° 624 de l'inventaire de 1311], *Vat. gr.* 276 et 1605 (cf. A.
Paravicini Bagliani, « La provenienza "angioina" », art. cit., p.
28-29, n. 4). Cette abréviation (résolue par Ehrle en *antiquum*,
cf. *Historia Bibliothecae Romanorum Pontificum*, cit., p. 95-96, n.
358) a été interprétée par A. Pelzer comme signifiant *Andega-
vensis* : les mss. de la bibliothèque de Boniface VIII auraient
été donnés au pape Clément IV par Charles Ier d'Anjou après
la bataille de Bénévent (1266) (cf. A. Pelzer, « Note », en appendice à l'étude de A. Rome, « Un manuscrit de la bibliothèque
de Boniface VIII à la Médicéenne de Florence », AC 7 [1938], p.

Apostolique héritait les biens des prélats morts à la Curie romaine[1]. Quant à la question de savoir où Moerbeke a pu se procurer son ms. de l'*In Parm.*, deux réponses sont possibles : ou bien il l'a trouvé en Grèce et l'a rapporté ensuite en Italie où, comme on l'a vu, il a dû travailler à sa traduction[2], ou bien il l'a trouvé dans le sud de l'Italie ou en Sicile,

---

261-270, en part. p. 268-270). L'hypothèse de A. Pelzer a été définitivement écartée par A. Paravicini Bagliani, « La provenienza "angioina" », art. cit. Selon A. Paravicini Bagliani, l'abréviation *And.* doit être mise en rapport avec le catalogage de 1295 : elle pourrait être la marque de l'un des catalogueurs (Andreas ?), chargé d'indiquer le contenu des mss. grecs que les auteurs de l'inventaire de 1295 ne pouvaient pas déchiffrer, et aurait été reprise de façon mécanique par les auteurs de l'inventaire de 1311 qui en ignoraient désormais la signification et l'ont par conséquent souvent déformée en *Aud.* (cf. A. Paravicini Bagliani, « La provenienza "angioina" », art. cit., p. 60-63). L'hypothèse de Paravicini Bagliani a été reprise et partiellement modifiée par M. Rashed, « Nicolas d'Otrante, Guillaume de Moerbeke et la *Collection philosophique* », *Studi Medievali*, 43 (2002), p. 693-717 et 4 pl. (repris dans *L'héritage aristotélicien. Textes inédits de l'Antiquité*, Paris 2007, p. 513-541). Selon M. Rashed, l'abréviation *And.* serait liée plutôt à l'inventaire des biens de Moerbeke lors de son décès auprès de la Curie (cf. art. cit., p. 712-713 : « La solution la meilleure est donc bel et bien celle proposée naguère par A. Paravicini Bagliani, à ceci près que l'abréviation *And.* pourrait être moins directement liée au catalogage de la collection papale de 1295 qu'au recensement des biens du traducteur, au lendemain de son décès *apud Sedem Apostolicam* »). Alors donc que, selon l'hypothèse de A. Pelzer, le ms. de l'*In Parm.* utilisé par Moerbeke se serait déjà trouvé dans la bibliothèque papale, selon l'hypothèse de A. Paravicini Bagliani et de M. Rashed — que nous accueillons —, si la bibliothèque papale conservait ce ms., c'est parce qu'il avait appartenu à Moerbeke lui-même.

1. Cf. A. Paravicini Bagliani, « La provenienza "angioina" », art. cit., p. 65-66 ; id., « Guillaume de Moerbeke et la cour pontificale », art. cit., p. 51.

2. Cf. Klibansky-Labowsky, p. XXVI-XXVII ; A. Paravicini Bagliani, « La provenienza "angioina" », art. cit., p. 64-66, qui propose la ville de Nicée où Moerbeke a, selon toute vraisemblance, achevé, en 1260, la traduction du commentaire

ainsi que les mss. de la *Collection philosophique*, dont il a pu disposer pour quelques-unes de ses traductions[1].

2. *Indépendance et unité des deux branches*

Quoi qu'il en soit de l'origine et de l'histoire du ms. grec utilisé par Moerbeke (Γ), son texte était sans aucun doute meilleur que celui de l'hyparchétype Σ, ancêtre commun de la branche grecque, et par conséquent indépendant de Σ. La supériorité et l'indépendance de Γ par rapport à Σ sont démontrées par les omissions de Σ, volontaires ou involontaires, que la traduction latine (**g**) permet de combler.

(1) La traduction latine est seule à avoir conservé la dernière partie du livre VII (p. 497.67 [*est le unum*]-521.69), qui a disparu dans toute la tradition grecque, probablement parce que l'hyparchétype Σ avait perdu ses derniers feuillets (ou plutôt son dernier cahier, cf. *supra*, p. CCLV-CCLVI).

(2) Le passage I 696.21-45, qui est une digression au sujet d'un problème de logique stoïcienne, a été abrégé dans la branche grecque, alors que la traduction latine donne le texte intégral.

(3) Le texte Σ présente plusieurs omissions majeures, le plus souvent par saut du même au même, qui sont absentes de la traduction latine[2].

---

d'Alexandre d'Aphrodise sur les *Météorologiques* (cf. W. Vanhamel, « Biobibliographie de Guillaume de Moerbeke », art. cit., p. 309).

1. Cf. M. Rashed, « Nicolas d'Otrante, Guillaume de Moerbeke et la *Collection philosophique* », art. cit.

2. Voir la liste publiée dans l'introduction à l'édition de la traduction latine, t. I, p. 55*-56*. Pour le livre I, ajouter 627.26-27 ὁ δὲ — δευτέρᾳ addidimus ex **g** (*et qui quartam, eorum que in secunda*). — Une situation analogue caractérise la traduction latine de l'*El. phys.* (qui n'est pas de Moerbeke) par rapport à la tradition grecque. En effet, la traduction latine ne présente pas les omissions que Ritzenfeld (p. VIII et n. 2) considère comme propres de l'archétype de toute la tradition grecque, omissions

(4) En plus de ces omissions majeures, le texte Σ montre de très nombreuses petites omissions qui ont produit une détérioration moins grave, bien sûr, que les omissions majeures, mais qui ont gâté le style et sont aussi plus difficiles à détecter[1].

(5) A côté des omissions, la branche grecque présente de très nombreuses corruptions qui peuvent être corrigées à l'aide de la traduction latine[2].

que H. Boese a pu combler grâce à la traduction (cf. éd. Boese, p. 14-15).

1. Voici la liste des quarante-sept petites omissions de Σ dans le livre I comblées à l'aide de la traduction latine ou déjà comblées par un supplément que la traduction latine confirme : 622.34 (ἔτι), 625.24 (καὶ), 632.31 (μὲν), 633. 29 (τε), 634.25 (ἢ), 638.31 (ἄλλων et ἀπὸ), 639.3 (καὶ), 642.15 (εἰκὼν τῆς), 646.10 (καὶ), 649.20 (μέντοι), 649.30 (καὶ[2]), 650.32 (καὶ αἰτιώτερα), 651.7 (ἐν), 653.25 (καὶ), 654.20 (καὶ[1]), 660.17 (γὰρ), 660.27 (οὐσίας), 670.9 (τελέως), 670.15 (μὴ), 679.13 (μὲν), 679.30 (καὶ[3]), 679.33 (αὐτῶν), 680.34 (μὲν), 682.13 (οὐδὲν), 683.4 (γὰρ), 685.32 (ἐκτρεπόμενοι), 686.14 (τότε), 690.2 (καὶ et ὅς), 690.9 (ἀπὸ), 691.11 (ἀπὸ), 694.24 (ὄντων), 698.5 (γὰρ), 704.7 (πάντα), 708.27 (πάντα), 708.31 (ὡς), 710.25 (μὲν), 711.3 (ὃν), 712.12 (καὶ[2]), 712.26 (τὴν προθυμίαν), 712.31 (πάλιν), 714.33 (τὰ γράμματα), 716.33 (τὸ[1]), 716.34-35 (ὥστε οὐχ ἕν), 720.1 (τὸ), 720.17 (Καὶ). Omissions récurrentes : καὶ (10), μὲν (4), ἀπὸ (3).

2. Voici quelques exemples tirés du début du livre I : 617.15 ἀπόλυτον scripsimus ex g (absolutam) : ἄλυτον Σ ‖ 618.12 τε scripsimus ex g (-que) : γε Σ ‖ 621.2 ἀνάγκη ἔχειν scripsimus ex g (necesse habere) : ἕξειν (ἕξιν F) Σ ‖ 621.31 ἐκεῖ scripsimus ex g (ibi) : ἐκείνου Σ ‖ 623.23 ἀναφύεσθαι scripsimus ex g (oriantur) : ἀναφαίνεσθαι Σ ‖ 628.11 ἁρπάζων scripsimus ex g (eripiens) : ἁρπάζειν Σ ‖ 629.21 δοκοῦσιν ἐοικέναι scripsimus ex g (uidentur assimilari) : ἰέναι Σ ‖ 630.12-13 ἐποπτικωτάτων scripsimus ex g (superlucidissimorum) : ἐποπτικῶν Σ ‖ 631.2 δὲ scripsimus ex g (autem) : μὲν Σ ‖ 631.5 ὑφηγητικόν scripsimus ex g (narratiuum) : ἡγητικόν Σ ‖ 631. 14 ἃς ἐκεῖνον scripsimus ex g (quas εκεινō) : ἀσκεῖν ὃν Σ ‖ 634.8 διελεῖν scripsimus ex g (diuidatur) : διελθεῖν Σ ‖ 636.20 προανακινούσας scripsimus ex g (premouentes) : προσανακινούσας Σ ‖ 637.2 ἔμελλε scripsimus ex g (debuit) : ἔμελλον Σ ‖ 637.9-10 διαιρετικὸν scripsimus ex g (diuisiuum) : διαιρετικὴν Σ ‖ 637.17 γνῶσιν scripsimus ex g

Malgré son évidente supériorité, le modèle grec de Moerbeke (Γ) ne peut pas être considéré comme la source de la branche grecque à cause d'un certain nombre de fautes attestées par la traduction latine et absentes de la branche grecque. Or, puisque les fautes de la traduction latine peuvent toujours s'interpréter comme des fautes soit du traducteur, soit de la tradition latine, et non pas du modèle grec utilisé par Moerbeke, il est très difficile de reconnaître les fautes propres à ce dernier. Il y a toutefois deux passages dans lesquels des notes marginales de Moerbeke témoignent incontestablement d'une lacune dans son exemplaire grec :

II 731.14 (= p. 92.20) διίστησι περὶ ὃ καὶ] spat. uac. **g**, *ei deficit aliquid* mg. add. A[lat].

II 776.4 (= p. 127.87) καὶ τὰ νοητὰ] spat. uac. **g**, *album in greco* mg. add. A[lat].

Puisque les mss. grecs présentent un texte sain dans les deux cas, il est évident que les deux lacunes sont propres à Γ, qui donc ne peut pas être à l'origine de la branche Σ[1].

A ces deux lacunes dont témoignent les notes marginales de Moerbeke lui-même, on ajoutera les trois omissions suivantes qui peuvent être attribuées à Γ :

I 626.13-14 λόγους καθ' [οὓς καὶ τὰ αἰσθητὰ ποδηγετοῦσι καὶ γεννῶσιν ἀϊδίως καὶ ζωο]ποιοῦσι (les mots entre [ ] sont omis dans la traduction latine ; pour faire sens de la phrase, Moerbeke a, semble-t-il, conjecturé καὶ sur καθ' [*et*], ζωοποιοῦσι, privé de ζωο-, a été traduit par *faciunt*).

VII 1151.24-25 καὶ ἄλλα γεννᾷ — γεννώντων om. **g**.

VII 1241.8-9 τῆς δευτέρας — ἀληθές om. **g**.

(*notitiam*) : ἐπιῶσι Σ || 638.11 ξένον τοῦτο scripsimus ex g (*xenum hoc*) : τοῦτο ξένον Σ || 638.29 ἀσώματον scripsimus ex g (*incorpoream*) : σῶμα· τὸν s, etc.

1. Les quatre autres lacunes attestées par les notes marginales de Moerbeke sont communes aux mss. grecs. Elles étaient donc dans l'archétype Ω (cf. Moerbeke, *In Parm.*, Introduction, p. 51*).

Ces trois omissions qui sont approximativement de la même longueur (49, 40 et 44 lettres) s'expliquent probablement par le saut d'une ligne. En effet, bien que Moerbeke ait pu se tromper de ligne en lisant son modèle, il est toutefois difficile d'imaginer qu'il ne s'en soit pas aperçu en poursuivant sa traduction. L'omission de la ligne est donc vraisemblablement une faute propre à Γ, et non pas une erreur de Moerbeke.

Le jugement doit être plus réservé en ce qui concerne les omissions par saut du même au même, car elles peuvent aussi s'expliquer par une distraction du traducteur (sautant du même au même dans sa lecture du grec) ou par une faute de transmission du texte latin (à cause du caractère littéral de la traduction de Moerbeke, un copiste a pu faire, en latin, le même saut du même au même). Voici trois exemples tirés du livre I :

667.8-9 ἄλλῳ μεταδοίη — δ' ἄν τις om. **g**.
685.15-17 οἱ μὲν ἐκ τῆς — ἐκφαίνονται om. **g**.
711.11 οὔσας αὐτῶν τῶν πολλῶν om. **g**.

Si l'indépendance des deux branches de la tradition Σ et Γ est démontrée par leurs fautes respectives[1], leur origine

---

1. En IV 970.14-15 (οὐδ' ἂν ἄλλο τι εὔροις περὶ αὐτῶν εἰωθός, ὡς ἐμαυτὸν πείθω, λέγεσθαι), la leçon unanime de la tradition grecque est ὡς ἐμαυτὸν πείθω, tandis que la traduction latine donne *per Iouem* qui semble attester la leçon μὰ τὸν Δία dans l'exemplaire grec de Moerbeke (comme en IV 876.22 [*Parm.* 131 E 6] μὰ τὸν Δία = *per Iouem*). On ne saurait imaginer que ὡς ἐμαυτὸν πείθω est une correction volontaire du scribe de Σ choqué par cette mention d'un dieu grec : à ce compte-là, c'est tout l'*In Parm.* qu'il aurait fallu expurger ! d'autant plus que l'interjection μὰ τὸν Δία se lit, comme on vient de le voir, en IV 876.22 [*Parm.* 131 E 6] où elle a été transmise par les deux branches de la tradition. On notera que cette interjection, très fréquente chez Platon (79 occurrences), est absente de tous les textes de Proclus sauf en cas de citation, tandis que l'expression ὡς ἐμαυτὸν πείθω, "comme je m'en persuade", est non seulement attestée chez Platon (*Phaed.* 92 E 1, *Gorg.* 453 A 8-B 1, *Men.* 76

commune à partir d'un même archétype (Ω) est démontrée par leurs fautes communes. Les conjectures par lesquelles on a corrigé les passages corrompus du livre I (164 cas), peuvent être classées comme suit (nous ne considérons que les passages sûrement corrompus en Ω)[1] :

E 6-7, *Alc.* 104 E 8-105 A 1), mais aussi employée par Proclus lui-même en dehors de citation (*In Remp.* I, p. 218.27-219.1 ; II, p. 191.13). La leçon transmise par la branche latine doit donc être considérée comme une tentative maladroite de corriger un texte devenu en partie illisible (μὰ τὸν pourrait être ce qui restait de ἐμαυτὸν), en le banalisant par l'introduction d'une expression propre à la langue quotidienne et à la conversation. Cette leçon est donc manifestement inférieure à celle de la branche grecque qui, en tant que locution propre à la langue écrite élégante, constitue une *lectio difficilior* qu'aucun lecteur byzantin n'aurait substituée à une locution de la langue familière. Il faut aussi remarquer que Proclus aurait difficilement pu employer l'interjection μὰ τὸν Δία dans sa valeur courante après en avoir fourni une exégèse théologique subtile en IV 877.20-31, où il commente *Parm.* 131 E 6-7 (Οὐ μὰ τὸν Δία, φάναι, οὔ μοι δοκεῖ εὔκολον εἶναι τὸ τοιοῦτον οὐδαμῶς διορίσασθαι) : si Socrate prend Zeus à témoin de la difficulté d'expliquer la participation aux formes, c'est parce que la source et l'hénade des idées démiurgiques sont en Zeus ; en l'invoquant, Socrate se rend donc capable d'aborder la recherche et s'élève à la cause séparée des phénomènes. L'opposition des deux branches en IV 970.14-15 constitue donc une nouvelle preuve de l'indépendance de la branche grecque par rapport à la branche latine.

1. Dans le livre I, on peut déceler quatre fautes d'onciales propres à l'archétype de toute la tradition (Ω) et qui pourraient donc s'être produites lors de la translittération : 635.24 ὑπ' αὐγὰς διὰ μέσων Westerink : ὑπαυγάσαι (ὑπ' αὐγάσαι RW) μέσον Σ *que… illustrarunt medium* g (cf. *infra*, p. 25, n. 4 [p. 204 des *Notes complémentaires*] ; *infra*, p. cccxlviii-cccxlix) ‖ 645.13 θεῖα scripsimus : ὅσια Σ *sancta* g (cf. *infra*, p. 36, n. 8 [p. 217 des *Notes complémentaires*]) ‖ 663.10 ὀρέξεσι Luna : ὀρέξει Σ *appetitu* g ‖ 693.49-50 τὸ νοητὸν Noret : τῶν ὄντων s *entia* g (cf. *infra*, p. 102, n. 4 [p. 287 des *Notes complémentaires*]). En ce qui concerne 663.10, la petite faute est probablement due à l'haplographie de Ϲ arrondi suivi de sigma lunaire Ϲ. La correction est certaine car les deux termes constituant le couple

— remplacements : 619.2, 619.19, 623.10, 623.11-12, 623.26, 624.17, 625.19, 627.13, 627.32, 627.35, 628.6, 628.9, 628.19, 629.25, 629.25-26, 630.6, 631.10, 633.21, 633.23, 634.2, 634.6-7, 634.7, 634.20, 634.32, 635.8, 635.12, 635.23, 635.24, 635.26, 639.31, 639.33, 640.12, 641.5, 642.5, 642.7, 642.8, 645.13, 646.5, 646.20-21, 646.25, 648.13, 649.23-24, 649.24, 649.28, 650.20, 651.25, 652.11, 652.13, 654.2, 654.24, 657.20, 659.18, 661.12, 661.23, 663.10, 664.13, 665.25, 665.28, 667.13, 667.21, 668.38, 670.35, 673.11-12, 674.7, 674.14, 674.15, 676.8, 677.4, 677.39, 678.31, 678.35, 679.21, 679.27, 680.11, 680.30, 681.17, 681.20, 681.27, 682.13, 683.11, 685.1, 685.21, 687.6, 687.8, 689.34, 690.29, 691.15, 691.24, 691.25, 693.49-50, 698.33, 702.4, 702.24, 703.15, 704.30, 706.3, 706.10, 709.31-32, 710.29, 713.15, 716.8, 717.34 (2 corr.), 718.5, 719.11 (105 cas).

— additions : 620.23, 623.7, 628.33, 36 et 37, 637.32-33, 642.6-7, 642.23-24, 653.19, 653.25, 656.25, 664.25, 667.15, 672.31, 674.27, 677.33, 678.11, 679.3, 685.28, 697.3, 698.14, 699.3, 702.10, 703.32, 704.8, 705.35, 708.3, 708.27, 709.21, 716.8, 716.15, 717.19 (32 cas).

— suppressions (en général de petite entité) : 627.7, 631.9, 639.20, 653.2, 656.6, 656.21, 659.27, 661.13, 679.12, 699.9-10, 704.15, 17 et 31, 706.22, 718.13, 720.4-5 (16 cas).

— lacunes : 631.10, 654.32, 699.2, 718.30, 722.14 (5 cas).

— transpositions : 631.2-7, 631.28-632.22, 632.22-23, 632.23-28 (4 cas).

— passages corrompus et non corrigés : 632.29-30, 718.28-29 (2 cas).

ὄρεξις-ὁρμή, "désir-impulsion", sont toujours au même nombre (ou bien tous les deux au singulier, ou bien tous les deux au pluriel). La corrélation ὄρεξις-ὁρμή devient courante à partir d'Épictète, *Ench.* 1, 1.2-3, qui énumère ὑπόληψις, ὁρμή, ὄρεξις et ἔκκλισις parmi les choses qui dépendent de nous (τὰ ἐφ' ἡμῖν), cf. Simplicius, *In Epict.*, éd. I. Hadot (CUF), Paris 2001, I 1-623.

Comme nous l'avons dit[1], l'archétype de toute la tradition Ω est sûrement antérieur au troisième quart du IXe siècle car le scholiaste de la Collection philosophique, qui utilise le commentaire de Proclus, le cite déjà selon le texte de l'hyparchétype Σ.

IV. La traduction latine de Guillaume de Moerbeke

En dehors de celles dont nous venons de parler, toutes les autres fautes de la traduction latine peuvent toujours s'interpréter comme des erreurs de Moerbeke, ou bien des mélectures de son exemplaire grec, ou encore des fautes de la tradition latine[2]. Par exemple, en 696.49, la leçon εὕρωμεν Σ est absolument certaine, la leçon *inuenimus* g peut être ou bien (1) une faute de Γ (εὕρομεν), ou bien (2) une mélecture ou une erreur de traduction de Moerbeke, ou bien (3) une faute de la tradition latine (*inueniamus* se serait corrompu en *inuenimus*). C'est pourquoi nous renonçons à restituer les fautes de Γ par une rétroversion de la traduction fautive, sauf en de très rares cas. Une telle rétroversion est, somme toute, un exercice non seulement périlleux, car elle risque toujours d'aboutir à des leçons qui n'ont jamais existé, mais aussi futile car, de toute façon, la prétendue faute ainsi restituée ne peut être d'aucune aide ni dans l'établissement du texte ni dans le classement des mss. La traduction latine est donc un témoin positif du texte en ce sens qu'elle sert essentiellement à corriger les fautes de la branche grecque.

Puisque la traduction latine est un témoin indirect du texte grec, elle ne peut être utilisée que dans des conditions bien

---

1. Cf. *supra*, p. CXV-CXVI ; *infra*, p. CDXVII-CDXVIII.
2. Nous donnons la liste complète de ces fautes dans l'Appendice III, *infra*, p. CDVIII-CDXIV. Elles sont au nombre de 431, dont 25 omissions de γε (dont 11 dans la combinaison δέ γε), 25 omissions de τε et 18 omissions de καί.

déterminées et dans certains cas. Cela dit, sa présence dans l'apparat critique est très imposante. Pour le livre I, l'apparat critique se compose de 702 unités, dont 31 n'entrent pas en ligne de compte car elles ne concernent pas des difficultés textuelles, mais ou bien contiennent des conjectures envisageables, mais non adoptées dans le texte, ou bien comparent le texte de Proclus avec la tradition directe de l'auteur qu'il cite (le plus souvent, Platon). On peut donc faire état de 671 unités critiques "réelles". Sur un total de 671 unités, la traduction latine (**g**) est citée 589 fois[1]. Il ne reste donc que 82 unités critiques dans lesquelles **g** ne figure pas. Avant d'expliquer les raisons de son absence, arrêtons-nous un instant à analyser sa présence d'un point de vue quantitatif. Les 589 citations de **g** dans l'apparat critique se répartissent de la façon suivante :

— 284 bonnes leçons de **g** contre la leçon fautive de la branche grecque (Σ ou s). Ces 284 bonnes leçons propres à **g** se répartissent, à leur tour, comme suit :

    — 166 bonnes leçons qui n'ont été anticipées ni par une conjecture ancienne ni par une conjecture moderne.

    — 90 bonnes leçons anticipées par une conjecture ancienne (le plus souvent le ms. A).

    — 28 bonnes leçons anticipées par une conjecture moderne (Cousin etc.).

— 89 bonnes leçons que **g** partage avec une partie de la tradition grecque.

La traduction latine transmet donc la bonne leçon 373 fois sur les 589 fois dans lesquelles elle est citée (plus une

---

1. En deux endroits, 665.29 τῇ ἢ τῇ, et 701.23 ἐπικλείουσ᾽, **g** figure sous forme de la note grecque du ms. A^lat. qui reproduit la leçon du ms. grec de Moerbeke, leçon qu'il n'a pas traduite. Ces deux leçons démontrent que les notes grecques du ms. A^lat. dérivent de l'exemplaire grec de Moerbeke, et qu'elles ne sont pas le fruit d'une comparaison entre le ms. A^lat. et un ms. grec. En effet, elles ne sont pas transmises par la tradition grecque (cf. Moerbeke, *In Parm.*, p. 49*).

probable bonne leçon en 712.31). Les 216 unités critiques qui restent se répartissent de la manière suivante :

— 164 fautes communes à toute la tradition manuscrite.

— 18 fautes que **g** partage avec une partie de la branche grecque.

— 34 leçons propres à **g**. Il s'agit là probablement de variantes de Γ par rapport à Σ[1].

Pour expliquer cet état de choses et afin que le lecteur puisse se rendre compte de la manière dont la traduction latine a été utilisée dans l'établissement du texte et dans la rédaction de l'apparat critique, et, en particulier, pourquoi elle ne peut pas figurer dans toutes les unités critiques, nous allons présenter quelques-unes de ses caractéristiques principales. L'exposé qui suit ne prétend nullement être une analyse de la technique de traduction de Moerbeke, mais vise simplement à expliquer les critères selon lesquels la traduction latine de l'*In Parm.* a été utilisée pour établir le texte grec[2].

1. Dans de très rares cas, la traduction latine fournit aussi des leçons équivalentes à celles de la branche grecque. Pour le livre I, cf. 619.5 εἴπομεν Σ : *dixi* **g** (εἶπον Γ ?) || 638.9 ἐν ἀρχῇ Σ : *euidenter* **g** (ἐναργῶς Γ ?) (voir note *ad loc.*).

2. Pour une version plus complète de l'analyse qui est présentée ici, voir l'étude de C. Luna, « L'utilizzazione di una traduzione greco-latina medievale per la costituzione del testo greco : la traduzione di Guglielmo di Moerbeke del commento di Proclo *In Parmenidem* », à paraître dans *Documenti e studi sulla tradizione filosofica medievale*, 20 (2009). — En règle générale, notre analyse se borne au livre I, pour lequel nous possédons un texte critique. Pour les autres livres, l'utilisation de l'édition Cousin s'avère dangereuse à cause de la présence massive des leçons du ms. A et des corrections introduites par Cousin (sans être signalées en note) dans les lemmes et dans les citations du texte de Platon. — Parmi les nombreuses études sur la technique de traduction de Moerbeke, voir surtout L. Minio-Paluello, « Guglielmo di Moerbeke traduttore della *Poetica* di Aristotele (1278) », *Rivista di filosofia neo-scolastica*, 39 (1947), p. 1-17 (repris dans *Opuscula. The Latin Aristotle*, Am-

La traduction latine de Moerbeke est une traduction littérale en ce sens qu'elle traduit le grec mot-à-mot[1], en forgeant
souvent des néologismes latins, simples transcriptions des
termes grecs dont ils gardent les composants et reproduisent
la structure (par exemple, I 667.25 τῆς ὑποσχέσεως = *sub-
habituationis*)[2]. Cela aboutit à une langue très artificielle qui

sterdam 1972, p. 40-56 [nous citons cette réimpression]) ; id.,
« Henri Aristippe, Guillaume de Moerbeke et les traductions latines médiévales des "Météorologiques" et du "De Generatione
et Corruptione" d'Aristote », *Revue philosophique de Louvain*, 45
(1947), p. 206-235 (repris dans *Opuscula*, cit., p. 57-86 [nous
citons cette réimpression]) ; G. Vuillemin-Diem, « La traduction de la *Métaphysique* d'Aristote par Guillaume de Moerbeke »,
art. cit. (*supra*, p. cclxv, n. 2) ; F. Bossier, « Méthode de traduction et problèmes de chronologie », dans *Guillaume de Moerbeke*,
p. 257-294 ; les introductions aux éditions des traductions de
Moerbeke dans la série de l'*Aristoteles Latinus* (AL) et dans le *Corpus Latinum Commentariorum in Aristotelem Graecorum* (CLCAG) ;
les contributions de R. Wielockx, G. Vuillemin-Diem, J. Brams,
P. Rossi, J. Judycka, L. Anthonis et L.-J. Bataillon, publiées
dans *Guillaume de Moerbeke*, p. 113-299. Voir aussi P. Beullens,
« Guillaume de Moerbeke et sa traduction de l'*Historia animalium* », dans *Tradition et traduction. Les textes philosophiques et
scientifiques grecs au Moyen Age latin*. Hommage à Fernand Bossier, éd. par R. Beyers, J. Brams, D. Sacré, K. Verrycken (Ancient
and medieval philosophy. De Wulf-Mansion Centre, Series 1,
XXV), Leuven 1999, p. 219-238 ; G. Guldentops, « Some critical
observations on Moerbeke's translation of Themistius' Paraphrase of *De anima* », *ibid.*, p. 239-264.

1. Sur les deux formes de traduction pendant l'antiquité
tardive et le moyen âge, cf. P. Chiesa, « "Ad verbum" o "ad
sensum" ? Modelli e coscienza metodologica della traduzione
tra tarda antichità e alto medioevo », *Medioevo e Rinascimento*, 1
(1987), p. 1-51 ; id., « Le traduzioni », dans *Lo spazio letterario del
Medioevo. 1. Il Medioevo latino*, a cura di G. Cavallo, C. Leonardi,
E. Menestò, t. III, Roma 1995, p. 165-196.

2. Sur cet aspect de la traduction de Moerbeke, cf. Moerbeke, *In Parm.*, Introduction, p. 46*-48* ; L.-J. Bataillon,
« L'usage des mots hybrides gréco-latins par Guillaume de Moerbeke », dans *Guillaume de Moerbeke*, p. 295-299, en part. p. 298
sur la fréquence de ces hybrides dans la traduction de l'*In Parm.*

peut, à première lecture, paraître incompréhensible[1]. C'est
justement le caractère littéral de la traduction qui permet
la rétroversion et rend son témoignage extrêmement précieux[2]. Elle est, en effet, pour ainsi dire, un miroir qui
reflète un texte grec perdu (qui, dans le cas de l'*In Parm.*,
est bien supérieur à celui conservé par les mss. grecs). Or,
cinq éléments peuvent venir troubler cette correspondance
modèle-image : (1) Divergences dans la structure et la composition de la phrase ; (2) Incompatibilité morphologique ou
syntaxique de la langue latine par rapport au texte grec ;
(3) Erreurs de traduction ; (4) Conjectures de Moerbeke ;
(5) Fautes de la tradition latine. Nous allons donc examiner

où l'on trouve « la plus extraordinaire peut-être de toutes ces
créations, un *komodofactiuus* [I 715.17 κωμῳδοποιοὶ] où le premier *o* est surmonté d'un trait pour montrer qu'il s'agit d'un
oméga ».

1. On connaît le jugement très négatif de Roger Bacon sur
les traductions de Moerbeke (et, en général, sur toutes les traductions médiévales d'Aristote, à l'exception de celles de Boèce
et de Robert Grosseteste). Voir les textes cités et commentés
par P. Beullens, « Guillaume de Moerbeke et sa traduction de
l'*Historia animalium* », art. cit., p. 219-221, qui montre que le
jugement de Bacon naît de son ignorance des traductions de
Moerbeke. La répugnance des humanistes pour le latin médiéval n'a cependant pas empêché Nicolas Scutelli d'utiliser la
traduction de Moerbeke pour sa propre traduction de l'*In Parm.*
de Proclus (cf. *infra*, p. CDXLV-CDXLVII).

2. Sur les difficultés que pose l'utilisation de la traduction
latine pour l'établissement du texte grec, cf. L. Minio-Paluello,
« Guglielmo di Moerbeke traduttore della *Poetica* », art. cit., p.
52-56 (à propos de l'utilisation de la traduction de la *Poétique*
par E. Lobel, « The Medieval Latin Poetics », *Proceedings of the
British Academy*, 17 [1931], p. 309-334). Voir en part. p. 53, n. 2 :
« Dei limiti entro cui si può usare una traduzione, per quanto
letterale sia, di Guglielmo di Moerbeke, ci si accorge se si tenti,
per esempio, di ricostruire un testo greco perduto, quale il Commento di Filopono al *De anima*. Per quanta conoscenza si abbia
del linguaggio di Filopono e del vocabolario e metodi di traduzione di Guglielmo, i dubbi rimangono innumerevoli ».

ces cinq éléments en essayant de montrer dans quelle mesure chacun d'entre eux peut compromettre la littéralité de la traduction. Notre exposé sera complété par (6) l'analyse de quelques cas particuliers tirés du livre I.

1. *Divergences dans la structure et la composition de la phrase*

Le caractère littéral de la traduction de Moerbeke a pour conséquence que la phrase latine se compose, en général, d'un nombre d'éléments égal à celui des éléments dont se compose la phrase grecque. Il ne faut toutefois pas croire que la traduction de Moerbeke soit mécanique[1]. En effet,

---

1. Il est très important de citer *in extenso* le jugement de G. Vuillemin-Diem à propos de la traduction de la *Métaphysique* parce qu'il éclaire parfaitement la technique de traduction de Moerbeke (cf. « La traduction de la *Métaphysique* d'Aristote par Guillaume de Moerbeke », art. cit., p. 442-443, 457-458) : « Les conditions pour une comparaison interne sont en un sens assez favorables, puisque la méthode de traduction de Moerbeke — déjà assez bien connue et étudiée par ailleurs — permet dans la plupart des cas de décider, s'il a lu ou non telle ou telle leçon attestée dans le grec, ou laquelle, parmi plusieurs variantes grecques attestées, il a rendue, ou enfin, quel terme grec, non attesté par notre tradition grecque, a correspondu devant ses yeux ou son esprit à l'équivalent latin qu'il écrivait dans son texte. Assurément, il faut être prudent, si l'on ne veut pas courir le risque de reconstituer un exemplaire tout à fait fictif, en réduisant chaque leçon particulière du texte latin à une leçon particulière du grec : 1) Moerbeke n'a pas traduit comme une machine ; il y a bien des exceptions à la régularité de son vocabulaire. 2) Il doit avoir commis des fautes, comme toute personne qui reproduit d'une façon ou d'une autre un texte aussi long. 3) Enfin, il est certain que, dans des endroits corrompus — soit réellement soit à ses yeux —, il a essayé de faire des conjectures ou des corrections, et, en tout cas, de comprendre le sens du texte. Ce dernier aspect, peut-être trop souvent négligé, apparaît clairement dans le ms., considéré comme autographe, des traductions d'Archimède et Eutocius (*Vat. Ottob. lat.* 1850) éditées par M. Clagett. [...] Nous savons, par l'autographe de ses traductions d'Archi-

la correspondance grec-latin, loin d'être biunivoque, admet une certaine dyssimétrie dont les causes fondamentales sont au nombre de quatre.

1.1. *Traductions multiples d'un même mot grec et traduction unique de plusieurs mots grecs*

Le même mot grec peut être traduit par différents mots latins et, vice versa, plusieurs mots grecs peuvent être traduits par le même mot latin. Voici quelques exemples tirés du livre I[1] :

τὸ ἀνυπόθετον = *insuppositum* (622.32), *quod sine suppositione* (623.26), *quod anypothetum (idest insuppositum)* (655.32).

ἀφικνεῖσθαι = *deuenire, peruenire, pertingere.* Cf. 660.31 ἀφικέσθαι, καὶ ἀφικόμενος = *deuenisse, et perueniens* ; 664.4

mède, que Moerbeke a fait des conjectures par rapport à son exemplaire grec, qu'il a douté des leçons qu'il lisait, qu'il en a proposé d'autres, qu'il a hésité entre elles, et ceci fréquemment, lorsqu'il était confronté à un texte difficile et technique. Mais notre texte, lui aussi, contient quelques endroits indiquant que le traducteur lui-même aura corrigé par conjecture sa source. Il s'agit surtout de deux endroits [...], où, en accord avec les autres branches de la tradition grecque manuscrite, J [*scil.* le ms. grec de Moerbeke, *Vindob. phil. gr.* 100] présente des leçons, qui, quant à la grammaire et à la syntaxe, sont apparemment en ordre, mais qui, replacées dans un contexte plus large, rendent incohérente une argumentation complexe et subtile. A chacun de ces endroits le texte de Moerbeke offre deux versions, qui, toutes deux, proviennent sans doute du traducteur lui-même. [...] Elles [*scil.* Les secondes versions] donnent un texte amélioré grâce aux conjectures grecques implicites, individuelles et indépendantes de la tradition grecque attestée (l'addition d'une négation, le changement de l'accentuation d'un mot) ; les éditeurs modernes ont d'ailleurs, contre la tradition grecque manuscrite, retrouvé ou proposé les mêmes conjectures ».

1. Pour chaque mot, nous ne citons que quelques occurrences (pour l'ensemble des occurrences, voir l'édition Steel, t. II, *Index latino-graecus*, p. 593-703, et *Index graeco-latinus*, p. 704-756).

ἀφικομένους = *pertingentes*.

διάλογος = *sermo* (618.22), *dialogus* (626.2 et 3, 627.38, 630.22, 24, 28 et 35 etc.).

δύναμις = *uirtus* (617.14, 632.18, 645.16, 648.12, 661.11 et 19, 666.33 et 37-38, 667.2), *posse* (630.31, 666.17), *potentia* (650.37).

δύσληπτος = *difficulter comprehensibilis* (680.19), *difficile apprehensibilis* (681.14).

εἰκότως = *uerisimiliter* (620.5, 626.21, 692.7), *merito* (638.35, 639.37-38, 645.31, 651.7, 664.22, 665.7), *decenter* (666.35, 685.32). Une quatrième traduction par *congrue* apparaît à partir de IV 974.13-14.

εἰκών = *ykon* (627.10-11), *ykon (idest imago)* (627.13), *imago* (627.15-16 et 18, 628.23, 642.12, 14 et 15, 644.22 etc.).

ἐπιτηδεύματα = *agibilia* (651.33 et 38), *adinuentiones* (652.19). Dans le même passage, le terme *adinuentio* traduit aussi ἐπιτήδευσις (652.24-25), alors que le verbe ἐπιτηδεύειν est traduit par *addiscere* (652.26).

ἑρμηνεία = *interpretatio* (631.26-27, 633.7, 646.23, 647.6 et 19-20, 669.17), *ermenia* (645.22).

θεωρία = *theoria* (617.2, 618.1, 6-7 et 21, 620.19 et 22, 621.23, 622.20 et 26, 627.38, 629.9 et 31, 630.21, 631.8, 636.19, 637.3 et 20, 644.20), *speculatio* (636.34, 653.12 et 19, 659.27, 672.31).

καθήκοντα = *deuenientia* (646.19 = séants), *opportuna* (651.22-23 = devoirs), *occursantia* (652.20 = devoirs), *descendentia* (659.4, 11 et 18 = devoirs), *euenientia* (666.10 = devoirs), *conuenientia* (676.27 = convenir), *aduenientia* (678.12 = devoirs).

κανών = *canon* (635.23-24, 636.30, 637.31-32 et 34), *regula* (655.22, 676.25-26, 682.14, 697.34). La traduction latine *regula* ne remplace *canon* que dans le livre I, ensuite elle revient encore à partir de IV 888.29.

λιπαρῶς = *auide* (667.37, 680.21), *affectuose* (668.15, V 1028.18), *suauiter* (V 1028.2). Ce sont les 5 occurrences de cet adverbe dans l'*In Parm.*

μέθοδος = *methodus* (622.25 et 27, 623.28, 624.3, 7, 13-14 etc.), *ars* (640.24). La traduction *ars* n'a été reprise qu'en 712.27.

ξένος = *extraneus* (624.6, 649.12, 666.12 et 14), *xenos* (638.11, 657.26, 672.26, 681.13, 709.17).

ὄντως = *enter* (618.8, 626.25, 628.5 et 24, 638.18, 653.10, 654.11), *ueraciter* (692.27, 693.27, 713.13-14). La traduction *ueraciter* n'a été adoptée que dans ces trois passages du livre I.

παιδικά = *ludicra* (664.17), *pedica* (684.18 et 27), *puer* (700.28).

παντάπασιν = *penitus* (636.8-9 et 15, 661.21), *omnino* (637.27 et 35, 713.26), *modis omnibus* (713.7).

πάντως = *penitus* (621.7, 704.24, 709.28), *omnino* (621.16, 678.21, 685.26, 706.9, 721.9), *semper* (667.27, 695.20, 701.3, 710.2).

πρόθεσις = *intentio* (630.29, 640.17, 643.7, 683.4, 702.28), *propositum* (634.7, 635.30, 638.5, 642.8 [app. crit.]).

προσήκειν = *conuenire* (645.23, 648.17), *congruere* (648.10).

πρώτως = *prime* (620.15, 626.34, 668.13, 682.15, 684.13, 704.7-8, 14 et 33, 709.23), *primordialiter* (627.6-7), *primo* (675.4, 676.8 [app. crit.]), *primitus* (703.24, 708.10). La traduction *primordialiter* ne sera plus reprise.

συναφή = *coniunctio* (679.16 et 34, 700.12, II 740.34, 782.14), *contactus* (679.36). Ce sont les 6 occurrences de ce terme dans l'*In Parm*.

συνουσία = *congregatio* (624.27 et 31, 625.6, 15, 20, 25, 28, 36, 626.33, 627.9, 14, 22, 31 et 35, 628.23 et 38, 629.1, 6 et 15, 630.15, 644.5-6, 18 et 23, 663.14, 673.31, 674.2, 682.26, 692.13, 694.21), *conuentio* (662.2), *conuentus* (662.26), *cohabitatio* (669.10), *coexistentia* (677.33, 678.4, 689.15). Ce sont les 35 occurrences de ce terme dans le livre I.

ὑπόθεσις = *ypothesis* (622.12, 630.4, 631.13, 634.22 et 24), *suppositio* (622.30, 31 et 34, 623.17, 19, 20-21, 22 et

23-24, 624.4, 13, 20, 22, 23 et 25 etc.).

χρεία = *opportunitas* (637.1, 659.3), *necessitas* (637.7), *utilitas* (648.22), *indigentia* (667.27).

Le phénomène des traductions multiples, dont les exemples qui précèdent donnent une idée assez claire, n'a pas une source unique. Dans la plupart des cas, Moerbeke a oscillé entre le décalque grec et la traduction latine : *anypothetum / insuppositum, ykon / imago, ermenia / interpretatio, theoria / speculatio, canon / regula, xenus / extraneus, dialogus / sermo, ypothesis / suppositio.* Il a tantôt choisi entre les deux (*dialogus* et non pas *sermo, imago* et non pas *ykon, interpretatio* et non pas *ermenia*), tantôt gardé les deux solutions (*theoria / speculatio, canon / regula, ypothesis / suppositio*). Dans le cas de ἑρμηνεία (7 occurrences dans l'*In Parm.*, toutes dans le livre I), il est même difficile de comprendre pourquoi en 645.22 Moerbeke a eu recours au décalque *ermenia*, alors qu'il avait adopté la traduction latine déjà en 631.26-27. On a l'impression que cette unique occurrence de *ermenia* a échappé à sa révision. L'évolution de la traduction est particulièrement évidente dans le cas de εἰκών en 627.10-11, 13 et 15-16, où Moerbeke passe du simple décalque au décalque suivi de son correlat latin au correlat latin tout seul : *ykon ... ykones (idest imagines) ... imagines et imaginum imagines* (p. 10.31, 33 et 35). Dans d'autres cas, la multiplicité des traductions semble plutôt due à la difficulté de la traduction. Moerbeke semble alors avoir fait plusieurs essais dans son effort pour bien saisir la signification d'un mot. Une telle difficulté peut expliquer les diverses traductions de καθήκοντα : *deuenientia, opportuna, occursantia, descendentia, euenientia, conuenientia, aduenientia,* toutes erronées (sauf en 676.27) à cause de la signification très technique de ce terme dans le contexte de l'*In Parm.* I, c'est-à-dire "devoirs". La même difficulté de traduction peut être à l'origine des deux traductions de ἐπιτηδεύματα : *agibilia* et *adinuentiones,* toutes les deux erronées, et des trois traductions de παιδικά : *ludicra, pedica, puer,* elles aussi erronées. Une troisième explication de la multiplicité des traductions est une certaine recherche de la *variatio*. On ne saurait en effet interpréter autrement des passages tels que 660.31 ἀφικέσθαι, καὶ ἀφικόμενος = *deuenisse, et perueniens* ; 691.13 ἀναγόμενος ἀνάγει = *reductus sursumducit* ; 704.17-19 Ὁ δέ γε Ζήνων ἑώρα μὲν ... καὶ πρὸς ἐκείνην ὁρῶν = *Zeno uero aspiciebat quidem ... et ad illam respiciens*. Dans ces trois cas, Moerbeke n'a certes eu aucune difficulté d'interprétation et son souci rhétorique de *variatio* l'a amené à modifier le préverbe tout en gardant le même verbe : *de-uenisse, et per-ueniens, re-ductus sursum-ducit, a-spiciebat ... re-spiciens*. La même recherche de *variatio* explique les nombreuses traductions d'un terme très simple tel que συνουσία. Cet exemple montre de façon tout à fait claire une des difficultés de la rétroversion : en l'absence du texte grec, on aurait bien de la peine à imaginer que cinq mots latins différents (*congregatio, coexistentia, conuentio, conuentus, cohabitatio*) cachent un seul et même mot grec, et l'on s'efforcerait, sur la base du principe de la traduction mot-à-mot, de chercher cinq mots grecs différents. Le même souci stylistique peut rendre compte de 649.29 ὑποθέσεων ὑποθέσεις = *suppositionum ypotheses*, et de 679.34-36 ἡ συναφὴ ... τὴν συναφήν = *coniunctio ... contactum*[1].

Le manque d'uniformité est particulièrement frappant dans les citations des lemmes, qui ne reproduisent pas toujours le texte du lemme lui-même. Voici quelques exemples :

---

1. Alors que, chez Moerbeke, une telle recherche de la *variatio* est un fait relativement isolé, elle caractérise, de façon presque exagérée, le style d'un autre grand traducteur médiéval, Henri Aristippe, cf. L. Minio-Paluello, « Henri Aristippe, Guillaume de Moerbeke », art. cit., p. 64 : « Le caractère le plus distinctif de l'œuvre de traducteur d'Henri Aristippe, ce qui le fait reconnaître immédiatement entre tous les autres traducteurs médiévaux d'ouvrages philosophiques grecs en latin, c'est l'extraordinaire variété des termes qu'il emploie pour traduire le même mot grec, non seulement dans ses différentes acceptions, mais avec la même signification. Quelquefois cette prédilection pour la variété ressemble à une manie ».

668.30 [126 B 3] ἐπεδήμουν = *peregrinabar*, 669.39 ἐπεδήμησεν = *mansit*, 670.17 ἐπεδήμησα = *mansi*.

671.13 [126 C 1] ἐντετύχηκε = *fortuito uitam simul egit*, 673.3 ἐντετυχηκέναι = *occurrisse*.

673.19 [126 C 8] ὁμώνυμον = *eiusdem nominis*, 674.28-29 = *equiuocum*.

676.34 [127 A 3] ἐπειδὴ = *quando*, 677.32 = *cum*.

680.2-3 [127 A 6] πολὺ ... ἔργον = *multum ... laborem*, 680.34-35 = *multum opus*.

683.19 [127 B 3] τὴν ὄψιν = *uisu*, 684.4 = *secundum uisum*.

686.13 [127 C 4] κομισθῆναι = *delatas esse*, 687.16-17 = *deportatas esse*.

Si l'existence de traductions multiples d'un même mot grec doit mettre en garde contre la tentation de faire toujours correspondre à un mot latin un équivalent grec, l'existence de mots latins "polyvalents", c'est-à-dire traduisant plusieurs termes grecs[1], invite à ne jamais déduire de l'uniformité lexicale de la traduction l'uniformité de son modèle. Voici quelques exemples :

congruere = ἁρμόττειν (646.16, 652.4), ἐμπρέπειν (645.27), ἐφαρμόζειν (638.34, 639.8 et 32), προσήκειν (646.15-16, 648.10), συναρμόττειν (659.17).

conuenire = καθήκειν (676.27), προσήκειν (645.23).

existens = γεγονώς (624.32), ὤν (624.29 et 30).

insinuare = ἀπεμφαίνειν (633.28), δηλοῦν (679.12, 687.5, 17 et 35), ἐκφαίνειν (644.2), ἐμφαίνειν (677.32), ἐμφανίζειν (680.5), ἐνδείκνυσθαι (679.6 et 16), ἐνεικονίζεσθαι (659.14-15), ἐπιδείκνυσθαι (682.29), παραδηλοῦν (634.27), ὑφηγεῖσθαι (649.31).

intentio = σκοπός (630.20, 22 et 35, 631.6), πρόθεσις (630.29, 640.17, 643.7, 683.4).

---

1. P. Beullens, « Guillaume de Moerbeke et sa traduction de l'*Historia animalium* », art. cit., p. 227-228, parle, à ce propos, de « mots passe-partout ».

negotium = περίστασις (660.8), πραγματεία (630.30, 637.5), πρόβλημα (633.3).

pronuntiare = ἀπαγγέλλειν (646.17), ἀποφαίνεσθαι (631.11), ἐκφαίνειν (636.4), πρεσβεύειν (619.20).

species = εἶδος (620.33, 621.22, 28, 30 et 32 etc.), ἰδέα (640.31, 646.5, 12 et 27, 648.1)[1].

On remarquera, en particulier, le passage 646.15-16 τῶν τοιούτων αὐτῇ προσηκόντων, καὶ τὴν ἰδέαν ταύτην ἁρμόττουσαν = *talibus ipsi congruentibus, et speciem hanc congruentem*, où le verbe *congruere* est utilisé pour traduire aussi bien προσηκόντων que ἁρμόττουσαν.

1.2. *Omissions*

En général, les omissions de la traduction latine sont très rarement significatives, parce qu'elles peuvent être dues à la difficulté de la traduction. Par exemple, en 695.33 l'omission de μέντοι, qui porte sur le substantif τὸ σαφηνιστικὸν pour l'opposer à συνοπτικὸν[2], pourrait s'expliquer par le fait que Moerbeke ne savait pas comment le traduire. Cela dit, la difficulté de la traduction ne peut rendre compte que de quelques omissions isolées. Il est, en revanche, plus important de souligner l'existence d'omissions récurrentes qui, étant dues à la structure de la langue latine, ne permettent aucune conclusion à propos du texte grec lu par Moerbeke. Voici les principales :

1.2.1. *Omission de l'enclitique* τε. Moerbeke omet souvent l'enclitique τε (dans le livre I, 25 omissions sur 112 occur-

---

1. Lorsque les deux termes εἶδος et ἰδέα sont rapprochés, Moerbeke garde *species* pour traduire εἶδος et adopte *idea* pour traduire ἰδέα (cf. 650.3-5 ταὐτὸν εἶδος ... μίαν ἰδέαν = *eandem speciem ... unam ideam*, 650.27 τὰ δὲ εἴδη πολλαὶ ἰδέαι = *species autem multe idee*), preuve supplémentaire du caractère non mécanique de la traduction de Moerbeke.

2. Cf. *infra*, p. 104, n. 2 (p. 288 des *Notes complémentaires*).

rences)[1]. C'est pourquoi, alors que l'absence de -*que* dans **g**
n'implique pas l'absence de τε dans Γ, sa présence témoigne
de la présence de τε dans Γ[2]. Par exemple, en 671.10 (=
Parm. 126 B 8) πολῖταί τέ μοί εἰσι (τέ s PLAT. TW : om. PLAT.
BCD), la traduction latine *ciues michi sunt* (τε om.) ne saurait être considérée comme reflétant le texte des mss. BCD
de Platon. C'est pourquoi elle n'est pas citée dans l'apparat
critique de ce passage[3].

    1.2.2. *Omission de* καί. Il arrive que Moerbeke omette des
καί d'intensité (dans le livre I, 18 omissions sur environ 1500
occurrences de καί). Dans ces cas-là, son témoignage ne peut
être invoqué. En revanche, la présence de *et* dans la traduction latine implique nécessairement la présence de καί dans
le ms. Γ et permet, le cas échéant, de le suppléer dans le
texte grec[4].

---

    1. La tendance à l'omission de τε est encore plus prononcée
dans les premières traductions de Moerbeke (cf. L. Minio-
Paluello, « Guglielmo di Moerbeke traduttore della *Poetica* »,
art. cit., p. 49). Elle est pratiquement constante chez Barthélemy de Messine, alors que Robert Grosseteste et Burgundio de
Pise traduisent τε par *et*.
    2. Cf. 618.12 τε scripsimus ex **g** (-*que*) : γε Σ ‖ 633. 29
τε addidimus ex **g** (-*que*) : om. Σ ‖ 675.13 τε scripsimus ex **g**
(-*que*) et Callim. : δὲ Σ.
    3. Georges Pachymère, copiste du ms. A, a corrigé ce
lemme, ainsi que presque tous les lemmes de l'*In Parm.*, d'après
le ms. D de Platon, c'est pourquoi le ms. A ne figure pas dans
l'apparat critique (cf. *infra*, p. CCCLXVIII-CCCLXXIV). L'absence de
A et celle de **g** sont donc dictées par deux raisons complètement
différentes. Ce serait donc une faute sérieuse que de considérer la leçon de **g** comme une confirmation de la correction de
Pachymère. — Sur l'impossibilité de remonter de l'omission de
τε dans la traduction latine à son omission dans le ms. grec de
Moerbeke, cf. L. Minio-Paluello, « Guglielmo di Moerbeke traduttore della *Poetica* », art. cit., p. 54-55.
    4. Cf. Appendice III, *infra*, p. CDXIV. Dans le livre I, nous
suppléons καί à l'aide de la traduction latine dix fois (cf. 625.24,
639.3, 646.10, 649.30, 653.25, 654.20, 679.30, 690.2, 712.12,
720.17).

1.2.3. *Omission de* γε (dans le livre I, 23 omissions sur 34 occurrences). Dans onze cas, l'omission de γε concerne la combinaison de particules δέ γε qui est traduite par *autem* ou *uero*[1].

Pour τε, καί et γε, le témoignage de la traduction latine ne peut donc être invoqué que de façon positive, c'est-à-dire ou bien pour ajouter une de ces trois conjonctions dans le texte, ou bien pour confirmer sa présence dans la branche grecque. Il ne peut pas être invoqué de façon négative, en ce sens que la suppression de l'une d'entre elles ne peut s'appuyer sur son absence dans la traduction latine car une telle absence est souvent due à des raisons de style[2].

1.2.4. *Omission de* δ' *dans la combinaison* δ' οὖν (= *igitur*)[3]. Comme pour l'omission de γε dans la traduction de δέ γε, ici aussi il ne s'agit pas d'une véritable omission, mais de l'impossibilité de faire correspondre aux deux particules grecques deux éléments en latin.

1.3. *Additions*

Une dérogation ultérieure à la règle de la traduction mot-à-mot est constituée par un certain nombre d'additions par rapport au texte grec. A la différence des omissions, la plupart des additions sont facilement reconnaissables comme étant dues à l'intervention du traducteur, car elles consistent

---

1. Cf. Appendice III, *infra*, p. CDXIV (δέ γε = *autem* en 621.18, 628.7, 665.12, 690.8, = *uero* en 626.24, 670.28, 690.22, 690.36, 698.10, 704.17, 710.14-15). Voir aussi *infra*, p. CCCXXIX. — Pour la valeur adversative ou continuative de δέ γε, cf. Denniston, p. 155-156.

2. Dans ce cas, notre suppression est signalée par [ ] dans le texte et par "deleuimus (deleuit), deest in g" dans l'apparat, et non pas par { } dans le texte et par la formule "deleuimus ex g" dans l'apparat.

3. Dans le livre I, δ' οὖν est toujours traduit par *igitur* (cf. 619.5, 619.10-11, 625.3, 626.4, 631.5, 634.6, 641.1, 658.17, 675.3, 681.27, 695.18, 722.21), sauf en 624.2 et 651.9 (*itaque*) et en 706.19 (*autem* : an γοῦν Γ ?).

en une explication du mot grec translittéré introduite par
idest[1], par exemple :

626.18 τῆς δημιουργίας = dimiurgia (idest conditione)
640.37 Ὑψιπύλης = ypsipylis (idest alte porte)
641.5 ἔκγονα = engona (idest genimina)
641.21 αὐτοτελές = autoteles (idest per se perfectum)
642.2 ἀπλεόναστος = apleonastos (idest irreplebilis)
642.15 αὐτοκινησία = autokinisia (idest per se mobilitas)
643.19 Ἀθηναϊκῆς = Athenaice (idest Palladice)
644.10 αὐτόθεν = autothen (idest per se)
694.19-20 πρὸ τῶν ἀποριῶν ἡ εὐπορία = ante aporias (idest
dubitationes) sit euporia (idest copia, intellectus scilicet)
695.34 ἀναγωγὴν = anagoge (idest sursumductio)[2].

Il s'agit, à proprement parler, de gloses du traducteur,
parfois utiles parce qu'elles témoignent de la leçon grecque
que Moerbeke avait sous les yeux. Par exemple, en 663.8 où
les mss. grecs transmettent trois leçons différentes (ἔμμετρον
ARF[Ypmg]G[Ypmg]W[Ypmg] εὔμετρον FG ἄμετρον W), la traduction
latine eumetron (idest bone mensure) reproduit et glose la leçon de l'hyparchétype Γ sans aucune ambiguïté.

En plus de la glose par idest, qui donne l'équivalent latin
du mot grec, il existe, bien que beaucoup plus rare, la glose

---

1. Sur cette technique de traduction, cf. L. Minio-Paluello,
« Guglielmo di Moerbeke traduttore della Poetica », art. cit.,
p. 50-51 (l'équivalent latin est conçu par Moerbeke non pas
comme un terme technique destiné à remplacer le terme grec,
mais comme une simple aide à la compréhension du terme grec,
en sorte que lorsque ce dernier sera utilisé sans son équivalent
latin, le lecteur puisse en connaître la signification).

2.   Moerbeke n'a pas toujours réussi à trouver immédiatement l'équivalent latin, cf. 645.12-13 τὴν ἀκαλλώπιστον εὐμορφίαν
= [spat. uac.] eumorfian, 645.25 ἀκαλλώπιστον = akalopiston (id
est [spat. uac.]). La solution n'a été trouvée qu'en 665.20-21 τὸ
ἀκαλλώπιστον ... εἶδος = indecoratam ... speciem (cf. 632.38 καλλω-
πίζεσθαι = decorari), mais Moerbeke n'est pas revenu en arrière
pour combler les deux lacunes (peut-être un indice de l'état non
révisé de la traduction de l'In Parm.).

par *scilicet* ou *uidelicet*. Elle consiste ou bien à préciser un terme que Moerbeke semble considérer comme ambigu ou obscur, par exemple 661.4-5 τῆς Ἀθηνᾶς = *Athene, dee scilicet*, 661.14 τῆς Ἀθηνᾶς = *Athena, dea scilicet*, ou bien à faire précéder par *scilicet* une expression qui a été anticipée d'une façon ou d'une autre et rendre ainsi la phrase plus coulante. Voici quelques exemples :

628.11-12 ὄν, μιμούμενος τὸν πρὸ αὐτοῦ. Puisque Moerbeke lit ὄν au lieu de ὅν, la présence du relatif l'oblige à ajouter *scilicet* devant τὸν πρὸ αὐτοῦ. Il écrit donc : *quem imitans, eum scilicet qui ante ipsum* (au lieu de *ens, imitans eum qui ante ipsum*). Il est évident que *scilicet* est une addition du traducteur pour donner à la phrase une structure correcte.

631.2-3 τὴν δὲ ἐπιγραφήν ... τὴν Περὶ τῶν ἰδεῶν = *inscriptionem autem ... scilicet de ideis*.

633.10 τῷ ἀδρῷ τὸ ἰσχνόν = *elegantia uidelicet debilitatem* (τῷ ἀδρῷ et τὸ ἰσχνόν sont anticipés par τῷ χαρακτῆρι τοῦ λόγου et τὸν χαρακτῆρα τῶν ἐκείνου λόγων, ll. 8-10).

638.24 τῷ τε ἑνὶ καὶ τῷ ὄντι = *uidelicet uni et enti* (les deux termes sont anticipés par ἀμφοῖν).

650.19-20 τοῦτο ... τὰ γένη διαιρεῖν = *hoc ... scilicet genera diuidere* (l'infinitif est anticipé par τοῦτο).

Il est évident que dans tous les cas de ce genre, il ne faut pas chercher un mot grec équivalent à *scilicet* (*uidelicet*) qui ne saurait, d'ailleurs, être considéré comme une véritable addition, mais comme une simple façon de traduire[1]. Cela dit, tout *uidelicet* n'est évidemment pas une addition du traducteur, car *uidelicet* peut traduire δηλονότι ou δηλαδή, comme c'est le cas en 658.22 et 695.10.

En dehors de ces additions-gloses, les additions que l'on peut attribuer à Moerbeke sont très rares. En 688.27-28 [=

---

1. C'est pourquoi ces "additions" ne sont pas répertoriées dans l'Appendice III « Leçons aberrantes de la traduction latine », *infra*, p. CDVIII-CDXIV.

Parm. 127 D 2] il a ajouté *annorum* après τριάκοντα parce que, ne connaissant pas les Trente Tyrans, il a pensé à une indication d'âge. En 694.19-20 ἵνα πρὸ τῶν ἀποριῶν ἡ εὐπορία, il a ajouté *sit* après ἀποριῶν : *ut ante aporias (idest dubitationes) sit euporia (idest copia, intellectus scilicet)*, parce qu'il a interprété ἡ εὐπορία comme le sujet et πρὸ τῶν ἀποριῶν comme le complément d'un verbe sous-entendu. Des cas de ce genre sont naturellement plus délicats parce que rien ne révèle l'addition pour ce qu'elle est, c'est-à-dire la conséquence d'une interprétation du texte.

L'extrême rareté de ce type d'additions invite à évaluer avec la plus grande attention tout mot que la traduction latine aurait en plus par rapport au texte grec, car de telles "additions" sont le plus souvent des omissions de la branche grecque, d'autant plus difficiles à détecter qu'elles n'affectent pas le sens de la phrase. Un exemple intéressant est fourni par 660.25-27 ἡ δὲ Ἰταλία τῆς νοερᾶς οὐσίας (scil. ἔστω σύμβολον)· αἱ δὲ Ἀθῆναι τῆς μέσης ⌞οὐσίας⌟. Le texte, tel qu'il est transmis par les mss. grecs (sans le second οὐσίας), est tout à fait tolérable. Toutefois, la comparaison avec *In Tim.* II, p. 155.9-11 : ὥσπερ δὲ τὴν μέσην οὐσίαν ὑφεῖσθαι μὲν τῆς νοερᾶς οὐσίας ἐλέγομεν, avec la même répétition du terme οὐσία dans le cadre de l'opposition entre νοερὰ οὐσία et μέση οὐσία, montre la supériorité du texte transmis par la traduction latine.

1.4. *Ordre des mots*

Malgré son caractère littéral, la traduction latine ne peut, en règle générale, être utilisée pour résoudre les questions d'ordre des mots[1], parce qu'il arrive que Moerbeke modifie,

---

1. Il y a quelques exceptions : en 638.11 la correction ξένον τοῦτο au lieu de τοῦτο ξένον (Σ) se fonde sur la traduction latine *xenum hoc* ; en 699.22 la correction μᾶλλον ἢ ἐν τῷ πρώτῳ au lieu de ἢ ἐν τῷ πρώτῳ μᾶλλον (Σ) se fonde sur la traduction latine *magis quam in prima*.

le plus souvent pour des raisons de style, l'ordre des mots du texte grec, par exemple :

619.5-6 ἀφίκοντο Παρμενίδης καὶ Ζήνων Ἀθήναζε = *peruenerunt Athenas Parmenides et Zenon.*

621.11 ἓν εἶναι τὸ ὄν = *le ens esse unum.*

634.21-22 παραστῆναι τῇ τῶν εἰδῶν ὑποθέσει μὴ δεδύνηται = *non potuit adstare ypothesi specierum.*

652.27-28 ὁ μὲν ὡς τῆς κοινῆς, ὁ δὲ ὡς τῆς ἰδίας στοχαζόμενοι φύσεως = *hic quidem ut communem coniecturans naturam, hic autem ut propriam.*

689.26 ἀνάλογόν ἐστι, ὡς πολλάκις εἴπομεν = *ut sepe diximus, est proportionalis.*

689.36-37 διά τε τῶν πρώτων καὶ τῶν μέσων = *per mediaque et per prima.*

706.26 ἐν τῷ κόσμῳ ἢ ὑπὲρ τὸν κόσμον = *supra mundum et in mundo.*

En 686.28 μόνον οὐχὶ a été traduit par *non solum* parce que Moerbeke n'a pas compris le sens de cette expression.

2. *Incompatibilité morphologique ou syntaxique du latin par rapport à l'original grec*

Les questions de vocabulaire que l'on vient de mentionner, ne représentent qu'un aspect du problème que pose l'évaluation correcte de la traduction latine par rapport à son modèle grec. En effet, malgré son affinité structurelle, le latin présente des caractères propres qui rendent parfois impossible la traduction mot-à-mot et, par conséquent, effacent certains traits du texte grec en rendant difficile, voire impossible, l'utilisation de la traduction latine en tant que témoin du texte grec. Nous allons présenter ici les causes principales d'incompatibilité entre texte grec et traduction latine.

2.1. *Genre*

La difficulté majeure que le texte grec pose au traducteur latin consiste dans l'impossibilité de rendre la différence entre le nominatif masculin et neutre du participe présent ou aoriste actif. Par exemple, en 629.8 la leçon ἐκφαῖνον, transmise par les quatre mss. FRGW et donc présente dans l'hyparchétype Σ, due sans doute à l'attraction du neutre ἀνάλογον qui précède immédiatement, ne peut être corrigée en ἐκφαίνων qu'à l'aide de la conjecture du ms. A, car le témoignage de la traduction latine (*manifestans*) est ambigu (*manifestans* peut traduire aussi bien ἐκφαῖνον que ἐκφαίνων). La même difficulté surgit en 658.11-12 où la traduction latine (*assumens*) n'aide pas à trancher entre παραλαβών RGW et παραλαβόν AF, et en 665.28 où *debitum est* peut traduire aussi bien χρεών ἐστι (Σ) que χρεόν ἐστι (conjecture Cousin). C'est pourquoi le sigle **g** ne figure pas dans ces trois unités critiques.

Une difficulté supplémentaire, liée, elle aussi, à la richesse morphologique du grec que le latin ne parvient pas toujours à refléter, se présente dans la traduction de la plupart des cas obliques des pronoms démonstratifs et relatifs. En effet, alors que le grec distingue entre masculin / neutre et féminin (αὐτοῦ / αὐτῆς, αὐτῷ / αὐτῇ, αὐτοῖς / αὐταῖς, οὗ / ἧς, ᾧ / ᾗ, οἷς / αἷς, etc.), le latin ne possède qu'une forme unique (*ipsius, ipsi, ipsis, cuius, cui, quibus*, etc.). Une telle dissymétrie explique l'absence de la traduction latine dans toutes les unités critiques portant sur de telles formes (par exemple, en 667.36 αὐταῖς A : αὐτοῖς s, la traduction *ipsis*, étant ambiguë, ne saurait figurer ni à droite ni à gauche de l'unité). Il en est de même pour le nominatif pluriel féminin et neutre du pronom relatif : alors que le grec distingue les deux formes (αἵ et ἅ), le latin possède une forme unique (*que*) ; c'est pourquoi le témoignage de la traduction latine (*que*) ne peut être invoqué en 644.10, où la leçon ἅ Σ a été corrigée en αἵ.

2.2. *Nombre*

L'absence du duel en latin explique le fait que la traduction latine ne soit jamais citée lorsque les mss. grecs hésitent entre duel et pluriel. Le livre I fournit deux exemples :

619.9 μεταλαβόντε FR : μεταλαβόντες AGW. Le verbe
transumpserant par lequel Moerbeke a traduit le participe
μεταλαβόντε(ς) montre de manière très éloquente l'écart, à
la fois morphologique et sémantique, entre le modèle grec et
sa traduction. En effet, morphologiquement, *transumpserant*
ne peut rendre ni le duel ni le participe aoriste actif, formes
inexistantes dans la langue latine ; sémantiquement, la technique du calque (μετα-λαμβάνειν = *trans-sumere*) révèle ici
son insuffisance en déformant le sens de la phrase (*Pytha-
goricam doctrinam transumpserant* = « [Parménide et Zénon]
avaient reçu (d'autrui) la doctrine pythagoricienne », au lieu
de « avaient appartenu à l'école pythagoricienne »).

631.8 ἰδόντες AR^{p.corr.} : ἰδόντε FR^{a.corr.}GW. Puisque le
texte ne fait pas de doute (le choix de ἰδόντες est inévitable
car le duel est impossible), on aurait cherché dans la traduction latine seulement la confirmation de la leçon choisie.
Or, cette confirmation manque car le participe *uidentes* peut
traduire aussi bien le pluriel que le duel. L'ambiguïté de
la traduction latine empêche aussi de reconstruire la transmission du texte en cet endroit. En effet, ἰδόντες est sans
doute une correction — d'ailleurs très facile — des mss. A
et R^{p.corr.}, alors que le texte Σ, attesté par les quatre mss.
FR^{a.corr.}GW portait ἰδόντε ; il aurait donc été intéressant de
savoir si la leçon ἰδόντε était une faute de la branche Σ
ou bien si elle remontait à l'archétype Ω. La question doit
rester sans réponse, parce que la traduction latine a effacé
le texte de son modèle grec, et cela pour une raison qui
n'est pas occasionnelle, mais tient à la structure même des
deux langues. C'est pour la même raison que la traduction
latine (*quiescebant*) ne peut être citée en 619.13 où nous
corrigeons κατελύετον, faute commune à l'ensemble de la
tradition grecque, en κατελυέτην.

2.3. *Article*

Une difficulté tout à fait analogue est posée par l'article

qui, ainsi que le duel, n'existe pas en latin[1]. Trois solutions ont été adoptées par Moerbeke : ou bien (a) l'article n'a pas été traduit, ou bien (b) il a été remplacé par un pronom démonstratif ou relatif, ou bien (c) il a été traduit par l'article français *le / li (ly)*.

(a) La solution qui consiste à ne pas traduire l'article est non seulement la plus simple, mais aussi la plus fréquente. Le début de l'*In Parm.* contient sept articles dont aucun n'a été traduit :

> 617.1-5 Εὔχομαι <u>τοῖς</u> θεοῖς πᾶσι καὶ πάσαις ποδηγῆσαί μου <u>τὸν</u> νοῦν εἰς <u>τὴν</u> προκειμένην θεωρίαν, καὶ φῶς ἐν ἐμοὶ στιλπνὸν <u>τῆς</u> ἀληθείας ἀνάψαντας ἀναπλῶσαι <u>τὴν</u> ἐμὴν διάνοιαν ἐπ' αὐτὴν <u>τὴν τῶν</u> ὄντων ἐπιστήμην.

> = *Oro deos deasque omnes dirigi meum intellectum in propositam theoriam, et lumen in me fulgens ueritatis accendentes, expandere meam mentem super ipsam entium scientiam.*

On comprend donc que toutes les fois que le texte transmis par les mss. grecs soulève des difficultés portant sur l'article, le témoignage de la traduction latine ne peut être invoqué, si l'article n'a pas été traduit. Tel est le cas des unités critiques suivantes :

617.23 τὴν A : τὸ FW τ(ὸ) RG || 626.16 τῆς AW : τοὺς FRG || 627.19 τὸ AG : τὸν FRW || 633.31 τὸν[2] deleuit Luna || 640.32 τὸ A : τὸν s || 656.16 ante ὄνομα add. τὸ ARGW || 658.22 τὸ Luna : τὸν Σ || 661.3-4 σῶμα ψυχῆς

---

1. Sur la traduction de l'article par Moerbeke, cf. L. Minio-Paluello, « Guglielmo di Moerbeke traduttore della *Poetica* », art. cit., p. 44-46 ; Moerbeke, *In Parm.*, Introduction, p. 44*-46* ; voir aussi P. Bourgain, avec la collaboration de M.-C. Hubert, *Le latin médiéval* (L'atelier du médiéviste, 10), Turnhout 2005, p. 280. Sur la formation de l'article dans les langues romanes à partir du démonstratif *ille*, cf. V. Väänänen, *Introduction au latin vulgaire*, 3ᵉ éd. revue et augmentée (Bibliothèque française et romane), Paris 1981 (retirage [Série linguistique, 18], Paris 2006), § 275, p. 121-122.

FW : τὸ σῶμα τῆς ψυχῆς ARG ‖ 672.12 ἡ RGW : om. AF ‖
680.29 ἡ deleuit Westerink ‖ 680.33 τοὺς deleuit Luna
‖ 685.6 ἐν τῷ s : ἐν PLAT. codd. ‖ 688.36 τὸ AR[p.corr.] : τὼ
F τὰ R[a.corr.] τω (sic) G legi nequit W[a.corr.] ‖ 699.26 τὴν[2]
deleuimus ‖ 712.4 τὸ[1] deleuit Luna ‖ 719.3 τὴν[2] AR :
τὸν FGW ‖ 720.36 τὰ deleuimus ‖ 721.3 ἡ τῶν ARW :
ἡ [spat. uac.] FG.

C'est pourquoi l'addition d'un article doit être considérée
comme une intervention faite dans le texte grec en l'absence
de la branche latine[1]. Il faut toutefois rappeler que, dans
certains cas, le témoignage *e silentio* de la traduction latine
peut aider à résoudre des questions concernant l'article[2].

1. Voir l'apparat critique *ad* 627.4, 634.25, 662.5, 668.12,
675.2, 679.31, 701.6, 719.37.
2. En 653.19 οἰκειοτάτη ⟨τῇ⟩ θεωρίᾳ τῶν ὄντων, la traduction
propriissima speculatio entium prouve que Moerbeke ne lisait pas
l'article τῇ. En effet, la présence de cet article lui aurait permis
de comprendre que θεωρία était un datif, et non pas un nominatif, et de traduire : *propriissima speculationi entium*. La leçon
οἰκειοτάτη θεωρίᾳ τῶν ὄντων, transmise par tous les mss. grecs,
est ambiguë à cause de l'identité graphique du nominatif et du
datif sing. de la première déclinaison (aucun de nos mss. ne
marque jamais le iota souscrit). La traduction *propriissima speculatio entium* atteste donc que la leçon οἰκειοτάτη θεωρίᾳ τῶν ὄντων
figurait aussi dans Γ et, par conséquent, dans Ω, où l'omission
de l'article τῇ s'était produite par haplographie après οἰκειοτάτη.
La nécessité de suppléer τῇ est aussi confirmée par le fait que
la locution θεωρία τῶν ὄντων est toujours précédée de l'article
chez Proclus (occurrences citées *infra*, *Notes supplémentaires*, p.
326-328). Le texte imprimé par Cousin[1-2], οἰκειοτάτη θεωρίᾳ τῶν
ὄντων, ne fait pas de sens, car c'est évidemment la deuxième activité de la dialectique (ἑτέρα δέ, 653.18) qui, mettant l'intellect
en repos, « est la plus appropriée à la contemplation des êtres ».
— En 718.27 τὸ ἀνάλογον Cous[1] *proportionale* g : τὸ ἀνάγον AG τί
ἀνάγον FRW, il est évident que Moerbeke lisait τὸ et non pas τί,
parce que seul l'article peut avoir été omis (cf. *infra*, p. 137, n. 5
[p. 316 des *Notes complémentaires*]). En II 725.16, dans la même
expression θεωρεῖν τὸ ἀνάλογον, Moerbeke traduit l'article : *considerare quod proportionale* (au lieu de *considerare proportionale*).
Alors donc que dans le premier passage (653.19) l'omission de

(b) Article traduit par un pronom démonstratif ou relatif. Les pronoms démonstratifs ou relatifs par lesquels Moerbeke traduit parfois l'article sont les suivants :

— *hic, hec, hoc*, en particulier lorsque, dans l'exégèse littérale, un mot ou une phrase sont cités en tant qu'entités lexicales (τὸ = le mot, les mots), par exemple :

668.19 τὸ πάρειμι = *hoc assum.*

670.16 τὸ δὲ παῖς γὰρ ἦν = *hoc autem puer enim erat.*

670.19 τὸ δὲ πολὺς γὰρ ἤδη χρόνος = *hoc autem multum enim iam tempus.*

673.9 τὸ οὗτος = *hoc iste.*

675.17-18 τὸ ἐγγὺς οἰκεῖν = *hoc prope habitare.*

705.18-19 τὸ καλῶς τε καὶ εὖ = *hoc pulchreque et bene.*

— *ipse, ipsa, ipsum*, le plus souvent dans les cas obliques, par exemple :

638.27 μετέχον τοῦ εἶναι = *participans ipso esse.*

639.15 κατηγορηθήσεται τοῦ ἑνὸς ὄντος = *predicabuntur ipso uno ente.*

698.29 τοῦ διαμάχεσθαι = *ipsius compugnare.*

— *qui, que, quod*, par exemple :

620.22 τὸ ἓν ὄν = *quod ens unum.*

643.3 ὁ δημιουργός = *qui conditor.*

643.4 ἡ δημιουργική = *que conditiua.*

705.5 τὸ καλῶς καὶ τὸ εὖ = *quod pulchre et bene* (remarquer l'omission du second article).

713.13 Τὸ σεμνὸν καὶ τὸ μέγα καὶ τὸ ἀπόκρυφον = *Quod uenerabile et quod magnum et quod secretum.*

l'article dans la traduction latine implique la même omission dans l'exemplaire grec de Moerbeke (om. **g** → om. Γ), dans le second (718.27) l'omission de l'article dans la traduction latine s'explique par sa présence dans l'exemplaire grec de Moerbeke (om. **g** → habuit Γ). Cela montre avec quelle circonspection il faut utiliser la traduction latine pour reconstituer son modèle grec Γ et, sur la base de ce dernier, le texte de l'archétype Ω.

— *is* (*hic*) *qui, ea* (*hec*) *que, id* (*hoc*) *quod*, en particulier pour traduire les expressions avec une détermination enclavée entre l'article et le substantif (le substantif étant accordé avec le démonstratif, et non pas avec le relatif), par exemple :

617.9-10 τῆς περὶ τὰ μὴ ὄντα πλάνης = *eo qui circa non entia errore.*

617.16-17 τοὺς ὑπὲρ τὸν οὐρανὸν τῶν ὅλων ἡγεμόνας = *eos qui supra celum totorum presides.*

617.19-20 τῆς παρὰ θεῶν ἐπιπνοίας = *eius que a diis aspirationis.*

618.10 τῶν τῇδε ψυχῶν = *earum que hic animarum.*

618.12-13 τοῖς τε νῦν οὖσιν ἀνθρώποις = *hiisque*[1] *qui nunc sunt hominibus.*

620.18-19 ἐν τῇ τοῦ ἑνὸς ὄντος θεωρίᾳ = *in ea que unius entis theoria.*

Bien que très fréquente, cette construction ne constitue pourtant pas une règle, car des expressions du genre de celles que l'on vient de mentionner peuvent être traduites en omettant l'article, par exemple 710.26 τὴν δὲ τῶν πολλῶν δόξαν = *opinionem autem multorum*[2].

(c) Article traduit par l'article français *le / li* (*ly*) (gén. : *del* ; dat. : *al* ; plur. : *les*)[3]. Plus rarement, Moerbeke traduit l'article non pas en latin, mais en français, par exemple :

---

1. Dans le latin médiéval, la forme classique *his* devient *hiis* parce qu'elle est assimilée à *iis*.

2. C'est pourquoi, en 696.36-37, l'expression latine *antiquorum de coniunctis totaliter ordinationem* ne va pas contre la rétroversion proposée : τὴν τῶν παλαιῶν περὶ τῶν συνημμένων ὅλως διάταξιν.

3. La traduction de l'article grec par l'article français *le* (*li*) est une caractéristique propre à Guillaume de Moerbeke et ne se trouve chez aucun autre traducteur. Cette solution n'a été adoptée qu'à partir de 1266 (traduction de l'*In Cat.* de Simplicius) ; on trouve ensuite l'article *le* dans la traduction de l'*In De anima* de Philopon (achevée en décembre 1268), dans celle de l'*In De caelo* de Simplicius (1271), des *Tria opuscula* et de l'*In Parm.* de Proclus (cf. L. Minio-Paluello, « Guglielmo di Moerbeke tradut-

621.7 τὸ ἕν = *le unum*.

621.10 τὸ ὄν = *le ens* (cf. aussi 635.34-35, 638.13, 709.6, 710.13).

638.19 τὸ ἓν ὄν = *le unum ens* (cf. aussi 711.3, 714.4-5).

698.5-6, 15-16 et 21 τὸ διαμάχεσθαι = *le oppugnare, le compugnare, le compugnare*.

705.23 τὸ πᾶν = *le omne*.

707.22-23 ὁ αὐτοάνθρωπος = *li ipse homo*.

708.30 τὸ αὐτοζῷον = *le autoanimal*.

L'emploi de ces différentes traductions de l'article demeure assez irrégulier et il est difficile d'expliquer pourquoi Moerbeke a recours tantôt à l'une, tantôt à l'autre, tantôt à aucune d'entre elles en omettant l'article. Que l'on considère, par exemple, ces trois occurrences de la formule τὸ ἓν ὄν dans lesquelles l'article est traduit de trois façons différentes :

620.22 τὸ ἓν ὄν = *quod ens unum*.

621.9 τὸ ἓν ὄν = *ens unum*.

638.19 τὸ ἓν ὄν = *le unum ens*.

tore della *Poetica* », art. cit., p. 44-46). Dans le livre I de l'*In Parm.*, on ne trouve aucune occurrence ni des cas obliques du singulier *del* et *al* (on trouve le génitif *del* en II 730.25-27 καίτοι ... ἐπάγει τὴν τοῦ αὐτοῦ πρόσρησιν = *quamuis ... superducat del ipsius appellationem*) ni du pluriel *les* (attesté en IV 849.21 τοὺς πολλοὺς = *les multos*). L. Minio-Paluello, art. cit., p. 45, cite la traduction de l'*In Cat.* de Simplicius, p. 25.27 Kalbfleisch : τὸ ἀνδραποδίζεσθαι, τοῦ ἀνδραποδίζεσθαι, τῷ ἀνδραποδίζεσθαι = *le andrapodiizeste, del andrapodiizeste, al andrapodiizeste* (cf. Simplicius, *Commentaire sur les Catégories d'Aristote, traduction de Guillaume de Moerbeke*, éd. A. Pattin, t. I [CLCAG V 1], Louvain-Paris 1971, p. 34.55). On sait que cet article a survécu dans la scolastique tardive et qu'on l'emploie encore au XVIIe siècle (cf. par exemple Tommaso Campanella, *Apologia pro Galileo*, Texte, traduction et notes par M.-P. Lerner [Science et humanisme], Paris 2001, chap. III, p. 75 : « quia scriptura dicat *luna non dabit lumen suum*, faciens vim in ly *suum* » [voir la n. 211, p. 231] ; chap. IV, p. 117 : « Ergo per ly *certissimis* satis insinuat Augustinus, huius esse sententiae »).

Même irrégularité dans la traduction de ces trois passages d'exégèse littérale dans lesquels l'article τό est traduit tantôt par *hoc*, tantôt par *le*, tantôt n'est pas traduit (les trois solutions se côtoient dans le dernier passage) :

673.9-10 τὸ οὗτος ... τὸ τινὶ = *hoc iste ... cuidam.*

712.21 et 25 τὸ ἰχνεύειν ... καὶ τὸ μεταθεῖν = *le inuestigare ... et transponere.*

715.27-28, 31-32 τὸ κωμῳδεῖν ... καὶ τὸ ἐπιχειροῦντας ... τὸ ἐπιχειρεῖν κωμῳδεῖν = *komodein ... et hoc conantes ... le conari komodein.*

2.4. *Adjectifs et pronoms démonstratifs*

En ce qui concerne les adjectifs et pronoms démonstratifs (ὅδε, οὗτος, ἐκεῖνος) et le pronom d'identité αὐτός (toujours emphatique au nominatif, alors que les autres cas peuvent être employés dans un sens anaphorique), la traduction de ἐκεῖνος et de αὐτός ne soulève aucune difficulté. En effet, ἐκεῖνος est toujours traduit par *ille* et αὐτός par *ipse* (qu'il soit emphatique ou anaphorique)[1].

La difficulté réside dans la traduction de οὗτος et de ὅδε. En effet, puisque ces deux adjectifs / pronoms sont traduits le plus souvent par *hic*, la même traduction peut correspondre à deux locutions grecques différentes, par exemple :

630.35 τοῦ διαλόγου τοῦδε = *dialogi huius.*

646.4 τοῦ διαλόγου τούτου = *dialogi huius.*

---

1. La traduction correcte de αὐτός anaphorique serait plutôt *is*, qui est justement l'anaphorique latin le plus commun, alors que *ipse* est un pronom d'intensité. Mais l'affaiblissement progressif de *is*, jusqu'à sa totale disparition dans les langues romanes, explique son remplacement par les autres démonstratifs (cf. V. Väänänen, *Introduction au latin vulgaire*, cit., § 268-274, p. 120-121). — Les traductions suivantes de αὐτός doivent être considérées comme des fautes : 668.22 αὐτὰς = *se ipsas* (au lieu de *ipsas*), 672.9 αὐτοῖς = *ipsi* (au lieu de *ipsis*), 686.20 αὐτῶν = *illorum* (au lieu de *ipsorum*).

Inversement, puisque οὗτος est aussi traduit par *iste*, deux traductions différentes peuvent correspondre à la même locution grecque :

640.17 τοῦτον ... τὸν τρόπον = *isto modo*.
641.17 τοῦτον ... τὸν τρόπον = *hoc modo*.

La traduction de οὗτος par *iste* est beaucoup plus rare que la traduction par *hic* et ne répond, apparemment, à aucune règle. Il est, par exemple, difficile de dire pourquoi, dans les deux passages suivants, Moerbeke a préféré *iste* à *hic* :

709.5-6 τῇ αἰτίᾳ ταύτῃ = *causa ista*.
714.22 αἱ κοινότητες αὗται = *communitates iste*[1].

Cela dit, on peut reconnaître une certaine tendance à préférer *iste* dans les cas suivants :

— οὗτος adjectif avec valeur emphatique :
625.6-7, 671.11-12 οὗτος ὁ Ἀντιφῶν = *iste Antifon*.
625.21 ὁ Κέφαλος οὗτος = *Kefalus iste*.
673.33 οὗτος ὁ Πυριλάμπους υἱὸς = *iste Pyrilampis filius*.
683.22 ἀνὴρ οὗτος = *uir iste*.
686.17-18 τοὺς θείους τούτους ἄνδρας = *diuinos istos uiros*.

— οὗτος adjectif suivi d'un relatif :
647.20-22 χαρακτὴρ ... οὗτος ὃν ὁ Παρμενίδης μετῆλθε = *character ... iste quem Parmenides pertransiuit*.
649.18-21 τὴν μέθοδον ταύτην, ἣν καὶ Σωκράτης ... φαίνεται παραλαμβάνων = *methodus ista, quam et Socrates ... uidetur assumens*.
La traduction 669.6-7 τὸν Ἀντιφῶντα τοῦτον, ὃν ... κέκληκεν = *Antifontem hunc quem ... uocauit*, où οὗτος a été traduit par *hic* malgré la présence du relatif, montre qu'il ne s'agit aucunement d'une traduction fixe.

— οὗτος pronom, par exemple :

---

1. La traduction 694.15 πρὸ τούτου = *pro isto* est une faute pour *ante hoc* (traduction correcte en 710.8 πρὸ τούτου = *ante hoc*).

674.29-32 προσεχῶς γὰρ ὑπὲρ τούτους οἱ ἄγγελοι, πατέρες οἷον οὗτοι τῶν δαιμόνων, προπάτορες δὲ οἱ θεοὶ καὶ ὁμώνυμοι τούτοις, ὅτι δὴ καὶ οὗτοι θεοὶ προσαγορεύονται = *Proxime enim supra istos angeli, patres ueluti isti demonum, propatres autem dii et equiuoci istis, quod utique et isti dii appellantur.*

De même que dans le cas précédent, ici non plus, on ne saurait parler d'une traduction fixe, comme le montre, entre autres, le passage 680.9-10 ἐξέχονται γὰρ οὗτοι τῶν ἐγκοσμίων θεῶν = *applicantur enim hii mundanis diis,* où οὗτοι est traduit par *hii.*

Moerbeke a recours à la traduction οὗτος = *iste* notamment pour faire ressortir l'opposition entre ce pronom et d'autres pronoms personnels ou démonstratifs :

659.8 ἑπόμενοι καὶ ἡμεῖς τούτοις = *assequentes et nos istos* (Moerbeke aurait bien difficilement pu écrire *assequentes et nos hos* pour une raison d'euphonie).

671.25 οὗτος μὲν ... ἐκεῖνοι δὲ = *iste* (μὲν om.) ... *illi autem.*

707.24-25 ἐκεῖνος μὲν ... οὗτος δὲ (2 fois) = *ille quidem ... iste autem* (2 fois).

715.35-716.1 οὗτος μὲν ... τὸν δὲ ἑαυτοῦ λόγον = *iste quidem ... sui ipsius autem sermonem.*

On remarquera que la traduction du pronom οὗτος par *iste* ne concerne que le masculin et le féminin[1], les neutres τοῦτο / ταῦτα étant toujours traduits par *hoc* / *hec.* La traduction du pronom οὗτος par *iste* (au lieu de *hic*) s'explique probablement par l'affaiblissement de *hic,* particulièrement sensible là où il ne s'appuie pas sur un substantif[2].

---

1. Les autres passages de l'*In Parm.* I dans lesquels le pronom οὗτος est traduit par *iste* sont les suivants : 628.29, 631.17, 633.13, 635.26, 638.16, 643.1-2, 644.23-24, 656.4, 660.5, 662.23, 662.31, 663.12, 671.26, 672.13, 675.16, 677.18, 682.18 et 19, 684.23, 692.9, 695.6, 695.10, 713.27.

2. Sur l'évolution du système des démonstratifs latins pendant le Moyen Age et, en particulier, sur le remplacement de *hic* par *iste,* cf. P. Bourgain, *Le latin médiéval,* cit., p. 36.

Il faut aussi rappeler que *iste* peut, bien que très rarement, aussi traduire ὅδε, ce qui trouble, encore une fois, la correspondance entre la traduction et son modèle grec :

625.21 ὁ Κέφαλος οὗτος = *Kefalus iste*.
700.2 Ζήνων ὅδε = *Zenon iste*.

Outre que par *hic* et *iste*, οὗτος peut aussi être traduit par *is*. Il s'agit toutefois d'une traduction très rare dont on ne trouve qu'un seul exemple dans le livre I : 657.12-13 τοῦ προοιμίου τούτου = *prohemii eius*[1].

L'ambiguïté de *hic* est aggravée par le fait qu'il est aussi employé pour traduire les pronoms corrélatifs ὁ μέν ... ὁ δέ et le pronom ὁ δέ (sans ὁ μέν qui précède), par exemple :

628.30-33 ὁ μὲν ... ὁ δὲ ... ὁ δὲ ... ὁ μὲν ... ὁ δὲ ... ὁ δὲ = *hic quidem ... hic autem ... hic uero ... hic quidem ... hic autem ... hic uero*.
635.8-9 τὸ μὲν ... τὸ δὲ = *hoc quidem ... hoc autem*.
678.20 τὰς δὲ = *Has autem*.
686.30 τῷ δὲ = *huic autem*.

Dans les deux cas, il y a toutefois des exceptions :

622.24-25 Τοῦ δ' ἐπανερομένου = *Ipso autem interrogante*.
688.12-13 ὡς δὲ ἀνεγίγνωσκεν αὐτός, οἱ δὲ οὐ συνίεσαν = *ut autem relegit ipse, illi non intellexerunt* (dans ce passage, la traduction de οἱ δὲ par *hii autem* aurait été incompréhensible).
631.19, 632.22-23 et 28 τὰς μὲν ... Τὰς δὲ ... Τὰς δὲ = *has quidem ... Alias autem ... Alias uero*.

L'ambiguïté de la locution *hic autem* est évidente, si l'on compare les deux passages suivants dans lesquels cette locution traduit ὁ δὲ et ὅδε δὲ :

1.   Voir aussi l'apparat critique *ad* 677.39 et la note *ad loc*.
— Les traductions suivantes de οὗτος doivent être considérées comme des fautes : 666.6 οὗτος = *ipse* (au lieu de *hic / iste*), 670.31 τούτων = *ipsis* (au lieu de *hiis / istis*), 718.23 τούτων = *talium* (au lieu de *horum*, an τοιούτων Γ ?).

702.17 ὁ δὲ = *hic autem*.

702.35 ὅδε δὲ = *hic autem*.

Il faut aussi envisager la confusion graphique entre ὁ δέ et ὅδε. C'est elle qui explique la traduction 671.10 Οἴδε = *Hii autem*, où Moerbeke a apparemment lu Οἱ δὲ.

Dans la traduction de la combinaison αὐτός + démonstratif, l'ordre des mots n'est pas toujours le même qu'en grec. Alors que Moerbeke respecte l'ordre du texte grec dans les passages suivants :

633.22 αὐτὸ τοῦτο = *ipsum hoc*.

648.16 δι' αὐτὸ τοῦτο = *propter ipsum hoc*.

682.2 αὐτὸν τουτονὶ τὸν διάλογον = *ipsum hunc dialogum*.

697.24 τούτου αὐτοῦ = *huius ipsius*.

ailleurs, il préfère l'ordre des mots propre au latin :

667.32 ἐπ' αὐτὸ τοῦτο = *ad hoc ipsum*.

674.3 τὰ αὐτὰ ταῦτα = *hec eadem*.

682.19-20 et 24 αὐτῶν ἐκείνων = *illos ipsos*.

709.3 ἐν αὐτοῖς ἐκείνοις = *in illis ipsis*.

2.5. *Pronom réfléchi*

La traduction habituelle du pronom réfléchi ἑαυτοῦ, ἑαυτόν, ἑαυτῷ etc. est *sui ipsius*, *se ipsum*, *sibi ipsi* etc. (par exemple, 619.14 πάντας ἐφ' ἑαυτοὺς προκαλουμένῳ = *omnes ad se ipsos prouocantes*, 620.18 ὁρμίσας ἑαυτὸν = *erigens se ipsum*, 623.7-8 τί ἕπεται αὐτῷ τε πρὸς ἑαυτὸ = *quid sequitur ipsi ad se ipsum*, 627.20 μεθ' ἑαυτά = *post se ipsas*, 637.17 δι' ἑαυτὴν = *propter se ipsam*, etc.)[1]. Cette traduction connaît deux exceptions. La première concerne le génitif du pronom réfléchi (ἑαυτοῦ, ἑαυτῆς, ἑαυτῶν) utilisé à la place de l'adjectif possessif réfléchi (ὅς, ἥ, ὅν), construction tout à fait courante

---

1. Les deux traductions 703.29 μεθ' ἑαυτὸν = *post ipsum* (au lieu de *post se ipsum*) et 715.18 καθ' ἑαυτούς = *secundum ipsos* (au lieu de *secundum se ipsos*) s'expliquent sans doute par une faute ou bien de traduction ou bien de transmission du texte latin.

car l'adjectif possessif réfléchi n'est pratiquement jamais utilisé dans la prose attique. Normalement, Moerbeke reproduit la construction grecque (*sui ipsius, sui ipsorum, sui ipsarum*), ce qui aboutit, en latin, à une construction aberrante (par exemple, 628.5 τὴν ἑαυτοῦ νόησιν = *sui ipsius intelligentiam*, 628.12-13 τὴν ἑαυτοῦ τελείωσιν = *sui ipsius perfectionem*, 629.18-19 τῶν ἑαυτῆς εἰδῶν = *sui ipsius speciebus*, 641.7 τὴν ἑαυτῶν τάξιν = *sui ipsorum ordinem*, 664.24 τὰς τελεσιουργοὺς ἑαυτῶν αἰτίας = *perfectiuas sui ipsarum causas*, etc.). Il lui arrive toutefois de traduire le génitif du pronom réfléchi par l'adjectif possessif réfléchi *suus, sua, suum*, ce qui constitue la seule traduction latine correcte de cette construction grecque. La traduction par *suus, sua, suum* est minoritaire, car elle n'a été adoptée par Moerbeke que 7 fois sur les 42 occurrences du génitif du pronom réfléchi ayant valeur de possessif, contenues dans le livre I : 618.4 ταῖς ἑαυτοῦ ... ἐπιβολαῖς = *suis adiectionibus*, 649.21 τὴν ἑαυτοῦ φιλοσοφίαν = *suam philosophiam*, 666.33 τὰς ἑαυτῶν δυνάμεις = *suas uirtutes*, 674.34 τοῦ ἑαυτοῦ πάππου = *sui aui*, 675.15 τὴν μεσότητα τὴν ἑαυτῶν = *mediationem suam*, 693.6-7 τὴν ἑαυτῶν ζωὴν = *suam uitam*, 695.32-33 τῆς ἑαυτοῦ διανοίας = *sui intellectus*[1]. C'est cette traduction qui permet de resti-

---

1. Parmi les 42 occurrences du livre I, il est intéressant de remarquer deux passages : 649.4 τὴν πραγματείαν ἑαυτῆς [= *negotium sui ipsius*] et 688.2 τὰ ἔσχατα ἑαυτῶν [= *ultima sui ipsarum*], où le génitif du pronom réfléchi suit le substantif sans être précédé d'une reprise de l'article (τὴν πραγματείαν τὴν ἑαυτῆς, τὰ ἔσχατα τὰ ἑαυτῶν). Cette construction, qui n'est pas classique (cf. Kühner-Gerth, II 1, § 454, 3, p. 559, et § 464, 4 et Anmerk. 2, p. 619-620), est toutefois attestée chez Proclus, bien que les exemples soient très peu nombreux par rapport à la construction classique. Voir, par exemple, *In Parm.* IV 875.17 : τὸ παράδειγμα ἑαυτῆς [= *exemplar sui ipsius*] ; VII 1142.21-22 : ἐν τοῖς αἰτίοις ἑαυτῆς [= *in causis sui ipsius*] ; *Theol. plat.* IV 39, p. 113.11 : κατὰ τὸ πέρας ἑαυτῆς ; *In Tim.* I, p. 48.13 : τὸν τύπον ἑαυτοῦ ; p. 61.27 : τὸ παράδειγμα ἑαυτῆς ; II, p. 25.21-22 : κατὰ τὴν ἀρχὴν ἑαυτοῦ ; III, p. 29.28 : κατὰ τὴν νόησιν ἑαυτοῦ ; *El. theol.* § 131, p. 116.18 : κατὰ τὸ ὑπέρπληρες ἑαυτοῦ ; *In Alc.* 226.19 : κατὰ τὸ φρόνιμον ἑαυτῆς.

tuer ἑαυτῆς Γ à partir de *suorum* en 635.23, où la leçon de
Σ ἑαυτῇ a été corrigée en αὐτῆς.

La seconde exception concerne la locution καθ᾽ ἑαυτόν
(ἑαυτήν, ἑαυτό, ἑαυτούς, ἑαυτάς, ἑαυτά, ou αὐτόν etc.). En
effet, dans la traduction de cette locution, le réfléchi est
presque toujours traduit par *se* (au lieu de *se ipsum*) : des
douze occurrences contenues dans le livre I, dix sont traduites par *secundum (per) se*, et deux seulement par *secundum
se ipsum*[1]. Une telle traduction s'explique probablement par
le fait que la locution latine *secundum (per) se* était désormais
consacrée, en particulier dans son opposition à *per accidens*.
L'uniformité de cette traduction ne permet évidemment pas
de savoir s'il y avait dans l'exemplaire grec de Moerbeke
ἑαυτ- ou αὐτ-.

Un problème supplémentaire posé par la traduction latine, est dû à l'ambiguïté du pronom *sibi*. En effet, puisque,
dans le latin médiéval, *sibi* peut équivaloir à *ei*[2], la présence
de *sibi* n'implique pas que l'exemplaire grec de Moerbeke
portait le réfléchi αὐτῷ / αὐτῇ ou αὐτοῖς / αὐταῖς. En effet, la
forme *sibi* est parfaitement ambiguë en ce sens qu'elle a une

---

1.   Pour la traduction *secundum (per) se*, cf. 624.9 καθ᾽ ἑαυτὸν
= *secundum se*, 627.7 αὐτὰ καθ᾽ αὐτά = *ipse* (scil. *species*) *secundum se*, 644.21 καθ᾽ ἑαυτὴν = *secundum se*, 655.13 καθ᾽ ἑαυτὸν =
secundum se, 707.17 καθ᾽ αὐτό = *secundum se*, 707.20 καθ᾽ ἑαυτό =
secundum se, 708.4 καθ᾽ αὐτὸ = *secundum se*, 714.10 καθ᾽ αὐτὸ = *per
se*, 714.28-29 τὸ καθ᾽ αὐτὸ καὶ τὸ κατὰ συμβεβηκός = *quod per se et
quod secundum accidens*, 717.29 καθ᾽ ἑαυτὸ = *secundum se*. Pour la
traduction *secundum se ipsum*, cf. 656.6 καθ᾽ ἑαυτὸν = *secundum se
ipsum*, 697.3-4 καθ᾽ ἑαυτήν = *secundum se ipsum* (scil. *principium*).
2.   Cf. P. Bourgain, *Le latin médiéval*, cit., p. 90. Loin d'être
due à une négligence, l'ambiguïté du réfléchi se retrouve aussi
chez des auteurs dont la langue est très soignée, par exemple
Thomas d'Aquin, *In librum primum Sententiarum*, dans *Scriptum
super libros Sententiarum*, t. I, editio nova cura R. P. P. Mandonnet
O. P, Paris 1929, prologus, p. 2 : « Haec autem manifestatio spe-
cialiter per Filium facta invenitur : ipse enim est Verbum Patris
[...] Unde sibi [*scil*. Filio] manifestatio dicentis Patris convenit
et totius Trinitatis ».

valeur tantôt réfléchie, tantôt non réfléchie : elle traduit αὐτῷ en 620.8, 697.33, 700.18, 704.3, 706.23 et 25 ; αὐταῖς en
626.29 et 667.19 ; ἑαυτῇ en 620.7 (remarquer la proximité
des deux passages : 620.6-8 πᾶσα μονὰς ἔχει τι σύστοιχον
ἑαυτῇ πλῆθος, καὶ πᾶν πλῆθος ὑπὸ μονάδος τινὸς περιέχεται
τῆς αὐτῷ προσηκούσης = *omnis unitas habet aliquam* sibi *co-
niugam multitudinem, et omnis multitudo ab unitate aliqua* sibi
conueniente continetur). Il s'ensuit que le pronom *sibi* ne peut
être utilisé pour appuyer ni αὐτῷ / αὐτῇ (αὐτοῖς / αὐταῖς) ni
αὐτῷ / αὐτῇ (αὐτοῖς / αὐταῖς). C'est pourquoi en 717.2 la
correction de αὐτῷ (Σ) en αὑτῷ ne peut se prévaloir de la
traduction latine (*sibi*). Ce n'est donc que la forme *se ipsum*,
sui ipsius, sibi ipsi qui témoigne sans ambiguïté du réfléchi
ἑαυτόν, ἑαυτοῦ, ἑαυτῷ (par exemple, 706.22 ἀφ' ἑαυτοῦ = *a
se ipso*)[1].

2.6. *Pronom personnel au génitif de possession et adjectif possessif*

Alors que, en grec, l'idée de possession peut être exprimée
par deux constructions, c'est-à-dire le génitif des pronoms
personnels et l'adjectif possessif[2], en latin, le génitif des pro-

---

1. En 715.18 καθ' ἑαυτούς est traduit par *secundum ipsos*
(et non pas par *secundum se ipsos*, comme on aurait pu s'y attendre dans une traduction littérale). Il s'agit probablement
d'un choix délibéré de la part de Moerbeke, dicté par la structure
de la phrase latine dans laquelle le réfléchi aurait été injustifié :
*komodofactiui uenerabilioribus et gloriosis infesti erant eorum qui se-
cundum ipsos militibus, philosophis, rethoribus* (οἱ κωμῳδοποιοὶ τοῖς
σεμνοτέροις καὶ κλεινοτέροις ἐπετίθεντο τῶν καθ' ἑαυτούς, στρατηγοῖς,
φιλοσόφοις, ῥήτορσιν). En effet, alors que, dans le texte grec, le réfléchi ἑαυτούς est dû au fait qu'il se réfère au sujet de la phrase (οἱ
κωμῳδοποιοί), en latin, la traduction de l'article τῶν par *eorum
qui* a produit une phrase relative déterminative dans laquelle le
réfléchi n'a plus aucune raison d'être parce que le sujet de la
relative (*qui*) ne coïncide pas avec le sujet de la principale (*komodofactiui*).

2. Cf. J. Humbert, *Syntaxe grecque*, 3ᵉ éd. rev. et augm. (Tradition de l'humanisme, VIII), Paris 1986, p. 60-61, § 89 et 91.

noms personnels des 1ʳᵉ et 2ᵉ personnes du pluriel a valeur
ou bien d'objet direct (*nostri / uestri*), ou bien de partitif (*nostrum / uestrum*), en sorte que l'idée de possession ne peut
être exprimée que par l'adjectif possessif (*noster, nostra, nostrum*). Cela signifie que deux constructions grecques (ὁ βίος
ἡμῶν et ὁ ἡμέτερος βίος) n'ont qu'un seul équivalent en latin
(*uita nostra*). Le problème de la traduction latine naît donc du
fait que le latin ignore le pronom personnel faisant fonction
d'adjectif possessif. Si l'on examine tous les passages de l'*In
Parm.* contenant soit l'adjectif possessif ἡμέτερος (aucune
occurrence de ὑμέτερος) soit les pronoms ἡμῶν ou ὑμῶν,
on remarque que Moerbeke n'a évidemment eu aucune difficulté à traduire l'adjectif possessif (53 occurrences) dont il
respecte toujours la position par rapport au substantif (par
exemple, I 640.18-19 ὁ ἡμέτερος καθηγεμών = *noster doctor*,
II 752.29-30 κατ' ἐπίνοιαν ἡμετέραν = *secundum intellectum
nostrum*). En revanche, dans la traduction du génitif possessif (36 occurrences de ἡμῶν, une occurrence de ὑμῶν,
trois occurrences de σου), l'attitude de Moerbeke n'est pas
constante. Le plus souvent, il a transformé — d'après les
règles de la syntaxe latine — ces pronoms en adjectifs pos-
sessifs, en respectant, ici aussi, l'ordre des mots du grec (par
exemple, I 668.27 [= *Parm.* 126 B 1] Τῷ ἀδελφῷ ὑμῶν =
Fratri uestro, II 753.16 ἀρθείσης τῆς ἐπινοίας ἡμῶν = *sublato
intellectu nostro*, III 787.23 ὁ βίος ἡμῶν = *uita nostra*, IV
840.22-23 ταῖς διανοίαις ἡμῶν = *mentibus nostris*, IV 926.2
ταῖς μεριστοῖς ἡμῶν ἐπιβολαῖς = *partialibus nostris intuitioni-
bus*, 926.21 ἡμῶν ἡ διάνοια = *nostra ratiocinatio*)[1]. Parfois, sa

---

1. Lorsque le substantif est au génitif masculin sing. et
qu'il est accompagné de *nostri*, il est impossible de dire si *nostri* est le génitif du pronom ou bien de l'adjectif possessif (par
exemple VII 1174.26-27, 1217.13-14 et 1227.30-31 τοῦ καθηγεμόνος ἡμῶν = *magistri nostri*). C'est pourquoi nous avons exclu ces
trois occurrences ambiguës du nombre de celles que Moerbeke
a traduites par l'adjectif possessif. Même ambiguïté lorsque le
substantif est au nominatif masculin plur. En I 697.21-22 [=
Parm. 127 E 9] les *recentiores* portent σοι οἱ λόγοι (leçon des mss.

traduction est plus littérale et le pronom grec est simplement transposé en latin. Or, puisque le latin médiéval a désormais perdu le sens de la différence entre les deux formes *nostri / uestri* et *nostrum / uestrum*, Moerbeke utilise tantôt l'une, tantôt l'autre (par exemple, II 768.3 τῆς δεσποίνης ἡμῶν Ἀθηνᾶς = *domine nostrum Palladis*, IV 896.31-32 ἀπὸ τῆς οὐσίας ἡμῶν = *a substantia nostri*)[1]. L'oscillation entre les trois constructions (adjectif possessif, génitif *nostri*, génitif *nostrum*) est particulièrement évidente dans le traitement du substantif δεσπότης :

IV 934.1 δεσπότας ἡμῶν = *despotas (idest dominos) nostros*.

IV 934.7-8 ἡμῶν τοὺς κρείττονας ἀποφαίνει δεσπότας = *et nostri meliores enuntiat dominos*.

IV 942.34 δεσπότας ἡμῶν = *dominos nostros*.

IV 943.2-3 δεσπότας ἡμῶν = *dominos nostri*.

IV 965.33 δεσπόται ἡμῶν = *domini nostrum*.

En ce qui concerne la reconstitution du texte grec, la conséquence d'une telle divergence syntaxique grec / latin

GH de Platon), alors que les mss. BCDWT^ras. de Platon portent σου οἱ λόγοι. Dans la traduction latine de cette expression, *tui sermones*, le mot *tui* peut s'interpréter soit comme le génitif du pronom personnel (comme I 700.2-3 [= *Parm.* 128 A 5] τῇ ἄλλῃ σου φιλίᾳ = *alii tui amicitie*), soit comme le nominatif plur. de l'adjectif possessif (cf. IV 888.40 τῇ ψυχῇ σου = *anima tua*, où le génitif du pronom a été transformé en l'adjectif possessif). Quoi qu'il en soit, dans les deux cas, *tui* atteste σου, à moins que Moerbeke n'ait lu σοι et qu'il ne l'ait interprété comme l'adjectif possessif σοί. Mais la rareté du possessif σός, σή, σόν, surtout au pluriel, ainsi que l'ordre des mots (σοὶ οἱ λόγοι est évidemment fautif) rendent une telle interprétation très improbable. C'est pourquoi la traduction *tui* est citée comme un témoin de la leçon σου.

1. Dans le latin classique, alors que le génitif partitif *nostrum / uestrum* peut parfois être utilisé à la place de l'adjectif possessif (A. Ernout et F. Thomas, *Syntaxe Latine*, 2ᵉ éd., 7ᵉ tirage, Paris 1989, p. 181, citent Cicéron, *Ad Atticum*, VII 13, 3 : *splendor ... uestrum*), cela n'est jamais le cas pour le génitif objectif *nostri / uestri*.

et de la multiplicité des solutions adoptées par Moerbeke est la suivante : seule la présence de *nostri / nostrum* (*uestri / uestrum*) permet de déduire la présence de ἡμῶν (ὑμῶν) et d'exclure l'adjectif possessif ἡμέτερος (ὑμέτερος) ; en revanche, l'adjectif possessif *noster* (*uester*) peut traduire aussi bien l'adjectif possessif que le génitif du pronom. En outre, puisque, en grec, le génitif du pronom et l'adjectif possessif peuvent aussi bien précéder que suivre le substantif, et que Moerbeke respecte l'ordre des mots du grec, il est impossible de déduire la construction grecque à partir de la traduction latine. Par exemple, si en III 787.23 *uita nostra* traduit ὁ βίος ἡμῶν, en II 731.23-24 *conceptus nostros* ne traduit pas τὰς ἐπινοίας ἡμῶν, mais ἐπινοίας ἡμετέρας. Si en III 787.2 *nostra anima* traduit ἡ ἡμετέρα ψυχὴ, en IV 926.21 *nostra ratiocinatio* ne traduit pas ἡ ἡμετέρα διάνοια, mais ἡμῶν ἡ διάνοια. Dans le passage du livre I sur la logique stoïcienne qui n'est transmis qu'en latin (696.24-33 et 36-45), l'expression *fantasiam nostram* (696.25) pourrait donc traduire soit τὴν φαντασίαν ἡμῶν soit φαντασίαν ἡμετέραν. On peut, en revanche, exclure aussi bien τὴν ἡμετέραν φαντασίαν que ἡμῶν τὴν φαντασίαν, expressions que Moerbeke aurait traduites par *nostram fantasiam*. Or, si l'on exclut, sur la base de l'ordre des mots, les rétroversions τὴν ἡμετέραν φαντασίαν (cf. *In Parm.* VI 1105.36 τῆς ἡμετέρας φαντασίας[1]) et ἡμῶν τὴν φαντασίαν (cf. *In Tim.* I, p. 48.12 ἡμῶν κινεῖ τὴν φαντασίαν), la rétroversion τὴν φαντασίαν ἡμῶν est préférable sur la base de l'*In Remp.* I, p. 163.27-28 τὴν φαντασίαν ἡμῶν.

---

1. En cet endroit, le texte Cousin[1-2] : διὰ τῆς ἀοριστίας τῆς ἡμετέρας φαντασίας doit être corrigé en διὰ τὴν ἀοριστίαν τῆς ἡμετέρας φαντασίας, leçon attestée par tous les mss. grecs et confirmée par la traduction latine (*propter indeterminationem nostre fantasie*).

2.7. *Verbes*

Il est bien connu qu'il y a des divergences importantes entre le système verbal du grec et celui du latin, divergences qu'il n'est pas utile de traiter ici de façon exhaustive. Nous nous bornons donc à mentionner les problèmes que nous avons rencontrés dans l'établissement du texte grec.

2.7.1. *Modes.* La difficulté d'utiliser la traduction latine est due, le plus souvent, au fait que, le choix des modes étant dicté par la syntaxe des propositions dépendantes, le traducteur est obligé de s'affranchir du texte grec pour s'assujettir aux règles de la langue latine. Dans ces cas-là, le lien texte-traduction, en général très étroit, se brise, et la traduction ne peut plus rien dire à propos de son modèle. Les problèmes majeurs sont au nombre de deux :

(a) *Alternative indicatif / subjonctif* :

681.4-5 μή ποτε οὐκ ἀρκῶσι Luna : μή ποτε οὐκ ἀρκοῦσι Σ. La correction ἀρκῶσι ne saurait se réclamer de la traduction *sufficiant* parce que le subjonctif *sufficiant* est dû à la proposition finale (*ne forte non sufficiant*). Si donc le texte Γ était lui aussi corrompu, Moerbeke a dû le corriger car *ne forte non sufficiunt* aurait été incorrect même à ses yeux.

693.1-2 δυναστεύει R : δυναστεύῃ AFGW. La traduction *dominantur* ne permet pas de choisir entre les deux leçons des mss. grecs, car l'indicatif est dû à la présence de *quando* qui traduit ὅταν.

693.32 ἐφάψωνται Cous[1-2] : ἐφάψονται s. Dans la phrase Πρὶν οὖν αὐτῶν ἐφάψωνται τῶν θείων, la correction de Cousin est indispensable, mais on ne saurait affirmer qu'elle est confirmée par la traduction latine *attingant*, car en latin, le subjonctif est dû à la présence de la conjonction *antequam* (*Antequam igitur ipsa diuina attingant*).

Si, dans les trois passages que l'on vient de citer, ce sont les exigences de la syntaxe latine qui imposent à Moerbeke le choix du mode, en revanche, en 708.16 ἄρξωμαι Cous[2] : ἄρξομαι Σ, la traduction latine (*incipiam*) est inutilisable à cause de l'homographie de la 1re pers. sing. du subjonctif présent et de l'indicatif futur dans les verbes de la 3ᵉ conjugaison (*incipiam* correspond aussi bien à ἄρξωμαι qu'à ἄρξομαι). C'est encore pour une question morphologique que le latin ne peut distinguer entre les désinences -ῃ et -ει de la 2ᵉ pers. sing. du présent médio-passif, par exemple 670.29 [= *Parm.* 126 B 7] πυνθάνει Σ : -νῃ PLAT. codd. (*sciscitaris* g) ; 702.35 [= 128 B 1] παρέχει s PLAT. W : -έχῃ PLAT. BCDT (*exhibes* g).

(b) *Optatif.* La traduction de ce mode qui n'existe pas en latin, pose essentiellement deux problèmes : les propositions indépendantes à l'optatif de possibilité (optatif + ἄν) ; les propositions subordonnées dans lesquelles l'optatif est en concurrence tantôt avec le subjonctif, tantôt avec l'indicatif.

En ce qui concerne le premier problème, Moerbeke l'a résolu en traduisant la construction optatif + ἄν par indicatif futur + *utique* (par exemple 626.21 ἀπεικάζοιντο ἄν = *assimilabuntur utique*, 628.18-19 ἐοίκοι ἄν = *assimilabitur utique*, 629.7 τάχα δ' ἄν εἴη = *forte autem utique erit*, 633.34-634.1 ὡς ἄν τις ἀληθῶς εἴποι = *ut ueraciter utique dicet aliquis*, etc.), traduction qui doit s'interpréter comme un futur de supposition[1]. En revanche, lorsque l'optatif + ἄν se trouve dans l'apodose d'une période hypothétique, il est traduit par le subjonctif selon les règles de la syntaxe latine, par exemple 633.25-26 εἰ γὰρ τοῦτο κατανοήσαιεν ... φήσαιεν ἄν = *Si enim hoc intelligerent ... dicerent*. Il faut aussi remarquer la traduction de 667.33 et 668.25 [= *Parm.* 126 A 7] Λέγοις ἄν par *Dicas utique* : Moerbeke a compris qu'il ne s'agissait pas d'un

---

1. Dans le latin classique aussi, le subjonctif potentiel est parfois remplacé par l'indicatif futur (par exemple, Cicéron, *Pro Caelio*, 39 : *dicet aliquis*). Dans les langues néolatines, le futur potentiel est bien établi (cf. L. Serianni, *Grammatica italiana. Italiano comune e lingua letteraria*, Torino 1988, p. 399, § 387, « futuro suppositivo o epistemico »). On remarquera, d'ailleurs, la traduction plus classique de 618.8-9 ὅν ἐγὼ φαίην ἄν = *quem ego dixerim utique* (au lieu de *dicam utique*) dans laquelle l'optatif potentiel est traduit par le subjonctif.

optatif potentiel, mais d'un optatif d'atténuation polie[1] et l'a par conséquent traduit par un subjonctif.

En ce qui concerne les propositions subordonnées, l'analyse des cinq passages du livre I qui concernent la question du mode (optatif / subjonctif, optatif / indicatif) montre clairement que la syntaxe latine a trop conditionné la traduction pour qu'elle puisse encore garder une trace de son modèle grec.

627.31 ᾖ scripsimus : εἴη Σ. La correction de l'optatif εἴη dans le subjonctif ᾖ est liée à des considérations propres à la syntaxe grecque[2] et ne peut se réclamer du témoignage de la traduction latine (*sint*) car le subjonctif est imposé par *ut* (*ut ... secunda ... in primis sint*).

655.26 ἐπεξέλθοι Σ : -θῃ Stallbaum et Cous[2] || 655.31 ἔλθοις Σ : -θῃς Stallbaum et Cous[2]. Dans les deux passages, la correction de l'optatif en subjonctif — à notre avis superflue — est dictée par la dépendance de ces deux verbes (ἕως ἂν ... ἐπεξέλθοι τις ... ἕως ἂν ... ἔλθοις) d'un verbe au présent (ὑπογράφει, 655.22). Dans les deux cas, la traduction latine présente un subjonctif (*donec utique ... superuenerit quis ... donec utique ... uenias*) qui est imposé par *donec*. De toute façon, l'alternative optatif / subjonctif est propre à la syntaxe grecque et disparaît dans la traduction.

676.35 [= *Parm*. 127 A 3-4] παρείημεν Σ PLAT. T : παρεῖμεν PLAT. BD παρῆμεν PLAT. CW. La traduction par le subjonctif *adessemus* est due à la proposition interrogative indirecte : *fratres dixerunt ipsi quorum gratia adessemus*. Il est donc impossible de savoir si Moerbeke lisait l'optatif παρείημεν (παρεῖμεν) ou l'imparfait παρῆμεν.

677.20 δεῖ Luna : δέοι Σ. La proposition qui dépend de λάβοις ἂν ὅτι (677.14), s'articule en quatre membres, tous à l'indicatif sauf le deuxième à l'optatif que l'on corrige facilement en supposant une faute d'iotacisme : 1° προσήκει

---

1. Nous empruntons cette définition de la construction de ἄν + optatif à J. Humbert, *Syntaxe grecque*, cit., p. 121, § 201.
2. Cf. *infra*, p. 14, n. 3 (p. 187 des *Notes complémentaires*).

(l. 15), 2° καὶ ὅτι δέοι προηγεῖσθαι (ll. 19-20), 3° καὶ ὅτι ...
προσγίγνεται (ll. 23-25), 4° καὶ ὅτι δεῖ ... συστέλλειν (ll. 27-
28). La traduction latine, avec ses quatre indicatifs : *sumes
utique quod* 1° ... *conuenit* ... 2° *et quod oportet precedere* ... 3°
et quod ... *aduenit* ... 4° *et quod oportet* ... *contrahere*, ne doit
pas être citée à l'appui de la correction de δέοι en δεῖ parce
que Moerbeke n'aurait pu traduire autrement l'optatif δέοι.
La leçon de son exemplaire grec demeure donc inconnue.

681.31 ἀφίκοντο s PLAT. TW : ἀφίκοιντο PLAT. BCD. La
tradition directe de Platon (*Parm.* 127 A 8) est bipartite
car la famille TW porte l'indicatif, la famille BCD l'optatif
oblique (« Antiphon raconta que Pythodore disait que Zénon
et Parménide *arrivèrent* un jour aux Grandes Panathénées »).
Puisque l'optatif oblique n'a pas de correspondant en latin, la
traduction *peruenerunt*, étant la seule possible, ne confirme
ni une leçon ni l'autre et ne peut donc être citée.

2.7.2. *Temps*. Si la traduction des modes, conditionnée
par la syntaxe latine, obéit à des lois bien connues, la traduction des temps est sujette à de fréquentes irrégularités
qui imposent la plus grande prudence dans l'utilisation de la
traduction latine. Les difficultés principales concernent les
points suivants :

(a) *Présent*. Le présent indicatif est parfois traduit par un
parfait, par exemple 627.23 ἀπαγγέλλει = *enuntiauit* (à la
ligne suivante παράγει est normalement traduit par le présent *producit*).

(b) *Imparfait et aoriste*. La différence entre ces deux temps
n'est pas toujours respectée. L'imparfait grec est souvent traduit par un parfait latin[1], par exemple 620.13 ἐπρέσβευον
= *protulerunt*, 621.8-9 διήλεγχε ... ἀνῆγεν = *arguit* ... *reduxit* (= 710.27-28 *redarguit* ... *reduxit*), 628.7 ἔλεγε = *dixit*,
629.25 ἀνῆγεν = *reduxit*, 659.30 ἐφρόντιζον = *curauerunt* (à la

---

1. Sur cette traduction de l'imparfait par Moerbeke, cf. L.
Minio-Paluello, « Guglielmo di Moerbeke traduttore della *Poetica* », art. cit., p. 54.

ligne suivante l'imparfait ἐπεσκόπουν est normalement traduit par l'imparfait *considerabant*), 676.35 ἔλεγον = *dixerunt*, 680.4 διηγεῖτο = *enarrauit*, 684.23-24 ἀπεφθέγγετο ... παρεδίδου = *locutus fuit ... tradidit*, 714.30 ἑώρα = *uidit*. Vice versa, bien que moins souvent, l'aoriste peut être traduit par un imparfait latin, par exemple 621.17 ἀνέγνω = *legebat*, 631.12 ὑπέλαβον = *suspicabantur*[1]. De telles oscillations sont bien illustrées par les différentes traductions de l'imparfait ἠξίου : *dignatus est* (620.17), *uolebat* (621.29), *exigebatur* (637.21)[2], *uoluit* (641.4). La traduction de l'imparfait ou de l'aoriste par un présent est, en revanche, très rare, par exemple 628.17 παρέσχετο = *exhibet* (en 688.32-33 παρέσχετο = *exhibuit*). En 640.21, la traduction de l'imparfait ὡμολόγει par le présent *consentit* est due probablement à une mélecture de la part de Moerbeke (confusion ὡμολόγει / ὁμολογεῖ), alors qu'en 675.10-11 ἔσχεν = *habet* peut s'expliquer par la valeur inchoative de l'aoriste (le dème de Mélitè a reçu ce nom à un certain moment, donc il l'a à présent).

(c) *Parfait*. L'indicatif parfait est traduit le plus souvent par le parfait, par exemple 622.10 πέπεισται = *credite sunt*, 622.11 πεπίστευται = *credite sunt*, 622.17 κεκίνηνται = *mote sunt*, 624.31 μεμαθήκαμεν = *didicimus*, 626.28-30 πεπλήρωνται (trois occurrences) = *replete sunt*, 628.21 ᾠκείωται

---

1. La traduction de l'aoriste par l'imparfait s'explique par le fait que dans le latin médiéval « l'imparfait peut servir à décrire une action subite, pour insister sur la simultanéité » (cf. P. Bourgain, *Le latin médiéval*, cit., p. 93).

2. Le passif *exigebatur* s'explique par le fait que Moerbeke a modifié la construction de la phrase Ἐκείνη (*scil.* la méthode du *Parménide*) μὲν γὰρ ἠξίου, en transformant le sujet Ἐκείνη en un démonstratif proleptique, qui impose l'addition de *uidelicet* : *Illud quidem enim exigebatur* [...] *considerare uidelicet assequentia* etc. (sur l'addition de *uidelicet*, cf. *supra*, p. CCLXXXIX-CCXC). — Sur les nombreuses traductions du verbe ἀξιοῦν par Moerbeke, cf. F. Bossier, « Méthode de traduction et problèmes de chronologie », art. cit., p. 285.

= *assimilatus est*, 628.27 παραδέδοται = *traditus est*[1], 630.26 et 634.26 εἴρηται = *dictum est*, 630.33 τεθεωρήκαμεν = *considerauimus*, 631.6 εἰρήκασι = *dixerunt*, 631.19 γεγράφασιν = *scripserunt*, 634.22 δεδύνηται = *potuit*, etc.

La valeur résultative du parfait donne aussi lieu à la traduction par le présent, par exemple 630.22 συνήρτηται = *tendunt*, 641.5 ἀνήρτηται = *dependent*. On remarque toutefois des oscillations qui témoignent des hésitations du traducteur : alors que le parfait πεπλήρωνται est traduit par le parfait *replete sunt* en 626.28-30, le même verbe πεπλήρωται est traduit par un présent en 690.9 et 28 (*impletur et repletur*) ; or, puisque le présent *repletur* (*impletur*) traduit aussi le présent πληροῦται (cf. 629.1, 14 et 17, 663.12, 691.5-6, 697.19), l'ambiguïté de la forme *repletur* (*impletur*) est inévitable. L'ambiguïté est aussi aggravée par le fait que, dans le latin médiéval, la forme périphrastique du parfait passif tend à être sentie comme un présent dans lequel le participe passé exprime simplement une qualité ou un état du sujet dans le présent. Un exemple éloquent est fourni par 642.17-19 ἐψύχωται ... νενόωται ... οὐσίωται ... τεθέωται = *animatum est ... intellectuatum est ... essentiatum est ... deificatum est*, où les quatre parfaits passifs peuvent aussi s'interpréter comme des présents formés par la copule et le prédicat nominal. En conclusion, un parfait latin peut correspondre, dans le texte grec, à un imparfait, à un aoriste, à un parfait, et parfois même à un présent.

(d) *Temps de l'infinitif.* Les divergences entre le système verbal du grec et celui du latin constituent un obstacle redoutable dans la traduction des temps de l'infinitif. La difficulté majeure consiste à bien distinguer des infinitifs exprimant le temps ceux exprimant l'aspect[2]. Si la traduction des infinitifs présents ne pose, en règle générale, aucune difficulté à

---

1. En 626.33 διαδέδονται = *traduntur*, on ne saurait exclure que Moerbeke n'ait lu (ou cru lire) διαδίδονται.
2. Voir l'admirable exposé de J. Humbert, *Syntaxe grecque*, cit., p. 159-168, § 264-279.

Moerbeke qui les traduit par des infinitifs présents, il en va autrement pour les infinitifs de l'aoriste, du parfait et du futur. Il suffit de lire le début de l'*In Parm.* avec sa série de six infinitifs aoristes, tous correctement traduits par des infinitifs présents, pour se rendre compte que Moerbeke reconnaît parfaitement l'infinitif aoriste exprimant l'aspect :

617.1-22 ποδηγῆσαι ... ἀναπλῶσαι ... ἀνοῖξαι ... παῦσαι ... ἐνδοῦναι ... ἐνθεῖναι = *dirigi ... expandere ... aperire ... cessare ... dare ... imponere.*

En revanche, il peut lui arriver de ne pas reconnaître un infinitif aoriste exprimant le temps, par exemple 683.11 ἐλθεῖν = *uenire*, où *uenisse* aurait été plus correct, car il s'agit bien d'une action passée (les philosophes sont venus). L'hésitation ressort clairement du passage 636.29-36 où, à quelques lignes de distance, le même infinitif aoriste passif προληφθῆναι est traduit d'abord par un infinitif parfait (*preacceptum esse*, ll. 29-30), ensuite par un infinitif présent (*preaccipi*, l. 36) (on remarquera qu'à la ligne 18 l'infinitif parfait *acceptam esse* traduit l'infinitif parfait προειλῆφθαι).

En ce qui concerne l'infinitif parfait, il pose le même problème que l'infinitif aoriste, en ce sens que Moerbeke reconnaît l'infinitif parfait exprimant l'aspect, à savoir l'état définitif, et le traduit donc correctement par l'infinitif présent (par exemple 628.3 τετάχθαι = *ordinari*, 638.10 δεδημεῦσθαι = *diuulgari*, 639.4 ὡμοιῶσθαι = *assimilari*), mais il peut ne pas reconnaître l'infinitif parfait exprimant le temps (par exemple 665.5-6 τεθαυμακέναι = *admirari*, là où *admiratum esse* aurait été préférable, car « Socrate déclare avoir toujours admiré »). Comme on l'a dit à propos de l'indicatif parfait passif, la forme périphrastique (*esse* + participe parfait passif) peut s'interpréter aussi bien comme un parfait (selon la morphologie du latin classique) que comme un présent (compte tenu de l'évolution du latin médiéval). Le même passage que nous avons donné comme exemple pour l'indicatif, peut être cité comme exemple pour l'infinitif : 641.8-12 τεθεῶσθαι ... τὸ ἡνῶσθαι τῷ τεθεῶσθαι ταὐτόν ...

τὸ πεφωτίσθαι τῷ τεθεῶσθαι ταὐτόν = *deificata esse ... unitum esse cum deificatum esse idem ... illuminatum esse cum deificatum esse idem.* Ici, les infinitifs *deificatum esse, unitum esse, illuminatum esse* expriment plutôt un état durable qu'une action subie dans le passé.

En ce qui concerne l'infinitif futur[1], il est traduit le plus souvent par un infinitif présent, par exemple 652.12 πείσεσθαι = *pati*, 666.19 παρέξειν = *exhibere* (l'infinitif futur aurait été plus correct à cause du verbe *spondens* = ἐπαγγελλόμενος), IV 878.9 δεήσεσθαι = *indigere*, IV 929.22 γνώσεσθαι = *cognosci*, IV 955.1 συμβήσεσθαι = *accidere*, V 992.1 ἀνέξεσθαι = *tolerare*, V 1033.11 θαυμάσειν = *mirari*, V 1034.28 ὑποθήσεσθαι = *supponi*. Mais l'on trouve aussi la traduction plus classique par l'infinitif futur, par exemple I 668.25-26 et VI 1042.17 ποιήσειν = *facturum*, I 688.16-17 et VII 1231.19 ἔσεσθαι = *fore*[2], VI 1077.21 et 1078.10 ποιήσεσθαι = *facturum*.

Quoi qu'il en soit, que l'infinitif présent latin traduise correctement l'infinitif présent ou l'infinitif aoriste exprimant l'aspect ou l'infinitif parfait, ou qu'il traduise erronément l'infinitif aoriste exprimant le temps ou l'infinitif futur, toujours est-il que l'infinitif présent, dans la traduction latine, peut correspondre à tous les temps de l'infinitif grec. On

---

1. A cause de la rareté de cette forme, nous avons élargi l'analyse au reste du commentaire, à l'exclusion de ces passages dans lesquels l'infinitif futur dépend d'un verbe qui impose la traduction par un infinitif présent (par ex., μέλλειν, ὀφείλειν, ἐπιχειρεῖν), cf. I 668.14 μεθέξειν ὀφειλόντων = *debentium participare*, II 727.15-17 ἔμελλεν ... κατόψεσθαι = *futurum erat ... intueri*, II 767.32-33 τὸ πλῆθος τὸ μέλλον μεθέξειν = *multitudinem que debet participare*, IV 924.8 αἱρήσειν ἐπεχείρουν = *sectam conati sunt facere*, IV 976.8-9 τῷ γὰρ ἀντιλήψεσθαι μέλλοντι = *ei enim qui recipere debet*, V 998.36-37 εἰ μέλλοι τις ὄψεσθαι καὶ γνώσεσθαι = *si debeat quis uidere ... et nosce* [graphie pour *nosse*], V 1014.4-5 [= *Parm.* 136 C 4-5] εἰ μέλλεις ... διόψεσθαι = *si debeas ... perspicere*.

2. Ce sont les deux seules occurrences de ἔσεσθαι dans l'*In Parm.*, auxquelles il faut ajouter I 696.32 que nous reconstituons en suivant la traduction latine.

comprend donc que la traduction latine ne soit pas citée là où la tradition grecque oppose deux temps différents de l'infinitif, car rien ne permet de ranger l'infinitif présent de la traduction latine d'un côté ou de l'autre de l'unité critique :

640.2 ἄρξεσθαι Cous² : ἄρξασθαι Σ (*incipere* **g**)   ‖   ἄρξασθαι Α : ἄρξεσθαι s (*incipere* **g**).

700.3 [= *Parm.* 128 A 5] οἰκειοῦσθαι Σ : οἰκειῶσθαι PLAT. BCTW ᾠκειῶσθαι PLAT. B²C²DT² (*domesticari* **g**).

709.32 ἱδρῦσθαι Luna : ἱδρύεσθαι Σ (*locari* **g**).

718.2-3 [= *Parm.* 128 D 8] βουλεύεσθαι s : βουλεύσασθαι PLAT. codd. (*consiliari* **g**).

Finalement, il faut remarquer que l'infinitif substantivé par l'article peut être traduit par une proposition déclarative introduite par *quod*, par exemple 698.22-23 τὸ ... καταντᾶν = *quod ... deuenerit*.

(e) *Temps du participe.* La difficulté de la traduction naît essentiellement du fait que le système verbal latin n'a pas assez de formes pour refléter la grande richesse du participe grec[1]. En effet, alors que, en grec, un verbe transitif peut avoir jusqu'à dix formes, le latin ne connaît que trois formes (présent, passé, futur) dans lesquelles la diathèse est liée au temps en ce sens que les participes présent et futur sont exclusivement actifs, le participe passé est exclusivement passif (sauf dans les verbes déponents). Les différentes solutions que l'on trouve dans la traduction de l'*In Parm.* peuvent être résumées de la manière suivante :

Participe présent actif ou moyen. Cette forme ne pose pas de problèmes car elle est bien traduite par la forme latine correspondante (toujours active), par exemple 618.16

---

1. Cf. A. Meillet - J. Vendryès, *Traité de grammaire comparée des langues classiques*, tirage revu par J. Vendryès, 5ᵉ éd., Paris 1979, p. 336, § 502 : « Le grec est de toutes les langues indo-européennes celle où les participes ont reçu le plus grand développement. Chaque thème verbal y a son participe, qui lui appartient en propre ».

προσλάμπουσα = *illustrans*, 618.17 ἔχων = *habens*, 619.4 γεραίροντες = *uenerantes*, 619.14-15 προκαλουμένῳ καὶ ἐπιστρέφοντε = *prouocantes et conuertentes*, 619.17 διαφέρων = *differens*, 619.30 οὐ βουλόμενος = *nolens*, etc.

On remarquera toutefois quelques verbes particuliers tels que (ὑπο)κεῖσθαι dont le participe présent est traduit par un participe passé, par exemple 622.1 ὑποκειμένην = *subiectam*, 626.3 κειμένης = *posita*. Quant au participe ὤν, οὖσα, ὄν, il est traduit par *existens* (par exemple 619.5 τῆς ἑορτῆς οὔσης = *solemnitate existente*, 619.7 et 16 ὤν = *existens*) [1], sauf dans la locution τὸ ὄν = *ens, le ens*.

Lorsque le participe présent est substantivé, Moerbeke le traduit par une proposition relative, par exemple 618.23 τοῖς καὶ τῶν τοιούτων διακοῦσαι σπουδάζουσιν = *hiis qui talia student peraudire*, 620.5 τὸ δοκοῦν = *quod uidetur*, 698.18 et 19-20 τὸ μαχόμενον = *quod compugnat*.

Participe présent passif. L'absence d'une forme analogue en latin oblige de traduire cette forme par un participe passé, qui exprime, il est vrai, la diathèse passive, mais non pas le temps, par exemple 618.25 πληρούμενα = *expleta*, 620.35-36 κινούμενον = *motum*, 624.25 καλουμένας = *uocatas*, 626.23 εἰσὶν ἀπεικαζόμεναι = *sunt assimilate*. Toutefois, lorsque le texte grec se fonde sur l'opposition temporelle présent / parfait et que, par conséquent, la traduction du participe présent par le participe passé rendrait le texte incompréhensible en effaçant l'opposition, le participe présent est traduit par une périphrase et le participe parfait, par un participe passé. Voici un exemple très clair : 698.11-14 ὁ μὲν γὰρ κεκαθαρμένῳ καὶ ἀνηγμένῳ καὶ ἀποθεμένῳ τὸ ἐν αὐτῷ πλῆθος, ὁ δὲ ἀναγομένῳ καὶ ἀποτιθεμένῳ ⟨ἀνάλογόν ἐστι⟩ = *Hic quidem enim purgato et sursumducto et seposito ab ea que in ipso multitudine, hic autem ei qui sursumducitur et seponitur.*

---

1. Le participe *existens* était la traduction de ὤν depuis des siècles (cf. L. Minio-Paluello, « Guglielmo di Moerbeke traduttore della *Poetica* », art. cit., p. 55). Il faut toutefois rappeler que *existens* peut aussi traduire γεγονώς (cf. *infra*, p. CCCXXII).

Participe aoriste actif. Cette forme pose le même problème que la précédente. Il n'y a pas, en effet, d'analogue en latin dont le participe passé a toujours valeur passive. La traduction par le participe présent permet donc d'exprimer la diathèse, mais non pas le temps, par exemple 617.3-4 ἀνάψαντας = *accendentes*, 620.18-19 ὁρμίσας ... ἀφεὶς = *erigens ... dimittens*, 620.28 Ἀφελών = *Segregans*, 621.17-18 γράψας ... ἐπακούσας = *scribens ... audiens*, 622.18 Τοῦ δὲ Σωκράτους ἰλιγγιάσαντος = *Socrate autem hesitante*, 622.24-25 Τοῦ δ' ἐπανερομένου ... καὶ ἑαυτὸν ἐπιδόντος = *Ipso autem interrogante ... et se ipsum dante*, 623.29 et 624.2 θαυμάσας = *admirans*[1], 624.4-5 παραλαβόντος καὶ ... δείξαντος = *assumente et ... ostendente*, 624.12-13 παραλαβὼν ... καὶ ζητήσας = *assumens ... et querens*.

Lorsqu'il est substantivé, le participe aoriste actif peut être traduit par une périphrase, ce qui permet d'exprimer le temps, par exemple 617.17-18 τοὺς τὸν κόσμον λαχόντας = *eos qui mundum sortiti sunt*, 618.4-5 ὁ τῷ Πλάτωνι μὲν συμβακχεύσας = *qui Platoni quidem simul conuersatus*. Toutefois, la périphrase ne respecte pas toujours le temps qui est parfois traduit par un présent, par exemple 620.36-37 ὁ τὸ ἓν ἀφελὼν τῷ τὸν θεὸν χωρίσαντι = *Qui igitur unum aufert ... cum eo qui deum separat* (au lieu de *abstulit ... separauit*), 689.31-32 διακοσμήσασαν = *qui ... dispensat* (au lieu de *dispensauit*).

Participe aoriste moyen. Comme le participe aoriste actif, le moyen peut être traduit par un participe présent, par exemple 619.17 παραγενομένοις = *aduenientibus*, 622.30-33 θεμένους ... ὑποθεμένους = *ponentes ... supponentes*. Le participe aoriste du verbe γίγνεσθαι au sens de "devenir" est

---

1. Dans le latin classique, on aurait pu traduire θαυμάσας par *admiratus* en gardant ainsi la valeur active et le temps passé (voir aussi I 686.32 λαχὼν = *sortiens* [au lieu de *sortitus*]). Si Moerbeke ne l'a pas fait, c'est parce que dans le latin médiéval, qui prolonge en cela une tendance du latin vulgaire, les verbes déponents ont perdu leur valeur active et, par conséquent, le participe passé est senti comme ayant une valeur passive (cf. V. Väänänen, *Introduction au latin vulgaire*, cit., § 294, p. 128).

traduit par le participe passé *factus*, qui peut aussi traduire le participe présent (cf. 618.7 γενόμενος = *factus*, 624.27 Γενομένης = *Facta*, 686.24 γιγνόμενος = *factus*).

Participe aoriste passif. Aucune difficulté de traduction, car le participe passé en latin est, par sa nature même, passif (par exemple 623.7 et 16 τεθέντος = *posito*).

Participe parfait actif. Cette forme pose le même problème que le participe aoriste actif, par rapport auquel la traduction latine ne peut d'ailleurs pas le distinguer. Comme le participe aoriste actif, il est donc, en règle générale, traduit par un participe présent, par exemple 619.35 εἰρηκόσιν = *dicentibus*, 624.32 γεγονώς = *existens*. Dans certains cas, il peut être traduit ou bien par un adjectif (par exemple 619.12 εὖ πεφυκότας = *bene aptis*), ou bien par une périphrase (par exemple 621.28 συνειληχότα = *que ... coacceperunt*).

Participe parfait passif. Aucune difficulté de traduction, car le latin dispose de la même forme, par exemple 617.15 ἀφειμένην = *sequestratam*, 617.17 ἐπτερωμένην = *alatam*, 620.31-32 εἰδοπεποιημένον = *specificatum*, 620.33 ἀνῃρημένου = *interempta*, 621.33 διακεκριμένον = *segregatam*, 623.24 εἰρημένους = *dictos*.

Participe futur actif ou moyen. Cette forme aussi ne pose aucune difficulté de traduction, car le participe futur latin est toujours actif, par exemple 618.13 γενησομένοις = *futuris*, 619.11-13 τιμήσοντε ... ὠφελήσοντε = *honoraturi ... profuturi*, 620.2 ἐσόμενον = *futurum*.

Participe futur passif. Cette forme est traduite, tout naturellement, par le gérondif (par exemple 657.23 παραδοθησομένην = *tradendam*, 667.34 ἀναχθησομένας = *sursumducendas*)[1].

---

1. Le gérondif n'est autre, en effet, que le participe futur passif du latin (cf. A. Ernout, *Morphologie historique du latin*, 4e éd. revue et corrigée, Paris 1953 [réimpr. 1989], p. 173-174) ; il s'établit pleinement dans ce rôle surtout à partir du III-IVe siècle ap. J.-C. (cf. A. Ernout - F. Thomas, *Syntaxe Latine*, cit., p. 287)

En conclusion, le participe présent latin peut traduire le participe (1) présent actif ou moyen, (2) aoriste actif ou moyen, (3) parfait actif. Une telle polyvalence du participe présent latin[1] — qui doit, par conséquent, être traité avec la plus grande circonspection dans la rétroversion — est illustrée par les exemples suivants dans lesquels la proximité de formes différentes du participe grec toutes traduites par un participe présent fait bien ressortir l'uniformisation que le participe grec a subi dans la traduction latine :

619.34-35 τιθεμένοις ... εἰρηκόσιν = *ponentibus ... dicentibus.*

622.36 λέγοντας, καὶ λαβόντας = *dicentes, et sumentes.*

624.30-32 ὢν ... γεγονώς = *existens ... existens.*

625.3 ἀποκρινόμενος· ἀκούσας δ' οὖν = *respondens; audiens igitur.*

On comprend donc que, en 700.5-6 [= 128 A 7], où la leçon μεταβαλὼν Σ Plat. TW s'oppose à μεταβάλλων Plat. BCD, la traduction *transmutans* ne peut être citée car elle peut correspondre aussi bien à l'aoriste μεταβαλὼν qu'au présent μεταβάλλων. En 691.16-17, la traduction latine *implentis* confirme la leçon des mss. FG quant au cas (génitif : πληρώσαντος, alors que la terminaison n'est pas claire dans les trois autres mss.), mais non pas quant au temps (attesté par l'ensemble des mss. grecs), car *implentis* peut traduire aussi bien l'aoriste πληρώσαντος que le présent πληροῦντος.

et a été utilisé, dans le latin tardif, pour constituer le futur périphrastique (cf. V. Väänänen, *Introduction au latin vulgaire*, cit., § 328, p. 140-141 ; § 303, p. 132 : *qui baptizandi sunt = qui baptizabuntur*).

1. Sur la multiplicité d'emplois du participe présent, cf. P. Bourgain, *Le latin médiéval*, cit., p. 95 : « Le participe présent est employé très largement avec un grand nombre de valeurs circonstantielles, cause, condition, manière, notamment à la place du participe futur pour exprimer le but, ou pour exprimer une simultanéité approximative et parfois une antériorité, remédiant ainsi à l'absence de participe passé actif en latin ».

Si donc l'hésitation avait porté sur le temps du participe, et non pas sur le cas, la traduction latine aurait été inutilisable.

Le participe passé latin peut traduire le participe (1) présent passif ou moyen, (2) aoriste passif, (3) parfait passif. La même prudence s'impose donc lors de la rétroversion qui, loin d'être mécanique, doit toujours s'en tenir aux règles propres à la syntaxe grecque.

2.7.3. *Prépositions et préverbes.* La traduction des prépositions est, en règle générale, sans ambiguïté[1]. Il faut toutefois rappeler deux points à propos de la "rection" des prépositions qui pourraient faire difficulté lors de la rétroversion. Premièrement, il peut arriver que plusieurs constructions grecques soient traduites par la même construction latine, ce qui engendre inévitablement des ambiguïtés. Tel est le cas de *a* (*ab*) + ablatif, qui traduit (1) ἀπό + génitif, (2) παρά + génitif, (3) ὑπό + génitif, (4) datif d'agent avec le parfait passif (par exemple 676.29 ὡς εἴρηταί μοι πρότερον = *ut dictum est a me prius*). C'est pourquoi en 682.22-23 ἀπὸ τῶν ἀνδρῶν ὑπεδέξατο, la traduction latine *a uiris suscepit* ne permet pas de trancher entre ἀπὸ AFGW et ὑπὸ F^{sl}R ; elle ne peut donc pas être citée dans l'apparat critique, et ce n'est que la syntaxe de la phrase qui rend le choix de ἀπὸ certain. Tel est aussi le cas de *in* + ablatif, qui traduit (1) ἐν + datif, (2) ἐπί + génitif. C'est encore le sens de la phrase grecque qui seul permet de choisir entre les deux[2].

Deuxièmement, le latin distingue entre διά + génitif = *per* + accusatif, et διά + accusatif = *propter* + accusatif. C'est en effet grâce à cette distinction que nous avons pu corriger la construction διά + accusatif en διά + génitif en trois endroits

---

1. La traduction latine est souvent citée pour les questions textuelles concernant les prépositions (voir l'apparat critique *ad* 623.26, 629.25, 631.15, 638.31, 642.8-9, 644.11, 653.2, 658.23, 670.18, 670.35, 671.3, 682.21, 683.26, 684.12, 685.8, 685.24, 687.31, 690.9, 691.1, 691.11, 696.58, 710.28, 714.36).

2. Cf. *infra*, p. 106, n. 3 (p. 290-291 des *Notes complémentaires*).

(cf. 642.8-9, 670.18, 691.1)[1]. Il faut toutefois signaler un piège qui pourrait se présenter dans la transmission latine : les abréviations de *per* et de *propter* étant très semblables dans l'écriture gothique (*per* = *p* avec la haste descendante barrée, *propter* = *pp* avec les deux hastes descendantes barrées) et le cas étant le même dans les deux constructions (accusatif), il se peut qu'une traduction correcte se détériore tout au long de la transmission du texte latin.

En ce qui concerne les préverbes, la traduction latine fournit une aide considérable car la détérioration subie par le texte Σ a produit, ici et là, une certaine confusion entre deux préverbes semblables, tels que περι- / παρα-, προσ- / προ-, ἀπο- / ἐπι-, confusion que la traduction latine permet souvent d'éliminer, comme le montrent les exemples suivants :

636.20 προανακινούσας scripsimus ex **g** (*premouentes*) : προσανα- Σ.

654.23 περικρούων G *circumpellens* **g** : παρα- AFRW.

655.4-5 περικρουόμενοι scripsimus ex **g** (*circumpulsi*) : παρα- Σ.

660.15 παραγενόμενοι AFG *deuenientes* **g** : περι- RW.

672.10 προσβάλλειν AW *adici* **g** : προσβάλλει F προβάλλειν RG.

678.7 ἀφέστηκε AR[p.corr.] *distant* **g** : ἐφ- s.

683.9 προελήλυθεν A *prouenerunt* **g** : προσ- s.

686.21 προκαλεσόμενος F *prouocaturus* **g** : προσ- ARGW.

691.10 προσειρήκασιν A *appellauerunt* **g** : προ- s.

710.14 προελθόντων A *progressorum* **g** : προσ- s.

721.7-8 προείρηκεν scripsimus ex **g** (*predixit*) : εἴρηκεν Σ.

A ces onze unités critiques dans lesquelles la traduction latine permet de corriger le préverbe transmis par les mss. grecs, on n'en peut opposer que trois dans lesquelles la leçon

---

1. En 693.53 διὰ ἀναλογίας, Moerbeke a interprété le génitif sing. ἀναλογίας comme un accusatif plur., d'où sa traduction *propter analogias* au lieu de *per analogiam*.

de la traduction latine est fautive[1] :

672.24-25 προσείρηκεν AFRG : προ- W *predixit* **g**.

672.27 προσείρηκεν AFRG[p.corr.]W[mg] : προ- G[a.corr.]W *predixit* **g**.

675.31 ἀπεστραμμένας Σ : *conuersas* **g** (ἐπεστραμμένας Γ ?).

Il faut toutefois remarquer que dans un nombre restreint de cas, la traduction latine est muette sur le préverbe. Tel est le cas de l'alternative entre ἀκούειν et διακούειν en 669.23 (διακήκοεν FGW : ἀκήκοεν AR [*audiuit* **g**]), et 673.16 [= *Parm.* 126 C 5] (ἀκοῦσαι s PLAT. TW : διακοῦσαι PLAT. BCD [*audire* **g**]). En effet, si en 618.23 le composé διακοῦσαι est traduit par *peraudire*, ce qui pourrait amener à croire que *audire* traduit ἀκοῦσαι, ailleurs c'est bien διακοῦσαι qui est traduit par *audire*[2]. Puis donc qu'elle peut correspondre aussi bien à ἀκούειν qu'à διακούειν, la traduction latine est inutilisable là où la tradition grecque transmet ces deux formes.

2.8. *Particules et conjonctions*

On connaît bien l'importance de l'étude des particules et des conjonctions (méthode des équivalents léxicaux) pour l'identification des différents traducteurs médiévaux et l'établissement de la chronologie relative des traductions de Moerbeke[3]. Puisque l'attribution de la traduction de l'*In*

---

1. Les autres passages du livre I dans lesquels la tradition textuelle pose le problème des préverbes sont 682.25 (cf. p. 86, n. 4 [p. 271-272 des *Notes complémentaires*]) et 716.9 (cf. p. 134, n. 5 [p. 312-313 des *Notes complémentaires*]).

2. Cf. I 689.22 διακήκοε = *audiuit*, V 1023.18 διακούσω = *audiam*, V 1029.27 διακηκοόσιν = *qui audierunt*. La traduction de διακούειν par *peraudire* en I 618.23 est donc restée un cas isolé.

3. Cf. L. Minio-Paluello, « Guglielmo di Moerbeke traduttore della *Poetica* », art. cit., p. 47-50 ; id., « Henri Aristippe, Guillaume de Moerbeke », art. cit., p. 66-69, 73 ; F. Bossier, « Méthode de traduction et problèmes de chronologie », art. cit., p. 272-294. Voir aussi *Metaphysica. Recensio et translatio Guillelmi*

Parm. à Moerbeke est hors discussion et que cette traduction date sûrement de la dernière période de sa vie[1], les remarques que nous allons présenter dans ce paragraphe ne visent qu'à mettre en évidence les problèmes que pose la traduction latine en tant que témoin du texte grec. Nous allons d'abord examiner les particules par ordre alphabétique en réservant pour la fin l'examen de trois couples de particules quasi-homographes (ἄρα / ἆρα, ἤ / ἦ, οὐκοῦν / οὔκουν), pour traiter ensuite de quelques conjonctions.

2.8.1. *Particules.* La liste des particules que l'on trouve dans l'*In Parm.*[2], suivies de leur(s) traduction(s) lati-

---

de *Moerbeka*, ed. G. Vuillemin-Diem (AL XXV 3.1), Leiden-New York-Köln 1995, p. 17, où un tableau permet de comparer la *translatio Anonyma* (livres A-I, Λ-N), la révision de l'*Anonyma* par Moerbeke (livres A-I, Λ-M 2, 1076 b 9) et la traduction de Moerbeke (livres K, M 2, 1076 b 9-N) sur un certain nombre de particules, de conjonctions et de mots caractéristiques (αὐτός, ἕτερος, ἄτοπος, εἰκός, ἕνεκα, δῆλον, φανερόν).

    1. Cf. *supra*, p. ccLxII-ccLxIII.

    2. Les particules ἀτάρ et αὐτάρ ne sont attestées chez Proclus que dans des citations. Ἀτάρ : *In Tim.* I, p. 253.25 et II, p. 5.12 = Platon, *Polit.* 269 D 9. Αὐτάρ : *In Remp.* I, p. 96.15 = Hom., *Il.* XXIV 528 selon la citation de Platon, *Resp.* II 379 D 4 ; *In Parm.* VII 1152.27 = Parménide, FVS 28 B 8.26 (non traduit en latin) ; *In Crat.* XCIX, p. 50.26, *In Tim.* I, p. 314.13, II, p. 24.28 et p. 53.24 = *Orph.*, fr. 166.1 Kern [= 237 F v. 7 Bernabé] ; *In Crat.* CLXXIV, p. 96.22 = *Orph.*, fr. 194.1 Kern [= fr. 284 F v. 1 Bernabé] ; *In Eucl.*, p. 305.21-25 : Ταύτην τὴν πρότασιν οἱ μὲν ἐλλιπῶς προενεγκάμενοι [...] ἀφορμὴν παρέσχον ἴσως μὲν καὶ ἄλλοις τισίν, αὐτάρ καὶ Φιλίππῳ, καθάπερ φησὶν ὁ μηχανικὸς Ἥρων, διαβολῆς (« Ceux qui ont cité cette proposition d'une manière imparfaite [...] ont peut-être fourni un motif de calomnie à certains autres auteurs, notamment à Philippe [*scil.* d'Oponte], à ce que rapporte Héron le Mécanicien »). — La particule δῆτα est utilisée une seule fois par Proclus lui-même, *In Tim.* I, p. 57.28 : ἀλλὰ δῆτα ἵνα πάντα πρὸς τὴν τῶν ὅλων κοσμικῶν θεωρίαν συναρμόσωμεν ; elle se lit dans *In Parm.* VII 1182.14 [= *Parm.* 139 C 6-7 Οὐ δῆτα = *Non utique*], et *In Tim.* I, p. 417.16-17 = *Soph.* 249 A 9. — La particule τοιγαροῦν est utilisée deux fois par Proclus lui-même,

ne(s)[1], montre que, dans ce cas aussi, sauf quelques exceptions, il n'y a pas de traduction univoque et mécanique, car la même particule grecque peut correspondre à plusieurs particules latines et, vice versa, la même particule latine peut traduire plusieurs particules grecques.

ἀλλά = *sed* (toujours).

ἄτε = *tamquam* (4), *ueluti* (3).

γάρ = *enim* (presque toujours), *nam* (620.15, 641.7, 677.6, 711.25, 718.6), *autem* (698.24)[2].

γὰρ δή = *enim utique* (toujours).

γάρ τοι = *equidem* (689.13).

καὶ γάρ = *etenim* (toujours), même traduction pour τε γάρ (645.23).

γε = *quidem* (670.28 [γε$^{\text{pr.}}$], 672.8, 673.19, 691.27), souvent omis[3]. La traduction de 709.2-3 ὅς γε καὶ = *qui etiam et* implique γε = *etiam* (à moins que Moerbeke n'ait lu τε au lieu de γε).

γοῦν = *enim* (10), *igitur* (5), *autem* (657.2, 677.29). Dans le reste du commentaire, on compte 83 occurrences :

In Remp. I, p. 46.27 τοιγαροῦν εὑρήσομεν ; II, p. 123.6 τοιγαροῦν ἐκ τούτων πιστεῦσαι. — Aucune occurrence de τοιγάρ.

1. Chaque traduction latine est suivie, entre parenthèses, du nombre de ses occurrences dans le livre I. Les références précises ne sont données que pour des traductions rares ou des cas particuliers. Les livres II-VII ne sont pris en compte que de façon sporadique, si la discussion de quelques passages requiert une base d'analyse plus large (tout en rappelant le critère de prudence dans l'utilisation de l'édition Cousin, cf. *supra*, p. CCLXXVI, n. 2).

2. Sur la traduction de γάρ par Moerbeke et d'autres traducteurs médiévaux, cf. L. Minio-Paluello, « Guglielmo di Moerbeke traduttore della *Poetica* », art. cit., p. 47-48. Les cinq passages de l'*In Parm.* I dans lesquels γάρ a été traduit par *nam* confirment la remarque faite par L. Minio-Paluello, art. cit., p. 47 : « quasi sempre il γάρ che diventa *nam* si trova al principio di una frase, preceduto dal solo articolo determinativo τὸ γάρ ..., ὁ γὰρ ἄνθρωπος e simili ».

3. Cf. *infra*, Appendice III, p. CDXIV.

enim (63), *igitur* (14), *nam* (4), *autem* (III 817.1), *ergo* (V 1010.19)[1]. Quant à la traduction par *autem*, bien qu'elle soit très rare (3 occurrences), nous pensons pouvoir reconstituer *autem* = γοῦν en 701.8 et 713.5 (οὖν Σ) car seule cette rétroversion permet à la fois d'améliorer le texte et d'expliquer la faute de la branche grecque. En effet, s'il est vrai que *autem* traduit, en règle générale, δέ, δέ γε ou δὲ δή, aucune de ces trois particules n'est appropriée dans les deux passages en question, ni ne saurait expliquer la leçon οὖν de la branche grecque.

δέ = *autem* (presque toujours), *uero* (rarement). La traduction par *uero* se trouve parfois à la fin d'une énumération μέν … δέ … δέ = *quidem … autem … uero*[2]. Exceptionnellement, δέ est traduit par *etiam* (626.30), *enim* (640.13, 671.23)[3], *sed* (714.7 Ἐπεὶ δὲ = *Sed quoniam*, au lieu de *Quoniam autem*). Omis en 685.22, 694.8, 708.15, 717.19.

δέ γε = *uero* (6), *autem* (5)[4].

---

1. La confusion des abréviations *g^i* (*igitur*) et *g^o* (*ergo*) dans l'écriture gothique est tellement fréquente que ces deux mots ne peuvent même pas être considérés comme deux variantes ; on pourrait donc soupçonner ici une simple mélecture de copiste, même si la présence de Συνάγομεν = *Concludimus* justifie la traduction par *ergo*.

2. Cf. I 628.30-31 et 31-33, 634.10-13, 637.36-638.1, 646.22-27, 662.21-25, 663.3, 9 et 15, 689.25, 690.8 et 690.22, 703.24-25, 712.36-37, 717.14-15. En 617.13-22, dans la série μὲν … δὲ (7 fois), *uero* traduit le 3e δὲ (l. 17). — Sur la traduction de δέ par Moerbeke et d'autres traducteurs médiévaux, cf. L. Minio-Paluello, « Guglielmo di Moerbeke traduttore della *Poetica* », art. cit., p. 47.

3. La traduction δέ = *enim*, bien que très rare, se trouve aussi dans d'autres traductions de Moerbeke. C'est pourquoi l'hypothèse selon laquelle il s'agirait plutôt d'une faute de copiste grec ou latin (cf. L. Minio-Paluello, « Guglielmo di Moerbeke traduttore della *Poetica* », art. cit., p. 47) n'est probablement pas à retenir. De toute façon, les occurrences de *enim* qui correspondent à δέ dans les mss. grecs n'autorisent pas à reconstituer γάρ dans l'exemplaire grec de Moerbeke.

4. Cf. *supra*, p. CCLXXXVIII.

δὲ δή = *autem* (655.13, 681.30), *porro* (628.18), *uero* (629.19), *itaque* (643.21-22), *autem utique* (695.40-41). On remarquera que la traduction de δὲ δή par *autem*, qui est la traduction habituelle de δὲ, rend la traduction latine inutilisable là où le témoignage des mss. grecs n'est pas unanime, les uns transmettant δὲ δή, les autres δὲ (cf. 624.8 δὲ δή FGW : δὲ AR [*autem* **g**]).

δή = *utique* (50), *itaque* (15), *etiam* (619.27, 653.2), *igitur* (640.19), parfois omis (623.22, 624.5, 644.13, 648.7, 649.12, 692.5)[1]. — Il est intéressant de comparer 696.5-6 (lemme *Parm.* 127 E 7) et 696.15-16 (citation) : ἀδύνατον δὴ καὶ πολλὰ εἶναι. Dans le lemme, δή est traduit par *utique*, dans la citation, par *itaque*. Bien qu'il y ait souvent des incohérences entre lemme et citation[2], on peut se demander si, dans la citation, *itaque* ne serait pas une corruption de *utique*. Quant à la traduction δή = *igitur*, bien qu'elle soit très rare, nous pensons qu'en 669.8, où les mss. grecs portent δὲ, la traduction latine *igitur* correspond à δή, leçon qui, à la fois, améliore le texte[3] et explique la corruption δὲ de la branche grecque.

καὶ δὴ καί = *et utique etiam* (636.5), *et etiam* (649.12).

δὴ οὖν = *itaque* (6), *igitur* (5), *autem* (674.3). La traduction par *utique* (669.35) semble être un *hapax* dans l'ensemble du commentaire.

δήποτε οὖν = *igitur* (653.4).

δήπου = *utique* (7), *etiam* (643.12), *itaque* (651.37). La traduction par *utique* équivaut à l'omission de που.

οὐ δήπου = *nequaquam* (649.14).

δήπουθεν = *utique* (644.24).

---

1. Sur la traduction de δή par Moerbeke et d'autres traducteurs médiévaux, cf. L. Minio-Paluello, « Guglielmo di Moerbeke traduttore della *Poetica* », art. cit., p. 48 (la traduction par *itaque* est propre à Moerbeke).

2. Cf. *supra*, p. CCLXXXIV-CCLXXXV.

3. Cf. *infra*, p. 67, n. 3 (p. 255 des *Notes complémentaires*).

μέν = *quidem* (toujours), omis en 659.29, 660.20, 671.25, 673.6.

μὲν γάρ = *quidem enim* (toujours).

μέντοι = *tamen* (toujours), *attamen* (681.21).

καὶ μέντοι καί = *et etiam* (656.31).

μήν = *etiam* (658.24).

ἀλλὰ μήν = *at uero* (675.9, 695.4, 695.14)[1].

καὶ μήν = *et etiam* (687.28).

καὶ μὴν καί = *sed et* (675.17), *et etiam* (677.35, 698.33, 719.18, 720.23).

οὐ μήν = *non tamen* (704.20). En 688.29 οὐ μήν = *non solum* est une faute, soit de lecture de la part Moerbeke, soit du ms. Γ.

οὐ μὴν οὐδέ = *attamen neque* (659.10, 678.7-8).

οὖν = *igitur* (presque toujours), *enim* (685.14 ῞Ωσπερ οὖν = *Tamquam enim*), *utique* (717.34)[2].

δ' οὖν = *igitur* (presque toujours), *itaque* (2), *autem* (1)[3].

μὲν οὖν = *quidem igitur* (toujours).

περ = *quidem*. Les mots renforcés par -περ sont traduits, le plus souvent, par décomposition dans leurs deux éléments : εἴπερ = *siquidem*, ὅπερ = *quod quidem*, καίπερ = *et quidem* (686.37), ὅσουσπερ = *quot quidem* (697.27). Parfois -περ n'est pas traduit : ὅπερ = *quod* (630.2), ἅπερ = *que* (660.35, 713.8), διόπερ = *propter quod* (628.21, 701.7). L'omission de -περ est constante dans la traduction de ὥσπερ = *sicut*

---

1. Sur les différentes phases de la traduction de ἀλλὰ μήν par Moerbeke, cf. F. Bossier, « Méthode de traduction et problèmes de chronologie », art. cit., p. 272-274 (*at uero*, équivalent presque exclusif de ἀλλὰ μήν dans l'*In Parm.*, constitue l'aboutissement d'un parcours de traduction qui passe à travers *sed* (+ *et*) *adhuc*, *sed et*, *sed etiam*, *sed tamen*, *quinimmo*, *insuper*, *sed*).

2. Ce passage étant corrompu dans les deux branches (voir apparat critique *ad loc.*), on ne saurait exclure que la traduction latine (*contrascripturas ad idem queratur utique*) n'ait été influencée par la corruption du texte.

3. Cf. *supra*, p. cclxxxviii, n. 3.

(*ut*) et καθάπερ = *sicut*, qui ne sont évidemment pas considérés comme des composés de -περ. Traductions anomales :
662.10 ὅπερ = *ut* (Moerbeke peut avoir lu ὥσπερ), 710.5 ὅπερ
= *quod uere*.

La traduction de εἴπερ appelle quelques remarques supplémentaires.

εἴπερ = *siquidem* (622.21, 634.20, 658.14, 658.23,
709.11), *si utique* (635.21). Dans le reste du commentaire
on compte 64 occurrences : *siquidem* (50), *si* (14). On remarquera que la traduction par *si* (au lieu de *siquidem*) est, pour
ainsi dire, obligée lorsque la proposition introduite par εἴπερ
contient la particule μέν (= *quidem*). En effet, pour éviter le
double *quidem* (*quidem* = -περ et *quidem* = μέν), Moerbeke
élimine le premier en traduisant εἴπερ par le simple *si* (cf. IV
891.37 εἴπερ τὰ μὲν ἐν ὕλῃ = *si hec quidem in materia*, VII
1179.16-17 εἴπερ τὸ μὲν ἄτομον = *si hoc quidem indiuiduum*).
Cette particularité de traduction confirme la rétroversion de
si en εἴπερ en 696.42, rétroversion qui est due au sens de
la phrase (nécessité d'une conjonction causale, et non pas
hypothétique).

που = *alicubi* (619.10, 637.4, 661.27), *utique* (685.26,
706.9), *quidem* (695.20), *aliqualiter* (699.28), parfois omis
(621.3, 655.9, 664.14). Dans le reste du commentaire on
compte 47 occurrences : *alicubi* (19), *utique* (8), *aliqualiter*
(6), omis (9). On remarque deux traductions anomales par
quoniam et *aliquatenus* : IV 894.32-33 οὐ γάρ που ταῦτα τῶν
μερικωτέρων κρείττω = *Non enim quoniam hec partialioribus
meliora* (faute de la tradition latine ?), VII 1151.35 (= *Parm.*
138 B 5-6) Οὐκ ἄρα ἐστίν που τὸ ἕν = *Non ergo est aliquatenus
le unum*.

L'étude de cette particule montre clairement que la multiplicité des traductions n'est pas qu'un artifice stylistique,
mais répond à une exigence d'interprétation du texte. Le
lemme VII 1164.3-23 (= *Parm.* 138 D 2-E 7) contient trois
που pour lesquels Moerbeke a adopté trois solutions différentes : *aliqualiter* (l. 5), omission (l. 17), *alicubi* (l. 21).
Or, une telle variation est due au fait que που ne joue pas

le même rôle dans les trois phrases : (1) 1164.5-6 (= 138 D 4-5) Οὐκοῦν εἶναι μέν που ἔν τινι αὐτὸ ἀδύνατον ἐφάνη = *Igitur esse quidem aliqualiter in aliquo ipsum impossibile uisum est* (la présence de ἔν τινι rend impossible la traduction de που par *alicubi*, d'où la traduction par *aliqualiter*) ; (2) 1164.16-18 (= 138 E 3-4) Τὸ δὲ μὴ ἔχον μέρη οὐχ οἷόν τέ που ἔσται τρόπῳ οὐδενὶ ὅλον ἅμα μήτε ἐντὸς εἶναί τινος μήτε ἔξω = *Non autem habens partes non possibile erit modo nullo totum simul neque intus esse alicuius neque extra* (la présence de τρόπῳ οὐδενὶ exclut la traduction de που par *aliqualiter*, la présence du complément de lieu μήτε ἐντὸς ... τινος μήτε ἔξω exclut sa traduction par *alicubi*, il est donc plus simple de l'omettre, ce qu'a fait Moerbeke qui ne saisit sans doute pas la valeur d'atténuation de που) ; (3) 1164.19-21 (= 138 E 4-6) Οὗ δὲ μήτε μέρη εἰσὶ μήτε ὅλον τυγχάνει ὄν, οὐ πολὺ ἔτι ἀδυνατώτερον ἐγγίγνεσθαί που ; = *Cuius autem neque partes sunt neque totum existit ens, non multo adhuc impossibilius infieri alicubi?* (που étant ici le complément de lieu dépendant de ἐγγίγνεσθαι, la traduction par *alicubi* est obvie).

δέ που = *equidem* (668.29).

εἴ που = *etiam si* (645.28).

μή που = *ne forte* (650.12).

τοι = om. (679.23, 703.19).

τοίνυν = *igitur* (toujours).

Particules quasi-homographes. Nous examinons à part six particules groupées en trois couples (ἄρα / ἆρα, ἤ / ἦ, οὐκοῦν / οὔκουν). La raison de ce traitement particulier consiste en ce que Moerbeke semble considérer les deux termes de chaque couple comme une seule et même particule dont il peut, le cas échéant, donner deux interprétations différentes. Autrement dit, il semble ne pas reconnaître la valeur sémantique de l'accent et déduire la différence sémantique des deux particules exclusivement du contexte. Une telle identification implique évidemment l'impossibilité de reconstituer la leçon exacte de son exemplaire grec.

ἄρα. 26 occurrences dans le livre I : *ergo* (19), *igitur* (4), *utique* (636.8), omis (638.35, 722.5).

ἆρα. 22 occurrences dans l'ensemble du commentaire : *ergo* (10), *ergone* (6), *utrum* (5), *num* (1)[1]. Puisque ἄρα est traduit le plus souvent par *ergo*, qui est la traduction courante de ἄρα, il est évident que la présence de *ergo* dans la traduction latine ne permet de tirer aucune conclusion quant à la leçon de Γ (ἄρα ou ἆρα ?). Cette constatation explique l'absence de la traduction latine (*ergo*) dans l'apparat critique de I 697.21 (= *Parm.* 127 E 8) où ἄρα, leçon des mss. grecs, est corrigé en ἆρα à l'aide de la tradition directe de Platon et de l'exégèse de Proclus. Pour la même raison, la présence de particules interrogatives telles que *ergone* ou *utrum* témoigne seulement de la manière dont Moerbeke a interprété la phrase, sans qu'on puisse en déduire la présence de ἆρα dans son ms. grec.

ἤ (disjonction) = *aut* (toujours)[2]. La traduction 646.28 ἤπου = *aut* équivaut simplement à l'omission de που.

ἦ. Aucune occurrence dans le livre I. Dans le reste du commentaire, on compte 4 occurrences dont 3, contenues dans des lemmes (III 807.24 [= *Parm.* 130 B 7], 815.7 [= 130 C 5], IV 864.9 [= 131 C 2]), sont traduites par *aut*, et une, dans la citation du fr. 2 Page d'Ibycus (V 1028.39), n'a pas été traduite car cette citation a été laissée en grec dans le texte[3]. La conjonction *aut* est donc la traduction unique de la conjonction ἤ et de la particule interrogative ἦ.

---

1. La traduction par *num* se lit en II 773.23 où ἄρα οὐχὶ est traduit par *num et*, ce qui s'explique mal, à moins que Moerbeke n'ait lu καὶ au lieu de οὐχὶ.

2. Dans d'autres traductions de Moerbeke, par exemple celle des *Catégories*, la particule ἤ est aussi traduite par *uel* (cf. L. Minio-Paluello, « Guglielmo di Moerbeke traduttore della *Poetica* », art. cit., p. 49).

3. En IV 865.20 [= *Parm.* 131 C 9] et dans la citation de ce passage du lemme (IV 866.10), Cousin[1-2] écrit ἤ qui est une correction d'Estienne : ἤ οὖν ἐθελήσεις, ὦ Σώκρατες, φάναι τὸ ἓν εἶδος ἡμῖν τῇ ἀληθείᾳ μερίζεσθαι ; Les mss. de Platon portent les leçons suivantes : ἤ PLAT. T ἦ PLAT. W εἰ PLAT. BCD. Dans le lemme

οὐκοῦν = *igitur* (650.2, 661.28, 678.25, 693.24, 696.3, 711.12).

οὔκουν. Aucune occurrence dans le livre I. Dans le reste du commentaire on compte 5 occurrences, toutes dans le livre VII : *igitur* (1169.24 [= *Parm.* 139 B 3], 1221.17, 1225.40, 1232.19 [= 141 D 6]), *ergone* (1222.34). Comme on vient de le voir à propos de ἄρα, *ergone* est, pour ainsi dire, l'interprétation interrogative de οὐκοῦν. Naturellement, l'assimilation de οὔκουν à οὐκοῦν rend la traduction de ces cinq passages complètement erronée parce qu'elle supprime la négation. De façon analogue, la traduction fautive de I 707.25-27 Οὐκοῦν ὡς ἕκαστον τῶν εἰδῶν διττόν, οὕτω καὶ ἕκαστον τῶν ὅλων διττόν = *Num igitur ut quelibet specierum duplex, sic et unumquodque totorum duplex ?*, semble due à l'interprétation négative de οὐκοῦν[1].

2.8.2. *Conjonctions*. Nous n'avons pris en considération que les conjonctions dont la traduction en latin peut présenter quelques difficultés.

ἄν = *utique*. La traduction de ἄν demeurant constante (*utique*), la différence des constructions est exprimée, comme en grec, par les différents temps et modes du verbe modifié par ἄν :

ἄν + optatif = *utique* + indicatif futur[2].

ἄν + indicatif imparfait ou aoriste = *utique* + subjonctif imparfait, par exemple 640.30-31 et 33 ἄν παρέλαβεν ... ἄν ἐποιήσατο = *utique acciperet ... utique faceret*, 652.9-10 ἄν ... οὐκ ὤκνησεν = *utique ... non pigritasset*.

(865.20), les mss. de Proclus (FRGW) présentent la leçon ἤ du ms. W de Platon (le ms. A[p.corr.] porte ἤ). Dans la citation (866.10), les mss. grecs de Proclus (AFRGW) portent εἰ, leçon confirmée par la traduction latine (*si*).

1. Il faut toutefois rappeler que la leçon *Num* n'est pas transmise unanimement par les mss. (la branche RV porte *nunc*, cf. éd. Steel, p. 72.44, apparat critique).

2. Cf. *supra*, p. cccxii-cccxiii.

ἄν + subjonctif = *utique* + subjonctif, par exemple 653.22-23 ἕως ἄν ... καταντήσῃ = *donec utique ... occurrat*, 653.26-28 ἕως ἄν ... ἀναδράμῃ = *donec utique ... transcurrat*, 655.4-5 ἕως ἄν ... καταστῶσι = *donec utique ... constituantur*, 680.19-20 ὅπου ποτ' ἄν ᾖ = *ubicumque utique fuerit*. Comme nous l'avons dit, les exigences de la syntaxe latine font que la traduction de ἕως ἄν + optatif donne également *donec utique* + subjonctif (cf. 655.25-26 ἕως ἄν ... ἐπεξέλθοι = *donec utique ... superuenerit*, 655.30-31 ἕως ἄν ... ἔλθοις = *donec utique ... uenias*)[1].

Une exception à la traduction ἄν = *utique* est constituée par la construction ὅς, ἥ, ὅ (ὅστις, ἥτις, ὅτι) + ἄν = *quicumque*, *quecumque*, *quodcumque*, par exemple 651.32 περὶ ὅτου ἄν τύχῃ = *de quocumque*, 655.20 οἷς ἄν παρῇ = *quibuscumque presens fuerit*. Il ne s'agit toutefois pas d'une règle absolue, comme le montre 630.22-23 ὃν ἄν φήνῃ = *quam utique manifestet*.

διό = *propter quod* (toujours)[2].

διότι = *quia* (626.7, 633.27, 708.32, 710.33, 712.35, 720.34), *propterea quod* (641.9, 643.3, 675.10, 684.31).

εἰ καί = *quamuis* (635.6-7, 637.10, 649.19), *etsi* (639.17, 642.2, 642.12).

εἰ μὴ καί = *etsi non* (675.39).

εἴτε ... εἴτε = *siue ... siue* (presque toujours). Cas particuliers : 654.19-21 εἴτε ... εἴτε ... εἴτε καὶ μὴ = *siue ... siue ... aut non est*, 707.2-4 εἴτε ... εἴτε = *sique ... sique*, 709.13-14 εἴτε ... εἴτε = *si ... aut*.

καθά = *sicut* (629.3).

καθάπερ = *sicut* (toujours)[3].

---

1. Cf. *supra*, p. CCCXIII. — En I 623.25-26 μέχρις ἄν ... ἀναδράμωμεν = *quousque deueniamus*, ἄν n'a pas été traduit.

2. Moerbeke traduit constamment διό par *propter quod* (cf. L. Minio-Paluello, « Guglielmo di Moerbeke traduttore della *Poetica* », art. cit., p. 48-49).

3. La traduction de καθάπερ et ὥσπερ par *sicut* caractérise notamment les dernières traductions de Moerbeke, alors que, dans ses premières traductions, il préfère *quemadmodum* (cf. F.

καθό = *secundum quod* (654.8, 703.36, 709.19 et 20).

καθ' ὅσον = *secundum quod* (12), *in quantum* (5).

καίπερ cf. *supra*, *Particules*, *s.v.* περ.

καίτοι = *et quidem* (6), *quamuis* (649.22, 691.10), *et quamuis* (665.18), *equidem* (712.14)[1].

κἄν = *etsi* (641.17, 651.34, 691.14, 695.22), *quamuis* (641.8, 651.29).

οἷον = *uelut* (14), *puta* (8), *ueluti* (7), *tamquam* (641.21).

ὅμως = *tamen* (toujours).

δὲ ὅμως = *attamen* (707.8).

οὕτω = *sic* (toujours).

οὑτωσί = *ita* (652.34-35), *sic* (668.22, 683.1, 713.5).

ὡς = *ut* (très souvent), *tamquam* (44), *quod* (13), *sicut* (8), *quomodo* (6), *ita ut* (626.3). Deux passages méritent d'être signalés : 683.22 ὅτι ... ὡς = *quomodo ... quomodo* (assimilation de deux conjonctions grecques différentes) ; 708.23-24 οὐχ ὡς ἀγνοῶν ... ἀλλ' ὡς θεώμενος = *non ut ignorans ... sed tamquam uidens* (dissimilation des deux ὡς opposés et parallèles).

ὡς εἰ = *ac si* (640.4). En 656.6 ὡς ἂν εἰ = *ac si utique*, l'inversion *si utique* (au lieu de *utique si*) est due à la nécessité de ne pas séparer *ac si*.

ὥσπερ = *sicut* (presque toujours), *ut* (638.6, 661.23).

ὥστε = *quare* (18), *ita ut* (7), *ut* (6).

A la fin de notre analyse, il est utile de refaire le chemin dans le sens inverse, en signalant les mots latins qui traduisent plusieurs particules ou conjonctions grecques :

aut = ἤ, ἤπου, ἦ.

Bossier, « Méthode de traduction et problèmes de chronologie », art. cit., p. 274-278).

1. En 691.25-26, où les mss. grecs portent καίτοι ποτ' ἄν, probable faute d'iotacisme, que nous corrigeons en καὶ τί ποτ' ἄν (cf. *infra*, p. 99, n. 2 [p. 285 des *Notes complémentaires*]), la traduction latine *et quando utique* semble présupposer le même texte grec, où Moerbeke aura simplement omis de traduire τοι (cf. *supra*, p. cccxxxiii).

autem = δέ, δέ γε, γοῦν.

enim = γάρ, γοῦν.

ergo = ἄρα, ἆρα.

igitur = ἄρα, γοῦν, δή, δὴ οὖν, δ' οὖν, οὐκοῦν, οὔκουν, οὖν.

itaque = δή, δ' οὖν, δὴ οὖν.

quamuis = εἰ καί, καίτοι, κἄν.

quidem = γε, μέν, περ.

quod = ὅτι, ὡς.

secundum quod = καθό, καθόσον.

sic = οὕτω, οὑτωσί.

sicut = καθά, καθάπερ, ὡς, ὥσπερ.

tamen = μέντοι, ὅμως.

tamquam = ἄτε, ὡς.

ut = ὡς, ὥστε.

utique = ἄν, δή, δήπου, δήπουθεν, που.

ueluti = ἄτε, οἷον.

uero = δέ, δέ γε, δὲ δή.

3. *Erreurs de traduction*

Les caractères que nous venons de mentionner découlent principalement de certaines propriétés de la langue latine qui s'opposent à la littéralité de la traduction. En revanche, les erreurs de traduction sont dues à l'incompréhension du texte par le traducteur. La plupart d'entre elles obscurcissent le texte de l'exemplaire grec à différents degrés, jusqu'à nous le rendre inaccessible. Dans certains cas, en revanche, la traduction, tout en étant erronée en tant que traduction, est transparente, en ce sens qu'elle révèle le modèle grec dans son aspect matériel, sans pourtant avoir réussi à en saisir la signification. Si, dans le premier cas, la traduction erronée est inutilisable, dans le second, elle est, pour l'éditeur du texte grec, préférable à toute bonne traduction.

3.1. Erreurs qui rendent la traduction inutilisable pour la reconstitution du texte grec

Puisque les causes des erreurs de traduction sont multiples, nous présentons ici une brève typologie de ces erreurs. En effet, reconnaître la genèse de l'erreur aide souvent à remonter au texte grec lu par le traducteur. L'incompréhension du texte grec qui est à l'origine de toute erreur, peut concerner des mots isolés ou des phrases. Dans le premier cas, on aboutit à des "pathologies" diverses : espaces blancs, fausses étymologies, erreurs inexplicables, mélectures et petites fautes ; dans le second cas, l'erreur n'est pas sémantique, mais syntaxique.

3.1.1. *Espaces blancs.* La traduction présente, ici et là, des espaces blancs à la place d'un ou de plusieurs mots grecs qui ont, pour différentes raisons, créé des difficultés au traducteur. Dans le livre I, ces espaces blancs sont au nombre de 25[1]. Le plus souvent, il s'agit de mots poétiques ou rares dont Moerbeke ne connaissait pas le sens exact. Si l'on fait abstraction des occurrences uniques[2], à propos desquelles on ne peut que constater la difficulté éprouvée par Moerbeke, il est intéressant d'examiner les autres occurrences de ces termes

---

1. Cf. *infra*, Appendice III, p. cdix-cdxiv (635.20, 635.31-32, 639.26, 642.4, 643.10-11, 645.12, 646.22, 647.20, 649.11, 654.23, 656.26, 664.16, 664.25-27 [3 espaces], 667.13-14, 693.38, 701.23-26, 702.16, 703.24, 703.25, 704.18, 708.26, 717.14, 717.16).

2. Cf. I 639.26 ἐμποδὼν, 646.22 φοιβολήπτοις, 656.26 Πρόδικος (Moerbeke n'a pas compris qu'il s'agissait d'un nom propre, de même qu'en 654.24 le nom propre Λύσιν a été traduit par *solutionem*), 667.13-14 τὸ ῥεῖα ζῆν [= Homère, *Il.* VI 138 ; *Od.* IV 805, V 122], 701.23-26 Τὴν γὰρ ἀοιδὴν — ἀμφιπέληται [= Homère, *Od.* I 351-352], 702.16 κατῆει (mais en 701.39 προσῆει a été bien traduit par *accedit*), 703.25 συνοπαδοί. — Sur les problèmes que la traduction des textes poétiques posait à Moerbeke, cf. P. Beullens, « Guillaume de Moerbeke et sa traduction de l'*Historia animalium* », art. cit., p. 235-236 ; G. Guldentops, « Some critical observations », art. cit., p. 242.

dans le reste du commentaire. Un tel examen peut, en effet, donner une idée de la méthode de travail de Moerbeke.

Les deux termes les plus significatifs sont l'adjectif ἐρωτικός (espace blanc en 664.16 τῷ ἐρωτικῷ) et le substantif ἑστία (espaces blancs en 704.18 ἑστίαν et 708.26 ἡ ἑστία). Dans les deux cas, l'espace blanc ne correspond pas à la première occurrence du terme qui, elle, a été bien traduite. Il est donc difficile de croire que Moerbeke ait laissé un espace blanc pour un mot qu'il avait déjà traduit correctement. Voici les "étapes" de la traduction de ἐρωτικός : 625.4 τῶν ἐρωτικῶν λόγων = *amatiuorum sermonum*, 664.16 τῷ ἐρωτικῷ = espace blanc, 675.37 ὁ ἐρωτικός = *inquisitiuus* (fausse étymologie à partir du verbe ἐρωτᾶν), 684.30 ἐρωτικῆς ... τὸ ἐρωτικὸν = *amatorie ... amatorium*, 701.4 ἐρωτικὴν = *amatiuam*, IV 927.25, 928.17, V 988.22 et 1029.18 = *amatiuus*, V 1028.30-31, 1029.11, 1029.23-25 = *amatorius*. Ces données pourraient être interprétées de la manière suivante : au début de sa traduction (probablement en I 625.4, sûrement en 664.16), Moerbeke ne traduit pas le terme ἐρωτικός et laisse un espace blanc ; à la troisième occurrence (I 675.37), une fausse étymologie à partir du verbe ἐρωτᾶν et la présence de ὁ φιλόσοφος (τοιοῦτος γὰρ ὁ ἐρωτικός, τοιοῦτος ὁ φιλόσοφος) l'amènent à croire que l'ἐρωτικός est le dialecticien, d'où la traduction *inquisitiuus* ; la bonne traduction n'est trouvée qu'en I 684.30, *amatorius*, à laquelle s'ajoute *amatiuus* en I 701.4 ; les deux traductions, *amatorius* et *amatiuus*, continuent d'être utilisées toutes les deux ; à un certain moment, lorsqu'il a trouvé la solution, Moerbeke revient en arrière et écrit *amatiuorum* en I 625.4, où il avait probablement laissé un espace blanc. Mais la révision n'a pas été menée jusqu'au bout, puisqu'en 664.16 l'espace blanc est resté et qu'en 675.37 la traduction *inquisitiuus* n'a pas été rectifiée.

Un procédé analogue pourrait être reconstruit pour le mot ἑστία. Alors que ce terme est traduit par *origo* à sa première occurrence en I 672.4 (ἐκ τῆς αὐτῆς ἑστίας = *ex eadem origine*), Moerbeke laisse un espace blanc en I 704.18, 708.26,

IV 969.9 et VI 1061.23. On retrouve la traduction *origo* en VII 1163.6 et 1166.2. Cet étrange état de choses (ἑστία a été traduit au tout début et à la fin de l'ouvrage, alors que les occurrences intermédiaires ont été laissées en blanc) ne peut s'expliquer que par un retour en arrière de la part du traducteur : Moerbeke n'aurait trouvé la traduction *origo* — excellente, d'ailleurs — qu'à la fin de sa traduction (livre VII), il serait ensuite revenu en arrière pour combler les lacunes qu'il avait laissées, mais cette opération serait restée inachevée, puisque la lacune n'a été comblée qu'en I 672.4, alors qu'elle est restée en I 704.18, 708.26, IV 969.9 et VI 1061.23.

En ce qui concerne les autres termes du livre I qui n'ont pas été traduits, nous nous bornerons à quelques remarques[1].

635.20 ἀπορρητότερον, 635.31-32 ἀπορρητότερα. Ce sont les deux premières occurrences de l'adjectif ἀπόρρητος dans l'*In Parm*. A partir de I 714.2, il a été traduit par *indicibilis*, traduction qui demeure inchangée jusqu'à la fin (I 718.10 et 15-16, II 781.1, IV 928.8, V 1037.19, VII 1225.14-15)[2]. On peut penser que c'est le comparatif qui a fait hésiter Moerbeke, puisqu'en IV 861.7 ἀπορρητότερον n'a pas été traduit et que ce n'est qu'en V 1037.19 qu'on trouve *indicibilius*.

649.11 θριγκὸν. A sa seconde et dernière occurrence (V 995.22) ce mot a été simplement décalqué (*thringon*).

654.23 σαθρὸν. Dans la suite de sa traduction, Moerbeke a bien saisi la signification de cet adjectif : VI 1114.17 σα-

---

1. Sur la difficulté éprouvée par Moerbeke dans la traduction de I 642.4 τοῖς ἐξημμένοις et 643.10-11 ὁ πέπλος, cf. *infra*, p. 35, n. 1 (πέπλος) ; p. 81, n. 6 (ἐξημμένος) (p. 213-214 et 267 des *Notes complémentaires*). Pour I 645.12 τὴν ἀκαλλώπιστον, cf. *supra*, p. CCLXXXIX, n. 2.

2. La traduction de VII 1216.9 ἀπορρήτως = *remote* semble due à une confusion de cet adverbe avec πόρρω, comme le suggère la traduction de πορρώτερος (-ον) par *remotior* (-*tius*) et de πορρωτάτω par *remotissime* (cf. Moerbeke, *In Parm.*, t. II, *Index graeco-latinus*, *s.v.* πόρρω, p. 744).

θρὰ φθεγγόμενος = *uile garriens*, VII 1180.34 σαθρὰν ... τὴν ὑπόθεσιν = *uanam ... ypothesim.*

703.24 ὁπαδοί. Une seule autre occurrence en III 818.10 τῶν ὁπαδῶν, où l'on trouve encore un espace blanc, mais le ms. A (dans la marge) et le ms. O (dans le texte) portent la traduction *seruitialium*[1].

717.14 φρουρητικόν. En IV 908.26, 909.12, 27-28, 36 et 911.39 (occurrences très proches l'une de l'autre), cet adjectif est traduit par *conseruatiuus*, traduction qui ne réapparaît plus dans la suite, remplacée par *custoditiuus* en IV 967.20, VII 1194.23-24 et 1235.16[2].

717.16 ἀμυντικόν. La traduction est trouvée un peu plus loin, en I 720.9 (*repugnatiuus*), mais elle est remplacée par *reuincitiuus* en IV 838.28 et 907.22[3].

Dans certains cas, on peut penser que le ms. grec de Moerbeke n'était pas lisible car l'espace blanc qu'il a laissé correspond à un mot courant : 647.20 προσήκει, 693.38 τὸ νοητόν. En 664.25-27 τὸ ἐντυχεῖν ... τὸ μὲν περιτυχεῖν ... τὸ

---

1. Dans le latin chrétien et médiéval, l'adjectif *seruitialis* signifie "de serviteur, de serf" (cf. A. Blaise, *Lexicon latinitatis Medii Aevi* [Corpus Christianorum. Continuatio Mediaeualis], Turnholti 1975, *s.v.*). Il faut donc corriger l'apparat critique de l'édition Steel, p. 159.45 (les mss. OA[mg] portent correctement *seruitialium*, et non pas *seruitalium*).

2. Dans cette dernière occurrence (VII 1235.15-16), Moerbeke semble avoir lu φρουρητικῶν au lieu de φρουρητικήν, car il traduit τὴν δὲ συνεκτικὴν τῶν ὑπ' αὐτοῦ βασιλευομένων καὶ φρουρητικήν par *hanc autem contentiuam eorum que ab ipso reguntur et custodiuntur*. Il est cependant tout à fait possible qu'il ait été induit en erreur par la position de καὶ φρουρητικήν qui suit βασιλευομένων (au lieu de suivre συνεκτικήν, comme il serait plus naturel). On a là encore un exemple de la difficulté qui consiste à distinguer les fautes de l'exemplaire grec de Moerbeke d'avec ses erreurs de traduction.

3. A la p. 231.44 [= IV 907.22] les mss. latins et l'édition Steel portent *reuictiuum*. Mais cette leçon est très probablement une corruption de *reuincitiuum* (formé correctement à partir du thème de l'*infectum* "uinco", comme *reuincibilis* = qui peut être vaincu, cf. A. Blaise, *Lexicon latinitatis Medii Aevi*, cit., *s.v.*).

δὲ ἐντυχεῖν (trois espaces blancs), c'est probablement l'opposition ἐντυχεῖν / περιτυχεῖν, aggravée par l'omission de τῷ περιτυχεῖν à la ligne 25, qui lui a fait difficulté, car il a bien traduit ἐντυχεῖν par *occurrere* en 659.24-25, 665.2, 673.3 et 678.28[1].

3.1.2. *Fausses étymologies.*

Les espaces blancs, on vient de le voir, témoignent d'une incompréhension dont Moerbeke était lui-même conscient et à laquelle il se proposait de remédier. Il en va autrement pour un certain nombre de mots dont la traduction erronée montre que Moerbeke a cru les comprendre, mais il a été induit en erreur par une fausse étymologie[2], c'est-à-dire une confusion de mots ou de racines semblables, par exemple 618.6 ὁμέστιος = *repletus* (cf. ὁ μεστός), 629.24 θαμὰ = *mirabiliter* (cf. θαυμ-), 632.18 ἀγασθέντα = *bonificatam* (cf. ἀγαθός)[3], 633.14, 634.6, 640.22 et 27 ἀντιγραφή = *inscriptio* (cf. ἐπιγραφή), 646.25 ἀπεχομένοις = *abscedentibus* (cf. ἀποιχομένοις), 657.9 ἀποδεδειχέναι = *acceptasse* (cf. ἀποδεδέχθαι), 665.19 τροπαῖς = *modis* (cf. τρόποις), 675.37 ἐρωτικός = *inquisitiuus* (cf. ἐρωτᾶν)[4], 677.2 ἡδύνων = *qui potest* (cf. δύνασθαι), 701.8 ἐγκεκωμίακεν = *intulit* (cf. *ἐγκομίζειν), 712.15 μεταθεῖς = *transponis* et 712.25 μεταθεῖν = *transponere* (cf. μεταθεῖναι). Un exemple intéressant est fourni par 631.5 ἀπορητικὸν =

---

1. Sur le passage I 673.3, cf. *supra*, p. CCLXXXV. Sur l'opposition ἐντυχεῖν / περιτυχεῖν, cf. *infra*, p. 61, n. 1 (p. 248-249 des *Notes complémentaires*).

2. Sur l'importance des fausses étymologies ou des étymologies populaires dans le latin médiéval, cf. P. Tombeur, « De polygraphia », dans *Grafia e interpunzione del latino nel medioevo*, Seminario Internazionale, Roma, 27-29 settembre 1984, a cura di A. Maierù (Lessico Intellettuale Europeo, XLI), Roma 1987, p. 69-101, en part. p. 76-77.

3. En I 623.30 ἀγασθείς n'a pas été traduit, et en I 712.28 ἀγάμενος a été traduit par *extollens*, ce qui montre l'embarras de Moerbeke devant le verbe ἄγασθαι.

4. Sur la difficulté de traduction posée par ἐρωτικός, cf. *supra*, p. CCCXL.

abnegatiuum. Puisqu'il s'agit d'un terme relativement banal, on pourrait être tenté d'attribuer l'erreur de la traduction latine au ms. grec de Moerbeke et de reconstituer ainsi la leçon ἀποφατικόν. En réalité, Moerbeke a dû penser ici (première occurrence de ἀπορητικός) à la racine ῥη- = "dire", d'où la décomposition ἀπο-ρητικόν et la traduction *abnegatiuum*. Si l'on examine les autres occurrences de cet adjectif dans l'*In Parm.*, on remarque une évolution : II 729.24 ἀπορητικῶς = *enuntiatiue*, IV 912.39 ἀπορητικῶς = *dubitatiue*, IV 951.29 ἀπορητικοὶ = espace blanc, V 983.26 ἀπορητικῶν = *dubitationibus*. Ce n'est donc qu'à la troisième occurrence (IV 912.39) que Moerbeke s'est affranchi de la fausse etymologie en retrouvant dans ἀπορητικός le terme bien connu ἀπορία.

3.1.3. *Erreurs inexplicables*. Si une fausse étymologie explique, en bien des cas, une traduction erronée, en d'autres cas, en revanche, la genèse de l'erreur demeure inexplicable, car on n'arrive pas à repérer ce qui a pu induire Moerbeke en erreur. Voici quelques exemples : 633.11 κατακωχὴν = *seriem*, 636.13 ἐπιβολάς = *cum adiectione*, 637.19 κυροῖ = *clamet*, 645.29 ἀδρὸν = *referta*, et 646.23 ἀδροτέρας = *grossiorem*, 653.20 ἀγνῷ βάθρῳ = *eminenti*, etc.

Un cas intéressant est la traduction de σκηνή. Dans l'*In Parm.*, on compte quatre occurrences de ce mot que Moerbeke traduit par trois termes différents :

625.26-27 τὴν πρώτην σκηνὴν τῶν λόγων = *primum contextum sermonum*.

630.10 ἥδε ἡ σκηνὴ = *hic contextus*.

682.25-26 τῇ πρώτῃ σκηνῇ = *prime cohorti*.

VI 1130.2 ἐν Πλατωνικῇ σκηνῇ = *in Platonica serie*.

Or, la traduction par *contextus*, "contexture (d'un discours)", semble s'expliquer par un rapprochement erroné σκηνή = σχοινί (= "corde de jonc", grec mod.), comme le montrent deux passages des *Tria opuscula* dans lesquels σκηνή a été traduit par *funis* :

De decem dub. § 60.21 τὴν εἱμαρτὴν ταύτην σκηνήν = *fatalem hunc funem*.

De prov. § 27.10-11 τὸν ἐκ τῆς σκηνῆς τῶν παθῶν μολυσμὸν = *funem passionum*[1].

Si donc le mot σκηνή évoquait, dans l'esprit de Moerbeke,
l'idée de quelque chose de tissu, ourdi, tressé, on comprend
la traduction par *series* dans le sens de "texte, contexte"
(*series* dérive justement du thème *ser-* d'où le verbe *serere*,
"tresser", et le substantif *sermo*). Quant à la traduction par
cohors, il est impossible de l'expliquer à l'aide du champ sémantique que l'on vient de décrire, et de lui trouver un sens
quelconque dans le contexte. Il est dès lors légitime d'envisager une faute dans la tradition latine[2].

1. Le rapprochement σκηνή = σχοινί (σχοῖνος grec anc.) est
proposé par L. G. Westerink dans son compte rendu de l'édition
des *Tria opuscula* par H. Boese, *Mnemosyne*, s. IV, 15 (1962), p.
189-190, en part. p. 189 : « σκηνή *funis* (mod. Gr. σχοινί ?) ». —
La traduction du second passage par Moerbeke ne correspond
pas exactement au texte grec, car le mot μολυσμὸν n'est pas traduit (la contamination qui provient de la σκηνή des passions
du texte grec est devenue simplement la σκηνή des passions). —
Les autres occurrences de σκηνή chez Proclus sont les suivantes :
Theol. plat. I 9, p. 37.7-8 : ἐν τῇ Πλατωνικῇ σκηνῇ (« dans la mise
en scène platonicienne ») ; *In Alc.* 186.4 : Τὸ δὲ ὥσπερ ἐν σκηνῇ τῇ
ἐκκλησίᾳ αὐτῷ τὸν δῆμον ὑπ' ὀφθαλμοῖς ἀγαγεῖν (« Quant à mettre
sous les yeux, comme sur une scène, le peuple dans l'Assem-
blée ») ; *In Remp.* I, p. 15.26 : τῶν ἐν Ἅδου τὴν σκηνὴν (« le drame
de ce qui se passe dans l'Hadès »), p. 124.13-14 : σκηνὴ παντοίων
παθῶν (« la tragédie des passions de toute sorte »), p. 160.28-
29 : φθέγγεται ὥσπερ ἐν σκηνῇ κατ' ἐξουσίαν ἕκαστος (« chacun parle
librement comme sur la scène »), p. 162.17-18 : σκηνὴν τῶν δια-
φόρων παθημάτων (« une représentation dramatique des passions
variées ») ; II, p. 291.2-3 : πολλὴν δὲ προσέθηκεν ἡ τοῦ μύθου σκηνὴ
τοῖς λόγοις ἔμφασιν (« Le mythe, par sa fiction théâtrale, a ajouté
une forte démonstration à la vérité des paroles »).
2. La leçon *cohorti* (écrite *plenis litteris* dans les mss. ARV,
alors que le ms. O porte *cohor'*) pourrait être la corruption
d'un mot dérivé du verbe *coordiri*, "ourdir une trame", composé non attesté, mais que Moerbeke aurait pu forger sur le
modèle de *exordiri*, "commencer de tisser", et *redordiri* "défaire
ce qui est tissé", par exemple *coorditioni*, devenu *cohorditioni* par

3.1.4. *Mélectures et petites fautes.* A côté de ces erreurs complexes, on trouve aussi de banales fautes d'iotacisme, par exemple 645.19 θήραν = *ianuam*, 701.39 θήρᾳ = *ianuam* (cf. θύρα), d'accent, d'esprit ou d'iota souscrit, par exemple 628.11 ὅν = *quem* (cf. ὄν), 653.19 οἰκειοτάτη <τῇ> θεωρίᾳ = *propriissima speculatio*, 718.18 ἀλλὰ = *alia* (cf. ἄλλα), de simples mélectures, par exemple 632.14 τιθέντα = *posita* (cf. τεθέντα), 670.30 οἶδεν = *nichil* (cf. οὐδέν), 708.6 βαλέσθαι = *uelle* (cf. βούλεσθαι). Certaines de ces erreurs peuvent être mises sur le compte du ms. grec de Moerbeke, sans, bien entendu, qu'on puisse préciser lesquelles.

3.1.5. *Erreurs de syntaxe.* Jusqu'ici, nous nous sommes occupé de mots isolés dont la signification n'a pas été comprise. On pourrait donc parler d'erreurs de sémantique. Une autre source d'erreur est représentée par la construction des phrases. Lorsque, tout en comprenant la signification de chaque mot, Moerbeke n'a pas saisi la structure de la phrase, on peut parler d'erreurs de syntaxe. Voici trois exemples :

624.4 τοῦ Ζήνωνος παραλαβόντος = *Zenonis assumente*. Moerbeke, n'ayant pas compris le génitif absolu, a rattaché παραλαβόντος à ἐπὶ παραδείγματός τινος (ll. 2-3) et a fait de τοῦ Ζήνωνος le génitif d'appartenance dépendant de ὑπόθεσίν τινα : *in exemplo aliquo ... suppositionem aliquam Zenonis assumente*.

625.36 Τούτων δὴ οὖν τῶν τεττάρων συνουσιῶν = *Hiis itaque quattuor existentibus congregationibus*. Moerbeke a interprété le génitif partitif comme un génitif absolu, d'où son addition de *existentibus* et sa traduction par un ablatif absolu.

662.20-21 πάντα δὲ ἐφ' ἕνα τὸν Παρμενίδειον ἀνατείνεται νοῦν = *omnes autem ad unum Parmenidiale extendunt intellectum*. La source de l'erreur semble être l'interprétation de νοῦν comme complément direct de ἀνατείνεται (*extendunt intellectum*), d'où la traduction de πάντα par *omnes* (car ce ne

épenthèse de l'aspiration (phénomène très courant dans le latin vulgaire et médiéval).

sont que tous les hommes, et non pas toutes les choses, qui tendent leur intellect) et la "correction" du masculin ἐφ' ἕνα τὸν Παρμενίδειον en un neutre (ἐφ' ἓν τὸ Παρμενίδειον). La phrase latine, bien que parfaitement sensée, ne reflète pas un texte grec qui pourrait être choisi au lieu de celui de Σ.

3.2. *Traductions erronées transparentes*

Certaines traductions qui, tout en étant fausses en tant que traductions, sont de telle nature qu'on lit clairement à travers elles le texte grec, peuvent être appelées "traductions erronées transparentes". Puisqu'elles sont très précieuses pour l'établissement du texte grec, elles ne figurent pas dans l'appendice rassemblant les leçons aberrantes de la traduction latine. En voici la liste pour le livre I :

619.22 φορτικώτερον] *honerosius* || 621.11-12 τελευτῶν] *moriens* || 623.28 Τῆς δὴ μεθόδου ταύτης εἰρημένης] *Huius itaque dicte methodi* (debuit *Hac itaque dicta methodo*) || 633.4-5 οὐδεμίαν ὑπερβολὴν] *neque unum excessum* || 654.24 Λύσιν] *solutionem* || 681.13 τὴν πρώτην] *primam* (deb. *primo*) || 684.12 τὸ αὐτοκάλλος] *idem pulchritudo* || 693.18-19 ταῖς αἱρέσεσι] *sectis* || 693.53 διὰ ἀναλογίας] *propter analogias* (deb. *per analogiam*) || 700.9 εἰς δύναμιν] *ad uirtutem* || 714.31 φορτικῶς] *honerose* || 715.15 τελευτῶντα] *morientem* || 715.25 et 29 ὑπὸ] *sub* (deb. *a*) || 716.37 φορτικῶς] *honerose*.

4. *Conjectures de Moerbeke*

Comme G. Vuillemin-Diem l'a établi à propos de la traduction de la *Métaphysique*[1], Moerbeke peut intervenir par des conjectures dans les endroits de son exemplaire grec qui sont ou bien réellement corrompus ou bien incompréhensibles à ses yeux. Il est évident que de telles conjectures troublent l'image du texte grec que la traduction est censée renvoyer.

---

1. Cf. *supra*, p. cclxxix, n. 1.

Les reconnaître pour ce qu'elles sont, à savoir des conjectures du traducteur et non pas des leçons de son modèle grec, n'est pas toujours facile. Toutefois, lorsque, dans un endroit corrompu de Σ, la rétroversion de la traduction latine aboutit à une leçon qui n'est pas meilleure que la leçon Σ, et qu'il est impossible de restituer une leçon Ω qui soit capable d'expliquer aussi bien la leçon Σ que la prétendue leçon Γ, il est raisonnable de supposer une conjecture de la part de Moerbeke. Deux exemples peuvent aider à comprendre le critère que l'on vient d'énoncer.

(1) I 628.20-21 ὁ μὲν κατὰ τὴν τοῦ ὄντος ἀναλογίαν, ὁ δὲ κατὰ τὴν τῆς ζωῆς τέτακτο = *hic quidem secundum eam que entis analogiam, hic autem secundum eam que uite ultimam.*

Les mss. grecs portent τετάχατον que nous corrigeons en τέτακτο[1], la traduction latine porte *ultimam*, qui devrait correspondre à ἐσχάτην ; or, non seulement ἐσχάτην n'a manifestement aucun sens ici, mais cette leçon ne peut s'expliquer comme une corruption de τέτακτο ; il s'agit donc selon toute vraisemblance d'une conjecture de Moerbeke visant à établir une construction parallèle : κατὰ τὴν τοῦ ὄντος ἀναλογίαν ... κατὰ τὴν τῆς ζωῆς *ἐσχάτην.

(2) I 635.24 τὰ δὲ αὐτὴν ὑπ' αὐγὰς διὰ μέσων τούτων ἡμῖν πρότιθησι τὴν μέθοδον.

Au lieu de ὑπ' αὐγὰς διὰ μέσων (conjecture de L. G. Westerink), les mss. grecs portent ὑπαυγάσαι μέσον, avec une indubitable faute d'onciales, qui rend la correction certaine[2]. La traduction latine de tout ce passage est : *que autem ipsam illustrarunt medium horum nobis apponunt methodum*, qui pourrait amener à proposer le texte grec suivant : *τὰ δὲ αὐτὴν ὑπαυγάσαντα μέσον τούτων ἡμῖν πρότιθησι τὴν μέθοδον.

---

1. Cf. *infra*, p. 15, n. 6 (p. 188-189 des *Notes complémentaires*).
2. Cf. *infra*, p. 25, n. 4 (p. 204 des *Notes complémentaires*).

La leçon *ὑπαυγάσαντα μέσον, manifestement dépourvue de sens, devrait donc être considérée comme une corruption du ms. Γ : le texte de l'archétype (Ω) ὑπ' αὐγὰς διὰ μέσων se serait corrompu en ὑπαυγάσαι μέσον dans la branche Σ et en ὑπαυγάσαντα μέσον dans la branche Γ ; or, si la faute ὑπαυγάσαι μέσον (Σ) s'explique facilement à partir de ὑπ' αὐγὰς διὰ μέσων (ΔͿ- a été lu Ν) et rattaché à αὐγὰς, d'où ὑπαυγάσαι, -λ, devenu incompréhensible, est tombé, et μέσων a été rationnalisé en μέσον), il n'en est pas de même pour *ὑπαυγάσαντα μέσον (prétendue leçon Γ), corruption pour laquelle on ne peut avoir recours à la mélecture d'onciales. En outre, si les deux corruptions étaient indépendantes, on comprendrait mal qu'elles partagent la faute μέσον au lieu de μέσων. La conclusion s'impose : la traduction latine ne présuppose pas un texte grec différent par rapport à celui que transmettent les mss. grecs, mais elle est le résultat d'une tentative de correction de la part de Moerbeke. La faute ὑπαυγάσαι μέσον n'est donc pas propre à Σ, mais elle remonte à l'archétype Ω.

On peut raisonnablement supposer une conjecture de Moerbeke aussi dans les passages suivants :

I 671.23-24 δοκεῖ [...] κρεῖττον εἶναι τὸ οὗ ἕνεκα τῶν ἕνεκά του γιγνομένων = uidetur [...] melius esse quod cuius gratia hiis que fiunt gratia huius. La traduction του = huius s'explique probablement comme une conjecture (τούτου) dictée par une interprétation différente de ce passage : « le "en vue de quoi" est, semble-t-il, supérieur à ce qui est "en vue de lui" », au lieu de « supérieur à ce qui est "en vue de quelque chose" ». Il faut exclure que Moerbeke n'ait pas reconnu le pronom indéfini του, car il traduit correctement του par aliquo en 666.3, et τῳ par alicui en 668.32.

I 689.19-20 διὰ ποίαν αἰτίαν = propter que. Moerbeke a corrigé διὰ ποίαν, incompréhensible à cause de l'absence d'un substantif (αἰτίαν est omis aussi par une partie de la branche grecque), en διὰ ποῖα.

I 705.35 ἀπίδοι Σ : aspiciatur. Moerbeke a remédié à l'omission de τις en transformant le verbe actif en un impersonnel. Cf. I 716.15 λέγοι Σ : dicantur.

I 722.13-14 παρὰ τὸν *** Σωκράτης μὲν γὰρ = *penes quem?* *Socrates quidem enim.* La présence de μὲν γὰρ empêchant de corriger Σωκράτης en Σωκράτη, Moerbeke a préféré corriger l'article τὸν[1].

5. *Fautes de la tradition latine*

Jusqu'ici, nous avons examiné la traduction latine dans son rapport avec le modèle grec utilisé par Moerbeke. Les erreurs de traduction font naturellement partie du texte latin tel qu'il l'a élaboré et doivent être soigneusement distinguées des fautes auxquelles la traduction a été exposée, comme tout texte manuscrit, au cours de sa transmission. Bien qu'une telle distinction ne soit pas toujours évidente et qu'il existe des cas incertains, on peut s'en tenir à un principe général : Moerbeke a pu se tromper dans la traduction, mais il n'a pas écrit des absurdités, surtout si ces dernières peuvent être éliminées par une correction simple et paléographiquement vraisemblable. Tel est le cas, par exemple, de 653.12 προβολὴν : les mss. latins portent ou bien *profectum* ou bien *perfectum* (p. 29.19-20), leçon fautive que l'on corrige facilement en *proiectum*[2].

Certains cas sont plus complexes car, tout en soupçonnant une corruption du texte latin au cours de sa transmission, il est difficile de reconstituer la genèse de la faute. Voici deux exemples. En 648.13, où la leçon des mss. grecs τῶν εὐδιαστρόφων ἐννοιῶν a été à juste titre corrigée par Th. Taylor

---

1. On ne peut interpréter *quem* que comme un interrogatif, et non pas comme un relatif. C'est pourquoi il faut écrire : *penes quem?* *Socrates* au lieu de *penes quem; Socrates* (p. 84.6). — De même, en 718.5 *ut* ne reflète pas une leçon de Γ (ὡς), mais est manifestement une conjecture de Moerbeke sur ὅς, qui est donc la leçon de Ω.

2. Voir la liste des *Addenda et corrigenda* à l'édition Steel, *supra*, p. CCLXI, n. 1.

en τῶν ἀδιαστρόφων ἐννοιῶν[1], la leçon de la traduction latine *peruersarum semper intelligentiarum* peut difficilement
s'expliquer soit comme une faute de l'exemplaire grec de
Moerbeke, soit comme une erreur de traduction ou une
conjecture de Moerbeke lui-même. Il est, à notre avis, plus
probable qu'elle est le résultat d'une correction mal exécutée, comme le suggère notamment la place du mot *semper*.
En effet, si la traduction latine était *semper peruersarum intelligentiarum*, on pourrait envisager une faute de lecture
sur εὐδιαστρόφων mal corrigé en ἀδιαστρόφων : εὐ- barré
et surmonté par ἀ- aurait pu, à la rigueur, être lu ἀεὶ par
Moerbeke. Or, le fait que *semper* suive *peruersarum* (au lieu
de le précéder) nous amène à postuler une faute dans la tradition latine : le ms. grec de Moerbeke aurait porté la bonne
leçon ἀδιαστρόφων que Moerbeke aurait correctement traduite par *imperuersarum* (comme en V 1036.38-39 ἀπὸ τῶν
ἀδιαστρόφων ἐννοιῶν = *ab imperuersis conceptibus*) ; le mot
imperuersarum aurait été banalisé en *peruersarum*, ensuite
corrigé par l'addition de *imper-* dans la marge (la répétition
de *-per-* étant nécessaire pour indiquer l'emplacement du petit supplément) ; cette correction marginale *imper-* aurait été
lue *semper* (le *i* surmonté d'un tilde et suivi d'un *p* à haste
descendante barrée se confond facilement avec l'abréviation
de *semper*, constituée par un *s-* droit suivi du même *p*) et insérée après *peruersarum* (d'autant plus facilement dans le cas
où *peruersarum* se serait trouvé en fin de ligne).

Un autre exemple est fourni par I 698.24-25 τὴν γὰρ
διὰ τῶν ἀποφάσεων ἀτραπὸν μάχῃ προσείκασεν = *Eam autem que per negationes inuertibilem macherus assimilauit* (p.
65.12-13). Le mot *macherus* ne peut remonter à Moerbeke
lui-même, non seulement parce qu'il n'existe pas, mais aussi
parce qu'un nominatif masculin sing. n'a, de toute façon,
pas de sens dans ce contexte. Une fois établi que *macherus*
n'est pas la leçon authentique, il est cependant très difficile
de reconstituer la genèse de la faute. Il semble certain que

---

1. Cf. *infra*, p. 40, n. 2 (p. 225 des *Notes complémentaires*).

Moerbeke n'a pas lu μάχη, car il l'aurait traduit par *pugne*, comme il l'a fait pour les nombreuses occurrences de μάχη et de διαμάχεσθαι dans ce passage (exégèse de *Parm.* 127 E 9 διαμάχεσθαι), qui ont toutes été correctement traduites par *pugna* et *oppugnare / compugnare*[1]. Mais si l'on essaie de restituer la leçon grecque qui pourrait se cacher derrière *macherus*, on risque de bâtir un échafaudage d'hypothèses fragiles et non vérifiables. On pourrait imaginer, en effet, que *macherus* est une faute de la tradition latine pour *macheriis*, qui serait, à son tour, une graphie fautive de *macheris*, datif plur. de *machera*, hellénisme bien attesté dans le latin médiéval (= μάχαιρα)[2]. Or, si l'on admettait que le ms. grec de Moerbeke portait μαχαίραις au lieu de μάχη, ce qui paraît peu vraisemblable, l'on se heurterait à une difficulté supplémentaire. Il faudrait admettre, en effet, que Moerbeke a eu recours à cette traduction inhabituelle, alors que, dans sa traduction incomplète de la *Politique*, il avait traduit μάχαιρα par *gladius*, traduction bien plus simple et plus naturelle[3]. Bien qu'il ne s'agisse pas d'une difficulté insurmontable, car, comme nous l'avons vu, un même terme grec

1. Le verbe διαμάχεσθαι est traduit par *oppugnare* en 697.22 et 698.6, par *compugnare* en 698.16, 21, 29 ; le participe τὸ μαχόμενον (698.18 et 19-20) est traduit par *quod compugnat* (sans donc faire de différence entre le verbe simple et le verbe composé), le substantif μάχη (698.19, 27, 31) est traduit par *pugna*.

2. Cf. A. Blaise, *Dictionnaire latin-français des auteurs chrétiens*, Turnhout 1954, *s.v.* machaera ; *Novum Glossarium Mediae Latinitatis ab anno DCCC usque ad annum MCC*, edendum curavit Consilium Academiarum Consociatarum, M-N [F. Blatt], Hafniae 1959-1969, *s.v.* machera 1. En particulier, le terme *machera* est attesté dans la traduction anonyme des *Topiques*, cf. *Topica. Translatio Anonyma*, ed. L. Minio-Paluello (AL V 1-3), Bruxelles-Paris 1969, I 15, 107 a 17 (p. 204.34).

3. Cf. *Politica (libri I-II.11). Translatio prior imperfecta, interprete Guillelmo de Moerbeka (?)*, ed. P. Michaud-Quantin (AL XXIX 1), Bruges-Paris 1961, I 2, 1252 b 2 (p. 4.10). Rappelons que Moerbeke est l'auteur de deux traductions de la *Politique* : une première traduction incomplète (livres I-II 11), conservée dans trois mss. (éd. cit.), et une traduction intégrale, conservée

a souvent plusieurs équivalents latins[1], on hésite à proposer une telle explication à cause de son caractère excessivement hypothétique. La genèse de cette étrange leçon, sans aucun doute fautive, demeure donc à présent inconnue.

6. *Quelques cas particuliers*

Ce que l'on vient de dire à propos des caractéristiques de la traduction latine, des problèmes qu'elle pose en tant que témoin du texte grec et de la déformation que le texte latin a subie au cours de sa transmission, peut être illustré à l'aide de la discussion de quelques passages du livre I.

(1) *In Parm.* I 652.26. La dispersion des variantes des mss. grecs (ἐπιτηδευσόντων F : -δευόντων A -δευσάντων G -δευμάτων RW) témoigne d'une désinence abrégée de manière peu claire dans le ms. Σ. La leçon ἐπιτηδευμάτων (RW) une fois exclue, car elle n'a pas de sens dans le contexte, le choix du participe futur (ἐπιτηδευσόντων) de préférence aux participes présent (ἐπιτηδευόντων) ou aoriste (ἐπιτηδευσάντων) obéit essentiellement à un critère de sens (les dispositions de Socrate et de Parménide à propos de la dialectique visent « ceux qui doivent pratiquer cette discipline »), sans pouvoir s'appuyer sur la traduction latine *addiscendis*. En effet, comme on l'a vu, le gérondif traduisant le participe futur passif, il faudrait restituer ἐπιτηδευθησομένων Γ, leçon qui n'est guère probable, car l'unique attestation de cette forme se trouve dans les lettres du Ps.-Diogène de Sinope[2]. Il s'agit donc probablement d'une erreur de traduc-

---

dans 108 mss. (non encore éditée dans AL), cf. W. Vanhamel, « Biobibliographie de Guillaume de Moerbeke », art. cit., p. 339-341.

1. Cf. *supra*, p. CCLXXX-CCLXXXV.

2. Cf. *Epistolographi Graeci*, éd. R. Hercher, Paris 1873 (réimpr. Amsterdam 1965), lettre 14 (A Antipatros), p. 239 : Μέμφῃ μου τὸν βίον ὡς ἐπίπονον καὶ διὰ χαλεπότητα ὑπ᾽ οὐδενὸς ἐπιτηδευθησόμενον (= A. J. Malherbe, *The Cynic Epistles. A Study Edition*

tion. Nous avons enregistré la leçon de la traduction latine à droite de l'unité critique parce que son témoignage n'est pas assez clair pour appuyer la leçon ἐπιτηδευσόντων, bien que le gérondif soit un indice du participe futur.

(2) *In Parm.* I 652.31 et 678.37-38. Ces deux passages doivent être analysés ensemble parce que, apparemment identiques, ils ont reçu un traitement différent. Il s'agit en effet, dans les deux cas, de l'addition de *est* (= ἐστιν Γ?) dans la traduction latine par rapport au texte des mss. grecs : 652.31 παντὶ καταφανὲς = *euidens est omni*, 678.37-38 αἷς ἀνάλογον ὁ χαλκεὺς = *quibus proportionalis est erarius*. Alors que la première leçon n'est pas mentionnée dans l'apparat critique, la seconde y figure. La raison d'une telle différence est que, chez Proclus, la locution παντὶ καταφανές (36 occurrences) n'est jamais accompagnée de la copule[1]. Puis donc que la leçon *παντὶ καταφανές ἐστι, qu'elle ait été effectivement la leçon de Γ, ou que Moerbeke ait cru lire dans la finale -ες de καταφανὲς le début de ἐστὶ, ou qu'il ait ajouté lui-même la copule[2], n'a aucune chance de re-

---

[Society of Biblical Literature. Sources for Biblical Study, 12], Missoula [Montana] 1977, p. 108.2-3 ; sur les lettres attribuées à Diogène de Sinope, cf. Introduction, p. 14-21).

1. Une seule exception (avec γίγνεται) : *In Alc.* 279.14-15 : παντὶ δήπου καταφανὲς γίνεται. Il est intéressant de constater que ces 36 occurrences ne sont pas réparties de manière uniforme dans l'œuvre de Proclus, car elles ne se trouvent que dans les ouvrages suivants : *Theol. plat.* (16), *In Remp.* (7), *In Eucl.* (7), *In Alc.* (6). Dans l'*In Parm.*, notre passage est l'unique occurrence. Il faut aussi remarquer que cette locution est presque propre à Proclus, puisque l'on n'en trouve que cinq occurrences ailleurs : Dion Cassius, VII, fr. 35, 4, t. I, p. 91.4 Boissevain ; Eusèbe, *Dem. ev.* VIII 2, 96 ; Cyrille d'Alexandrie, *In Iohannem*, t. I, p. 104.17 Pusey ; id., *De Sancta Trinitate*, éd. G. M. de Durand, t. III (SC 246), Paris 1978, dialogue VII, 643.14 (p. 176) ; id., *Homiliae paschales*, PG 77, col. 448 A ; chez Eusèbe et Cyrille d'Alexandrie la locution est utilisée dans la forme παντί τῳ καταφανές.

2. Comme nous l'avons vu, *supra*, p. CCXCI, il est possible de supposer que Moerbeke a ajouté la copule.

présenter une alternative réelle à la leçon Σ, nous avons jugé plus correct de ne pas la mentionner dans l'apparat critique. En revanche, l'addition de *est* (= ἐστιν Γ?) après ἀνάλογον en 678.37-38 représente une variante adiaphore, et par là-même réelle, par rapport à la leçon Σ, car Proclus emploie ἀνάλογον tantôt avec, tantôt sans la copule[1]. C'est donc de plein droit qu'elle figure dans l'apparat critique.

(3) *In Parm.* I 667.3-4. Dans ce passage, la leçon unanime de la branche grecque, φιλοφροσύνης, doit être considérée comme une faute pour εὐφροσύνης. En effet, dans le commentaire de ce lemme (*Parm.* 126 A 2-4), Proclus propose deux exégèses du geste d'Adimante qui salue Céphale en le prenant par la main. Selon l'exégèse éthique fondée sur les devoirs (666.10-21), cela signifie que l'habitant d'une ville doit devancer par sa bienveillance (φιλοφροσύνη) l'étranger. Selon l'exégèse théologique (666.22-667.30), ce geste d'Adimante signifie que la joie (εὐφροσύνη) est un don des êtres supérieurs. Il est donc évident que, en 667.3-4, la leçon des

---

1. La traduction de l'adverbe ἀνάλογον (28 occurrences) n'est pas uniforme. Le plus souvent (16 fois), Moerbeke emploie l'adjectif *proportionalis, -le* accordé avec le sujet, comme il le fait dans notre passage, où *proportionalis* est accordé avec *erarius*; parfois, il garde la forme adverbiale en traduisant ἀνάλογον par *proportionaliter* (9 fois), par exemple I 626.15 αἷς ἀνάλογόν εἰσιν οἱ φυσικοὶ φιλόσοφοι ἐκεῖνοι = *quibus proportionaliter sunt illi naturales philosophi* (cf. aussi I 628.3 ἀνάλογον τετάχθαι = *proportionaliter ordinari*, 628.38-39 ὁ μὲν Πυθόδωρος ἀνάλογον μέν ἐστι θείᾳ ψυχῇ = *Pythodorus quidem proportionaliter quidem est diuine anime*). Une solution minoritaire (seulement 3 occurrences) est représentée par le décalque, aussi bien sous forme d'adjectif (cf. I 663.15 Οἱ δὲ Κλαζομένιοι λοιπὸν ψυχαῖς ἀνάλογον = *Clazomenii uero iam analogi animabus*, VII 1193.27 τὸν ἥλιον ἀνάλογον ὄντα = *solem analogum entem*), que sous forme d'adverbe (cf. I 690.36-37 Ὁ δέ γε Ἀριστοτέλης ἀνάλογον μὲν τέτακται ψυχαῖς = *Aristoteles uero analogice quidem ordinatus est animabus*). On ajoutera 7 occurrences de τὸ ἀνάλογον (dont 5 dans la locution κατὰ τὸ ἀνάλογον) traduites par *proportionale* (en II 725.16 par *quod proportionale*).

mss. grecs, φιλοφροσύνης καὶ τοῦ χαίρειν, doit être corrigée en εὐφροσύνης καὶ τοῦ χαίρειν, comme le montre tout
le contexte (l. 5 εὐφροσύνη, ll. 9-10 εὐφροσύνης, ll. 10-11
ἡ εὐφροσύνη καὶ τὸ χαίρειν, ll. 16-17 et 20 τὸ εὐφρόσυνον).
Or, cette correction, requise par la cohérence du passage, est
confirmée par la traduction latine *temperantia*. En effet, dans
tout ce passage (667.5-20), les trois occurrences de εὐφροσύνη (ll. 5, 9-10 et 10-11) sont traduites par *temperantia* et les
deux occurrences de τὸ εὐφρόσυνον (ll. 16-17 et 20), par *quod
temperatum*[1]. Il est donc évident que la première occurrence
de *temperantia* (ll. 3-4) présuppose, elle aussi, εὐφροσύνης, et
non pas φιλοφροσύνης, d'autant plus que Moerbeke a correctement traduit φιλοφροσύνης par *curialitate* en I 666.14. Bien
qu'erronée[2], la traduction de εὐφροσύνη par *temperantia* permet donc de corriger la leçon des mss. grecs, en rétablissant
ainsi la distinction entre deux notions tout à fait différentes :
la φιλοφροσύνη, qui n'est qu'un des devoirs mentionnés dans
l'exégèse éthique, et l'εὐφροσύνη, qui est au centre de l'exégèse théologique.

(4) *In Parm.* I 670.12-13. τἆλλα γιγνώσκουσι τῶν κρειττόνων = *alia procognoscunt*. La traduction latine omet le

---

1. Aux cinq occurrences que l'on trouve dans le passage I
667.5-20, il faut ajouter I 679.17 εὐφροσύνης = *temperantie*.
2. L'erreur est due très probablement à la confusion entre
εὐφροσύνη, qui est un terme rare, et σωφροσύνη, terme très bien
connu et dont la traduction courante, depuis Boèce, était *temperantia* (cf. *Topica. Translatio Boethii*, ed. L. Minio-Paluello [AL
V 1-3], Leiden 1969, I 16, 108 a 2 [p. 27.8] ; III 2, 117 a 31, 35
[p. 54.7, 10] ; IV 3, 123 a 34, 36 [p. 72.8, 9] ; V 6, 136 b 13 [p.
107.2], etc.). Les trois occurrences de σωφροσύνη dans l'*In Parm.*
(III 810.26, IV 944.10, V 994.4) sont en effet traduites par *temperantia* (cf. aussi *Politica (libri I-II.11). Translatio prior imperfecta*,
éd. cit. [*supra*, p. CCCLII, n. 3], I 13, 1259 b 24 [p. 21.26-27], 1260
a 21 [p. 23.2-3] ; II 5, 1263 b 9, 10 [p. 32.4, 6] ; II 7, 1267 a 10 [p.
41.2]). On remarquera que, à la différence de Moerbeke, Boèce
a correctement traduit εὐφροσύνη par *laetitia* en *Top.* II 6, 112 b
23 (éd. cit., p. 40.24).

génitif τῶν κρειττόνων, attesté par toute la tradition manuscrite grecque. Le verbe *procognoscunt*, leçon des mss. ARV (le ms. O porte *cognoscunt*), fait difficulté, non seulement parce que *procognoscere* n'existe pas, mais aussi — et c'est là la raison principale — parce que rien ne peut avoir amené Moerbeke à cette traduction. On peut imaginer que *pro-* soit le résidu, mal effacé, d'une traduction incomplète ou provisoire. S'il en est ainsi, c'est la leçon du ms. O (*cognoscunt*) qu'il faudrait accueillir dans le texte[1].

(5) *In Parm.* I 682.6 μετὰ τῆς πρεπούσης διαθέσεως = *neque decentem dispositionem*. La traduction latine naît très probablement d'une interprétation erronée de Moerbeke due aux deux μήτ' ἂν qui précèdent (ll. 4-5). Il ne faut donc pas restituer un texte grec *μήτ' ἂν τὴν πρέπουσαν διάθεσιν car Moerbeke aurait traduit ἂν par *utique* comme il l'a fait aux lignes 4-5 (*neque utique ordinem rerum neque utique conueniens uiris*).

(6) *In Parm.* I 696.30-31 (passage omis par la branche grecque). La phrase *transcidere enim in uerum* admet quatre rétroversions selon que l'on considère *transcidere* comme la traduction de l'infinitif présent μεταπίπτειν ou futur μεταπεσεῖσθαι[2] et que l'on ajoute ou non un article devant ἀληθές :

(a) μεταπίπτειν γὰρ εἰς ἀληθές
(b) μεταπίπτειν γὰρ εἰς τὸ ἀληθές
(c) μεταπεσεῖσθαι γὰρ εἰς ἀληθές
(d) μεταπεσεῖσθαι γὰρ εἰς τὸ ἀληθές.

Notre rétroversion μεταπεσεῖσθαι γὰρ εἰς ἀληθές se fonde sur deux critères. Le choix de l'infinitif futur de préférence

---

1. Une situation analogue s'observe à la p. 57.74 : *prior enim [permotor] audiuit sermones* [= I 689.22-23 πρότερος γὰρ διακήκοε τῶν λόγων], où le ms. O omet *permotor*, mot incompréhensible et superflu, attesté par ARV.

2. Sur la traduction de l'infinitif futur grec par un infinitif présent, cf. *supra*, p. CCCXVIII.

à l'infinitif présent est dicté par la présence indubitable de ἔσεσθαι (= *fore*) dans la phrase parallèle (l. 32), qui impose ici aussi un infinitif futur. Quant à l'absence de l'article devant ἀληθές, elle est due à la locution μεταπίπτειν εἰς ἀληθές / ψεῦδος, qui est propre à la logique stoïcienne pour désigner le changement de la valeur de vérité des propositions[1].

(7) *In Parm.* I 696.41 (passage omis par la branche grecque). La rétroversion de la phrase *non adhuc coniunctum uerum erit quod dicit* soulève deux questions : première-ment, la présence ou l'absence de l'article devant συνημμένον (= *coniunctum*), deuxièmement, le choix entre les deux ré-troversions qu'admet l'expression *quod dicit*, c'est-à-dire τὸ λέγον et ὃ λέγει. Aucune de ces deux questions ne trouvant de réponse à l'intérieur de la traduction latine, il faut avoir recours à des critères externes. En ce qui concerne l'article, non seulement sa présence (τὸ συνημμένον) rend la phrase plus coulante et plus correcte, elle est aussi appuyée par l'ar-ticle à la ligne 38 (τὰ συνημμένα) qui, lui, est inévitable à cause de ἐκεῖνα. Quant à la rétroversion de *quod dicit*, le choix de τὸ λέγον s'impose parce que τὸ συνημμένον τὸ λέγον est pratiquement une locution technique[2].

---

1. Cf. Chrysippe, SVF II 206, en part. p. 67.21-22 : μεταπε-σεῖται τὸ συνημμένον εἰς ψεῦδος ; Alexandre d'Aphrodise, *De fato*, éd. I. Bruns (CAG Suppl. II 2), Berlin 1892, p. 177.20-21 : τῷ μὴ μεταπίπτειν δύνασθαι εἰς ψεῦδος ἐξ ἀληθοῦς.

2. Cf. Syrianus, *In Met.*, p. 124.32-33 : εἰ γὰρ ἀληθὲς τὸ συν-ημμένον κατά τε τοὺς Πυθαγορείους καὶ κατ' αὐτὸν τὸ λέγον, ὅτι εἰ πᾶς ἀριθμὸς μοναδικός κτλ. ; Ps.-Alexandre d'Aphrodise, *Proble-mata ethica*, éd. I. Bruns (CAG Suppl. II 2), Berlin 1892, XXIX, p. 161.3-4 : ὥστε ἀληθὲς συνημμένον τὸ λέγον· εἰ ἕκαστος τῆς ἕξεως ἑαυτῷ ἐστί πως αἴτιος κτλ. ; Simplicius, *In De caelo*, p. 219.11-13 : καὶ τὸ συνημμένον τὸ λέγον, ὅτι εἰ ἔστιν ἄπειρον σῶμα βαρὺ ἢ κοῦφον, ἀνάγκη …, δείκνυσιν κτλ. ; id., *In Phys.*, p. 620.35-36 : καὶ εἴρηται πρότερον, ὅτι συνημμένον τι περαίνεται δι' αὐτοῦ τὸ λέγον, ὡς εἰ ἔστι διάστημα κτλ. ; *ibid.*, p. 932.25 : καὶ πάλιν τὸ συνημμένον τὸ λέγον· εἰ ἡ κίνησις ἐξ ἀδιαιρέτων κτλ. ; Ps.-Philopon, *In De anima*, éd. M. Hayduck (CAG XV), p. 447.24-25 : ἀλλὰ πρότερον τὸ συνημμένον ἀποδείξωμεν τὸ λέγον ὅτι εἰ λείπει αἴσθησις κτλ.

(8) *In Parm.* I 699.4 μετὰ τὸ σῶμα τὴν ψυχὴν ἐπιδιαμένουσαν. La leçon ἐπεὶ διαμένουσαν (s) est corrigée en ἐπιδιαμένουσαν à l'aide de la traduction latine (*permanentem*). Il faut toutefois remarquer que la correction ἐπιδιαμένουσαν ne s'appuie sur la traduction latine que dans un sens faible, c'est-à-dire non pas parce que *permanere* serait l'équivalent de ἐπιδιαμένειν, mais seulement parce que l'absence, dans la traduction latine, d'une conjonction équivalente à ἐπεὶ confirme la correction de ἐπεὶ en ἐπι-. En effet, dans la traduction de l'*In Parm.*, le verbe *permanere* traduit les verbes μένειν, διαμένειν et ὑπομένειν[1], jamais ἐπιδιαμένειν, verbe qui n'est pas attesté ailleurs chez Proclus. La traduction latine *permanentem* pourrait donc autoriser une solution textuelle différente, à savoir la simple suppression de ἐπεὶ : μετὰ τὸ σῶμα τὴν ψυχὴν {ἐπεὶ} διαμένουσαν (= ms. A Cous). En réalité, bien qu'il ne soit pas attesté chez Proclus, le verbe ἐπιδιαμένειν est très approprié dans ce passage, car il signifie la survivance de l'âme après sa séparation d'avec le corps, comme le montrent plusieurs passages parallèles dans les commentaires de Damascius et d'Olympiodore sur le *Phédon* (ce sont justement les deux arguments du *Phédon* que Proclus commente ici)[2].

---

1. Cf. *In Parm.* V 992.4 ὑπομένουσιν = *permaneant*, 1011.14 διαμένειν = *permanere*, VI 1123.6 διαμένει = *permanent*, VII 1154.28 μένειν = *permanere*.
2. Cf. Damascius, *In Phaed.* I, § 178.3 : ἐπιδιαμένει πλείω χρόνον ; § 183.5-8 : ζητεῖ εἰ ἐν Ἅιδου ἡ ψυχὴ διαμένει [...] ἢ ἐπιδιαμένει πολὺν χρόνον ; § 199.2 : αἱ τούτων [scil. τῶν ἀλόγων ζῴων] ψυχαὶ ἐπιδιαμένουσιν ; voir aussi § 199.4, 220.2, 242.15, 250.1, 252.3-5, 309.2 ; id., *In Phaed.* II, § 31.4, 34.8-10, 43.1, 64.3, 78.19 ; Olympiodore, *In Phaed.* 10, § 1.11-12 : οὐκ ἀθάνατον τὴν ψυχήν, ἀλλ' ἐπιδιαμένουσαν χρόνον τινὰ μετὰ τὸν χωρισμὸν τοῦ σώματος ; § 1.17 : εἰ δυνατὸν τὴν ψυχὴν χωρισθεῖσαν ἀπὸ τοῦ σώματος ἐπιδιαμένειν ; voir aussi 10, § 1.18, 2.11 ; 11, § 1.3-4 ; 13, § 3.21-23, 4.6, 7.2. C'est encore dans le contexte de l'exégèse des arguments du *Phédon* que le verbe ἐπιδιαμένειν se lit chez Simplicius, *In Phys.*, p. 440.35-441.2 : ἐκεῖνο δὲ ἐπισημαίνομαι διὰ τοὺς ἀληθείας ἐρῶντας, ὅτι ὁ ἀπὸ τῶν ἐναντίων ἐν Φαίδωνι λόγος οὐ τὴν ἀθανασίαν αὐτόθεν ἐπαγγέλλεται

(9) *In Parm.* I 706.9-10 εἰ μὴ πάνυ τις εἴη τὰ θεῖα δεινός. La traduction latine présente *omnino ualde* pour πάνυ, ce qui pourrait faire soupçonner la leçon πάνυ σφόδρα dans l'exemplaire grec de Moerbeke et, par conséquent, l'omission de σφόδρα dans l'hyparchétype Σ. Or, en règle générale, πάνυ σφόδρα modifie un verbe, et non pas un adjectif (dans notre cas, δεινός). Chez Proclus, en particulier, il n'y a que trois occurrences de πάνυ σφόδρα, toutes les trois avec des verbes[1]. La traduction latine *omnino ualde* doit plutôt être considérée comme une double traduction de πάνυ. En effet, Moerbeke traduit πάνυ tantôt par *omnino*, tantôt par *ualde* ; on peut donc imaginer que, dans notre passage, il a d'abord écrit *omnino*, qu'il a ensuite voulu remplacer par *ualde*, mais la correction n'ayant pas été bien effectuée, *omnino* est resté, suivi de *ualde*, d'où la double traduction *omnino ualde*. Que cette traduction ne présuppose pas πάνυ σφόδρα est aussi suggéré par le fait que les deux occurrences de πάνυ σφόδρα dans l'*In Parm.* ne sont pas traduites par *omnino ualde*, mais par *multum ualde* (IV 931.34) et par *omnino* (VI 1118.36)[2].

κατάδειξαι τῆς ψυχῆς, ἀλλὰ τὸ προϋπάρχειν μόνον τοῦ τῇδε βίου τὴν ψυχὴν καὶ τὸ ἐπιδιαμένειν. Il est important de noter que Proclus est cité par Damascius, *In Phaed.* II, § 43.2 : Πῶς οὐχὶ καὶ ἡ μερικὴ ζωὴ ἐπιδιαμένει μᾶλλον τοῦ σώματος ; Ἦ ὅτι, φησὶν ὁ Πρόκλος, οὐ χωριστή. Le fait donc que le verbe ἐπιδιαμένειν ne soit pas attesté dans les ouvrages conservés de Proclus, ne suffit pas pour mettre en doute la correction ἐπιδιαμένουσαν dans ce contexte d'exégèse du *Phédon*. Il faut aussi remarquer que s'il avait voulu rendre le double préverbe (comme il l'a fait dans *El. theol.* § 177, p. 156.23 ἐπιδιαρθροῦσι = *superdearticulant*, p. 87.22 Boese), Moerbeke aurait probablement hésité, pour des raisons d'euphonie, à écrire *superpermanentem*.

1. Cf. *In Alc.* 126.13-14 : πάνυ σφόδρα δεδήλωκεν ; *In Parm.* IV 931.34 : πάνυ σφόδρα θαυμάσαντός ἐστιν ἐρώτημα Σωκράτους = *multum ualde admirantis est interrogationem Socratis* ; VI 1118.35-36 : πεισόμεθα δὲ τῷ ἡμετέρῳ κατηγεμόνι πάνυ γε σφόδρα = *credimus autem nostro doctori omnino.*

2. Sur les traductions doubles, cf. Moerbeke, *In Parm.*, Introduction, p. 53*-54*. Aux exemples cités par C. Steel, on ajoutera p. 24.58 *suorum conceptuum* [= I 645.30 τῶν κατόχων],

(10) *Ajout ou suppression de ἀπό avec ou sans le soutien de la traduction latine.* Nous rassemblons ici cinq passages qui, tous, impliquent l'ajout ou la suppression de la préposition ἀπό. Or, puisque cette intervention sur le texte grec est faite tantôt avec le soutien de la traduction latine, tantôt sans son soutien, il est intéressant d'examiner les raisons d'une telle disparité.

(10.1) *In Parm.* I 620.30 Τὸ γὰρ [ἀπὸ] τοῦ ἑνὸς ἄμοιρον = *quod enim expers unius*. Puisque l'adjectif *expers* implique le génitif simple (*unius*), il serait illégitime de considérer l'absence d'un analogue de ἀπὸ dans la traduction latine comme une preuve de l'absence de ἀπὸ dans le ms. grec de Moerbeke. C'est pourquoi la traduction latine ne figure pas dans l'apparat critique de ce passage.

(10.2) *In Parm.* I 661.2 ἀνεγείρεσθαι τοῦ σώματος. On envisage, dans l'apparat critique, la possibilité d'ajouter ἀπὸ devant τοῦ σώματος. La traduction latine *exsurrexisse a corpore* ne peut être utilisée pour reconstituer le texte grec, car la préposition *a* est pratiquement obligatoire en latin

---

où il faut corriger *suorum* (leçon unanime des mss.) en *seruorum* (κάτοχος au sens de "soumis à quelqu'un"), et interpréter les deux termes latins *seruorum conceptuum* comme une traduction double (en signalant la *lectio duplex* dans l'apparat critique, comme l'éditeur l'a fait à la p. 158.86). Le mot grec noté dans la marge du ms. A de la traduction latine (voir app. crit. *ad loc.*) témoigne de la difficulté éprouvée par Moerbeke dans la traduction de ce terme. Le phénomène des traductions doubles est aussi attesté dans la traduction des *Tria opuscula* (H. Boese imprime l'une des deux traductions dans le texte et enregistre l'autre, signalée par un astérisque, dans l'apparat critique), cf. *De decem dub.* § 4.17 quam] *aut quam V (lect. dupl. pro ἤ)* ; § 14.5 fines : *termini AOS et add.* V ; *De prov.* § 2.5 colligationum : funium AOS ; § 46.9 rationibus : sermonibus AOS *et suprascr.* V ; § 66.5 sacerdotalibus : sacramentalibus AOS *et suprascr.* V. Voir aussi L. Minio-Paluello, « Henri Aristippe, Guillaume de Moerbeke », art. cit., p. 78-81.

(comme en 668.20-21 ἀνεγεῖραι... ἀπὸ τοῦ σώματος = *excitare ... a corpore*).

(10.3) *In Parm.* I 677.33-34 τὴν <ἀπὸ> τῆς τοιαύτης συνουσίας ἀσμενεστάτην ἀποφοίτησιν = *eam que a tali coexistentia iocundissimam sequestrationem*. Ici aussi, nous suppléons ἀπὸ pour des raisons internes à la langue grecque (construction du substantif ἀποφοίτησις) sans pouvoir nous réclamer de la traduction latine (*a tali coexistentia*) parce que Moerbeke n'aurait pu rendre autrement le complément de séparation[1].

(10.4) *In Parm.* I 690.9 et 691.11. A la différence des passages (10.2) et (10.3), l'ajout de ἀπὸ peut s'appuyer ici sur la traduction latine : 690.9 πεπλήρωται ... ⌊ἀπὸ⌋ τοῦ Παρμενίδου = *impletur ... a Parmenide*, et 691.11-12 ⌊ἀπὸ⌋ τοῦ ἑαυτοῦ πατρὸς πληρούμενος = *a sui ipsius patre impletus*. En effet, ces deux traductions impliquent nécessairement la présence de ἀπὸ, car si Moerbeke n'avait pas lu ἀπὸ dans son ms., il aurait traduit le génitif simple par un ablatif, comme il le fait toutes les fois que le verbe πληροῦσθαι est construit avec le génitif de la chose dont le sujet est empli[2]. Il faut aussi remarquer que la traduction latine non seulement confirme la nécessité d'ajouter une préposition qui régisse le génitif, mais elle permet aussi de choisir ἀπό de préférence à ἐκ. En effet, Moerbeke respecte les deux constructions du verbe πληροῦσθαι, ἐκ + génitif ou ἀπό + génitif, en traduisant ἐκ + génitif par *ex* + ablatif, et ἀπό + génitif par *a* (*ab*) + ablatif[3].

---

1. Cf. *infra*, p. 79, n. 5 (p. 264 des *Notes complémentaires*).

2. Cf. par exemple *In Parm.* I 626.28-31 πεπλήρωνται μὲν αἱ ψυχαὶ τῶν λόγων τῶν αὐταῖς προσφόρων, πεπλήρωνται δὲ αἱ φύσεις τῶν δραστηρίων εἰδῶν, πεπλήρωνται δὲ οἱ τῶν σωμάτων ὄγκοι τῆς αἰσθητῆς εἰδοποιίας = *replete quidem sunt anime rationibus sibi accommodis, replete sunt autem nature actiuis speciebus, replete sunt etiam moles corporum sensibili specificatione*.

3. Πληροῦσθαι ἐκ + génitif : I 626.27-28, 629.14, 660.23, III 783.17-18 ; πληροῦσθαι ἀπό + génitif : I 629.17-18, 663.12-13, 691.5-6, III 802.13-14, IV 961.8-9, VII 1217.34 ; une seule

(10.5) *In Parm.* I 711.7. La traduction latine ne peut être invoquée pour la suppression de ἀπὸ dans ce passage :

711.6-8 τὰ γὰρ μετεχόμενα δεύτερα τῶν ἀμεθέκτων, ὡς εἴπομεν, ἔστι, καὶ τὰ ὄντα ἐν ἄλλοις [ἀπὸ] τῶν ἐν ἑαυτοῖς ὑφεστηκότων.

En effet, ἀπὸ doit être supprimé parce que le génitif τῶν ἐν ἑαυτοῖς ὑφεστηκότων dépend d'un δεύτερα que l'on sous-entend aisément à partir du premier membre de la phrase. Or, puisque la locution δεύτερα + génitif est traduite par *secunda ab* + ablatif, la traduction latine présente *ab* dans les deux membres, en sorte qu'il est impossible de connaître le texte de Γ dans le second membre : *Que enim participantur, secunda sunt ab imparticipabilibus, ut diximus, et entia in aliis ab hiis que in se ipsis extant.* Que Moerbeke ait lu ἀπὸ τῶν ἐν ἑαυτοῖς ὑφεστηκότων ou qu'il ait lu τῶν ἐν ἑαυτοῖς ὑφεστηκότων, il était de toute façon obligé de traduire *ab hiis que in se ipsis extant.*

V. LE TEXTE DE PLATON DANS LES LEMMES DU COMMENTAIRE

Dans cette section, nous allons aborder la question des lemmes du texte de Platon et nous le ferons dans le même ordre dans lequel nous avons traité du texte de Proclus. Après

occurrence de πληροῦσθαι παρά + génitif : I 674.11 παρ' ἐκείνων πληρούμεναι = *ab illis replete.* Bien que la traduction par *a* (*ab*) + ablatif soit la même pour ces deux constructions de πληροῦσθαι (ἀπό + génitif et παρά + génitif), cela ne suffit pas pour faire considérer παρά comme une solution de remplacement pour ἀπό en I 690.9 et 691.11 où ἀπό est confirmé par le passage parallèle 691.5-6. La construction πληροῦσθαι παρά + génitif est, en revanche, assez fréquente dans la *Theol. plat.* (cf. III 21, p. 75.10 ; V 1, p. 6.15 ; V 19, p. 70.22-23 ; V 37, p. 135.9, 137.23) et dans l'*In Tim.* (cf. II, p. 206.22 ; III, p. 160.6, 286.32-33, 315.23-24, 316.29). Le verbe πληροῦσθαι se construit aussi avec ὑπό + génitif (cf. *Theol. plat.* IV 21, p. 62.11 ; *In Tim.* I, p. 18.16-17).

avoir établi (1) que le texte commenté de Platon faisait partie du commentaire dès l'origine, nous rappellerons très brièvement (2) l'histoire du texte du *Parménide*, et aborderons (3) le problème du texte des lemmes dans la tradition Σ**g** ; nous examinerons ensuite (4) le problème du ms. A qui, comme pour le reste du commentaire, présente un texte de Platon fort différent de celui de s**g** : pour cela, nous rappellerons les conditions matérielles du ms. A et montrerons que Pachymère a systématiquement remplacé le texte d'origine par celui d'un ms. de Platon parfaitement identifiable. (5) Un examen du texte de Platon transmis par A montrera que Pachymère n'hésitait pas à contaminer "réciproquement" ses deux sources du texte de Platon. Enfin, (6) nous examinerons, à titre de confirmation, le texte de Platon tel qu'il est transmis par A dans la continuation de Pachymère. Pour terminer, (7) nous récapitulerons toutes les leçons du texte de Platon transmises par les lemmes et le commentaire de Proclus, inconnues de la tradition directe (seulement pour le livre I).

1. *Les lemmes, partie du commentaire de Proclus*

Dans toute la tradition manuscrite, sauf le *Marc. gr.* 228, le *Laur. Conv. Soppr.* 78 et le *Basil.* F. I. 8, copie du *Marc.*[1], le texte du *Parménide* se présente sous forme de lemmes non abrégés insérés au début de chaque section du commentaire. Puisque les formules de transition par lesquelles Proclus, à la fin d'une section du commentaire, introduit le lemme suivant présupposent souvent la citation intégrale du texte platonicien, on peut en conclure que les lemmes ont été intégrés dans le commentaire par Proclus lui-même[2]. En voici

---

1. Cf. *supra*, p. CLXXXIX, CXCI-CXCII, CCXV.
2. Cf. C. Steel, « Proclus comme témoin du texte du *Parménide* », dans *Tradition et traduction. Les textes philosophiques et scientifiques grecs au Moyen Âge latin.* Hommage à Fernand Bossier, éd. par R. Beyers, J. Brams, D. Sacré, K. Verrycken (Ancient

quelques exemples :

I 706.17 Ἀλλὰ τί τούτοις ἐπήνεγκεν ὁ Ζήνων, ἐπάκουσον.

I 713.5 δηλοῖ γοῦν ταῦτα διὰ τῶν ἑπομένων οὑτωσὶ λέγων·

III 815.5-6 Ταῦτα καὶ περὶ τούτων εἰρήσθω· γράφει δὲ ἑξῆς ὁ Πλάτων ταύτῃ·

IV 865.15 Ὅθεν καὶ ἐπάγει ταυτί·

IV 885.32 δηλοῖ δὲ τοῦτο διὰ τῶν ἑπομένων.

IV 897.39-898.2 καὶ ὁ Παρμενίδης ἀπὸ τῶν ψυχικῶν τούτων νοημάτων μετάγει τὸν Σωκράτη λοιπὸν ἐπ' αὐτὰ τὰ εἴδη τὰ νοερὰ λέγων οὕτως·

VII 1144.39-40 διὰ τῶν ἑξῆς τούτων ἀποδείκνυται λόγων.

VII 1206.26-29 ἑξῆς ἐπάγει τὰς ἀποδείξεις [...]. Λέγει δὲ οὕτως·

En I 685.3-4 le lemme est introduit par une question qui, elle aussi, présuppose la citation intégrale du lemme : Ἀλλὰ τί τὸ ἐφεξῆς ; De même, en I 693.54-55, la formule ἤδη δὲ καὶ τῶν ἐφεξῆς ῥημάτων τὴν δύναμιν θεατέον introduit de toute évidence une citation intégrale du lemme.

Les premiers mots du commentaire contiennent souvent un pronom démonstratif qui se réfère manifestement à un texte cité : Ταῦτά ἐστι ῥήματα (I 715.1) ; διὰ τούτων (I 676.39, 688.32, VII 1225.30, 1232.21) ; ἐν τούτοις (I 718.5, II 766.9, IV 919.1, 949.11, V 978.21-22, 994.19, 996.21, VI 1104.23) ; ἐπὶ τούτων (V 1009.19, 1010.32) ; ἐκ τούτων (II 779.36), ou simplement τοῦτο, ταῦτα ou ἐνταῦθα (I 686.16). On notera aussi les expressions ἡ ἐκκειμένη λέξις (IV 872.18) ou τὰ ἐκκείμενα ῥήματα (II 767.2-3) pour désigner le lemme que Proclus a placé en tête de son commentaire[1].

---

and medieval philosophy. De Wulf-Mansion Centre, Series 1, XXV), Leuven 1999, p. 281-303, en part. p. 282-284. — Sur la formule I 706.17, cf. *supra*, p. xv, n. 5.

1. Dans le langage de l'exégèse, le terme λέξις signifie l'explication littérale d'un texte, en opposition à θεωρία qui signifie l'interprétation générale de ce même texte (cf. *supra*, p. XLVI-LIII). On comprend donc que λέξις puisse signifier le lemme lui-même (cf. aussi I 665.13, où ἡ πρώτη λέξις désigne la pre-

2. *Aperçu de l'histoire du texte du* Parménide

Pour évaluer le témoignage des lemmes de Proclus par rapport à la tradition directe de Platon, il faut d'abord présenter brièvement la tradition manuscrite du *Parménide*[1]. Cette tradition se divise en deux familles. La première est constituée de trois témoins, dont le plus important est le *Bodl. Clark.* 39 (B), copié en 895 et collationné par Aréthas, les deux autres sont le *Tubingensis Crusianus* M b 14 (C) et le *Marc. gr.* Z. 185 (D), tous deux du XIe siècle. La seconde famille est formée du *Marc. App. gr.* IV 1 (T), copié dans la seconde moitié du Xe siècle, et du *Vindob. Suppl. gr.* 7 (W), copié dans la seconde moitié du XIe siècle. Le modèle commun des mss. TW était probablement le premier tome, maintenant disparu, d'une édition de Platon en deux tomes dont le second est le *Paris. gr.* 1807 (A), du IXe siècle, lequel fait partie de la Collection philosophique[2]. Pour finir,

mière phrase du *Parménide* qui constitue justement le premier lemme). Sur les différents termes par lesquels Proclus désigne la portion du texte de Platon qu'il commente, cf. *In Alc.*, Introduction, p. XLIV, n. 1. Voir aussi *infra*, p. 102, n. 6 (p. 287 des *Notes complémentaires*).

1. Cf. *Platonis Parmenides. Phaedrus*, recognovit brevique adnotatione critica instruxit C. Moreschini (Bibliotheca Athena, 5), Roma 1966, p. 5-16. Une excellente présentation d'ensemble de la tradition du texte de Platon dans les écoles néoplatoniciennes est donnée par A. Carlini, *Studi sulla tradizione antica e medievale del Fedone*, Roma 1972, chap. 5, p. 91-119 « La tradizione neoplatonica ».

2. Sur le *Paris. gr.* 1807, voir, en dernier lieu, H. D. Saffrey, « Nouvelles observations sur le manuscrit *Parisinus graecus* 1807 », dans *Studies in Plato and the Platonic Tradition*. Essays presented to John Whittaker, ed. by M. Joyal, Aldershot-Brookfield 1997, p. 293-307 (repris dans Saffrey, *Néoplatonisme*, p. 255-266) ; id., « Retour sur le *Parisinus graecus* 1807, le manuscrit A de Platon », dans *The Libraries of the Neoplatonists*, Proceedings of the Meeting of the European Science Foundation Network *Late Antiquity and Arabic Thought. Patterns in the Constitution of European Culture*, held in Strasbourg, March 12-14, 2004, ed. by

notons que le ms. W est parfois seul à transmettre la leçon
authentique.

3. *Les lemmes dans la tradition* Σg

Comme pour le reste de l'ouvrage, le texte des lemmes
est restitué par l'accord Σg ou sg (là où le ms. A s'écarte du
texte des *recentiores*). Le texte des lemmes ainsi reconstitué
s'accorde généralement avec TW contre BCD. Pour le livre
I, voir 670.28 [126 B 5], 671.10 [126 B 8], 673.16 [126 C
5], 676.37 [127 A 5], 681.31 [127 A 8], 683.18 [127 B 2],
684.16-17 [127 B 4], 700.5-6 [128 A 7], 702.37 [128 B 2],
717.9 [128 D 4], 719.25 [128 E 1]. On ne remarque que
deux cas d'accord avec la famille BCD : 702.34 [128 A 8] et
702.35 [128 B 1][1].

C. D'Ancona (Philosophia Antiqua, 107), Leiden 2007, p. 3-28.

1. Une telle affinité entre les lemmes de l'*In Parm.* de Proclus et la famille TW contre B est cohérente avec deux autres
témoignages anciens qui, tous deux, s'accordent avec T contre
B : le papyrus *Vindob.* G 3088 (ve siècle), qui contient *Parm.* 148
C 7-149 C 7 (éd. J. Lenaerts, dans *Festschrift zum 100-Jährigen
Bestehen der Papyrussammlung der Österreichischen Nationalbibliothek. Papyrus Erzherzog Rainer*, Wien 1983, *Editionen*, n° 23, p.
265-267), et l'Anonyme, *In Parm.* (dont le ms., perdu, datait du
vi[e] siècle), qui contient une longue citation [col. VII 1-VIII 1 =
Parm. 141 A 5-D 6] (cf. A. Linguiti, CPF III, Firenze 1995, p.
164). Un autre fragment ancien sur parchemin (iv-ve siècle ?),
le *P. Duke inv.* G. 5 [= *Parm.* 152 B 2-5 et C 5-D 2] ne montre
aucune affinité particulière avec W (en dépit de ce qu'affirme
W. H. Willis, « A New Fragment of Plato's *Parmenides* on Parch-
ment », GRBS 12 [1971], p. 539-552, en part. p. 541). Les deux
papyri *Vindob.* G 3088 et *Duke inv.* G. 5 sont réédités dans CPF
I, 1***, Firenze 1999, *Plato*, n°s 36-37, p. 146-154.

4. *Les lemmes dans le ms. A : la source de Pachymère*

Le ms. A de Proclus s'écarte très souvent du reste de la tradition manuscrite pour s'accorder avec la famille BCD contre TW. En voici quelques exemples tirés du livre I :

671.10 [126 B 8] τέ s PLAT. TW : om. A PLAT. BCD.

673.16 [126 C 5] ἀκοῦσαι s PLAT. TW : διακοῦσαι A PLAT. BCD.

681.31 [127 A 8] ἀφίκοντό s PLAT. TW : ἀφίκοιντό A PLAT. BCD.

683.18 [127 B 2] ἤδη s *iam* g PLAT. TW : δὴ A PLAT. BCD.

702.37 [128 B 2] καὶ αὐτὸς s *et ipse* g PLAT. TW : αὐτὸς A PLAT. BCD.

717.9 [128 D 4] καὶ s *et* g PLAT. CTW : ταῦτα καὶ A PLAT. BD.

Ces écarts du ms. A par rapport à l'ensemble de la tradition s'expliquent par le fait que les lemmes de A ont été copiés par Pachymère après le commentaire et qu'ils dérivent directement du ms. D de Platon (*Marc. gr.* 185). Que les lemmes aient été copiés après le commentaire est démontré par un certain nombre de petits accidents de copie. En effet, comme on peut le voir dans le ms. A lui-même, lorsqu'il copiait le texte de Proclus, Pachymère laissait, pour chaque lemme, un espace blanc, dont il calculait approximativement l'étendue. Il lui est parfois arrivé de laisser ou bien trop de place (cf. ff. 106^r [126 A 5-7], 108^v [127 A 5-7], 111^v [127 D 8-128 A 3], 131^v [130 C 3-4], 139^v [131 A 4-7], 141^r [131 C 12-D 3], 162^v [134 E 8-135 A 3], 166^v [135 D 8-E 4]), ou bien, moins souvent, trop peu de place (cf. ff. 109^r [127 A 7-B 1], 113^r [128 B 7-8], 126^r [130 A 3-8]), ce qui l'a obligé par la suite à étirer ou à reserrer l'écriture du texte du lemme. Dans d'autres cas, Pachymère s'est trompé en rattachant au commentaire le début du lemme suivant qu'il n'avait pas aussitôt reconnu comme lemme ; ensuite, lorsqu'il a inséré les lemmes, il a biffé le début de lemme déjà copié et a transcrit le lemme tout entier à l'encre rouge dans l'espace laissé blanc à cet effet : voir ff. 120ʳ (lemme 129 A 6-B 3 [II 747.39-748.8], les mots εἰ δὲ καὶ πάντα — αὐτὰ [129 A 6-8] ont été copiés à la suite du commentaire, puis biffés), 122ᵛ (lemme 129 B 5-C 1 [II 760.19-24], les mots οὐδὲ γάρ [l. 19] copiés et biffés, le lemme rubriqué porte οὐδέ γε, comme chez Platon ; οὐδὲ γάρ est une faute isolée de A, car les mss. FRGW portent οὐδέ γε, qui était aussi la leçon de l'exemplaire grec de Moerbeke, comme en témoigne la traduction *Neque*[1]), 167ʳ (lemme 135 E 8-136 A 2 [V 997.10-15], les mots χρὴ δὲ καὶ τόδε ἔτι copiés et biffés), 211ᵛ (lemme 141 C 4-7 [VII 1231.15-19], les mots Ἀλλὰ μὴν copiés et biffés). Dans d'autres cas encore, il a copié le lemme tout entier sans s'en apercevoir ; lorsque, après avoir terminé la copie du commentaire, il a commencé à ajouter les lemmes, la comparaison avec le texte de Platon lui a montré que ces parties du texte étaient en réalité des lemmes ; dans ces cas, il a ou bien biffé le lemme qu'il avait déjà écrit pour le réécrire en rouge (cf. f. 203ʳ [139 E 3-4 = VII 1189.3-5] : la réplique Ἀδύνατον [139 E 4], attestée par tous les autres mss. et par la traduction latine, est omise dans le texte original à l'encre brune), ou bien retracé à l'encre rouge le lemme déjà copié (du moins le début et la fin) en notant dans la marge : κείμενον ou ἐντεῦθεν τὸ κείμενον (cf. ff. 114ᵛ [128 C 6-D 2 = I 714.32-37], 131ᵛ [130 C 1-2 = III 811.32-34], 170ᵛ [136 B 6-C 5 = V 1013.35-1014.5], 193ᵛ [138 A 3-7 = VII 1139.29-1140.3, le lemme n'est pas retracé à l'encre rouge, mais seulement signalé par κείμενον], 196ᵛ [138 B 8-C 1 = VII 1155.12-14]). La rééla-boration des lemmes par Pachymère apparaît aussi dans le découpage du texte. Dans le livre I, le passage 127 C 1-D 5 est divisé par Proclus en deux lemmes, dont le premier (127 C 1-6 = 686.9-15) inclut aussi les mots Ἀναγιγνώσκειν οὖν

---

1. La traduction *Neque* implique que Moerbeke a omis le mot qui suivait οὐδέ ; or, puisque la particule γε est souvent omise dans la traduction latine (cf. *supra*, p. cccxxviii), c'est bien οὐδέ γε qu'il faut reconstruire dans l'exemplaire grec de Moerbeke.

αὐτοῖς τὸν Ζήνωνα αὐτόν (C 5-6), et le second (127 C 6-D 5 = 688.22-31) commence par τὸν δὲ Παρμενίδην τυχεῖν ἔξω ὄντα. Cette coupure a dû paraître peu naturelle à Pachymère qui a rattaché la phrase Ἀναγιγνώσκειν — αὐτόν (f. 110ʳ) au second lemme (division reprise dans l'édition Cousin), bien que Proclus commente cette phrase en 688.5-21, c'est-à-dire avant de citer le lemme 127 C 6-D 5.

Dans sa réécriture et réélaboration des lemmes, on vient de le dire, Pachymère a utilisé le ms. D de Platon[1]. En effet, comme l'a montré M. Schanz et, à sa suite, C. Moreschini, en plus des fautes communes aux deux mss., la dépendance directe des lemmes de A du ms. D de Platon est démontrée incontestablement par le fait que A (f. 187ʳ) omet le passage 137 C 9-D 1 Ἀμφοτέρως ἂν ἄρα οὕτως τὸ ἓν πολλὰ εἴη ἀλλ' οὐχ ἕν. — Ἀληθῆ (= VI 1104.17-18) qui équivaut exactement à la quantité de texte contenue dans une ligne de D (f. 147ᵛ, ll. 10-11 : la ligne 10 s'achève sur ἀμ-, la ligne 11 contient -φοτέρως ἂν ἄρα — Ἀληθῆ. δεῖ δέ γε)[2] et qui se lit dans les autres témoins de Σ (FRGP) et dans la traduction

---

1. Le ms. D de Platon (*Marc. gr.* 185), écrit par un seul copiste au XIᵉ siècle, contient les tétralogies I-IV et les deux premiers dialogues de la VII (*Clitophon* et *Resp.*, expl. mut. X 612 E 6 κατ' ἀρχάς). Le *Parménide* est contenu aux ff. 143ʳ-159ᵛ. Le texte du Ps.-Timée de Locres (ff. 1ʳ-4ᵛ) a été ajouté au XIIIᵉ siècle (ce texte figure dans notre ms. A aux ff. 93ᵛ-96ᵛ : la source est toujours le ms. D de Platon, cf. *infra*, p. CCCLXXI, n. 2).

2. Cf. M. Schanz, « Mittheilungen über platonische Handschriften », *Hermes*, 11 (1876), p. 104-117, en part. p. 112-113 (sigles Schanz [= Bekker] : D = *Paris. gr.* 1810, Π = *Marc. gr.* 185) ; C. Moreschini, « I lemmi del commento di Proclo al *Parmenide* in rapporto alla tradizione manoscritta di Platone », ASNP 33 (1964), p. 251-255, en part. p. 252-253 ; id., « Studi sulla tradizione manoscritta del *Parmenide* e del *Fedro* di Platone », *ibid.* 34 (1965), p. 169-185, en part. p. 173-174. Klibansky-Labowsky avaient déjà remarqué que, dans les lemmes, les *recentiores* (s) suivent généralement les mss. TW de Platon, tandis que A s'accorde avec la famille BCD (cf. Klibansky-Labowsky, p. XXXVIII).

latine. Une preuve supplémentaire de l'utilisation, par Pachymère, du ms. D dans la phase de réécriture des lemmes
est fournie par le lemme 134 A 9-B 2 (IV 946.21-25) : Ἡ
δὲ παρ' ἡμῖν ἐπιστήμη οὐ τῆς παρ' ἡμῖν ἂν ἀληθείας εἴη, καὶ
αὖ ἑκάστη ἡ παρ' ἡμῖν ἐπιστήμη τῶν παρ' ἡμῖν ὄντων ἑκάστου ἂν ἐπιστήμη συμβαίνοι εἶναι; — Ἀνάγκη. Le ms. D de
Platon (f. 146ʳ, ll. 17-19) omet les mots οὐ τῆς παρ' ἡμῖν
ἂν ἀληθείας εἴη, καὶ αὖ ἑκάστη ἡ παρ' ἡμῖν ἐπιστήμη (134
A 9-10), très probablement par saut du même au même[1].
En revanche, le texte du lemme de Proclus est correct aussi
bien dans la branche grecque (FRGP, sauf pour l'omission
de 134 A 9 [= 946.22] ἂν) que dans la branche latine (qui,
elle, porte bien *utique* = ἂν). Lorsque Pachymère a copié le
texte de Σ, il n'a pas reconnu le lemme en tant que tel et
l'a donc copié à l'encre brune à la suite du commentaire (f.
157ʳ), sans faire de fautes. Arrivé à ce passage pendant son
travail de réécriture des lemmes, il a non seulement aligné le
texte de Σ sur celui du ms. D de Platon en biffant les mots Ἡ
δὲ παρ' ἡμῖν ἐπιστήμη οὐ τῆς παρ' ἡμῖν ἀληθείας εἴη, καὶ αὖ
ἑκάστη (le texte ainsi obtenu : ἡ παρ' ἡμῖν ἐπιστήμη τῶν παρ'
ἡμῖν ὄντων ἑκάστου ἂν ἐπιστήμη συμβαίνοι εἶναι; — Ἀνάγκη ne diffère de celui de D que par l'absence de δὲ entre ἡ
et παρ' ἡμῖν ἐπιστήμη, ce qui est dû au fait que Pachymère
n'a pas biffé les mots mêmes omis par D, c'est-à-dire οὐ τῆς
— ἐπιστήμη, mais le début de la phrase), il a aussi recopié
le lemme en rouge dans la marge inférieure (signalé par le
mot κείμενον) avec, bien sûr, l'omission propre au ms. D (ἡ
δὲ παρ' ἡμῖν ἐπιστήμη τῶν παρ' ἡμῖν ὄντων ἑκάστου ἂν ἐπιστήμη συμβαίνοι εἶναι; — Ἀνάγκη)[2]. Il n'a donc pas hésité

---

1. Cf. C. Moreschini, « I lemmi del commento di Proclo al
Parménide », art. cit., p. 253.
2. L'utilisation du ms. D par Pachymère est aussi confirmée par le fait que le texte du Ps.-Timée de Locres et ceux du
Criton, du *Phèdre* et de la *République* contenus dans le ms. A sont
des copies du ms. D. Pour le Ps.-Timée (ms. D, ff. 1ʳ-4ᵛ), cf. W.
Marg, *Timaeus Locrus*, cit., p. 30-32 (le ms. D de Platon porte le
sigle V dans l'édition de Marg) ; pour le *Criton* (ms. D, ff. 20ᵛ-

à altérer le texte du lemme en supprimant la bonne leçon de son modèle et en la remplaçant par une leçon manifestement inférieure. Un tel remaniement du texte platonicien est, d'ailleurs, tout à fait cohérent avec l'altération délibérée et profonde à laquelle il a soumis le texte du commentaire[1].

Deux cas analogues montrent, encore une fois, la contamination du texte du lemme transmis par Σ au moyen d'une source étrangère, très probablement le ms. D (bien que, dans les deux cas, la leçon importée ne soit pas propre au ms. D). Premièrement, au f. 138^v, le lemme 130 E 6-131 A 3 [= IV 853.13-17] a été d'abord copié à l'encre brune, mais seulement jusqu'à un certain point : οἷον ὁμοιότητος μὲν μεταλαβόντα ὅμοια, μεγέθους δὲ μεγάλα, κάλλους δὲ καὶ δικαιοσύνης δίκαια καὶ καλά (les mots finaux du lemme γίγνεσθαι; — Πάνυ γε, φάναι τὸν Σωκράτη sont omis sans doute parce que Pachymère s'est rendu compte qu'il était en train de copier un lemme) ; ensuite, ce texte a été biffé et le lemme tout entier a été réécrit en rouge. Or, si l'on compare le texte biffé (A$^{nig.}$) et le texte rubriqué (A$^{rubr.}$), on remarque deux variantes qui montrent le changement de modèle :

132 A 2 κάλλους δὲ A$^{nig.}$FRGWP *pulchritudinis autem* g PLAT. TW : κάλλους τε A$^{rubr.}$ PLAT. BCD.

132 A 2 δίκαια καὶ καλά A$^{nig.}$FRGWP *iusta et pulchra* g : δίκαιά τε καὶ καλά A$^{rubr.}$ PLAT. codd.

Dans le premier cas, A est donc passé de la famille TW, dont la leçon (κάλλους δὲ) est présente dans le lemme de Proclus, à la famille BCD (κάλλους τε) ; dans le second, il a effacé une variante propre du lemme de Proclus (δίκαια καὶ

25^r), cf. E. Berti, « I manoscritti del *Critone* di Platone », art. cit. (*supra*, p. CLXXXIII, n. 1), p. 136-137 ; pour le *Phèdre* (ms. D, ff. 200^v-220^r), cf. C. Moreschini, « I lemmi del commento di Proclo al *Parmenide* », art. cit., p. 253, n. 10 ; id., « Studi sulla tradizione manoscritta », art. cit., p. 173-174 ; pour la *République* (ms. D, ff. 246^r-349^v), cf. G. Boter, *The Textual Tradition of Plato's Republic*, cit., p. 48-49, 169-170, 174-179.

1. Cf. *supra*, p. CCXXX-CCXLI.

καλά) qui a été aligné sur l'ensemble de la tradition directe (δίκαιά τε καὶ καλά).

Deuxièmement, au f. 170ᵛ, le lemme 136 B 6-C 5 [= V 1013.35-1014.5] a été copié à l'encre brune jusqu'à δεῖ σκοπεῖν (136 B 8), puis en rouge à partir de τὰ συμβαίνοντα jusqu'à la fin (διόψεσθαι τὸ ἀληθές), probablement parce que Pachymère a eu quelques difficultés à reconnaître le lemme en Σ, difficultés dont témoignent les hésitations des copistes des *recentiores*[1]. Lorsqu'il a complété le lemme à l'aide du ms. D, Pachymère a aussi corrigé la partie déjà copiée. Celle-ci présente, en effet, une faute qui est propre à la branche grecque de l'*In Parm.* : au lieu de καὶ ὁτιοῦν ἄλλο πάθος πάσχοντος (136 B 8), leçon de toute la tradition directe de Platon et de la traduction latine de l'*In Parm.* (*quamcumque aliam passionem patiente*), le ms. Σ (reconstitué par l'accord FRWP) portait καὶ τὶ οὖν ἄλλο πάσχοντος. Pachymère a donc transformé τὶ οὖν en ὁτιοῦν et ajouté πάθος au-dessus de la ligne (ces deux corrections ont été exécutées en rouge, ce qui prouve qu'elles proviennent de la même source que le lemme).

Il est donc évident que seuls les lemmes ou les parties de lemmes écrits à l'encre brune et donc tirés de Σ peuvent être utilisés pour la reconstitution du texte des lemmes de Proclus. Ces cas sont extrêmement rares : 9 lemmes ou parties de lemmes, pour un total de 21 lignes Burnet, qui équivalent à un trentième de la quantité de texte platonicien commentée par Proclus (126 A 1-141 E 10 = 618 lignes Burnet), et

---

1. Les quatre mss. FRGP s'accordent à inclure dans le lemme le début du commentaire jusqu'à μέτιμεν (1014.8), mais diffèrent en ce qui concerne le début du lemme : F (f. 172ʳ) le marque correctement à Καὶ ἑνὶ λόγῳ (136 B 6-7 = 1013.35) ; R (p. 458-459) à ὡσαύτως καὶ τἆλλα (136 C 2 = 1013.40-1014.1) ; G (f. 238ᵛ) à ὡς ἐπὶ τῶν ἀρχικωτέρων πραγμάτων (1013.30-31) ; P (f. 200ᵛ) à πλὴν τοσοῦτον ἰστέον (1013.30). Ces hésitations prouvent que les lemmes de Σ étaient écrits comme le reste du texte, à l'encre brune.

c'est seulement dans ces cas que nous invoquerons, éventuellement, le témoignage du ms. A. Voici la liste de ces lemmes
ou parties de lemmes pour l'ensemble du commentaire :

128 C 6-D 2 Ἔστι δὲ — ἑαυτῷ [= I 714.32-37], A f. 114ᵛ,
κείμενον mg. add.

129 A 6-8 Εἰ δὲ καὶ πάντα — ὅμοιά τε καὶ ἀνόμοια αὐτὰ [=
II 747.39-748.2], A f. 120ʳ, mots biffés et réécrits en rouge.

130 C 1-2 Τί δέ — ὕδατος [= III 811.32-34], A f. 131ᵛ,
mots retracés en rouge, κείμενον mg. add.

130 E 6-131 A 3 Οἷον — καλὰ [= IV 853.13-15], A f. 138ᵛ,
mots biffés et réécrits en rouge.

134 A 9-10 Ἡ δὲ παρ' ἡμῖν — καὶ αὖ ἑκάστη [= IV 946.21-
23], A f. 157ʳ, mots biffés et réécrits en rouge dans la marge
inf. (avec la suite du lemme jusqu'à 134 B 2 Ἀνάγκη), κείμενον mg. add.

136 B 6-8 Καὶ ἑνὶ λόγῳ — δεῖ σκοπεῖν [= V 1013.35-37],
A f. 170ᵛ, ἐντεῦθεν τὸ κείμενον mg. add.

138 A 3-7 Ἐν ἄλλῳ — Ἀδύνατον [= VII 1139.29-1140.3],
A f. 193ᵛ, κείμενον mg. add.

138 B 8-C 1 Ὅτι κινούμενον — κινήσεις (Ναί s.l. add.
Aʳᵘᵇʳ·) [= VII 1155.12-13], A f. 196ᵛ, mots retracés en rouge,
κείμενον mg. add.

139 E 3-4 Ἀδύνατον ἄρα — ταὐτόν [= VII 1189.3-4], A f.
203ʳ, mots biffés et réécrits en rouge.

L'exemple le plus significatif est fourni par le lemme 128
C 6-D 2 (I 714.32-37) qui, comme on vient de le voir, a été
copié à l'encre brune et puis identifié par le mot κείμενον
écrit dans la marge. Son texte est donc celui de Σ, ce qui explique le fait que A partage ici les fautes des autres copies de
Σ contre le témoignage de la branche latine et de la tradition
directe de Platon :

714.33 [128 C 7] τὰ γράμματα Plat. codd. *scripta* g : om.
Σ.

714.36 [128 D 2] πάσχειν Plat. codd. *pati* g : πάσχειν ἐν
Σ.

714.37 [128 D 2] ἑαυτῷ Σ : *ipsi* g αὑτῷ Plat. codd.

5. *Contamination "réciproque" des deux sources de Pachymère pour le texte de Platon*

Si les lemmes, ou parties de lemmes, écrits à l'encre brune témoignent du texte Σ et seuls peuvent être considérés comme des témoins fiables des lemmes de Proclus, la situation des lemmes rubriqués est plus complexe. Comme on vient de le voir, ces lemmes sont tirés du ms. D de Platon. Mais loin de reproduire fidèlement le texte du ms. D, Pachymère l'a contaminé par sa première source, c'est-à-dire le ms. Σ de Proclus. La contamination au moyen du ms. Σ est prouvée par la présence, dans les lemmes rubriqués (A$^{rubr.}$), de leçons ou fautes propres à Σ ou à Ω (= Σg). Puisque ces leçons ou fautes s'opposent à l'ensemble de la tradition directe de Platon, Pachymère ne peut les avoir puisées que dans Σ. Voici les exemples tirés du livre I (Σ = A$^{rubr.}$FRGW) :

667.31 [126 A 5] μὲν Plat. codd. *quidem* g : μὴν Σ.

670.29 [126 B 7] πυνθάνει Σ : -νη Plat. codd.

673.16 [126 C 5] εἶπον ἐγώ Σ *dixi ego* g : εἶπον Plat. codd.

686.14 [127 C 5] τότε Plat. codd. *tunc* g : om. Σ.

700.3 [128 A 5] οἰκειοῦσθαι Σ : οἰκειῶσθαι Plat. BCTW ᾠκειῶσθαι Plat. B²C²DT².

700.5 [128 A 7] ὅπερ Σ *quod quidem* g Plat. T$^{p.corr.}$: ὄνπερ Plat. BCDW.

703.3 [128 B 5] ταὐτά Plat. codd. *eadem* g : ταῦτα Σ.

717.10 [128 D 4-5] ὡς scripsimus ex g (*quomodo*) : ὥστε Σ ὡς ἔτι Plat. codd.

719.29 [128 E 4] ἀπείκασας Σ : ἀπήκασας Plat. codd.

La contamination est particulièrement évidente en 126 C 5 où le lemme de Proclus (673.15-16), transmis par les *recentiores* et par la traduction latine, est le suivant : Τούτων τοίνυν, εἶπον ἐγώ, δεόμεθα ἀκοῦσαι. Or, le lemme rubriqué de A (f. 107^r) garde la leçon εἶπον ἐγώ, inconnue de la tradition directe de Platon et donc tirée de Σ, mais remplace ἀκοῦσαι (s Plat. TW) par διακοῦσαι (Plat. BCD).

On pourrait donc résumer la situation en disant que Pachymère a opéré une contamination, pour ainsi dire, croisée : les lemmes écrits à l'encre brune sont tirés de Σ et contaminés au moyen du ms. D de Platon, les lemmes écrits en rouge sont tirés du ms. D de Platon et contaminés au moyen de Σ. Il s'ensuit donc que les lemmes de A ne sont d'aucune aide ni pour l'établissement du texte de Proclus, en tant qu'ils relèvent d'une tradition textuelle étrangère à celle du commentaire de Proclus (le ms. D de Platon), ni pour celui du texte de Platon, en tant qu'ils sont non seulement tirés d'un ms. conservé de Platon (D), mais aussi contaminés par des leçons propres au commentaire de Proclus.

Il faut encore mentionner une autre source possible de contamination des lemmes du ms. A. On sait, en effet, que Pachymère a eu entre les mains non seulement le ms. D, mais aussi le ms. W, à l'aide duquel il a remplacé les lemmes originaux de l'*In Alc.* de Proclus par une opération tout à fait analogue à celle qu'il a accompli sur les lemmes de l'*In Parm.* à l'aide du ms. D[1]. En outre, comme A. Carlini l'a montré, les mss. D et W ont été collationnés l'un sur l'autre, puisque D présente des variantes marginales tirées de W, et W des variantes marginales tirées de D. A l'origine de cette double contamination il y a, d'après A. Carlini, très probablement Pachymère lui-même[2]. Si donc les leçons que

---

1. Sur les lemmes de l'*In Alc.*, cf. A. Carlini, « I lemmi del Commento di Proclo all'*Alcibiade I* e il codice W di Platone », SCO 10 (1961), p. 179-187 ; Proclus, *In Alc.*, Introduction, p. CXXV-CXXVIII. A la différence de l'*In Alc.*, l'authenticité des lemmes de l'*In Tim.* a été démontrée par E. Diehl, « Der Timaiostext des Proklos », RhM 58 (1903), p. 246-269.

2. Cf. A. Carlini, « Le vicende storico-tradizionali del *Vind.* W e i suoi rapporti con il *Lobcoviciano* e il *Ven. gr.* Z 185 », dans *Studi su codici e papiri filosofici. Platone, Aristotele, Ierocle* (Accademia Toscana di Scienze e Lettere « La Colombaria ». Studi, CXXIX), Firenze 1992, p. 11-35 et pl. I-XIV, en part. p. 19-21 ; id., « Da Bisanzio a Firenze. Platone letto, trascritto, commentato e tradotto nei secoli XIV e XV », *Atti e memorie dell'Accademia Toscana di Scienze e Lettere La Colombaria*, 62 (1997), p. 131-143, en

nous venons d'énumérer proviennent sans aucun doute du ms. Σ parce qu'elles sont inconnues de la tradition directe de Platon, lorsque le lemme rubriqué de A partage la leçon de Σ et que cette leçon n'est pas propre à Σ, mais qu'elle est attestée par la famille TW ou par le ms. W, on peut se demander si Pachymère ne l'aurait pas plutôt puisée dans le ms. W ou dans le ms. D contaminé par W. Voici les passages du livre I pour lesquels une telle question peut se poser :

670.28 [126 B 5] ἔφη Σ *inquit* g PLAT. TW : om. PLAT. BCD.

676.37 [127 A 5] καὶ Σ *et* g PLAT. TW : καί με PLAT. BCD.

684.16-17 [127 B 4] τῶν τετταράκοντα Σ *quadraginta* g PLAT. TW : ἐτῶν τετταράκοντα PLAT. BCD.

700.5-6 [128 A 7] μεταβαλὼν Σ PLAT. TW : μεταβάλλων PLAT. BCD.

713.11-12 [128 C 5] τι τῶν συμβεβηκότων Σ *aliquid accidentium* g PLAT. W : τῶν σ. τι PLAT. BCDT.

719.25 [128 E 1] οὖν Σ PLAT. TW : γοῦν PLAT. CD γ' οὖν PLAT. B.

La question de la contamination possible des lemmes de A (= ms. D de Platon) à partir de Σ ou du ms. W de Platon, est destinée à demeurer, du moins à présent, sans réponse définitive. En effet, la contamination des lemmes de A au moyen de W ne serait assurée que si les lemmes présentaient des leçons de W qui ne se retrouveraient pas dans Σ, ce qui

part. p. 135-137. Pour expliquer cette contamination DW dans les lemmes de A, C. Moreschini, « I lemmi del commento di Proclo al *Parmenide* », art. cit., p. 253-254, avait envisagé un intermédiaire entre D et A qu'un érudit aurait corrigé à l'aide d'un ms. de la tradition TW (voir aussi E. Berti, « I manoscritti del *Critone* di Platone », art. cit., p. 136-137). On observe la même situation de contamination dans le texte de la *République* copié par Pachymère dans le ms. A : tout en étant une copie directe de D, A ne partage pas toutes les fautes de son modèle et présente d'évidentes traces de contamination avec un ms. de la famille de W (cf. G. Boter, *The Textual Tradition of Plato's Republic*, cit., p. 176-177).

n'arrive qu'une fois dans le livre I : en 717.38-718.1 [128 D 7], le ms. A (f. 115ʳ) porte la leçon ὑπὸ νέου ὄντος, transmise par les mss. B²TW de Platon, alors que les autres mss. grecs de Proclus portent ὑπονευόντος et que le ms. D de Platon porte ὑπὸ νέοντος.

6. *Le texte de Platon dans la continuation de Pachymère*

Comme nous l'avons vu[1], après avoir copié les lemmes du commentaire de Proclus dans les espaces laissés blancs à cet effet, Pachymère a poursuivi sa copie du texte du *Parménide* depuis 141 D 10 (Οὐδ' ἄρα οὕτως ἔστιν) jusqu'à la fin du dialogue. Naturellement, puisqu'il ne disposait plus du commentaire de Proclus, la copie du texte platonicien s'est poursuivie — toujours à l'encre rouge — sous forme non plus de lemmes, mais de texte continu, à pleine page. La copie du texte platonicien une fois achevée, alors que les cahiers avaient déjà été pliés et signés[2], Pachymère a copié ses scholies dans les marges extérieures du texte de Platon, en les rattachant au texte par des guidons de renvoi. Ces scholies ont probablement été copiées par Pachymère dans les marges du *Paris. gr.* 1810 à partir d'un ms. dans lequel elles avaient été écrites sous forme de commentaire à des lemmes, du même genre que le commentaire de Proclus[3]. Quoi qu'il en soit, la mise en page du *Paris. gr.* 1810 (scholies entourant le texte de Platon) s'est aussitôt perdue : dans l'*Ambros.* B 165 sup., copie directe du *Paris. gr.* 1810 et source de toute la tradition manuscrite de la continuation, le texte de Platon a été divisé en lemmes et les scholies de Pachymère ont été copiées chacune à la suite du lemme auquel elle se rapporte[4]. Une telle transformation de la mise en page originaire s'explique par la difficulté de sa reproduction par des copistes

---

1. Cf. *supra*, p. CLXII.
2. Cf. *supra*, p. CLVIII.
3. Cf. *supra*, p. CLXII, n. 1.
4. Cf. *supra*, p. CLXXVIII.

non professionnels tel que celui de l'*Ambros.* B 165 sup., reproduction qui impliquait le respect rigoureux du rapport spatial entre texte et scholies marginales [1]. Pour la même raison, les éditions modernes (Cousin [1-2] et Westerink) n'ont pu que reprendre la mise en page de l'*Ambros.* B 165 sup. C'est en nous référant à cette mise en page que nous allons parler de "lemmes" de la continuation de Pachymère, tout en étant bien conscients du fait que le terme "lemmes" est inadéquat pour désigner les sections du texte platonicien auxquelles se rapportent les scholies de Pachymère. Dans l'exposé qui suit, la locution "lemmes de la continuation" signifie donc des entités textuelles essentiellement différentes des lemmes du commentaire de Proclus.

Il est certain que dans la partie du *Parménide* pour laquelle Pachymère ne disposait pas des lemmes de Proclus, à savoir 141 D 10 (Οὐδ' ἄρα οὕτως ἔστιν) jusqu'à la fin, il a utilisé le ms. D comme texte de base et le ms. W comme source secondaire, d'où le caractère contaminé du texte platonicien de la continuation. Il présente, en effet, comme les lemmes rubriqués de Proclus, des variantes propres au ms. D[2], ce qui montre que le ms. D continue d'être la source principale de Pachymère pour le texte du *Parménide* :

p. 3.10 Westerink [142 E 2] μόριον ... μόριον A PLAT. D : μόριον ... μορίου PLAT. BCW μορίου ... μορίου PLAT. T.

---

1. La reproduction à l'identique de ce type de mise en page (scholies entourant un texte central) n'est possible que pour des copistes professionnels. Voir M. Maniaci, « Stratégies de juxtaposition du texte et du commentaire dans quelques manuscrits d'Homère » ; L. Vianès, « Aspects de la mise en page dans les manuscrits de chaînes sur Ézéchiel » ; J.-H. Sautel, « Aspects de la mise en page des manuscrits grecs à chaînes exégétiques (Paris, BnF, Fonds Coislin) », dans *Le commentaire entre tradition et innovation*. Actes du Colloque international de l'Institut des traditions textuelles, Paris et Villejuif, 22-25 septembre 1999, publiés sous la dir. de M.-O. Goulet-Cazé (Bibliothèque d'histoire de la philosophie), Paris 2000, p. 65-78, 79-88 et 89-98.

2. Voir l'apparat critique de l'édition Moreschini *ad loc.*

p. 29.4 [152 E 10-153 A 1] Οὐκ ἔχω — τὰ ἄλλα om. A PLAT. D : habent PLAT. cett.

p. 30.5 [153 D 2] τῇ τελευτῇ A PLAT. D : τελευτῇ PLAT. cett.

Il s'ensuit donc que les lemmes de la continuation s'accordent toujours avec la famille BCD contre la famille TW. Toutefois, puisque, dans un certain nombre de cas (18), ils partagent la leçon de la famille TW, il est évident que le texte du ms. D a été contaminé par celui de l'autre famille :

p. 3.3 [142 D 8] ἐν ᾗ A PLAT. TWB²C² : ἐνῇ PLAT. BCD.

p. 11.30 [146 B 4] ἢ A PLAT. TW : om. PLAT. BCD.

p. 14.4 [147 B 2] μόρια A PLAT. TW : μορίου PLAT. BCD.

p. 14.6 [147 B 5] τὰ μὴ ἓν A PLAT. TW : τὸ μὴ ἓν PLAT. BCD.

p. 16.29 [148 B 5] ὁμοίου A PLAT. TW : ὠμοίου PLAT. BCD.

p. 19.20 [149 A 8] ἑξῆς A PLAT. TW : ἐξ ἧς PLAT. BCD.

p. 21.21 [150 B 5] ἐνέσται A PLAT. TW : ἐν ἔσται PLAT. BCD.

p. 26.33-34 [152 D 3] τῷ νῦν A PLAT. TW : τό, νῦν PLAT. BCD.

p. 27.1 [152 D 4] οὗπερ A PLAT. TW : οὗ πέρι (sic) PLAT. BD εἴπερ PLAT. C.

p. 32.4 [154 C 2] τὸ δὲ A PLAT. TW : τόδε PLAT. BCD.

p. 32.5 [154 C 3] γίγνεται A PLAT. TW : om. PLAT. BCD.

p. 35.25 [155 E 1] περὶ τὰ ἄλλα A PLAT. TW : περιττὰ ἄλλα PLAT. BCD.

p. 41.17 [157 E 4] Ἑν A PLAT. TW : ἐὰν PLAT. BCDWʸᵖ.

p. 51.16 [161 E 2] μετείη A PLAT. TW : μετίη PLAT. BCD.

p. 53.9 [162 B 9] πως A PLAT. TW : πω PLAT. BCD.

p. 54.21 [163 A 4] ἂν A PLAT. TW : om. PLAT. BCD.

p. 54.28 [163 B 4] οὔτε γίγνεται A PLAT. TW : οὐ γίγνεται PLAT. BCD.

p. 55.24 [163 C 8] εἶναι A PLAT. TW : om. PLAT. BCD.

Aux leçons que l'on vient de citer, il faut ajouter le passage suivant dans lequel Pachymère a fusionné les leçons des deux familles en produisant un texte mixte qui n'est certes pas préférable à celui de ses deux sources[1] :

p. 31.30 [154 B 1] ὅτι εἰ καὶ ἔστιν ὅ τι A : εἰ καὶ ἔστιν ὅτι
PLAT. BCD ὅτι εἰ καὶ ἔστιν PLAT. TW.

Or, que la source des leçons TW dans les lemmes de la continuation soit le ms. W, notamment W corrigé (W³)[2], est prouvé par le fait que les lemmes présentent des leçons propres à W (ou W³) contre le reste de la tradition de Platon :

p. 53.22 [162 C 7] γέ A PLAT. W : τέ PLAT. BCDT.

p. 13.20 [146 E 1] ἐν ταὐτῷ A PLAT. W³ : ἔν τῳ PLAT. BCDTW.

p. 24.4 [151 A 5] τό γε ἓν τῷ ἑνὶ (ἑνὶ ex ὂν) A ἑνὶ add. PLAT. W³ᵐᵍ : τό γε ἔν τῳ ὂν PLAT. BCDT² τό γε ἐν τῷ ὂν PLAT. TW.

p. 40.31 [157 C 1] ἀλλὰ A PLAT. W³ : ἄλλα PLAT. codd.

p. 40.31 [157 C 1] post ἑνὸς add. ἐστιν, οὔτε τὸ ἓν ἦν, ἀλλὰ τοῦ ἑνὸς A PLAT. W³ᵐᵍ.

En particulier, l'accord entre les lemmes de la continuation et W³ suggère que les variantes et les corrections de

---

1. Il est intéressant de comparer les différents choix textuels. Le passage en question est la réplique de Parménide aux mots d'Aristote : Οὐκ ἔχω λέγειν. Les mss. TW (suivis par Diès et Moreschini) portent : Ἀλλ' ἐγὼ τοσόνδε γε, ὅτι εἰ καὶ ἔστιν πρεσβύτερον ἕτερον ἑτέρου (« Mais, moi, j'ai à dire au moins ceci : si un être est plus vieux qu'un autre... », trad. Diès) ; les mss. BCD portent : Ἀλλ' ἐγὼ τοσόνδε γε, εἰ καὶ ἔστιν ὅτι πρεσβύτερον ἕτερον ἑτέρου. Burnet écrit : Ἀλλ' ἐγὼ τοσόνδε γε· εἰ καὶ ἔστιν πρεσβύτερον ἕτερον ἑτέρου. Son choix est probablement dicté par l'idée que le ὅτι attesté par les deux familles en deux endroits différents (devant εἰ καὶ ἔστιν TW, après εἰ καὶ ἔστιν BCD) est une addition marginale qui serait née de la nécessité de rendre la syntaxe de la phrase plus coulante. Le texte de Pachymère, manifestement redondant, garde ὅτι aussi bien devant qu'après εἰ καὶ ἔστιν en faisant du second un pronom relatif indéfini : Ἀλλ' ἐγὼ τοσόνδε γε, ὅτι εἰ καὶ ἔστιν ὅ τι πρεσβύτερον ἕτερον ἑτέρου (« Well, I can say this much at least : if there is something older than something else... », trad. Gadra et al., p. 92).

2. Dans l'édition Moreschini, le sigle W³ désigne les *manus recentiores* qui ont corrigé le ms. W (cf. p. 17).

W³ remontent à Pachymère (ou à son entourage), ce qui confirme l'hypothèse d'A. Carlini, selon laquelle, comme on vient de le voir, Pachymère serait à l'origine de la contamination croisée des mss. D et W.

Il est donc légitime de penser que là où les lemmes de la continuation s'écartent du ms. D pour s'accorder avec le ms. W, la source de la leçon choisie par Pachymère est toujours le ms. W, même si la leçon W est aussi attestée par d'autres mss., hors du cadre de la bipartition BCD *vs* TW :

p. 15.27 [148 A 1] κατὰ ταὐτὸν A κατὰ ταὐτὸ PLAT. BCTW : κατ' αὐτὸ PLAT. D.

p. 51.23 [161 E 4] ἔχει A PLAT. CW : ἔχῃ PLAT. BDT.

p. 57.17 [164 B 5] τί A PLAT. BCW : om. PLAT. DT.

Le travail accompli par Pachymère sur le texte du *Parménide* se caractérise donc par l'utilisation du ms. D comme texte de base, contaminé au moyen de Σ dans les lemmes du commentaire de Proclus, et au moyen du ms. W (dans son état original ou corrigé) dans les lemmes de la continuation[1].

7. *Le commentaire de Proclus*
dans la tradition du texte de Platon

Nous signalons, pour finir, les leçons propres aux lemmes de Proclus (livre I) qui ne sont pas attestées par les mss. principaux de la tradition directe de Platon et qui montrent ainsi l'impossibilité de réduire le témoignage du commentaire de Proclus à celui de la tradition médiévale de Platon[2].

668.30 [126 B 3] ἐπεδήμουν s *peregrinabar* **g** : ἐπεδήμησα PLAT. codd.

670.29 [126 B 7] πυνθάνει Σ : -νῃ PLAT. codd.

---

1. Voir l'appendice à la fin de cette section, *infra*, p. CCCLXXXV-CCCXCIV.

2. Cf. A. Carlini, *Studi sulla tradizione antica e medievale del Fedone*, cit., p. 105-108.

673.16 [126 C 5] εἶπον ἐγώ Σ *dixi ego* **g** : εἶπον Plat. codd.

685.6 [127 C 1] ἐν τῷ s : ἐν Plat. codd.

700.3 [128 A 5] οἰκειοῦσθαι Σ : οἰκειῶσθαι Plat. BCTW ᾠκειῶσθαι Plat. B²C²DT².

712.14 [128 C 1] γε ὥσπερ s : ὥσπερ γε Plat. codd.

712.15 [128 C 1] καὶ FRG : τε καὶ Plat. codd. om. W.

718.2-3 [128 D 8] βουλεύεσθαι s : βουλεύσασθαι Plat. codd.

719.29 [128 E 4] ἀπείκασας Σ : ἀπήκασας Plat. codd.

Bien que le commentaire de Proclus ne soit pas très littéral, son témoignage est parfois important pour l'établissement du texte de Platon. Dans le livre I, l'exemple le plus intéressant concerne le lemme 126 B 4-7 pour lequel le commentaire de Proclus (670.30-31) suppose la division en quatre répliques (attestée par le ms. B), et non pas en deux répliques (attestée par les mss. CDTW)[1].

Quant à la question de savoir si les lemmes reflètent le texte du *Parménide* tel que le lisait Proclus lui-même, la comparaison entre les lemmes et le commentaire n'est pas toujours aisée, car Proclus explique rarement les détails du texte et ses citations sont souvent libres. Les rares passages qui permettent une vérification, confirment, en général, le texte des lemmes tel qu'il a été établi sur la base des deux branches de la tradition (grecque et latine). On trouve cependant quelques cas où le texte de Platon dans les lemmes est différent de celui qui se lit dans le commentaire. Par exemple, la leçon ἐν τῷ Κεραμεικῷ du lemme 127 C 1 (I 685.6), attestée par les *recentiores* contre la tradition directe de Platon ἐν Κεραμεικῷ, n'est pas confirmée par le commentaire (685.26) où l'on trouve la leçon ἐν Κεραμεικῷ. Parfois, la situation est plus complexe car le commentaire témoigne de deux leçons différentes, dont l'une est propre au lemme de Proclus, l'autre est attestée par la tradition directe de Platon :

---

1. Cf. *infra*, p. 69, n. 5 (p. 257-258 des *Notes complémentaires*).

dans le lemme 126 B 3 (I 668.30), les *recentiores* (ἐπεδήμουν) et **g** (*peregrinabar*) s'opposent à la tradition directe de Platon (ἐπεδήμησα) ; dans le commentaire, alors que, en 670.17 tous les témoins sont d'accord sur la leçon ἐπεδήμησα (*mansi* **g**), en 683.13 on retrouve l'imparfait ἐπεδήμουν du lemme (même si, dans ce cas, il s'agit de la 3ᵉ pers. plur., et non pas de la 1ʳᵉ pers. sing. comme c'est le cas dans le lemme). Ces divergences entre lemme et commentaire ou entre différents passages du commentaire s'expliquent, d'une part, par la multiplicité des exemplaires de Platon dont Proclus disposait à l'école d'Athènes, d'autre part, par la liberté dont tous les commentateurs anciens font preuve dans leurs citations[1]. Elles doivent par conséquent être gardées comme témoignage de l'histoire du texte de Platon et de la façon dont il était lu, cité et commenté à l'école d'Athènes.

En conclusion, on peut dire que les lemmes du *Parménide* dans le commentaire de Proclus présentent une recension du texte qui se rapproche le plus souvent de celle des mss.

---

1. Cf. E. Diehl, « Der Timaiostext des Proklos », art. cit., p. 251, 253-255 : « All diese Ungenauigkeiten, welche allerdings zTh. rein äusserlich sind, zeigen, dass sich Pr. bei der Erklärung einer Stelle nicht mit peinlicher Gewissenhaftigkeit an den Wortlaut des betreffenden Platoncitates gehalten hat, dass somit manche Widersprüche zwischen ῥῆσις und Text dem Autor, nicht den Abschreibern zu Gute zu halten sind, zumal Pr. selbst bezeugt, dass er verschiedene Platonexemplare zur Hand hatte » (p. 251), « dies wohl unbewusste Ueberspringen von einer Lesart zu einer andern » (p. 255) ; K. Praechter, compte rendu de l'éd. de l'*In Tim.*, t. I-II, par E. Diehl, Leipzig 1903-1904, GGA 167 (1905), p. 505-535, en part. p. 518-522, où Praechter envisage l'hypothèse selon laquelle les lemmes auraient été ajoutés après coup, à l'aide d'une autre édition de Platon, lors de la préparation de la rédaction écrite du cours oral de Proclus sur le *Timée* (voir surtout p. 519-520) ; A. Carlini, *Studi sulla tradizione antica e medievale del Fedone*, cit., p. 102-103, 105 : « Proclo disponeva dunque di due edizioni distinte, se non dell'intera opera platonica, almeno di un certo numero di dialoghi ; da queste edizioni egli ricava doppie lezioni, varianti alternative che mette a confronto e discute » (p. 103).

TW de Platon. Ils offrent toutefois quelques leçons qui sont inconnues de la tradition directe de Platon. Puisque les rares citations contenues dans le commentaire confirment, en général, le texte des lemmes, on peut penser que les lemmes restituent un texte proche de celui lu par Proclus lui-même. Les lemmes du ms. A, réécrits ou corrigés par Pachymère à l'aide du ms. D de Platon, n'ont aucune valeur pour l'établissement ni du texte de Proclus ni de celui de Platon.

Appendice : Le témoignage de Proclus dans les éditions modernes du Parménide

Puisque l'édition Cousin reprend le texte de A, on comprend la décision de C. Moreschini d'utiliser seulement le commentaire, et non pas les lemmes de Proclus dans son édition du *Parménide*[1]. Alors que dans l'apparat critique de l'édition Burnet (1901), le sigle "Proclus" désigne simplement le texte du lemme dans l'édition Cousin, l'apparat critique de l'édition Diès (1923) distingue, naturellement sur la base de l'édition Cousin, entre la leçon du lemme (*Procli lem.*) et la leçon du commentaire (*Procli com.*) et, à l'intérieur du lemme, entre la leçon des mss. AB (B = *Paris. gr.* 1836, est un descendant de A puisqu'il est une copie du *Marc. gr.* 191, qui est, à son tour, une copie du ms. M, copie de A ; cf. *supra*, p. CCV-CCVI) et celle des mss. CD (C = *Paris. gr.* 1835, D = *Paris. gr.* 1837, tous deux descendants de Σ : le ms. C est une copie du *Neapol.* III. E. 22, copie de W, le ms. D est une copie de F ; cf. *supra*, p. CXXVII-CXXX, CLII-CLIV), voir éd. Diès, p. 49-50. Dans notre apparat critique des lemmes, le sigle A ne figure pas le plus souvent, puisque Pachymère a corrigé le texte de Σ à l'aide de la tradition directe de Platon (cf. *supra*, p. CCCLXVIII-CCCLXXIV) ; en ce qui concerne les lemmes de la continuation de Pachymère, il est évident, pour

---

1. Cf. C. Moreschini, « I lemmi del commento di Proclo al *Parménide* », art. cit., p. 255 ; éd. cit., p. 15.

la même raison, qu'ils n'ont aucune valeur pour l'établissement du texte du *Parménide*. C'est donc à juste titre que les
lemmes de la continuation ne sont jamais cités dans l'apparat de l'édition Moreschini, alors qu'ils figurent, sous le sigle
"Procl. suppl.", dans l'apparat de l'édition Burnet (6 fois) et
dans celui de l'édition Diès (118 fois)[1]. En effet, lorsque les
lemmes (ou les citations) de la continuation partagent soit
la leçon de BCD, soit celle de TW, leur témoignage ne peut

---

1.   Bien qu'il ait abrégé les lemmes (début et fin) dans ses
deux éditions de la continuation, Cousin cite en note des variantes de ses mss. par rapport à l'édition Bekker relativement
à la portion de texte platonicien pourtant omise. Ce procédé est
suivi dans les deux éditions, mais les portions de texte platonicien omises et les variantes enregistrées en note ne sont pas les
mêmes dans les deux éditions. Par exemple, dans la première
édition, t. VI, p. 255, le premier lemme de la continuation (142
B 5-C 7) est abrégé comme suit : Ὅρα δὴ ἐξ ἀρχῆς [= 142 B 5] … εἴποι ὅτι ἔν ἐστι. — Πάνυ γε [= 142 C 7]. Dans la note 3, Cousin cite
des variantes relatives à 142 B 8 et C 7 : « Bekk. οὐ γὰρ ἂν ἐκείνη ἦν
ἐκείνου [= 142 B 8]. Coddss. οὐ γὰρ ἐκείνη [= éd. Westerink, p. 1.3].
pro ἦν ἐκείνου C habet ἡ ἐκ. — Bekk. συλλήβδην εἴπῃ [= 142 C 7].
Coddss. εἴποι [= éd. Westerink, p. 1.8] ». Dans la seconde édition
(col. 1257.12-20), le premier lemme de la continuation est 142
B 1-C 4 (Βούλει οὖν — Πάνυ μὲν οὖν), la portion omise est B 8-C
4 (οὐ γὰρ ἂν ἐκείνη — οὐχ οὕτω) et aucune variante n'est enregistrée en note. Or, puisque Diès signale la variante : « 142 B 8 γὰρ
ἂν : γὰρ B, Procl. suppl. », il est évident qu'il utilise la première
édition Cousin, car cette variante n'est signalée que dans la première édition, et non pas dans la seconde. Voir aussi éd. Diès,
p. 48-49 : « J'ai noté les variantes de ces manuscrits de Proclus
d'après le texte et les notes de l'édition Cousin 1821 […] parce
que l'édition de 1864 a souvent négligé de donner toutes les variantes qu'indiquait celle de 1821 et m'a paru même, de temps
à autre, tout en donnant un texte plus soigné que celui de la première édition, corriger les lemmes de Proclus d'après d'autres
sources que ces manuscrits ». A propos du premier lemme de la
continuation dans les deux éditions Cousin, remarquons que la
première édition est plus exacte que la seconde, car le guidon
de renvoi de Pachymère se trouve à la hauteur de 142 B 5 Ὅρα
δὴ ἐξ ἀρχῆς, et non pas de 142 B 1 Βούλει οὖν (cf. *supra*, p. CLXII,
n. 1).

rien ajouter à celui des mss. de Platon, puisqu'ils sont tirés du ms. D contaminé au moyen du ms. W. Lorsque la leçon de la continuation (lemmes ou citations) est isolée et qu'elle n'est pas accueillie dans le texte, il s'agit soit d'une faute, soit d'une mauvaise conjecture de Pachymère, qui n'ont évidemment aucun droit de figurer dans un apparat critique (voir, par exemple, éd. Diès, app. crit. *ad* 144 B 4, 149 E 2, E 3, 150 D 2, 152 D 1, 154 B 8 etc.).

Dans un nombre très réduit de cas, les éditeurs ont ou bien accueilli dans le texte (contre le témoignage de la tradition directe de Platon) ou bien cité dans l'apparat critique la leçon isolée du lemme de Proclus ou de la continuation de Pachymère. Pour évaluer ces passages, il faut éclaircir une question qui peut susciter quelque perplexité. L'apparat critique de l'édition Burnet attribue deux leçons (149 E 5-6 et 161 E 1) au *Paris. gr.* 1810 (ms. A de Proclus) comme si le *Paris. gr.* 1810 était autre chose que le commentaire de Proclus ou la continuation de Pachymère. Une telle incohérence s'explique par le fait que les leçons que Burnet attribue au *Paris. gr.* 1810 sont tirées de l'apparat critique de l'édition d'I. Bekker[1] sans que Burnet se soit rendu compte que ce ms.

---

1. L'édition *Platonis Dialogi graece et latine*, ex recensione Immanuelis Bekkeri, Berolini, Impensis Ge. Reimeri 1816-1823, se compose de sept volumes contenant le texte (rassemblés en trois parties : 1re partie, vol. I-II [1816] ; 2e partie, vol. I-II [1817] ; 3e partie, vol. I-II [1817], vol. III [1818]) et de deux volumes contenant l'apparat critique et les scholies (*Immanuelis Bekkeri in Platonem a se editum commentaria critica. Accedunt scholia*, 2 vol., 1823). Le texte du *Parménide* se trouve dans la 1re partie, vol. II (1816), p. 1-84 ; l'apparat critique, dans les *Commentaria critica*, t. I, p. 101-122. La liste des sigles des mss. utilisés par Bekker précède l'édition du texte, 1re partie, vol. I, p. VII-XIV (*Index codicum ab editore collatorum*), et est complétée dans les *Commentaria critica*, t. I, p. V-XIV (*Index codicum ab editore collatorum continuatus*). Le texte grec est accompagné de la traduction latine de Ficin en bas de page. Cette édition a été reprise à Londres en 1826 : *Platonis et quae vel Platonis esse feruntur vel Platonica solent comitari Scripta graece*

(sigle D dans l'éd. Bekker) n'était qu'un témoin du commentaire de Proclus et de la continuation de Pachymère, celui-là même que Cousin avait utilisé pour son édition de Proclus et de la continuation. C. Moreschini qui, à la différence de Burnet, ne cite jamais les lemmes ni de Proclus ni de la continuation, a repris les leçons que Burnet attribue au *Paris. gr.* 1810 et a, à son tour, attribué au *Paris. gr.* 1810 un certain nombre de leçons que Burnet attribuait à Proclus, convaincu qu'il était que l'édition Cousin reproduisait toujours le texte du *Paris. gr.* 1810 et que, par conséquent, ce que Burnet lisait dans l'édition Cousin était *ipso facto* la leçon du *Paris. gr.* 1810. Malheureusement, ce n'est pas toujours le cas, parce que Cousin a parfois aligné les lemmes sur une édition courante de Platon[1] et qu'il a utilisé plutôt les descendants du

omnia ad codices manuscriptos recensuit variasque inde lectiones diligenter enotavit Immanuel Bekker. Annotationibus integris Stephani, Heindorfii, Heusdii, Wyttenbachii, Lindavii, Boeckhiique. Adjiciuntur modo non integrae Serrani, Cornarii, Thompsoni, Fischeri, Gottleberi, Astii, Butmanni, et Stalbaumi, necnon ex commentariis aliorum curiose excerpta, 11 vol., Londini, Sumptibus Ricardi Priestley 1826 (le *Parménide* se trouve dans le vol. II, p. 171-271). Par rapport à l'édition de Berlin, celle de Londres a introduit les modifications suivantes : la traduction latine de tous les dialogues est contenue dans les vol. X-XI, l'apparat critique est imprimé en bas de page, un nombre considérable de notes critiques tirées des éditions précédentes sont imprimées en dessous de l'apparat critique, les deux listes de sigles ont été réunies en une liste unique (vol. I, 1826, *Index codicum*, p. cxlix-clx). Pour les deux leçons dont il est question ici, cf. *infra*, p. cccxcii-cccxciv.

1. L'édition à laquelle se réfère Cousin est la première de Bekker (cf. note précédente), qu'il cite très souvent. En plus de l'édition Bekker, Cousin cite aussi l'édition de Henri Estienne, Paris 1578 (cf. par exemple III 783.6, n. 2 et 3 : les deux conjectures d'Estienne sur 130 B 4 αὐτὴ ἡ ὁμοιότης et ἔχομεν ne sont pas signalées dans l'édition Bekker), l'édition Stallbaum, Leipzig 1839 (cf. par exemple IV 870.41, n. 2 : 131 D 7 αὐτοῦ] αὐτὸ St. ; IV 877.36, n. 5 : 132 A 3 ἡ αὐτὴ] αὕτη St. ; V 997.11-12, n. 1 : 135 E 9 ὑποθέμενον] ὑποτιθέμενον St. ; VII 1139.30, n. 5 : 138 A 4 ἂν εἴη] ἐνείη conjecit St. [en réalité, Stallbaum ne fait que reprendre

une conjecture de Heindorf, comme il le dit dans sa note *ad loc.*, p. 393] — sur l'édition Stallbaum du *Parménide*, suivie du commentaire de Proclus, cf. *infra*, p. CDLIV-CDLVI), et celle de L. F. Heindorf, *Platonis Dialogi selecti*, 4 vol., Berolini 1802-1810, en part. vol. III (*Crat., Parm., Euthyd.*) (cf. I 673.21, n. 3 ; I 714.38, n. 6 ; II 760.23, n. 6 ; II 768.25, n. 4). Le terme "editiones" désigne généralement, dans les notes de Cousin, l'accord des éditions utilisées (voir, par exemple, II 748.8, n. 3, et II 779.29, n. 5). On remarquera que Cousin semble ne pas avoir vérifié les sigles Bekker, en sorte qu'il ne s'est pas rendu compte que les mss. DQR de Bekker sont les mss. ACB de sa propre édition de Proclus : *Paris. gr.* 1810 = Bek. D = Cous. A ; *Paris. gr.* 1835 = Bek. Q = Cous. C ; *Paris. gr.* 1836 = Bek. R = Cous. B. Cette maladresse de Cousin dans l'utilisation de l'apparat Bekker est évidente dans les notes suivantes : I 673.20, n. 2 (*Parm.* 126 C 8 πρὸς ἱππικῇ) : « A, B πρὸς τῇ, ut multi Bekkeri codices » (les mss. cités par Bekker, p. 4, l. 4, sont DR, c'est-à-dire les mss. AB de Cousin) ; I 686.13, n. 6 (127 C 5 σφόδρα) : « Editiones τότε σφ. Nostri codices et duo Bekkeri omittunt τότε » (les deux mss. cités par Bekker, p. 5, l. 5, sont DR, c'est-à-dire les mss. AB de Cousin) ; I 700.3, n. 7 (128 A 5 ᾠκειῶσθαι) : « Sic recte editiones. Nostri multique Bekkeri codices οἰκειοῦσθαι » (les mss. cités par Bekker, p. 6, l. 11, sont ΓDQR, dont DQR = ACB de Cousin, Γ = *Coisl.* 155) ; I 714.38, n. 6 (128 D 2 ἑαυτῷ) : « Sic nostri nec pauci Bekkeri codices » (les mss. cités par Bekker, p. 7, l. 12, sont DQR, c'est-à-dire les mss. ACB de Cousin) ; IV 962.29, n. 1 (134 D 1 αὖ) : « B, C ἂν pro αὖ, ut unus e Bekkeri codicibus » (le ms. cité par Bekker, p. 19, l. 4, est R, c'est-à-dire le ms. B de Cousin) ; voir aussi *infra*, p. CCCXC, n. 2. Confusion analogue dans l'utilisation des sigles Bekker en IV 861.38, n. 3 (131 B 3 εἴ γε) : « B cum uno Bekkeri codice εἶναι » (l'apparat Bekker, p. 12, l. 15, attribue la leçon εἶναι à * ς, sigle qui désigne non pas un ms., mais l'édition Estienne et tous les mss. autres que ceux cités à gauche de l'unité critique). — Pour les corrections tacites de Cousin sur le texte des lemmes, cf. I 684.16-17 où τῶν τετταράκοντα (127 B 4), leçon de l'ensemble de la tradition manuscrite de l'*In Parm.* (voir notre app. crit. *ad loc.*), a été corrigé en ἐτῶν τετταράκοντα, variante signalée dans l'apparat Bekker, p. 4, l. 19 ; V 983.22 où πῇ (135 C 5) a été corrigé en ποῖ (cf. *infra*, p. CCCXCI et n. 1) ; voir aussi le jugement de A. Diès cité *supra*, p. CCCLXXXVI, n. 1. Sur les éditions de Platon utilisées par Cousin dans son édition de l'*In Parm.*, voir aussi ce qu'écrit Cousin lui-même dans sa traduction française de Platon, *Œuvres de Platon*, traduites

Paris. gr. 1810 que le *Paris. gr.* 1810 lui-même[1]. Par conséquent, quelques leçons que Moreschini attribue au *Paris. gr.*
1810, ne se lisent pas dans ce ms. Voici donc les passages
dont la base textuelle n'est pas bien assurée pour la raison
que l'on vient de mentionner.

(1) *Parm.* 128 C 6-7 : ἔστι δὲ τό γε ἀληθὲς βοήθειά τις
ταῦτα τὰ γράμματα. Burnet supprime τὰ γράμματα et note
dans l'apparat : « τὰ γράμματα om. Proclus ». Moreschini
supprime ταῦτα τὰ γράμματα et note dans l'apparat : « ταῦτα
τὰ γράμματα suspectum : τὰ γράμματα om. Par. 1810, secl.
Burnet ». En réalité, l'omission de τὰ γράμματα n'est pas
une variante du *Paris. gr.* 1810, mais une faute de la branche
grecque du commentaire de Proclus[2], faute que l'on doit corriger à l'aide de la traduction latine (voir notre app. crit. *ad*
714.33). Il s'ensuit que la suppression de τὰ γράμματα ou
de ταῦτα τὰ γράμματα est purement conjecturale et ne peut
se prévaloir d'aucun témoignage ni direct ni indirect.

(2) *Parm.* 132 D 1-2 : τὰ μὲν εἴδη ταῦτα ὥσπερ παραδείγματα ἑστάναι ἐν τῇ φύσει. Burnet et Moreschini notent dans
leurs apparats l'omission de ἐν : « ἐν BT Stobaeus : om. Proclus » (Burnet), « ἐν om. Par. 1810, non om. Proclus comm.
906.16, 908.6 etc. » (Moreschini). Les deux apparats sont
faux car le ἐν n'est omis ni dans le *Paris. gr.* 1810 (cf. f. 148ᵛ,

<hr />

par V. Cousin, 13 vol., Paris 1822-1840, en part., pour le *Parménide*, t. XII, Paris 1839, p. 305 : « J'ai eu sous les yeux l'édition
générale de Bekker (*Primae partis volumen secundum* [*scil.* 1ʳᵉ éd.,
Berlin 1816]), l'édition particulière de Heindorf (tome III), les
deux versions latines de Ficin et d'Ast ; la traduction allemande
de Schleiermacher, et le commentaire de Proclus (tomes IV, V
et VI de mon édition [*scil.* 1ʳᵉ éd.]) ». En effet, ces sources sont
souvent citées par Cousin dans ses notes sur le *Parménide*, p.
305-323. Rappelons que la traduction du *Parménide* par Cousin
est la première traduction française de ce dialogue.

1. Cf. *infra*, p. CDXLIX-CDL.

2. Dès la première édition Bekker (cf. *supra*, p. CCCLXXXVII,
n. 1), p. 7, l. 9, l'omission de τὰ γράμματα est attribuée aux mss.
DQR qui ne sont que les mss. ACB de l'*In Parm.* de Proclus (cf.
supra, p. CCCLXXXIX).

dernière ligne) ni dans l'édition Cousin[2] (cf. col. 906.5) :
cette omission est une simple faute de l'édition Cousin[1] (cf.
t. V, p. 158). Cette unité critique doit donc disparaître des
éditions du *Parménide* (elle est absente de l'éd. Diès).

(3) *Parm.* 135 C 5 : πῇ τρέψῃ ἀγνοουμένων τούτων; Burnet, Diès et Moreschini signalent la variante ποῖ au lieu de
πῇ (attesté par tous les mss. de Platon) avec deux attributions différentes : à Proclus (Burnet et Diès), au *Paris. gr.*
1810 (Moreschini). Or, si ποῖ est bien le texte imprimé par
Cousin[1] (t. V, p. 259) et Cousin[2] (V 983.22), il n'est pas la
leçon du *Paris. gr.* 1810 qui, lui, porte πῇ (f. 164^v, l. 9 *ab
imo*), ainsi que les trois autres mss. utilisés par Cousin (*Paris.
gr.* 1835, f. 217^v, l. 6 *ab imo* ; *Paris. gr.* 1836, f. 133^r, l. 20 ;
Paris. gr. 1837, f. 204^v, l. 1) et tous les autres mss. de Proclus (FRGP). La prétendue variante ποῖ n'est donc qu'une
correction tacite de Cousin et ne peut aucunement figurer
dans l'apparat critique du *Parménide*[1].

(4) *Parm.* 135 D 8 : οὗτος, εἶπεν, ὅνπερ ἤκουσας Ζήνωνος. Burnet, Diès et Moreschini signalent la variante εἰπεῖν
au lieu de εἶπεν (attesté par tous les mss. de Platon) avec
deux attributions différentes : à Proclus (Burnet et Diès), au
Paris. gr. 1810 (Moreschini). La leçon εἰπεῖν (V 992.30) se

---

1. La correction est probablement faite à l'aide de la première édition Bekker (cf. *supra*, p. CCCLXXXVII, n. 1), qui porte
ποῖ dans le texte (p. 20, l. 21) et attribue cette leçon aux mss.
Λ [= *Marc. gr.* 8], H [= *Paris. gr.* 1814] et I [= *Paris. gr.* 1815],
contre πῇ (τῇ perperam in app. Bekk.) qui est la leçon de l'édition Estienne et de tous les autres mss. (**ς = editio Stephaniana
cum codicibus reliquis). Dans sa seconde édition, p. 199, Bekker cite la note *ad loc.* de Heindorf qui, sans connaître les mss.
ΛHI, avait déjà proposé de corriger πῇ en ποῖ. La conjecture de
Heindorf, confirmée par les mss. ΛHI, est donc passée dans le
texte Bekker et, de là, dans l'édition Cousin qui l'a, à son tour,
transmise aux apparats critiques des éditions Burnet et Diès
(avec attribution à Proclus) et à celui de l'édition Moreschini
(avec attribution au *Paris. gr.* 1810). Notons que la conjecture de
Heindorf est aussi accueillie dans le texte par C. F. Hermann,
Platonis dialogi, t. II, Lipsiae 1873.

lit non seulement dans le *Paris. gr.* 1810 (f. 166ᵛ, l. 6), mais aussi dans les autres mss. de la branche grecque de Proclus (FRGP) ; elle ne peut toutefois pas être considérée comme la leçon du lemme de Proclus, parce que la traduction latine (p. 302.93) porte *dixit* qui présuppose la leçon εἶπεν de la tradition directe de Platon. La leçon εἰπεῖν, qui s'explique par le désir d'aligner l'indicatif aoriste de la réplique de Parménide (οὗτος, εἶπεν, ὅνπερ ἤκουσας Ζήνωνος) sur l'infinitif de celle de Socrate (Τίς οὖν ὁ τρόπος, φάναι, ὦ Παρμενίδη, τῆς γυμνασίας ; 135 D 7), ne peut donc être attribuée ni au lemme de Proclus ni au *Paris. gr.* 1810 et ne doit pas, à notre avis, figurer dans l'apparat critique du *Parménide*.

(5) *Parm.* 139 D 1 : Οὐδὲ μὴν ταὐτόν γε ἑαυτῷ ἔσται (texte Burnet et Diès). Tous les mss. de Platon omettent γε et Burnet et Diès écrivent γε ἑαυτῷ sur la base du lemme de Proclus ; Moreschini imprime la leçon des mss. de Platon (ἑαυτῷ) et signale la variante γε ἑαυτῷ en l'attribuant au *Paris. gr.* 1810. La source de Burnet et Diès est l'édition Cousin[2] (VII 1185.11) où on lit γε ἑαυτῷ, avec la note 2 : « Editiones omittunt γε » [= éd. Cousin[1], t. VI, p. 181, avec la note 3 : « Bekk. Deest γε »]. Or, γε est la leçon du *Paris. gr.* 1810 (f. 202ᵛ, l. 3, *post corr. ex* δὲ), mais puisqu'il est omis par les autres mss. grecs de Proclus (FRGP) et par la traduction latine (*Neque etiam idem sibi ipsi erit*, p. 451.98)[1], on ne peut le considérer comme la leçon du lemme de Proclus. Il s'agit donc d'une simple conjecture de Pachymère, probablement inspirée par 139 B 7 (Καὶ μὴν ταὐτόν γε ἑτέρῳ ὄν κτλ.), conjecture que rien n'oblige ni à accueillir dans le texte ni à citer dans l'apparat critique.

(6) *Parm.* 149 E 5-6 : εἰ δὲ τὰ μὲν μέγεθος, τὸ δὲ σμικρότητα. Tel est le texte imprimé par les trois éditeurs, contre le

---

1. L'omission de γε dans la traduction latine ne peut toutefois pas être considérée comme une preuve certaine de son omission dans l'exemplaire grec de Moerbeke, parce que cette particule est souvent omise dans la traduction latine (cf. *supra*, p. CCCXXVIII).

témoignage des mss. BCDTW (τὰ δὲ σμικρότητα) ; la correction de τὰ δὲ en τὸ δὲ est inévitable puisqu'il s'agit de τὰ ἄλλα et τὸ ἕν. Dans les trois apparats, la correction est notée de la manière suivante : « τὸ δὲ Par. 1810 : τὰ δὲ BT » (Burnet), « τὸ δὲ Bekker : τὰ δὲ BTYW Procl. suppl. » (Diès), « τὸ δὲ H [= *Laur.* 85, 6] Paris. 1810 (ut videtur) : τὰ δὲ BCDTW » (Moreschini). Or, τὸ δὲ est effectivement la leçon (incertaine) du *Paris. gr.* 1810 (f. 217^v, l. 19) dans le lemme de la continuation (p. 21.6 Westerink, voir app. crit. *ad loc.*), leçon adoptée par Bekker, 1re éd., texte p. 50.7 τὸ δὲ σμικρότητα, app. crit. p. 114 τὸ D : ceteri τὰ [= 2^e éd., p. 234, app. crit. r][1]. Or, si τὸ δὲ est la leçon du lemme, dans le commentaire (p. 22.16 Westerink = col. 1275.6 Cousin) on lit : τὸ [Cous[1] : τὰ perperam Cous[2]] μὲν μέγεθος, τὰ δὲ σμικρότητα ἔχοιεν, ce qui explique l'apparat critique de Diès, dans lequel la continuation est citée comme témoin de la leçon τὰ δὲ. La source de la leçon τὸ δὲ est donc l'édition Bekker, ou bien directement, ou bien par l'intermédiaire de la note de Cousin[1] qui, tout en abrégeant le lemme, signale cette leçon (cf. t. VI, p. 275, n. 1 : « Bekk. τὸ δὲ σμικρ. Coddss. τὰ δὲ σμικρ. »). En effet, la leçon τὸ δὲ ne se lit dans le lemme abrégé ni de Cousin[1] (t. VI, p. 275) ni de Cousin[2] (col. 1274.17-20)[2].

(7) *Parm.* 161 E 1 : τῷ δὴ ἑνὶ μὴ ὄντι. Tel est le texte imprimé par les trois éditeurs, contre le témoignage des mss. BCDTW (δὲ au lieu de δή). L'apparat critique de Burnet et de Moreschini est identique : « δὴ Paris. 1810 Heindorf e Ficino : δὲ BT (BCDTW Moreschini) ». La source de cet apparat est l'édition Bekker qui porte δὴ dans le texte et attribue cette leçon au *Paris. gr.* 1810 dans l'apparat (cf. 1re éd., texte p. 74.18 Τῷ δὴ ἑνὶ, app. crit. p. 119 δὴ D [= *Paris. gr.* 1810] : δὲ *ς [= éd. Estienne et tous les autres mss. de Platon] ; 2e éd., p. 261, app. crit. p)[3]. Dans sa seconde édition (p. 261), Bek-

---

1. Cf. *supra*, p. CCCLXXXVII et n. 1.
2. Sur la faute de mise en page des lemmes qui dépare l'édition Cousin[2] en cet endroit, cf. *infra*, p. CDL, n. 1.
3. Cf. *supra*, p. CCCLXXXVII et n. 1.

ker cite la note de Heindorf qui avait déjà corrigé δὲ en δὴ sur la base de la traduction de Ficin : « τῷ δὴ ἑνὶ μὴ ὄντι] In his, quibus conclusio praecedentium continetur, δὴ scripsi pro δέ. Ficinus : *Uni igitur* etc. HEIND. ». Or, l'apparat de Burnet et de Moreschini est faux, parce que le *Paris. gr.* 1810 (f. 223ʳ, l. 5) porte δὲ, et non pas δὴ (cf. p. 51.15 Westerink et app. crit. *ad loc.*) et que la leçon δὲ est bien dans les notes de l'édition Cousin[1] (t. VI, p. 309, n. 1 : « Bekk. τῷ δὴ ἑνὶ. Coddss. τῷ δὲ ἑνὶ. » ; le texte omet cette partie du lemme) et dans le texte de l'édition Cousin[2], 1303.30, avec la note : « Bekkerus τῷ δὴ ἑνὶ ». La leçon δὴ n'est donc que la lecture fautive du *Paris. gr.* 1810 par Bekker. Elle ne peut être introduite dans le texte que comme conjecture de Heindorf sur la base de la traduction de Ficin. L'apparat de Diès : « δὴ Heindorf e Ficino : δὲ BTYW Procl. suppl. » est donc correct, sauf que la mention de la continuation de Pachymère n'est d'aucune utilité.

VI. Stemma de la tradition

Les résultats de notre enquête critique peuvent être résumés et visualisés à l'aide des deux stemmas suivants, dont le premier illustre l'ensemble de la tradition, le second, la descendance du ms. A. Rappelons que les mss. *Vindob. phil. gr.* 7 (W), *Monac. gr.* 425 (P) et *Basil. F. I.* 8 ont changé de modèle au cours de leur copie. Plus précisément, W passe de Σ [livres I-IV 911.34] au *Marc. gr.* 191 (descendant de A) [livres IV 911.34-VII] ; P passe de M (copie de A) [livres I-III] à Σ [livres IV-VII] ; le *Basil. F. I.* 8 passe du *Marc. gr.* 228 (copie de A) [livres I-II] au *Marc. gr.* 191 [livres III-VII]. Chacun de ces trois mss. se divise donc en deux parties qui résultent de l'utilisation de deux modèles différents. Dans nos stemmas, les deux parties sont indiquées respectivement par (1) et (2).

i. Stemma général

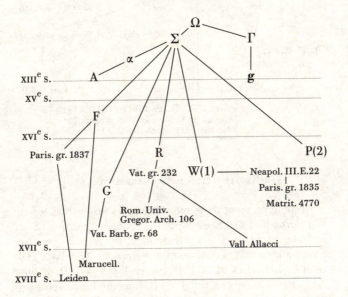

2. Descendance de A

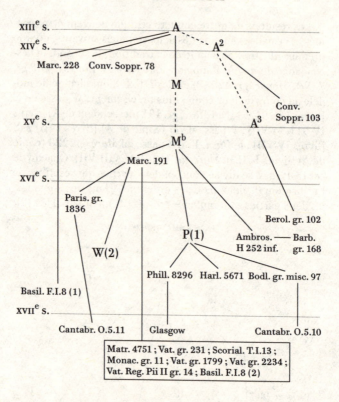

VII. Règles suivies dans la présente édition

Comme on vient de le montrer, la tradition textuelle de l'*In Parm.* de Proclus est bipartite : branche grecque (Σ) et branche latine (**g** [Γ]). Le texte de Σ est restitué par l'accord ou bien de ses cinq témoins primaires AFRGW(P) (W pour les livres I-IV 911.34 ; P pour les livres IV-VII), ou bien de quatre d'entre eux (FRGW[P]). Lorsque les témoins primaires de Σ ne sont pas d'accord, mais qu'ils transmettent ou bien deux leçons différentes ou bien des leçons dispersées, la reconstitution du texte de Σ demeure incertaine. C'est la traduction latine qui permet alors de choisir entre ces différentes leçons, sauf là où son témoignage ne peut être invoqué pour les raisons que nous avons présentées plus haut[1]. On soulignera encore une fois, à ce propos, la parfaite justesse de la règle énoncée par Klibansky-Labowsky dans leur édition, p. XXXII : « Quae qui considerat videbit quantum ad constituendum contextum graecum Procli valeat versio latina, quippe quae ut sui iuris testis memoriae graecae auctoritate par sit, ita ut ubicumque librorum graecorum divisa est sententia, ad versionem latinam tamquam ad arbitrum confugiendum sit ».

Le texte de l'archétype Ω est restitué par l'accord des deux branches. Dans les cas où Σ et g portent deux leçons différentes, le texte de Ω ne peut évidemment pas être reconstitué de façon mécanique, car il faut choisir entre les deux leçons en s'appuyant sur l'*usus scribendi* de Proclus et sur d'éventuels passages parallèles. A valeur égale, nous avons, en général, suivi le témoignage de Σ, en considération du caractère indirect du témoignage de g. En effet, la traduction latine, bien que très littérale, ne permet d'atteindre le texte grec utilisé par Moerbeke (Γ) que par une rétroversion latin-grec qui demeure, dans une certaine mesure, une reconstruction hypothétique. C'est pourquoi, lorsque la leçon de g, étant manifestement meilleure que la leçon de Σ, a été accueillie dans le texte, l'apparat critique signale notre reconstitution par « scripsimus (addidimus, deleuimus) ex g ». Lorsque la leçon de g est rejetée et qu'elle est différente de la leçon de Σ, elle est accompagnée, si possible, d'une rétroversion entre parenthèses. Si la leçon unanime de la tradition est fautive ou si aucune des deux leçons ne peut être retenue, nous avons corrigé le texte corrompu de Ω ou bien en reprenant des conjectures déjà proposées ou bien en en proposant de nouvelles.

1. Cf. *supra*, p. CCLXXIV-CCCLXIII.

Le sigle Σ n'est utilisé que lorsque les mss. AFRGW(P) sont en accord et que l'on est ainsi totalement assuré de reconstituer la leçon du ms. Σ. En revanche, lorsque seuls les mss. FRGW(P) qui sont les témoins les plus fidèles, bien que les plus tardifs, de Σ, portent la même leçon, leur accord est noté par le sigle s. Dans ce cas, la leçon du ms. A ou bien figure à gauche de l'unité critique en tant que conjecture de Pachymère (confirmée ou non par la leçon de **g**) sur le texte de Σ, ou bien elle est une leçon isolée et est rejetée dans l'Appendice II, *infra*, p. CDIII-CDVIII. Dans cet Appendice, les leçons du ms. A qui ont été retenues dans l'édition Cousin[2] sont marquées d'un astérisque.

L'apparat est toujours positif et fait état de la bipartition de la tradition. Toutefois, puisque nous ne nous occupons pas de la pathologie de la traduction latine ni en tant que traduction (fautes éventuelles du traducteur) ni en tant que texte latin (fautes de la tradition latine), l'apparat critique ne mentionne que les leçons de la traduction latine ayant une chance de transmettre une leçon de l'exemplaire grec de Moerbeke, leçon qui se trouve à gauche de l'unité critique si elle est acceptée, à droite, si elle est inacceptable. L'apparat critique ne mentionne donc ni les fautes évidentes de traduction dues à Moerbeke, ni les fautes de la tradition latine. Par conséquent, l'absence du sigle **g** dans l'apparat critique signifie simplement que le témoignage de la traduction latine est inutilisable ou bien par faute de traduction, ou bien par corruption de la tradition latine, ou encore parce que le latin ne peut rendre certaines particularités du grec (par exemple, différence entre pluriel et duel, présence ou absence de l'article, ordre des mots). Toutes les leçons aberrantes de la traduction latine sont rassemblées dans l'Appendice III, *infra*, p. CDVIII-CDXIV.

Lorsque les fautes de Σ ont été corrigées par une conjecture ancienne (A ou M[b]) ou moderne, et que cette conjecture est confirmée par **g**, la leçon de **g** est citée après la conjecture retenue (par exemple, 632.40-41 ὅπως ἦν M[b] *quatenus esset* **g** : ὁπόσην Σ ‖ 635.4 φασίν A *aiunt* **g** : φησίν s || 639.29 ἐν ταὐτῷ Cous² *in eodem* **g** : ἔτ' αὐτὸ Σ).

Les additions par rapport au texte de l'archétype Ω sont signalées par < > dans le texte et par « add. » ou « addidimus » dans l'apparat critique. Les additions dans le texte de l'hyparchétype Σ, qui s'appuient sur la traduction latine, sont signalées par ⌞ ⌟ dans le texte, par « addidimus ex **g** » dans l'apparat et, en plus, par « om. Σ » (si elles sont communes à tous les mss. grecs) ou par « om. s » (si elles ont été réparées par A), et cela afin de montrer que la branche grecque de la tradition est déficiente (par exemple, 639.33 καὶ² add. A *et* **g** : om. s || 651.7 ἕν add. Cous² *unum* **g** : om. Σ). Les suppressions par rapport au texte de l'archétype Ω sont signalées par [ ] dans le texte et par « del. » ou « deleuimus » dans l'apparat critique. La traduction latine n'est citée que lorsqu'elle témoigne de la présence du mot supprimé dans l'hyparchétype Γ (par exemple, 627.7 ἔστιν Σ (*sunt* **g**) deleuimus) ; l'absence du sigle **g** dans l'apparat critique des suppressions signifie que le témoignage de la traduction latine n'est pas utilisable (par exemple, 620.30 ἀπὸ deleuimus). Les suppressions dans le texte de l'hyparchétype Σ, qui s'appuient sur la traduction latine, sont signalées par { } dans le texte et par « deleuimus ex **g** » dans l'apparat critique. Le lecteur pourra ainsi reconnaître, par cette différence entre les signes employés, à quel niveau de la tradition (archétype Ω ou hyparchétype Σ) se place chaque addition ou suppression.

L'apparat critique n'enregistre aucune leçon individuelle des mss. grecs. Il signale les variantes qui opposent au moins deux des cinq mss. AFRGW au reste de la tradition. Toutes les leçons individuelles de A sont rassemblées dans l'Appendice II (*infra*, p. CDIII-CDVIII). En ce qui concerne le ms. W, nous n'avons pris en considération que les leçons de la première main, parce que les leçons *post correctionem* proviennent du *Marc. gr.* 191, modèle de W à partir de IV 911.35.

Pour résumer les diverses situations critiques qui peuvent se présenter, nous proposons le tableau récapitulatif suivant :

— Σ = **g**. L'accord des deux branches restitue le texte de l'archétype Ω. Si le texte transmis est correct, il peut être considéré comme l'original ; s'il est fautif, il doit être corrigé par conjecture, qu'elle soit ancienne (Bessarion, le ms. Y) ou moderne (Cousin, Stallbaum, la présente édition). Dans le second cas, l'apparat signale la leçon de l'archétype dans sa double forme, grecque et latine.

— $\Sigma \neq g$. Puisque les deux branches divergent, la reconstitution de l'archétype n'est pas mécanique. Trois cas de figure sont possibles, dont le premier se divise à son tour en deux. (1) L'une des deux branches transmet le texte de l'original et l'autre, une leçon fautive. (1.1) Si la bonne leçon est donnée par Σ, la leçon de g n'est citée dans l'apparat critique que si elle a quelque chance de reproduire la leçon de Γ (les fautes de traduction de Moerbeke et les fautes de la tradition latine ne figurent pas dans l'apparat critique). (1.2) Si la bonne leçon est donnée par g, la rétroversion est signalée comme une intervention des éditeurs sur la base de g (« scripsimus, addidimus, deleuimus ex g »), et la leçon de Σ est toujours citée. (2) Aucune des deux branches ne transmet le texte de l'original qui doit donc être reconstitué par conjecture ; les deux leçons sont mentionnées dans l'apparat critique. (3) Les deux branches transmettent deux leçons différentes mais équivalentes : la leçon de Σ est, en général, accueillie dans le texte, et la leçon de g figure dans l'apparat critique.

— $(s = g) \neq A$. L'accord sg restitue l'archétype ; la leçon isolée de A est ou bien une faute individuelle ou bien une conjecture (dans le cas où le texte de l'archétype est fautif ou regardé comme tel par A). La leçon de A n'est mentionnée dans l'apparat critique que si elle est retenue dans le texte en tant que bonne conjecture ; autrement, elle est rejetée dans l'Appendice II.

— $(A = g) \neq s$. La branche latine restitue la leçon de l'archétype et A réagit à la faute de Σ (attesté par s) par une bonne conjecture. L'apparat critique signale la conjecture de A (retenue dans le texte) avant la leçon de g parce que le témoignage des mss. grecs précède toujours celui de la traduction latine.

— (F [R, G, W] = **g**) ≠ (A + les trois autres mss. grecs). La branche latine restitue la leçon de l'archétype qui n'est transmise que par un seul ms. grec autre que A. A la différence du cas précédent, la leçon de ce ms. ne peut pas être considérée comme une bonne conjecture car aucun copiste des *recentiores* ne fait de conjectures. Il s'agit donc d'une bonne lecture de la part du copiste de ce ms., alors que les copistes des quatre autres mss. n'ont pas pu déchiffrer le texte ou la correction de Σ. L'apparat critique signale les différentes leçons.

— (A [ou autre ms. grec] = **g**) ≠ autres mss. grecs dispersés (plusieurs combinaisons sont possibles, chaque ms. pouvant présenter une leçon différente ou s'associer à un ou deux autres mss.). La dispersion des variantes dans la branche grecque est due à une leçon ambiguë ou peu lisible de Σ. Le choix entre les diverses leçons des mss. grecs est dicté par la traduction latine. La bonne leçon de A (ou autre ms. grec), confirmée par la traduction latine, doit être considérée comme une bonne lecture.

— A (ou autre ms. grec) ≠ autres mss. grecs dispersés. Si le latin ne peut refléter les divergences des leçons dispersées de la branche grecque, le choix est dicté par le sens ou par la langue. L'apparat signale toutes les leçons des mss. grecs, mais non pas la leçon latine parce qu'elle est inutilisable pour l'établissement du texte grec.

En ce qui concerne les lemmes du *Parménide*, nous n'avons naturellement aligné leur texte ni sur la tradition directe de Platon ni sur les citations contenues dans le commentaire. Le texte des lemmes est donc établi selon les mêmes principes que le texte du commentaire. En particulier, nous n'avons jamais suivi le ms. A dans sa révision des lemmes à l'aide du ms. D de Platon et, dans aucun de ces cas, son sigle ne figure dans l'apparat critique, car il s'agit évidemment d'une leçon étrangère à la tradition du texte de Proclus. Pour la même raison, nous ne signalons pas les corrections de l'édition Cousin. L'apparat critique signale les variantes de la tradition directe de Platon (famille BCD et famille TW) et toutes les variantes de la tradition de Proclus par rapport à la tradition directe de Platon. Si le texte transmis par les mss. grecs est fautif et que la bonne leçon est conservée par la traduction latine, nous corrigeons le texte en suivant la traduction latine confirmée par la tradition directe de Platon (ex **g** et PLAT. codd.). Si le texte transmis par les deux branches est fautif, nous le corrigeons à l'aide de la tradition directe de Platon (ex PLAT. codd.).

Dans l'apparat des sources, on a mentionné toutes les citations implicites ou explicites, aussi bien du *Parménide* que de toute autre source. Les citations littérales sont imprimées en caractères espacés et signalées dans l'apparat par le signe =, alors que les citations non littérales sont introduites par l'abréviation cf. Les citations du *Parménide* tirées du lemme que Proclus est en train de commenter sont imprimées en caractères espacés, mais ne sont pas signalées dans l'apparat.

VIII. Appendices

I. *Variantes des mss. AFRGW sans signification critique (livre I)*

617.13-14 τέλεον AFR : τέλειον GW || **617.**14 δὲ AFR : δ' GW || **619.**33 βιβλίον ARG : βιβλίων FW || **623.**32 Πυθαγορείου ARG : -ρίου FW || **625.**12 Κλαζομενίοις AFG : -μένοις RW || **629.**4 δαῖτά AW : διαῖτά FRG || **635.**4 Ἀριστοτέλει AR : -τέλη FW -τελ( ) G || **636.**23 κατ' ἀνάλυσιν RG : κατὰ ἀνάλυσιν FG legi nequit A || **647.**7 Ἀσσυρίοις A : Ἀσυρίοις FRG Ἀσύροις W || **666.**19 Κλαζομενίοις ARG : -μένοις FW || **668.**33 Περικτιόνη AR : -νϊ FGW || **670.**17 ἀτελοῦς AFRG : -λῆς F^{sl}W || **674.**32 προσαγορεύονται iter. FGW || **681.**20 δοκιμεῖον nos : δοκίμιον Σ || **686.**2 ἐκ Κλαζομενῶν AR : ἐκλαζομενῶν FGW || **692.**21 Ἀνάγκης AF^{mg} : ἀνᾶ FRGW || **695.**19 Ζήνων ἄτε ARG : ζήνωνάστε FW || **699.**5 ἀνάγκης A : ἀνάγης F ἀναγ( ) R ἀνά G ἀνῶ W || **699.**16 πάνυ μοι AR : πάνυμον FGW || **701.**25 ἀκουόντεσσι AR : -όντεσι FW -όντεισι G || **705.**16 εὐμήκη AR : -κει FGW ||

710.29 χωρίζοιεν AR : -οιε FGW || **712.**22 ἀπὸ τῶν iter.
FRG || **717.**34 Ταῦτ' οὖν ARW : τῶτ' οὖν FG || **719.**30
'Αντέθηκε AR : 'Αντέθεικε FGW || **720.**2 τοιοῦτο FGW : -τον
AR.

En ce qui concerne les *orthographica*, nous suivons le ms.
A dans la correction des fautes orthographiques suivantes :

617.22 ἐνθεῖναί A : ἐνθῆναι s || **619.**9 et **623.**31 διδασκα-
λείου A : -λίου s || **622.**10, **629.**34 et **710.**17 ἄττα A : ἄττα s
|| **649.**15 ἀδολέσχαις A : -οις s || **662.**13 Κλαζομένιοι A :
-μενοί s || **673.**25 Κλαζομενίους A : -μενοὺς FR -μένους GW
|| **673.**31 Παρμενίδου A : -δους s || **676.**36 ἀνεγνώρισέ A :
ἀνηγν- s || **696.**50 'Ανάγκη A : ἀνα s (cf. *supra*, p. ccxlvii).

Conformément à l'usage attique, nous avons corrigé le
groupe -σσ- en -ττ- dans les passages suivants : **624.**21 τέτ-
ταρας nos : τέσσαρας Σ || **625.**36 et **630.**15 τεττάρων
nos : τεσσάρων Σ || **629.**18 κρειττόνων nos : κρεισσό-
νων Σ || **650.**17 τέτταρα nos : τέσσαρα Σ || **712.**38
συνελίττει nos : -ελίσσει Σ.

En deux endroits les mss. ne sont pas unanimes : **626.**32
τέτταρας FGW : τέσσαρας AR || **684.**3 κρείττονος A :
κρείσσονος s.

En ce qui concerne l'accusatif des noms propres composés
de la 3ᵉ déclinaison (type Σωκράτη / -την), nous avons suivi
les mss., en adoptant la forme attestée par la majorité, sans
uniformiser et sans rien noter dans l'apparat critique.

II. *Leçons isolées du manuscrit A (livre I)*

Nous donnons la liste exhaustive des leçons isolées du ms.
A par rapport à l'ensemble de la tradition manuscrite grecque
(FRGW = s) et latine (**g**). Conformément à la remarque de
M. L. West, *Textual Criticism and Editorial Technique*, Stuttgart 1973, p. 87, n. 14, nous utilisons ici l'apparat négatif
qui fait bien ressortir l'isolement de la leçon de A et son caractère de déviation par rapport à l'ensemble de la tradition.

Le sigle A² désigne un correcteur de A différent du copiste[1]. Les leçons du ms. A retenues par Cousin[2] sont signalées par un astérisque (dans le cas des lemmes, elles sont au nombre de 9 sur un total de 19 ; dans le cas du texte de Proclus, au nombre de 154 sur un total de 288).

1. Leçons dans les lemmes de Platon

*659.23 ante lemma 126 A 1-2 titulum Παρμενίδης ἢ περὶ ἰδεῶν add. A Plat. C²DT || *668.30 [126 B 3] ἐπεδήμουν] ἐπεδήμησα A Plat. codd. || 671.10 [126 B 8] τέ om. A Plat. BCD || 673.16 [126 C 5] ἀκοῦσαι] διακοῦσαι A Plat. BCD || 673.20 [126 C 8] ante ἱππικῇ add. τῇ A || *681.31 [127 A 8] ἀφίκοντό] ἀφίκοιντό A Plat. BCD || 683.18 [127 B 2] ἤδη] δὴ A Plat. BCD || *683.19 [127 B 3] κἀγαθὸν] καὶ ἀγαθὸν A || 685.5 [127 B 6] δὲ] δ' A || *685.6 [127 C 1] ἐν τῷ] ἐν A Plat. codd. || 686.10 [127 C 2] τινὰς] πολλοὺς A || 686.10 [127 C 2] πολλοὺς om. A || 702.35 [128 B 1] παρέχει] -έχῃ A Plat. BCDT || 702.37 [128 B 3] καὶ¹ om. A Plat. BCD || *712.14 [128 C 1] γε ὥσπερ] ὥσπερ γε A Plat. codd. || *712.15 [128 C 1] καὶ] τε καὶ A Plat. codd. || *717.9 [128 D 4] καὶ] ταῦτα καὶ A Plat. BD || *718.2-3 [128 D 8] βουλεύεσθαι] βουλεύσασθαι A Plat. codd. || 719.26-27 [128 E 2-3] οἴει αὐτὸ γεγράφθαι om. A.

2. Leçons dans le texte de Proclus

*618.16 προσλάμπουσα] προ- A || 618.19 τελέως] τελείως A || *619.2 ταῦτα οὕτως] τοῦτ' αὐτὸ A τοῦτ' αὐτὰ Cous || *619.10 Νικόμαχος] Καλλίμαχος A || 620.13 ὂν ἓν] ἓν ὂν A || 620.20 αὐτὸν] -ῶν A || 620.22 ἑαυτὸν] αὐτὸ A || 621.1 γοῦν] οὖν A || 621.7 ἑκάστῳ] ἕκαστον A || 621.10 τὸ ὄν om. A || 622.3 καὶ om. A || 622.23 ἀνεδίδαξεν] ἐδίδαξεν A || 622.28 γὰρ om. A || 622.30 ὑπόθεσιν] ὑπέρθεσιν A || *623.2 τε om. A || 623.3 πράγματος] -τα A || 623.5 καὶ¹ om. A || *623.8 τε om. A || *623.10 post καὶ² add. αὐτῷ A || *623.11-12 τε ἑαυτὰ καὶ] ἄλληλα καὶ τοῖς ἄλλοις A || *623.12 ἐκεῖνο] αὐτό A || *623.27 διαιρέσεως] ὑποθέσεως A || *624.6-7 διαιρετικὴν μέθοδον] μ.

1. Cf. supra, p. CLXVII-CLXVIII.

τὴν δ. A ‖ *624.9 εἶναί φησι] φ. εἶ. A ‖ *624.16 post
ἕπεται[3] add. τε καὶ οὐχ ἕπεται ἅμα A ‖ *624.29 ὁ om. A
‖ *625.12 ante φιλοσοφεῖν add. τὸ A ‖ *625.19 κατὰ τε-
τάρτην] κατά γε τὴν A ‖ *625.37 πρὸς] περὶ A ‖ 626.3
κειμένης] -οις A ‖ 626.3 καὶ om. A ‖ *626.21 ἀπεικά-
ζοιντο] -ζοιντ' A ‖ 626.34 οἱ om. A ‖ *627.13 αὖ] οὖν A
‖ *627.26-28 ὁ δὲ — τῇ πρώτῃ] ὁ δὲ τὴν τετάρτην τῶν τε ἐν τῇ
πρώτῃ καὶ τῶν ἐν τῇ δευτέρᾳ καὶ τῶν ἐν τῇ τρίτῃ A ‖ *628.19
ὡς] οἷς A ‖ *629.13 ποδηγεῖν] ποδηγετεῖν A ‖ 629.21
συμπολιτευομέναις] lectio dub. A ‖ 629.23 γοῦν] οὖν A ‖
*630.3 μὲν om. A ‖ *630.5 αὐτοῖς] -ῶν A ‖ *630.33 ἑαυ-
τὰ] αὐτὰ A ‖ 631.23 τὸν[1]] τοῖς A ‖ 631.27 ἐκείνου] -ῳ A
‖ 631.28 γραφέντος] γράφοντος A ‖ 632.28 Τὰς] τὰ A ‖
*632.41-633.1 μεταχειρίσασθαι] -χειρίζεσθαι A ‖ 633.10 τὸ]
τὸν A ‖ 633.32 post ἐρώμενον add. καὶ A ‖ 633.32 τε-
λεωθέντα] τελειωθέντα A ‖ *634.29 ante Σοφιστῇ add. τῷ
A ‖ *635.3 ante παρὰ add. τῆς A ‖ *635.7 ante Θεό-
φραστος add. ὁ A ‖ *635.11 ἐν τοῖς πρὸς τὸ] τοῖς κατὰ A ‖
*635.12 ἀριθμῶν] συναριθμῶν A ‖ *635.23 αὐτῆς] αὐτῇ A
‖ *635.26 τοιαῦτα] ταῦτα A ‖ *636.3 καρτερῶς] κρατερῶς
A ‖ 636.13 βάθος] βάθους A ‖ *637.7 ἑκάστων] -ου A ‖
637.33-34 λέγοιτο — κανόνων om. A ‖ *638.2 Νυνὶ] Νῦν
A ‖ *638.3 ὑπεμνήσθω] ὑπομεμνήσθω A ‖ 638.20 τῇ]
τοῦ A ‖ *638.28 μόνον] μόνῳ A ‖ *638.29 ἀσώματον]
πρῶτον A ‖ *638.29 post ὅτι add. ἐστὶ A ‖ *638.30-
31 εἶτ' — ἐξέτασιν] εἶτα μεταβάσας ἐπὶ τὴν τοῦ ἑνὸς ἐξέτασιν A
‖ *638.32-33 συνεισάγοντα] συνάγοντα A ‖ 639.14 ὄντος
om. A ‖ 639.24 τὸ om. A ‖ *639.25 ὅπερ] ὅνπερ A ‖
640.4 τὴν αὐτὴν] τὴν αὐτὴν αὐτὴν A[a.corr.] τὴν αὐτὴν τὴν A[p.corr.]
‖ 640.16 μὲν om. A ‖ 641.8 λέγῃς] λέγοις A ‖ 641.9-
11 διότι — ταὐτόν om. A ‖ 641.12 τῷ] τὸ A ‖ 641.18
πάντα] ταῦτα A ‖ *641.19 post πραγματεύεσθαι add. φήσομεν A ‖ *642.11 τινὸς ἑνός] ἑ. τ. A ‖ 642.15 ἡ ἐν] ἐν A
‖ *643.2 ἀλλὰ] ἀλλ' A ‖ *644.2 post ἔδοξε add. τῷ A ‖
*644.15 ante πάντων add. τῶν A ‖ *646.15 ταύτην] -η A
‖ *646.20 τοιοῦδε] τοιῷδε A ‖ 646.28 ἤπου] εἴπου A ‖
*646.31 ἀφερμήνευσις] ἐφ- A ‖ *647.21 εἰλημμένοις] -μένος
A ‖ 648.3 τοῦ om. A ‖ 648.12 τῇ om. A ‖ *649.6
δόξας] -αν A ‖ 649.19 ἐξεμελέτησε] -τησιν A ‖ 649.27
οὐχί] οὐχ' A ‖ 649.31 ἑπομένων] ὑπομένων A ‖ *649.36
ante Παρμενίδην add. τὸν A ‖ *650.12 τούτων] τοῦτο A ‖
651.13 σχεδόν om. A ‖ 651.21 γὰρ om. A ‖ *651.35 ἱκα-
νῶς] -ὸς A ‖ 653.2 τοπικῶν] -ῶς A ‖ *653.3 οὐκ om. A

‖ *653.10 ante τις add. γάρ Α ‖ 653.22 ἀεὶ] ἐκεὶ (sic) Α ‖ *653.24 ἀποδεικνύουσαν] -νῦσαν Α ‖ *654.15-16 τάληθὲς] τὸ ἀληθὲς Α ‖ *654.26 τῷ ἐναντίῳ post τὸ ἐναντίον transp. Α ‖ *655.7 γέ] τέ Α ‖ *656.15 τὸ om. Α ‖ *656.18 γράφοιμεν] εἴποιμεν Α ‖ 656.26 ἢ τῶν] τὴν Α ‖ 657.4 περὶ om. Α ‖ 657.24 ταῖς] τῶν Α ‖ 659.26-27 ὡς πολλάκις εἴπομεν om. Α ‖ 660.2 λέγων ἐστὶ δῆλος] δηλοῖ Α ‖ 660.19 τελειοῦται] -οῦνται Α ‖ *660.21 ἑαυτὰ] αὐτὰ Α ‖ 660.22 γίγνεται] -ονται Α ‖ 660.33 τούτων] τοῦτο Α ‖ 660.35 πεπυσμένος] -μένῳ Α ‖ *660.36-37 Σαφῶς — χρὴ] δι' οὗ δείκνυται ὁποῖον δεῖ εἶναι Α ‖ 661.9-26 Εἰ δὲ μὴ — ἄνοδος] καὶ ἔτι καθολικώτερον τὰ φυσικά, ὧν εἰκὼν οἱ ἐξ Ἰωνίας, τῆς πρωτίστης αἰτίας ἐξήρτηνται καὶ ἐπὶ τὴν μονάδα χωροῦσι τοῦ παντὸς πλήθους· τῶν μὲν γὰρ φυσικῶν εἰδῶν τὸ πλῆθος τῶν ἀτόμων χεῖρον· μετέχει δὲ τὸ πλῆθος τοῦ συντεταγμένου ἑνὸς τοῦ ἐν τοῖς πολλοῖς· πρὸ δὲ τούτου ἐστὶ τὸ ἐξῃρημένον ἓν τὸ πρὸ τῶν πολλῶν, ὃ δὴ ἰδέα ἐστὶ παρὰ Πλάτωνι· ἔστι γοῦν πλῆθος τὰ ἄτομα, δυὰς τὸ φυσικὸν καὶ συντεταγμένον εἶδος, μονὰς δὲ τὸ ἑνιαῖον καὶ ἐξῃρημένον εἶδος Α ‖ 661.27 που καὶ om. Α ‖ 661.28 ἡμᾶς ἀνεδίδαξεν] διδάσκει Α ‖ 661.30 τῶν θεῶν om. Α ‖ *661.31 ante Ἀδείμαντον add. τὸν Α ‖ 662.5-12 Ἐν ἑκάστῃ — εὐπορίαν om. Α ‖ *662.12 καὶ] ὅρα Α ‖ *662.15 γίγνεται κοινωνία] κ. γ. Α ‖ *662.15 δῆλον] καὶ δῆλον Α ‖ 662.32 δ' ἂν] δὲ καὶ Α ‖ 662.32-33 μὴ — ὅτι] οὕτως θεωρεῖν ὅτι Α ‖ 663.3 Εἰ — συννοήσαις] καὶ Α ‖ *663.12 ἀνήρ] ὑπόκειται Α ἀνὴρ ὑπόκειται Cous ‖ 663.13 δαιμόνων om. Α ‖ 663.15 ψυχαῖς post γενεσιουργοῖς transp. Α ‖ 663.16 τῆς ἀπὸ om. Α ‖ *663.16-17 δαιμόνων τῶν προσεχῶν] προσεχῶν δαιμόνων Α ‖ 663.17 βοηθείας om. Α ‖ *663.19-22 μεθίστανται — ἀγνοίας ὀδεύουσιν] πορεύονται δὲ ἐπὶ φρόνησιν ἀπὸ τῆς ἀγνοίας· τοῦτο γὰρ αἱ Ἀθῆναι Α μεθίστανται — ἀπὸ τῆς ἀγνοίας πορεύονται· τοῦτο γὰρ αἱ Ἀθῆναι Cous ‖ *663.24 post προσήκει add. τὸ μὲν ὅτι φύλακες θνητῶν ἀνθρώπων, τὸ δὲ ὅτι ἀπὸ τῆς μονάδος εἰσὶ Α ‖ 664.17-22 καὶ κατάγων — οἰκεῖον om. Α ‖ *664.30 δύναται] βούλεται Α ‖ 664.33-34 καὶ οὐ — τελειωθῶσιν om. Α ‖ 665.13-14 καὶ ἀκριβὴς] ἀκριβῶς Α ‖ 665.15 αὐτοφυὴς καὶ καθαρὸς] καθ. καὶ αὐ. Α ‖ *666.15 πρῶτον] πρότερον Α ‖ *666.37 post ὀρέγει add. καὶ μεταδίδωσιν αὐτοῖς φιλοφροσύνης (cf. 667.3-4) Α ‖ 667.17 καὶ] ὁ Α ‖ *667.25 οὖν] γοῦν Α ‖ 668.11 τελειοῦται] -οῦνται Α ‖ *668.24 ante Ἀδείμαντος add. ὁ Α ‖ *669.9 ἱστορημένων] -ρουμένων Α ‖ *671.1 τὸ] ταύτην Α[2] ‖ 671.5 καὶ] l. dub. Α ‖ *671.7 καὶ om. Α ‖

*671.7 ἐνάργειαν] ἐνέρ- A || *671.7 ἐκείνων] εἰκόνων A² || 671.18-19 ἁπάντων ἂν εἶναι om. A || *671.26 δὲ deleuimus] δὴ A || 672.15 αὐτὸς] -ῶν A || *672.28 ante Παρμενίδην add. τὸν A || 673.12 οἴων] οἷος A || *674.8 Ταύτῃ] αὕται A || *674.8 προσεχῶς] -ῶν A || *674.18 αὐτούς om. A || *674.26 καθάπερ] καθά A || *675.11 καθάπερ φησίν] καθά φασιν A || 675.20 συμπληροῦσι] πληροῦσι A || 675.23 ἀπὸ] ἐκ A || *676.18 μήπω] μή πως A || *676.28 εἰ οὐκ ἄνευ συνέσεως] οἷς ἱκανὰ συνετός A || *677.18 post ἔργα add. τὰ A || *678.3 ante ᾿Αδείμαντον add. τὸν A || *678.12 τόπον] τρόπον A || 678.20 φύσεις] γνώσεις A² || *678.30 συνάπτοντας αὐτὰς] συνάπτονται αὐτοῖς A || *678.35 αὐτοῖς] ἐν αὐταῖς A || 679.2 ἡνιοχικὰς] ἡνιοχητικὰς A || 679.7 τὰ] τὰς A || 679.20-21 ἀτελῶς καὶ ἀσθενῶς] ἀσθ. καὶ ἀτ. A || *680.6 λιπαρῇ] -ὰν A || 680.9-11 οὗτοι ... αὐταὶ] αὗται ... οὗτοι A² || 680.14 μετουσίας] συνουσίας A || 681.12-13 ante Πολιτικῷ add. τῷ A || *681.26 ᾧ] ὁ A || *681.28 τε] τ' A || *681.36 καὶ¹] ἢ A² || 682.6 μετὰ] ἐπὶ A || *682.13 αὖ] οὐ A || 682.24-25 ἀκροάσασθαι] ἀκροᾶσθαι A || *683.11 εἰπὼν] τῷ εἰπεῖν A || *683.15 σοφιστικὸν] -τικῆς A || *683.34 μηδέν] οὐδέν A || 683.35 καὶ — πολιὸν² om. A || *684.7 τελειότερον] τελεώτερον A || *685.9 εἰς] περὶ A || *685.30 post δεῖ add. δὲ A || *685.33 ante τὸν πολὺν add. διὰ A || *686.14-15 [127 C 5-6] ᾿Αναγιγνώσκειν — αὐτόν transp. infra, 688.22, ante Τὸν δὲ A || 686.28 νέων] νέος A || *686.29 Ὁ] Ὁ μὲν A Plat. codd. || *687.11 γὰρ] μὲν A μὲν γὰρ Cous || *687.19-20 ante Παναθηναίων add. τῶν A || 687.32 εὐκόλως] εἰκότως A || 688.35 ἐν om. A || *689.16 παρέχοι] -έχῃ A² || 689.32 τά] l. dub. A || *689.33 ἐξ] ἀπ' A || *690.36 γε om. A || 691.28 τοῦτον] -ο A || 692.7 αὐτοῦ om. A || 692.7-8 παραλαμβάνομεν] λαμβάνομεν A || *692.31 χεῖρον, τὰ] χείρω καὶ A || 693.2 καὶ — πολιτεία om. A || 693.4 ταὐτὸν — ὅτι om. A || *693.15 οὕτως] οὕτω A || *693.21-55 Συναγάγωμεν — θεατέον] ἤδη δὲ καὶ τὰ ἑξῆς θεωρήσωμεν (-σομεν Cous) A || 694.10 τελέως] τελείως A || 695.30 πρώτης om. A || *696.51 μηδαμῶς] οὐδ- A || 696.56 πολλαὶ] -ὰ A || *696.58 αὐτῶν] αὐτοῦ A || *697.1 ὄντος] οὕτως A || *697.34 παραδιδοὺς] παραδοὺς A || 697.35 τι om. A || *697.37 πῃ] που A || 698.14 τὸ] τῷ A || 698.22 ταὐτὸ] -ὸν A || *698.29 τοῦ] τὸ A || 699.2 τὸν γοῦν] τὸ γοῦν A || *699.4 ἐπιδιαμένουσαν] διαμένουσαν A || 699.13-14 αὐτάρκως] -η A || *699.23 δὲ] γὰρ A || *699.25 ἑνοῖ καὶ

συνάπτει] σ. καὶ ἑ. A || *700.9 ante ἑαυτὸν add. καὶ A ||
700.11 μέσου] -ον A || 700.15 ἀλλὰ om. A || 700.29 ὁ
Ζήνων post προείρηται transp. A || *701.27 δὴ δεῖ] δεῖ δὴ A
|| 701.28-29 κατ᾽ ἄλλην ... οἰκονομίαν] κατ᾽ ἄλλας ... οἰκονομίας
A || 702.27 συνέτεινον] ἀνέτεινον A || 703.36-37 ἑνοποιεῖ-
ται] -εῖτο A || 704.9 ἐπονομάζεται] -ζονται A || 704.10
ἀπὸ] ὑπὸ A² || 704.10-11 ἐστιν] εἰσιν A² || 704.16 γάρ]
δὲ A || *704.24 post πάντως add. τιθεὶς A || 704.25 Πά-
λιν — λέγουσι om. A || *704.26 post σχεδὸν add. δὲ A ||
704.33 τὸ ὂν] τὸ ἓν A || 704.33 πρώτως] πρότερον A ||
704.36 μὲν om. A || 705.11 συνηρημένην] συνημμένην A²
|| *706.14 οὕτως] οὕτω A || 707.18 ἑαυτοῦ] -ὦν A² ||
*707.19 ὅλον καὶ] ὅλως τὸ A² || *707.20 ἑαυτὸ] αὐτὸ A ||
707.27 τὰ] καὶ A || 707.34 ἀφ᾽] ἐφ᾽ A || 708.4 μηδὲ] μη-
δὲν A || *708.10 καὶ ἐν ᾧ] ἐν ᾧ καὶ A || *708.12 γοῦν] γὰρ
A || *708.37 ἓν ὂν] ὂν ἓν A || 709.8 ἐφόδου sgAᵖ·ᶜᵒʳʳ·] με-
θόδου Aᵃ·ᶜᵒʳʳ· || *709.20 ταὐτόν] -ά A || 710.24 ὄντων]
τοιούτων A || *710.34 τοῦτο om. A || *710.35 ἀπὸ] ἐκ
A || 711.8 ἑαυτοῖς] αὐτοῖς A αὐτοῖς Cous || *711.34 ἔ-
φατο] ἔφη A || *712.22-23 post ὄντων add. τῶν γραμμάτων
A || *712.30 αὐτοῦ] αὖ A || *712.34 ante πολλά add. τὰ
A || *713.30 Παρμενίδειος] -νίδης A || *713.37 εὔδηλον]
ἔκ- A || *715.18 ἑαυτούς] αὐτούς A || *715.22 ἀσθενοῦν]
-ές (-οῦν subscr.) A || 716.3 ἀλλ᾽ om. A || *716.27 ἐπιφέ-
ρουσιν] ἐπαποροῦσιν A || *717.34 ἐπίκουρος] -κουρία A ||
*718.28 συγγράμματος] γράμματος A || *718.29 ante Πρω-
ταγόρᾳ add. τῷ A || 718.34 καὶ om. A || *720.3 ante
πάθος add. τὸ A || 720.7 φαίης] φαίη A || 720.18 τοιοῦ-
τος] οὗτος A || 720.20 ἐστι] εἰσι A.

III. *Leçons aberrantes de la traduction latine (livre I)*

Cet appendice rassemble les leçons de la traduction latine
(g) qui, pour une raison ou pour une autre, sont inutilisables
pour la reconstitution du texte grec. Quelques-unes de ces
leçons peuvent être dues à une faute de l'exemplaire grec
de Moerbeke (Γ), mais puisque l'on ne peut jamais exclure
une faute ou une mauvaise lecture de la part de Moerbeke
lui-même, nous avons renoncé à reconstituer un texte grec
qui ne saurait être que tout à fait hypothétique.

617.1-2 ποδηγῆσαί] *dirigi* g || 617.7 ὁρμίσαντάς μου τὴν γνῶσιν] *sursum mota mea cognitione* g || 617.20 ἐπιπνοίας] *aspirationis* g || **618**.6 ὁμέστιος] *repletus* g || 618.6 καταστάς om. g || 618.14 ἡμῶν] *nostri* g (debuit *nobis*) || **619**.9 μεταλαβόντε] *transumpserant* g || 619.35 ἔδοξεν] *uidentur* g || **620**.5 ὅτι] *quam* g (an *quod* leg. ?) || 620.22 τὸ ἓν ὄν] *quod ens unum* g || **621**.3 πού om. g || **622**.6 θαύματος] *mirabiliter* g || 622.32 αὐτὸ λέγων] *hoc est* g || 622.37 τί² om. g || **623**.9 ἄλληλα καὶ τοῖς ἄλλοις πρὸς om. per hom. g || 623.17-18 τὴν πρώτην] *prima* g (deb. *primo*, cf. p. 49.32 = 679.12) || 623.22 δή τινας om. g || 623.30 ἀγασθεὶς om. g || **624**.4 τοῦ Ζήνωνος παραλαβόντος] *Zenonis assumente* g (deb. *Zenone assumente*) || 624.5 δὴ om. g || 624.14 Βούλεσθε] *uelle* g || 624.29-30 Πυθόδωρος ὁ Ἰσολόχου, Ζήνωνος ὢν ἀκροατής] *Pythodorus, auditor existens Isolochi Zenonis* g || **625**.24 ἐκείνου om. g || 625.27 σκηνὴν] *contextum* g || 625.36 ante συνουσιῶν add. *existentibus* g || **626**.13-14 καθ᾽ οὓς — ζωοποιοῦσι] *et faciunt* g || 626.24 πρωτίστη] *Prima* g || 626.26 ἡ πρωτίστη] *prima* g || **627**.3 ἔστιν om. g || 627.4 αὕτη] *in* g || 627.37 τὴν πρώτην] *primordium* g || **628**.11 ὄν] *quem* g || 628.21 τέτακτο] *ultimam* g || 628.35 καὶ] *aut* g || **629**.3 αὕτη] *ipsa* g || 629.4 ἄνεισιν] *requiescit* g || 629.13 τὸ ἄλογον] *proportionaliter* g || 629.24 θαμὰ] *mirabiliter* g || **630**.6-7 αἱ μὲν γὰρ Κλαζομεναὶ] *Clazomenii quidem enim* g || 630.10 ἡ σκηνὴ] *contextus* g || 630.18-19 ἕκαστα τάξιν] *consistentiam* g || 630.33 πρότερον] *priora* g || **631**.5 ἀπορητικὸν] *abnegatiuum* g || 631.29 γὰρ om. g || **632**.3 αὐτὸν πρὸς τὸ ἓν ποιήσασθαι] *ipsorum, ad hoc ut unum faciat* g || 632.14 τιθέντα] *posita* g || 632.15-16 τοῦ … ἐκπλήξαντος] *que … refutauit* g || 632.16-18 ὥστε καὶ τὸν σιλλογράφον … προσειπεῖν] *ut et sillografum … dicat* g || 632.18 ἀγασθέντα] *bonificatam* g || 632.19 ἀλαπαδνὸν] *imbecillitatem* g || 632.22 προσειπών] *predicens* g || 632.25 μέτρον om. g || 632.27 καὶ] *aut* g || 632.39 ποικιλίαν] *uariam* g || **633**.11 κατακωχὴν] *seriem* g || 633.12 πολὺν] *polum* g || 633.13 ὅπερ] *ut* g || 633.14 ἀντιγραφὴν] *inscriptionem* g || 633.28 τὸ ἀπεμφαῖνον] *quod insinuat* g || **634**.6 τὴν ἀντιγραφὴν] *inscriptionem* g || 634.30 τῆς διαιρετικῆς] *diuisionis* g || **635**.10 γενικὰ] *generis* g || 635.12 ἕκαστον τῶν προβλημάτων] *singularum problematicarum* g || 635.13-14 δι᾽ ὧν ἐξεταζομένων] *per que exquisita* g (deb. *per quas -sitas*, scil. *ypotheses*) || 635.20 ἀπορρητότερον] spat. uac. g || 635.22

σκεμμάτων] *speculabilium* g || 635.22 ἀναγκαίαν] *necessitatem* g || 635.31-32 ἀπορρητότερα] spat. uac. g || **636**.10 μάλα] *magis* g || 636.13 ἐπιβολάς] *cum adiectione* g || 636.14 ξυνῶσι] *intelligentibus* g || 636.18 ἐκεῖνον] *illud* g (deb. *illam*, scil. *intentionem*) || 636.29 ἀναγκαίως] *necessarium* g || 636.35 περιβάλλοντα] *incidentes* g || 636.35 ἀφύκτοις] *inattingibilibus* g || **637**.1 χρείᾳ] *opportunitas* g || 637.4 οὐδὲν] *numquam* g || 637.4-5 τῶν μεθόδων ... προηγουμένην πραγματείαν] *methodos precedentes ipsum negotium* g || 637.19 κυροῖ] *clamet* g || 637.21 ἠξίου] *exigebatur* g || 637.27 διέξοδος] *tractatus* g || **638**.28 μόνον om. g || 638.35 ἄρα om. g || **639**.19 ὅπου] *omnis* g || 639.22 αὐτοῦ] *ipsum* g || 639.25 ἐθέλει] *uolebat* g || 639.26 ἐμποδὼν] spat. uac. g || 639.32-33 ὅτι γε] *quando et* g || **640**.1 φάναι] *dicatur* g || 640.13 δὲ] *enim* g || 640.19 καθηγεμών] *doctor* g (an *ductor* leg.?) || 640.21-22 τήν τε ἀντιγραφὴν] *inscriptionemque* g || 640.27 τῇ ἀντιγραφῇ] *inscriptione* g || **642**.4 τοῖς ἐξημμένοις] spat. uac. g || 642.7 συγγενῆ γε] *congenerantur* g || 642.11 οὐκέτι] *non* g || 642.16 ἢ om. g || **643**.10-11 ὁ πέπλος] spat. uac. g || 643.13 θεάμασι] *insigniis* g || 643.21 σύνεστι] *adest* g || **644**.12 μεσότητες] *mediantes* g (an *mediationes* uel *medietates* leg.?) || 644.13 δὴ om. g || 644.16 τελειότερα] *perfectibilia* g || 644.22 φέροιεν] *preferent* g || **645**.5 γὰρ om. g || 645.12 τὴν ἀκαλλώπιστον] spat. uac. g || 645.19 θήραν] *ianuam* g || 645.28 εἴ πού] *etiam si* g || 645.28 τοῖς ἐνθεάζουσιν] *illustratis* g || 645.29 ἁδρὸν] *referta* (scil. *species*) g || 645.30 τῶν κατόχων] *seruorum conceptuum* (lectio duplex) g (*seruorum* scripsimus : *suorum* codd.) || **646**.3 τῶν ἔμπροσθεν] *antecedentia* g || 646.7-8 συγκερασαμένην ... συνυφάνασαν] *contemperans ... connectens* g (deb. *-rantem ... -tentem*) || 646.19 καθηκόντων] *deuenientibus* g || 646.22 φοιβολήπτοις] spat. uac. g || 646.23 ἁδροτέρας] *grossiorem* g || 646.25 ἀπεχομένοις] *abscedentibus* g || 646.27 ἀνηγμένης ἰδέας] *sursumducte speciei* g (deb. *-ductam speciem*) || **647**.5 ὀνόματα] *nominum* g || 647.11 καὶ Οὐρανὸν om. g || 647.20 προσήκει] spat. uac. g || **648**.7 δή om. g || 648.17 αὐτὴν] *ipsum* g (deb. *ipsam*, scil. *methodum*) || **649**.11 θριγκὸν] spat. uac. g || 649.15-16 τοὺς πρὸς τὸ ὂν ἁμιλλωμένους] *eos ... qui ad ens conantur* g || **651**.4 ἔτι] *aliquando* g || 651.20 παραινεῖν] *dissuadere* g || 651.22 κἀκείνων] *et illa* g (deb. *et illas*, scil. *naturas*) || 651.22-23 καθήκοντα] *opportuna* g || 651.33 et 38 τῶν ἐπιτηδευμάτων]

agibilium g || 651.37 συμβουλεύει] *consulere* g || **652.4**
οὗτος] *sic* g || 652.5-6 τοῦ μέλλοντος om. g || 652.8
ἀκροτάτους] *summas* g (deb. -os) || 652.19 ἐπιτηδευμάτων]
adinuentionum g || 652.20 τῶν καθηκόντων] *occursantium*
g || 652.23 ὑπεραίροντας] *supergredientem* g (deb. -tes) ||
652.31 post καταφανὲς add. *est* g || 652.38-39 καταβιβα-
στέον] *conflandum* g || **653.15** φέρουσαν om. g || 653.19
οἰκειοτάτη <τῇ> θεωρίᾳ] *propriissima speculatio* g || 653.20
ἀγνῷ βάθρῳ] *eminenti* g || **654.23** σαθρὸν] spat. uac. g
|| 654.31-32 ἀποσκευάζωνται] *abnegantes* g || **655.6** δοξο-
σοφίας] *opinionali sapientia* g (deb. -lis -tie) || 655.9 πού
om. g || 655.13 δὴ om. g || 655.13 ἐνεργοίη] opera-
tionem sit g || 655.24 θηρᾶν] *uenatur* g || 655.27 τῆς
ὑποθέσεως] *suppositionis* g (deb. -ne) || **656.26** Πρόδικος]
spat. uac. g || 656.31 μέντοι om. g || **657.9** ἀποδεδειχέ-
ναι] *acceptasse* g || 657.17 καθάπαξ] *ueluti* g || 657.20
ἔφην] *ait* g || 657.20-21 ὁ πολὺς] *polys* g || **658.16** ἔην]
esse g || 658.23 ἐκεῖνο] *ille* g (deb. *illud*) || 658.35-36
καθιέντων] *descendentibus* g || **659.**1-2 ταῦτα προακηκοό-
τας τοὺς τῶν δογμάτων ἐραστάς γνησίους] *ad hec ... preauditis
sinceris dogmatum amatoribus* g || 659.4 καθηκόντων] *des-
cendentium* g || 659.11 τῶν καθηκόντων] *descendentium* g
|| 659.18 τούτου om. g || 659.18 τῶν καθηκόντων] *descen-
dentium* g || 659.29 μὲν om. g || **660.**20 μὲν om. g ||
661.10 πως] *quomodo* g || 661.12 λόγων] *rationem* g ||
661.19 τοῦ] *non* g || **662.**10 μέν om. g || 662.10 ὅπερ]
ut g || 662.16-17 ἀπολαύει] *absumit* g || 662.30 ἐπειγόμε-
νος] *inducens* g || **663.**20-21 προνοίας Ἀθηνᾶς] *prouidentias
Athenarum* g || **664.**14 πού om. g || 664.16 τῷ ἐρωτικῷ]
spat. uac. g || 664.17 τὰ παιδικά] *ludicra* g || 664.25
τὸ ἐντυχεῖν] *cum* [spat. uac.] g || 664.26 λαμβάνουσιν] *ac-
cipienti* g || 664.26 τὸ μὲν περιτυχεῖν] spat. uac. g ||
664.27 τὸ δὲ ἐντυχεῖν] [spat. uac.] *autem* g || 664.31 καὶ
τὸ συναφθῆναι om. g || **665.**10 τυγχάνει] *sortiuntur* g (deb.
sortitur) || 665.19 τροπαῖς] *modis* g || 665.20 ὀφείλων]
debitum g || 665.40 μου] *michi* g || **666.**6 οὗτός] *ipse*
g || 666.10 καθηκόντων] *euenientium* g || **667.**8-9 ἄλλῳ
μεταδοίη — δ' ἄν τις om. per hom. g || 667.13-14 τὸ ῥεῖα
ζῆν] spat. uac. g || 667.17-18 προβέβληται καὶ εὐάρεστος τοῖς
γιγνομένοις βίος] *et bone uirtutis uita premissa hiis qui nascun-
tur* g || 667.23-24 πεφύκασιν] *nata sunt* g (deb. *nati sunt,
scil. demones*) || **668.**15 ὅσην] *qualem* g || 668.22 αὐ-
τάς] *se ipsas* g || 668.35 ἀπολιπόντος] *relinquenti* g (deb.

-te) || **670**.12-13 γιγνώσκουσιν τῶν κρειττόνων] *procognoscunt* g || 670.30 οἶδεν] *nichil* g || 670.31 τούτων] *ipsis* g || **671**.13 ἐντετύχηκε] *fortuito uitam simul egit* g || 671.23 δὲ] *enim* g || 671.24 του] *huius* g || 671.25 μὲν om. g || **672**.9 αὐτοῖς] *ipsi* g || **673**.6 μέν om. g || 673.34 ποτε] *quidem* g || **674**.3 δὴ οὖν] *autem* g || 674.21 ἐκεῖθεν] *illic* g (an *illinc* leg.?) || **675**.11-12 τῆς τῷ Ποσειδῶνι φίλης] *Possidonum infilis* g (an *ifilis* leg.?) || 675.35 τὸ ἕλκον] *trahibilitatem* g || 675.37 ὁ ἐρωτικός] *inquisitiuus* g || **676**.15 θεάματα] *mira* g || 676.24 ἰδὼν] *sciens* g || 676.29 φροντιστής] *creator* g || **677**.2 ἠδύνων] *qui potest* g || 677.27 φιλίαν] *uitam* g || **678**.12 τῶν καθηκόντων] *aduenientium* g || 678.13 ταῖς φύσεσιν] *naturatis* g || 678.32-33 προβεβλημέναι] *adhibite* g || **679**.23 τοι om. g || 679.28 χορηγία] *impressio* g || **680**.26-27 ἀντιλαμβανομέναις] *suscipientes* g (deb. *-tibus*) || 680.27 ἀναπλοῦσι] *replentur* g || **681**.18 τι om. g || 681.24 πρόσεισιν] *procedit* g || 681.26 ᾧ] *tamquam* g || 681.28 ἄλκιμος ἐξεφαάνθη] *alkibos disparuit* g || 681.30 δὴ om. g || **682**.6 μετὰ τῆς πρεπούσης διαθέσεως] *neque decentem dispositionem* g || 682.26 σκηνῇ] *cohorti* g || **683**.18 πρεσβύτην] *presbiterum* g || 683.22 ὅτι] *quomodo* g || 683.31 διακορής] *perspicacissimum* g || **684**.25 ὁ σιλλογράφος] *summarius scriptor* g || **685**.3 γένοιο] *fiet* g || 685.11 πρώτως] *primorum* g || 685.15-17 οἱ μὲν — ἐκφαίνονται om. per hom. g || 685.22 δὲ om. g || 685.26 που] *utique* g || 685.30 οὐ] *Neque* g || **686**.16 εὐφυΐαν] *bonam famam* g || 686.20 αὐτῶν] *illorum* g || 686.24 ἀγελάρχης] *angelarcha* g || 686.28 μόνον οὐχὶ] *non solum* g || **687**.2 παρὰ om. g || 687.9 πολλοστὴν] *submultiplicem* g || 687.20 πως om. g || 687.21 τῷ πέπλῳ] *pro peplo* g || 687.23 ἐξάπτει] *emittuntur* g || 687.26 ἐρημωθὲν] *deserto* g (deb. *-tum*) || 687.27 πληρώσει] *replebitur* g || 687.29 εὐκίνητος] *bene aptus* g || 687.38 ἑαυτῶν] *ab ipsis hiis* g || **688**.13-14 κατ' ὀλίγους] *preter paucos* g || 688.27-28 τὸν τῶν τριάκοντα γενόμενον] *triginta annorum entem* g || 688.29 μὴν] *solum* g || **689**.2 ἤδη om. g || 689.9 σύνεισι] *coaccedit* g || 689.10 Ζηνώνειός] *Zenonis* g || 689.14 νεώτατον] *magis iuuenem* g || 689.19-20 ποίαν αἰτίαν] *que* g || 689.35 καὶ Ζήνωνος] *et per Zenonem* g || **690**.34 τρίτων] *tertia* g (deb. *tertiis*) || 690.34 post θεοὶ add. *autem* g (an del.?) || **691**.18 ἐνθουσιώσας] *indiuinans* g || **692**.5 δὴ om. g || 692.14 διαμένει] *uirtute* g || 692.21 γίγνεται] *fieri* g || **693**.10 διαφόρους ἀνελίττειν βίους] *secundum differentes uitas reuolui* g ‖ 693.13 αὐτὸ om. g ‖ 693.14 ἀντιποιουμένων] *contrafacientium* ‖ 693.22 τῶν προειρημένων] *ex predictis* g ‖ 693.35-36 ἔξω τῆς πεπληθυσμένης ... ζωῆς] *extra multiplicatam ... uita* g (deb. *uitam*) ‖ 693.38 τὸ νοητὸν] spat. uac. g ‖ 693.49 περιχορευούσας] *circumcapientes* g ‖ **694.8** δὲ om. g ‖ 694.9 τῶν γραμμάτων] *res* g ‖ 694.19 post ἀποριῶν add. *sit* g ‖ 694.20 δοκούντων] *uisos* g ‖ **695.2** ὂν om. g ‖ 695.3 ἐστι om. g ‖ 695.24-25 τοῦ συρφετοῦ ἀπαντήσαντος] *congeriem abducente* g (an *congerie* leg. ?) ‖ **696.**21 τοσούτων ... προκειμένων] *in tantum ... propositorum* g ‖ 696.49 εὕρωμεν] *inuenimus* g ‖ **698.**16 οὔπω] *Non* g ‖ 698.24 γάρ] *autem* g ‖ 698.25 ἀτραπὸν] *inuertibilem* g ‖ 698.25 μάχῃ] *macherus* g ‖ **699.**2 τοῦτόν] *horum* g ‖ **700.**28 παιδικὰ] *puer* g ‖ **701.**7 ὁ Σωκράτης om. g ‖ 701.8 ἐγκεκωμίακεν] *intulit* g ‖ 701.8 αὕτη] *ipsa* g ‖ 701.23-26 Τὴν γὰρ ἀοιδὴν — ἀμφιπέληται] spat. uac. g ‖ 701.31 ταῦτα] *hoc* g (an *hec* leg. ?) ‖ 701.35 ἔσται] *est esse* g ‖ 701.39 θήρᾳ] *ianuam* g ‖ **702.**16 κατῄει] spat. uac. g ‖ **703.**19 τοι om. g ‖ 703.24 ὀπαδοὶ] spat. uac. g ‖ 703.25 συνοπαδοὶ] spat. uac. g ‖ 703.28 ἡνωμένως] *unitis* g ‖ 703.29 ἑαυτὸν] *ipsum* g ‖ **704.**18 ἑστίαν] spat. uac. g ‖ 704.22-23 τῆς ... ἀκροάσεως] *intellectus* g ‖ **705.**20 μόνον οὐκ] *non solum immo* g ‖ 705.35 ἀπίδοι <τις>] *aspiciatur* g ‖ 705.38 οἰηθείη ἂν] *putabuntur utique* g ‖ **706.**9 πάνυ] *omnino ualde* g ‖ 706.31 ἦν] *est* g ‖ **708.**6 βαλέσθαι] *uelle* g ‖ 708.15 Ξυνὸν] *extraneum* g ‖ 708.15 δέ om. g ‖ 708.19 ἰσοπαλές] *equeluctans* g ‖ 708.26 ἡ ἑστία] spat. uac. g ‖ **709.**2-3 γε καὶ] *etiam et* g ‖ 709.12 ἔστιν] *adhuc* g ‖ **710.**22 πρεσβεύοντα] *preeuntem* g ‖ **711.**11 οὔσας αὐτῶν τῶν πολλῶν om. per hom. g ‖ 711.37-38 παραφέροντες] *proferentes* g ‖ 711.38 ὄντως] *ab ente* g ‖ **712.**15 μεταθεῖς] *transponis* g ‖ 712.25 μεταθεῖν] *transponere* g ‖ 712.26-27 τὴν τῆς μεθόδου εὕρεσιν] *artem inuentionis* g ‖ 712.28 ἀγάμενος] *extollens* g ‖ 712.34 πρόεισιν] *adiungit* g ‖ **713.**8 ἅπερ] *que* g ‖ 713.30 διαπράττεται] *actitare* g ‖ **714.**13 ταῦτα] *hoc* g (an *hec* leg. ?) ‖ 714.18 μέτιμεν ῥᾳδίως om. g ‖ 714.20 ῥᾳδίαν] *facile* (an *facilem* leg.?) ‖ 714.24-25 τί ... τίνος] *aliquid ... alicuius* g ‖ **715.**18 ἑαυτούς] *ipsos* g ‖ 715.32 πολλαπλασίασίς] *multiplicis* g ‖ 715.34 τῆς ἁμαρτίας γιγνομένης] *peccati facti* g (deb. *peccato facto*) ‖ **716.**7 τοῖς βωμοῖς om. g ‖ 716.8 ἀδιορίστως] *distincte* g ‖ 716.15 λέγοι <τις>] *dicantur* g ‖ 716.22 γάρ om. g ‖ 716.24

ἀποκαθαίροντα] *purificant* g || 716.28-29 ἐκ τοῦ Περιπάτου]
ex Peripatetico g || **717.**12 ἡ τοῦ ἓν εἶναι] *ex unum esse* g
|| 717.14 φρουρητικὸν] spat. uac. g || 717.16 ἀμυντικόν]
spat. uac. g || 717.19 δὲ om. g || 717.26 μετάστασιν] *ad-
stare* g || 717.34 Ταῦτ'] *idem* g || **718.**18 ἀλλὰ] *alia* g
|| 718.23 τούτων] *talium* g || 718.28 συγγράμματος] *litte-
ras* g || 718.37 παρὰ] *omnibus* g || 718.38 οὖν om. g ||
719.8 ἐκεῖ, τὸ] *ponitur* g || 719.11 κατὰ om. g || 719.26-
28 ὑπὸ νέου φιλονεικίας ... ὑπὸ πρεσβυτέρου φιλοτιμίας] *a iuuene
contentione ... a seniori filotimia* g || 719.30 τὸ νέον] *iuuenem*
g || 719.35-36 ὑπὸ πρεσβυτέρου φιλοτιμίας] *a seniori filotimia*
g || **720.**7 ὑπὸ νέου φιλονεικίας] *a iuuene contentione* g ||
721.20 αὐτὸ (scil. τὸ βιβλίον)] *librum* g || **722.**5 ἄρα om. g
|| 722.14 τὸν] *quem* g || 722.18 παρορᾶν] *accusare* g ||
722.19 τὰ παροράματα] *accusationes* g.

Omission de γε : 620.4, 621.18 (δέ γε = *autem*), 626.24
(δέ γε = *uero*), 628.7 (δέ γε = *autem*), 637.29, 649.22, 650.2,
650.17, 654.32, 655.7, 656.26, 665.12 (δέ γε = *autem*),
667.31, 670.28 (δέ γε = *uero*), 673.28, 675.40, 690.8 (δέ
γε = *autem*), 690.22 (δέ γε = *uero*), 690.36 (δέ γε = *uero*),
698.10 (δέ γε = *uero*), 704.17 (δέ γε = *uero*), 710.14-15 (δέ
γε = *uero*), 712.14, 714.32, 719.28.

Omission de καὶ : 618.23, 626.3, 639.24, 642.8, 648.1,
651.3, 654.20 (καὶ²), 658.9, 660.1 (καὶ²), 660.16, 664.9,
666.10, 677.30, 678.12, 690.1, 691.7, 708.20, 710.30.

Omission de τε : 623.8, 624.17, 625.31, 626.11, 633.24,
650.38, 659.25, 662.13, 667.3, 669.5, 671.10, 676.27,
676.34, 678.36, 681.21, 681.28, 681.32, 682.8, 686.19,
688.2, 694.17, 695.16, 696.4, 702.25, 721.19.

Chapitre III

Survie et utilisation du commentaire de Proclus sur le *Parménide*

I. Survie du commentaire de Proclus sur le *Parménide*

La première attestation de la réception du commentaire de Proclus nous est fournie par la *Vita Isidori* de Damascius. Selon ce témoignage, Marinus, le disciple de Proclus, avait composé, lui aussi, un commentaire sur le *Parménide*, dans lequel il s'écartait de la lecture théologique de son maître pour revenir à l'interprétation propre au moyen-platonisme selon laquelle le sujet du *Parménide* sont les idées, et non pas les classes divines[1].

Comme nous l'avons vu[2], Damascius a eu entre les mains le commentaire de Proclus dans son intégralité et il a conçu son propre commentaire comme une série d'apories et de solutions se rapportant directement et explicitement au commentaire de Proclus. Dans l'ensemble, Damascius reprend l'interprétation de Proclus des cinq hypothèses positives, mais, contrairement à Syrianus et à Proclus, il soutient que la procession des ordres des êtres à partir de l'un va au-delà des cinq hypothèses positives : la sixième et la huitième

---

1. Damascius, *V. Isid.*, fr. 90, 245 et 244 Zintzen, traduits par Saffrey-Segonds-Luna dans Marinus, *Proclus*, Introduction, p. XVII-XX.

2. Cf. *supra*, p. XXXVI.

hypothèse n'aboutissent pas à des impossibilités, mais aboutissent, elles aussi, à des réalités[1].

Le Ps.-Denys l'Aréopagite, contemporain chrétien de Damascius, a utilisé le commentaire de Proclus dans son traité *De divinis nominibus*, en particulier dans les chapitres ix et x où il est question des noms « grand-petit, identique-différent, semblable-dissemblable, repos-mouvement, égal, vieux-jeune », et dans le chapitre xiii où le Ps.-Denys discute les attributs « un » et « parfait ». Le Ps.-Denys continue ainsi l'interprétation théologique de Proclus d'une façon originale, en supprimant toute connotation polythéiste[2].

A l'époque byzantine, le témoignage le plus ancien de l'utilisation du commentaire de Proclus est constitué par quatre scholies transmises par les mss. T et W de Platon (T = *Marc. App. gr.* IV 1, de la seconde moitié du xe siècle ; W = *Vindob. Suppl. gr.* 7, de la seconde moitié du xie siècle)[3] :

1. Cf. Damascius, *In Parm.* I, Introduction, p. xvi-xx.

2. Cf. R. Klibansky, « Plato's *Parmenides* in the Middle Ages and the Renaissance. A Chapter in the History of Platonic Studies », *Mediaeval and Renaissance Studies*, 1 (1943), p. 281-330 (repris, avec une nouvelle préface, à la suite de *The Continuity of the Platonic Tradition during the Middle Ages* [London 1939], München 1981) ; E. Corsini, *Il trattato De divinis nominibus dello Pseudo-Dionigi e i commenti neoplatonici al Parmenide* (Università di Torino. Pubblicazioni della Facoltà di lettere e filosofia, XIII 4), Torino 1962, en part. p. 56-57, 64-65, 77 ss. On trouvera une bibliographie sur les relations entre le Ps.-Denys et la tradition platonicienne dans l'article de S. Lilla, DPhA II, *s.v.* Denys l'Aréopagite (pseudo), p. 727-742, en part. p. 732-734. Sur le Ps.-Denys comme interprète du *Parménide*, voir aussi W. Beierwaltes, *Platonismus im Christentum*, 2. korrigierte Auflage (Philosophische Abhandlungen, Band 73), Frankfurt am Main 2001, chap. « Dionysios Areopagites — ein christlicher Proklos ? », p. 44-84, en part. p. 57-63.

3. Cf. *Schol. Plat.*, p. 49 (la source de la première scholie n'a pas été reconnue par Greene). — Sur les mss. T et W, cf. J. Irigoin, « Deux traditions dissymétriques : Platon et Aristote », dans *Tradition et critique des textes grecs*, Paris 1997, p. 149-190, en part. p. 156, 162-163 ; *supra*, p. ccclxvi.

(TW) 127 E 1-4 εἰ πολλά ἐστι κτλ. = *In Parm.* I 695.2-6.

(W) 131 B 7 ἡδέως = *In Parm.* IV 864.19-20.

(W) 136 D (re vera 134 C 4 δεινότερον) = *In Parm.* IV 953.28-32.

(TW) 136 E 9 τὸ τοῦ Ἰβυκείου ἵππου = *In Parm.* V 1028.36-41 (= Ibycus, fr. 287 Page).

Parmi ces quatre scholies, la première revêt une importance particulière parce que son texte est celui de l'hyparchétype Σ, ancêtre commun de la branche grecque, et non pas celui de l'hyparchétype Γ, modèle de la traduction latine. En effet, la scholie présente l'omission de εἰ μὴ τὸ αὐτὸ ὅμοιον καὶ ἀνόμοιον, οὐ πολλὰ τὰ ὄντα (695.3-4) qui est propre à la branche grecque et que l'on peut combler grâce à la traduction latine (voir apparat critique *ad loc.*). Puisque l'omission n'est pas conditionnée par un saut du même au même, elle rattache indiscutablement la scholie à la branche grecque. Étant transmise par les deux mss. TW, la scholie se trouvait dans leur modèle commun. Or, le modèle commun de TW, aujourd'hui perdu, était le premier tome d'une édition complète de Platon en deux tomes dont le second est le ms. *Paris. gr.* 1807 (ms. A de Platon). Et puisque ce dernier ms. faisait partie de la célèbre Collection philosophique, rassemblée à Constantinople pendant le troisième quart du IXe siècle, le modèle commun de TW devait lui aussi faire partie de cette collection[1]. On peut donc af-

---

1. Cf. Damascius, *De princ.* I, Introduction, p. LXXIII-LXXX, en part. p. LXXV. — Sur la Collection philosophique, voir aussi L. Perria, « Scrittura e ornamentazione nei codici della "Collezione filosofica" », RSBN 28 (1991), p. 45-111 ; A. Cataldi Palau, « Un nuovo codice della "Collezione filosofica" : il palinsesto Parisinus graecus 2575 », *Scriptorium*, 55 (2001), p. 249-274 ; M. Rashed, « Nicolas d'Otrante, Guillaume de Moerbeke et la *Collection philosophique* », *Studi Medievali*, 43 (2002), p. 693-717 (repris dans *L'héritage aristotélicien. Textes inédits de l'Antiquité*, Paris 2007, p. 513-541). — Sur le ms. A de Platon (*Paris. gr.* 1807), cf. *supra*, p. CCCLXVI, n. 2. — Sur les rapports entre le corpus des scholies platoniciennes et la Collection philosophique,

firmer qu'un exemplaire du commentaire de Proclus était présent à Constantinople au IXe siècle et que, à ce moment, la bipartition de la tradition s'était déjà produite[1].

Le commentaire sur le *Parménide* n'est cité, semble-t-il, qu'une seule fois par Michel Psellus (1018-1096). Dans un opuscule où il explique *Ps.* 71, 15 : καὶ ζήσεται, καὶ δοθήσεται αὐτῷ ἐκ τοῦ χρυσίου τῆς Ἀραβίας[2], Psellus soulève la question suivante : si ce texte se réfère au Christ, en quel sens peut-on affirmer que Dieu vivra, lui qui est dispensateur de l'intellect, de la vie et de l'être ? (πῶς οὖν ζήσεται ὁ θεός, χορηγὸς ὢν καὶ νοῦ καὶ ζωῆς καὶ οὐσίας, ll. 6-7). Au début de son exégèse (ll. 9-10), Psellus pose le principe selon lequel Dieu est supérieur à la vie et est établi au-dessus de toute existence et de tout mouvement : κρείττων ἐκεῖνος ὢν ἢ οἷος ζῆν καὶ πάσης ὑπεριδρυμένος ὑπάρξεως καὶ κινήσεως. Les éditeurs Westerink-Duffy ont à juste titre reconnu dans cette affirmation une citation muette, mais indiscutable, de *In Parm.* VII 1153.34 ss. En effet, la locution πάσης ὑπεριδρυμένος κινήσεως n'est attestée que chez Proclus, *In Parm.* VII 1154.1 et 1162.6-7, où elle se réfère à l'un. Si donc le Psaume affirme que Dieu vivra, cela équivaut à dire que, à cause de l'Incarnation, le Verbe divin participera, d'une certaine manière, au mouvement vital (διὰ τὴν τοῦ ἀνθρώπου πρόσληψιν τρόπον τινὰ ἐν τῷ προσλήμματι ζήσεται καὶ τῆς κατὰ τὸ ζῆν μεθέξει κινήσεως, ll. 10-12).

Le commentaire a aussi circulé parmi les élèves de Psellus. Il a été, en effet, utilisé par Joane Petritsi (fin XIe - début XIIe s.) dans sa traduction commentée des *Élements de théo-*

---

cf. D. Cufalo, « Note sulla tradizione degli scoli platonici », SCO 47 (2001), p. 529-568, en part. p. 533-544.

1. Il est aussi évident que le scholiaste du modèle perdu de TW n'a pas eu accès à l'archétype Ω du commentaire de Proclus, dont l'appartenance à la Collection philosophique doit donc être formellement exclue.

2. Cf. Psellus, *Theologica* II, opusc. 29.

logie[1], et par Eustrate de Nicée, qui avait été disciple de Jean Italos, successeur de Psellus, dans son commentaire sur l'*Éthique à Nicomaque*, pour réfuter les arguments d'Aristote contre la théorie des idées[2].

Dans les années 1280-1286, Guillaume de Moerbeke a traduit le commentaire de Proclus en latin. Bien que, à la différence de sa traduction des *Éléments de théologie*, la traduction de l'*In Parm.* n'ait pas connu une grande diffusion, elle a été lue jusqu'au début du xvie siècle lorsque Nicolas Scutelli l'utilise pour préparer sa propre traduction[3]. Parmi ses lecteurs il faut citer Berthold de Moosburg, Nicolas de Cues, Pic de la Mirandole et Marsile Ficin[4].

Le ms. grec utilisé par Moerbeke (Γ) était plus complet et meilleur que l'ancêtre commun de la branche grecque (Σ). En effet, à la fin du xiiie siècle, le ms. Σ, qui se trouvait alors à Constantinople, était déjà mutilé de la fin, comme le montre la copie, corrigée et remaniée, que Georges Pachymère en a faite à cette époque, le *Paris. gr.* 1810. Avant de passer en Occident, le ms. de Pachymère donne naissance, au xive siècle, à quatre mss. dont il est le modèle direct (*Ambros.* B 165 sup., *Marc. gr.* 228, *Laur. Conv. Soppr.* 78 et 103).

1. L. Gigineishvili - G. Van Riel, « Ioane Petritsi : A witness of Proclus' works in the school of Psellus », dans *Proclus et la Théologie platonicienne*, p. 571-587, en part. p. 583-586.

2. Cf. C. Steel, « Neoplatonic sources in the Commentaries on the *Nicomachean Ethics* by Eustratius and Michael of Ephesus », *Bulletin de philosophie médiévale*, 44 (2002), p. 51-57 : Eustrate, *In Eth. Nic.*, ed. G. Heylbut (CAG XX), p. 47.4-11 (cf. Proclus, *In Parm.* III 807.29-808.11).

3. Cf. *infra*, p. CDXLV-CDXLVII.

4. Sur l'influence et la diffusion de la traduction de Moerbeke, cf. Moerbeke, *In Parm.*, p. 34*-42* ; L. Sturlese, « Il dibattito sul Proclo latino nel Medioevo fra l'Università di Parigi e lo Studium di Colonia », dans *Proclus et son influence*, p. 261-285 ; P. O. Kristeller, « Proclus as a Reader of Plato and Plotinus, and His Influence in the Middle Ages and in the Renaissance », dans *Proclus lecteur*, p. 191-211, en part. p. 200-201.

Le ms. Γ ayant disparu peu de temps après la traduction de Moerbeke (il laisse sa dernière trace dans l'inventaire de la bibliothèque pontificale à Pérouse rédigé en 1311), ce sont le ms. Σ et ses descendants qui véhiculent le texte grec de l'*In Parm.* en Occident. En effet, au cours du xve siècle, le ms. Σ, le ms. de Pachymère (A) et les quatre copies directes de ce dernier arrivent en Italie : le ms. Σ et le ms. de Pachymère, par une voie inconnue, les quatre copies de A, grâce à Bessarion (*Ambros.* B 165 sup. et *Marc. gr.* 228, ce dernier ne contenant que les livres I-III) et à l'humaniste florentin Antonio Corbinelli (*Laur. Conv. Soppr.* 78 et 103). Mais alors que le ms. de Pachymère ne produit qu'une seule copie directe (*Berolin. Phill.* 1506) et que les deux mss. de Corbinelli, conservés à la Badia de Florence, demeurent sans descendance, le ms. Σ et l'un des deux mss. de Bessarion, à savoir l'*Ambros.* B 165 sup. (dont Bessarion fera exécuter une copie, le *Marc. gr.* 191), assurent la diffusion du texte grec au cours du xvie siècle. En effet, le ms. Σ est le modèle direct de cinq mss. copiés entre 1489 et 1569 (FRGWP), qui donnent naissance, à leur tour, à quatorze mss. ; l'*Ambros.* B 165 sup. est la source, directe ou indirecte, d'une quinzaine de mss. C'est probablement à ce ms., avant 1468, que le compilateur du faux commentaire sur la *Métaphysique* attribué à Herennius, a emprunté ses extraits de l'*In Parm.* de Proclus[1].

Parmi les possesseurs et les lecteurs du texte grec, on rencontre quelques-uns parmi les grands érudits de l'époque : Gilles de Viterbe (*Ross.* 962 [R]), Nicolas Scutelli, auteur d'une traduction latine, Francesco Patrizi (*Ambros.* H 252 inf. et *Vat. Barber. gr.* 168), Antonio Agustín (*Scorial.* T. II. 8 [G]), Gian Vincenzo Pinelli (*Ambros.* B 165 sup., le ms. de Bessarion).

En 1458-59, Georges de Trébizonde traduit le *Parménide* à la demande de Nicolas de Cues. Il s'agit de la première traduction latine intégrale de ce dialogue, mais elle a eu une

---

1. Pour la compilation du Ps.-Herennius, cf. *supra*, p. CLXXXI-CLXXXII.

circulation très limitée. Bien qu'il n'ait pas utilisé la traduction de Moerbeke, dans la lettre de dédicace à Nicolas de Cues, Georges semble s'inspirer de Proclus dans sa description du style simple et concis du *Parménide*, très différent de celui des autres dialogues de Platon, mais parfaitement cohérent avec un sujet aussi difficile et élevé : « Est autem liber sic et altitudine rerum profundus et argumentorum crebritate refertus, ut facile hinc Platonis ingenium et nature acumen et disserendi ad utranque partem mirabilis facultas eluceat. Brevitas quoque dicendi tanta, ut nihil brevius dici possit. Quo fit ut etiam in ornatu verborum longo intervallo a ceteris Platonis operibus relinquatur. Quod natura ipsarum rerum fieri necessario dixerim »[1].

Comme nous l'avons dit, c'est encore dans la traduction latine de Moerbeke que Marsile Ficin lit l'*In Parm.* de Proclus lorsqu'il rédige son commentaire sur le *Parménide*, entre le mois de novembre 1492 et le mois d'août 1494 (publié pour la première fois à Florence en 1496 dans les *Commentaria in Platonem*). L'utilisation de la traduction de Moerbeke

---

1. La traduction du *Parménide* par Georges de Trébizonde, conservée par un seul ms. (Volterra, Biblioteca Guarnacciana, 6201, ff. 61ʳ-86ᵛ), a été éditée par I. Ruocco, *Il Platone latino. Il* Parmenide *: Giorgio di Trebisonda e il cardinale Cusano* (Accademia Toscana di Scienze e Lettere « La Colombaria ». Studi, ccIII), Firenze 2003 (pour le rapport entre cette traduction et celle de Moerbeke, cf. p. 27-29 ; pour le texte cité, cf. *Prooemium*, ll. 10-16 [p. 35]). Voir aussi R. Klibansky, « Plato's *Parmenides* in the Middle Ages and the Renaissance », art. cit., p. 289-304 (édition de la lettre de dédicace à Nicolas de Cues, p. 291-292) ; J. Monfasani, *George of Trebizond. A Biography and a Study of his Rhetoric and Logic* (Columbia Studies in the Classical Tradition, I), Leiden 1976, p. 167-170, qui corrige la datation 1450-51 proposée par Klibansky. Voir, enfin, Hankins, *Plato in the Italian Renaissance*, Appendice 11 « George of Trebizond's versions of the *Laws* and the *Parmenides* », p. 429-435, où J. Hankins montre la dépendance de Trébizonde par rapport à Moerbeke (p. 432-433).

n'est pas étonnante, car il était bien plus urgent pour Ficin de traduire des textes néoplatoniciens dont il n'existait aucune traduction latine que de faire de nouvelles traductions[1]. Dans son commentaire, Ficin reprend les grandes lignes de l'interprétation métaphysique et théologique de Proclus en opposition à l'interprétation dialectique soutenue par Pic de la Mirandole dans le *De Ente et Uno* (1491)[2]. L'influence de Proclus est toutefois filtrée à travers l'interprétation chrétienne du Ps.-Denys, ce qui permet à Ficin de réduire le caractère polythéiste de l'interprétation de Proclus en refusant de reconnaître dans la série d'affirmations de la deuxième hypothèse les différentes classes des dieux :

1. A la différence de l'*In Parm.*, l'*In Alc.* n'avait jamais été traduit en latin ; c'est pourquoi Ficin a dû en traduire lui-même des extraits qui lui servaient pour commenter *Enn.* III 4 (sur les extraits de l'*In Alc.* traduits par Ficin, cf. *infra*, p. CDXXX, n. 1).

2. Le commentaire de Ficin sur le *Parménide* est édité dans *Marsilii Ficini Opera*, t. II, Basileae 1576 (réimpr. Société Marsile Ficin, Paris 2003), p. 1137-1206. Sur l'exégèse du *Parménide* par Ficin, cf. M. J. B. Allen, « Ficino's Theory of the Five Substances and the Neoplatonists' *Parmenides* », *Journal of Medieval and Renaissance Studies*, 12 (1982), p. 19-44 ; id., « The Second Ficino-Pico Controversy : Parmenidean Poetry, Eristic, and the One », dans *Marsilio Ficino e il ritorno di Platone. Studi e documenti*, a cura di G. C. Garfagnini (Istituto Nazionale di Studi sul Rinascimento. Studi e testi, XV), Firenze 1986, t. II, p. 417-455 (ces deux articles sont repris dans *Plato's Third Eye. Studies in Marsilio Ficino's Metaphysics and its Sources*, Aldershot-Brookfield, Variorum, 1995) ; A. Étienne, « Marsile Ficin, lecteur et interprète du *Parménide* à la Renaissance », dans A. Neschke-Hentschke (éd.), *Images de Platon et lectures de ses œuvres. Les interprétations de Platon à travers les siècles* (Bibliothèque philosophique de Louvain, 48), Louvain-Paris 1997, p. 153-185 ; A. Malmsheimer, *Platons 'Parmenides' und Marsilio Ficinos 'Parmenides'-Kommentar. Ein kritischer Vergleich* (Bochumer Studien zur Philosophie, 34), Amsterdam-Philadelphia 2001 ; W. Beierwaltes, « Marsilio Ficinos Deutung des Platonischen *Parmenides* », *Würzburger Jahrbücher für die Altertumswissenschaft*, Neue Folge, 26 (2002), p. 201-219, en part. p. 217-219 sur les deux sources de Ficin (Proclus et le Ps.-Denys).

« Sed inuentum hoc poeticum potius quam philosophicum esse uidetur »[1].

L'exégèse de Ficin et, par conséquent, le commentaire de Proclus sont aussi à la base de la lecture théologique du *Parménide* que Francesco Patrizi expose dans son *Platonicorum dialogorum nouus penitus a F. Patritio inuentus ordo scientificus* (1591), mais pour la première fois dans l'histoire de l'interprétation du *Parménide*, l'autorité de Proclus est considérée comme inférieure à celle de Damascius[2].

Il convient de s'arrêter quelques instants sur l'unique projet d'édition de l'*In Parm.* de Proclus par Arnoldus Arlenius, qui nous est connu par la lettre de Marcus Hopper à Basile Amerbach publiée comme préface à l'édition des œuvres complètes de Platon parue à Bâle en 1556 chez Heinrich Petri[3]. A la différence de la précédente édition grecque de Platon publiée en 1534 à Bâle par Simon Grynée et Jean Oporinus chez Johannes Walder, qui contenait les commen-

---

1. Marsile Ficin, *Commentaire sur le Parménide*, chap. 56, *Opera omnia*, t. II, Basileae 1576, p. 1170, cité par A. Étienne, « Marsile Ficin, lecteur et interprète du *Parménide* à la Renaissance », art. cit., p. 177. — Pour l'interprétation du *Parménide* par Ficin, en particulier pour la question du statut de la dialectique, cf. M. J. B. Allen, *Synoptic Art* (Istituto Nazionale di Studi sul Rinascimento, Studi e testi, XL), Firenze 1998, p. 164-193.

2. Cf. R. Klibansky, « Plato's *Parmenides* in the Middle Ages and the Renaissance », art. cit., p. 325-326.

3. Sur Heinrich Petri et son gendre Marcus Hopper, professeur de grec et de logique, ensuite de physique, à l'université de Bâle, voir le magnifique ouvrage de F. Hieronymus, *1488 Petri. Schwabe 1988. Eine traditionsreiche Basler Offizin im Spiegel ihrer frühen Drucke*, 2 vol., Basel 1997. En particulier, sur l'édition de Platon de 1556, cf. *ibid.*, t. II, n° 370, p. 1061-1063 ; voir aussi B. R. Jenny, « Arlenius in Basel », *Basler Zeitschrift für Geschichte und Altertumskunde*, 64 (1964), p. 5-45, en part. p. 25 ; C. Gilly, *Spanien und der Basler Buchdruck bis 1600* [Basler Beiträge zur Geschichtswissenschaft, 151], Basel-Frankfurt am Main 1985, p. 206. — Sur Arnoldus Arlenius, cf. *supra*, p. CCXV, n. 3.

taires de Proclus sur le *Timée* et la *République*[1], Heinrich
Petri avait décidé de publier le texte de Platon seul, en supprimant les commentaires de Proclus, ce qui réduisait à la
fois la taille du volume et son prix. Ce n'était pas renoncer à
une édition des commentaires de Proclus, car Arlenius, qui
avait apporté d'Italie onze mss. grecs dont sept contenaient
des textes néoplatoniciens[2], envisageait de publier chez le
même éditeur une série de commentaires à Platon :

> Porro hoc etiam nomine acceptiorem fore, tenuis
> praesertim fortunae emptoribus hunc nouum Plato-
> nem speramus, quod rescissis Procli commentarijs in
> Timaeum & Rempub. eius solum libros exhibeamus :
> sic enim & precij & libri moles, quae nimium antea
> excreuerat, non parum decrescit. Nolim autem uel tu,
> mi Basili, uel quisquam alius putet, quasi iniuria ob id
> facta sit Proclo, aut quod subtrahere tantum thesau-
> rum Platonicae philosophiae studiosis uoluerimus :
> haud ita se habet, sed in tempus & locum commodio-
> rem editio eius tantum differtur. Nam ut hoc quoque
> non ignores, idem ille noster Arlenius, pro ardenti suo
> studio & amore, quo erga bonas literas, earundemque
> cultores quasi flagrat, praeter ingentem aliorum plane
> nouorum librorum sarcinam, etiam aliquot Graeco-
> rum commentariorum in nostrum hunc philosophum
> tomos, nobiliores Italiae bibliothecas scrutando nac-
> tus est, eademque socero meo Henricho Petri tradidit :
> quae cum in lucem (quod diuina fauente clementia

---

1. Ἅπαντα Πλάτωνος μεθ' ὑπομνημάτων Πρόκλου εἰς τὸν Τίμαιον, καὶ τὰ Πολιτικά, θησαυροῦ τῆς παλαιᾶς φιλοσοφίας μεγίστου.
*Platonis Omnia Opera cum commentariis Procli in Timaeum & Po-
litica, thesauro ueteris Philosophiae maximo.* [...] Basileae, apud
Ioan. Valderum mense martio, anno M. D. XXXIIII. — Dans
cette édition, les deux commentaires de Proclus ont été édités
respectivement d'après les mss. *Oxon. Corporis Christi* 98 (cf. *In
Tim.*, éd. Diehl, t. I, p. xv) et 99 (cf. *In Remp.*, éd. Kroll, t. I, p. v).
Ces deux mss. avaient été prêtés à Grynée par John Claimund,
lors d'un voyage de Grynée à Oxford en 1531, comme il le dit
dans sa préface adressée à John More, fils de Thomas More.

2. Sur ces mss., cf. *supra*, p. CCXVI et n. 2.

propediem fiet) ediderit, ijs tum Procli, Hermiae, Damascij, Olympiodori, Theonis Smyrnaei, quorum & alia non pauca in eundem habet, adiunget[1].

« En outre, nous espérons que ce nouveau Platon sera mieux reçu [*scil.* que l'édition de 1534], particulièrement par les acheteurs qui n'ont que de faibles moyens, parce que, ayant ôté les commentaires de Proclus sur le *Timée* et la *République*, nous publions seulement les ouvrages de Platon : de la sorte, en effet, et le prix et la taille du livre, qui auparavant avaient cru excessivement, n'ont pas peu diminué. Je ne voudrais pas cependant que toi, mon cher Basile, ou qui que ce soit d'autre, pensiez que par là est commise, pour ainsi dire, une faute contre Proclus, ou encore que nous ayons voulu soustraire aux amis de la philosophie platonicienne un si grand trésor : non, il n'en est rien, mais l'édition de Proclus est simplement différée pour un temps et un lieu plus opportuns. Car, pour que tu saches cela aussi, notre cher Arlenius, en raison du zèle et de l'amour ardent dont il brûle, pour ainsi dire, pour les bonnes lettres et pour tous ceux qui les cultivent, a trouvé, en fouillant les magnifiques bibliothèques d'Italie, non seulement une énorme masse d'autres textes tout à fait nouveaux, mais aussi quelques tomes de commentaires grecs consacrés à notre philosophe et il les a confiés à mon beau-père Heinrich Petri. Lorsqu'il les aura mis au jour (ce qui se fera sous peu, si la clémence divine s'y prête), il leur ajoutera alors des textes de Proclus, d'Hermias, de Damascius, d'Olympiodore et de Théon de Smyrne, dont il possède encore beaucoup d'autres ouvrages sur Platon ».

---

1. Ἅπαντα Πλάτωνος πρὸς τὰ παλαιότατα ἀρχέτυπα μετὰ πάσης ἀκριβείας ἐπανορθώμενα (sic). *Platonis Omnia Opera, ex vetustissimorum exemplarium collatione multo nunc quam antea emendatiora.* [...] Basileae, apud Henrichum Petri [M. D. LVI. Mense Martio], f. α3ʳ. — L'expression « tantum thesaurum » dans notre texte est une claire allusion à la page de titre de l'édition de 1534, où les deux commentaires de Proclus sont ainsi qualifiés (cf. *supra*, p. CDXXIV, n. 1).

Malheureusement, les temps avaient changé et ce qui était possible en 1534 ne l'était plus en 1556. L'édition de Platon parut bien chez Heinrich Petri, mais la série des commentaires ne fut jamais réalisée. Comment expliquer cet abandon ? Des raisons économiques très certainement sont à invoquer, comme le laisse clairement entendre Hopper dans sa préface, mais aussi des raisons culturelles : l'heure du néoplatonisme commençait à passer[1]. Il ne faut pas oublier non plus l'abondante production de mss. au cours du XVIe siècle, qui était susceptible de satisfaire les goûts d'une classe particulière de clients plus attirés par le prestige qui s'attachait aux mss. Toutes ces raisons expliquent, au moins en partie, le retard dans la parution de l'*editio princeps* de l'*In Parm.* qui dut attendre V. Cousin (1821-1827), grâce à qui le commentaire de Proclus entre véritablement dans le débat philosophique du XIXe siècle[2].

II. LA TRADUCTION LATINE DE NICOLAS SCUTELLI

Au cours de la Renaissance, le commentaire de Proclus a été traduit une deuxième fois en latin par l'Augustin Nicolas Scutelli, de Trente (1490-1542)[3]. Cette traduction, faussement attribuée à Antonius Gogava, a été utilisée par Victor Cousin dans ses deux éditions. Bien qu'elle n'ait aucune valeur pour l'établissement du texte, puisqu'elle a été faite sur un ms. conservé, le *Rossianus* 962 (R), cette traduction

---

1. Sur le déclin progressif du néoplatonisme, cf. E. N. Tigerstedt, *The Decline and Fall of the Neoplatonic Interpretation of Plato. An Outline and Some Observations* (Commentationes Humanarum Litterarum, 52), Helsinki 1974.

2. Cf. *infra*, p. CDXLVII-CDLX.

3. Sur Nicolas Scutelli, cf. J. Monfasani, *Nicolaus Scutellius, O.S.A., as Pseudo-Pletho. The Sixteenth-Century Treatise* Pletho in Aristotelem *and the Scribe Michael Martinus Stella* (Quaderni di « Rinascimento », 41), Firenze 2005.

constitue néanmoins un témoignage important de l'intérêt pour Proclus au début du XVIe siècle.

Nicolas Scutelli a été longtemps secrétaire et collaborateur du cardinal Gilles de Viterbe, dont il partageait les intérêts philosophiques. En 1532, il a même été formellement chargé par le général de son ordre, Gabriele Della Volta, d'assister le cardinal dans la traduction de textes grecs[1]. Mais cette collaboration a dû commencer beaucoup plus tôt, comme en témoigne la traduction de l'*In Parm.*, terminée à Rome à la fin d'octobre 1521 et conservée dans deux mss. du XVIe siècle : le *Florentinus Riccardianus* 155, autographe de Scutelli, et sa copie, le *Vindob. lat.* 10414.

Firenze, Biblioteca Riccardiana, 155 (L. II. 21). Anno 1521, chart., 210 × 140 mm., ff. IV-600-II[2]. Le ms. contient les textes suivants :

ff. 1[r]-2[v] : Iamblichi *De comm. math. scientia* (excerpta). *Tit.* : E quarto Iamlichi (*sic*) de Arithmetica Flores ; *inc.* : Initium inter mathematicas ab Arithmetica sumendum : ea quippe antiquior : quot entium genera, totidem capit sectiones ; *des.* : Quinarius iustitie numerus : solus hic iure plenitudinem habet suam : quinarius a nouenario.

f. 3[r] : Procli *In Parm.* I 617.1-17. *Tit.* : Procli commentarii in Parm(enidem) Apis. Sex orat ab omnibus generatim diis,

1. Cf. A. Perini, *Bibliographia Augustiniana. Scriptores Itali*, t. III, Firenze 1935, p. 175-176 : « Anno 1532 pridie idus septembris Romam mittitur a Gabriele ut Aegidio Cardinali Viterbiensi in graecis traductionibus obsequeretur ». Sur Gabriele Della Volta (1468-1537), très lié à Gilles de Viterbe, cf. DBI 38 (1990), p. 10-12 [M. Sanfilippo].

2. Cf. *Catalogus codicum manuscriptorum qui in Bibliotheca Riccardiana Florentiae adservantur* [...] Jo. Lamio eiusdem Bibliothecae Praefecto auctore, Liburni 1756, p. 329 ; P. O. Kristeller, *Iter Italicum. A finding list of uncatalogued or incompletely catalogued humanistic manuscripts of the Renaissance in Italian and other libraries*, t. I, London-Leiden 1963, p. 188.

uiam ad hunc librum et doctrinam, lucem ad ueritatem et accensionem, reuelationem animi ad scientiam rerum que sunt, apertionem portarum mentis ad intellectum Platonis, excitationem mentis ad preclarissimum quod est, requiem ab errore rerum que non sunt in rebus que sunt, apud quas solas oculus animi pascitur et potatur. Septem deinde dona a septem superioribus hierarchiis obsecrat : intellectum a diis intelligibilibus, uim anagogicam a diis intellectualibus, actionem indesinentem et abstractam a materia et liberam a cogitationibus materie a diis supermundanis ducibus. — Il s'agit probablement d'un premier essai de traduction de l'*In Parm.* dont la version définitive commence au f. 4^r (le f. 3^v est blanc)[1].

ff. 4^r-426^r : Procli *In Parm. Tit.* : Proclus In Parmenidem. Totus liber is in septem ; *inc.* : Sex orat ab omnibus generatim diis ; *des.* : esset enim ens iam et essentie particeps. F(rater) Nic(olaus) Trid(entinus). Χριστῷ Θεοῦ λόγῳ καὶ ἰδέᾳ δόξα. Hec enarratio usque ad primam subiectionem et per totam eam porrigitur, textum scilicet Plat(onis) Parm(enidis) quadragesimum. reliqua archetypus non habet. F(rater) Nicol(aus) Trid(entinus). A la fin de la traduction (f. 426^r, mg. inf.), une note de Gilles de Viterbe renvoie à la traduction du « grand fragment » de la *Theol. plat.*, considéré à tort comme le commentaire perdu sur la deuxième hypothèse du *Parménide* : « De secunda subiectione q(uere) hic infra post Alcibiadem ubi Numerus 772 » [= f. 461^r][2].

---

1. Voir les variantes de ce premier essai de traduction par rapport à la traduction définitive, *infra*, p. CDXLIII, n. 1. — Le mot « Apis » dans le titre doit s'entendre par rapport à la 13e dissertation de l'*In Remp.* de Proclus (II, p. 1-80) intitulée Μέλισσα εἰς τὸν ἐν Πολιτείᾳ λόγον τῶν Μουσῶν : il s'agit d'une abeille sur l'*In Parm.* de Proclus, c'est-à-dire d'un choix de passages, comme la Μέλισσα de Proclus est constituée d'un choix des commentateurs qui avaient précédé Proclus (cf. *In Remp.* II, p. 1.4-12). On remarquera que Scutelli a traduit l'*In Remp.* de Proclus (cf. *infra*, p. CDXXXIX-CDXLI).

2. L'hypothèse selon laquelle la partie perdue du commentaire de Proclus sur le *Parménide* serait à identifier avec le

Au f. 426ᵛ, Scutelli a écrit une doxologie : « Vni Christo Jesu Dei Verbo et boni idee uerissime Laus », suivie d'une esquisse des armes de Gilles de Viterbe, des initiales : F. N. T. Th. (= Frater Nicolaus Tridentinus Theologus), et du colophon : « Fetura Palatina hec que sane in piscatoris est palatio absoluta exeunte octobre 1521, Reuerendissimi Domini Egidii nutu. Quinterniones 53 »[1].

« grand fragment » de la *Theol. plat.* est aussi envisagée par Francesco Patrizi dans une note à la fin du « grand fragment » dans l'*Ambros.* A 171 inf. (cf. *supra*, p. cc et n. 1). En revanche, dans le *Ross.* 962, Scutelli a bien vu que le « grand fragment » est un extrait de la *Theol. plat.* (cf. *supra*, p. cxxxiii).

1. Le palais de Gilles de Viterbe à Rome se trouvait près de l'actuelle Fontana di Trevi. Cette localisation est prouvée par les souscriptions de quatre traductions de Scutelli contenues dans le *Neapol.* II. F. 7. (1) Lettre de dédicace à Gilles de Viterbe de la traduction des fragments orphiques, f. 3ᵛ : « Rome ad Aquam virgineam triuii (?) 3° nonas Martias MDXXVIJ Sedente Clemente 7ᵐᵒ [Clément VII, 1523-1534] » ; (2) Proclus, *In Remp.*, f. 184ʳ : « Fr(ater) Nicolaus Triden(tinus) Er(emi)ta Aug(ustini)anus colligebat ex paradiso egidiana Procli Diadochi. Fonte Triuii April. 20. MDXXVJ° » (cf. P. O. Kristeller, *Iter Italicum*, cit., t. I, p. 409) ; (3) lettre de dédicace à Gilles de Viterbe de la traduction de Pléthon, commentaire sur les *Oracles Chaldaïques*, f. 195ʳ : « Rome in Triuio. Die palmarum victricium 1526 » (cf. P. O. Kristeller, *Iter Italicum*, cit., t. I, p. 410 ; J. Monfasani, *Nicolaus Scutellius, O.S.A., as Pseudo-Pletho*, cit., p. 4, n. 4) ; (4) Porphyre, *Sententiae*, f. 227ʳ : « Duci animorum et seruatori Iesu grates indefessae quod ex Archetypo mendosissimo dedit haec pauca colligere mihi fratri Nicolao Eremitae Augustiniano Tridentino sub umbra Egidij ad Aquam Virgineam 6 octobris 1526 » (cf. P. O. Kristeller, *Iter Italicum*, cit., t. I, p. 410 ; Porphyrius, *Sententiae ad intelligibilia ducentes*, ed. E. Lamberz, Leipzig 1975, p. lxii ; l'aqueduc de l'Acqua Vergine débouche justement dans la Fontana di Trevi). Les sources historiques concordent avec les quatre souscriptions de Scutelli, tout en étant moins précises, car elles se bornent à mentionner le quartier où se trouvait le palais du cardinal (*in contrata Treja ...*, *in regione Columna*), cf. G. Signorelli, *Il Card. Egidio da Viterbo Agostiniano, umanista e riformatore*, Firenze 1929, chap. IX, p. 102 : « Egidio si ritirò in Roma, ove dimorava in una modesta casa

ff. 427ʳ-459ʳ : Procli *In Alc.* (texte incomplet). *Tit.* :
Procli Diadochi in Platonis primum Alcibiadem e uerbo tra-
latum (*sic*) est ; *inc.* : Ciuilium disputationum et uniuerse
(ut ita dixerim) philosophice contemplationis principium
potissimum et firmissimum esse arbitramur sue essentie cognitionem, sui ipsius discretionem ; *des.* : effectibus (*mg.
corr. in* effectis) nisi hoc medio (= *In Alc.* 72.8). Scutelli a révisé le texte, copié par une autre main, et signé la traduction :
« Desunt hic plurima que Marsilius in Lati<n>um uertit.
Verbo diuino indefessa laus. F(ratris) nicol(ai) Trid(entini)
labor »[1]. Les ff. 459ᵛ-460ᵛ sont blancs.

con giardino in Campo Marzio » et n. 29 (p. 201). La dénomination *piscatoris palatium* que l'on lit dans le *Ricc.* 155, signifie
probablement "palais pontifical", parce que S. Pierre a été pêcheur d'hommes (voir aussi, ci-dessous, la souscription de la
traduction du « grand fragment », f. 508ᵛ : « in palatio piscatoris in cubiculo Egidiano »).

1. Scutelli renvoie à la traduction par Marsile Ficin d'extraits tirés du texte complet de l'*In Alc.* Ces extraits de l'*In Alc.*
font partie d'un ensemble de textes néoplatoniciens traduits par
Ficin et publiés à Venise par Alde Manuce en 1497 (réimpr.
Frankfurt am Main 1972, avec la fausse date 1503 ; réimpr.,
introduction de S. Toussaint, Enghien-les-Bains 2006) : Jamblique, *De mysteriis* ; Proclus, extraits de l'*In Alc.* et *De sacrificio et
magia* ; Porphyre, extraits des *Sententiae* et du *De abstinentia* ; Sy-
nésius, *De somniis* ; Psellus, *De demonibus* ; Priscien, *Metaphrasis
in Theophrastum* ; Alcinoos, *Didaskalikos* ; Ps.-Platon, *Definitiones*
(ce texte est attribué par Ficin à Speusippe, attribution déjà attestée dans les *Prol. ad Plat. phil.* § 26.5-6, cf. p. 74, n. 212) ;
Carmen aureum pythagoricien (sous le titre : *Pythagorae philosophi Aurea uerba*) ; *Symbola* pythagoriciens [= Jamblique, *Protr.*
XXI, p. 106.19-108.15, sous le titre : *Symbola Pythagorae philosophi*] ; Ps.-Platon, *Axiochus* (sous le titre : *Xenocratis philosophi
Platonici liber de morte* ; l'attribution de ce texte à Xénocrate
semble remonter à Ficin lui-même, cf. P. O. Kristeller, *Marsilio Ficino and His Work after Five Hundred Years* [Quaderni di
« Rinascimento », 7], Firenze 1987, p. 153, n° xxiv) ; cette série
de traductions est close par le *De uoluptate* de Ficin lui-même
(cf. Sicherl, *De mysteriis*, p. 186). — Sur les extraits de l'*In Alc.*
traduits par Ficin, cf. Proclus, *In Alc.*, Introduction, p. cxxxv-

ff. 461^r-508^v : Procli *Theol. plat.* (« grand fragment »).
Tit. : Proclus diadochus (Parmen. *add. postea*) f(rater)
Nic(olaus) Trid(entinus) ; *inc.* : Diuinarum rerum rationes
et uerba breui sane compendio ; *des.* : arbitror explanatum
satis fuisse. Vni Iesu Christo in quo sunt omnes thesauri
idearum et paterne pulchritudinis reposti, laus, imperium,
gloria. F(rater) N(icolaus) T(ridentinus) Th(eologus). Vigi-
lia omnium sanctorum 1521, in palatio piscatoris in cubiculo
Egidiano plurimo mane.

ff. 509^r-600^v : *Index nominum et rerum* de l'*In Parm.* et
de l'*In Alc.* Les ff. 510^v-512^v, 519^r-520^v, 522^r-524^v, 528^v,
529^v-532^v, 534^v-536^v, 546^v-548^r, 552^v-554^v, 559^r-560^v,
563^r-564^v, 566^r-568^v, 570^v-572^v, 578^r-580^v, 581^v-584^v,
587^r-588^v, 591^r-592^v, 594^{r-v}, 598^r-600^r sont blancs (probablement en vue de l'addition de nouvelles entrées).

Le ms. se compose de 78 cahiers :
Cahiers 1-53 (ff. 1-426 = *De comm. math. scientia* de Jamblique et *In Parm.*) : le premier cahier est un octonion (ff. 1-5,
8-18) à l'intérieur duquel les ff. 6-7 ont, semble-t-il, été insérés ; suivent 9 quaternions (ff. 19-90), 2 binions (ff. 91-98),
41 quaternions (ff. 99-426). Les cahiers 2-26 (ff. 19-210),
tous munis de réclame, sont signés au recto du premier folio
dans la marge inf. par les lettres *b-z*, suivies de *&* et des abréviations pour *cum* et *-rum* ; le 27e cahier (ff. 211-218) n'est
pas signé ; les cahiers 28-53 (ff. 219-426), tous munis de réclame (sauf le 53e), sont signés par la même série de lettres
et d'abréviations que les cahiers 2-26. Le f. 226^{r-v}, dernier
du 28e cahier, est blanc, sauf la réclame au verso (le livre IV
se termine au f. 225^v).

Cahiers 54-58 (ff. 427-460 = *In Alc.*) : 4 quaternions (ff.
427-458) suivis d'un bifeuillet (ff. 459-460), sans réclames.

cxxxvii ; P. Megna, « Per Ficino e Proclo », dans *Laurentia Laurus.
Per Mario Martelli*, a cura di F. Bausi e V. Fera, Messina 2004, p.
313-362, qui a, entre autres, reconnu dans le *Pal. gr.* 63 le ms.
grec utilisé par Ficin pour sa traduction des extraits de l'*In Alc.*
(ce ms. avait appartenu à Pic de la Mirandole).

Les bifeuillets sont signés au recto dans la marge inf. : *a1-a4* (54ᵉ cahier = ff. 427-434) ; *b1-b4* (55ᵉ cahier = ff. 435-442) ; *c1-c4* (56ᵉ cahier = ff. 443-450) ; *d1-d3*, *<d4>* (57ᵉ cahier = ff. 451-458) ; *e* (58ᵉ cahier = ff. 459-460).

Cahiers 59-64 (ff. 461-508 = *Theol. plat.* [« grand fragment »]) : 6 quaternions munis de réclame (sauf le dernier) ; les cahiers 62-64 (= ff. 485-508) sont signés au recto du premier folio dans la marge inf. par les lettres *d-f* (les lettres *a-c* ont disparu, probablement coupées lors du rognage).

Cahiers 65-78 (ff. 509-600 = *Index*) : un sénion (ff. 509-520), suivi de 2 binions (ff. 521-528), un quaternion (ff. 529-536), 3 binions (ff. 537-548), un quaternion (ff. 549-556), un binion (ff. 557-560), 5 quaternions (ff. 561-600). Aucun de ces cahiers n'est ni signé ni muni de réclame.

Le ms. est, pour la plus grande partie, un autographe de Scutelli, à qui l'on peut certainement attribuer les ff. 95ʳ-426ᵛ et 461ʳ-fin[1]. Alors que l'*In Alc.* (ff. 427ʳ-459ʳ) a été sans aucun doute copié par une autre main, on ne saurait exclure que les ff. 1ʳ-94ᵛ ne soient dus, eux aussi, à la main de Scutelli dans une exécution beaucoup plus rapide et cursive. De toute façon, Scutelli a relu tout le ms., ajouté corrections et notes dans les marges, écrit les colophons et signé ses traductions.

Le modèle grec utilisé par Scutelli pour ces trois traductions est sans aucun doute le ms. de Gilles de Viterbe, c'est-à-dire le *Rossianus* 962 (qui contient les mêmes textes de Proclus dans le même ordre), comme le montrent les indices suivants :

1° La traduction latine présente toutes les fautes propres au *Ross.*, à commencer par les premiers mots de l'*In Alc.* : *ciuilium disputationum* où *ciuilium* est la traduction de πολιτικῶν, qui est une faute du *Ross.* pour πλατωνικῶν (*In Alc.*

---

1. On trouve un spécimen de l'écriture de Scutelli dans Sicherl, *De mysteriis*, Tafel XV (*Vat. lat.* 6131, f. 314ʳ, traduction du *De mysteriis* de Jamblique, cf. Sicherl, *op. cit.*, p. 188-193).

1.3). Dans le livre VI de l'*In Parm.*, la traduction latine présente des omissions par saut du même au même qui sont propres au *Ross*. En voici quelques exemples :

1070.9-11 καὶ ἄλλο — νοητόν[2] om. R Scut.

1073.6-8 τὸ δὲ — κατάφασιν om. R Scut.

1075.30 ἐστιν — γάρ[2] om. R Scut.

1090.3-5 τοῦτο — μόνον om. R Scut.

1092.6-7 ταῦτα — πολλά om. R Scut.

1115.26-27 τὰ ἄλλα — πρὸς om. R Scut.

2° Les marges du *Ross*. présentent de nombreuses notes grecques de Scutelli qu'il a souvent recopiées ou traduites en latin dans les marges du *Ricc*. En voici quelques exemples :

Ross. p. 181 : Τίμαιος κρατῆρα λέγει τὴν αἰτίαν, συγκράσεις πολλαί, περὶ τὰ θεῖα μανία, Σωκράτης πρὸς τὰ θεῖα ἐπιτήδειος, cf. *Ricc.* ff. 75ᵛ-76ʳ : *Timei Crater, multe mixtiones, Diuinus furor, Aptus diuinis Socrates.*

Ross. p. 242 : ἄβυθος φλυαρία (sic), cf. *Ricc.* f. 119ʳ : Ἄβυθος φλυαρίας. *Abyssus nugarum.*

Ross. p. 277 : δεύτερον τμῆμα, cf. *Ricc.* f. 138ᵛ : *2ᵃ Sectio Diuisionis.*

Ross. p. 448 : ἄγονον, cf. *Ricc.* f. 246ᵛ : ἄγονον *infecundum.*

Ross. p. 452 : ἐν ἐνοποιόν, cf. *Ricc.* f. 248ᵛ : ἐνοποιόν.

Ross. p. 470 = *Ricc.* f. 256ʳ : πῶλος ἀχαλίνωτος.

Ross. p. 474 = *Ricc.* f. 258ʳ : κόσμου χάριν.

Ross. p. 482 : ἐν τοῖς ἀγράφοις, cf. *Ricc.* f. 264ᵛ : ἀγράφοις.

Ross. p. 483 = *Ricc.* f. 265ʳ : ἀνυπόθετον.

Ross. p. 485 = *Ricc.* f. 267ʳ : παιδίας, παίγνιον.

Ross. p. 486 = *Ricc.* f. 267ᵛ : σπαραγμός, νεώτατον.

Ross. p. 500 = *Ricc.* f. 279ʳ : ἀπαραλλάκτως.

Ross. p. 561 : μηδὲν τῷ ἑνὶ προσφέρειν, cf. *Ricc.* f. 316ᵛ : μηδὲν τῷ ἑνὶ προσφέρειν ἀλλὰ πάντα ἀφαιρεῖν.

Un exemple analogue est fourni par le schéma tracé à la p. 317 du *Ross.* (*In Parm.* IV 898.12-20) et au f. 160ʳ du *Ricc.*, et qui illustre, sous forme d'échelle, la remontée depuis le *commune singularium* (τῶν ἐν τοῖς καθέκαστα κοινῶν,

898.12) jusqu'à l'*ens* (αὐτὸ τὸ ὄν, 898.20), en passant par la *forma physica* (φυσικὸν εἶδος, 898.14), l'*animi ratio* (τὸν ἐν ψυχῇ λόγον, 898.14-15) et la *substantiae ratio* (τοῦ οὐσιώδους λόγου, 898.18-19).

3° Les mots latins que Scutelli a parfois écrits au-dessus des mots grecs dans le *Ross.* (surtout au début de l'*In Alc.*) sont souvent repris dans la traduction[1].

4° Pour repérer le texte grec dans la traduction latine, Scutelli a noté les numéros de page du *Ross.* — qui sont, eux aussi, de sa main[2] — dans les marges du *Ricc.* (ces numéros sont repris par Gilles de Viterbe dans les marges sup.). C'est aussi à ces numéros que renvoie l'index latin de l'*In Parm.* et de l'*In Alc.* qui se trouve à la fin du *Ricc.* (ff. 509ʳ-600ᵛ).

5° L'index comprend quelques mots (par exemple *Asclepiodotus*, I 618.18) qui ne se trouvent pas dans la traduction latine, ce qui montre qu'il a été établi à partir du texte grec.

Dans le colophon du *Riccardianus* (f. 426ᵛ), Scutelli affirme avoir traduit l'*In Parm.* à la demande de Gilles de Viterbe. En effet, le cardinal a beaucoup bénéficié de ce travail, car il a utilisé cette traduction latine, et non pas le ms. grec qu'il possédait (*Ross.* 962), comme texte de base pour étudier le commentaire de Proclus. Il a parsemé le *Riccardianus* de notes marginales en latin et en grec, souvent en hébreu (cf. ff. 2ʳ⁻ᵛ, 3ʳ, 4ʳ, 18ʳ, 24ʳ, 45ʳ, 54ʳ, 56ʳ⁻ᵛ, 108ʳ⁻ᵛ, 110ᵛ, 111ᵛ etc.), et il a noté, dans les marges inférieures, ses réflexions sur le texte de Proclus (avec de nombreuses citations de Virgile). En plusieurs endroits, il a esquissé ses armes en marge des passages qui l'intéressaient particulièrement (cf. ff. 2ʳ, 102ʳ, 119ᵛ, 183ʳ, 184ᵛ, 237ᵛ, 287ʳ, 316ᵛ, 472ʳ)[3]. Tout cela

---

1. Cela n'est pas toujours le cas. Par exemple, ἄρδεται (I 617.12) est traduit par Scutelli par *potatur* (*Ricc.* 155, f. 3ʳ, l. 9 ; f. 4ʳ, l. 10 = *infra*, p. CDXLIII), alors que la traduction interlinéaire dans le *Ross.* 962 est *rigatur*.

2. Cf. *supra*, p. CXXXV et n. 2.

3. Au f. 316ᵛ, les armes de Gilles de Viterbe accompagnent une note grecque de la main de Scutelli (transcrite ci-dessus, p. CDXXXIII) et semblent avoir été, elles aussi, tracées par Scutelli.

fait du *Riccardianus* un document précieux pour connaître ses idées : plusieurs remarques témoignent de son effort pour construire une synthèse entre néoplatonisme, christianisme et cabale. Ce ms. illustre aussi sa méthode de travail, qui consistait à lire la traduction latine en la comparant soigneusement au texte grec dans le *Ross.* 962. En plusieurs endroits, on peut, en effet, constater que Gilles de Viterbe a travaillé sur les deux mss. en même temps. Par exemple, dans le *Ricc.*, f. 183$^{r\text{-}v}$, il a souligné le passage IV 924.4-9 : « Pythagoreorum filii in numeris et figuris diuini ordinis imaginem cernebant et circa huiusmodi uersantes tanquam ex typis quibusdam diuinarum rerum cognitionem colligere studebant », l'a résumé en bas de la page : « Pythagoreorum filii in Numeris et figuris diuinum ordinem cernebat (*sic*). philosophia et theologia que aput nos : sed per hec diuina : quia hec sunt imagines diuinorum », et a dessiné ses armes dans la marge pour mettre en évidence l'importance du passage ; le même dessin s'observe en marge du passage correspondant dans le *Ross.*, p. 348.

Une copie des trois traductions de Proclus par Scutelli qui sont conservées dans le *Ricc.* (*In Parm.*, *In Alc.*, *Theol. plat.* [« grand fragment »]) se trouve aujourd'hui à Vienne, divisée en deux mss. : *Vindob. lat.* 10414 (*phil.* 44) et 10056 (*phil.* 43). Le *Vindob. lat.* 10414 contient la traduction du « grand fragment » de la *Theol. plat.* (ff. 1^r-23^v) et la traduction de l'*In Parm.* (ff. 24^v-236^v). Le *Vindob. lat.* 10056 contient la traduction de l'*In Alc.* (ff. 223^r-250^v). Des parties de ces deux mss. étaient à l'origine reliées ensemble pour former un volume unique[1]. En marge du début de la tra-

— Sur ces armes, cf. *supra*, p. cxxxiv-cxxxv.

1. Pour une description détaillée de ces deux mss., cf. J. Monfasani, *Nicolaus Scutellius, O.S.A., as Pseudo-Pletho*, cit., p. 101-105, et pl. III (*Vindob. lat.* 10056, f. 175^v). Sur la disposition originaire des différentes parties de ces deux mss., voir en particulier *ibid.*, p. 102-103. Sur le *Vindob. lat.* 10056, qui contient aussi la traduction du *De mysteriis* par Scutelli (ff. X^v-152^r), voir

duction du « grand fragment » (*Vindob. lat.* 10414, f. 1ʳ),
une main postérieure a écrit : « Versio, ut puto, Antonii
Hermanni Gogavae Graviensis, quem Gesnerus testatur Procli commentarium in Parmenidem Platonis interpretatum ».
Cependant, dans la première édition de la *Bibliotheca univer-*
salis de Conrad Gesner (Zürich 1545), on ne trouve aucune
mention de ce traducteur[1]. En revanche, dans une version
augmentée et posthume de la *Bibliotheca uniuersalis*, parue
en 1574, on lit la note suivante : « Antonius Hermannus
Gogava, Graviensis, e Graeco hos authores in Latinum sermonem uertit [...] Proclum in Alcibiadem Platonis primum,
et in Parmenidem ... »[2]. Antonius Gogava (né en 1529 à

aussi Sicherl, *De mysteriis*, p. 192-193 (alors que Sicherl, *op. cit.*,
p. 192, pense que, pour la traduction du *De mysteriis*, ce ms. est
probablement une copie de l'édition Romae 1556, Monfasani,
op. cit., p. 102, considère cette édition comme le *terminus ante*
quem pour la confection du ms.). Une autre copie de la traduction du *De comm. math. sc.* de Jamblique est contenue dans le
Neapol. VIII. F. 7 (cf. *infra*, p. CDXXXIX, n. 1).

1. Cf. *Bibliotheca Vniuersalis siue Catalogus omnium scrip-*
torum locupletissimus [...] authore Conrado Gesnero Tigurino
doctore medico, Tiguri, apud Christophorum Froschouerum,
1545, ff. 570ᵛ-571ʳ, *s.v.* Proclus Lycius (réimpr. Osnabrück
1966, 2 vol. [Milliaria, V : Konrad Gesner, *Bibliotheca universalis*
und *Appendix*], t. I).

2. Cf. *Bibliotheca* instituta et collecta primum a Conrado
Gesnero, deinde in Epitomen redacta et novorum librorum
accessione locupletata, jam vero postremo recognita et in du-
plum post priores editiones aucta per Josiam Simlerum, Tiguri,
Froschauer, 1574, p. 51. — En 1551, Konrad Lycosthenes (Wolf-
hart) publia à Bâle chez Oporinus, sans l'accord de Gesner, un
abrégé de la *Bibliotheca Vniuersalis*, sous le titre *Elenchus scripto-*
rum omnium. Le succès de cet abrégé amena Gesner à publier un
appendice à sa première édition : *Appendix Bibliothecae* (Tiguri,
Froschauer, 1555 [réimpr. citée à la note précédente, t. II), dans
lequel il ajouta deux mille noms aux trois mille recensés dans
l'édition de 1545. En même temps, il persuada son ami Josias
Simler (1530-1576) de publier une version abrégée et corrigée
de la *Bibliotheca Vniuersalis* et de l'*Appendix* : *Epitome Bibliothe-*
cae Conradi Gesneri, conscripta primum à Conrado Lycosthene

Grave, dans le Brabant, mort à Madrid en 1569), médecin et mathématicien, est connu comme traducteur de Ptolémée et d'Aristoxène[1]. Il est toutefois très peu vraisemblable qu'il ait fait une nouvelle traduction latine des deux commentaires de Proclus. En tout cas, le texte du *Vindob. lat.* 10414 est une copie de la traduction de Scutelli. La fausse attribution de la note du *Vindob. lat.* 10414 a été reprise par P. Lambeck dans sa description du *Vindob. philos.-philol. gr.* 7 (= notre

Rubeaquensi : nunc denuo recognita & plus quam bis mille authorum accessione (qui omnes asterisco signati sunt) locupletata per Josiam Simlerum Tigurinum, Tiguri, Froschauer, 1555 (réimpr. citée à la note précédente, t. II). L'*Epitome* de Simler connut deux nouvelles éditions : en 1574 par Simler lui-même (c'est dans cette édition que l'on lit la notice sur la traduction de Gogava), et en 1583 par Johann Jakob Fries. On remarquera que l'édition de 1574 attribue à Gogava aussi une traduction de l'*Harmonicum enchiridium* de Nicomaque de Gérasa, attribution qui est, elle aussi, dépourvue de tout bienfondé (cf. note suivante). — Sur la *Bibliotheca Vniuersalis* de Gesner et ses diverses éditions, voir le « Nachwort » de H. Widmann en appendice au t. II de la réimpression citée à la note précédente.

1. Cf. *Catalogus Translationum et Commentariorum : Mediaeval and Renaissance Latin Translations and Commentaries*, t. III (éd. F. E. Cranz, P. O. Kristeller), Washington 1976, *s.v. Musici scriptores Graeci*, p. 63-73 [A. Gallo], en part. p. 68-69 et 72-73 (traduction des *Elementa harmonica* d'Aristoxène et des *Harmonica* de Ptolémée, Venise 1562, p. 7-45 et 51-150 ; traduction de l'*Opus quadripartitum* de Ptolémée, publiée en 1548), p. 70 (fausse attribution d'une traduction de l'*Harmonicum enchiridium* de Nicomaque de Gérasa, cf. note précédente) ; *The New Grove Dictionary of Music and Musicians*, t. VII, London 1980, p. 495-496.

ms. W)[1], par Fabricius-Harles dans la *Bibliotheca graeca*[2], et, sur la base de leur témoignage, par V. Cousin, qui s'était procuré une copie de la traduction de l'*In Parm.* et de celle de l'*In Alc.* contenues dans les *Vindob. lat.* 10414 et 10056, comme il le dit dans la préface générale de sa première édition (tout en taisant les cotes des deux mss.) : « Monente Fabricio et Lambecio, in Vindobonensi bibliotheca accurate investigari, meoque sumptu chartis mandari jussi veterem quamdam commentarii de Parmenide, necnon et partis alicujus commentarii de primo Alcibiade, versionem latinam ab Anton. Herm. Gogava saeculo duodecimo [*sic*] confectam ; quamque, ipsa licet Morbekae Archiepiscopi translatione foediorem, prout tamen utiliores aliquot dat lectiones, paulo emendatam publici juris facere decrevi »[3]. Dans le t. II (Paris 1820), la traduction latine de l'*In Alc.* est éditée vis-à-vis du texte grec ; quant à la traduction de l'*In Parm.*, de larges extraits sont donnés à la suite du texte grec (t. IV, Paris 1821, p. 225-274 ; t. V, Paris 1823, p. 331-421 ; t. VI, Paris 1827, p.

1. Cf. Petri Lambecii Hamburgensis *Commentariorum de Augustissima Bibliotheca Caesarea Vindobonensi Liber VII*, Vindobonae 1675, p. 43. La fausse attribution est rejetée dans la seconde édition du catalogue de Lambeck, *studio et opera* Adami Francisci Kollarii, t. VII, Vindobonae 1781, col. 89-90, note (A) [la seconde édition du catalogue de Lambeck reproduit le texte de la première, et les *Additamenta* de Kollar, signalés par le sigle (A), sont imprimés en bas de page].

2. Cf. Joannis Alberti Fabricii *Bibliotheca Graeca sive Notitia Scriptorum Veterum Graecorum* [...] Editio nova variorum curis emendatior atque auctior curante Gottlieb Christophoro Harles, t. IX, Hamburgi 1804, p. 425, « De scriptis Procli ineditis » : « In *Parmenidem* Platonis commentariorum libri septem, quorum postremus non a Proclo, sed Damascio suppletus fuit. Opus Asclepiodoto, medico ac philosopho, dicatum, non modo graece MS. extat in bibliotheca augustissimi imperatoris, teste Lambecio lib. VII. pag. 41. sed et latine ex versione inedita Antonii Hermanni Gogavae, Graviensis, ut idem pag. 41. testatum reliquit ».

3. Cf. première éd. Cousin, t. I, Paris 1820, Praefatio generalis, p. lix.

323-364). Dans la seconde édition (1864), alors qu'il réimprime la traduction de l'*In Alc.* en vis-à-vis, Cousin se borne à citer quelques variantes de la traduction de l'*In Parm.* dans les notes (« Gogava »).

En plus de l'*In Parm.*, de l'*In Alc.* et du « grand fragment » de la *Theol. plat.* (1521), Scutelli a aussi traduit, de Proclus, la *Theol. plat.* (1520) et l'*In Remp.* I (1526). Ces deux dernières traductions, exécutées, elles aussi, pour Gilles de Viterbe, sont conservées à la Bibliothèque Nationale de Naples, mss. VIII. F. 7 et II. F. 7. Le *Neapol.* VIII. F. 7 contient la traduction de la *Theol. plat.* (ff. 1^r-299^r) et porte la souscription : « Iesu domino sempiterna laus. Hanc feturam Viterbium peperit MDXX, urbs Roma partum soluit » (f. 299^r), suivie de la signature : « F(rater) Nicolaus Triden(tinus) e Grecia colligebat » (f. 299^v)[1]. Cette traduction a probablement été faite sur le *Neapol. olim Vindob. gr.* 14, que Gilles avait fait copier pour son usage[2]. Le *Neapol.* II. F. 7, autographe de Scutelli, contient la traduction de l'*In Remp.*

---

1. Cf. P. O. Kristeller, *Iter Italicum*, cit., t. I, p. 427 (l'identification proposée par Kristeller, « comm. on Plato's Timaeus », est fausse : il s'agit bien de la traduction de la *Theol. plat.*, cf. Whittaker, « Greek Manuscripts », p. 227, n. 74) ; Reis, *Der Platoniker Albinos*, p. 271-274. La traduction de la *Theol. plat.* est suivie de quatre autres traductions de Scutelli : Jamblique, *De myst.* (ff. 300^r-425^r) ; Albinus, *Prologus* (ff. 425^v-428^r) ; Jamblique, *V. Pyth.* (ff. 428^v-488^r) et *De comm. math. sc.* (ff. 488^v-511^v). Au f. 511^v on lit : « Interprete F(ratre) Nicolao Eremita Augustiniano ». A la différence du *Neapol.* II. F. 7, qui est sans aucun doute un autographe de Scutelli, le caractère autographe du *Neapol.* VIII. F. 7, soutenu par Reis, *Der Platoniker Albinos*, p. 271, sur la base d'une autopsie du ms. effectuée par J. Whittaker en 1975, ne nous semble pas assuré. Nous sommes plutôt enclins à penser que ce ms., copié par quelqu'un d'autre, a été ensuite révisé par Scutelli, selon le même procédé que l'on observe dans les parties non autographes du *Ricc.* 155 (cf. *supra*, p. CDXXXII).

2. Cf. Proclus, *Theol. plat.* I, Introduction, p. CXLIV-CXLV (l'existence de cette traduction de Scutelli était encore inconnue) ; Whittaker, « Greek Manuscripts », p. 215, n. 16.

I (ff. 74ʳ-184ʳ) avec la souscription : « Fr(ater) Nicolaus Tri-
den(tinus) Er(emi)ta Aug(ustini)anus colligebat ex paradiso
egidiana Procli Diadochi. Fonte Triuii April. 20. MDXXVJ° »[1].
Cette traduction a été faite sur le ms. *Angelicus gr.* 99 qui

1. Cf. P. O. Kristeller, *Iter Italicum*, cit., t. I, p. 409-410.
Outre la traduction de l'*In Remp.* (ff. 74ʳ-184ʳ), datée du 20 avril
1526, le *Neapol.* II. F. 7 contient les traductions suivantes : fragments orphiques, très souvent accompagnés du texte grec (ff.
4ʳ-71ᵛ), précédés d'une lettre de dédicace à Gilles de Viterbe
(ff. 1ʳ-3ᵛ) datée du 5 mars 1527 ; Pléthon, commentaire sur
les *Oracles Chaldaïques* (ff. 196ʳ-207ʳ, avec la souscription : « Ex
corruptissimis Nicolaus Tridentinus ex Grecis non bonis latina
non bona traducere conatur Ad nutum Reverendissimi Domini
Egidij Vit(erbiensis) Cardinalis Episcopi et Patriarche »), précédé d'une lettre de dédicace à Gilles de Viterbe (ff. 191ᵛ-195ʳ)
datée du dimanche des Rameaux 1526 ; Porphyre, *Sententiae* (ff.
210ʳ-227ʳ), traduction datée du 6 octobre 1526. Pour les souscriptions aux ff. 3ᵛ, 195ʳ et 227ʳ, cf. *supra*, p. CDXXIX, n. 1. —
Parmi les fragments contenus aux ff. 4ʳ-71ᵛ, il y en a trois tirés de l'*In Parm.* de Proclus (ff. 14ᵛ et 54ʳ). Ces trois fragments,
dont le premier et le deuxième sont recopiés en grec et traduits
en latin (f. 14ᵛ), le troisième est seulement traduit en latin (f.
54ʳ), sont accompagnés d'un renvoi à la page du *Ross.* 962, qui,
comme on l'a vu (*supra*, p. CDXXXII-CDXXXV), avait déjà été utilisé
par Scutelli en octobre 1521 pour sa traduction de l'*In Parm.*
contenue dans le *Ricc.* 155. Voici donc les trois fragments : (1)
In Parm. VII 1175.7-8 [= *Orph.*, fr. 67 Kern = 106 F Bernabé] :
Ἀδιακρίτων πάντων ὄντων κατὰ σκοτόεσσαν ὁμίχλην. Procl. Parm.
636 [= *Ross.* 962, p. 636, ll. 19-20, dans la marge Scutelli a noté :
κατὰ σκοτόεσσαν ὁμίχλην θεολόγος] ; (2) *In Parm.* VII 1161.25-26 [=
Orph., fr. 71a Kern = 119 F Bernabé] : ὁ δ' ἀπειρέσιον κατὰ κύκλον
ἀτρύτως φοροῖτο. 622 [= *Ross.* 962, p. 622, ll. 4-5, dans la marge
Scutelli a noté : ὀρφεύς] ; (3) *In Parm.* V 1028.37-41 [= Ibycus, fr.
2 Page] : le texte grec n'a pas été recopié, la traduction est suivie de la référence : « Parm. 477 » [= *Ross.* 962, p. 477, ll. 10-16] ;
la traduction de ce fragment reprend celle que Scutelli en avait
donné dans sa traduction intégrale de l'*In Parm.* (publiée dans
la première édition Cousin, t. V, Paris 1823, p. 417).

a appartenu à Gilles[1]. Les deux mss. de Naples sont, eux aussi, abondamment annotés tant par Scutelli que par Gilles de Viterbe. Il est donc évident que ce dernier avait l'habitude d'emprunter des mss. grecs et d'en faire exécuter des copies pour sa propre bibliothèque, pour demander ensuite à Scutelli d'en faire une traduction latine, à l'aide de laquelle il étudiait le texte grec.

Cette conclusion confirme les résultats auxquels sont parvenus M. Sicherl pour la traduction du *De mysteriis* de Jamblique, E. Lamberz pour celle des *Sententiae* de Porphyre, et B. Reis pour celle du *Prologus* d'Albinus. La traduction du *De mysteriis* de Jamblique ne fut achevée qu'en 1538, après la mort du cardinal (1532)[2], mais Scutelli avait commencé à y travailler auparavant, comme il le dit dans sa dédicace au cardinal Madruzzo : « interea sic habeto, illustrissime princeps, plurimorum annorum foeturam esse hanc, Romae coeptam incubari in hortis Hesperidum reverendissimi quondam Aegidii Viterbiensis, literatissimi cardinalis »[3]. Le modèle grec de cette traduction est le *Barber. gr.* 62, copié par Petrus Candidus, probablement sur

1. Cf. Whittaker, « Greek Manuscripts », p. 227-228. L'*Angelicus gr.* 99 contient les dissertations 1-12 de l'*In Remp.* [= éd. Kroll, t. I].

2. La traduction du *De mysteriis*, suivie de celle de la *V. Pyth.*, du *Protr.* et du *De comm. math. sc.*, parut posthume à Rome, apud Antonium Bladum, en 1556. Cf. Sicherl, *De mysteriis*, p. 188-193 ; H. D. Saffrey, « Les livres IV à VII du *De mysteriis* de Jamblique relus avec la *Lettre* de Porphyre *à Anébon* », dans *The Divine Iamblichus, Philosopher and Man of Gods*, ed. by H. J. Blumenthal and E. G. Clark, London 1993, p. 144-158, en part. p. 145 (repris dans Saffrey, *Néoplatonisme*, p. 49-64, en part. p. 50-51). Sur la traduction des trois autres ouvrages de Jamblique, cf. Iamblichus, *De vita Pythagorica liber*, ed. L. Deubner, editionem addendis et corrigendis adiunctis curavit U. Klein, Stuttgart 1975, p. xx-xxi.

3. La dédicace de Scutelli au cardinal Madruzzo, datée du 1er septembre 1538, est publiée par G. Parthey dans son édition du *De mysteriis* : Jamblichi *De mysteriis liber*, ad fidem codicum manu scriptorum recognovit G. Parthey, Berolini 1857 (réimpr.

commande de Gilles de Viterbe[1]. La traduction des *Senten-tiae*, achevée le 6 octobre 1526, a été faite sur le *Monac. gr.* 91, que Gilles avait fait copier à partir du *Vat. gr.* 237, emprunté à la bibliothèque Vaticane en 1521[2]. La traduction du *Prologus* d'Albinus, qui n'est pas datée, a été faite sur le *Vallicellianus* E 36, copié, lui aussi, sur commande de Gilles de Viterbe[3].

La traduction de l'*In Parm.* par Scutelli est une paraphrase — parfois même un résumé — du commentaire de Proclus plutôt qu'une traduction au sens strict[4], notamment dans les premiers livres, dont Scutelli a fait un abrégé qui donne l'essentiel de l'argumentation. Ce n'est qu'à partir du livre VI que la traduction devient plus littérale, comme le montrent les deux passages de la traduction qui suivent, tirés, l'un du début du commentaire, l'autre, du livre VII.

Amsterdam 1965), p. XVIII-XXI (voir en part. p. XXI).

1. Cf. Sicherl, *De mysteriis*, p. 83-87.

2. Cf. Porphyrius, *Sententiae ad intelligibilia ducentes*, ed. E. Lamberz, Leipzig 1975, p. XII et LXII-LXIII. Cette traduction est inédite.

3. Cf. Reis, *Der Platoniker Albinos*, p. 235-238 (*Vallicell.* E 36), p. 271-274 (*Neapol.* VIII. F. 7, cf. *supra*, p. CDXXXIX, n. 1), p. 320-323 (éd. de la traduction).

4. U. Klein (éd. cit. *supra*, p. CDXLI, n. 2), p. XXI, formule le même jugement à propos de la traduction par Scutelli de Jamblique, *V. Pyth.*, *Protr.* et *De comm. math. sc.* : « Sed librum Scutellii ipsum perscrutanti [*scil.* l'éd. Romae 1556] ilico perspicuum est, Scutellium et Iamblichi librum de vita Pythagorica (pp. 1-24) et Protrepticum (pp. 25-52) et librum de communi mathematica scientia (pp. 52-68) ita vertisse, ut verba potius modo, ut ita dicam, paraphrastico et valde compendiario redderet quam dictionem Graecam ad verbum transferret ».

In Parm. I 617.1-620.28 (*Ricc.* 155, ff. 4^r-5^r)[1].

[f. 4^r] Sex orat ab omnibus generatim diis, ductum ad hunc librum et doctrinam, lucem et accensionem ad ueritatem, reuelationem animi ad scientiam rerum que sunt, apertionem portarum mentis ad intellectum Platonis, excitamentum ingenii ad preclarissimum quod est, requiem ab errore et falsa doctrina rerum que non sunt in rebus que sunt, apud quas solas oculus anime pascitur et potatur, ut preclare inquit in Phedro Socrates. Hec petit a toto genere. Septem deinde dotes obsecrat sigillatim a septem superiorum hierarchiis et choris : intellectum a diis intelligibilibus, et uim anagogicam a diis intellectualibus, actionem abstractam a diis supermundanis, uitam celestem a mundanis, et ostensionem diuinorum ab angelis et repletionem diuinarum inspirationum a bonis demonibus, status amplitudinem et eminentiam ab heroibus, et demum a cunctis preparationem ad capiendam Platonis sapientiam maxime mysticam. [f. 4^v] De reuelatore sapientie altissime Platonis quodam mentio fit. Hunc uocant (*sic*) ducem, sacerdotem, philosophie ideam, beneficum, saluatorem, magistrum hominum, cum Platone debacchantem. Is quisnam sit latet. Deorum munera condenda sunt legitimis animi sinibus. Dum quinquatria grandia celebrantur pro Pallade, Athenas ventitant Parmenides et Zeno eleate, pythagorei, teste Nicomacho,

1. Voici les variantes du fragment de traduction contenu au f. 3^r (cf. *supra*, p. CDXXVII-CDXXVIII) par rapport à la version définitive publiée dans le texte : ductum] uiam ‖ et accensionem *post* ad ueritatem *transp.* ‖ excitamentum ingenii] excitationem mentis ‖ et falsa doctrina *om.* ‖ anime] animi ‖ ut preclare — genere *om.* ‖ dotes] dona ‖ obsecrat *post* hierarchiis *transp.* ‖ sigillatim *om.* ‖ superiorum] superioribus ‖ et choris *om.* ‖ et uim] uim ‖ abstractam] indesinentem et abstractam a materia et liberam a cogitationibus materie ‖ *post* supermundanis *add.* ducibus. — Ce passage est déjà publié dans l'édition Cousin[1], t. IV, p. 227-229 (la traduction de Scutelli est attribuée à Gogava, cf. *supra*, p. CDXXXVI-CDXXXIX).

ex Elea Italie ad Greciam erudiendam. Hos adit Socrates excellentiori ingenio iuuenis, liber a Zenone Socrati legitur absente Parmenide. Quem librum Zeno in adolescentia scripsit in calumniatores unius Parmenidis ueritatis ignaros, ostendens non minora nec pauciora monstra [difficultates add. s.l.] exoriri multa ponentibus quam ascribant Parmenidi unum tuenti. Oportet unum esse et multa neque sine multitudine unum : neque multitudo sine uno. Unde quidam unitatem statuunt, quidam multitudinem, Parmenides non dignabatur descendere in multitudinem. Zeno discipulus minor finem speculationis statuit unum ac uolens [f. 5^r] abstrahere sese a multitudine colligit unum illud uti centrum omnium que sunt, redarguit multa ponentes et purgat eorum animum a sordibus multitudinis per elenchum.

In Parm. VII 1239.22-1240.39 (ff. 421^v-423^v).
T(extus) 40 *Num potest quicquam essentia* [141 E 7] (f. 421^r).

[f. 421^v] Ad essentiam usque que deificatur et uniuersam que modo semper uno eodemque agit progressi per omnia iam dicta et omnes unius ordines elocuti, tum diuinos tum intellectuales, et quecumque ad animas spectant, rursus recurramus per communem omnibus iam expositis ordinibus naturam ad intellectilem monadem rerum que sunt, et ab hac unum liberemus, scingamus (*sic*), eripiamus. Ut enim et antea dicebamus, non ab intelligibilium uertice, capite, arce et fastigio, sed ab intellectualium apice originem fecit negationum. Nam multa illic pariuntur [f. 422^r] quemadmodum nobis in procursu constabit. Essentia uero secundum unum ens pre multis iis extat et cunctis est iam dictis ordinibus, multis, uniuersitati, figure, sequentibus uniuersis. Unde et ab omnibus ut communiter participantibus essentiam, essentiam ad ipsam recurrimur (*sic*) et iccirco ab huius negatione auspicantes ; omne enim, inquit, quod essentiam participat, per horum aliquod est participans ; non proxime memorata intelligit, sed simul omnia que fuerunt in prima subiectione enumerata ut uel totum est uel partibus constat aut originem tenens aut medium aut finem uel in sese uel in alio et [f.

422ᵛ] sequentia suo ordine que ab uno abnegantur omnia, ut et constat quoniam hec accepit, quod et initio diximus quecumque entia consectantur ipsa aut entia sunt, sed non uiuentia que sunt aut intelligentia. Omne quippe essentiam utcumque modo quopiam participans per horum aliquod que negantur inquit essentiam participat horum. Non igitur essentiam participat ; non secus et in Rep. Socrates unum trans essentiam esse, non essentiam, sed essentie causam potius, immo et ultra omne id uel quod intelligit uel quod intelligitur, perinde atque solem cernentium et eorum que cernuntur authorem, [f. 423ʳ] causam, parentem fatemur esse, non aliud quicquam dictitans essentiam circa ens. Nam plane ipse et hoc inquit loco quod non potest esse quicquam quod essentiam non participet. Et in hoc dialogo et in Timeo pariter. Si igitur primum super essentiam et supra id quod est omne et esse ipsum falsum, abstractum quippe est ultra etiam id quod est, et tantum interest inter Parmenidem Platonicum et eum qui in poemate carmina cecinit, quod in poemate in unum ens respectat idque omnium esse causam cantat, Platonicus uero in unum ab uno ente solum unum et ante ens cum recurrerit infitiatusque participans essentie unum esse, postquam nouit quod potest aliquid [f. 423ᵛ] prima essentia esse.

Bien que Scutelli ait traduit l'*In Parm.* à partir du *Ross.* 962, il a bénéficié aussi de la traduction de Guillaume de Moerbeke. En effet, une comparaison détaillée des deux traductions, notamment dans le livre VII, montre que Scutelli a souvent pris la traduction de Moerbeke comme base de sa propre traduction, qu'il l'a collationnée avec son ms. grec, éliminant les traits trop choquants du latin de Moerbeke (par exemple, l'article *le* ou les particules corrélatives *quidem-autem*) et remplaçant quelques termes scolastiques (par exemple, *substantia* est remplacé par *essentia* comme traduction de οὐσία)[1]. Notons cependant que Scutelli n'a pas utilisé la traduction de Moerbeke de façon systématique. En effet, il suit fidèlement le *Ross.* jusque dans ses nombreuses fautes, alors que la traduction de Moerbeke aurait pu lui fournir un texte plus correct ; il s'arrête, comme son modèle grec, à VII 1242.36, alors que la traduction de Moerbeke va jusqu'à la fin de la première hypothèse[2]. La comparaison de la fin de la traduction de Scutelli avec le texte correspondant de Moerbeke montre clairement la dépendance de la première par rapport à la seconde (les reprises littérales sont soulignées).

In Parm. VII 1242.18-33, trad. Scutelli (*Ricc.* 155, ff. 425^v-426^r).

Quoniam uero participare sumebat secundum omnes antea rationes secundum connexionem eorum que post ens

---

1.　Bien que la traduction de Moerbeke ait eu une circulation très limitée (elle n'est transmise que par six mss.), Scutelli pouvait disposer du *Vat. lat.* 3074, qui se trouvait dans la bibliothèque pontificale déjà en 1455. Il est en effet mentionné dans l'inventaire de la bibliothèque latine de Nicolas V rédigé en cette année aussitôt après sa mort : « Item unum volumen communis forme cum duabus serraturis cum ligni postibus, copertum tantum in dorso coreo viridi, nuncupatum Exposicio Procli in Parmenidem Platonis », et figure ensuite dans les inventaires de 1475, 1481 et 1533 (cf. A. Manfredi, *I codici latini di Niccolò V. Edizione degli inventari e identificazione dei manoscritti* [Studi e testi, 359], Città del Vaticano 1994, p. 373-374, n° 595 ; Moerbeke, *In Parm.*, p. 13*). Il faut toutefois remarquer que ni ce ms. ni aucun des autres mss. conservés de la traduction de Moerbeke (cf. *supra*, p. CCLXI, n. 1) ne porte de traces d'une éventuelle utilisation de la part de Scutelli.

2.　L'indépendance apparente de la traduction de Scutelli par rapport à celle de Moerbeke explique la conclusion, présentée dans l'édition de la traduction de Moerbeke, selon laquelle Scutelli n'aurait pas utilisé la traduction de Moerbeke (cf. Moerbeke, *In Parm.*, t. I, p. 42*). Cette conclusion doit donc être modifiée. Une étude plus vaste permettrait de déterminer dans quelle mesure Scutelli reste redevable à sa source médiévale.

cum uno, ideo et in iis ita inquiens participationem, omne, ait, participans essentiam secundum horum aliquod ipsam participat. Ait uero aut secundum totum aut secundum figuram aut secundum idem et diuersum aut secundum aliud quippiam ab uno negatorum. Hec prefatus conclusit : igitur nullo modo essentiam participat unum ita ut secundum horum [f. 426ʳ] aliquod sit eius particeps. Vnde quoniam relinquebatur dicere ne forte secundum horum aliquod unum essentiam non participat, ipsam tamen participat essentiam, que est ante hec et participat illud uerbum "est" cum essentia ipsa coniunctum statim intulit : Non itaque ita est ut sit unum ; esset enim ens iam et essentie particeps.

In Parm., trad. Moerbeke, p. 497.57-67.

Quoniam autem participare accepit secundum omnes precedentes rationes secundum condependentiam eorum que post ens eam que ad unum, propter hoc itaque et in hiis sic dicens participationem, omne, ait, participans substantia secundum aliquid horum ipsa participat. Dicit autem aut secundum totum aut secundum figuram aut secundum idem et alterum aut secundum aliud aliquid abnegatorum ab uno. Hiis autem predictis coniunxit quod nullatenus substantia participat le unum sic ut secundum aliquid horum participans ipsa. Vnde quoniam relinquebatur dicere ne forte secundum aliquid quidem horum non participat le unum substantia, ipsius autem habet eius que ante hec entis substantie, et est illi substantie complexum, intulit : neque ergo est le unum.

III. Éditions et traductions modernes

Malgré l'intérêt des érudits du xviᵉ siècle, l'*In Parm.* de Proclus n'a pas été édité à la Renaissance. Le mérite d'avoir donné l'*editio princeps* revient au philosophe français Victor

Cousin (1792-1867)[1] qui consacre les trois derniers tomes
(IV-VI, 1821-1827) de ses *Procli Opera* à l'édition du commentaire sur le *Parménide*[2]. Les six tomes de cette collection
présentent des dédicaces différentes : le t. I est dédié à Pierre-
Claude-Bernard Guéroult (1744-1821), latiniste et directeur
de l'École Normale Supérieure, le t. II à la mémoire de
Charles Loyson (1791-1820), ancien élève et conférencier
de l'École Normale Supérieure, poète et polémiste royaliste,
le t. III à C. A. Brandis, les t. IV-VI (*In Parm.*) sont dédiés
à J. F. Boissonade et, chose plus notable, aux philosophes
allemands Schelling et Hegel, qualifiés de « rénovateurs de
l'Un de Parménide et de Platon »[3] : « Viro optimo et doc-

---

1. Sur les raisons qui expliquent ce retard dans l'édition
des textes néoplatoniciens, ainsi que sur l'édition Cousin et son
contexte historique, cf. Proclus, *In Alc.*, Introduction, p. CXXVIII-
CXXXV. Pour un examen critique de cette édition, cf. van Bilsen,
« Le texte de l'*In Parmenidem* » (cf. *infra*, p. CDLX, n. 1). — Sur
Victor Cousin, voir aussi l'article de J. Marenbon, dans *Medieval
Scholarship. Biographical Studies on the Formation of a Discipline*, t.
III : *Philosophy and the Arts*, ed. by H. Damico, New York-London
2000, p. 13-22.
2. *Procli Philosophi Platonici Opera e codd. mss. Biblioth. Reg.
Parisiensis, tum* [puis *nunc* à partir du t. III] *primum edidit, lectio-
nis varietate, et commentariis illustravit* Victor Cousin, professor
philosophiae in Academia Parisiensi, t. I (*Tria opuscula De li-
bertate, providentia et malo*, trad. de Guillaume de Moerbeke),
Parisiis, J.-M. Eberhart, 1820 ; t. II-III (*In Alc.*), *ibid.* 1820-1821 ;
t. IV (*In Parm.* I-II), *ibid.* 1821 ; t. V (*In Parm.* III-V), *ibid.* 1823 ;
t. VI (*In Parm.* VI et VII « cum supplemento Damasciano » [ce
que Cousin appelle ici « supplementum Damascianum » est en
réalité la continuation de Pachymère, cf. *supra*, p. CLXXIX, n. 3]),
ibid., Firmin Didot, 1827.
3. Sur l'accueil chaleureux que Hegel réserva aux éditions
de l'*In Alc.* de F. G. Creuzer (1820) et de V. Cousin (1820-21),
cf. Proclus, *In Alc.*, Introduction, p. CXXXIII-CXXXIV. Sur l'intérêt pour Proclus dans l'idéalisme allemand, cf. W. Beierwaltes,
Platonismus und Idealismus (Philosophische Abhandlungen, 40),
Frankfurt am Main 1972, p. 154-187 : « Hegel und Proklos »
(trad. fr. par M.-Chr. Challiol-Gillet, J.-F. Courtine et P. David [Bibliothèque d'histoire de la philosophie. Nouvelle série],

tissimo J. F. Boissonade, de litteris Graecis, de philosophia antiqua et Proclo nostro egregie merito merituroque nec non amicis et magistris F. W. J. Schelling, et G. W. F. Hegel, philosophiae praesentis ducibus, Unius Parmenidei et Platonici restitutoribus, D. D. editor ». Pour établir le texte de l'*In Parm.*, Cousin a utilisé les quatre mss. grecs conservés à la Bibliothèque Royale à Paris : les *Paris. gr.* 1810 (A), 1836 (B), 1835 (C) et 1837 (D). Cousin a justement remarqué que ces quatre mss. forment deux "familles" : « Textum magna ex parte constitui de Codice optimo duodecimi saeculi, inter Cod. Bibl. Parisiens. inscripto 1810, quem Cod. 1836 saepius vitiatum, aliquantisper emendatum refert. Illi vero duo Codices ejusdem familiae fontes sunto hujus principis, ut aiunt, editionis. Codices autem duo inscripti 1835 et 1837, in omnibus fere similes, alteram Codicum quasi familiam exhibent alteri longe imparem ; quam quidem in textum cautius et raro nunc demum admisi, cum melior hinc lectio aliquando emergeret » (t. IV, Praefatio, p. viij). En effet, B dépend de A par l'intermédiaire de M et du *Marc. gr.* 191 (ce qui explique ses fautes comme ses corrections), tandis que C (seulement dans sa première partie) et D dépendent de Σ, C par l'intermédiaire de W et du *Neapol.* III. E. 22, D par l'intermédiaire de F. Le choix de ces quatre mss., bien que déterminé par leur présence à Paris, n'était donc pas malheureux : avec ces quatre témoins, on pouvait établir un texte raisonnable. Malheureusement Cousin a travaillé trop vite et sans principes d'édition solides. Bien qu'il affirme avoir établi le texte principalement à partir de A, corrigé, le cas échéant, à l'aide de B, et n'avoir utilisé C et D qu'en dernier

Paris 2000, p. 155-185). Sur la relation entre V. Cousin et les "hégéliens", cf. *Lettres d'Allemagne. V. Cousin et les hégéliens*, éd. par M. Espagne et M. Werner, Paris 1990. Sur les études platoniciennes en Allemagne aux xviie et xviiie siècles, cf. J.-L. Viellard-Baron, *Platonisme et interprétation de Platon à l'époque moderne* (Bibliothèque d'histoire de la philosophie), Paris 1988. — Sur P.-C.-B. Guéroult, cf. *Dictionnaire de biographie française*, t. 16 (1985), col. 1527-1528 [D. Reuillard].

recours, il est évident que Cousin a procédé de manière inverse : le *Paris. gr.* 1810 étant trop difficile à lire, l'éditeur a
d'abord travaillé sur les trois autres mss. et n'a comparé leur
texte avec A qu'ensuite. Ce procédé est tout à fait évident
dans le dernier tome (livres VI-VII) : souvent Cousin ne fait
que copier le texte de C, sans même corriger ses nombreuses
fautes individuelles (ce qu'il aurait pu faire à l'aide de n'importe lequel des trois autres témoins)[1]. A titre d'exemple,
signalons trois passages omis par C et, à sa suite, par Cousin
(qui aurait pu les lire en ABD) : VI 1117.11-13 μηδὲ πολλὰ — μὴ ἔχειν; 1118.12-14 καὶ ὡς πέρας — ἀδιεξίτητον;
1129.15-16 ὡς οὐδὲ — μέρος ἔχειν. Heureusement, dans
le premier volume, l'édition est moins défectueuse, parce
que fondée sur plusieurs témoins. Dans les nombreux cas où
le texte de AB s'écarte de celui de CD, Cousin donne, en
règle générale, la préférence à AB, sans doute parce qu'il
considérait leur recension comme plus "ancienne", et suit
A(B) même dans leurs omissions (par exemple, I 662.5-12,

---

1. L. G. Westerink avait déjà remarqué le même procédé
dans l'édition de la continuation de Pachymère : « Cousin, espe-
cially in his first edition, relied mainly on two Paris manuscripts
(1835 and 1836) derived from M, rather than on A, presuma-
bly because they were easier to read » (*Pachymeres*, p. xii). La
même remarque est valable pour la seconde édition, comme le
montre l'exemple suivant : aux col. 1274-1276, le texte Cousin
reproduit la mise en page fautive du ms. M et de tous ses descendants. En effet, à cause de la mise en page du *Paris. gr.* 1810
(texte au centre et commentaire dans les marges), le copiste du
ms. M (ff. 145^r-148^r), n'ayant pas correctement associé lemme
et commentaire, a fusionné les lemmes 149 C 4-D 7 (p. 20.15-24
Westerink = M, f. 145^r, ll. 18-24) et 149 D 8-150 E 5 (p. 21.1-
22.9 = M, f. 145^r, l. 24-145^v, l. 11) et a copié à leur suite les deux
commentaires qui s'y rapportent (p. 20.25-32 + p. 22.10-23.32
= M, f. 145^v, ll. 11-17 + ff. 145^v, l. 17-148^r, l. 12) ; cette mise en
page fautive est reproduite dans l'édition Cousin[2], où les deux
lemmes fusionnés et abrégés (1274.17-20) sont suivis des deux
commentaires (1274.21-33 et 1274.33-1276.36). L'édition Cousin[1], t. VI, p. 275-278, présentait déjà la même mise en page
fautive.

664.17-22, 664.33-34, 704.25). En plus des témoins grecs, Cousin a utilisé la traduction latine de Scutelli attribuée par erreur à Gogava. On trouve, à la fin de chaque volume, la partie correspondante de cette paraphrase abrégée, que Cousin a légèrement retouchée (« Versio quidem non est ; at fragmenta et excerpta quasi in versionem extenduntur. Ea autem post textum lector habebit, a me paululum retractata », t. IV, p. viij). Mais arrivé au milieu du septième livre (1re éd., t. VI, p. 196 = 2^e éd., col. 1197.21), où la traduction de Scutelli devient plus littérale (et donc plus longue), Cousin a renoncé à l'éditer : « Hic versio magis magisque barbara vix intelligibilis evadit, et nullam fere praebet medelam lacunis quas nostri codices habent » (t. VI, p. 364). Dès lors, il se limite donc à signaler quelques passages où le latin aide à percer l'obscurité du texte grec. Notons, pour finir, que dans sa première édition, Cousin clôt le premier livre à la fin du prologue (659.22) et fait commencer le livre II par l'explication du premier lemme (659.23)[1].

La première édition Cousin de l'*In Parm.* a fait l'objet d'un compte rendu par le platonicien anglais Thomas Taylor dans *The Classical Journal*[2]. Taylor, qui exprime son

---

1. Cf. *supra*, p. CLIII ; *infra*, p. 142, n. 6 (p. 320-321 des *Notes complémentaires*).
2. Th. Taylor, « Notice of Professor Cousin's Edition of the two first books of Proclus on the *Parmenides* of Plato », *The Classical Journal*, 24 (1821), p. 336-347 (réimpr. dans « The Thomas Taylor Series », t. XI, Somerset 1996, p. 589-598) ; id., « Notice of Professor Cousin's Edition of the third, fourth, and fifth Books of Proclus on the *Parmenides* of Plato », *The Classical Journal*, 31 (1825), p. 16-21 et 271-279 (réimpr. *ibid.*, p. 599-607 [les p. 16-19, l. 15 sont omises]). Voir aussi id., « Brief notice of Professor Cousin's *Procli Opera* », *ibid.* 23 (1821), p. 168-170. Pour la citation, cf. *The Classical Journal*, 24 (1821), p. 336. — Sur Thomas Taylor (1758-1835), cf. *Dictionary of National Biography*, 19 (1909), p. 468-470 [J. M. Rigg] ; K. Raine and G. Mills Harper, *Thomas Taylor the Platonist. Selected Writings* (Bollingen Series, LXXXVIII), Princeton 1969 ; Proclus, *Theol. plat.* I, Introduction,

enthousiasme de voir enfin paraître le commentaire de Proclus, « this Coryphaean Platonist, and incomparable man », examine un certain nombre de passages et propose des corrections en utilisant sa propre transcription, exécutée une trentaine d'années auparavant, du ms. *Harleianus* 5671, descendant du ms. A par l'intermédiaire des mss. M et P[1]. Taylor était imprégné de la pensée de Proclus, comme le montre sa monumentale traduction commentée de tous les dialogues de Platon[2], en particulier le volume III contenant le *Parménide*, où Taylor suit de très près le commentaire de Proclus

p. xcv et n. 1 ; *Theol. plat.* VI, Introduction, p. lxxiii ; Marinus, *Proclus*, Introduction, p. clxi. Rappelons que lorsqu'il écrit son compte rendu de la première édition Cousin, Taylor a déjà publié les traductions suivantes de Proclus : *In Eucl.* (suivie de la traduction de Marinus, *Proclus*, London 1788, 2ᵉ éd. 1792 ; la traduction de l'*In Eucl.* est utilisée dans l'édition de G. Friedlein, cf. Praefatio, p. iv et 2 [sigle : T]), *El. theol.* (*ibid.* 1789, 2ᵉ éd. 1816 à la suite de la *Theol. plat.*), *Hymni* (*ibid.* 1793), *In Remp.*, 6ᵉ dissertation (publiée comme introduction à *Resp.* II-III, dans *The Works of Plato*, t. I, London 1804 [réimpr. dans K. Raine and G. Mills Harper, *Thomas Taylor the Platonist*, cit., p. 447-520]), *In Tim.* (London 1810, 2ᵉ éd. 1820, avec la dédicace « To the Sacred Majesty of Truth »), *Theol. plat.* (*ibid.* 1816), *De prov.* et extraits du *De decem dub.* et du *De mal. subs.* (traduction faite à partir de l'édition de J. A. Fabricius, *Bibliotheca Graeca*, t. VIII, Hamburg 1717, p. 465-507, et publiée en 1816, en appendice à la traduction de la *Theol. plat.*). En 1833 (2ᵉ éd. 1841), Taylor publiera sa traduction du *De decem dub.* et du *De mal. subs.* à partir de l'édition Cousin, Paris 1820. — Les œuvres de Thomas Taylor ont été réimprimées par « The Prometheus Trust » dans « The Thomas Taylor Series », 13 vol., Somerset 1994-1996.

1. Pour le *Harleianus* 5671, cf. *supra*, p. ccxxi-ccxxii. — Pour les corrections de Taylor (livre I) que nous avons accueillies dans le texte ou mentionnées dans l'apparat critique, voir notre apparat critique *ad* 648.13, 678.34, 685.1, 710.29. Pour l'utilisation des corrections de Taylor par Cousin dans sa seconde édition, cf. *infra*, p. cdlxiv-cdlxvii.

2. Cf. *The Works of Plato, viz. his fifty-five dialogues, and twelve epistles*, translated from the Greek, nine of the dialogues by the late Floyer Sydenham, and the remainder by Thomas Taylor : with occasional annotations on the nine dialogues translated

qu'il considère comme la meilleure introduction à la philosophie de Platon[1]. Dans les notes en bas de page (qui occupent souvent presque entièrement la page) et dans les « Additional Notes on the *Parmenides* from the Ms. Commentary of Proclus on that Dialogue » (p. 533-591), Taylor traduit ou paraphrase de larges extraits de l'*In Parm.* de Proclus. A la fin de la première hypothèse, il cite même des passages qui ne sont connus que par la traduction latine de

by Sydenham, and copious notes, by the latter translator, in which is given the substance of nearly all the existing Greek Ms. commentaries on the philosophy of Plato, and a considerable portion of such as are already published. In five volumes. London, Printed for Thomas Taylor by R. Wilks, 1804. La page de titre porte en épigraphe un passage du prologue de l'*In Parm.* de Proclus : τοῦτον φιλοσοφίας τύπον φαίην ἂν ἐγὼ εἰς ἀνθρώπους ἐλθεῖν — γενησομένοις (I 618.8-13), passage que Taylor interprète comme un renvoi à Platon, et non pas à Syrianus (cf. « Notice of Professor Cousin's Edition of the two first books of Proclus on the *Parmenides* of Plato », art. cit., p. 337). Le volume III, contenant le *Parménide*, a été réimprimé dans « The Thomas Taylor Series », t. XI, Somerset 1996, en part. p. 1-252 (la presque totalité des notes en bas de page ont été fusionnées avec les notes additionnelles et imprimées à la suite de la traduction, p. 77-252).

1. Cf. *The Works of Plato*, cit., t. III, « Additional Notes on the *Parmenides* », p. 533, note (réimpr. cit., p. 77) : « There is not, perhaps, among the writings of the ancients any one which, on the whole, is so well calculated to lead the lover of wisdom gradually to a knowledge of the most sublime, arduous, and felicitous doctrines of the philosophy of Plato. Inestimably great are the benefits which I have derived from the study of it ; and it is my earnest wish that the reader of these and the preceding extracts may be able to strengthen this testimony of its excellence by his own experience. For, if I may be allowed to prophesy, this Work, if not at present, will at some future period be the source of the greatest good to mankind, and will be admired and studied as it deserves, while the duration of writings of a different kind, though now so popular, will, when compared with the extent of this, be fleeting like that of morning dreams ». C'est en s'inspirant de Proclus que Taylor a sous-titré le *Parménide* « A dialogue on the Gods ».

Moerbeke (comme le renvoi à Speusippe, VII, p. 501.61-69, cité *ad* 141 E 7-8), traduction qu'il semble connaître par l'intermédiaire du commentaire de Marsile Ficin. Pour commenter la fin de la première hypothèse (*Parm.* 141 E 10-142 A 8), Taylor traduit ou paraphrase des extraits du *De principiis* de Damascius (I, p. 1.4-26.8, p. 80.1-85.5)[1], et pour commenter la deuxième hypothèse, des extraits de la *Theol. plat.*

En 1839, le savant allemand Gottfried Stallbaum publia une édition commentée du *Parménide* suivie du commentaire de Proclus[2]. Bien qu'il n'eût guère d'estime pour

---

1. Cf. « Additional Notes », p. 566-591 (réimpr. cit., p. 104-117). A propos de la traduction des extraits du *De principiis*, Taylor (p. 566 [réimpr. cit., p. 104]) écrit : « The difficulty of translating these extracts, like the sublimity which they contain, can be known only to a few ».

2. *Platonis Parmenides cum quattuor libris prolegomenorum et commentario perpetuo. Accedunt Procli in Parmenidem commentarii nunc emendatius editi*, cura Godofr. Stallbaumi, Lipsiae, E Libraria Lehnholdiana, 1839. L'ouvrage est ainsi composé : *Praefatio* (p. i-vi), *Prolegomena ad Platonis Parmenidem libri quattuor* (p. 1-343), texte du *Parménide* avec des notes en bas de page (p. 345-467), texte du commentaire de Proclus (p. 469-1010), *Argumentum Prolegomenorum* (p. 1011-1012), *Index graecus* (p. 1013-1015), *Index latinus* (p. 1016-1018), *Index historicus auctorum et operum* du commentaire de Proclus (p. 1019-1025 : cet index reproduit celui de Cousin, avec ses numéros de page, qui sont marqués dans les marges de l'édition Stallbaum), *Errata* (p. 1026). — Rappelons qu'en ces mêmes années, G. Stallbaum était en train de publier une édition presque complète de Platon qui constitue son travail scientifique le plus important : *Platonis dialogos selectos* recensuit et commentariis in usum scholarum instruxit G. Stallbaum, 10 vol., Gothae et Erfordiae, Sumptibus Guil. Hennings, 1827-1860. Cette édition ne comprend pas le *Parménide*. La décision de publier une édition séparée du *Parménide* a été dictée par l'exigence de fournir un commentaire détaillé de ce dialogue que Stallbaum considérait comme le plus difficile et le plus important pour connaître la philosophie de Platon, comme il l'explique au début de sa préface à l'édition de 1839, p. iii-iv : « Prodit nunc tandem Parmenides

l'exégèse de Proclus, il pensait ne devoir rien négliger qui pourrait contribuer à l'explication de ce dialogue. Il ne s'agit pas, à proprement parler, d'une nouvelle édition, car Stallbaum s'est limité à reproduire le texte et les notes de la première édition Cousin, sauf pour quelques conjectures et divergences dans le choix des variantes qui, rarement accueillies dans le texte, sont toujours signalées dans les notes par le sigle "St.". Stallbaum a méthodiquement corrigé la ponctuation de la première édition Cousin, souvent arbitraire ou fausse. Il souligne toutefois la nécessité d'avoir recours à d'autres mss. pour améliorer le texte de la première édition Cousin et envisage la possibilité d'une nouvelle édition contenant les leçons qui résulteraient de la collation d'un bon témoin du texte[1]. Ce projet, qui n'est mentionné

Platonicus cum Commentariis et Prolegomenis nostris, diu ille in scriniis retentus; sed prodit solus et a ceterorum scriptorum Platonicorum societate separatus. Quod certe mirum non accidet iis, qui eius ornatum vel leviter consideraverint. Dissimillimus enim hic est fratribus illis suis, quum neutiquam veste accincta utatur, sed lautiore quodam apparatu instructus incedat. Quam ob rem par esse videbatur, eum a reliquis dialogis Platonicis Gothae prodeuntibus seiunctum in lucem publicam emittere, ne vel illi de fratris dissimilitudine quererentur, vel hic insolentius sese videretur iactare, quam pro rei condicione liceret. Et dignus sane hic maxime liber fuit, qui uberius illustraretur. Nam in summa, qua premitur, obscuritate tantam tamen habet argumenti gravitatem, ut nullum fere Platonis opus ad divini philosophi doctrinam accuratius cognoscendam plus valeat, nullum item reperiatur, quo recentiores Platonici frequentius usi sint, ut suam inde doctrinam vel ornarent ac repeterent vel confirmarent atque illustrarent ». — Sur Gottfried Stallbaum (Zaasch [en Saxe] 1793-Leipzig 1861), directeur de la Thomasschule de Leipzig (1835) et professeur chargé de cours à l'Université de la même ville (1840), cf. ADB 35 (1893), p. 422-423 [R. Hoche].

1. Cf. éd. Stallbaum 1839, Praefatio, p. iv-v : « Atque hoc eodem consilio etiam Procli Commentarios, uberrimos illos, imo vero garrulos ac loquaces, adiecimus ; non quo in iis multum inesse putaremus, quod ad aperiendam Platonis mentem vere prodesset ; sed ne quidquam desideraretur, quod ad inter-

qu'en passant, n'a pas abouti, car les deux autres volumes
de Stallbaum (Leipzig 1840 et 1848) ne sont que de simples
reprises de la première édition chez un nouvel éditeur (Wöl-
ler au lieu de Lehnhold), et l'on peut les regarder comme
de simples "émissions". En effet, l'émission de 1840 ne
contient ni les *Prolegomena* ni le texte de Platon et est constituée seulement des cahiers 30* à 65* (= Proclus), pourvus
d'une page de titre[1]. L'émission de 1848 reprend la totalité
de la première édition (moins la préface foliotée i-vi, remplacée par un prière d'insérer contenant des extraits de quatre
comptes rendus de l'édition de 1839), précédée d'une nouvelle page de titre[2].

pretationem libri pertinere videretur, et ut ii, qui Platonem
legerent, simul possent ipso usu cognoscere, quam viam et rationem Platonici recentiores in explanandis utendisque ducis et
magistri sui opibus iniissent. Dedimus autem hos Commentarios secundum codd. Parr., quibus *Cousinus*, Vir nobilissimus et
in Germania pariter atque Gallia merito suo celebratissimus,
usus est. Nam alia praesidia, quorum ope emendarentur, nobis nulla suppetebant. Videmur tamen vel sic effecisse, ut nunc
multo facilius legi possint, si quidem nulla fere pagina, imo
nulla periodus est, in qua non vel interpunctionem verborum
correxerimus vel aliud quid emendaverimus. Quod quale sit,
comparantibus nostram editionem cum Cousiniana facile appa-
rebit. Valde tamen optandum est, ut hi commentarii denuo cum
bono aliquo codice conferantur : quod si nobis ipsis aliquando
facere contigerit, varias lectiones huic ipsi operi addendas cu-
rabimus ; sin alii fecerint, eos humanissime rogatos volumus,
ut copiis suis nobis submittendis bono publico consulant ».

1. *Procli Commentarius in Parmenidem*, emendatius edidit G.
Stallbaum, Lipsiae, Woeller 1840. Notons que les dictionnaires
LSJ et GI se réfèrent à cette émission. Pour la définition du
terme "émission", cf. *Dictionnaire encyclopédique du livre*, t. II,
Paris 2005, p. 48-49 [I. Pantin].

2. *Platonis Parmenides cum quatuor libris prolegomenorum et
commentario perpetuo. Accedunt Procli in Parmenidem commentarii nunc emendatius editi*, cura Godofr. Stallbaumi, editio viliore
pretio parabilis, Lipsiae, Sumptibus Im. Tr. Woelleri, MDCCCXL-
VIII. — Le prière d'insérer porte le titre : « Beurtheilungen und
Empfehlungen vorliegender Ausgabe von Platonis Parmenides,

En 1864, Cousin publie une seconde édition de ses *Procli opera inedita*[1]. Il est conscient que la première édition était très imparfaite : « Il ne nous en coûte point d'avouer que, malgré nos soins et notre attention, nous avons d'abord payé la rançon obligée de tout début », et il a raison de croire que cette nouvelle édition est « très sensiblement améliorée et augmentée »[2]. En ce qui concerne l'*In Parm.*, Cousin mentionne d'autres mss. en plus des quatre mss. de Paris utilisés pour la première édition (il parle de mss. à Turin, à la Marciana et à l'Ambrosiana ainsi que du *Harleianus* 5671 utilisé par Th. Taylor), mais, comme il n'a pas trouvé de meilleurs témoins, il s'est surtout efforcé de relire attentivement les mss. parisiens. Il croit toujours à la supériorité de la tradition AB par rapport à CD, mais il reconnaît que ces deux derniers mss. présentent parfois un texte préférable à celui

---

soweit solche dem Verleger bis jetzt bekannt geworden sind ». Les quatre comptes rendus avaient paru dans les quatre journaux suivants : *Repertorium der in- u. ausländischen Literatur der gesammten Philosophie*, 1839, Heft 4, p. 43 ; *Berliner Literaturzeitung*, 1839, n° 33 ; *Hallische Allgemeine Literaturzeitung*, 1843, n° 162 ; *Gersdorfs Repertorium der gesammten deutschen Literatur*, Bd. 24, p. 55 ss. Les auteurs traitent presque exclusivement du *Parménide* et soulignent l'importance des *Prolegomena* pour la compréhension du texte de Platon. Le commentaire de Proclus n'est mentionné que dans les premier et quatrième comptes rendus, où l'on lit des remarques élogieuses, mais génériques.

1. *Procli Philosophi Platonici Opera inedita* quae primus olim e codd. Mss. Parisinis Italicisque vulgaverat nunc secundis curis emendavit et auxit V. Cousin, Parisiis 1864. Cette seconde édition comprend : *Avertissement* (p. I-XX), *Proclus* de Marinus, texte et traduction de la seconde édition de Boissonade (col. 1-66) (cf. Marinus, *Proclus*, Introduction, p. CLIII-CLIV), *Pars prima* (= *Tria opuscula*, p. 67-75 [*Argumenta*], col. 76-267 [texte]), *Pars secunda* (= *In Alc.*, p. 268-280 [*Argumentum*], col. 281-602 [texte et trad. latine]), *Pars tertia* (= *In Parm.*, p. 603-616 [*Argumentum*], col. 617-1314 [texte]), *Pars quarta* (= *Hymni*, p. 1315-1323). La *Pars tertia* a été réimprimée à Hildesheim en 1961.

2. Cf. éd. Cousin[2], *Avertissement*, p. II et IV.

de AB[1]. La seconde édition Cousin se caractérise ainsi par
une certaine prise de distance par rapport à la famille AB
en faveur de la famille CD. Voici quelques exemples de ce
"changement de famille" dans le livre I[2] :

637.33-34 λέγον τὸ μὴ — κανόνων CD Cous[2] : om. AB Cous[1]
|| 641.9-11 διότι μήτε θεοῦ — τεθεῶσθαι ταὐτόν BCD Cous[2] :
om. A Cous[1] || 662.5-12 Ἐν ἑκάστῃ — εὐπορίαν CD Cous[2] :
om. AB Cous[1] || 662.31-33 Δύναιο δ' ἂν μὴ μόνον ὡς ἔμπρο-
σθεν εἴρηται, ταῦτα θεωρεῖν ἀλλὰ καὶ ὅτι CD Cous[2] : Δύναιο δὲ
καὶ οὕτω θεωρεῖν, ὅτι AB Cous[1] || 663.3 Εἰ δὲ ταῦτα συννοή-
σαις CD Cous[2] : Καὶ AB Cous[1] || 664.17-22 καὶ κατάγων —
οἰκεῖον BCD Cous[2] : om. A Cous[1] || 664.33-34 καὶ οὐ τῆς
τύχης — τελειωθῶσιν CD Cous[2] : om. AB Cous[1] || 671.34-
35 τῶν ἀναγομένων — ἡνίοχος CD Cous[2] : om. AB Cous[1] ||
704.25 Πάλιν — λέγουσι CD Cous[2] : om. AB Cous[1].

Cousin a introduit de nombreuses conjectures, qui sont
souvent exactes, sans toujours signaler son intervention dans
ses notes (par exemple, la transposition de I 631.2-7 était
une tentative intelligente). Il a aussi tenu compte des remarques de Taylor et de celles de Stallbaum[3]. La seconde
édition est en outre augmentée de nombreuses citations de
textes parallèles dans les notes, tandis que la traduction latine attribuée à Gogava est éliminée pour n'être citée que
sporadiquement dans les notes. La ponctuation a été allégée
et corrigée[4], les lemmes sont accompagnés de la référence

1. Cf. éd. Cousin[2], Pars III, p. 603.
2. Signalons ici un autre cas qui n'entre pas exactement
dans cette catégorie : en I 648.11, la seconde édition Cousin
imprime ἐν τῇ Πολιτείᾳ alors que la première édition portait ἐν
Πολιτείᾳ en signalant la variante du ms. D [= Paris. gr. 1837] ἐν τῇ
Πολιτείᾳ, variante qui n'est qu'une faute isolée du ms. F, modèle
du ms. D.
3. Pour les conjectures de Taylor et de Stallbaum que Cousin a accueillies dans le texte ou signalées en note dans sa
seconde édition, cf. infra, Appendice, p. CDLXIV-CDLXVIII.
4. Par exemple, dans les deux premières colonnes de la seconde édition (I 617-618), Cousin a supprimé douze virgules et

à l'édition Estienne, et les citations des lemmes sont imprimées en caractères espacés, ce qui rend la lecture plus aisée. Le progrès par rapport à la première édition est donc considérable. Il ne fait guère de doute que pour ce travail de révision Cousin n'ait été aidé, dans une large mesure, par Eugène Lévêque, qui est remercié dans l'*Avertissement*[1].

un point en haut de la première, et a corrigé une virgule en point en haut, un point en haut en virgule. Toutes ces corrections sont une simple reprise de la ponctuation de Stallbaum. Bien que la quasi-totalité des corrections de Stallbaum à la ponctuation de Cousin soient évidemment tacites, Stallbaum a parfois corrigé ou critiqué ouvertement la ponctuation de Cousin. Dans ces cas aussi, la seconde édition Cousin reprend la ponctuation de Stallbaum. Par exemple, en I 625.23-24 Cous[1] écrit : παρὰ Πυθοδώρου, ἐκείνου τοῦ κτλ., corrigé en παρὰ Πυθοδώρου ἐκείνου, τοῦ κτλ. chez Cous[2] suite à la correction de Stallbaum, accompagnée de la remarque p. 477, n. 6 : « Cousinus edidit : παρὰ Πυθοδώρου, ἐκείνου τοῦ τῶν Π. Errore, opinor ». Pour d'autres remarques de Stallbaum concernant la ponctuation de la première édition Cousin et acceptées dans la seconde, cf. Stallbaum, p. 482, n. 2 (I 630.21 θεωρία· Cous[1] : θεωρία, St. Cous[2]) et n. 4 (I 630.32 τόπους· Cous[1] : τόπους, St. Cous[2]) ; p. 496, n. 8 (I 651.7 ἀλλήλων, καὶ εἰκότως. Cous[1] : ἀλλήλων. Καὶ εἰκότως· St. Cous[2]) ; p. 525, n. 5 (I 685.3-4 ἀληθείας· ἀλλὰ τί τὸ ἐφεξῆς. Cous[1] : ἀληθείας. Ἀλλὰ τί τὸ ἐφεξῆς ; St. Cous[2]) et n. 7 (I 685.9-11 ἔστω, τοῖς ... βλέπουσι, τοῦ ... τοὺς· θεοὺς Cous[1] : ἔστω τοῖς ... βλέπουσι τοῦ ... τοὺς θεοὺς· St. Cous[2] ; Stallbaum note : « Tota haec verborum comprehensio apud Cousinum prava laborat interpunctione »). En revanche, la remarque de Stallbaum (p. 472, n. 5) à propos de I 618.16 (προλάμπουσα τὸ ἐξ αὐτῶν ἀναγωγὸν φῶς) : « Cousinus post προλάμπουσα commate interpunxit » est fausse car il n'y a pas de virgule chez Cous[1] (t. IV, p. 4, l. 3 *ab imo*).

1. Cf. éd. Cousin[2], p. v. Eugène Lévêque a traduit plusieurs textes néoplatoniciens, parmi lesquels le *De anima* de Jamblique (cf. *Les Ennéades de Plotin*, par M.-N. Bouillet, t. II, Paris 1859, p. 609 ss. : « Fragments de psychologie néoplatonicienne », traduits pour la première fois en français par Eug. Lévêque). Le Père Festugière avait pour lui le plus grand respect (cf. Festugière, RHT III, p. 177, n. 1). Malgré la révision d'Eugène Lévêque, le texte de la seconde édition Cousin présente encore des fautes d'impression (nous les avons corrigées tacitement

Somme toute, la seconde édition de Cousin n'est pas aussi déficiente qu'on le prétend quelquefois[1].

Les fondements d'une édition critique moderne du commentaire de Proclus ont été jetés par R. Klibansky et L. Labowsky dans le tome III du *Plato latinus* consacré au *Parménide*[2]. Bien que leur édition concerne principalement le texte latin du *Parménide* (p. 5-21), ils y ont ajouté les « partes

dans nos citations, par exemple I 635.21 ἐστὶ δεικνύντα : ἐπιδείκνυται Cous [re vera ἐπιδείκνυται Cous] || 646.20-21 ἐμπρεπόντων Cous [re vera ἐμπρέποντων Cous]).

1. Telle était encore l'opinion d'A. van Bilsen, « Le texte de l'*In Parmenidem* », p. 52 : « Enfin en 1864 Cousin fournit une nouvelle édition [...] dans laquelle il s'est borné à remanier ses notices ; quant à l'apparat critique, il a fait un choix parmi les variantes de sa première édition ; le texte n'a été corrigé qu'en de très rares endroits. L'édition de base est donc la première de Cousin ». Ce jugement est faux, car une comparaison des deux éditions montre que Cousin a beaucoup révisé sa première édition et que, presque toujours, il l'a améliorée.

2. Cf. *Plato Latinus*, t. III : *Parmenides usque ad finem primae hypothesis nec non Procli Commentarium in Parmenidem pars ultima adhuc inedita interprete Guillelmo de Moerbeka*, ediderunt R. Klibansky et C. Labowsky (Corpus Platonicum Medii Aevi), Londinii 1953 (réimpr. Nendeln 1979). La découverte de la traduction latine de l'*In Parm.* de Proclus et son attribution à Guillaume de Moerbeke avaient déjà fait l'objet d'une étude fondamentale de R. Klibansky, « Ein Proklos-Fund und seine Bedeutung », *Sitzungsberichte der Heidelberger Akademie der Wissenschaften. Philosophisch-historische Klasse*, 1929. — Pour une analyse de l'édition Klibansky-Labowsky, cf. H. D. Saffrey, c. r. de *Plato latinus* III, DLZ 81, 7/8 (Juli/Aug. 1960), col. 621-629 ; id., « Vicissitudes de la tradition du commentaire sur le *Parménide* de Proclus », *Philologus*, 105 (1961), p. 317-321 ; Boese, « Proklusübersetzungen », p. 398-402. — Le texte latin de l'édition Klibansky-Labowsky (partie inédite du commentaire) est repris, avec une traduction allemande, quelques notes et une courte introduction, dans Proklos, *Kommentar zu Platons Parmenides 141 E-142 A*, Eingeleitet, übersetzt und erläutert von R. Bartholomai (Texte zur Philosophie, Bd. 8), Sankt Augustin 1990.

ineditae » du commentaire de Proclus (p. 26-81 : texte et traduction), c'est-à-dire les parties qui ne sont conservées que
dans la traduction latine de Moerbeke : le texte sur la dialectique stoïcienne du livre I 696.21-50 (p. 80-81 K-L = p.
62.44-63.65 Steel) et la conclusion du commentaire de la
première hypothèse, à partir du lemme 141 E 7-10 (p. 26-
77 K-L = p. 495.83-521.69 Steel). Comme le début de ce
commentaire est encore conservé dans la tradition grecque
(VII 1239.27-1242.33 = p. 26-32 K-L), ils éditent ce texte
aussi bien en latin qu'en grec. Cette partie peut donc être
considérée comme un "spécimen" d'édition critique future
de tout le commentaire. Dans leur introduction, Klibansky-
Labowsky présentent 35 mss. grecs qu'ils classent en deux
familles : Σ et Φ, qui remonteraient, indépendamment l'une
de l'autre, à un modèle commun Ω[1]. Puisque Klibansky-

---

1. Dans le stemma de Klibansky-Labowsky, p. xxxvi, le sigle
Ω désigne l'ancêtre commun de la tradition grecque, que nous
désignons par Σ, et le sigle Δ désigne l'archétype de toute la
tradition, aussi bien grecque que latine, que nous désignons
par Ω. — En ce qui concerne le classement des mss., selon K-L,
les seules copies directes de Σ seraient F et R (f et r dans l'éd.
K-L). Sauf le *Vat. gr.* 232 (t) qui est une copie de R, les autres
mss. de la famille Σ seraient tous des descendants de F : *Paris.
gr.* 1835 (première partie, sigle : c_1), *Paris. gr.* 1837 (d), *Scorial.*
T. II. 8 (g = G dans notre éd.), *Harleianus* 5671 (h) et *Barber. gr.*
68 (j). S'il est vrai que le *Vat. gr.* 232 est une copie de R (cf. *supra*,
p. cxxxvii-cxxxix), la situation des autres mss. est, comme on l'a
vu, plus complexe. En effet, seul le *Paris. gr.* 1837 est une copie
de F (cf. *supra*, p. cxxvii-cxxx), le *Scorial.* T. II. 8 est une copie
indépendante de Σ (cf. *supra*, p. cxliv-cxlv), le *Barber. gr.* 68 est
une copie du *Scorial.* (cf. *supra*, p. cxlv-cxlviii), le *Harleianus* est
une copie du *Monac. gr.* 425 (p dans l'éd. K-L = P dans notre
éd.) (cf. *supra*, p. ccxxi-ccxxii). Le fait que, dans le stemma K-L,
le *Harleianus* est placé dans la descendance de F, alors que son
modèle (p = P) se trouve parmi les descendants du *Marc. gr.* 191
(v), s'explique par le fait que les éditeurs n'ont pas reconnu le
caractère mixte du texte de P. En effet, ce ms. a eu deux modèles :
M pour les livres I-III (d'où son affinité avec le *Marc. gr.* 191 qui
est, lui aussi, une copie de M) et Σ pour les livres IV-VII (d'où

Labowsky pensent que le ms. M est un frère, et non pas une copie de A, à cause de ses bonnes leçons qui ne se trouvent pas dans le ms. A, l'hyparchétype Φ serait le modèle commun des mss. A et M, selon le stemma suivant :

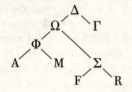

Or, puisque Bessarion a non seulement corrigé M à l'aide de Σ, contaminant ainsi le texte Φ par le texte Σ, mais, d'après le témoignage de Rhosos, a aussi corrigé Σ, tous les mss. qui dérivent de M et de Σ, à savoir la presque totalité de la tradition grecque, sont viciés par les interventions de Bessarion : les mss. copiés sur M sont contaminés par Σ, les mss. copiés sur Σ transmettent un texte altéré par les corrections que Bessarion aurait introduites dans Σ. Dans cet état de choses, le ms. A est non seulement le témoin le plus ancien[1], il est aussi le seul à avoir échappé à la contamination

la collocation du *Harleianus* parmi les descendants de F) (cf. *supra*, p. cci-cciii). La différence de classification du modèle (P) et de sa copie (*Harleianus*) implique évidemment que les deux mss. n'ont pas été examinés sur la même portion de texte. De la même façon, K-L n'ont pas vu que W a eu deux modèles : Σ jusqu'à IV 911.34, le *Marc. gr.* 191 pour le reste du texte (cf. *supra*, p. clv-clvi). Ils l'ont donc classé, avec sa copie, le *Neapol.* III. E. 22, parmi les descendants du *Marc. gr.* 191. En revanche, K-L ont bien reconnu le caractère mixte du *Paris. gr.* 1835 (sigle *c*), qui dérive de W par l'intermédiaire du *Neapol.* III. E. 22 (cf. *supra*, p. cliv), et ont distingué entre c_1 (famille Σ) et c_2 (famille du *Marc. gr.* 191).

1. Cf. Klibansky-Labowsky, p. xxxiii : « Memoriae graecae Commentarii codex et vetustissimus et optimus est Parisinus graecus 1810 = *a*, saeculi xiii, apographon archetypi totius classis secundae ».

et aux conjectures de Bessarion[1]. C'est pourquoi, d'après Klibansky-Labowsky, bien qu'il représente une recension savante du texte[2], le ms. A doit être considéré comme le témoin grec le plus important du commentaire de Proclus. C'est toutefois la traduction latine qui fait fonction d'arbitre lorsqu'il s'agit de choisir entre les leçons des deux familles[3].

Dans leur édition, Klibansky-Labowsky ont donc le grand mérite d'avoir reconnu que le texte transmis par le ms. A est le fruit d'une réélaboration rédactionnelle savante et que la traduction latine joue un rôle essentiel dans l'établissement du texte. Mais la base trop réduite de leur analyse ainsi que l'importance excessive donnée aux interventions de Bessarion dans son propre ms. M et dans Σ ont empêché les deux éditeurs de saisir correctement la structure de la branche grecque.

La première traduction du commentaire de Proclus dans une langue moderne est due à A. Ed. Chaignet (1820-1901), recteur honoraire de l'université de Poitiers : *Proclus le Philosophe. Commentaire sur le Parménide, suivi du Commentaire anonyme sur les VII* (sic) *dernières hypothèses, traduit pour la*

---

1. Cf. Klibansky-Labowsky, p. xxxv : « unus ex omnibus memoriae graecae codicibus relinquitur *a* (excepto *l* [= Conv. Soppr. 103] ex ipso *a* exscripto) qui diorthosis quae dicitur Cardinalis expers sit ». Comme on l'a vu (cf. *supra*, p. ccxxx-ccxli), la reconstruction de la tradition manuscrite de l'*In Parm.* proposée par Klibansky-Labowsky, en particulier la bipartition de la branche grecque et la supériorité du ms. A par rapport au reste des mss. grecs, ne peut être acceptée.

2. Cf. Klibansky-Labowsky, p. xxxii : « Ita factum est ut Φ, archetypus classis secundae, quasi editio operis altera, scilicet Byzantina, existimanda sit ».

3. Cf. Klibansky-Labowsky, p. xxxii : « Quae qui considerat videbit quantum ad constituendum contextum graecum Procli valeat versio latina, quippe quae ut sui iuris testis memoriae graecae auctoritate par sit, ita ut ubicumque librorum graecorum divisa est sententia, ad versionem latinam tamquam ad arbitrum confugiendum sit ».

*première fois en français et accompagné de notes, d'une table
analytique des paragraphes & d'un index étendu*. La traduction a été publiée à Paris en 1900-1903, en trois volumes
dont le dernier a paru après la mort de l'auteur, par les
soins d'E. Ernault[1]. Bien que la traduction ne soit pas très
fiable, elle reste utile à cause des notes du traducteur et de
ses conjectures.

Enfin, en 1987, a paru une traduction anglaise du commentaire qui, commencée par Glenn Morrow, a été achevée
par John Dillon[2]. Pour ce travail, J. Dillon a pu bénéficier de
la traduction latine de Moerbeke (Louvain 1982-1985) et de
très nombreuses conjectures et remarques critiques commu-
niquées par L. G. Westerink, dont il ne rend pas toujours un
compte exact dans ses notes.

IV. Appendice : Les conjectures de Th. Taylor et de
G. Stallbaum dans la seconde édition de V. Cousin

Dans sa seconde édition, Cousin a accueilli dans le texte
treize corrections de Taylor (compte rendu cité *supra*, p.
CDLI, n. 2) sans toutefois les lui attribuer en note, en sorte
qu'on risque de les attribuer à Cousin lui-même. Cette
conduite est peut-être à rapprocher du peu d'estime dont
Cousin fait montre à l'égard de Taylor dans sa correspondance : « Car le bon vieux Thomas Taylor manque par trop

---

1. Le dernier volume, p. 241-363, contient aussi une traduction de la *Vie d'Isidore* par Damascius (réimpr. des trois
volumes, Frankfurt am Main 1962). Avant la traduction du commentaire de Proclus, Chaignet avait publié la traduction du *De
primis principiis* et de l'*In Parm.* de Damascius : *Damascius le Diadoque, Problèmes et Solutions touchant les Premiers Principes*, 3 vol.,
Paris 1898 (réimpr. Bruxelles 1964), cf. Damascius, *De princ.* I,
p. XXXII, n. 2.

2. *Proclus' Commentary on Plato's Parmenides*, translated by
G. R. Morrow and J. M. Dillon, Princeton 1987.

de critique pour pouvoir se mesurer sérieusement avec Aristote », écrit-il à propos de la traduction de la *Métaphysique* par Taylor, l'année même de la mort de ce dernier[1].

Corrections empruntées à Taylor et non signalées comme telles : I 678.34 ἐξῃρημένας Cous[1] : ἐξῃρτημένας Taylor (art. cit. [1821], p. 340) Cous[2] (Cous[2], col. 678, n. 2 : « Codices ἐξῃρημένας. Sensus requirit ἐξῃρτημένας ») || I 685.1 τὸ ὂν Cous[1] : τὸ ἓν Taylor (art. cit. [1821], p. 340) Cous[2] (Cous[2], col. 685, n. 1 : « Codices τὸ ὄν ») || I 710.29 ἐνδεικνύμενος Cous[1] : ἕν, δεικνύμενος Taylor (art. cit. [1821], p. 341) Cous[2] (rien n'est signalé dans les notes de Cous[2]) || II 734.32 δυσειδεῖς Cous[1] : δυοειδεῖς Taylor (art. cit. [1821], p. 342) Cous[2] (Cous[2], col. 734, n. 7 : « Codices et Gogava δυσειδεῖς. Sed legendum est δυοειδεῖς ») || II 735.14 μὴ ἐπιπλέον Cous[1] : μὲν ἐπὶ πλέον Taylor (art. cit. [1821], p. 342) Cous[2] (Cous[2], col. 735, n. 2 : « Male codices μή ») || II 759.32 ὑπὲρ Cous[1] : ὑπὸ Taylor (art. cit. [1821], p. 344) Cous[2] (Cous[2], col. 759, n. 2 : « Male codices ὑπέρ ») || II 761.3 πᾶσιν εἶναι Cous[1] : πᾶσιν οὐκ εἶναι Taylor (art. cit. [1821], p. 344) Cous[2] (rien n'est signalé dans les notes de Cous[2]) || II 762.3 ζῶν Cous[1] : ἄζων Taylor (art. cit. [1821], p. 344) ἄζωον Cous[2] (Cous[2], col. 762, n. 3 : « Codices τὸ ζῶν ») || II 771.31 ἀσωμάτων Cous[1] : σωμάτων Taylor (art. cit. [1821], p. 346) Cous[2] (Cous[2], col. 771, n. 1 : « Codices omnes ἀσωμάτων ») || II 782.4 δευτέροις Cous[1] : δευτέροις δὲ Taylor (art. cit. [1821], p. 347) Cous[2] (rien n'est signalé dans les notes de Cous[2]) || III 804.32 οὐδὲν, ἀλλ' ἢ Cous[1] : οὐδὲν ἄλλο ἢ Taylor (art. cit. [1825], p. 274) Cous[2] (rien n'est signalé dans les notes de Cous[2]) || III 808.10-11 μεριστὸν Cous[1] : ἀμέριστον Taylor (art. cit. [1825], p. 275) Cous[2] (Cous[2], col. 808, n. 3 : « Codices μεριστὸν, et Gogava *partibile*. At legendum est ἀμέριστον ») || III 814.31

---

1. Dans une lettre à W. Hamilton du 15 juin 1835, citée par J. Barthélemy-Saint Hilaire, *M. Victor Cousin. Sa vie et sa correspondance*, 3 vol., Paris 1895, t. III, p. 245. Autre jugement de la même sorte, *ibid.*, p. 238.

μεριστόν Cous[1] : ἀμέριστον Taylor (art. cit. [1825], p. 277) Cous[2] (Cous[2], col. 814, n. 2 : « Male codices μεριστόν. Idem mendum jam correximus supra, p. 808 », en 808.10-11 aussi, il s'agit d'une correction de Taylor).

Alors qu'il n'attribue pas à Taylor les treize corrections qu'il accueille dans le texte, Cousin[2] lui attribue explicitement douze corrections qu'il n'accueille pas dans le texte : I 642.24, n. 6 (Taylor, art. cit. [1821], p. 338-339 : le supplément proposé par Taylor, à savoir τὸ ἓν πρὸς πάντα· <τοῦ δημιουργοῦ ἑνός τινος ὄντος>, ἁπλῶς δὲ οὐχ ἑνός, n'a de sens que par rapport au texte de Cousin[1-2] qui porte οὐχ ἑνός [faute du *Paris. gr.* 1836, qui l'hérite du ms. M par l'intermédiaire du *Marc. gr.* 191] au lieu de οὐχ ἕν [leçon de l'ensemble de la tradition Σg, partagée par les trois autres mss. utilisés par Cousin, *Paris. gr.* 1810, 1835 et 1837], car c'est le génitif οὐχ ἑνός qui a amené Taylor à reconstruire un génitif absolu τοῦ δημιουργοῦ ἑνός τινος ὄντος) ; I 645.13, n. 3 (Taylor, art. cit. [1821], p. 339 : ἀμορφίαν pro εὐμορφίαν) ; II 756.29, n. 2 (Taylor, art. cit. [1821], p. 343 : ἀνομοιότης ἐστί addendum post ὁμοιότης) ; II 760.17, n. 4 (Taylor, art. cit. [1821], p. 344 : οὐκ ἔστιν pro οὐκ ἔχει) ; II 764.22, n. 7 (Taylor, art. cit. [1821], p. 344-345 : Cous[2] signale le supplément καὶ τὸ πληθοποιὸν ἀπειροποιόν ἐστι post πέρας ἐστὶν à la ligne 22, mais il ne signale pas le supplément τὸ ἀπειροποιὸν πληθοποιόν ἐστι post ἀνάπαλιν à la ligne 23) ; II 768.36, n. 5 (Taylor, art. cit. [1821], p. 345 : διακρίνεσθαι post εἰδῶν addendum) ; II 769.1, n. 1 (Taylor, *ibid.* : παρέχουσι post ἀδιαίρετον addendum ; la citation de la conjecture de Taylor par Cous[2] est imprécise : « Taylor legit ταῦτα γὰρ ὑπάρχει [Taylor ne corrige pas 768.37 ὑπάρχειν en ὑπάρχει] ... ἀδιαίρετον παρέχει [παρέχουσι Taylor] ») ; II 782.4, n. 3 (Taylor, art. cit. [1821], p. 347 : ἡ μονὴ post μοναδικοῖς addendum) ; III 803.10-11, n. 2 (Taylor, art. cit. [1825], p. 274 : ἀκίνητον pro αὐτοκίνητον) ; III 807.3, n. 2 (Taylor, art. cit. [1825], p. 275 : ὂν pro ὄντων) ; III 813.32, n. 1 (Taylor, art. cit. [1825], p. 277 : ἐπιστημονικοῦ pro ἐπιστατικοῦ) ; III 814.32, n. 3 (Taylor, art. cit. [1825], p. 278 : ὁμοχρόων pro ὁμοχρόνων). —

En deux passages, la conjecture de Taylor, non accueillie
dans le texte, est signalée en note sans aucune attribution,
comme s'il s'agissait d'une conjecture de Cousin lui-même :
II 769.19 αἰσθητῶν, n. 3 : « Lege νοητῶν pro αἰσθητῶν » (=
Taylor, art. cit. [1821], p. 345) ; III 783.18-19 τούτου, n. 5 :
« Lege τούτων, scilicet νοητῶν » (= Taylor, art. cit. [1825],
p. 19). — Les deux articles de Taylor ne concernent que les
livres I à V, et pour l'instant nous ne sommes pas parvenus
à identifier la source d'où Cousin a tiré les 37 conjectures
qu'il attribue à Taylor dans les livres VI et VII.

Comme il l'a fait pour les conjectures de Taylor, Cousin[2] a souvent accueilli dans son texte les conjectures ou
les différents choix textuels de Stallbaum sans toutefois citer
de source en note, en sorte que rien ne permet de reconnaître l'origine de ces corrections de Cousin[2] par rapport
à Cousin[1]. Dans le livre I, les cas de ce genre (correction
Stallbaum accueillie *tacite* par Cousin[2]) sont au nombre de
vingt-quatre : 621.2 ἕξειν Cous[1] : ἕξει St. Cous[2] || 622.8
Ταὐτὰ Cous[1] : Ταῦτα St. Cous[2] || 622.10 ἄττα Cous[1] :
ἅττα St. Cous[2] || 623.4-5 ἐνδεχόμενα ὑπάρχειν Cous[1] :
ἐνδεχόμενα καὶ ὑπάρχειν St. Cous[2] || 623.26 ἀνυπόπτον
Cous[1] : ἀνυπόθετον St. Cous[2] || 631.9 τό τε μὲν Cous[1] :
τοτὲ μὲν St. Cous[2] || 633.33 διανύοντα Cous[1] : διανέον-
τα St. Cous[2] || 634.6-7 λογικῶς Cous[1] : -κῆς St. Cous[2]
|| 634.25-26 οὐδὲν ἄλλο παράδειγμα Cous[1] : οὐδὲν ἄλλο ἢ
παράδειγμα St. Cous[2] || 635.12 καὶ ἕκαστον Cous[1] : καθ'
ἕκαστον St. Cous[2] || 635.26 ἀντιφαῖεν Cous[1] : ἀντιφαῖεν
ἄν St. Cous[2] || 636.13 βάθους Cous[1] : βάθος St. Cous[2]
|| 636.26 ἐμφῆναι Cous[1] : ἐκφῆναι St. Cous[2] || 655.26
et 31 ἐπεξέλθοι ... ἔλθοις Cous[1] : ἐπεξέλθη ... ἔλθης St. Cous[2]
|| 657.5 μέλλον- μὲν (μέλλον- in fine lineae) Cous[1] : μέλλον-
τα μὲν St. Cous[2] || 664.10 αὐτὰ Cous[1] : αὐτὰς St. Cous[2]
|| 668.32 μέλλει Cous[1] : μέλει St. Cous[2] || 671.18-19
κρείττων δόξειεν Cous[1] : κρείττων ἁπάντων ἂν εἶναι δόξειεν
St. Cous[2] || 679.3 ἐθέλοις Cous[1] : ἐθέλῃς St. Cous[2] ||
702.35 παρέχῃ Cous[1] : παρέχει St. Cous[2] || 704.25 Πάλιν
— λέγουσι om. Cous[1] : habent St. Cous[2] || 708.13 πελά-

ξαι Cous[1] : πελάζει St. Cous[2] || 708.30 αὐτοζῶν Cous[1] : αὐτοζῶον St. αὐτόζωον Cous[2] || 717.34 ἀντιγραφὰς· εἰ ταῦτ' οὖν ἐζητεῖτο Cous[1]] « Sic Codd. Videtur εἰ delendum esse » notauit St., ἀντιγραφάς. Εἰ ταῦτ' οὖν, ἐζητεῖτο scripsit Cous[2] qui notauit col. 717, n. 2 : « Sic interpungendum, aut εἰ delendum ». Signalons, pour finir, un cas singulier : en I 642.17, Cous[1] écrit ψύχωται, que Stallbaum corrige en πεψύχωται (sic !) signalant la faute en note : « Cous. dedit ψύχωται, errore manifesto » (p. 491, n. 8) ; alerté par la fausse correction de Stallbaum, Cous[2] parvient enfin à la forme correcte ἐψύχωται et prend sa revanche en note, col. 642, n. 5 : « Infra Stallbaumus exhibet πεψύχωται, quae vox nihili ». — Suivant le même procédé que nous avons décrit à propos des corrections de Taylor, Cousin[2] attribue explicitement à Stallbaum seulement les corrections qu'il n'accueille pas dans le texte, ce qui, dans le livre I, ne se produit qu'une fois : 635.8 οἷον Cous[1-2]] ὧν St., Cous[2], col. 635.8, n. 2 : « Stallbaumus conjecit ὧν τὸ μὲν ». Il est donc évident que l'affirmation de Cousin[2] selon laquelle l'édition Stallbaum ne lui aurait été d'aucune utilité parce qu'elle ne serait qu'une pure et simple reprise de sa première édition, ne correspond pas à la réalité : « Quippe altera editio, quam juxta nostram Lipsiae typis mandavit Godofr. Stallbaumus, vir alioquin doctissimus et de Platone optime meritus, Parisiensem [scil. editionem] ita fideliter secuta est, etiam quando minime decebat, ut ex ea quidquam proficere vix potuerimus » (éd. Cousin[2], Pars III, p. 603).

Chapitre IV
Analyse de l'argument

Comme nous l'avons dit[1], la division de l'*In Parm.* en sept livres est probablement le fruit d'une opération d'édition et ne remonte pas à Proclus lui-même. En particulier, la coupure entre le livre I et le livre II n'est pas attestée dans la tradition manuscrite, mais elle a été fixée par V. Cousin dans sa seconde édition sur la base d'une note marginale du *Paris. gr.* 1837. La portion de texte que l'on est convenu d'appeler "livre I" de l'*In Parm.* (col. 617.1-722.21), a donc un caractère purement conventionnel.

Ce livre I se divise en deux parties : (I) prologue à l'ensemble du dialogue (617.1-659.22), (II) commentaire de *Parm.* 126 A 1-128 E 6 (659.23-722.21). Alors que l'articulation du commentaire du texte est fournie tout naturellement par la suite des lemmes (au nombre de 27), le prologue présente une structure plus complexe, où l'on peut reconnaître plusieurs des sujets traditionnellement abordés dans les préfaces exégétiques de Proclus. Il est donc utile d'en donner le plan schématique (A) avant de l'examiner en détail (B).

---

1. Cf. *supra*, p. liii-lxv ; *infra*, p. 142, n. 6 (p. 320-321 des *Notes complémentaires*).

CHAPITRE IV

(I) Prologue (617.1-659.22)

(A) *Plan*

(B) *Analyse*

I. *Prière initiale et adresse* (617.1-618.20). La prière par
laquelle s'ouvre le commentaire sur le *Parménide* s'adresse à
toutes les classes divines, d'abord dans leur ensemble (617.1-
13), ensuite à chacune en particulier, pour demander à
chacune un don qui lui est propre et dont Proclus aura besoin pour bien interpréter la doctrine mystique du dialogue
(617.13-21) :

(1) dieux intelligibles : intellect parfait

(2) dieux intellectifs : puissance élévatrice

(3) dieux hypercosmiques ou dieux-chefs : activité déta-
chée et séparée des connaissances matérielles

(4) dieux encosmiques : vie ailée

(5) anges : révélation véridique des choses divines

(6) bons démons : plénitude de l'inspiration venant des
dieux

(7) héros : état d'âme magnanime, grave et sublime.

Toutes les classes divines dans leur ensemble sont appelées à donner à l'auteur le couronnement de tous ces dons,
c'est-à-dire les dispositions nécessaires pour comprendre la

doctrine époptique et mystique révélée par Platon dans le *Parménide* (617.22-618.3) et déployée par Syrianus, qui est venu parmi les hommes comme un véritable hiérophante des enseignements divins de Platon (618.3-13). Le commentaire est dédié à Asclépiodote (618.14-20).

II. *Disposition dramatique du* Parménide (618.21-625.35)[1]. Le *Parménide* consiste dans la narration d'un entretien entre Parménide, Zénon et Socrate. Cette narration est indirecte en ce sens qu'elle se compose d'une série de narrations emboîtées : (1) entretien entre Parménide, Zénon et Socrate, (2) récit de cet entretien par Pythodore à Antiphon, (3) récit d'Antiphon à Céphale et aux philosophes de Clazomènes, (4) récit de Céphale à un auditoire indéterminé.

L'entretien entre Parménide, Zénon et Socrate se déroule à Athènes pendant la fête des Grandes Panathénées. Parménide et son élève Zénon, tous deux citoyens d'Élée en Italie, arrivent à Athènes à l'occasion des Grandes Panathénées. Plusieurs Athéniens, parmi lesquels Socrate, viennent les visiter et un jour Zénon leur lit un livre dans lequel il montre toutes les difficultés qui naissent de la thèse de la multiplicité de l'être. Cette démonstration confirme indirectement la thèse de son maître Parménide, selon laquelle l'être est un. La différence entre Zénon et Parménide consiste en ce que Parménide reste établi dans la contemplation de l'un-qui-est, alors que Zénon cherche à réfuter ceux qui défendent la multiplicité des êtres en leur faisant découvrir l'un dans les plusieurs, et en les faisant remonter de cet un à l'un qui existe avant la multiplicité (618.23-621.16). Après la lecture du livre de Zénon, Socrate lui demande de déplacer l'étude de la question de savoir si l'être est un ou multiple à celle de l'unité ou distinction des formes intelligibles et d'examiner si, dans leur cas aussi, la même chose est une et multiple (621.17-622.7).

---

1. C'est un sujet traditionnel des préfaces exégétiques (cf. *supra*, p. XLIII-XLIV ; *infra*, p. 3, n. 2).

A ce moment, Parménide intervient dans la discussion pour demander à Socrate s'il est convaincu de l'existence des formes intelligibles. Après la réponse positive de Socrate, il soulève des apories à leur sujet, qui semblent ébranler la conviction de Socrate. Parménide lui conseille alors de s'entraîner à la dialectique (622.8-24). Il enseigne à Socrate la méthode de la dialectique qui consiste à poser comme hypothèse le sujet de la discussion et à examiner ensuite les conséquences qui découlent tant de l'affirmation de cette hypothèse que de sa négation, tant pour le sujet lui-même que pour les autres (622.24-623.27) :

x existe / x n'existe pas :

1. ce qui en résulte pour x par rapport à x
2. ce qui en résulte pour x par rapport aux autres
3. ce qui en résulte pour les autres par rapport aux autres
4. ce qui en résulte pour les autres par rapport à x
5. ce qui ne résulte pas pour x par rapport à x
6. ce qui ne résulte pas pour x par rapport aux autres
7. ce qui ne résulte pas pour les autres par rapport aux autres
8. ce qui ne résulte pas pour les autres par rapport à x
9. ce qui à la fois en résulte et n'en résulte pas pour x par rapport à x
10. ce qui à la fois en résulte et n'en résulte pas pour x par rapport aux autres
11. ce qui à la fois en résulte et n'en résulte pas pour les autres par rapport aux autres
12. ce qui à la fois en résulte et n'en résulte pas pour les autres par rapport à x.

La méthode ainsi exposée est appliquée à l'exemple de l'un de Parménide, et cela pour chacune des deux hypothèses (positive : « l'un est », et négative : « l'un n'est pas ») et selon tous les modes envisagés (623.28-624.26).

Comme on l'a vu, l'entretien entre Parménide, Zénon et Socrate fait l'objet de trois récits, en sorte que l'on obtient quatre entretiens : (1) entretien des trois philosophes, (2) récit de cet entretien par Pythodore, qui était présent, à Antiphon, (3) récit d'Antiphon à Céphale et à d'autres philosophes de Clazomènes, (4) récit de Céphale à un auditoire indéterminé (ce dernier récit constitue le dialogue de Platon) (624.27-625.35).

III. *Analogies des quatre entretiens* (625.36-627.36). Les quatre entretiens font l'objet d'une première exégèse symbolique, qui développe trois analogies : les deux premières (626.4-31 et 626.32-627.21) se fondent sur la théorie des idées, la troisième (627.21-36), sur le thème de la présence des êtres dans les différents degrés de la réalité. Les deux premières s'expliquent par le fait que la théorie des idées constitue l'un des thèmes majeurs du *Parménide* (à ce point que ce dialogue a reçu le titre *Sur les idées*), la troisième est, pour ainsi dire, un développement et un approfondissement de la deuxième. Les analogies que Proclus propose ici n'épuisent pas l'exégèse symbolique des quatre entretiens. En effet, une nouvelle exégèse sera proposée plus loin à la lumière de l'interprétation théologique du dialogue[1].

1. *Analogie avec la procession des formes* (626.4-31). L'analogie des quatre entretiens avec les quatre degrés de la procession des formes est exposée à partir du degré le plus bas pour remonter au plus élevé :

4° Récit de Céphale à un auditoire indéterminé = Procession des formes dans la matière, qui est par elle-même informe et indéterminée (626.5-9).

3° Récit d'Antiphon à Céphale et aux philosophes de Clazomènes = Procession des formes dans les êtres naturels (626.9-16).

2° Récit de Pythodore à Antiphon = Procession des formes dans les âmes (626.16-24).

1° Entretien entre Parménide, Zénon et Socrate = Formes divines, tant intelligibles qu'intellectives, qui se trouvent

---

1. Cf. *infra*, V 2.3.4, p. CDLXXXIV-CDLXXXV.

dans les êtres réellement êtres (626.24-31).

2. *Analogie avec la présence des formes dans les êtres* (626.32-627.21). Les mêmes discours sont transmis par les quatre entretiens, mais ils le sont d'une manière appropriée à chaque entretien. De manière analogue, les formes sont présentes partout, mais d'une manière appropriée à chaque classe :

1° Les discours sont transmis à titre premier dans le premier entretien = Les formes sont dans les intelligibles à titre premier et par elles-mêmes.

2° Les discours sont transmis à titre secondaire, c'est-à-dire avec mémoire et imagination, dans le deuxième entretien = Les formes sont dans l'âme à titre secondaire, en tant qu'elles sont des copies des formes intelligibles.

3° Les discours sont transmis à titre tertiaire, c'est-à-dire avec mémoire de mémoire, dans le troisième entretien = Les formes sont dans la nature à titre tertiaire, en tant qu'elles sont produites par les formes présentes dans l'âme et sont, de ce fait, des copies de copies.

4° Les discours sont transmis à titre tout dernier, c'est-à-dire par la mémoire toute dernière, dans le quatrième entretien = Les formes qui sont dans les sensibles sont les toutes dernières.

3. *Analogie avec la présence des êtres dans les différents degrés de la réalité* (627.21-36). La double analogie des quatre entretiens avec les formes (procession et présence des formes) est suivie par une troisième analogie qui concerne non plus les formes, mais la hiérarchie des êtres. Elle illustre deux aspects du principe de la présence réciproque des êtres : (a) les êtres du degré supérieur sont présents dans les êtres de tous les degrés inférieurs ; (b) les êtres du degré inférieur sont causalement présents dans les êtres du degré supérieur.

(a) Pythodore se remémore le premier entretien, Antiphon se remémore les premier et deuxième, Céphale se remémore les premier, deuxième et troisième, en sorte que le premier entretien est présent dans les trois entretiens suivants, le deuxième est présent dans les troisième et quatrième, le troisième est présent dans le quatrième = Les êtres de premier rang sont présents dans tous les êtres inférieurs, les êtres de deuxième rang sont présents dans les êtres de troisième et de quatrième rang, les êtres de troisième rang sont présents dans les êtres de quatrième rang.

(b) Pythodore, acteur du deuxième entretien, était présent au premier entretien, Antiphon, acteur du troisième, était présent au deuxième, Céphale, acteur du quatrième, était présent au troisième = Les êtres du degré inférieur sont causalement présents dans les êtres du degré supérieur.

IV. *Les personnages* (627.37-630.13)[1]. Proclus ne prend ici en considération que les personnages des quatre entretiens, c'est-à-dire les personnages directs du premier entretien (Parménide, Zénon et Socrate) et les trois personnages qui font le récit de cet entretien (Pythodore, Antiphon et Céphale). Il ne parle donc ni d'Adimante et Glaucon, qui servent d'intermédiaires entre Céphale et Antiphon, ni du jeune Aristote, qui, mentionné en 127 D 2, devient l'interlocuteur de Parménide dans la deuxième partie du dialogue (à partir de 137 C 1). Ces trois personnages, qui ne font aucun récit, vont faire l'objet d'une exégèse analogique dans le commentaire du texte.

En ce qui concerne les six personnages des quatre entretiens, ils sont examinés de deux points de vue : en eux-mêmes et en tant qu'ils appartiennent à des écoles philosophiques différentes. Le premier point de vue donne naissance à une analogie des personnages avec les types d'êtres (627.37-629.23), le second, à une interprétation des rapports entre les trois écoles philosophiques (italienne, ionienne, attique) (629.23-630.13).

1. *Analogie des personnages avec les degrés de l'être* (627.37-629.23). Les six personnages se répartissent en

1. Les personnages font partie des éléments circonstantiels que Proclus analyse dans ses préfaces exégétiques (cf. *supra*, p. XLIII-XLIV ; *infra*, p. 18, n. 6 [p. 192-193 des *Notes complémentaires*]).

deux groupes : (A) personnages de l'entretien direct (Parménide, Zénon, Socrate), (B) personnages qui font le récit de cet entretien (Pythodore, Antiphon, Céphale). Les personnages du premier groupe font l'objet d'une double analogie. En effet, ils correspondent ou bien aux trois niveaux de l'intellect : (1) intellect total et imparticipable [= Parménide] ; (2) intellect total et participé [= Zénon] ; (3) intellect particulier et participé [= Socrate], ou bien à la triade être-vie-intellect (628.1-37). Les personnages du second groupe correspondent aux trois niveaux de l'âme (divine, démonique, particulière) (628.37-629.23). Ces différentes analogies peuvent être schématisées à l'aide des deux tableaux suivants :

(A) *Personnages de l'entretien direct*

Parménide	Intellect total et imparticipable	Être
Zénon	Intellect total et participé	Vie
Socrate	Intellect particulier et participé	Intellect

(B) *Personnages qui font le récit de l'entretien direct*

Pythodore	Ame divine ou angélique
Antiphon	Ame démonique
Céphale et les philosophes de Clazomènes	Ames particulières

2. *Les personnages en tant que représentants des trois écoles philosophiques* (629.23-630.13). Le *Parménide* met en scène des représentants des trois écoles philosophiques : italienne (Parménide et Zénon), ionienne (Céphale et les philosophes de Clazomènes), attique (Socrate). La différence entre ces trois écoles consiste en ce que l'école italienne contemple

l'être intelligible, l'école ionienne se consacre à la philosophie de la nature, l'école attique est intermédiaire entre les deux et corrige la philosophie ionienne en révélant la doctrine de l'école italienne. Cette double fonction de l'école attique est manifestée en deux dialogues : dans le *Phédon*, Socrate critique Anaxagore pour n'avoir jamais eu recours à l'intellect pour expliquer les phénomènes naturels ; dans le *Sophiste*, Socrate invite le Sage d'Élée, membre de l'école italienne, à lui révéler la doctrine de son école. Cette double fonction de l'école attique est unifiée dans le *Parménide* qui met en scène la rencontre entre des représentants des trois écoles.

V. *But du* Parménide (630.14-645.8)[1]. Tout ce qui vient d'être dit à propos de la disposition dramatique du dialogue, des quatre entretiens, des personnages et de leur analogie avec les types d'êtres, suffit pour le moment, tant que l'on considère le *Parménide* comme un dialogue sur les idées (630.14-19).

1. *Nécessité de rechercher le but* (630.19-33). Afin de parvenir à une interprétation cohérente d'un dialogue, il faut d'abord déterminer son but (σκοπός) et rapporter tous les éléments (personnages, temps, lieux) à ce but unique. C'est en effet ce but unique qui permet de rassembler tous les éléments dispersés qui ont été jusqu'ici examinés pour eux-mêmes. Il faut souligner l'importance de cette remarque préliminaire. Elle montre, en effet, que l'exégèse proposée jusqu'ici n'est que partielle, car elle se fonde sur une interprétation du *Parménide* comme dialogue sur les idées, qui va être enrichie et complétée par la nouvelle interprétation théologique de Syrianus-Proclus, selon laquelle ce dialogue, loin d'être confiné au monde des idées, fournit la représentation parfaite de tous les êtres en tant qu'ils proviennent de l'un et sont déifiés.

---

1. C'est un sujet traditionnel des préfaces exégétiques (cf. *supra*, p. XLIII-XLIV ; *infra*, p. 18, n. 3 [p. 192 des *Notes complémentaires*]).

2. *Histoire de l'interprétation du* Parménide (630.34-645.8). Les exégètes antérieurs à Proclus ont soutenu deux interprétations du *Parménide* : une interprétation logique, selon laquelle ce dialogue ne concerne pas les réalités — et cela malgré la discussion sur les idées, qui ne constitue d'ailleurs qu'une petite partie du dialogue —, mais n'est qu'un entraînement à la logique, et une interprétation contraire, que l'on pourrait définir "ontologique", selon laquelle ce dialogue concerne les réalités.

2.1. *Interprétation logique* (630.34-635.25). L'interprétation logique se fonde sur le caractère éminemment dialectique de la discussion pour et contre menée dans le *Parménide* (630.34-631.10). Les tenants de cette interprétation, tout en étant d'accord sur ce point fondamental, sont divisés quant à la définition exacte de ce dialogue : les uns affirment que le *Parménide* est une réfutation de Zénon (631.11-633.12), les autres, adversaires des premiers (633.13-634.5), que c'est un simple entraînement à la logique (634.6-635.25).

2.1.1. *Le* Parménide *est une réfutation de Zénon* (631.11-633.12)[1]. Pour comprendre en quel sens le *Parménide* est une réfutation (ἀντιγραφή), il faut savoir que Platon a pratiqué trois types de réfutation : (1) par imitation (par exemple, *Ménexène*), (2) par contradiction (par exemple, *Théétète*), (3) par imitation et contradiction (par exemple, *Phèdre*). Le *Parménide* relève de la réfutation par imitation, qui se caractérise par les propriétés suivantes : (a) Platon imite son modèle, (b) il ajoute ce qui manque à son modèle, (c) il dépasse son modèle. En effet, (a) de même que Zénon avait composé quarante arguments pour démontrer que la thèse de la multiplicité de l'être aboutit à des absurdités, de même Platon (par la bouche de Parménide) développe une variété extraordinaire d'arguments pour démontrer que l'être est

---

1. Notre analyse de ce passage se fonde sur la reconstruction du texte que nous proposons (cf. *infra*, p. 19, n. 2 [p. 193-196 des *Notes complémentaires*]).

un ; (b) alors que Zénon avait affirmé les contraires, Platon ajoute aussi leur négation ; (c) la richesse des arguments de Platon est bien plus grande que celle des arguments de Zénon.

2.1.2. *Critique de l'interprétation précédente* (633.13-634.5). Les tenants de la seconde variante de l'interprétation logique ont critiqué l'interprétation du *Parménide* comme réfutation pour deux raisons. Tout d'abord, elle contredit la réalité, parce que Zénon et Parménide soutiennent la même thèse et qu'il est donc impossible de considérer le discours de Parménide comme une réfutation de celui de Zénon (633.14-27). Deuxièmement, elle ne s'accorde pas avec les personnages, car il serait absurde que Parménide, l'amant, réfute Zénon, qui est son aimé (633.27-634.5).

2.1.3. *Le* Parménide *est un entraînement à la logique* (634.6-635.25). Après avoir montré que l'interprétation du *Parménide* comme réfutation de Zénon est intenable, ces mêmes exégètes ont proposé leur propre interprétation, selon laquelle le *Parménide* est un entraînement à la logique (λογικὴ γυμνασία). En effet, le *Parménide* se compose de trois parties : les apories sur les idées (130 A 3-135 C 7), la description de la méthode (135 C 8-137 C 3), l'application de cette méthode à l'un de Parménide (137 C 4-fin), qui n'est donc qu'un exemple, semblable à celui du pêcheur choisi dans le *Sophiste* pour expliquer la méthode de division. Ces trois parties ne visent qu'à l'entraînement dans la discussion dialectique (634.6-635.2). Il faut toutefois distinguer la méthode du *Parménide* de celle des *Topiques* d'Aristote, elle aussi appelée un « entraînement », parce que cette dernière ne concerne que quatre types de problèmes (définition, genre, propre, accident), alors que la méthode du *Parménide* consiste à trouver, pour chaque problème, un grand nombre d'hypothèses dont l'examen permet de découvrir la vérité. Par conséquent, la méthode des *Topiques* ne s'applique qu'aux objets d'opinion, alors que la méthode du *Parménide* contribue à la recherche de la vérité, tout en ne permettant pas de parvenir à quelque chose de plus élevé que la méthode elle-même (635.3-25).

    2.2. *Interprétation ontologique* (635.26-640.15). Les te-
nants de l'interprétation ontologique affirment que le
Parménide traite des réalités (πράγματα), comme l'indique
l'expression même de Platon (137 B 2 πραγματειώδη παιδιὰν
παίζειν), mais refusent d'appliquer la méthode enseignée
par Parménide aux doctrines les plus secrètes (635.26-33).
De même qu'il existe deux variantes de l'interprétation logique (2.1.1 et 2.1.3), de même il existe deux variantes de
l'interprétation ontologique (2.2.1 et 2.2.2). Mais alors que
les deux variantes de l'interprétation logique sont incompatibles, la seconde variante de l'interprétation ontologique
constitue une reprise et un perfectionnement de la première.

    2.2.1. *Le* Parménide *traite de l'un-qui-est* (635.26-638.13).
La recherche que Platon mène dans le *Parménide* porte sur
l'être (635.33 περὶ τοῦ ὄντος), plus précisément sur l'être
entendu selon l'opinion de Parménide (636.25-26 περὶ τοῦ
ὄντος τοῦ κατὰ τὴν Παρμενίδειον δόξαν; 637.3 τοῦ ὄντος
[...] τοῦ κατὰ τὸν Παρμενίδην). Or, cet être, dont Parménide
affirmait qu'il est un, est l'un-qui-est (636.4 τὸ ἓν ὄν; cf.
636.20-22, 637.30), c'est-à-dire non pas l'un véritablement
un, mais le degré immédiatement inférieur. La définition du
but véritable de la recherche permet de comprendre l'ensemble du dialogue et chacune de ses parties. En effet,
puisque ce but est l'être selon Parménide, il fallait mener
la recherche selon la méthode pratiquée par les philosophes
éléates ; pour ce faire, il fallait enseigner cette méthode —
d'où le bref exposé de Parménide (135 C 8-137 C 3), et pour
pouvoir l'enseigner, il fallait montrer son utilité — d'où la
discussion sur les idées (130 A 3-135 C 7), par laquelle Platon a montré les apories dans lesquelles tombent ceux qui
ne sont pas entraînés dans la méthode (635.33-637.3). Il est
donc évident que la méthode n'est qu'un moyen, et non pas
la fin de la recherche, comme le montre aussi le fait que Platon n'a jamais entrepris une étude spéciale des méthodes,
mais a toujours utilisé la méthode appropriée à l'objet sur
lequel portait son enquête (637.4-17). Par conséquent, la dis-

cussion sur l'un-qui-est, loin d'être simplement un exemple visant à illustrer la méthode, est le but en vue duquel la méthode est enseignée (637.17-34).

2.2.2. *Le* Parménide *traite non seulement de l'un-qui-est, mais aussi de tous les êtres* (638.13-640.15). L'interprétation que l'on vient d'exposer est sans aucun doute vraie, mais elle doit être corrigée sur un point essentiel. En effet, affirmer que le *Parménide* traite de l'un-qui-est se heurte à une difficulté : toutes les conséquences qui découlent de l'existence ou de la non-existence de l'un-qui-est, devraient lui être attribuées ; or, cela est manifestement absurde, car il y a des conséquences qui sont incompatibles avec l'un-qui-est, par exemple, la multiplicité infinie ou le nombre infini ; il faut donc que ces propriétés appartiennent à des réalités autres que l'un-qui-est ; ces réalités sont toutes les classes des êtres. Chacune des propriétés déduites à partir de l'hypothèse de l'existence ou de la non-existence de l'un-qui-est caractérise donc une classe d'êtres, en sorte que l'un-qui-est ne constitue que le point de départ de la recherche qui, elle, se déroule depuis la cause toute première jusqu'aux tout derniers des êtres.

2.3. *Interprétation théologique (Syrianus et Proclus)* (640.16-645.8).

2.3.1. *Critique de l'interprétation logique* (640.16-37). Syrianus était résolument contraire à l'interprétation logique dans ses deux variantes, contre lesquelles il faisait valoir des considérations de vraisemblance. Contre la thèse de la réfutation, il remarquait qu'il est invraisemblable que Zénon soit réfuté par Parménide, alors que c'est Zénon lui-même qui le prie de pratiquer sa méthode devant l'assistance ; contre la thèse de l'entraînement logique, il remarquait qu'il est invraisemblable que Parménide ait choisi la plus sublime de ses doctrines comme un simple exemple pour expliquer sa méthode. Syrianus partageait donc l'avis de ces interprètes selon qui le but du *Parménide* est relatif aux réalités.

2.3.2. *Opinion de Syrianus et de Proclus : le* Parménide *traite de tous les êtres dans la mesure où ils dépendent de l'un et sont déifiés* (641.1-14). Les tenants de la seconde variante de l'interprétation ontologique ont raison d'affirmer que le *Parménide* traite non seulement de l'un-qui-est, mais aussi de tous les êtres[1], mais cette interprétation a besoin d'être précisée par l'addition de la clause suivante : tous les êtres dans la mesure où ils dépendent tous de l'un (Syrianus) et sont déifiés (Proclus). En effet, puisque l'un et dieu sont la même chose, car rien n'est supérieur ni à l'un ni à dieu, être unifié signifie être déifié.

2.3.3. *Analogie entre le* Parménide *et le* Timée (641.14-644.3). La nouveauté de la définition du but du *Parménide* par Syrianus-Proclus consiste, on vient de le voir, dans l'addition d'une clause qui précise le point de vue sous lequel la totalité des êtres fait l'objet de ce dialogue : dans la mesure où ils sont unifiés et déifiés. De même que le *Parménide* traite de tous les êtres dans la mesure où ils proviennent de l'un, de même le *Timée* ne contient pas simplement un exposé sur la nature, mais considère toutes choses dans la mesure où elles sont mises en ordre par l'unique démiurge. L'analogie entre les deux dialogues est aussi confirmée par les circonstances de temps des événements rapportés. En effet, l'exposé de Timée sur la génération de l'univers a lieu pendant les Petites Panathénées, au cours desquelles Athéna est honorée comme déesse encosmique, tandis que Parménide révèle les classes divines qui procèdent de l'un pendant les Grandes Panathénées, qui célèbrent la puissance d'Athéna qui transcende le monde.

2.3.4. *Nouvelle interprétation de la structure de la narration à la lumière de l'interprétation théologique* (644.4-645.8). La structure de la narration, composée de quatre entretiens emboîtés, a déjà fait l'objet d'une interprétation analogique fondée sur la définition du *Parménide* comme dialogue sur les idées[2]. L'interprétation théologique qui vient d'être exposée permet de reprendre l'analogie des entretiens, en particulier

---

1. Cf. *supra*, 2.2.2, p. CDLXXXIII.
2. Cf. *supra*, III 1 et 2, p. CDLXXV-CDLXXVI.

du quatrième (récit de Céphale à un auditoire indéterminé) qui constitue le dialogue à proprement parler. La procession de tous les êtres à partir de l'un s'échelonne selon quatre degrés : (1) hénades, (2) essences, (3) êtres intermédiaires entre les essences et les êtres du monde de la génération, (4) êtres du monde de la génération. Le fait que la dégradation procède jusqu'au quatrième rang amène à établir une analogie entre le quatrième récit et le quatrième degré de la procession des êtres à partir de l'un (644.5-20). L'analogie peut se poursuivre, si l'on considère que de même que les êtres du monde de la génération ont leur réceptacle dans la matière qui est dépourvue de forme, de même l'auditoire auquel Céphale adresse son récit est indéterminé et sans nom (644.20-645.8).

VI. *Style du* Parménide (645.9-647.24)[1]. Selon Syrianus, le style du *Parménide*, simple et naturel, convient parfaitement aux réalités qui y sont traitées (les classes divines) et à la méthode qui y est appliquée (la dialectique). En effet, les classes divines, étant établies dans l'un, jouissent de la simplicité, et la méthode, visant à l'exactitude et à la rigueur de l'argumentation, requiert un style simple et naturel. Tout autre style aurait été inadéquat à ce dialogue, aussi bien celui des dialogues socratiques que le style moyen, utilisé dans les discussions éthiques, ou le style sublime et ample, pratiqué par ceux qui sont inspirés par les dieux (645.9-646.1). Proclus déclare admirer ceux de ses prédécesseurs qui ont examiné le style du *Parménide* en experts de critique littéraire, mais son admiration va surtout à ces exégètes (très probablement Syrianus) qui l'ont évalué dans la perspective des modèles du style théologique, en remarquant que si le *Sophiste* présente, lui aussi, de nombreux passages en style simple, le *Parménide* est composé intégralement selon les

---

1. C'est un sujet traditionnel des préfaces exégétiques (cf. *supra*, p. XLIII-XLIV ; *infra*, p. 36, n. 7 [p. 217 des *Notes complémentaires*]).

règles de ce style (646.2-12). A ce jugement il faut ajouter une précision : le vocabulaire et le style utilisés dans le *Parménide* ne constituent pas l'unique façon de traiter des réalités divines ; il existe, en effet, quatre types de discours théologique et chacun d'eux use d'un style approprié (646.12-22) :

(1) Les poètes utilisent des métaphores et des noms mythiques et s'expriment dans un style très ample, par exemple les théogonies d'Orphée et d'Hésiode (646.22-23, 647.9-13).

(2) Les prophètes s'expriment dans un vocabulaire sacré et un style sublime et désignent les dieux par des noms sacrés secrets, par exemple les *Oracles chaldaïques* (646.24-27, 647.5-9).

(3) Les pythagoriciens parlent des dieux au moyen de nombres et utilisent des analogies mathématiques (646.27-29, 647.2-5).

(4) L'enseignement dialectique n'utilise ni symboles ni mythes ni oracles, mais des noms empruntés à la langue ordinaire, comme "un" et "être", "tout" et "parties", "identique" et "différent", "semblable" et "dissemblable". Et c'est parce que le *Parménide* relève de ce type de discours théologique que Platon utilise un style simple et sans ornements (647.13-24).

VII. *La méthode du* Parménide *et la dialectique* (648.1-658.30).

1. *Opinion de ceux qui distinguent la méthode du* Parménide *et la dialectique* (648.2-651.15). D'après certains exégètes, la méthode que Parménide enseigne dans ce dialogue, c'est-à-dire poser à titre d'hypothèse l'existence ou la non-existence de l'objet recherché et examiner les conséquences qui en découlent dans les deux cas, se distingue de la dialectique pratiquée par Platon. Ils énumèrent, à l'appui de leur opinion, trois différences entre la méthode du *Parménide* et la dialectique :

1.1. *Première différence.* La méthode du *Parménide* convient aux jeunes gens, comme le montre le fait que Parménide l'enseigne au jeune Socrate, alors que la dialectique ne peut leur être enseignée, car elle pourrait les amener au mépris des lois, comme Platon le dit dans la *République* (648.9-18).

1.2. *Deuxième différence.* La méthode du *Parménide* utilise la technique de la discussion pour et contre ; or, puisque cette technique caractérise la méthode des *Topiques* d'Aristote, qui est appelée « entraînement » (γυμνασία), on comprend que la méthode pratiquée dans le *Parménide* est appelée, elle aussi, « entraînement ». En revanche, la dialectique est définie par Platon dans le *Philèbe* « ce qu'il y a de plus élevé et de plus pur dans l'intellect et dans la sagesse » (648.18-649.8).

1.3. *Troisième différence.* La méthode du *Parménide* est appelée « radotage » (ἀδολεσχία) par Parménide lui-même (135 D 5), alors que la dialectique est appelée par Socrate, dans la *République* « le couronnement des sciences » (649.8-16).

1.4. *Argument supplémentaire.* Aux trois différences qui viennent d'être exposées, ces mêmes exégètes ajoutent un argument supplémentaire : Socrate n'utilise jamais la méthode qu'il aurait apprise de Parménide dans sa jeunesse, alors qu'il emploie toujours la dialectique. En effet, les deux tâches que Platon assigne à la dialectique dans le *Phèdre* (266 B 5-C 1) et les quatre qu'il lui assigne dans le *Sophiste* (253 D 1-E 1) sont complètement différentes de la méthode du *Parménide*. L'enseignement de Platon à propos de la dialectique est cohérent, car les deux tâches du *Phèdre* correspondent aux quatre tâches du *Sophiste* :

Phèdre : la dialectique consiste à	*Sophiste* : la dialectique consiste à discerner
1. rendre l'un plusieurs (= division)	1. une forme unique qui s'étend à travers une multiplicité de formes séparées les unes des autres. 2. plusieurs formes, distinctes les unes des autres, enveloppées par une seule.

2. rassembler les plusieurs dans l'un (= définition)	3. une forme unique, rassemblée en une unité à travers une multiplicité d'entiers. 4. plusieurs formes différenciées les unes à part des autres.

Or, aucune des tâches de la dialectique ne coïncide avec la méthode du *Parménide* qui, elle, consiste à poser un objet comme hypothèse et à rechercher ce qui résulte de cette position ou de sa négation. Il s'agit donc de deux méthodes absolument différentes (649.17-651.15).

2. *Réfutation de l'opinion précédente* (651.16-658.30). Pour réfuter l'opinion que l'on vient de rapporter, il faut démontrer que les trois prétendues différences ne sont qu'apparentes.

2.1. *Réfutation de la première différence* (651.16-652.28). Si Parménide enseigne sa méthode aux jeunes gens, alors que Socrate leur interdit la dialectique, cela s'explique par le fait que Parménide s'adresse en particulier à Socrate, qui est doué d'une nature excellente, alors que Socrate, en qualité de législateur, vise la multitude et la nature commune.

2.2. *Réfutation de la deuxième différence* (652.29-656.13). Il est faux que le terme "entraînement" soit propre à la méthode du *Parménide* et qu'il la distingue de la dialectique. En effet, Socrate, dans la *République*, a souligné la nécessité d'un long entraînement à la dialectique. Quant à la méthode des *Topiques*, qui, comme on l'a vu[1], a reçu, elle aussi, cette dénomination, il faut la distinguer soigneusement de la méthode du *Parménide*, car elle ne concerne que les opinions, alors que la méthode du *Parménide* vise à la recherche de la vérité (652.29-653.3). Une fois écartée toute identification de la méthode du *Parménide* avec celle des *Topiques* — et

---

1. Cf. *supra*, V 2.1.3, p. CDLXXXI-CDLXXXII.

cela malgré l'identité de leur dénomination —, il s'agit d'expliquer pourquoi la méthode du *Parménide* et la dialectique sont appelées toutes les deux « entraînement ». La réponse à cette question consiste à distinguer trois activités au sein de la dialectique et à montrer que la dénomination "entraînement" convient seulement à l'une d'entre elles. Elle est donc une dénomination véridique, mais partielle. Les trois activités de la dialectique sont les suivantes :

(a) Argumentation selon le pour et le contre, afin d'éveiller l'intellect et de l'exciter à se rechercher soi-même, activité qui convient aux jeunes gens (653.7-18).

(b) Contemplation de la vérité en elle-même, à laquelle on parvient en parcourant toutes les formes intelligibles grâce aux quatre tâches de la dialectique : analyse, division, démonstration et définition [1]. Cette activité, qui est la dialectique proprement dite, convient au vrai philosophe qui n'a plus besoin d'entraînement (653.18-654.2).

(c) Purification de la double ignorance, c'est-à-dire réfutation du faux. Cette méthode est employée par le philosophe pour délivrer ceux qui sont prisonniers d'une fausse science (654.2-13).

C'est seulement au premier type d'activité de la dialectique (argumentation selon le pour et le contre) que Socrate et Parménide appliquent le terme "entraînement" (654.14-17).

Puisque chacune de ces trois activités vise un but déterminé et emploie des méthodes différentes, Platon a recours à l'une ou à l'autre selon la nature de l'enquête qu'il mène dans chaque dialogue :

(a) L'argumentation selon le pour et le contre est pratiquée dans les dialogues qui entraînent des jeunes gens, comme Théétète ou Lysis (654.18-32).

(c) La réfutation du faux est pratiquée contre les sophistes, par exemple dans le *Gorgias* ou le *Protagoras* (654.32-655.12).

---

1. Cf. *supra*, VII 1.4, p. CDLXXXVII-CDLXXXVIII.

(b) La recherche de la vérité est propre à ces dialogues qui s'adressent à des gens qui n'ont besoin d'être ni entraînés ni réfutés (655.13-16). Elle utilise deux méthodes : ou bien la méthode qui consiste à poser une hypothèse et à en examiner les conséquences et qui coïncide avec la méthode enseignée dans le *Parménide*, par exemple dans le *Phédon* (655.16-656.2) ; ou bien la méthode qui consiste à rendre l'un plusieurs (division) et à rassembler les plusieurs dans l'un (définition), par exemple dans le *Sophiste* (656.2-13).

En conclusion, si la dialectique partage avec la méthode du *Parménide* d'être appelée « entraînement » et de convenir aux jeunes gens, c'est en vertu de sa première activité (argumentation selon le pour et le contre) ; si la dialectique s'identifie à la méthode du *Parménide*, c'est en vertu de sa troisième activité (recherche de la vérité).

2.3. *Réfutation de la troisième différence* (656.14-658.30). Le fait que la méthode du *Parménide* est appelée « radotage » ne suffit pas à la distinguer de la dialectique, parce que la dialectique aussi est appelée du même nom. Dans les deux cas, il s'agit d'un nom donné par le vulgaire, qui désigne ainsi le fait de soulever des apories et de revenir sans cesse sur les mêmes sujets (656.15-657.24). Il faut toutefois remarquer que c'est Platon lui-même qui appelle la dialectique « radotage » dans la division des sciences proposée dans le *Sophiste* (657.24-658.30).

VIII. *Interprétation des prologues des dialogues de Platon* (658.31-659.22). Cette question concerne les prologues des dialogues de Platon en général, et non pas celui du *Parménide* en particulier. Sa position à la fin du prologue du commentaire de Proclus, juste avant le commentaire du premier lemme, s'explique par le fait qu'avant d'aborder l'exégèse du prologue du *Parménide*, Proclus énonce les règles d'interprétation qu'il va suivre.

1. *Trois opinions des exégètes précédents*. Les prologues des dialogues de Platon ont fait l'objet de trois interprétations différentes de la part des exégètes :

1.1. *Les prologues sont de simples préambules littéraires*

(658.35-659.2). Les prologues sont dépourvus de contenu doctrinal et il ne vaut pas la peine d'en fournir l'exégèse.

1.2. *Les prologues contiennent seulement l'indication de certains devoirs* (659.2-6). Les prologues ont une valeur éthique, en ce sens qu'ils donnent l'indication de certains devoirs (κα-θήκοντα)[1].

1.3. *Les prologues doivent être interprétés à la lumière des réalités dont traitent les dialogues* (659.6-8). L'interprétation des prologues doit être en accord avec les réalités traitées dans les dialogues.

2. *Opinion de Proclus* (659.8-18). Proclus se rallie à la troisième opinion, sans toutefois négliger l'interprétation éthique fondée sur les devoirs. En effet, le dialogue est une unité et il faut interpréter le prologue en fonction du but principal du dialogue et y reconnaître des analogies et des symboles par rapport aux réalités traitées dans le dialogue.

3. *Réfutation de la première opinion* (659.18-22). Par conséquent, soutenir que le prologue est complètement étranger au corps du dialogue, comme c'était le cas pour les dialogues d'Héraclide du Pont et de Théophraste, est totalement absurde.

(II) Exégèse du texte

<Prologue du *Parménide* : 126 A 1-127 D 5
(659.23-693.55)>

Parm. 126 A 1-2 (659.23-665.39). Céphale et les philosophes de Clazomènes rencontrent Adimante et Glaucon sur l'agora.

Les trois écoles : éléate, ionienne, athénienne (659.26-660.24). L'arrivée des philosophes de Clazomènes à Athènes

---

1. Cette interprétation était propre à Porphyre, alors que la troisième était propre à Jamblique (cf. *infra*, p. 54, n. 1 et 3 [p. 237-238 des *Notes complémentaires*]).

pour apprendre les doctrines des Éléates illustre les rapports qu'entretiennent les trois écoles philosophiques entre elles. L'école éléate (Parménide et Zénon) se consacre à la contemplation des êtres, l'école ionienne (les philosophes de Clazomènes), à la philosophie de la nature, l'école athénienne (Socrate et Platon) est intermédiaire entre les deux, en ce sens qu'elle mène à perfection l'école ionienne et révèle l'école éléate, en réunissant les avantages de ces deux écoles (659.26-660.16). Cette donnée historique a son analogue dans la hiérarchie des êtres : les êtres premiers [= Parménide et Zénon] sont présents partout [= ils sont venus à Athènes], jusque dans les êtres tout derniers [= les philosophes de Clazomènes], et cela grâce aux êtres intermédiaires [= les philosophes Athéniens] qui reçoivent le don des êtres premiers et le transmettent aux êtres de tout dernier rang en les convertissant vers les premiers [= les philosophes Athéniens révèlent les doctrines des Éléates aux philosophes de Clazomènes] (660.16-24).

Première interprétation analogique : la remontée de l'âme (660.25-661.8). Une fois posé que l'Ionie symbolise la nature, l'Italie, l'être intellectif, et Athènes, l'être intermédiaire, on peut proposer l'analogie suivante : les âmes [= les philosophes de Clazomènes] remontent de la nature [= de Clazomènes] vers l'univers intelligible [= Parménide et Zénon] ; cette remontée requiert un détachement du corps [= les philosophes de Clazomènes quittent leur patrie] pour se rattacher au lot d'Athéna [= ils viennent à Athènes].

Deuxième interprétation analogique : les dieux de la nature (661.9-662.30). Les dieux qui guident la nature [= les philosophes de Clazomènes], tout en contenant en eux les puissances des formes matérialisées, déploient une activité transcendante par rapport à ces formes [= ces philosophes quittent Clazomènes] et s'élèvent vers l'un [= Antiphon] par l'intermédiaire de la dyade [= Adimante et Glaucon].

Troisième interprétation analogique : les classes divines (662.31-663.30). Alors que l'interprétation précédente ne concernait que les dieux de la nature, la nouvelle interprétation s'étend à toutes les classes divines. Parménide, Zénon et Socrate symbolisent les dieux dans leur ensemble ; Pythodore symbolise le degré le plus élevé des démons, celui qui annonce et transmet aux êtres inférieurs tout ce qui vient des êtres supérieurs (comme Pythodore transmet à Antiphon l'entretien de Parménide, Zénon et Socrate) ; Antiphon symbolise le degré inférieur des démons, celui qui est doué de vie sensitive et végétative ; les philosophes de Clazomènes symbolisent les âmes qui séjournent dans le monde de la génération et qui, aidées par les démons, peuvent s'élever jusqu'aux dieux.

Quatrième interprétation analogique : la Bonne Fortune (663.31-665.10). La mention de la rencontre (ἐνετύχομεν) des philosophes de Clazomènes avec Adimante et Glaucon suggère une nouvelle interprétation fondée sur la notion de Bonne Fortune (ἀγαθὴ τύχη). La Bonne Fortune est une aide considérable pour les âmes qui s'élèvent, parce qu'elle les rattache à l'objet de leur désir comme il le faut. En outre, les dons de la Bonne Fortune concernent non seulement le domaine matériel, mais aussi la vie de l'âme. C'est en effet la Bonne Fortune qui permet aux philosophes de Clazomènes d'entrer en contact avec Adimante et Glaucon et, par leur entremise, avec Antiphon et les êtres supérieurs.

Remarque stylistique (665.11-39). La première phrase du *Parménide* annonce le style de tout le dialogue, qui est concis, naturel et pur, comme il convient au sujet qu'il traite et conformément au style pratiqué par Parménide lui-même dans son poème.

Parm. 126 A 2-4 (665.40-667.30). Adimante salue le premier les philosophes de Clazomènes et les accueille, alors que Glaucon garde le silence.

La première explication relève de l'exégèse fondée sur les devoirs et consiste à reconnaître dans le texte un certain nombre d'énoncés éthiques : il faut être prêt à venir en aide aux étrangers ; le plus puissant doit s'empresser le premier de s'occuper des visiteurs ; il ne faut faire que les promesses que l'on peut tenir (666.5-21).

La seconde explication élève à la contemplation des réalités universelles. Antiphon, Glaucon et Adimante symbolisent trois classes de démons, et les philosophes de Clazomènes, les âmes qui s'élèvent du monde du devenir vers les causes les plus divines grâce à l'aide des démons. Le geste d'Adimante qui tend la main à Céphale signifie justement l'aide que les démons fournissent aux âmes dans leur remontée, sa salutation pleine de joie et d'empressement signifie la joie que seules les classes supérieures peuvent élargir aux âmes. Platon explique donc ici symboliquement le rôle des démons dans l'élévation des âmes, quand elles sortent du corps (666.22-667.30).

Parm. 126 A 5-7 (667.31-668.26). Céphale veut faire une demande à Adimante et à Glaucon ; Adimante l'invite à formuler sa demande.

Le désir de Céphale de faire une demande symbolise l'attitude que les âmes doivent avoir, si elles veulent s'élever : elles doivent être prêtes à participer aux êtres divins et à accueillir leurs dons par une disposition (ἐπιτηδειότης) qui rend possible la participation et le don de la part des êtres supérieurs, don qui est symbolisé par la prompte réponse d'Adimante.

Parm. 126 B 1-4 (668.27-670.26). Céphale demande à Adimante et à Glaucon le nom de leur frère. Il ne s'en souvient pas, car, lors de son dernier séjour à Athènes, ce dernier n'était qu'un enfant.

Pour comprendre ce lemme, un rappel des données historiques est nécessaire : Périktioné avait épousé Ariston et trois enfants étaient nés de ce mariage, Platon, Adimante et Glaucon ; après la mort d'Ariston, elle épousa Pyrilampès et lui donna un fils, Antiphon. C'est pourquoi Platon affirme qu'Antiphon était frère uterin d'Adimante et de Glaucon (668.32-669.15).

Le style de ce passage est d'une grande beauté, parce que Céphale, au lieu de formuler sa demande, à savoir entendre d'Antiphon le récit des discours qu'il a entendus de Pythodore, pose, à son tour, une question, en demandant le nom d'Antiphon. C'est ce changement d'expression qui produit la beauté du style (669.16-26).

L'interprétation analogique est la suivante : les âmes qui s'élèvent [= les philosophes de Clazomènes] sont unies à celui qui doit les mener à la perfection [= Antiphon] d'abord par la connaissance et l'intuition [= Céphale demande à connaître le nom d'Antiphon], parce que la connaissance précède l'approche et l'union et que le nom est un symbole de l'essence. Le fait que Céphale a oublié ce nom symbolise l'oubli dans lequel tombent les âmes dans le monde de la génération. Le fait qu'Antiphon ne fût qu'enfant lors du premier séjour de Céphale à Athènes symbolise la connaissance imparfaite que les âmes ont de leur objet de connaissance. Le fait qu'Adimante, Glaucon et Antiphon sont appelés frères utérins est un symbole du fait qu'ils sont analogues aux trois classes de démons qui ont tous une seule et même mère (669.26-670.26).

Parm. 126 B 4-7 (670.27-671.9). Céphale se souvient du nom du père d'Antiphon, Pyrilampès. Adimante lui rappelle le nom d'Antiphon lui-même et lui demande ce qu'il veut savoir d'Antiphon.

Si Céphale connaît une chose (le nom de Pyrilampès) et qu'il en ignore une autre (le nom d'Antiphon) qui lui est révélée par Adimante, cela est un symbole du fait que les âmes ne peuvent pas tout connaître par elles-mêmes, mais elles voient certaines choses, alors que d'autres choses leur sont révélées par les êtres plus parfaits dans la mesure où elles se sont préparées à recevoir une telle révélation. Il ne faut pas s'étonner de ce que Céphale connaît une réalité supérieure (le père d'Antiphon), alors qu'il ignore une réalité inférieure (Antiphon lui-même, inférieur à son père comme l'effet est inférieur à la cause). En effet, il arrive que les âmes connaissent les réalités supérieures ou bien à cause de l'excellence de leur nature, ou bien à cause de l'évidence de ces réalités.

Parm. 126 B 8-C 3 (671.10-673.14). A la demande d'Adimante, Céphale répond en disant que les autres philosophes de Clazomènes qui l'accompagnent ont entendu dire qu'Antiphon a souvent rencontré Pythodore, compagnon de Zénon, qui connaît, pour les avoir entendus, les discours qu'ont échangés Socrate, Zénon et Parménide.

Le rapport entre Céphale et les autres philosophes de Clazomènes est double : d'une part, Céphale leur est inférieur en tant qu'il est venu à Athènes pour accompagner ses concitoyens ; d'autre part, il leur est supérieur en tant qu'il est le seul à avoir reçu un nom, alors que les autres n'ont pas de nom. Ce procédé qui consiste à laisser dans l'anonymat les personnages les moins parfaits est habituel chez Platon : tel est le cas, en effet, du quatrième interlocuteur du *Timée*, du père de Critobule dans l'*Apologie*, et du personnage qui soulève une objection sans valeur dans le *Phédon*. La supériorité de Céphale est aussi manifestée par le fait que c'est lui qui réunit les autres philosophes de Clazomènes à Adimante. De ce point de vue, on peut affirmer que Céphale symbolise la partie de l'âme qui exerce le commandement sur les puissances inférieures, symbolisées par les autres philosophes de Clazomènes. Une telle analogie est confirmée par le fait que les autres philosophes de Clazomènes ont tendance à faire des recherches et des enquêtes — c'est pourquoi ils sont appelés « tout à fait philosophes » —, ce qui est le propre des puissances inférieures, alors que la partie directrice de l'âme aspire à l'union avec les êtres supérieurs. En conclusion, les puissances inférieures de l'âme [= les philosophes de Clazomènes] s'attachent au sommet de l'âme [= Céphale], l'âme tout entière [= Céphale et les autres philosophes de Clazomènes] s'attache aux démons [= Adimante, Glaucon et Antiphon] qui, à leur tour, s'attachent aux causes toutes premières [= Parménide, Zénon et Socrate] (671.18-672.14).

L'ordre dans lequel les personnages sont nommés dans ce lemme (Antiphon, Pythodore, Zénon — Socrate, Zénon, Parménide) reflète l'ordre des réalités, car Antiphon est subordonné à Pythodore qui, à son tour, est subordonné à

Zénon, et que Socrate est nommé avant Zénon et Parménide en tant qu'il est plus proche de Céphale (672.15-21).

L'appellation « tout à fait philosophes » par laquelle Céphale désigne les autres philosophes de Clazomènes s'explique par le fait que, tout en étant des philosophes de la nature, ils tendent à la connaissance des réalités plus élevées et divines, de même que Platon a appelé « tout à fait philosophe » l'Étranger d'Élée, compagnon de Parménide et de Zénon (672.21-36).

Antiphon a maintes fois (πολλά) rencontré Pythodore et a souvent (πολλάκις) entendu de Pythodore les discours qu'avaient échangés Parménide, Zénon et Socrate. Ces deux adverbes (πολλά et πολλάκις) signifient la pluralisation que les raisons divines subissent chez les démons. Le fait qu'Antiphon et Pythodore sont qualifiés par les adjectifs οὗτος (Antiphon) et τις (Pythodore), alors qu'aucun adjectif n'accompagne les noms de Parménide, Zénon et Socrate, signifie la particularisation des classes inférieures par rapport aux classes divines qui sont, elles, universelles (672.37-673.14).

Parm. 126 C 4-10 (673.15-676.30). Adimante confirme ce que Céphale vient de lui dire à propos d'Antiphon et de Pythodore et affirme qu'il n'est pas difficile de satisfaire la demande de Céphale. En effet, Antiphon connaît parfaitement les discours des trois philosophes pour les avoir assimilés dans son adolescence. Adimante invite donc les philosophes de Clazomènes à le suivre chez Antiphon, qui habite dans le dème de Mélité et s'occupe de chevaux, comme le faisait jadis son grand-père et homonyme.

L'interprétation de ce lemme (674.3-675.31) développe l'analogie de la remontée des âmes [= les philosophes de Clazomènes] vers les réalités divines [= Parménide, Zénon et Socrate] par l'intermédiaire des démons [= Adimante, Glaucon, Antiphon et Pythodore]. Comme il a été dit à propos du lemme 126 B 4-7, les âmes peuvent contempler certaines réalités par elles-mêmes, alors qu'elles ont besoin de l'aide des démons pour en contempler d'autres[1]. C'est pourquoi Céphale connaît certaines choses (l'entretien entre les trois philosophes, la présence de Pythodore à cet entretien, les rencontres fréquentes entre Pythodore et Antiphon), connaissances qu'Adimante confirme, alors qu'il en ignore d'autres (l'occupation d'Antiphon, le lieu de sa demeure). Les âmes se familiarisent donc avec les démons inférieurs [= Adimante et Glaucon] qui les mettent en contact avec les démons plus élevés [= Antiphon], qui, à leur tour, leur permettent de remonter jusqu'aux dieux [= Parménide, Zénon et Socrate]. Antiphon symbolise donc la classe la plus élevée des démons qu'on a accoutumé d'appeler « démons divins ». Tous les traits que Platon rapporte de lui sont en accord avec cette analogie :

Antiphon se consacre à l'art équestre = Les démons divins ont soin des réalités inférieures.

Antiphon imite en cela son grand-père = Les dieux sont les grands-pères des démons divins, parce que les anges, placés entre les démons divins et les dieux, sont les pères des démons divins.

Antiphon a le même nom que son grand-père = Les démons les plus élevés sont appelés divins parce qu'ils sont les plus proches des dieux.

Antiphon demeure à Mélité = Mélité est une femme aimée par Poséidon qui est le dieu qui préside aux démons en raison de sa nature intermédiaire. En effet, de même que les démons sont intermédiaires entre les dieux et les âmes, de même Poséidon occupe le rang intermédiaire parmi les Pères (Zeus, Poséidon, Pluton).

Antiphon demeure tout près du lieu de la rencontre entre les philosophes de Clazomènes et Adimante = Les démons sont près les uns des autres en ce sens qu'ils appartiennent tous à la même classe.

---

1. Cf. *supra*, p. CDXCV.

Antiphon a appris les discours de Parménide, Zénon et Socrate dans son adolescence = Les démons se tournent immédiatement vers leurs causes, dès qu'ils ont procédé d'elles.

Cette exégèse analogique de tous les détails du texte obéit au principe selon lequel tout, dans le texte de Platon, est doté d'un sens bien précis, même si Platon ne l'a pas dit explicitement. Elle revêt la plus grande importance parce qu'elle incite les âmes à remonter des apparences vers les réalités (675.32-676.3).

Contre certains exégètes, il faut préciser que les discours qu'Antiphon a assimilés dans son adolescence ne sont pas des discours purement logiques, car ils contiennent aussi les apories les plus profondes relatives aux idées et les doctrines les plus élevées examinées dans les hypothèses. On ne peut donc s'appuyer sur ce passage du *Parménide* pour soutenir que l'enseignement de la logique convient tout particulièrement aux jeunes gens, d'autant plus que Socrate, dans la *République*, recommande de ne pas enseigner la dialectique aux jeunes gens de peur qu'ils ne soient entraînés dans le mépris des lois (676.4-30). Proclus reprend ici un thème déjà traité dans le prologue [1].

Parm. 127 A 1-5 (676.31-679.36). Adimante et Glaucon emmènent les philosophes de Clazomènes chez Antiphon. Ce dernier est en train de donner à arranger un mors à un forgeron. Il reconnaît Céphale, qu'il avait déjà vu lors d'un premier séjour de Céphale à Athèses.

Le style de ce passage est concis, clair et pur, grâce notamment à la formule de récapitulation qui l'introduit (676.38-677.14).

Exégèse éthique fondée sur les devoirs (677.14-678.10). Une série de règles morales est tirée des gestes décrits dans ce lemme. Dès qu'ils ont fini de parler, les philosophes se mettent aussitôt en marche = Les actions des hommes de bien doivent toujours être en accord avec leurs paroles. Antiphon

---

1. Cf. *supra*, VII 1.1 et 2.1, p. CDLXXXVI-CDLXXXVIII.

s'empresse de se séparer du forgeron pour accueillir les philosophes = Il faut restreindre les activités nécessaires pour pouvoir s'adonner à celles qui sont dignes de notre choix. Antiphon donne des ordres au forgeron = Celui qui utilise un instrument est supérieur à celui qui le produit. Adimante organise la rencontre entre Antiphon et les philosophes de Clazomènes = Les extrêmes sont toujours liés par un terme intermédiaire.

Exégèse physique (678.11-22). La nature [= les philosophes de Clazomènes] entre en contact avec les démons ou dieux qui gouvernent la nature [= Antiphon] par l'intermédiaire de l'âme, dont le propre est la dualité [= Adimante et Glaucon].

Exégèse théologique (678.23-679.36). Les âmes qui montent [= les philosophes de Clazomènes] entrent en contact avec les démons qui surveillent l'existence des âmes ici-bas [= Adimante et Glaucon] ; par leur intermédiaire, elles rencontrent les démons divins [= Antiphon], qui leur permettent de participer au monde intelligible [= l'entretien entre Parménide, Zénon et Socrate]. Les démons divins possèdent des puissances [= le forgeron], grâce auxquelles ils mettent en ordre toute leur classe [= la maison d'Antiphon]. Les démons divins sont participés par les âmes de deux manières [= Antiphon reconnaît Céphale pour l'avoir déjà rencontré à Athènes] : une participation imparfaite [= la première rencontre d'Antiphon et de Céphale], et une participation parfaite [= l'accueil empressé qu'Antiphon fait à Céphale]. En effet, la nature et l'âme participent des êtres supérieurs selon une remontée progressive, analogue à celle que l'on observe dans l'organisation de l'univers : les formes sont esquissées dans la matière, la masse et la puissance donnent forme à la matière, des contours particularisés se dessinent, le tout est mis en ordre, il reçoit la vie, participe à l'intellect, est illuminé par la divinité.

Parm. 127 A 5-7 (680.1-681.29). Les philosophes de Clazomènes demandent à Antiphon de leur rapporter les discours de Parménide, Zénon et Socrate. D'abord, Antiphon hésite ; puis, il les récite jusqu'au bout.

La demande des philosophes de Clazomènes symbolise l'attachement des âmes aux démons par l'intermédiaire desquels elles peuvent entrer en contact avec les dieux (680.5-17). L'hésitation d'Antiphon symbolise la difficulté de révéler pleinement les causes divines, dont la puissance est cachée et indicible (680.17-31). Cette hésitation a aussi une autre explication : si Antiphon affirme que rapporter les discours de Parménide, Zénon et Socrate est une tâche difficile, cela est un moyen pour reconnaître les véritables amants de la contemplation, qui ne seront pas découragés par la difficulté de la tâche, mais, au contraire, s'y livreront avec davantage d'ardeur (681.7-29).

Parm. 127 A 7-B 1 (681.30-683.16). Début du récit d'Antiphon qui rapporte celui de Pythodore : Zénon et Parménide arrivèrent un jour aux Grandes Panathénées.

Le fait qu'Antiphon n'a pas assisté personnellement à l'entretien des philosophes et qu'il se borne à rapporter ce qu'il a entendu de Pythodore qui, lui, était présent, ne signifie pas qu'Antiphon n'a aucune science de ces discours, comme le prétendent certains exégètes. Il est en effet impossible d'imiter les discours des savants, si l'on ne partage pas leur disposition (681.34-682.15). Antiphon a donc science des discours qu'il rapporte, mais sa science est inférieure à celle de tous les autres personnages qui ont assisté ou rapporté les discours avant lui. Il y a donc une hiérarchie dans la connaissance des discours : Parménide a science des discours à titre premier, Zénon à titre dérivé, Socrate au troisième rang, Pythodore au quatrième, Antiphon au cinquième. C'est grâce à ce dernier que nous assistons, pour ainsi dire, à la première mise en scène des discours (682.15-31). L'ordre dans lequel les personnages sont énumérés dans ce lemme (Antiphon, Pythodore, Zénon, Parménide) a, lui aussi, une signification bien précise : la multiplicité [= Antiphon, Pythodore, Zénon] est unifiée autour de la cause divine [= Parménide] (682.32-683.2). Si Platon dit que Zénon et Parménide sont venus aux Grandes Panathénées (au lieu de dire qu'ils sont venus à Athènes), c'est pour signifier l'unification de la multiplicité autour de l'unité, car les Panathénées célèbrent le synœcisme d'Athènes. Cette exégèse du lemme est en accord avec le but du dialogue qui consiste, comme on l'a vu[1], à montrer comment toutes choses dépendent de l'un (683.2-9). On peut aussi remarquer que l'arrivée des philosophes à l'occasion des Panathénées signifie qu'ils sont venus pour honorer Athéna, et non pas pour donner une conférence d'apparat ni pour enseigner publiquement la philosophie, ce qui était interdit par les Pythagoriciens (683.9-16). Cette dernière remarque montre que l'exégèse morale n'a pas été remplacée par l'exégèse théologique, mais seulement reléguée à l'arrière-plan.

Parm. 127 B 1-3 (683.17-684.15). Parménide était déjà vieux, chenu, mais beau et bon à voir et avait près de soixante-cinq ans.

La description des traits physiques de Parménide se rapporte non seulement à son aspect extérieur, mais aussi à son âme. En effet, l'âme de Parménide possède intellect et science [= Parménide est vieux] ; elle participe à la lumière intellective [= Parménide est chenu : le blanc appartient, en effet, à la série la meilleure de la réalité] ; elle se tend vers la beauté intelligible et la bonté qui fait exister toutes choses [= Parménide est beau et bon à voir] (683.21-684.7). Ces traits physiques peuvent aussi être rapportés aux dieux eux-mêmes, dont les Théologiens ont célébré la vieillesse et les cheveux chenus, et chez qui se trouvent la beauté-en-soi et la bonté-en-soi (684.7-15).

Parm. 127 B 4-6 (684.16-685.4). Zénon avait alors près de quarante ans, il était d'une taille imposante et agréable à voir, et l'on disait qu'il avait été le jeune ami de Parménide.

---

1. Cf. *supra*, V 2.3.2, p. CDLXXXIII-CDLXXXIV.

Les traits physiques par lesquels Platon décrit Zénon se rapportent à ses discours. En effet, sa taille imposante symbolise la longueur de ses discours qui déployaient ce que Parménide disait d'une manière compliquée et ramassée. Son lien érotique avec Parménide signifie l'unification de la multiplicité dans la participation au divin.

Parm. 127 B 6-C 1 (685.5-686.8). Parménide et Zénon étaient descendus chez Pythodore qui habitait hors des murs de la ville, au Céramique.

Exégèse symbolique. Les dieux, aussi bien encosmiques [= Socrate venant d'Athènes] qu'intelligibles [= Parménide et Zénon venant de l'extérieur], se manifestent en premier lieu par les anges [= Pythodore] et dans la classe des anges [= la maison de Pythodore] (685.8-18).

Exégèse littérale. Deux expressions du lemme sont analysées : *chez Pythodore* (au lieu de *chez moi*) s'explique ou bien par un souci de style (l'usage de la troisième personne au lieu de la première est propre à la langue littéraire), ou bien parce que le récit de Pythodore est ici rapporté par Antiphon en son nom propre ; *hors des murs, au Céramique* s'explique par le fait qu'il y avait deux Céramiques, dont l'un hors des murs, l'autre à l'intérieur de la ville (685.19-28).

L'explication de cette expression détermine le retour à l'exégèse éthique et symbolique. Selon la première, le fait que les Éléates sont descendus hors des murs s'inspire du précepte pythagoricien selon lequel il faut éviter la foule (685.28-36). Selon la seconde, le fait que les Éléates demeurent hors des murs, alors que les philosophes de Clazomènes rencontrent Antiphon à l'intérieur de la ville, à Mélité, est un symbole du fait que les êtres premiers [= les Éléates] transcendent les êtres intermédiaires [= Antiphon], alors que les êtres qui suivent les intermédiaires [= les philosophes de Clazomènes] sont contenus dans les intermédiaires eux-mêmes [= la rencontre des philosophes de Clazomènes avec Antiphon a lieu à Mélité, chez Antiphon lui-même] (685.36-686.8).

Parm. 127 C 1-6 (686.9-688.21). Socrate, qui était alors très jeune, et d'autres jeunes gens se réunissent chez Pytho-dore, désireux d'entendre la lecture de l'écrit de Zénon, qui était alors apporté à Athènes pour la première fois.

Si Socrate s'est empressé de rencontrer Parménide et Zé-non, c'est pour susciter leur science et leur intellect, tandis qu'il rencontre les sophistes pour dénoncer leur ignorance et leur bouffissure. Il emmène d'autres jeunes gens avec lui en tant qu'il est le chef des amants de la philosophie (686.16-24). En cela, Socrate symbolise l'intellect qui convertit et élève la multiplicité [= tous les jeunes gens qu'il emmène avec lui chez Pythodore] ; son jeune âge est le symbole de son caractère intellectif (686.25-687.3).

Le désir d'entendre la lecture de l'ouvrage de Zénon sym-bolise la remontée des êtres de troisième rang [= Socrate] qui s'unissent aux intelligibles [= Parménide] grâce aux puis-sances des êtres intermédiaires [= Zénon]. Ces puissances [= écrit, discours et science] constituent les trois degrés de la remontée, car le discours procède à partir de la science, et l'écrit est une image du discours. C'est pourquoi Socrate en-tend d'abord la lecture de l'écrit de Zénon, prend ensuite part aux discours de Parménide et de Zénon, et finalement participe à leur science (687.4-15).

Le fait que l'écrit de Zénon, apporté alors à Athènes pour la première fois, est publié pendant la fête des Panathénées s'explique par son analogie avec le péplos qui était offert à Athéna au cours de la fête. En effet, de même que le péplos comportait le récit de la victoire d'Athéna sur les Géants, qui symbolisent la dispersion et la confusion, de même l'écrit de Zénon ramenait toute la multiplicité des êtres à l'unité (687.16-27).

Socrate est présenté comme jeune afin qu'il soit prompt à se ressouvenir des êtres divins, et comme bien doué afin qu'il soit capable de soulever des apories contre les arguments de Zénon, ce qu'il a fait en suscitant l'admiration de Zénon et de Parménide (687.28-33).

La lecture de l'écrit de Zénon par Zénon lui-même,

d'une part, montre sa bienveillance, d'autre part, symbolise la manière dont les êtres intermédiaires [= Zénon] se manifestent aux êtres de troisième rang [= Socrate] : une telle manifestation s'accomplit par les puissances dont les êtres intermédiaires sont doués, puissances qui, elles aussi, s'échelonnent selon trois degrés [= écrit, discours, intellection] (687.34-688.4).

Dans la tradition exégétique du *Parménide*, la lecture de l'écrit de Zénon par Zénon lui-même amenait les interprètes à rechercher si les philosophes doivent lire leurs ouvrages devant un auditoire, et à répondre qu'une telle lecture n'est possible que si l'auditoire est capable de comprendre. En effet, dans le cas contraire, on risque que le public parte avant que la lecture soit achevée, ce qui arriva à Platon lors de sa leçon sur le Bien. Dans le cas de la lecture de Zénon, un tel risque est inexistant à cause de la force intellectuelle de Socrate qui, seul de toute l'assistance, est capable de soulever des apories (688.5-21).

Parm. 127 C 6-D 5 (688.22-693.55). Pendant la lecture de Zénon, Parménide était sorti. Lorsqu'il revient accompagné de Pythodore et d'Aristote, ils n'entendent que la fin de l'écrit de Zénon. Mais Pythodore en avait déjà entendu de Zénon une première lecture.

Ce lemme fait l'objet d'une exégèse théologique complexe. Le fait que Parménide ne se manifeste qu'à la fin de la lecture de l'écrit de Zénon est un symbole du fait que les êtres plus divins [= Parménide] ne se manifestent aux êtres inférieurs [= Socrate] que lorsque ces derniers participent parfaitement aux êtres intermédiaires [= lorsque la lecture de l'écrit de Zénon est achevée], car la participation aux êtres supérieurs n'est possible que lorsque la participation aux êtres intermédiaires est déjà accomplie (688.32-689.9).

Parménide est accompagné de Pythodore et d'Aristote, Pythodore est un disciple de Zénon, alors qu'Aristote est choisi par Parménide pour donner les réponses dans l'entretien dialectique (689.9-18). Les personnages du dialogue se disposent selon un schéma de coordination réciproque :

Aristote est coordonné à Parménide, Pythodore à Zénon, Socrate à Zénon et à Parménide. Ce schéma a une signification bien précise parce que chaque personnage symbolise un degré de la hiérarchie des êtres :

Parménide = premier degré dans les êtres divins (un-qui-est ou intelligible)
Zénon   = degré intermédiaire dans les êtres divins (vie)
Socrate   = troisième terme de la triade (intellect)
Pythodore = anges
Aristote   = âmes saisies d'enthousiasme.

Cette analogie permet de comprendre les rapports des personnages entre eux :

Parménide mène à la perfection tous les autres personnages = Les êtres divins de premier rang mettent toutes choses en ordre.

Zénon et Aristote font l'objet de l'action directe et exclusive de Parménide = Seuls les êtres divins de premier degré agissent sur les êtres de deuxième et de dernier rang.

Socrate et Pythodore sont menés à la perfection non seulement par Parménide, mais aussi par les personnages intermédiaires entre chacun d'eux et Parménide (Socrate, par Parménide et Zénon ; Pythodore, par Parménide, Zénon et Socrate) = Les êtres de troisième rang [= Socrate] procèdent à partir des êtres de premier [= Parménide] et de deuxième rang [= Zénon] ; les anges [= Pythodore] viennent à l'existence par l'action des dieux [= Parménide] à partir des puissances de rang intermédiaire [= Zénon] et troisième [= Socrate].

Aristote est mené à la perfection seulement par Parménide, alors que ni Zénon ni Socrate ne peuvent l'atteindre = L'être [= Parménide] étend son action et sa causalité jusqu'au tout dernier des êtres [= Aristote], alors que la vie [= Zénon] et l'intellect [= Socrate] exercent une causalité réduite. Autrement dit, l'être a une extension plus grande que la vie et l'intellect, et la vie a une extension plus grande que l'intellect. En effet, tous les êtres sont, mais tous les êtres ne sont pas des vivants ni ne sont doués d'intellect, et tous les êtres vivants ne sont pas doués d'intellect. L'être étend donc sa causalité plus loin que la vie, et la vie plus loin que l'intellect (689.19-691.18).

Cette explication théologique permet de mieux comprendre le rôle de Parménide et d'Aristote. Si Parménide est seul à mener Aristote à la perfection, cela est dû au fait qu'il est le plus parfait et le plus puissant, alors qu'Aristote a une disposition très faible (691.19-692.2). La faiblesse de la disposition d'Aristote est indiquée par les deux traits par lesquels il est caractérisé, c'est-à-dire sa jeunesse et le fait qu'il devint ensuite l'un des Trente tyrans. En effet, la jeunesse signifie ici l'imperfection ; le fait que, par la suite, il abandonna la philosophie pour devenir tyran signifie que la vie philosophique n'était chez lui qu'un habitus, et non pas son essence. L'instabilité de son être justifie l'analogie que l'on a établie entre lui et les âmes saisies d'enthousiasme qui, tout en vivant avec les anges [= Aristote fait son entrée en compagnie de Pythodore], peuvent déchoir de cet état et tomber dans le monde de la génération, qui est symbolisé par la tyrannie parce que les passions sont les tyrans des âmes (692.2-693.8).

Le fait qu'Aristote allait devenir l'un des Trente tyrans admet aussi une interprétation différente : les mêmes âmes peuvent passer d'une existence à l'autre, par exemple de l'existence philosophique à l'existence tyrannique et vice-versa. Une telle possibilité s'explique par le fait que le caractère tyrannique est propre aux âmes qui aspirent à la grandeur, à la sublimité et à une certaine puissance. C'est pourquoi Platon affirme, dans la *République*, que les âmes qui ont accompagné les dieux dans leur révolution autour du Tout ont tendance à choisir une existence tyrannique. En effet, cette sorte d'existence leur rappelle le rang royal dont elles jouissaient dans leur vie céleste (693.9-20).

Ici, un court résumé (693.21-55) de l'exégèse de tout le texte qui précède (126 A 1-127 D 5) marque très probablement la fin de l'exégèse du prologue du *Parménide* et le début de l'exégèse du dialogue proprement dit. En effet, même si Proclus ne signale pas explicitement la fin du prologue du *Parménide*, c'est bien à partir du lemme suivant (127 D 6-E 1) que commence la discussion directe, d'abord entre Zénon et Socrate (critique des arguments de Zénon par Socrate : 127 D 6-130 A 2), ensuite entre Parménide et Socrate (apories sur la théorie des idées : 130 A 3-135 C 7), finalement entre Parménide et Aristote (examen des hypothèses : 137 C 4-fin). Il est certain, d'ailleurs, que Proclus considérait la lecture de l'écrit de Zénon (127 C 5-D 5) comme faisant partie du prologue, comme le montre un renvoi du livre V 1022.20-22 : διὸ καὶ ὅτε τὸ σύγγραμμα ἀνεγίνωσκε, μὴ παρόντος ἐποίει τοῦτο Παρμενίδου, καθάπερ εἴρηται ἐν προοιμίοις (« C'est pourquoi, lorsqu'il lisait son écrit, [Zénon] faisait cela en l'absence de Parménide, comme il a été dit dans le prologue »). En outre, la phrase « Voilà donc en résumé ce que, dès le prologue (ἐκ προοιμίων), il fallait tirer de ce texte » qui clôt le résumé (693.51-53) confirme que c'est bien en 127 D 5 (= fin de la lecture de Zénon) que Proclus plaçait la fin du prologue du *Parménide*.

Le résumé reprend l'analogie du prologue du *Parménide* avec la remontée des âmes : les âmes qui, sortant de la nature, s'éveillent à l'intellect [= les philosophes de Clazomènes qui, quittant leur patrie, viennent à Athènes] s'unissent aux êtres divins [= Parménide, Zénon et Socrate] par l'entremise des êtres intermédiaires [= Adimante et Glaucon], avec lesquels elles entrent en contact lorsqu'elles ne sont pas encore complètement hors de la vie pluralisée [= les philosophes de Clazomènes rencontrent Adimante et Glaucon sur l'agora]. Par l'entremise des êtres intermédiaires, les âmes s'unissent à des démons divins [= Antiphon] qui les aident à remonter vers l'intelligible [= Parménide, Zénon et Socrate]. Les âmes s'unissent aux démons divins d'une manière plus parfaite qu'aux êtres intermédiaires [= la rencontre entre les philosophes de Clazomènes et Antiphon a lieu à la maison, et non pas sur l'agora]. Les démons divins emplissent les âmes d'une puissance intellective telle que les

âmes peuvent contempler les classes d'anges [= Pythodore].
Ces dernières sont emplies par les dieux [= Pythodore entend
directement les discours de Parménide, Zénon et Socrate] et
emplissent les démons [= Pythodore rapporte ces discours à
Antiphon]. Ensuite, les âmes contemplent les mondes triples
et parfaits des dieux [= Parménide, Zénon et Socrate] et
les âmes saisies d'enthousiasme [= Aristote]. C'est en imi-
tant ces dernières que les âmes qui remontent de la nature
peuvent se rattacher aux dieux dans la mesure de leurs forces.

<Dialogue proprement dit : 127 D 6 ss. (693.56 ss.)>

Parm. 127 D 6-E 1 (693.56-695.38). Ayant écouté la lecture de l'écrit de Zénon, Socrate demande que la première
hypothèse du premier argument soit lue à nouveau. Après
cette nouvelle lecture, Socrate demande à Zénon en quel sens
Zénon a dit cela.

La conduite de Socrate montre l'ordre dans lequel il faut
mener la discussion : d'abord, il écoute la lecture de l'écrit,
ensuite, il invite Zénon aux discours, et finalement, il remonte à la science elle-même, sans aucune précipitation ni
hâte (694.3-22). Pour expliquer l'expression « la première
hypothèse du premier argument », Proclus cite l'énoncé du
premier argument de Zénon tel qu'il est résumé par Socrate
(= lemme suivant, 127 E 1-8), et en donne la formalisation
syllogistique (694.23-695.17) selon le schéma :

$$A \rightarrow B$$
$$\text{non-B} \rightarrow \text{non-A}$$
$$\text{non-B}$$
$$\textit{ergo} \text{ non-A}$$

1re hypothèse : si les êtres sont multiples, le même être
est semblable et dissemblable ;
2e hypothèse : si le même être n'est pas semblable et dissemblable, les êtres ne sont pas multiples ;

3ᵉ hypothèse (ou mineure) : il est impossible que le même être soit semblable et dissemblable ;

conclusion : les êtres ne sont pas multiples.

Le fait que Zénon accepte de relire la première hypothèse de son premier argument montre son caractère de véritable philosophe, car les philosophes authentiques ne refusent jamais de revenir à plusieurs reprises sur les mêmes arguments, à la différence des sophistes qui s'emportent contre ceux qui cherchent à éprouver leurs arguments (695.17-30). Une fois la première hypothèse du premier argument relue, Socrate résume l'argument tout entier de façon claire et brève, ce qui démontre la puissance de son intellect (695.30-38). Ce résumé du premier argument de Zénon par Socrate constitue le lemme suivant.

Parm. 127 E 1-8 (695.39-697.20). Énoncé du premier argument de Zénon (voir ci-dessus sa formalisation syllogistique).

Alors que Zénon avait formulé son premier argument en plusieurs étapes, Socrate, en excellent dialecticien, le dispose en forme de syllogisme et n'énonce que les prémisses propres (696.8-20).

Le premier argument de Zénon « si les êtres sont multiples, le même être est semblable et dissemblable ; or, il est impossible que le même être soit semblable et dissemblable ; par conséquent, les êtres ne sont pas multiples » se fonde sur le principe suivant : puisqu'un antécédent possible ne peut impliquer qu'un conséquent possible, si le conséquent est impossible, l'antécédent est nécessairement impossible. C'est en vertu de ce principe que l'on peut déduire l'impossibilité de l'antécédent « les êtres sont multiples » à partir de l'impossibilité du conséquent « le même être est semblable et dissemblable ». Par conséquent, si l'on nie ce principe et que l'on affirme qu'un antécédent possible est aussi compatible avec un conséquent impossible (*a possibili quicquid*), l'on peut réfuter l'argument de Zénon en disant que l'impossibilité du conséquent « le même être est semblable et dissemblable » n'implique pas nécessairement l'impossibilité de l'antécédent « les êtres sont multiples ». C'est probablement, pensons-nous, ce que certains exégètes avaient essayé de faire en prenant comme exemple la conditionnelle « Si Dion est mort, celui-ci est mort », qui est vraie, bien que l'antécédent soit vrai (car le nom "Dion" peut désigner aussi bien un être existant qu'un être inexistant), et le conséquent faux (car le pronom "celui-ci" ne peut désigner qu'un être existant). A ces exégètes il faut répondre en rappelant la doctrine des Anciens (Aristote et ses commentateurs), selon laquelle seules sont vraies les conditionnelles dans lesquelles l'antécédent et le conséquent sont vrais tous les deux. Si donc le conséquent est faux, l'antécédent ne peut en aucun cas être vrai. La validité du premier argument de Zénon est ainsi à l'abri de toute réfutation (696.21-44)[1].

Ce résultat permet d'utiliser le premier argument de Zénon (ainsi que ses autres arguments) pour démontrer l'unicité et la simplicité du premier principe. La démonstration consiste à énumérer toutes les hypothèses logiquement possibles formées en attribuant au sujet "principe" les prédicats "un" et "multiple" associés en quatre combinaisons différentes, et à démontrer que seule l'hypothèse de la parfaite unicité et simplicité du premier principe peut être retenue. Les hypothèses qu'il faut examiner sont donc au nombre de quatre : (1) les principes sont multiples et ne participent aucunement de l'un ; (2) le principe est un et sans aucune multiplicité ; (3) les principes sont multiples et participent de l'un ; (4) le principe est un et contient en lui-même une multiplicité. Si l'hypothèse (1) est vraie, il s'ensuit toutes les conséquences absurdes que Zénon impute à ceux qui soutiennent la pluralité des êtres (c'est justement à réfuter cette hypothèse que sert l'argument de Zénon, dont on vient de démontrer la validité). Si l'hypothèse (3) est vraie, l'un dont les multiples principes participent, présuppose un autre un, antérieur et imparticipable. Si l'hypothèse

---

1. Ce passage n'est transmis que par la traduction latine (cf. *infra*, p. 106, n. 2-3 [p. 290-292 des *Notes complémentaires*]).

(4) est vraie, le principe qui contient une multiplicité n'est pas véritablement un, mais présuppose, lui aussi, un principe absolument un. Il s'ensuit que seule l'hypothèse (2) est vraie : le principe est absolument un et sans aucune multiplicité (696.45-697.9).

Le commentaire de ce lemme, fortement logique, se clôt par une brève analogie : de même que Socrate résume le premier argument de Zénon en déployant son intellection devant Zénon, de même les êtres inférieurs font dépendre toute leur activité des êtres intermédiaires (697.9-20).

Parm. 127 E 8-128 A 3 (697.21-699.35). Socrate demande à Zénon s'il est exact de dire que les arguments de Zénon visent à établir de haute lutte que les plusieurs n'existent pas, et que chaque argument constitue une preuve de cette thèse. Zénon confirme l'interprétation de Socrate.

Par sa question, Socrate enseigne qu'il ne faut pas soulever des apories contre les Anciens avant d'avoir bien saisi leur pensée (697.32-698.2). Le verbe « établir de haute lutte » (διαμάχεσθαι) montre que Socrate a bien compris la nature des arguments de Zénon. En effet, alors que Parménide, parfaitement établi dans l'un, ne se tournait même pas vers la multiplicité, Zénon voulait anéantir la multiplicité dans une véritable lutte (698.2-11). Un passage de la *République* (VII 534 C 1) où il est également question de lutte (μάχη) permet d'affirmer que ce verbe signifie démontrer une thèse par des conclusions négatives (698.21-32).

Le fait que chaque argument de Zénon démontre la thèse indépendamment des autres, est propre à la puissance de la science. En effet, dans certains cas, plusieurs arguments sont complémentaires en ce sens qu'aucun d'entre eux n'est capable de démontrer la thèse et que seule leur combinaison dans un système d'argumentation parvient à la démonstration (par exemple, dans le *Phédon*, l'argument des contraires démontre que l'âme subsiste après le corps, et l'argument des réminiscences, qu'elle existe avant le corps ; aucun de ces deux arguments ne démontre l'immortalité de l'âme, qui ne résulte que de leur combinaison). Dans d'autres cas, en revanche, chaque argument est autonome et suffit à démontrer la thèse (par exemple, l'argument qui démontre l'immortalité de l'âme dans la *République* et dans le *Phèdre*) (698.33-699.15).

L'analogie déjà proposée dans le prologue[1], selon laquelle Parménide, Zénon et Socrate symbolisent les triades être-vie-intellect ou intellect total et imparticipable, intellect total et participé, intellect particulier, permet de comprendre la signification profonde de ce lemme. Il s'agit, en particulier, d'expliquer la lutte de Zénon contre la multiplicité et le fait que chacun de ses arguments est complet et parfait en lui-même. En tant que Zénon est analogue à la vie, ces deux éléments sont un symbole du fait que la vie contient déjà une certaine multiplicité de raisons et de puissances, mais chacune de ces raisons et puissances est parfaite en elle-même et chaque raison est à la tête de sa propre série qu'elle unifie et rattache à l'un. En tant que Zénon est analogue à l'intellect total et participé, ces deux éléments sont un symbole du fait que l'intellect total et participé est plus multiforme que l'intellect total et imparticipable, mais il réunit la multiplicité des intellects particuliers à l'intellect total (699.16-35).

Parm. 128 A 4-8 (700.1-702.32). Socrate dit à Parménide que Zénon a écrit, d'une certaine façon, la même thèse que Parménide, mais que, en l'ayant tournée autrement, il cherche à la faire passer pour une thèse différente.

Il s'agit de comprendre si et dans quelle mesure la thèse de Zénon (l'être n'est pas plusieurs) est la même que la thèse de Parménide (l'être est un). L'exégèse de Proclus mélange le point de vue théologique et le point de vue éthique de façon telle qu'il n'est pas toujours possible de les séparer nettement.

---

1. Cf. *supra*, IV 1, p. CDLXXVII-CDLXXVIII.

Exégèse théologique. Les êtres de troisième rang se rattachent aux êtres de premier rang [= Socrate s'adresse à Parménide] par l'entremise des êtres intermédiaires [= après être devenu familier avec Zénon]. L'intellect [= Socrate] contemple la vie [= Zénon] et l'être [= Parménide] comme une seule chose [= Socrate considère la thèse de Zénon comme identique à celle de Parménide]. L'intellect particulier [= Socrate] contemple l'unité de l'intellect participable [= Zénon] avec l'intellect imparticipable [= Parménide] et se convertit vers l'intellect imparticipable par l'intermédiaire de l'intellect participable (700.8-27).

Socrate déduit l'unité de Parménide et de Zénon sur la base de leur vie et de leurs discours. En effet, Zénon était le jeune ami de Parménide et ils soutenaient la même thèse. La communauté de vie et la communauté d'opinions ne sont pas nécessairement liées l'une à l'autre, car l'âme possède deux sortes de puissances : les puissances vitales, d'où dépend la communauté de vie, et les puissances cognitives, d'où dépend la communauté d'opinions. Ce n'est que chez les savants qu'il y a parfaite communauté de vie et d'opinions (700.27-701.8). Une telle union convient au plus haut point aux êtres divins, mais puisqu'elle est cachée et imperceptible, seul l'intellect peut la saisir [= seul Socrate comprend l'unité de la thèse de Parménide et de Zénon, alors que le vulgaire pense que les deux philosophes soutiennent deux thèses différentes] (701.8-15).

Les jeunes gens, lorsqu'ils veulent défendre les Anciens, doivent traiter le même sujet d'une manière différente afin d'éviter la vaine rivalité et, en même temps, ne pas s'écarter des doctrines vraies. C'est pour cette raison que Zénon soutient la même thèse que Parménide, mais il le fait d'une manière différente. Cette différence concerne (1) l'énoncé : alors que Parménide affirme que l'être est un, Zénon affirme que l'être n'est pas plusieurs ; (2) la méthode : alors que Parménide demeure au niveau de la dialectique intellective et utilise des intuitions intellectives, Zénon pratique une sorte de dialectique inférieure qui consiste à reconnaître les pro-

positions autocontradictoires (par exemple "aucun discours
n'est vrai") et les propositions qui sont réfutées par d'autres
propositions (et cela soit à partir des conséquences absurdes,
soit parce que les propositions à réfuter contredisent les
axiomes). C'est pourquoi Socrate affirme que Parménide et
Zénon soutiennent, « d'une certaine façon », la même thèse.
En effet, chez les dieux, l'unité est indicible et insaisissable,
et chez les hommes vertueux, la communauté d'intellection
échappe au vulgaire (701.16-702.23).

L'amitié entre Parménide et Zénon, que Socrate met en
évidence en soulignant l'identité de leurs thèses, a grande
affinité aussi bien avec la vie pythagoricienne, car l'amitié
constituait le but suprême des Pythagoriciens, qu'avec le dessein d'ensemble du dialogue, c'est-à-dire la procession de
tous les êtres à partir de l'un, car la source de l'unité et de
la communion de tous les êtres est l'un (702.24-32).

Parm. 128 A 8-B 6 (702.33-706.17). Socrate dit à Parménide que, alors que Parménide affirme que l'être est un
et en fournit des preuves bellement et bonnement, Zénon
affirme que l'être n'est pas plusieurs et en fournit de très
nombreuses et très longues preuves. Tout en disant la même
chose, Parménide et Zénon ont donc l'air de dire des choses
absolument différentes.

L'exégèse de ce lemme est introduite par un assez long
passage (703.6-704.12) dans lequel Proclus énonce et explique sa propre thèse : l'être est un et plusieurs, thèse qui,
pour ainsi dire, fusionne et harmonise celle de Parménide
(l'être est un) et celle de Zénon (l'être n'est pas plusieurs)
et qui, par là même, va permettre de rendre compte de l'une
et de l'autre. La démonstration de cette troisième thèse se
fonde sur la théorie des séries, c'est-à-dire les multiplicités
ordonnées et homogènes qui dépendent chacune de sa monade propre, source de l'existence et de la dénomination de
toutes les choses qui appartiennent à la série.

Tout ce qui vient à la suite de l'un comporte une certaine multiplicité, qui augmente au fur et à mesure que l'on
s'éloigne de l'un : multiplicité cachée et uniforme, multipli-

cité en train de se manifester, multiplicité qui a déjà procédé.
Or, ces différents degrés de multiplicité ne sauraient exister, s'ils n'étaient pas unifiés. Le principe unifiant de chaque
multiplicité est la monade, qui joue ainsi le rôle de chef de file
d'une série homogène d'entités : tous les corps particuliers
dépendent du corps total ; toutes les natures particulières
dépendent de la nature unique et totale ; toutes les âmes, dis-
posées en rangs (âmes divines, compagnes des âmes divines,
âmes qui accompagnent ces dernières), convergent vers leur
monade ; tous les intellects, semblablement, convergent vers
l'intellect unique, total et imparticipable. Or, de même qu'il
y a des monades des corps, des natures, des âmes et des intellects, de même il y a une monade des êtres, qui est être
à titre premier et fait en sorte que tous les êtres sont, sont
appelés des êtres, sont en harmonie les uns avec les autres
et, d'une certaine façon, identiques (703.6-704.12). C'est
en regardant à cette unité de tous les êtres (l'un-qui-est) que
Parménide affirmait que l'être est un, alors que Zénon, tout
en ayant le même point de départ, c'est-à-dire cette source
unique de l'être qu'est la monade de tous les êtres, n'en
faisait pas l'objet principal de ses démonstrations, mais se
contentait de nier les plusieurs, et c'est seulement en niant
les plusieurs qu'il posait l'un (704.12-24).

C'est donc à juste titre que Socrate affirme que Parménide et Zénon disent « presque la même chose ». Le thème
des différences existant entre les deux discours, déjà esquissé
dans le commentaire du lemme précédent[1], est ici repris en
détail et aboutit à une énumération complète : (1) Parménide s'exprime dans un poème, Zénon, dans des discours
en prose ; (2) Parménide pose la thèse, Zénon nie la thèse
contraire ; (3) Parménide utilise la dialectique intellective,
Zénon, la dialectique inférieure ; (4) le discours de Parménide relève de l'intellect, celui de Zénon, de la science ; (5)
Parménide fournit des preuves « bellement et bonnement »
en ce sens que toute son âme est remplie de la beauté et de

---

1. Cf. *supra*, p. DXIV-DXV.

la bonté qui viennent de là-haut, Zénon fournit des preuves « très nombreuses et très longues » parce que ses arguments se déroulent par composition et division. Cette dernière différence entre le discours de Parménide et celui de Zénon est en accord avec leurs traits physiques, tels qu'ils sont décrits dans les lemmes 127 B 1-3 et B 4-6[1]. En effet, chez les dieux, la forme de vie, les discours et la figure apparente sont en harmonie (704.25-705.26).

L'union et l'accord de Parménide et de Zénon échappent au vulgaire pour deux raisons : premièrement, parce qu'ils pratiquent la dissimulation afin de ne pas révéler à la multitude leurs doctrines les plus vénérables ; deuxièmement, parce que leur mode d'enseignement, étant différent, cache leur unité profonde (705.27-34). Analogie avec les réalités divines : puisque la diversité du monde visible cache l'unité du monde divin, ce serait une grave erreur que de déduire les propriétés des dieux à partir des propriétés des parties du monde sur lesquelles ils président (705.34-706.16).

Parm. 128 B 7-8 (706.18-712.13). Zénon dit à Socrate qu'il n'a pas complètement saisi la vérité de son écrit.

L'exposé de la doctrine des séries et des monades, entamé dans le commentaire du lemme précédent, se poursuit dans le commentaire du présent lemme, sans pourtant qu'aucun lien ne soit établi avec le texte du lemme. Comme on l'a vu, chaque série ou multiplicité est coordonnée à sa monade, qui l'unifie et lui donne existence et dénomination. En vertu du principe selon lequel toute multiplicité est coordonnée à un principe d'unité, la multiplicité des monades doit, elle aussi, dépendre d'une unique monade. Cette monade qui est à la tête de la multiplicité des monades doit posséder au plus haut degré ce caractère même qui appartient aux monades, c'est-à-dire l'unité. La monade des monades est donc l'un lui-même. On remarquera le passage du terme "monade" au terme "hénade" (707.6) pour désigner la même

_____

1. Cf. *supra*, p. DII.

réalité[1]. A partir d'ici, Proclus emploie presque exclusivement le terme "hénade" qui exprime mieux que "monade" la fonction unifiante de ces principes par rapport à la multiplicité coordonnée à chacun d'eux. En conclusion, les hénades viennent de l'un, et les multiplicités viennent des hénades. Il faut toutefois introduire une distinction qui va jouer un rôle essentiel dans l'analyse et l'explication des thèses de Parménide et de Zénon : chaque multiplicité possède deux hénades, l'une coordonnée, l'autre transcendante (706.21-707.10).

L'existence de deux hénades pour chaque multiplicité se comprend sans difficulté dans le cas des formes. En effet, pour chaque forme, il faut distinguer entre la forme transcendante et imparticipable, qui fait exister la multiplicité, et la forme participée, qui existe dans la multiplicité. Par exemple, il faut distinguer entre l'Homme-en-soi, forme éternelle et intelligible qui transcende complètement les hommes particuliers, et l'Homme, forme mortelle et sensible qui existe dans les hommes particuliers. La même distinction doit être faite pour toute multiplicité, qu'il s'agisse des âmes (âme imparticipable et âme participable), ou des intellects (intellect imparticipable et intellect participable), ou des êtres (être imparticipable et être participable), ou même de l'un (un transcendant et un participé) (707.11-708.7).

Ces notions une fois établies (unification de chaque multiplicité dans son hénade propre, distinction entre hénade transcendante et hénade coordonnée), on peut revenir à l'explication de la différence entre la thèse de Parménide (l'être est un) et la thèse de Zénon (l'être n'est pas plusieurs). Lorsque Parménide affirme que l'être est un, il se réfère à l'hénade transcendante des êtres, qui est au-delà de toute multiplicité. Sa thèse n'implique aucunement la négation de la multiplicité des êtres intelligibles, comme le montrent plusieurs passages de son œuvre dans lesquels il reconnaît

---

1. Cf. *Theol. plat.* III, Introduction, p. xi-xiii.

explicitement la multiplicité et l'ordre des êtres. L'affirmation de l'unité de l'être naît, chez Parménide, de ce qu'il voit que toute la multiplicité des êtres a procédé à partir de l'être à titre premier, c'est-à-dire l'un-qui-est. De la même façon, chez Platon, l'affirmation que le vivant-en-soi est monadique et seul de son espèce n'implique aucunement la négation de la multiplicité des vivants, ni l'affirmation de l'existence de cette multiplicité n'implique la négation de l'unique vivant-en-soi. Si donc Parménide a affirmé que l'être est un, c'est parce qu'il a reconnu dans l'un-qui-est la source unique de toute la multiplicité des êtres (708.8-709.6).

Après avoir expliqué en quel sens la thèse de Parménide doit être interprétée, il faut démontrer l'antériorité de l'un-qui-est par rapport à la multiplicité des êtres, antériorité qui n'a été, jusqu'à ce moment, que présupposée. La démonstration se compose de trois arguments : logique, physique et théologique.

Argument logique. L'être est prédiqué de tous les êtres ou bien (1) d'une manière équivoque, ou bien (2) d'une manière univoque, ou bien (3) comme venant d'un terme unique et relativement à un terme unique (ἀφ' ἑνὸς καὶ πρὸς ἕν). L'hypothèse (1) doit être rejetée, parce que l'être admet le plus et le moins (x est plus / moins être que y), alors qu'aucun terme équivoque ne peut être prédiqué selon le plus et le moins. Quant aux deux autres hypothèses, que l'on retienne l'une ou l'autre, force est qu'il y ait un être antérieur aux êtres multiples (709.7-15).

Argument physique. Les êtres multiples sont différents les uns des autres en tant qu'ils sont multiples, mais ils sont identiques en tant qu'ils sont des êtres. Ce caractère identique doit leur appartenir ou bien à tous sous l'action de quelque chose d'autre, ou bien à tous les autres sous l'action de l'un d'entre eux. Dans les deux hypothèses, la source du caractère identique à cause duquel ils sont tous des êtres, est être à titre premier, antérieur à tous les êtres multiples (709.16-26).

Argument théologique. Le participé se trouve dans les participants et est plurifié par eux. Il est donc mélangé et existe dans un substrat étranger. Or, puisque ce qui est mélangé et existe dans un substrat étranger présuppose nécessairement l'existence de ce qui est non-mélangé et existe en lui-même, le participé présuppose l'imparticipable. Dans le cas des êtres, l'être participé, qui se trouve dans les êtres multiples, présuppose donc nécessairement l'être imparticipable (709.26-710.10).

Alors que Parménide affirme l'unité de l'être parce qu'il ne regarde que la monade de l'être, c'est-à-dire l'un-qui-est transcendant, et non pas la multiplicité des êtres coordonnée à cette monade, le vulgaire ne regarde que la multiplicité des êtres et tourne en dérision la thèse de Parménide. Quant à Zénon, il réfute la thèse du vulgaire en démontrant que l'être n'est pas plusieurs sur la base des conséquences absurdes qui découlent de cette thèse. Par sa démonstration, il élève le vulgaire depuis les plusieurs à l'un qui est dans les plusieurs, c'est-à-dire l'un-qui-est participé par les plusieurs. Or, puisque cet un-qui-est participé présuppose l'existence de l'un-qui-est transcendant, la démonstration de Zénon finit par aboutir à la même conclusion que celle de Parménide (710.11-711.4). L'un-qui-est participé par les plusieurs est un degré intermédiaire entre l'un-qui-est transcendant et imparticipable et les plusieurs eux-mêmes, qui ne sont que des participants. La démarche de Zénon qui consiste à élever le vulgaire de la multiplicité et de la dispersion des participants à l'un-qui-est participé par les plusieurs, est analogue à celle de Socrate qui nous fait remonter jusqu'aux formes transcendantes et imparticipables en passant par les formes participées par les sensibles. C'est la distinction entre hénade transcendante et hénade coordonnée (ou participée par la multitude) qui permet de saisir la différence et, en même temps, l'identité de la thèse de Parménide et de celle de Zénon : Parménide affirme que l'être est un, parce que l'hénade transcendante est absolument une ; Zénon affirme que l'être n'est pas plusieurs, parce que les plusieurs participent de l'hénade coordonnée, qui, elle, ne saurait exister sans l'hénade transcendante (sur la base du principe selon lequel tout ce qui est participé présuppose l'imparticipable) (711.4-20). Socrate a donc raison de penser que Parménide et Zénon soutiennent la même thèse. Mais il se trompe lorsqu'il pense que le *non-plusieurs* de Zénon désigne la même chose que l'*un* de Parménide, car le *non-plusieurs* de Zénon désigne l'hénade participée, alors que l'*un* de Parménide désigne l'hénade imparticipable (711.20-33).

L'exposé qui précède permet d'expliquer la réponse de Zénon à Socrate qui constitue le contenu du présent lemme : Socrate n'a pas complètement saisi la vérité de l'écrit de Zénon parce qu'il a identifié, à tort, le *non-plusieurs* de Zénon (= l'hénade participée) à l'*un* de Parménide (= l'hénade imparticipable). C'est dans l'identification des deux hénades que consiste la faute du raisonnement de Socrate. Par conséquent, il faut repousser résolument l'opinion de certains exégètes qui ont prétendu réfuter l'affirmation de Socrate, selon laquelle le *non-plusieurs* de Zénon est identique à l'*un* de Parménide, en s'appuyant sur l'exemple de la dyade qui est à la fois non-un et non-plusieurs, ce qui signifie, selon eux, que le *non-plusieurs* n'est pas identique à l'*un*, puisqu'il est compatible avec le *non-un*. Une telle affirmation (la dyade est non-un et non-plusieurs) doit être complètement renversée. En réalité, la dyade est à la fois un et plusieurs : elle est un, parce que, comme tout ce qui vient après l'un, elle participe de l'un ; elle est plusieurs en tant qu'elle est cause de multiplicité. On peut même affirmer que la multiplicité de la dyade a la forme de l'unité, et que son unité est productrice de dualité (711.34-712.13).

Parm. 128 B 8-C 2 (712.14-713.5). Zénon loue la force dialectique de Socrate en le comparant aux chiens de Laconie, en tant qu'il harcèle et suit à la trace ce que l'on dit.

La comparaison de Zénon met en évidence l'agilité d'esprit de Socrate, qui suit à la trace la pensée de Zénon à partir de son écrit (712.17-30). Si l'on considère les modèles métaphysiques des trois philosophes, on peut dire que Parménide,

premier terme de la triade, demeure en repos dans l'un transcendant (manence), Zénon, deuxième terme, procède vers
l'un qui est dans les plusieurs (procession), Socrate, troisième terme, convertit les plusieurs vers l'un de Parménide
(conversion) (712.31-713.5).

Parm. 128 C 2-6 (713.6-714.31). Zénon dit à Socrate que
son écrit n'est pas aussi auguste (σεμνύνεται) qu'il aurait
été écrit dans l'intention de se cacher (ἐπικρυπτόμενον) des
hommes, comme s'il accomplissait un grand exploit (μέγα).
En affirmant que Zénon et Parménide soutiennent la même
thèse, Socrate n'a fait qu'énoncer une des conséquences du
discours de Zénon.

Ces mots de Zénon énoncent trois propriétés que Zénon attribue au discours de Parménide et nie à son propre
discours : auguste (τὸ σεμνόν), grand (τὸ μέγα), caché (τὸ
ἀπόκρυφον). Et puisque les propriétés d'un discours appartiennent à titre premier à la réalité qui fait l'objet de ce
discours, il s'ensuit que l'un-qui-est transcendant, objet du
discours de Parménide, est auguste en tant qu'il est main-
tenu par l'un, grand à cause de sa puissance, caché en tant
qu'inexprimable. En revanche, le discours de Zénon n'est ni
auguste, ni grand, ni caché, parce que l'un-qui-est participé
par les plusieurs ne possède aucune de ces trois propriétés
(713.13-36).

Cela dit, dans la mesure où le discours de Zénon révèle aussi l'un-qui-est transcendant de Parménide, Socrate
a raison de dire que les deux discours visent le même but.
Cependant, puisque l'identité de leur but n'est que partielle,
Zénon affirme que Socrate n'a fait qu'énoncer une des conséquences de son discours (713.37-714.13). Encore une fois,
l'analogie avec la recherche menée par Socrate au niveau
des formes permet de comprendre en quel sens le discours
de Zénon révèle aussi l'un-qui-est transcendant de Parménide. En effet, Socrate s'occupait de la définition des formes
(qu'est-ce que le Juste, le Beau, le Pieux ?) ; or, la définition
porte sur le caractère commun qui se trouve dans les particuliers, c'est-à-dire l'hénade participée ; une fois que l'on a

saisi, grâce à la définition, l'hénade participée, on peut remonter jusqu'à l'hénade imparticipable, qui est la cause du
caractère commun présent dans les particuliers (714.13-26).

La phrase de Zénon « tu n'as énoncé là qu'une entre
les conséquences (τι τῶν συμβεβηκότων) » montre qu'il distingue entre le *en soi* et le *par accident* (τὸ κατὰ συμβεβηκός).
Le reproche qu'Aristote a adressé à Parménide de n'avoir
pas encore établi cette distinction est donc complètement
injustifié, car si la distinction de ces deux concepts a été clairement formulée par Zénon, à plus forte raison elle l'a été
par Parménide, maître de Zénon (714.27-31).

Parm. 128 C 6-D 2 (714.32-717.6). Zénon affirme que ses
écrits sont une aide au discours de Parménide contre ceux
qui s'essaient à le tourner en dérision comme dans une comédie, en disant que l'hypothèse de l'unité de l'être entraîne
de multiples absurdités.

Ces mots de Zénon montrent toute la vénération qu'il
porte à son maître Parménide. En premier lieu, l'emploi des
termes "écrits" (au pluriel) et "discours" (au singulier) signifie la supériorité de Parménide, parce que le singulier est
supérieur à ce qui est dans la pluralité, et que le discours est
le modèle, alors que les écrits ne sont que des images. En
deuxième lieu, Zénon ne dit pas que les adversaires de Parménide le réfutaient, mais qu'ils essayaient de le tourner en
dérision comme dans une comédie, ce qui met en évidence la
vulgarité et la faiblesse de leurs attaques (715.1-34). Quant à
l'affirmation de Zénon selon laquelle ses écrits sont une aide
au discours de Parménide, elle doit se comprendre en ce sens
que les écrits de Zénon nous aident, dans une certaine mesure, à comprendre le discours de Parménide. Ce n'est donc
ni Parménide lui-même qui avait besoin du soutien de Zénon,
ni son discours, qui était irréfutable. De même donc que les
petits mystères sont une aide pour les grands non que les
grands mystères soient imparfaits, mais parce que les petits
contribuent à leur révélation, de même les écrits de Zénon
sont une aide au discours de Parménide parce qu'ils aident

le vulgaire à remonter de la multiplicité vers l'unité et donc à s'approcher du discours de Parménide (715.35-716.25).

Les absurdités qui, selon les adversaires de Parménide, découleraient de sa thèse de l'unité de l'être, sont toutes les objections soulevées par les Péripatéticiens (en particulier Aristote dans la *Physique*) : si l'être est un, la même chose aura les propriétés contraires (blanc et noir, chaud et froid, lourd et léger, mortel et immortel, rationnel et irrationnel, un et non-un). De telles objections ne sont que des discours dignes des auteurs de comédies et ne touchent aucunement la pensée toute pure de Parménide (716.26-717.6).

Parm. 128 D 2-6 (717.7-37). Zénon dit que son écrit est une réplique à ceux qui affirment les plusieurs et montre que les conséquences découlant de l'hypothèse « les plusieurs sont » sont plus absurdes que celles qui découlent de l'hypothèse « l'un est ».

Zénon joue, à l'égard de Parménide, le rôle de défenseur. Il est, de ce point de vue, analogue à la classe gardienne chez les dieux, à l'espèce immaculée chez les intellects, à l'espèce défensive chez les âmes. De même que les dieux gardiens sont les puissances projetées devant les Pères intellectifs et révèlent leur existence monadique, uniforme et indicible aux êtres qui viennent à leur suite, de même la puissance dialectique de Zénon défend le discours de son père Parménide et élève le multiple à l'un qui est dans les plusieurs, à travers lequel on peut parvenir jusqu'à l'un-qui-est transcendant (717.14-26).

Les conséquences qui découlent de l'affirmation de la multiplicité-en-soi sont plus absurdes que celles qui découlent de la thèse de l'unité de l'être, parce que les tenants de la multiplicité-en-soi sont obligés d'affirmer l'identité des contraires (x est semblable et dissemblable) et des contradictoires (x est non-semblable et non-dissemblable), ce qui est le comble du ridicule (717.27-37).

Parm. 128 D 6-E 1 (717.38-719.24). Zénon raconte qu'il a composé son écrit dans sa jeunesse par un goût de revanche et que l'écrit lui a été volé.

Exégèse éthique. Les écrits scientifiques doivent être mis en circulation avec beaucoup de prudence car ils pourraient tomber dans les mains de gens indignes de connaître les pensées des hommes divins. En effet, intellect (νοῦς), entendement (διάνοια), discours (λόγος) et écrit (γράμματα) ne portent pas nécessairement sur les mêmes objets : tout ce que l'intellect contient ne peut pas être reçu par l'entendement ; tout ce que nous avons dans l'entendement, nous ne le proférons pas par le discours ; tout ce que nous proférons par le discours, nous ne le confions pas à l'écrit ; tout ce que nous écrivons ne peut pas être communiqué à tous (718.5-25).

Exégèse théologique. Le vol de l'écrit de Zénon symbolise la participation invisible et cachée des êtres les plus humbles aux êtres les plus divins. La jeunesse de Zénon symbolise l'habitus inférieur qui descend depuis l'intellect total et transcendant vers l'intellect participable, car ce qui est temporellement postérieur (le jeune) est identique à ce qui est causalement postérieur (l'inférieur). Le goût de la revanche n'est pas celui de l'éristique, mais celui qui défend les pensées divines. La communication de l'écrit de Zénon symbolise la communication des biens, chez les dieux, à partir des classes cachées vers les plus manifestes (718.38-719.24).

Parm. 128 E 1-4 (719.25-721.3). Socrate a donc tort de penser que Zénon aurait composé son écrit dans sa vieillesse et par ambition. Pour le reste, Socrate n'a pas comparé mal à propos le discours de Zénon à celui de Parménide.

Exégèse littérale. Si l'écrit de Zénon avait le même but que le discours de Parménide, comme le pense Socrate, il faudrait en conclure que Zénon l'a composé par ambition, pour rivaliser avec son maître Parménide ; or, l'ambition, qui est toujours laide, l'est tout particulièrement chez un vieil homme. C'est donc dans sa jeunesse et par un goût de revanche contre les adversaires de Parménide que Zénon a composé son écrit (719.30-720.16).

Exégèse théologique. Les puissances [= Zénon] qui dépendent des êtres de premier rang [= Parménide] connaissent beaucoup de choses que ne peuvent saisir ceux qui viennent à la suite des dieux [= Zénon connaît des choses que Socrate ne peut saisir]. L'un-qui-est participé par les plusieurs n'est qu'une image de l'un-qui-est transcendant [= le discours de Zénon peut seulement être comparé à celui de Parménide, non pas identifié]. Les êtres de troisième rang sont capables de contempler la ressemblance et l'unité des êtres de premier et de deuxième rang [= Socrate a vu la ressemblance des discours de Parménide et de Zénon], mais ils sont incapables d'en saisir la distinction et l'altérité, qui ne peuvent que faire l'objet d'une révélation de la part des êtres supérieurs [= Socrate n'a pas vu la différence entre le discours de Zénon et celui de Parménide et c'est Zénon qui la lui révèle] (720.17-721.3).

Parm. 128 E 5-6 (721.4-722.21). Socrate se dit d'accord avec Zénon.

L'accord de Socrate porte sur tout ce que Zénon vient de dire à propos non seulement de la ressemblance et de la dissemblance des deux discours, mais aussi des circonstances de composition de son écrit. En ce qui concerne le premier point, Socrate s'est rendu compte que les non-plusieurs de Zénon n'amènent pas nécessairement à traiter de l'un-qui-est transcendant et imparticipable de Parménide, mais de l'un-qui-est participé par les plusieurs, qui n'est qu'une image de l'un-qui-est transcendant (721.6-16). En ce qui concerne le second point, Socrate admet que Zénon a composé son écrit dans sa jeunesse et par goût de revanche, et non pas dans sa vieillesse et par ambition, et que c'est à la suite d'un vol que l'écrit a été diffusé (721.17-722.4).

Socrate s'apprête maintenant à passer aux apories contre Zénon (127 D 6-130 A 2). Dans l'exégèse des apories, il faudra observer la règle suivante : la réfutation de Zénon par Socrate n'est qu'apparente, et si l'un des deux tombe dans l'erreur, c'est nécessairement Socrate, et non pas Zénon, parce que Socrate est jeune et mené à la perfection par Zénon et Parménide (722.5-21).

ABRÉVIATIONS

1. *Textes de Proclus*

De decem dub. = *De decem dubitationibus circa providentiam*, dans *Procli Tria Opuscula*, Latine Guilelmo de Moerbeka vertente, et Graece ex Isaaci Sebastocratoris aliorumque scriptis collecta, ed. H. Boese, Berlin 1960, p. 3-108 (trad. fr. Proclus, *Trois études sur la providence*, t. I : *Dix problèmes concernant la providence*, par D. Isaac [CUF], Paris 1977).

De mal. subs. = *De malorum subsistentia*, ibid., p. 172-265 (trad. fr. ibid., t. III : *De l'existence du mal*, Paris 1982).

De prov. = *De providentia et fato et eo quod in nobis*, ibid., p. 109-171 (trad. fr. ibid., t. II : *Providence, fatalité, liberté*, Paris 1979).

De sacrificio et magia = *De sacrificio et magia*, ed. J. Bidez, dans *Catalogue des manuscrits alchimiques grecs*, t. VI, Bruxelles 1928, p. 139-151.

El. phys. = H. Boese, *Die mittelalterliche Übersetzung der* ΣΤΟΙ-ΧΕΙΩΣΙΣ ΦΥΣΙΚΗ *des Proclus. Procli Diadochi Lycii Elementatio Physica*, ed. H. Boese (Deutsche Akademie der Wissenschaften zu Berlin. Veröffentlichung Nr. 6), Berlin 1958.
— A. Ritzenfeld, *Procli Diadochi Lycii Institutio Physica*, edita et interpretatione Germanica instructa, Leipzig 1911.

El. theol. = Proclus, *The Elements of Theology*, a revised text with translation, introduction and commentary by E. R. Dodds, Oxford 1933, 1963[2] (trad. fr. Proclos, *Éléments de théologie*, par J. Trouillard, Paris 1965).

H. = *Procli Hymni*, ed. E. Vogt, Wiesbaden 1957 (trad. fr. Proclus, *Hymnes et prières*, par H. D. Saffrey, Paris 1994).

Hypot. = *Procli Hypotyposis astronomicarum positionum*, ed. C. Manitius, Leipzig 1909 (réimpr. 1974).

In Alc. = Proclus, *Sur le Premier Alcibiade de Platon*, par A.-Ph. Segonds (CUF), 2 vol., Paris 1985-1986.

In Crat. = *Procli in Platonis Cratylum commentaria*, ed. G. Pasquali (BT), Leipzig 1908 (réimpr. 1994).

In Eucl. = *Procli Diadochi In primum Euclidis Elementorum librum commentarii*, ed. G. Friedlein (BT), Leipzig 1873 (réimpr. Hildesheim 1967).

In Or. Chald. = *In Oracula Chaldaica* (excerpta Michaelis Pselli), dans *Oracles Chaldaïques*, par É. des Places, 3ᵉ tirage revu et corr. par A.-Ph. Segonds (CUF), Paris 1996, p. 202-212.

In Parm. I = Proclus, *Commentaire sur le Parménide de Platon*, t. I, par C. Luna et A.-Ph. Segonds (CUF), Paris 2007.

In Parm. II-VII = *Procli philosophi Platonici opera inedita*, ed. V. Cousin, Paris 1864, col. 721-1242.33 (réimpr. Hildesheim 1961).

In Parm. VII (pars deperdita) = Moerbeke, *In Parm.* (voir *infra*), t. II, p. 497.67-521.69.

Moerbeke, *In Parm.* = Proclus, *Commentaire sur le Parménide de Platon. Traduction de Guillaume de Moerbeke*, ed. C. Steel (Ancient and medieval philosophy. De Wulf-Mansion Centre, Series 1, III-IV), 2 vol., Leuven 1982-1985. Rétroversion de la section finale, perdue en grec : C. Steel - F. Rumbach (with an English translation by D. G. MacIsaac), « The Final Section of Proclus' Commentary on the *Parmenides*. A Greek Retroversion of the Latin Translation », *Documenti e studi sulla tradizione filosofica medievale*, 8 (1997), p. 211-267.

In Remp. = *Procli Diadochi in Platonis Rem publicam commentarii*, ed. W. Kroll (BT), 2 vol., Leipzig 1899-1901 (réimpr. Amsterdam 1965) (trad. fr. Proclus, *Commentaire sur la République*, traduction et notes par A. J. Festugière, 3 vol., Paris 1970).

In Tim. = *Procli Diadochi in Platonis Timaeum commentaria*, ed. E. Diehl (BT), 3 vol., Leipzig 1903-1906 (réimpr. Amsterdam 1965) (trad. fr. Proclus, *Commentaire sur le Timée*, traduction et notes par A. J. Festugière, 5 vol., Paris 1966-1968).

Theol. plat. = Proclus, *Théologie platonicienne*, par H. D. Saffrey et L. G. Westerink (CUF), 6 vol., Paris 1968-1997.

2. *Textes de Platon*

Parménide :
  Platonis Parmenides. Phaedrus, recognovit brevique adnotatione critica instruxit C. Moreschini (Bibliotheca Athena, 5), Roma 1966 (trad. fr. Platon, *Parménide*, par A. Diès [CUF], Paris 1923 ; Platon, *Parménide*, par L. Brisson [GF 688], Paris 1994).

Les deux premières tétralogies (*Euthyphron, Apologie, Criton, Phédon, Cratyle, Théétète, Sophiste, Politique*) :
  Platonis opera, recognoverunt brevique adnotatione critica instruxerunt E. A. Duke *et al.* (OCT), t. I, Oxford 1995.

République :
  Platonis Respublica, recognovit brevique adnotatione critica instruxit S. R. Slings (OCT), Oxford 2003.

Autres dialogues :
  Platonis opera, recognovit brevique adnotatione critica instruxit I. Burnet (OCT), t. II-V, Oxford 1901-1907 (nombreuses réimpr.).

Scholies :
  Schol. Plat. = *Scholia Platonica*, contulerunt atque investigaverunt F. de Forest Allen, I. Burnet, C. Pomeroy Parker, omnia recognita, praefatione indicibusque instructa edidit G. C. Greene (Philological Monographs, VIII), Haverfordiae 1938 (réimpr. Chico/Calif. 1981).

3. *Autres textes*

Albinus, *Prol.* = Albinus, *Introductio in Platonem*, ed. K. F. Hermann, dans *Platonis dialogi secundum Thrasylli tetralogias dispositi*, t. VI (BT), Leipzig 1853, p. 147-151. — B. Reis, *Der Platoniker Albinos und sein sogenannter Prologos*. Prolegomena, Überlieferungsgeschichte, kritische Edition und Übersetzung (Serta Graeca, 7), Wiesbaden 1999.

Alcinoos, *Didasc.* = Alcinoos, *Enseignement des doctrines de Platon*, par J. Whittaker et P. Louis (CUF), Paris 1990.

Alexandre d'Aphrodise, *In An. Pr.* = Alexander Aphrodisiensis, *In Aristotelis Analyticorum priorum librum commentarium*, ed. M. Wallies (CAG II 1), Berlin 1883.

— *In Top.* = *In Aristotelis Topicorum libros octo commentaria*, ed. M. Wallies (CAG II 2), Berlin 1891.

Anonyme, *In Parm.* = P. Hadot, « Fragments du commentaire de Porphyre *Sur le Parménide* », dans Hadot, *Porphyre et Victorinus*, t. II, p. 59-113. — *Commentarium in Platonis « Parmenidem »*, éd. A. Linguiti (CPF III), Firenze 1995, p. 63-202.

Corp. Herm. = *Corpus Hermeticum*, par A. J. Festugière et A. D. Nock (CUF), 4 vol., Paris 1945-1954.

Damascius, *De princ.* = Damascius, *Traité des premiers principes*, par L. G. Westerink et J. Combès (CUF), 3 vol., Paris 1986-1991.

— *In Parm.* = Damascius, *Commentaire du Parménide de Platon*, par L. G. Westerink et J. Combès, avec la collaboration d'A.-Ph. Segonds et C. Luna (CUF), 4 vol., Paris 1997-2003.

— *In Phaed.* I et II = *The Greek Commentaries on Plato's Phaedo*, t. II : *Damascius*, by L. G. Westerink, Amsterdam 1977.

— *In Phil.* = Damascius, *Lectures on the Philebus*, by L. G. Westerink, Amsterdam 1959, 1982^2.

— *V. Isid.* = *Damascii Vitae Isidori reliquiae*, ed. C. Zintzen, Hildesheim 1967. — Damascius, *The Philosophical History*, by P. Athanassiadi, Athènes 1999 (les citations se réfèrent à l'édition Zintzen ; le numéro du fragment de l'édition Athanassiadi est éventuellement indiqué entre parenthèses).

Ps.-Denys, *De div. nom.* = Ps.-Dionysius Areopagita, *De divinis nominibus*, ed. B. R. Suchla (Patristische Texte und Studien, 33. Corpus Dionysiacum, 1), Berlin 1990.

Diogène Laërce = *Diogenis Laertii Vitae philosophorum*, ed. M. Marcovich (BT), 2 vol., Stuttgart 1999 ; *Indices*, confecit H. Gartner (BT), München 2002 (trad. fr. Diogène Laërce, *Vies et doctrines des philosophes illustres*, sous la direction de M.-O. Goulet-Cazé, Paris 1999).

Hermias, *In Phaedr.* = *Hermiae Alexandrini In Platonis Phaedrum scholia*, ed. P. Couvreur (Bibliothèque de l'École des Hautes Études, 133), Paris 1901 (réimpr. Hildesheim 1971, avec un index par C. Zintzen).

Hermogène, *De ideis* = *Hermogenis Opera*, ed. H. Rabe, Leipzig 1913 (réimpr. Stuttgart 1969) (trad. fr. Hermogène,

L'art rhétorique, par M. Patillon, préface de P. Laurens, Paris 1997).

Jamblique, *De comm. math. sc.* = Iamblichus, *De communi mathematica scientia liber*, ed. N. Festa, editionem addendis et corrigendis adiunctis curavit U. Klein (BT), Stuttgart 1975.

— *De myst.* = Jamblique, *Les mystères d'Égypte*, par É. des Places (CUF), 1re éd. Paris 1966 (3e tirage, Paris 1996).

— fr. = *Iamblichi Chalcidensis in Platonis dialogos commentariorum fragmenta*, ed. J. M. Dillon (Philosophia Antiqua, 23), Leiden 1973.

— *In Nic. Arithm. Introd.* = Iamblichus, *In Nicomachi Arithmeticam Introductionem liber*, ed. H. Pistelli, editionem addendis et corrigendis adiunctis curavit U. Klein (BT), Stuttgart 1975.

— *Protr.* = Iamblichus, *Protrepticus*, ed. H. Pistelli (BT), Stuttgart-Leipzig 1888 (réimpr. 1996) (trad. fr. Jamblique, *Protreptique*, par É. des Places [CUF], Paris 1989).

— *V. Pyth.* = Iamblichus, *De vita Pythagorica liber*, ed. L. Deubner, editionem addendis et corrigendis adiunctis curavit U. Klein (BT), Stuttgart 1975 (trad. fr. Jamblique, *Vie de Pythagore*, par L. Brisson et A.-Ph. Segonds [La roue à livres, 29], Paris 1996).

Ps.-Jamblique, *Theol. arithm.* = *Iamblichi Theologumena arithmeticae*, ed. V. de Falco, editionem addendis et corrigendis adiunctis curavit U. Klein (BT), Stuttgart 1975.

Ps.-Longin, *De subl.* = *Libellus De sublimitate Dionysio Longino fere adscriptus*, ed. D. A. Russell (OCT), Oxford 1968.

Marinus, *Proclus* = Marinus, *Proclus ou Sur le bonheur*, par H. D. Saffrey et A.-Ph. Segonds, avec la collaboration de C. Luna (CUF), Paris 2001.

Olympiodore, *In Alc.* = Olympiodorus, *Commentary on the First Alcibiades of Plato*, ed. by L. G. Westerink, Amsterdam 1956.

— *In Gorg.* = Olympiodorus, *In Platonis Gorgiam commentaria*, ed. L. G. Westerink (BT), Leipzig 1970.

— *In Phaed.* = *The Greek Commentaries on Plato's Phaedo*, t. I : *Olympiodorus*, by L. G. Westerink, Amsterdam 1976.

Or. Chald. = *Oracles Chaldaïques*, par É. des Places, 3e tirage revu et corr. par A.-Ph. Segonds (CUF), Paris 1996.

— *De Oraculis Chaldaicis*, ed. W. Kroll, Breslau 1894 (réimpr. Hildesheim 1962). — *The Chaldean Oracles*. Text, translation and commentary by R. Majercik (Studies in Greek and Roman Religion, 5), Leiden 1989.

Orph. = *Orphicorum Fragmenta*, collegit O. Kern, Zweite Auflage, Berolini 1963 (réimpr. Dublin 1972). — *Poetae Epici Graeci. Testimonia et fragmenta*, Pars II, *Orphicorum et Orphicis similium testimonia et fragmenta*, fasc. 1-2, ed. A. Bernabé (BT), Monachii et Lipsiae 2004-2005.

Plotin = *Plotini Opera*, ed. P. Henry et H.-R. Schwyzer (Museum Lessianum. Series philosophica, 33-35), 3 vol., Paris 1951-1973 ; *editio minor* (OCT), 3 vol., Oxford 1964, 1977, 1982 (trad. fr. Plotin, *Ennéades*, par É. Bréhier [CUF], 7 vol., Paris 1924-1938).

Porphyre, *De abst.* = Porphyre, *De l'abstinence*, par J. Bouffartigue, M. Patillon, A.-Ph. Segonds (CUF), 3 vol., Paris 1977-1995.

— *Sent.* = Porphyrius, *Sententiae ad intelligibilia ducentes*, ed. E. Lamberz (BT), Leipzig 1975 (trad. fr. Porphyre, *Sentences*, travaux édités sous la responsabilité de L. Brisson, [Histoire des doctrines de l'Antiquité classique, XXXIII], 2 vol., Paris 2005).

— *V. Plot.* = Porphyrius, *Vita Plotini*, ed. P. Henry et H.-R. Schwyzer, dans *Plotini Opera*, t. I, Paris 1951, p. 1-41 ; *ed. minor*, t. I, Oxford 1964, p. 1-38 (trad. fr. Porphyre, *La vie de Plotin*, par L. Brisson *et al.* [Histoire des doctrines de l'Antiquité classique, 6 et 16], 2 vol., Paris 1982 et 1992).

— *V. Pyth.* = Porphyre, *Vie de Pythagore. Lettre à Marcella*, par É. des Places, avec un appendice d'A.-Ph. Segonds (CUF), Paris 1982.

Prol. ad Plat. phil. = *Prolégomènes à la philosophie de Platon*, par L. G. Westerink et J. Trouillard, avec la collaboration d'A.-Ph. Segonds (CUF), Paris 1990.

Psellus, *Philos. minora* I = Michael Psellus, *Philosophica minora*, t. I, ed. J. M. Duffy (BT), Stuttgart-Leipzig 1992.

— *Philos. minora* II = Michael Psellus, *Philosophica minora*, t. II, ed. D. J. O'Meara (BT), Leipzig 1989.

— *Theologica* I = Michael Psellus, *Theologica*, t. I, ed. P. Gautier (BT), Leipzig 1989.

— *Theologica* II = Michael Psellus, *Theologica*, t. II, ed. L. G. Westerink et J. M. Duffy (BT), München-Leipzig 2002.

Simplicius, *In Cat.* = *Simplicii In Aristotelis Categorias commentarium*, ed. K. Kalbfleisch (CAG VIII), Berlin 1907.

— *In Phys.* = *Simplicii In Aristotelis Physicorum libros commentaria*, ed. H. Diels (CAG IX-X), 2 vol., Berlin 1882 et 1895.

Syrianus, *In Met.* = *Syriani In Metaphysica commentaria*, ed. G. Kroll (CAG VI 1) Berlin 1902.

Théophraste, fr. = Theophrastus of Eresus, *Sources for His Life, Writings, Thought and Influence*, ed. and transl. by W. W. Fortenbaugh *et al.* (Philosophia Antiqua, 54), t. I, Leiden 1992. — L. Repici, *La logica di Teofrasto. Studio critico e raccolta dei frammenti e delle testimonianze* (Pubblicazioni del Centro di studio per la storia della storiografia filosofica, 2), Bologna 1977.

4. *Ouvrages de référence*

Allen, *Plato's Parmenides* = *Plato's Parmenides*, translated with comment by R. E. Allen (The Dialogues of Plato, 4), revised edition, New Haven-London 1997.

Beierwaltes, *Proklos : Metaphysik* = W. Beierwaltes, *Proklos : Grundzüge seiner Metaphysik* (Philosophische Abhandlungen, 24), Frankfurt am Main 1979[2].

Blass-Debrunner = F. Blass and A. Debrunner, *A Greek Grammar of the New Testament and Other Early Christian Literature*, A Translation and Revision of the ninth-tenth German edition incorporating supplementary notes of A. Debrunner by R. W. Funk, Chicago-London 1961.

Boese, « Proclusübersetzungen » = H. Boese, « Über die Bedeutung der mittelalterlichen Proclusübersetzungen im Rahmen der Textüberlieferung », dans *Le Néoplatonisme*, Royaumont, 9-13 juin 1969 (Colloques Internationaux du Centre National de la Recherche Scientifique), Paris 1971, p. 395-402.

Cornford, *Plato and Parmenides* = *Plato and Parmenides. Parmenides' Way of Truth and Plato's Parmenides*, translated with an Introduction and a running Commentary by F. M. Cornford (The International Library of Psychology, Philosophy and Scientific Method), London 1939 (réimpr. 1950).

Denniston = J. D. Denniston, *The Greek Particles*, Oxford 1954[2].

Di Branco, *La città dei filosofi* = M. Di Branco, *La città dei filosofi. Storia di Atene da Marco Aurelio a Giustiniano* (Civiltà veneziana. Studi, 51), Firenze 2006.

Dillon, *Proclus' Commentary* = *Proclus' Commentary on Plato's Parmenides*, translated by G. R. Morrow and J. M. Dillon, Princeton 1987.

Dodds, *Elements of Theology* = Proclus, *The Elements of Theology*, a revised text with translation, introduction and commentary by E. R. Dodds, Oxford 1933, 1963[2].

Dörrie-Baltes, *Der Platonismus* = H. Dörrie - M. Baltes, *Der Platonismus in der Antike*, 6 vol. parus, Stuttgart 1987-2002.

Festugière, ÉPhG = A. J. Festugière, *Études de philosophie grecque* (Bibliothèque d'histoire de la philosophie), Paris 1971.

— ÉRGH = A. J. Festugière, *Études de religion grecque et hellénistique* (Bibliothèque d'histoire de la philosophie), Paris 1972.

— RHT = A. J. Festugière, *La révélation d'Hermès Trismégiste*, 4 vol., Paris 1950[2]-1954 (réimpr. en 3 vol. [Collection d'études anciennes. Série grecque, 75-77], Paris 1990; réimpr. en un vol., Paris 2006).

Guillaume de Moerbeke = *Guillaume de Moerbeke. Recueil d'études à l'occasion du 700e anniversaire de sa mort (1286)*, éd. par J. Brams et W. Vanhamel (Ancient and medieval philosophy. De Wulf-Mansion Centre, Series 1, VII), Leuven 1989.

Hadot, *Porphyre et Victorinus* = P. Hadot, *Porphyre et Victorinus* (Études Augustiniennes. Série Antiquité, 32-33), 2 vol., Paris 1968.

Hadot, *Simplicius, Cat. Introd.* = Simplicius, *Commentaire sur les Catégories*, traduction commentée sous la direction de I. Hadot, Fasc. I : Introduction, 1re partie. Traduction de Ph. Hoffmann, commentaire et notes par I. Hadot (Philosophia Antiqua, 50), Leiden 1990.

Hankins, *Plato in the Italian Renaissance* = J. Hankins, *Plato in the Italian Renaissance* (Columbia Studies in the Classical Tradition, 17), 2 vol., Leiden 1990 (réimpr. en un vol., *ibid.* 1994).

Harlfinger = D. und J. Harlfinger, *Wasserzeichen aus griechischen Handschriften*, 2 vol., Berlin 1974, 1980.

Harlfinger, *Textgeschichte* = D. Harlfinger, *Die Textgeschichte der Pseudo-aristotelischen Schrift* ΠΕΡΙ ΑΤΟΜΩΝ ΓΡΑΜΜΩΝ, Amsterdam 1971.

Klibansky-Labowsky = *Plato Latinus*, t. III : *Parmenides usque ad finem primae hypothesis nec non Procli Commentarium in Parmenidem pars ultima adhuc inedita interprete Guillelmo de Moerbeka*, ediderunt R. Klibansky et C. Labowsky (Corpus Platonicum Medii Aevi), Londinii 1953 (réimpr. Nendeln 1979).

Kühner-Blass = R. Kühner, *Ausführliche Grammatik der griechischen Sprache*, In neuer Bearbeitung besorgt von F. Blass, 2 vol., Hannover-Leipzig 1890-1892[2].

Kühner-Gerth = R. Kühner - B. Gerth, *Ausführliche Grammatik der griechischen Sprache*, Zweiter Teil : Satzlehre, 2 vol., Hannover-Leipzig 1898-1904[3] (réimpr. Hannover 1992).

Labowsky, *Bessarion's Library* = L. Labowsky, *Bessarion's Library and the Biblioteca Marciana. Six Early Inventories* (Sussidi eruditi, 31), Roma 1979.

Labowsky, « Manuscripts from Bessarion's Library » = L. Labowsky, « Manuscripts from Bessarion's Library found in Milan », *Medieval and Renaissance Studies*, 5 (1961), p. 108-131.

Lampe, PGL = G. W. H. Lampe, *A Patristic Greek Lexicon*, Oxford 1961 (6e tirage 1982).

Lewy = H. Lewy, *Chaldaean Oracles and Theurgy. Mysticism, Magic and Platonism in the Later Roman Empire* (Publications de l'Institut français d'archéologie orientale. Recherches d'archéologie, de philologie et d'histoire, 13), Le Caire 1956 (nouvelle édition par M. Tardieu [Études augustiniennes. Série Antiquité, 77], Paris 1978).

Long-Sedley, *Hellenistic philosophers* = A. A. Long - D. N. Sedley, *The Hellenistic philosophers*, 2 vol., Cambridge 1987.

Luna, *Simplicius, Cat. 1* = Simplicius, *Commentaire sur les Catégories*, traduction commentée sous la direction de I. Hadot, Fasc. III : Préambule aux *Catégories*. Traduction de Ph. Hoffmann, commentaire et notes par C. Luna (Philosophia Antiqua, 51), Leiden 1990.

— *Simplicius, Cat. 2-4* = Simplicius, *Commentaire sur les Catégories d'Aristote. Chapitres 2-4*. Traduction par Ph.

Hoffmann, commentaire par C. Luna (Anagogê, 1), Paris 2001.

Männlein-Robert, *Longin* = I. Männlein-Robert, *Longin Philologe und Philosoph. Eine Interpretation der erhaltenen Zeugnisse* (Beiträge zur Altertumskunde, 143), München 2001.

Mansfeld, *Prolegomena* = J. Mansfeld, *Prolegomena. Questions to be settled before the Study of an Author, or a Text* (Philosophia Antiqua, 61), Leiden 1994.

Nails, *The people of Plato* = D. Nails, *The people of Plato. A prosopography of Plato and other Socratics*, Indianapolis-Cambridge 2002.

O'Meara, *Pythagoras revived* = D. J. O'Meara, *Pythagoras revived. Mathematics and Philosophy in Late Antiquity*, Oxford 1989.

Omont, *Catalogues de Fontainebleau* = H. Omont, *Catalogues des manuscrits grecs de Fontainebleau sous François Ier et Henri II*, Paris 1889.

Patillon, *La théorie du discours* = M. Patillon, *La théorie du discours chez Hermogène le Rhéteur. Essai sur les structures linguistiques de la rhétorique ancienne* (Collection d'études anciennes, 117), Paris 1988.

Perennial Tradition = *The Perennial Tradition of Neoplatonism*, ed. by J. Cleary (Ancient and medieval philosophy. De Wulf-Mansion Centre, Series 1, XXIV), Leuven 1997.

Porphyre, *La vie de Plotin*, I-II = Porphyre, *La vie de Plotin*, par L. Brisson *et al.* (Histoire des doctrines de l'Antiquité classique, 6 et 16), 2 vol., Paris 1982 et 1992.

Proclus and Medieval Philosophy = *On Proclus and his Influence in Medieval Philosophy*, ed. by E. P. Bos and P. A. Meijer (Philosophia Antiqua, 53), Leiden-New York-Köln 1992.

Proclus et la Théologie Platonicienne = *Proclus et la Théologie Platonicienne*. Actes du Colloque International de Louvain (13-16 mai 1998) en l'honneur de H. D. Saffrey et L. G. Westerink, édités par A.-Ph. Segonds et C. Steel (Ancient and medieval philosophy. De Wulf-Mansion Centre, Series 1, XXVI), Leuven-Paris 2000.

Proclus et son influence = *Proclus et son influence*. Actes du Colloque de Neuchâtel, juin 1985, éd. par G. Boss et G. Seel, Zürich 1987.

Proclus lecteur = *Proclus lecteur et interprète des anciens*. Actes du Colloque international du CNRS, Paris, 2-4 octobre 1985, publiés par J. Pépin et H. D. Saffrey (Colloques internationaux du CNRS), Paris 1987.

Reis, *Der Platoniker Albinos* = B. Reis, *Der Platoniker Albinos und sein sogenannter Prologos*. Prolegomena, Überlieferungsgeschichte, kritische Edition und Übersetzung (Serta Graeca, 7), Wiesbaden 1999.

Riedweg, *Pythagoras* = Ch. Riedweg, *Pythagoras, Leben, Lehre, Nachwirkung. Eine Einführung*, München 2002.

Riginos, *Platonica* = A. Swift Riginos, *Platonica. The Anecdotes concerning the Life and Writings of Plato* (Columbia Studies in the Classical Tradition, 3), Leiden 1976.

Rosán = L. J. Rosán, *The philosophy of Proclus. The final phase of ancient thought*, New York 1949.

Saffrey, *Héritage* = H. D. Saffrey, *L'héritage des anciens au Moyen Age et à la Renaissance* (Histoire des doctrines de l'Antiquité classique, 28), Paris 2002 (2ᵉ éd. de *Recherches sur la tradition platonicienne au Moyen Age et à la Renaissance*, Paris 1987).

— *Néoplatonisme* = H. D. Saffrey, *Le néoplatonisme après Plotin* (Histoire des doctrines de l'Antiquité classique, 24), Paris 2000.

— *Recherches* = H. D. Saffrey, *Recherches sur le néoplatonisme après Plotin* (Histoire des doctrines de l'Antiquité classique, 14), Paris 1990.

Sicherl, *De mysteriis* = M. Sicherl, *Die Handschriften, Ausgaben und Übersetzungen von Iamblichos* De mysteriis. *Eine kritisch-historische Studie* (TU 62), Berlin 1957.

Steel, « Interprétation logique » = C. Steel, « Proclus et l'interprétation "logique" du *Parménide* », dans *Néoplatonisme et philosophie médiévale*. Actes du Colloque international de Corfou 6-8 octobre 1995, éd. par L. G. Benakis (Rencontres de Philosophie Médiévale, 6), Turnhout 1997, p. 67-92.

— « Negative Theology » = C. Steel, « Beyond the Principle of Contradiction ? Proclus' *Parmenides* and the Origin of Negative Theology », dans *Die Logik der Transzendentalen*. Festschrift für J. A. Aertsen zum 65. Geburtstag, hrsg. von M. Pickavé (Miscellanea Mediaevalia, 30), Berlin-New York 2003, p. 581-599.

— « Plato's *Timaeus* » = C. Steel, « Why should we prefer Plato's *Timaeus* to Aristotle's *Physics* ? Proclus' critique of Aristotle's causal explanation of the physical world », dans *Ancient Approaches to Plato's Timaeus*, ed. by R. W. Sharples and A. Sheppard (Bulletin of the Institute of Classical Studies. Supplement, 78), London 2003, p. 175-187.

Steel-Van Riel, « Grand Fragment » = C. Steel - G. Van Riel, « Le Grand Fragment de la *Théologie Platonicienne* », dans *Proclus et la Théologie Platonicienne*, p. 533-552.

Tarrant, *Thrasyllan Platonism* = H. Tarrant, *Thrasyllan Platonism*, Ithaca (New York) 1993.

van Bilsen, « Le texte de l'*In Parmenidem* » = A. van Bilsen, « Le texte de l'*In Parmenidem Platonis* de Proclus », AC 13 (1944), p. 51-60.

— « *Parisinus gr.* 1836 » = A. van Bilsen, « A propos de l'*In Parmenidem Platonis* de Proclus. Le *Parisinus gr.* 1836 est-il une copie du *Parisinus gr.* 1810 ? », *Scriptorium*, 15 (1961), p. 309-313.

van den Berg, *Proclus' Hymns* = R. M. van den Berg, *Proclus' Hymns. Essays, translation, commentary* (Philosophia Antiqua, 90), Leiden 2001.

Westerink, *Pachymeres* = George Pachymeres, *Commentary on Plato's Parmenides [Anonymous Sequel to Proclus' Commentary]*, edited and translated by Th. A. Gadra *et al.*, introduction by L. G. Westerink (Corpus Philosophorum Medii Aevi. Philosophi Byzantini, 4), Athens-Paris-Bruxelles 1989.

Whittaker, « Greek Manuscripts » = J. Whittaker, « Greek Manuscripts from the Library of Giles of Viterbo at the Biblioteca Angelica in Rome », *Scriptorium*, 31 (1977), p. 212-239 et pl. 13-14.

5. *Sigles*

AC	= *L'Antiquité Classique.*
ADB	= *Allgemeine Deutsche Biographie.*
AJPh	= *American Journal of Philology.*
AL	= *Aristoteles Latinus.*

ANRW	= *Aufstieg und Niedergang der Römischen Welt*, hrsg. von H. Temporini und W. Haase, Berlin-New York 1972-
ASNP	= *Annali della Scuola Normale Superiore di Pisa.*
BEC	= *Bibliothèque de l'École des Chartes.*
BT	= coll. « Bibliotheca Scriptorum Graecorum et Romanorum Teubneriana », Leipzig/Stuttgart.
BZ	= *Byzantinische Zeitschrift.*
CAG	= *Commentaria in Aristotelem Graeca*, edita consilio et auctoritate Academiae Litterarum Regiae Borussicae, Berlin 1891-1909.
CLCAG	= *Corpus Latinum Commentariorum in Aristotelem Graecorum.*
CMG	= *Corpus medicorum Graecorum.*
CPF	= *Corpus dei papiri filosofici greci e latini. Testi e lessico nei papiri di cultura greca e latina*, Firenze 1989-
CQ	= *Classical Quarterly.*
CUF	= coll. « Collection des Universités de France », Paris 1920-
DBI	= *Dizionario Biografico degli Italiani*, 65 vol. parus, Roma 1960-
DLZ	= *Deutsche Literarzeitung.*
DPhA	= *Dictionnaire des Philosophes Antiques*, publié sous la direction de R. Goulet, 4 vol. et un supplément parus, Paris 1994-
DSB	= *Dictionary of Scientific Biography*, 16 vol., New York 1970-1980.
FVS	= H. Diels, *Die Fragmente der Vorsokratiker*, 6. verbesserte Auflage, hrsg. von W. Kranz, 3 vol., Berlin 1951-1952.
GCS	= *Die griechischen christlichen Schriftsteller der ersten (drei) Jahrhunderte*, Berlin 1897-
GGA	= *Göttingische gelehrte Anzeigen.*
GI	= F. Montanari, *Greco-Italiano. Vocabolario della lingua greca*, Torino 1995.
GRBS	= *Greek, Roman and Byzantine Studies.*
IMU	= *Italia Medioevale e Umanistica.*
JHS	= *Journal of Hellenic Studies.*
JÖB	= *Jahrbuch der Österreichischen Byzantinistik.*

LSJ = H. G. Liddell - R. Scott - H. S. Jones, *A Greek-English Lexikon*, Oxford 1996[9] (avec un nouveau supplément).

MEFR = *Mélanges d'archéologie et d'histoire de l'École française de Rome* (du vol. 1 [1881] jusqu'au vol. 82 [1970]).

MEFRA = *Mélanges de l'École française de Rome. Antiquité* (à partir du vol. 83 [1971]).

MEFRM = *Mélanges de l'École française de Rome. Moyen Age. Temps modernes* (à partir du vol. 83 [1971]).

OCT = coll. « Oxford Classical Texts (Scriptorum classicorum bibliotheca Oxoniensis) ».

PCG = *Poetae comici Graeci*, ed. R. Kassel et C. Austin, Berlin 1983-

PCPhS = *Proceedings of the Cambridge Philological Society.*

PG = *Patrologia Graeca.*

PL = *Patrologia Latina.*

PTS = coll. « Patristische Texte und Studien ».

RAAN = *Rendiconti dell'Accademia di Archeologia, Lettere e Belle Arti di Napoli.*

RAC = *Reallexikon für Antike und Christentum*, Leipzig-Stuttgart 1941-

RE = *Paulys Realencyclopädie der classischen Altertumswissenschaft.* Neue Bearbeitung begonnen von G. Wissowa, fortgeführt von W. Kroll und K. Mittelhaus, Stuttgart-München 1893-1972.

REG = *Revue des études grecques.*

RgK = E. Gamillscheg - D. Harlfinger - H. Hunger, *Repertorium der griechischen Kopisten 800-1600. 1. Handschriften aus Bibliotheken Grossbritanniens. 2. Handschriften aus Bibliotheken Frankreichs. 3. Handschriften aus Bibliotheken Roms mit dem Vatikan* (Österreichische Akademie der Wissenschaften. Philosophisch-historische Klasse. Veröffentlichungen der Kommission für Byzantinistik, 3), Wien 1981, 1989, 1997.

RhM = *Rheinisches Museum für Philologie.*

RHR = *Revue de l'histoire des religions.*

RHT = *Revue d'histoire des textes.*

RPh   = *Revue de philologie, littérature et histoire anciennes.*

RSBN   = *Rivista di studi bizantini e neoellenici.*

RSPT   = *Revue des sciences philosophiques et théologiques.*

SC   = coll. « Sources chrétiennes », Paris-Lyon 1942-

SCO   = *Studi classici e orientali.*

SH   = *Supplementum hellenisticum*, ed. H. Lloyd-Jones et P. Parsons, indices confecit H.-G. Nesselrath (Texte und Kommentare, 11), Berlin 1983.

SIFC   = *Studi italiani di filologia classica.*

SVF   = H. von Arnim, *Stoicorum Veterum Fragmenta*, 3 vol., Leipzig 1903-1905, Index 1924 (réimpr. Stuttgart 1964, et dans *Stoici antichi. Tutti i frammenti secondo la raccolta di H. v. Arnim*, a cura di R. Radice, Milano 1998).

TGF   = *Tragicorum Graecorum fragmenta*, 5 vol., Göttingen 1971-1987.

TLG   = *Thesaurus Linguae Graecae*, CD-Rom, University of California, Irvine (version E).

TU   = Texte und Untersuchungen zur Geschichte der altchristlichen Literatur, Berlin.

Ce volume,
le quatre cent cinquante-cinquième
de la série grecque
de la Collection des Universités de France,
publié aux Éditions Les Belles Lettres,
a été achevé d'imprimer
en mai 2007
dans les ateliers
de Normandie Roto Impression s.a.s.
61250 Lonrai, France

N° d'édition : 6590
Dépôt légal : juin 2007
N° d'impression : 071347

Imprimé en France